普通高等教育"十一五"国家级规划教材

21世纪清华MBA精品教材

人力资源开发与管理

（第五版）

◀ 张德 主编 ▶

Human Resources Development and Management

清华大学出版社

北京

本书封面贴有清华大学出版社防伪标签，无标签者不得销售。
版权所有，侵权必究。举报：010-62782989，beiqinquan@tup.tsinghua.edu.cn。

图书在版编目(CIP)数据

  人力资源开发与管理/张德主编．—5版．—北京：清华大学出版社，2016(2023.6重印)
  (21世纪清华MBA精品教材)
  ISBN 978-7-302-44815-0

  Ⅰ.①人… Ⅱ.①张… Ⅲ.①人力资源开发－研究生－教材②人力资源管理－研究生－教材 Ⅳ.①F241

  中国版本图书馆CIP数据核字(2016)第192655号

责任编辑：贺　岩
封面设计：汉风唐韵
责任校对：王荣静
责任印制：曹婉颖

出版发行：清华大学出版社
    网　　址：http://www.tup.com.cn，http://www.wqbook.com
    地　　址：北京清华大学学研大厦A座　　　邮　编：100084
    社 总 机：010-83470000　　　　　　　　　　邮　购：010-62786544
    投稿与读者服务：010-62776969，c-service@tup.tsinghua.edu.cn
    质量反馈：010-62772015，zhiliang@tup.tsinghua.edu.cn

印 装 者：三河市天利华印刷装订有限公司
经　　销：全国新华书店
开　　本：185mm×260mm　　印　张：28.25　　插页：1　　字　数：653千字
版　　次：1996年3月第1版　　2016年8月第5版　　印　次：2023年6月第10次印刷
定　　价：69.00元

产品编号：071475-04

序

人力资源开发与管理

PREFACE

随着全球经济一体化时代的到来,竞争的范围迅速扩大,竞争的程度空前加剧。那么,谁将是竞争中的胜者?是那些占据人力资源优势的地区、国家和企业。因为经济竞争,说到底是人才的竞争,是人力资源综合素质的竞争。被称作"经营之神"的日本著名企业家松下幸之助说得好:"国家的兴盛在于人,国家的灭亡亦在于人,古圣先贤,早有明训;回顾古来历史,可谓丝毫不爽。经营事业的成败,毋庸讳言,与治国同一道理,在于人事安排是否合宜。"毫无疑问,人力资源的开发与管理,应该成为一切管理者的必修课。

本书是专门为我国工商管理硕士(MBA)编写的,它同时适用于经济管理专业的本科生、研究生,以及企业经理、事业单位和政府部门管理者的教育和培训。这本教材遵循"以我为主,博采众长,融合提炼,自成一家"的原则,全面借鉴了发达国家人力资源开发与管理方面的研究成果和有益经验,吸收了中国古代人事管理思想的精华,并与中国的特殊国情相结合,力求使本书内容富有先进性、科学性、民族性、时代性和实用性。

本书大体上包括三个方面内容。第一,理论部分。介绍西方和中国人力资源开发与管理发展史,理清思想渊源,阐述人力资源开发与管理的基本概念和基本原理。第二,实务部分。介绍关于工作分析与职位评价、人力资源计划与招聘、人员使用与调配、绩效管理、薪酬管理、人员培训、组织文化、职业计划与发展、劳动关系等方面的实际工作原则、方法和技巧。第三,探索部分。介绍人力资源开发与组织文化、人力资源风险、对领导者素质的要求、人力资源的跨文化管理,最后展望了人力资源管理在 21 世纪的发展前景。

张 德

2001 年 6 月于清华园

第五版前言

人力资源开发与管理

距离第四版发行已过去4年多,这段时间国内外形势发生了不少变化,人力资源开发与管理从理论到实践遇到了许多新问题、新挑战,我们这本教材又到了需改版的时候了。

第五版在以下7个方面对第四版进行了修改与补充:

1. 重新审查全书,使文字表述更准确,避免不精准的陈述、超出研究结论支持的陈述等。例如,重写了第十章的"培训是快出人才、多出人才、出好人才的重要途径",以及重写了第十八章"人力资源开发与管理的发展趋势"。

2. 有些涉及宏观统计的信息以及关于企业的实际操作数据,这么多年过去了,也作了必要的更新。如:"世界竞争力排行榜的启示"更新和补充了2000年以来的数据,并作出更深入的分析;"美国企业在培训上的投入"作了更新;美国工会人数数字(百分比),作了更新;中兴通讯的案例中的数据作了更新等。

3. 更新了一些案例:第八章更换为"路在何方——SY厂生产经营与绩效管理现状";第十四章更换为"Z董事长的领导方式为什么不受欢迎",使这些案例更好地帮助读者理解相应的原理。

4. 第九章薪酬管理原第五节工资关系,随着市场机制的发展,这部分内容的现实意义大大下降,因此在第五版中删去。在第三节工资制度中,则增加了目前已在我国普遍采用的"年薪制"的内容。

5. 原第二章第六节"中国企业人力资源开发与管理的发展趋势",与这一章的名称"人力资源开发与管理的基本原理"不太符合,因此将它与最后一章"21世纪的人力资源开发与管理"合并,重新组合编写为第五版第十八章"人力资源开发与管理的发展趋势",使这章内容更准确、更充实、更有说服力。

6. 鉴于我国经济新常态下中小企业的重要性凸显,而对中小企业的研究大大落后于对大企业的研究,第五版增加了新的一章——第十六章"中小企业的人力资源管理",这将是新版的一个亮点。

7. 鉴于互联网时代已经到来,而互联网对人力资源管理的影响和对策研究尚跟不上形势的变化,第五版增加了新的一章——第十七章"互联网时代的人力资源管理",这将是新版的另一个亮点。

第五版内容的变化切合时代发展的要求,切合中国基层组织的管理实际,又融进了最新的学术研究成果,增强了本书的可读性和应用价值,希望读者能够从中受益。

各位作者的分工不变,与第一版相同,新版第十六章和第十七章分别由张德和马力编写,第四版的修改补充由张德和马力承担,统稿由张德完成。

第五版各章的作者是:清华大学张德教授负责第一章、第二章、第九章、第十三章、第十四章、第十六章、第十八章;国务院发展研究中心刘理晖研究员负责第三章;清华大学曲庆副教授负责第四章、第五章、第十章、第十一章;清华大学王雪莉副教授负责第六章、第七章、第十五章;北京大学马力副教授负责第八章、第十二章、第十七章。

本书在写作过程中,参考和引用了国内外学者的大量著作,因限于篇幅,未能一一注明,在此向著作者深表谢忱。

由于作者知识和经验的局限性,错误和疏漏之处在所难免,恳请专家、学者、企业家和广大读者批评指正。

张 德

2016年7月8日于清华园

目录

第一章 人力资源开发与管理导论 … 1

第一节 人力资源开发与管理的含义和特点 … 1
一、人力资源的含义 … 1
二、人力资源的特点 … 2
三、人力资源开发与管理的含义 … 3
四、人力资源开发与管理的特点 … 4

第二节 人力资源开发与管理的目标和任务 … 5
一、取得最大的使用价值 … 6
二、发挥最大的主观能动性 … 6
三、培养全面发展的人 … 9

第三节 从管理的软化看人力资源开发与管理的兴起 … 9
一、从经验管理、科学管理到文化管理 … 10
二、人力资源开发与管理的兴起 … 12

第四节 从改革开放看中国企业的人力资源开发与管理 … 13
一、世界竞争力排行榜的启示 … 13
二、中国企业人力资源开发与管理的现状 … 14

复习题 … 15
思考题 … 16

第二章 人力资源开发与管理的基本原理 … 17

第一节 关于人的哲学 … 17
一、人性假设理论 … 17

二、马斯洛的需要层次理论 ………………………………………………… 20
　　三、马克思主义关于人的理论 ……………………………………………… 21
第二节　人事矛盾运动规律 …………………………………………………………… 23
　　一、人事矛盾的一般规律 …………………………………………………… 23
　　二、人事矛盾产生的客观原因 ……………………………………………… 23
　　三、人力资源开发与管理的基本职能 ……………………………………… 24
第三节　人事管理原理 ………………………………………………………………… 24
　　一、同素异构原理 …………………………………………………………… 24
　　二、能级层序原理 …………………………………………………………… 25
　　三、要素有用原理 …………………………………………………………… 26
　　四、互补增值原理 …………………………………………………………… 27
　　五、动态适应原理 …………………………………………………………… 28
　　六、激励强化原理 …………………………………………………………… 28
　　七、公平竞争原理 …………………………………………………………… 29
　　八、信息催化原理 …………………………………………………………… 29
　　九、主观能动原理 …………………………………………………………… 30
　　十、文化凝聚原理 …………………………………………………………… 31
第四节　中国古代的人事思想 ………………………………………………………… 31
　　一、为政之要，惟在得人 …………………………………………………… 32
　　二、人生而有欲，相持而长 ………………………………………………… 32
　　三、取胜之本，在于士气 …………………………………………………… 32
　　四、刚柔相济，赏罚严明 …………………………………………………… 33
　　五、德才兼备，选贤任能 …………………………………………………… 33
　　六、知人善任，不课不用 …………………………………………………… 34
　　七、率先示范，治身为重 …………………………………………………… 35
　　八、勤于教养，百年树人 …………………………………………………… 35
第五节　发达国家的人力资源开发与管理思想 ……………………………………… 36
　　一、以人为本，尊重个人 …………………………………………………… 36
　　二、人力资源管理是总经理职责的重要组成部分 ………………………… 37
　　三、最高管理层的责任是平衡利益相关者的利益 ………………………… 37
　　四、应把人力资源看成社会资源 …………………………………………… 37
　　五、应从战略实施观点看待人力资源管理 ………………………………… 37
　　六、对人力资源开发与管理应进行多层次的社会评估 …………………… 37
　　七、企业主要的人力资源管理政策领域包括四个方面 …………………… 38
　　八、制定人力资源政策时应考虑的八个要素 ……………………………… 38
复习题 …………………………………………………………………………………… 39
思考题 …………………………………………………………………………………… 39
案例　以人为本，共创辉煌——记中兴通讯的人力资源开发机制 ………………… 40

第三章　人力资源开发与管理的基础工作 …… 43

第一节　组织设计 …… 43
　　一、组织的基本概念 …… 43
　　二、组织设计的基本内容 …… 45
　　三、如何设计一个富有弹性的组织 …… 47
　　四、常见的组织结构类型 …… 48

第二节　定编定员 …… 50
　　一、定编定员的意义和原则 …… 50
　　二、定员标准 …… 51
　　三、定员方法 …… 52

第三节　工作分析 …… 54
　　一、工作分析：人力资源管理的基本工具 …… 55
　　二、信息的收集 …… 57
　　三、工作分析的实施过程 …… 62
　　四、职位说明书的编写与管理 …… 64

第四节　职位评价 …… 65
　　一、职位评价：科学的薪酬管理工具 …… 66
　　二、职位评价的实施过程 …… 67
　　三、职位评价中常见的问题 …… 70
　　四、职位分类 …… 71

　复习题 …… 72
　思考题 …… 73
　案例　大华公司实施工作分析的过程 …… 74

第四章　人力资源计划 …… 81

第一节　人力资源计划的含义与功能 …… 81
　　一、人力资源计划的含义 …… 81
　　二、人力资源计划的内容 …… 82
　　三、人力资源计划的功能 …… 84

第二节　人力资源的需求预测 …… 85
　　一、影响人力资源需求的因素 …… 85
　　二、人力资源需求预测的方法 …… 85

第三节　人力资源供给预测 …… 87
　　一、组织内部人力资源供给预测 …… 87
　　二、组织外部人力资源供给预测 …… 90

第四节　人力资源计划的程序 …… 90
　　一、明确组织战略与经营计划 …… 91

二、人力资源需求预测 …………………………………………… 91
　　三、人力资源供给预测 …………………………………………… 91
　　四、确定人员净需求 ……………………………………………… 91
　　五、确定人力资源目标 …………………………………………… 91
　　六、制定具体计划 ………………………………………………… 92
　　七、对人力资源计划的审核与评估 ……………………………… 92
　复习题 ……………………………………………………………… 95
　思考题 ……………………………………………………………… 95
　案例　信达公司的人力资源计划 ………………………………… 96

第五章　人员招聘与人才测评 …………………………………… 100

　第一节　招聘概述 ………………………………………………… 100
　　一、招聘的目的 …………………………………………………… 100
　　二、招聘的程序 …………………………………………………… 101
　　三、招聘的原则 …………………………………………………… 101
　第二节　人员招聘 ………………………………………………… 102
　　一、招聘的途径 …………………………………………………… 102
　　二、内部招聘的来源和方法 ……………………………………… 103
　　三、外部招聘的来源和方法 ……………………………………… 103
　第三节　人员选拔与人才测评 …………………………………… 105
　　一、人员选拔的信息依据 ………………………………………… 105
　　二、人才测评的含义 ……………………………………………… 106
　　三、人员选拔方法与人才测评技术 ……………………………… 106
　　四、选拔方法的使用 ……………………………………………… 112
　　五、测试的信度与效度 …………………………………………… 113
　第四节　面试 ……………………………………………………… 114
　　一、面试的分类 …………………………………………………… 114
　　二、面试的规范化 ………………………………………………… 115
　　三、有效面试的技巧 ……………………………………………… 116
　　四、影响面试的因素 ……………………………………………… 117
　第五节　招聘管理工作 …………………………………………… 118
　　一、招聘网络的开发与维护 ……………………………………… 118
　　二、相关文件和工具设计 ………………………………………… 118
　　三、题库建设 ……………………………………………………… 119
　　四、对面试人员的培训 …………………………………………… 119
　　五、人才库建设 …………………………………………………… 119
　复习题 ……………………………………………………………… 119
　思考题 ……………………………………………………………… 119

案例　SH公司失去的一笔财富……………………………………… 120

第六章　人员的使用与调配 …………………………………………… 122

第一节　人员使用的原则 ……………………………………………… 122
第二节　人员调配的含义和作用 ……………………………………… 123
　　一、人员调配的含义 …………………………………………………… 123
　　二、人员调配的作用 …………………………………………………… 123
第三节　人员调配的原则和类型 ……………………………………… 124
　　一、人员调配的原则 …………………………………………………… 124
　　二、人员调配的类型 …………………………………………………… 127
第四节　人员职务升降 ………………………………………………… 127
　　一、人员职务升降的功能 ……………………………………………… 127
　　二、职务晋升的实施 …………………………………………………… 128
　　三、我国人事任用方式 ………………………………………………… 130
第五节　人员流动的理论基础 ………………………………………… 132
　　一、勒温的场论 ………………………………………………………… 132
　　二、卡兹的组织寿命学说 ……………………………………………… 132
　　三、库克曲线 …………………………………………………………… 133
　　四、中松义郎的目标一致理论 ………………………………………… 134
第六节　人员流动管理 ………………………………………………… 135
　　一、人员流动的类型 …………………………………………………… 135
　　二、人员流动的原则 …………………………………………………… 135
　　三、人员流动的形式 …………………………………………………… 136
　　四、建立和完善人员流动的内部机制与外部环境 …………………… 137
复习题 …………………………………………………………………… 138
思考题 …………………………………………………………………… 138
　　案例　人员调配通知单 ………………………………………………… 139

第七章　人力资源风险 …………………………………………………… 142

第一节　人力资源风险的含义 ………………………………………… 142
第二节　人力资源风险的危害 ………………………………………… 144
　　一、非正常损耗有形资产 ……………………………………………… 144
　　二、信誉损害 …………………………………………………………… 144
　　三、干扰和破坏总体战略 ……………………………………………… 145
　　四、降低配置效率 ……………………………………………………… 145
　　五、降低组织的发展、创新动力和削弱组织的凝聚力 ……………… 145
第三节　人力资源风险的表现 ………………………………………… 145
　　一、针对企业的违法犯罪行为 ………………………………………… 145

二、官僚主义行为 …………………………………………………… 146
　　三、虚报浮夸、截留、扭曲信息行为 …………………………… 146
　　四、部门利益至上的小团体主义行为 …………………………… 146
　　五、争权夺利的内部争斗行为 …………………………………… 147
　　六、违反客观规律的蛮干行为 …………………………………… 147
　　七、任人唯亲、拉帮结派、排斥异己、嫉贤妒能行为 ………… 148
第四节　人力资源风险的特征和产生的条件 ………………………… 148
　　一、人力资源风险的特征 ………………………………………… 148
　　二、人力资源风险产生的条件 …………………………………… 150
第五节　规避和防范人力资源风险的对策 …………………………… 153
　　一、对策的约束条件 ……………………………………………… 153
　　二、防范人力资源风险的对策 …………………………………… 154
复习题 ………………………………………………………………………… 157
思考题 ………………………………………………………………………… 157
案例　小会计贪污挪用公款2亿多元 …………………………………… 158

第八章　绩效管理 ………………………………………………………… 160

第一节　绩效管理的意义 ………………………………………………… 160
　　一、绩效管理的概念 ……………………………………………… 160
　　二、绩效管理的内容 ……………………………………………… 161
　　三、绩效管理的应用 ……………………………………………… 163
第二节　绩效考核的方法 ………………………………………………… 164
　　一、基于员工特征的绩效考核方法 ……………………………… 165
　　二、基于员工行为的绩效考核方法 ……………………………… 171
　　三、基于员工工作结果的绩效考核方法 ………………………… 176
　　四、绩效考核方法的选择 ………………………………………… 178
第三节　绩效考核的执行及问题 ………………………………………… 179
　　一、绩效考核中容易出现的问题 ………………………………… 180
　　二、如何避免在绩效考核中可能出现的问题 …………………… 182
　　三、考核的执行者 ………………………………………………… 183
　　四、绩效考核期限 ………………………………………………… 185
第四节　绩效反馈与改进 ………………………………………………… 185
　　一、理念基础：反馈干涉理论 …………………………………… 186
　　二、操作过程：绩效反馈注意事项 ……………………………… 187
　　三、检查绩效管理系统自身的有效性 …………………………… 190
第五节　平衡计分卡法 …………………………………………………… 191
　　一、传统组织和部门考核的局限 ………………………………… 191
　　二、平衡计分卡法的发展 ………………………………………… 192

三、平衡计分卡法的应用 ……………………………………………… 193
　复习题 ……………………………………………………………………… 193
　思考题 ……………………………………………………………………… 195
　案例　路在何方——SY厂生产经营与绩效管理现状 ……………………… 196

第九章　薪酬管理 ……………………………………………………………… 199
　第一节　报酬的含义和内容 ……………………………………………… 199
　第二节　薪酬的含义和内容 ……………………………………………… 201
　第三节　工资制度 ………………………………………………………… 202
　　一、技术等级工资制 …………………………………………………… 202
　　二、职务等级工资制 …………………………………………………… 203
　　三、结构工资制 ………………………………………………………… 204
　　四、岗位技能工资制 …………………………………………………… 204
　　五、提成工资制 ………………………………………………………… 205
　　六、谈判工资制 ………………………………………………………… 205
　　七、年薪制 ……………………………………………………………… 206
　第四节　工资给付方式 …………………………………………………… 208
　　一、计时工资制 ………………………………………………………… 208
　　二、计件工资制 ………………………………………………………… 209
　　三、奖金和津贴 ………………………………………………………… 209
　第五节　福　利 …………………………………………………………… 210
　　一、福利的重要性 ……………………………………………………… 210
　　二、影响福利的因素 …………………………………………………… 211
　　三、福利的类型 ………………………………………………………… 211
　　四、福利的管理 ………………………………………………………… 212
　第六节　奖励和惩罚 ……………………………………………………… 213
　　一、奖励和惩罚的种类 ………………………………………………… 213
　　二、奖励的技巧 ………………………………………………………… 214
　　三、惩罚的技巧 ………………………………………………………… 216
　　四、奖惩的综合运用 …………………………………………………… 218
　第七节　薪酬管理的影响因素 …………………………………………… 221
　第八节　薪酬管理的策略 ………………………………………………… 222
　　一、薪酬管理的目标 …………………………………………………… 222
　　二、合适的薪酬策略的特征 …………………………………………… 223
　　三、薪酬策略的内容 …………………………………………………… 223
　第九节　现代薪酬管理发展趋势 ………………………………………… 228
　　一、现代薪酬管理思想 ………………………………………………… 228
　　二、现代薪酬管理发展趋势概述 ……………………………………… 229

第十节　中国企业薪酬管理存在的问题及对策 ………………………………… 234
　　　　一、中国企业薪酬管理存在的问题 …………………………………………… 234
　　　　二、中国企业加强薪酬管理的对策 …………………………………………… 234
　　复习题 …………………………………………………………………………………… 235
　　思考题 …………………………………………………………………………………… 235
　　案例　薪资革新促进人才的多样化发展——日本松下公司的薪酬变革 ………… 237

第十章　人员培训 …………………………………………………………………… 239

　　第一节　人力资源开发与培训 …………………………………………………… 239
　　　　一、人力资源开发的相关概念 ………………………………………………… 239
　　　　二、人力资源开发的现代理念 ………………………………………………… 240
　　　　三、培训的作用 ………………………………………………………………… 241
　　第二节　人员培训的原则和方法 ………………………………………………… 242
　　　　一、人员培训的原则 …………………………………………………………… 242
　　　　二、培训的方式 ………………………………………………………………… 243
　　　　三、培训的方法 ………………………………………………………………… 244
　　第三节　新员工培训 ……………………………………………………………… 247
　　　　一、新员工培训的目的 ………………………………………………………… 247
　　　　二、新员工培训的内容 ………………………………………………………… 248
　　　　三、新员工培训的程序 ………………………………………………………… 248
　　　　四、新员工培训要注意的问题 ………………………………………………… 249
　　第四节　管理人员的开发 ………………………………………………………… 249
　　　　一、管理人员开发的重要性 …………………………………………………… 249
　　　　二、管理人员开发的目标 ……………………………………………………… 250
　　　　三、管理人员开发的形式 ……………………………………………………… 250
　　第五节　培训的组织管理 ………………………………………………………… 252
　　　　一、培训工作流程 ……………………………………………………………… 252
　　　　二、影响培训转移的因素 ……………………………………………………… 256
　　　　三、企业培训工作的管理 ……………………………………………………… 257
　　第六节　组织学习与学习型组织 ………………………………………………… 259
　　　　一、组织学习的含义 …………………………………………………………… 259
　　　　二、学习型组织的定义 ………………………………………………………… 260
　　　　三、学习型组织的要素和特征 ………………………………………………… 260
　　　　四、学习型组织的建设 ………………………………………………………… 262
　　复习题 …………………………………………………………………………………… 264
　　思考题 …………………………………………………………………………………… 264
　　案例　中粮集团的人才培养之道 ……………………………………………………… 265

第十一章 职业管理 268

第一节 职业管理概述 268
一、职业管理的有关概念 268
二、职业发展观及其意义 269

第二节 影响职业生涯的因素 270
一、影响职业生涯的个人因素 270
二、影响职业生涯的环境因素 273

第三节 职业生涯的自我管理 273
一、制定个人职业计划的原则 274
二、个人职业计划的内容 274
三、职业生涯自我管理的其他内容 276

第四节 组织的职业管理 277
一、协调组织目标与员工个人目标 277
二、帮助员工制定职业计划 277
三、帮助员工实现职业计划 278

复习题 279
思考题 279
案例　3M公司的职业管理 280

第十二章 劳动关系 285

第一节 劳动关系的法律意义、管理意义和社会意义 285
一、劳动关系的法律意义 286
二、受法律保护的劳动者权利 288
三、劳动关系的管理意义和社会意义 291

第二节 劳动者的组织 293
一、工会 293
二、职代会 295

第三节 劳动协商、谈判和争议 295
一、劳动协商和谈判 295
二、解决劳动争议的途径和方法 297

第四节 劳动保护 299
一、劳动保护的任务 299
二、工伤与职业病的根源 300
三、中国企业劳动保护的任务 301

第五节 中国企业劳动关系的热点问题 302
一、社会保障 302
二、纪律处分 303

三、终止劳动关系 ·· 303
复习题 ·· 305
思考题 ·· 305
案例　法航，你该怎么办 ·· 306

第十三章　组织文化建设 ·· 309

第一节　组织文化的内涵 ·· 309
　　一、观念层 ·· 309
　　二、制度-行为层 ·· 311
　　三、符号层 ·· 311

第二节　组织文化的特性 ·· 312
　　一、无形性 ·· 312
　　二、软约束性 ·· 312
　　三、相对稳定性和连续性 ·· 313
　　四、个异性 ·· 313

第三节　组织文化的作用 ·· 313
　　一、导向作用 ·· 314
　　二、规范作用 ·· 314
　　三、凝聚作用 ·· 314
　　四、激励作用 ·· 314
　　五、整合作用 ·· 315
　　六、辐射作用 ·· 315

第四节　组织文化的影响因素 ·· 315
　　一、民族文化因素 ·· 315
　　二、制度文化因素 ·· 316
　　三、外来文化因素 ·· 316
　　四、组织传统因素 ·· 316
　　五、个人文化因素 ·· 316

第五节　组织文化与员工需要层次 ····································· 316
　　一、马斯洛的需求层次论强调按需激励 ························· 317
　　二、员工的需要结构与组织管理模式 ··························· 317
　　三、员工需求层次的变化与组织文化建设 ······················ 318
　　四、组织文化建设与提升员工需要层次 ························· 318

第六节　组织价值观与组织凝聚力 ····································· 319
　　一、组织凝聚力是组织活力深层次的动力 ······················ 319
　　二、物质凝聚与精神凝聚 ·· 319
　　三、组织价值观在形成组织凝聚力中的作用 ··················· 320

第七节　组织道德与组织公共关系 ····································· 321

　　　　一、道德的内涵和特点……………………………………………321
　　　　二、组织道德与组织内部人际关系………………………………322
　　　　三、组织道德与组织外部公共关系………………………………324
　　第八节　组织风气与员工行为管理……………………………………325
　　　　一、组织风气的内涵………………………………………………325
　　　　二、组织风气对群体行为的影响…………………………………325
　　　　三、良好组织风气的养成…………………………………………326
　　第九节　组织物质环境与员工养成教育………………………………327
　　　　一、物质环境是观念的载体………………………………………327
　　　　二、物质环境的教化功能…………………………………………328
　　第十节　组织文化建设步骤……………………………………………329
　　　　一、文化诊断………………………………………………………329
　　　　二、文化设计………………………………………………………330
　　　　三、文化实施………………………………………………………332
　　第十一节　组织文化建设的心理机制…………………………………333
　　　　一、运用心理定式…………………………………………………333
　　　　二、重视心理强化…………………………………………………333
　　　　三、利用从众心理…………………………………………………334
　　　　四、培养认同心理…………………………………………………334
　　　　五、激发模仿心理…………………………………………………335
　　　　六、化解挫折心理…………………………………………………335
　　第十二节　组织文化与组织竞争力……………………………………335
　　　　一、三力理论………………………………………………………335
　　　　二、组织思想工作与组织文化威力………………………………337
　　　　三、组织文化与组织形象…………………………………………338
　　第十三节　文化资本……………………………………………………339
　　　　一、文化资本的内涵………………………………………………339
　　　　二、文化资本的形成条件…………………………………………340
　　　　三、文化资本的构成………………………………………………340
　　复习题……………………………………………………………………342
　　思考题……………………………………………………………………342
　　案例　松下电器公司这样培养商业人才………………………………343

第十四章　领导者与人力资源开发和管理…………………………………345
　　第一节　领导者的权威观与人员能动性………………………………345
　　　　一、权威观…………………………………………………………345
　　　　二、不同的权威观导致不同的领导行为…………………………346
　　　　三、不同的领导行为导致不同的下级行为………………………346

四、领导者应该树立正确的权威观·················347
第二节　领导者的人才观与队伍素质·················348
　　一、现代领导者应具备的人才观·················348
　　二、人才观上的偏差带来队伍素质的缺陷·················349
　　三、各级领导者面临人才观上的挑战·················350
第三节　领导团队的心理结构与领导成员的优化·················352
　　一、领导团队心理结构的内涵·················352
　　二、改善领导团队心理结构与领导成员的优化·················352
第四节　领导者的价值观与组织文化·················353
　　一、领导者是组织文化的缔造者·················353
　　二、领导者应确立科学的、高境界的价值观·················355
　　三、领导者应提高文化自觉性和文化影响力·················357
第五节　人力资源管理的心理误区·················358
　　一、晕轮效应·················358
　　二、投射效应·················359
　　三、相互回报心理·················360
　　四、嫉妒心理·················360
　　五、首因效应·················361
　　六、近因效应·················362
　　七、偏见效应·················362
　　八、马太效应·················362
　　九、戴维现象·················363
复习题·················363
思考题·················363
案例　Z董事长的领导方式为什么不受欢迎·················364

第十五章　人力资源的跨文化管理·················369

第一节　文化差异及识别维度·················369
第二节　人力资源跨文化管理的价值冲突层面·················372
第三节　人力资源跨文化管理的内容·················373
第四节　跨文化管理的类型·················374
　　一、移植·················374
　　二、嫁接·················375
　　三、文化合金·················375
第五节　人力资源跨文化管理对策·················375
　　一、文化融合的基本前提·················375
　　二、实施对策·················376
复习题·················379

思考题……379
　　案例　在华外企擅自解聘工会主席……380

第十六章　中小企业的人力资源管理……381

　第一节　我国中小企业的现状……381
　　一、我国中小企业的界定标准……381
　　二、中小企业在我国国民经济中的地位与作用……382
　　三、中小企业发展中的问题……384
　第二节　我国中小企业人力资源管理现状……384
　　一、中小企业人力资源管理的优势……384
　　二、中小企业人力资源管理存在的问题……385
　第三节　我国中小企业人力资源管理的思路与对策……386
　　一、转变人力资源管理观念，树立战略人力资源指导思想……387
　　二、实行组织适度非正式化，增加组织弹性……388
　　三、实施灵活合理的薪酬福利策略，稳定员工队伍……389
　　四、加强绩效管理，提高人力资源效率……390
　　五、重视骨干人才的招聘和培养，提升人力资本……390
　　六、狠抓企业文化建设，实现以软补硬……391
　　七、关键是企业家的修身，正确处理企业的劳动关系……393
　复习题……394
　思考题……394
　案例　得人心者得天下……395

第十七章　互联网时代的人力资源管理……400

　第一节　互联网与人力资源管理的基础性工作……400
　　一、开放的组织边界、更高的人员效率……400
　　二、更加扁平的组织结构促进员工创新……401
　　三、应用大数据手段设计人员素质模型……402
　　四、互联网为组织提供传播雇主品牌的平台……402
　第二节　互联网与日常人力资源管理工作……403
　　一、虚拟团队等新型人员配备方式的兴起……403
　　二、人力资源管理更加依赖与组织全面信息系统的融合……404
　　三、基于网络的招聘提高了招聘效率……404
　　四、互联网提高培训针对性和效率……404
　　五、互联网促进便捷的沟通与协调……405
　　六、为人力资源考核提供新手段……405
　　七、使薪酬管理有可能建立在大数据的基础上……406
　　八、日常工作中的纪律和监督遭遇挑战……406

第三节　互联网与员工职业发展和企业文化建设……………………407
　　　　一、离职更加常见………………………………………………………407
　　　　二、员工的职业发展更依赖于职业素养，而不是"忠于组织"………407
　　　　三、组织文化在强调凝聚力的同时要尊重个性…………………………408
　　复习题……………………………………………………………………………409
　　思考题……………………………………………………………………………409
　　案例　人力资源总监的一上午…………………………………………………410

第十八章　人力资源开发与管理的发展趋势……………………………412

　　第一节　由人治走向法治——科学化趋势……………………………………412
　　第二节　由以物为中心走向以人为本——人性化趋势………………………413
　　第三节　人力资源管理由事务性部门走向战略性部门——战略化趋势……415
　　第四节　人力资源管理由封闭式管理走向开放式管理
　　　　　　——国际化、社会化趋势……………………………………………417
　　第五节　人力资源的激励由薪酬独木桥走向薪酬与文化并行道
　　　　　　——激励非物质化趋势………………………………………………418
　　第六节　人力资源管理由重管理轻开发走向开发主导
　　　　　　——企业的学校化趋势………………………………………………419
　　第七节　由官僚组织走向团队组织——组织结构的离散化、网络化趋势…421
　　第八节　由管理绩薪职走向管理价值观——人力资源管理的柔性化趋势…422
　　复习题……………………………………………………………………………424
　　思考题……………………………………………………………………………425

参考文献…………………………………………………………………………426

第一章 人力资源开发与管理导论

本章学习目标
1. 人力资源开发与管理的基本概念
2. 人力资源开发与管理产生的历史背景
3. 我国企业人力资源开发与管理的现状

第一节 人力资源开发与管理的含义和特点

一、人力资源的含义

所谓人力资源是指能够推动整个经济和社会发展的劳动者的能力,即处在劳动年龄的已直接投入建设和尚未投入建设的人口的能力。

人力资源在宏观意义上的概念是以国家或地区为单位进行划分和计量的,在微观意义上的概念则是以部门和企、事业单位进行划分和计量的。

人力的最基本方面包括体力和智力。如果从现实的应用形态来看,则包括体质、智力、知识和技能四个方面。

人力资源数量构成包括八个方面。

(1) 处于劳动年龄之内、正在从事社会劳动的人口,它占据人力资源的大部分,可称为"适龄就业人口"。

(2) 尚未达到劳动年龄、已经从事社会劳动的人口,即"未成年劳动者"或"未成年就业人口"。

(3) 已经超过劳动年龄、继续从事社会劳动的人口,即"老年劳动者"或"老年就业人口"。

以上三部分人,构成就业人口的总体。

(4) 处于劳动年龄之内、具有劳动能力并要求参加社会劳动的人口,这部分可以称作"求业人口"或"待业人口",它与前三部分一起构成经济活动人口。

(5) 处于劳动年龄之内、正在从事学习的人口,即"就学人口"。

(6) 处于劳动年龄之内、正在从事家务劳动的人口。

(7) 处于劳动年龄之内、正在军队服役的人口。
(8) 处于劳动年龄之内的其他人口。

人力资源的构成如图1-1所示。

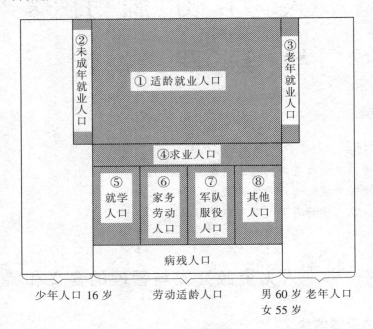

图1-1 人力资源数量构成图

资料来源：姚裕群.人力资源开发与管理概论[M].北京：高等教育出版社，2005.

二、人力资源的特点

要进行社会生产，就必须具备人、财、物三种基本资源。由于财力（即资金）是人力和物力的货币表现，因此，社会生产的最基本要素或基本资源，就是人力和物力。

人力资源作为国民经济资源中的一个特殊部分，有以下六个特点。

1. 人力资源的生物性

人力资源存在于人体之中，是有生命的"活"资源，与人的自然生理特征相联系。

2. 人力资源的能动性

人不同于自然界的其他生物，因为他具有思想、感情，具有主观能动性，能够有目的地进行活动，能动地改造客观世界。人具有意识。这种意识不是低级水平的动物意识，而是对自身和对外界具有清晰看法的、对自身行动作出抉择的、调节自身与外部关系的社会意识。由于作为劳动者的人具有社会意识，并在社会生产中处于主体地位，因此表现出主观能动作用。

人力资源的能动性，主要表现在三个方面。

（1）自我强化。人类的教育和学习活动，是人力资源自我强化的主要手段。人们通过正规教育、非正规教育和各种培训，努力学习理论知识和实际技能，刻苦锻炼意志和身体,使自己获得更高的劳动素质和能力,这就是自我强化过程。

(2) 选择职业。在市场经济环境中,人力资源主要靠市场来调节。人作为劳动力的所有者可以自主择业。选择职业是人力资源主动与物质资源结合的过程。

(3) 积极劳动。敬业、爱业,积极工作,创造性地劳动,这是人力资源能动性的最主要方面,也是人力资源发挥潜能的决定性因素。

3. 人力资源的动态性

由于人作为生物有机体,有其生命周期,能从事劳动的自然时间被限定在生命周期的中间一段;人的劳动能力随时间而变化,在青年、壮年、老年各个年龄组人口的数量及其相互联系,特别是"劳动人口与被抚养人口"比例,都是不断变化的。因此,必须研究人力资源形成、开发、分配和使用的时效性、动态性。

4. 人力资源的智力性

人类在劳动中创造了机器和工具,通过开发智力,使器官等效地得以延长,从而使自身的功能迅速扩大。人类的智力具有继承性。人力资源所具有的劳动能力随着时间的推移而得以积累、延续和增强。

5. 人力资源的再生性

经济资源分为可再生性资源和非再生性资源两大类。非再生性资源最典型的是矿藏,如煤矿、金矿、铁矿、石油等,每开发和使用一批,其总量就减少一批,绝不可靠自身机制恢复。另一些资源,如森林,在开发和使用过后,只要保持必要的条件,可以再生,保持资源总体的数量。人力资源也具有再生性。它基于人口的再生产和劳动力的再生产,通过人口总体内个体的不断更替和"劳动力耗费→劳动力生产→劳动力再次耗费→劳动力再次生产"的过程得以实现。当然,人力资源的再生性不同于一般生物资源的再生性,除了遵守一般生物学规律之外,它还受人类意识的支配和人类活动的影响。

6. 人力资源的社会性

从人类社会经济活动角度来看,人类劳动是群体性劳动,不同的劳动者一般都分别处于各个劳动集体之中,构成了人力资源社会性的微观基础。从宏观上看,人力资源总是与一定的社会环境相联系的。它的形成、配置、开发和使用都是一种社会活动。从本质上讲,人力资源是一种社会资源,应当归整个社会所有,而不应仅仅归属于某一个具体的社会经济单位。

三、人力资源开发与管理的含义

作为最主要的资源——人力资源必须进行科学而有效的开发和管理,才可能最大限度地造福社会、造福人类。可以从两个方面去理解人力资源的开发与管理。

1. 对人力资源外在要素——量的管理

凡社会化大生产都要求人力与物力按比例合理配置,在生产过程中人力与物力在价值量上的比例是客观存在的。

对人力资源进行量的管理,就是根据人力和物力及其变化,对人力进行恰当的培训、组织和协调,使二者经常保持最佳比例和有机的结合,使人和物都充分发挥出最佳效应。

2. 对人力资源内在要素——质的管理

质的管理指对人的心理和行为的管理。

就人的个体而言,主观能动性是积极性和创造性的基础,而人的思想、心理活动和行为都是人的主观能动性的表现。

就人的群体而言,每一个个体的主观能动性,并不一定都能形成群体功能的最佳效应。因为这里有一个内耗的问题(1＋1＜1,1＋1＝0。一个和尚挑水吃,两个和尚抬水吃,三个和尚没水吃)。只有群体在思想观念上一致,在感情上融洽,在行动上协作,才能使群体的功能等于或大于每一个个体功能的总和。

对人力资源质的管理,就是指采用现代化的科学方法,对人的思想、心理和行为进行有效的管理(包括对个体和群体的思想、心理、行为的协调、控制与管理),充分发挥人的主观能动性,以达到组织目标。

总之,人力资源的开发与管理,指运用现代化的科学方法,对与一定物力相结合的人力进行合理的培训、组织与调配,使人力、物力经常保持最佳比例,同时对人的思想、心理和行为进行恰当的诱导、控制和协调,充分发挥人的主观能动性,使人尽其才,事得其人,人事相宜,以实现组织目标。

四、人力资源开发与管理的特点

人力资源开发与管理,作为一个学科,具有几个明显的特点。

1. 综合性

人力资源的开发与管理是一门相当复杂的综合性的学科,需要综合考虑种种因素,如经济因素、政治因素、文化因素、组织因素、心理因素、生理因素、民族因素、地缘因素等。它涉及经济学、社会学、人类学、心理学、人才学、管理学等多种学科,是一门综合性学科。

2. 实践性

人力资源开发与管理的理论,来源于实际生活中对人力管理的经验,是对这些经验的概括和总结,并反过来指导实践,接受实践的检验。

人力资源开发与管理成为一门科学,仅仅是最近二三十年的事情,它是现代社会化大生产高度发达、市场竞争全球化和白热化的产物,其主要理论诞生于发达国家。

我们应该从中国实际出发,借鉴发达国家人力资源开发与管理的研究成果,解决中国人力资源开发与管理中的实际问题。

3. 发展性

人们对客观规律的认识总要受一系列主客观条件的制约,不可能一次完成,总是需要一个漫长的认识过程。因此,各个学科都不是封闭的、停滞的体系,而是开放的、发展的认识体系。作为一个新兴学科,人力资源开发与管理更是如此。其理论的来源,大体上可以归纳为三个部分(或三个发展阶段)。

(1) 古代的人事管理思想——包括中国古代的人事管理思想,其中有许多闪光的东西。至于西方古代的人事管理思想,则大体上以量的管理为主,不系统。

(2) 科学管理思想——以泰勒、法约尔和韦伯为代表,以"经济人"假设为基础,以效率为中心,把人当作物去管理,管理的重点是量上的配合,并使之科学化、系统化。

(3) 现代管理思想——把科学管理与行为科学相结合,以"社会人"、"自我实现人"假设为基础,以人为中心,量与质并重地管理人力资源,并逐步过渡到以质的管理(即观念的管理)为主,使这门科学更多地深入到人才学、心理学领域。

4. 民族性

人毕竟不同于物,人的行为深受其思想观念和感情的影响,而人的思想感情无不受到民族文化传统的制约。因此,对人力资源的开发和管理带有鲜明的民族特色。不顾民族特点对他国的经验盲目搬用,在人力资源开发管理领域最为有害。

以美国和日本为例,它们皆为资本主义制度,都搞市场经济,但两国在人力资源开发与管理上差别很大。美国是个人主义的资本主义,人力资源的特点是"契约人","按契约办事"是美国人的通行原则。相应地,在人力资源开发与管理上,实行的是自由雇佣制。这是一种个人之间高度竞争的"压力型"劳动制度。日本则不同,它是家族主义的资本主义,儒家文化重群体、尊长辈、讲内和的传统,使其人力资源的特点是"家族人","忠于企业大家庭"是日本人的行为准则。相应地,在人力资源开发与管理上,实行的是终身雇佣制,这是一种个人之间密切合作的"吸力型"劳动制度。美日在人力资源开发与管理上的差异,就其主导的方面而言,是东西方文化差异的集中表现,都很难主观地加以改变。

5. 社会性

作为宏观文化环境的一部分,社会制度是民族文化之外的另一重要因素。现代经济是社会化程度非常高的经济,影响劳动者工作积极性和工作效率的诸因素中,生产关系(分配制度、领导方式、劳动关系、所有制关系等)和意识形态是两个重要因素,而它们都与社会制度密切相关。我们在借鉴和研究不同国家的人力资源开发管理经验时,千万不要忘记这一点。

例如,中国与日本同为东方民族,都具有以儒家文化为主的民族文化传统。在人力资源开发与管理上,都在一定程度上把"家庭"观念移植到企业中,形成团结、互助、内和外争的格局。但二者的社会制度不同:中国实行社会主义制度,职工是国家的主人、企业的主人,经理与职工地位平等;在日本则不同,本质上仍然是资本主义的雇佣关系,是老板与雇员的关系,因而是不平等的。在中国企业和日本企业中,都提倡"以企为家",但在企业这个大家庭中,管理者与被管理者之间,在中国是"同事关系",在日本则更像是"父子关系"。

第二节 人力资源开发与管理的目标和任务

在一切资源中,人力资源是第一宝贵的,自然成了现代管理的核心。不断提高人力资源开发与管理的水平,不仅是当前发展经济、提高竞争力的需要,也是一个国家、一个民族、一个地区、一个单位长期兴旺发达的重要保证。

具体来讲,人力资源开发与管理的目标和任务如下。

一、取得最大的使用价值

根据价值工程理论：

$$V(价值) = \frac{F(功能)}{C(成本)}$$

价值等于功能成本比。

若使 V 最大，有四种办法：

(1) 功能提高，成本不变；

(2) 成本降低，功能不变；

(3) 成本提高，功能提得更高；

(4) 提高功能，降低成本。

其中第四种办法最理想，被称作大、高、低目标管理原则，即大价值、高效能、低成本。

这个大、高、低原则正如马克思所说："真正的财富在于用尽量少的价值创造出尽量多的使用价值。"换句话说，就是在尽量少的劳动时间里创造出尽量丰富的物质财富。

在人力资源方面，就是通过合理的开发和管理，实现人力资源的精干和高效。我国劳动人事制度的改革，其根本目标就在于此。具体化即为

$$人的使用价值达到最大 = 人的有效技能最大地发挥$$

$$人的有效技能 = 人的劳动技能 \times 适用率 \times 发挥率 \times 有效率$$

其中：

$$适用率 = \frac{适用技能}{拥有技能} \quad (即是否用其所长)$$

$$发挥率 = \frac{耗用技能}{适用技能} \quad (即干劲如何)$$

$$有效率 = \frac{有效技能}{耗用技能} \quad (即效果怎样)$$

努力方向是提高适用率、发挥率、有效率。

二、发挥最大的主观能动性

美国学者通过调查发现：按时计酬的职工每天只需发挥自己 20%～30% 的能力，就足以保住个人的饭碗。但若充分调动其积极性、创造性，其潜力可发挥出 80%～90%。两相对比，差距如此悬殊，可见发挥人的主观能动性是人力资源管理的十分重要的目标和任务。

影响人的主观能动性发挥的因素主要有三方面。

1. 基本因素——价值标准和基本信念

众所周知，需要产生动机，动机导致行为。人的需要带有客观性，而人们动机则是纯主观的，但它却是行为产生的直接原因。人的主观能动性的大小，主要受动机驱动。对人的行为动机产生深刻影响的是人的价值标准和基本信念。"为国捐躯最光荣"的价值标准和"有我无敌"、"人在阵地在"的坚强信念，是产生以一当十、视死如归的战斗英雄和一系

列可歌可泣英雄事迹的真正动力。反过来,"保命最重要"的价值标准和"趋利避害乃人之本能"的基本信念,则是产生逃兵、胆小鬼和战场上一系列怯懦行为的温床。市场如战场,经济活动与军事活动有许多相通之处,价值标准和基本信念对人的主观能动性的制约作用即是其一。

具体而言,有三个层次。

(1) 社会价值观。每个社会都有自己的主导价值观,它决定了社会风气的性质和方向,也决定了社会对个人行为的评价,因此对人们的主观能动性发挥的影响十分巨大。我国台湾《天下》杂志曾登载一篇论文,讨论"日本经济背后的文化现象",作者指出:"一种清晰的被社会认同的价值观,使日本人具有超强的整合力和刚韧的凝聚力。这种价值观念来自对团体的忠诚。日本人多遵循儒家的社会伦理观念,忠诚于老师、忠诚于团体的教育。"

(2) 群体价值观。具体在每个企业、事业单位,在同样的社会大气候下,可能会形成不同的传统、风气,其背后是不同的群体价值观。组织内部的群体价值观构成组织的心理气氛和文化氛围,它随时随地影响着每个组织成员的能动性的发挥。世界著名的"电脑王国"——美国IBM公司,有三条群体价值观:第一,尊重个人;第二,顾客至上;第三,追求卓越。几十年来,企业外部环境发生了剧烈变化,但这三条群体价值观却从未改变。正是这种积极向上的价值观,激励着IBM的员工不仅创造出质量最好的产品,而且创造出使用户满意的最佳服务。有人形容IBM员工的积极状态"可以与狂热的教徒"媲美。

(3) 个人价值观。在一个组织或群体内部,各个成员的主观能动性发挥程度并不一样,这与组织结构、人员任用、激励方法、领导作风、人际关系等客观因素密切相关。从主观因素来讲,个人价值观的差异是关键。有些人的价值观指向个人和金钱,而另一些人指向集体和事业,这两部分人的积极性、创造性、责任感、事业心都会有巨大的差异。所谓忠臣与奸臣,君子与小人,先进与落后,其本质上的差别就在于个人价值观的不同。它不仅决定了个人能动性的大小,而且决定了个人能动性的取向。

2. 实际因素——现实的激励因素

现实的激励因素之优劣,决定了对员工工作动机激发的强弱,只有强有力的激励,才会出现员工主观能动性的高涨。一般而言,现实的激励因素主要包括八方面内容。

(1) 任用情况。如果领导善于用人,量才而用,用其所长,补其所短,就会使事得其人,人尽其才,人事相宜,人们的主观能动性就会得到充分发挥。

这要求领导者知人善用。知人即善于观察人,较快地认识到每个人的兴趣、爱好、志向、才能、知识的水平和倾向;善用即按事选人,平等竞争,使每个人都有同样的机会找到最适合发挥自己才干的舞台。

(2) 信任程度。"民无信不立。"领导者与被领导者的互相理解、互相信任,是同心协力、发挥下级能动性的前提。为此,上级对下级应贯彻"用人不疑,疑人不用"的原则,应该充分地信任下级,给他们足够的权力,鼓励他们放手大胆地开展工作。

(3) 晋升制度。每个人都希望得到晋升,获得更大的舞台,使自己的潜能充分地释放出来,但由于职位有限,不可能全面满足每个人的晋升需求,这就要求有一个合理的晋升制度,其要点是公正、公平,严格考核,重视业绩与成效,平等竞争,择优晋升。晋升制度合理就会激励大家不断提高自己,充实自己,以自己的优秀绩效在竞争中取胜,自然就会发挥出自己的主观能动性。

(4) 工资制度。工资是员工取得劳动报酬的主要形式,是维持一定生活水平的物质基础。在我国,温饱问题尚未完全解决,生活质量还不高的情况下,工资仍然是一种有效的激励手段。工资制度的改革,既要破除"大锅饭",破除分配上的平均主义,又要防止工资差距过大,真正做到分配合理。

真正做到分配合理是不容易的。在当前,应该恰当地解决以下两个问题。

第一,分配中"劳"的计量问题,即劳动数量、质量的考核问题。对脑力劳动的计量和考核更具复杂性。第二,处理好工资关系问题,包括不同工种、不同岗位、不同职位之间的工资差距;脑力劳动与体力劳动工资报酬的合理区别;管理者与被管理者的工资差距等。从宏观上,应该处理好不同所有制的企业之间、不同地区之间的工资关系问题。

(5) 奖励制度。奖励包括物质奖励和精神奖励,用来满足职工的生存、安全、社交、自尊和自我实现的需要,进而不同程度地提高其主观能动性。

正确的奖励制度才能有效地激发大家的劳动积极性,否则将适得其反。其要点是:第一,考核制度是奖励制度的前提,没有公平的考核,就不会有公平的奖励;第二,正确处理物质奖励与精神奖励的关系,根据员工的需要层次和结构,选择物质奖励与精神奖励的合理比例结构;第三,随着人员温饱问题的解决,应该将重点由物质奖励向精神奖励转移,在保持一定外部激励水平的基础上,着重提高内部激励的强度。

(6) 处罚制度。处罚作为一种负强化手段,与奖励这种正强化手段是共生的,二者缺一不可。它可以有效地防止和纠正各种非期望行为,借以保护多数员工的主动性和积极性。

规定合理的处罚制度应注意以下几点:第一,处罚制度应严肃,内容在调查研究的基础上反复推敲,应宽严适度,严得合理,并经过职代会讨论通过;第二,处罚制度一旦制定,就应有章必循,违章必究,但必须按章行事,防止以言代法;第三,处罚制度主要是针对少数人的,而且是一种辅助手段,应防止过分夸大惩罚作用和以罚代管的倾向。

(7) 参与程度。一个单位的每个成员,尽管地位再低,也都有各自的自尊,希望得到他人(包括上级)的尊重、理解和平等的对待,希望自己对工作的看法和建议有人倾听并被采纳。总而言之,他们不希望别人仅把自己看作会说话的工具,而是把自己当作平等的伙伴;他们不希望别人仅把自己看作消极的执行者,而是把自己当作决策的参与者,以施展个人的聪明才智,实现个人价值。因此,决策过程应该鼓励下级民主参与,参与程度越深,越易于发挥下级的主观能动性。

当然,参与程度有许多限制条件,如问题的性质、职权范围、人员素质、时间条件、参与成本等。在条件许可的情况下,应尽量加大民主参与的程度。

(8) 福利状况。生活福利包括住房、医疗保障、养老保障、失业保障、工作环境、福利设施(食堂、浴室、理发厅、卡拉OK厅、文化宫、图书馆、剧院、体育场馆)等,是满足员工生存、安全、社交需要的重要途径,也是外在激励的组成部分。良好的福利条件,会使员工感到组织的温暖,增强组织的凝聚力,从而激发员工更积极地工作,自觉发挥出个人的主动性、创造性和能动性。

3. 偶发因素

偶发因素指在组织中发生的一些偶然事件,会影响组织成员主观能动性的发挥。如称赞、表扬、友好的表示、善意的交往、尊重的举动,这些积极的偶发事件,会增加组织成员的满意感、归属感、成就感、责任感,激发出更大的主观能动性。反之,讽刺、挖苦、批评、贬损、冷落、不公正地对待、不友好的举动、恶意中伤等消极的偶发事件,则会减弱或破坏组织成员的满意感、归属感、成就感和责任感,甚至产生不满和敌意,其主观能动作用也就无从谈起了。

三、培养全面发展的人

人类社会的发展,无论是经济的、政治的、军事的、文化的发展,最终的目的都要落实到人——一切为了人本身的发展,为了不断地提高人的工作、生活质量,使人变得更富裕、更文明、更有教养、更趋完美。

因此,教育与培训在人力资源的开发管理中的地位越来越高。教育不仅是提高社会生产力的一种方法,而且是造就全面发展的人的唯一方法。

随着市场经济的发展,国家民族间的竞争、企业间的竞争,透过产品的质量、价格和服务竞争的层层迷雾,我们看到的是不同国家、不同民族、不同企业之间人力资源的竞争。因此,无论是国家领导人,还是企业家,均把培养高素质的人当作首要任务。

"造物之前先造人"是日本松下公司的座右铭。松下幸之助指出:"松下电器公司与其他公司最大不同的地方,就是在员工的培育与训练上。""这种'造就人才'的风气,竟成为推动公司发展的原动力。"松下要培养的人才,是德、智、体全面发展的,他把这三育称作人类的三根支柱。他特别重视德育,指出:"德育从某种意义来说,比智育、体育还要重要。""只有五位员工的商店,可以靠精神信条,赶上没有店训的大商店。"

美国学者布雷德福和科恩在《追求卓越的管理》一书中,把传统的领导模式概括为"师傅型领导"(人治)和"指挥型领导"(法治),这两种模式的共同点是由领导者控制一切、指挥一切,也统称为"英雄型领导",不利于下级素质的提高,不利于人才的培养。他们认为现代的领导模式应该是"育才型领导",它具有以下特点。

(1) 同舟共济,以部属为中心,由上级和下级共同决策,领导者充当教练的角色。

(2) 组织的目标有两个:第一,完成工作任务;第二,使部属不断进步,提高素质。

(3) 实行"育才型领导"应具备三个要素:第一,建立起共同负责的团队;第二,持续培养每个人的才干(技术才干、合作精神、管理能力等);第三,确立共同的目标。

(4) 以育才为导向,使培养人成为组织的出发点和归宿。

这两位美国学者是从管理理论上论证了现代组织的一个重要目标,就是培养高素质的、全面发展的人。

第三节　从管理的软化看人力资源开发与管理的兴起

纵观企业管理的全部历史,大致经历了经验管理、科学管理、文化管理三个阶段,总的趋势是管理的软化。能否清醒地认识到这一点,对于能否自觉地提高我国社会主义企业的管理现代化程度是至关重要的。

一、从经验管理、科学管理到文化管理

1. 从经验管理到科学管理是企业管理的第一次飞跃

1911年泰罗的《科学管理原理》一书问世,标志着企业管理由漫长的经验管理阶段,迈进了划时代的科学管理新阶段。

调查研究的科学方法代替了个人经验;"时间和动作研究"提供了精确地计算定额的方法;生产工具、操作工艺、作业环境、原材料的标准化,为生产效率的提高开辟了广阔的前景;"工作挑选工人"的原则和系统的培训,为各个生产岗位提供了一流的工人;"计划(即管理)与执行相分离"的原则,大大加强了企业的管理职能,使依法治厂成为可能。总之,泰罗的科学管理理论使企业管理由经验上升为科学,很快在欧美推广。以福特汽车的流水线生产为标志,科学管理极大地推动了生产效率的提高。

2. 从科学管理到文化管理是企业管理的第二次飞跃

科学管理使企业管理走上了规范化、制度化和科学化的轨道,极大地推动了生产效率的提高。同时,在实践中暴露出其本质的弱点——对职工的忽视。与生产高效化伴生的是人的工具化,以及工人对工作的厌烦、劳资矛盾的激化。

发端于20世纪30年代,流传在六七十年代的行为科学,力图纠正和补充科学管理的不足,80年代兴起的企业文化理论,是这种努力的最新成果,它完整地提出了与科学管理不同的管理思想和管理框架。这种以企业文化建设为龙头的文化管理模式已经成为世界管理的大趋势。其原因有六。

(1) 温饱问题的解决与"经济人假设"的困境。在泰罗所处的时代,即19世纪末20世纪初,生产力低下,工人远远没有解决温饱问题,也许"经济人假设"在当时不无道理。但即使在当时,有觉悟的工人也绝不是纯粹的"经济人",轰轰烈烈的工会运动就是明证。随着生产力的迅速提高,发达国家的工人逐步解决了温饱问题,"经济人假设"陷入困境,工人的劳动士气低落重新困扰着企业主。20世纪30年代,在霍桑试验的基础上美国管理学家梅奥提出了"人群关系论",正式指出:工人不是经济人,而是社会人。他们除了经济需要之外,还有社会需要、精神需要。影响职工士气的主要原因不是物质条件,而是社会条件,特别是职工上下左右的人际关系。在此基础上发展起来的行为科学,进一步把人的需要划分为五个层次——生存、安全、社交、自尊、自我实现。对于解决了温饱问题的职工,满足其生存需要和安全需要的物质激励杠杆,已越来越乏力,而设法满足职工的社交、自尊、自我实现等高层次的精神需要,成为激励职工、赢得优势的关键手段。文化管理强调尊重人、培养人、满足人的精神需要,以人为中心进行管理,完全适应职工队伍需要层次的提高。

(2) 脑力劳动比重的增加与"外部控制"方式的局限。随着生产自动化程度的提高,白领职工比例越来越高,蓝领职工比例越来越低,即使是蓝领工人也逐渐摆脱了笨重的体力劳动。现代化钢铁企业的钢铁工人,已不再是挥汗如雨、高温作业的昔日形象,而是坐在计算机前穿白大褂操作按键的崭新面貌。脑力劳动在劳动构成中的含量越来越高,已经是不可逆转的历史潮流。在无形的脑力劳动面前,泰罗的时间和动作研究已无用武之

地。如果说,泰罗的从严治厂、加强监督的外部控制方法,对有形的体力劳动曾经卓有成效的话,那么对待复杂的、无形的脑力劳动,则必须转移到进行"自我控制"的轨道上来。这就是要注重满足职工自我实现需要的内在激励,注意更充分地尊重职工,鼓励职工的敬业精神和创新精神,并且在价值观上取得共识。而培育共同价值观正是企业文化建设的核心内容。可以说,文化管理是以脑力劳动为主的信息时代唯一适用的管理模式。

(3) 服务制胜时代的到来与"理性管理"传统的没落。生产力迅速发展的另一个结果,是产业结构调整的加速和第三产业的兴起。目前,欧美发达国家的职工中,50%以上在第三产业工作。第三产业的特点是一般没有物质产品,其主要产品是服务。服务质量的竞争是第三产业竞争的主要形式。即使在第二产业,工业产品的市场竞争焦点也越来越转移到服务上来。因此许多企业家和管理学家认为:服务制胜的时代已经到来。

那么,优质服务从何而来?靠泰罗的重奖重罚和严格的外部监督只能治标不治本。西方管理学家认为,微笑服务应具备两个条件:① 职工具有良好的服务意识和敬业精神;② 职工在工作时心情愉快。这只能依赖在长期的生产经营活动中形成一种共同价值观,一种心理环境,一种良好的传统和风气,相互感染熏陶,亦即形成一种良好的企业文化才能够实现。

(4) 战略管理的崛起与企业哲学的导航作用。随着市场竞争的白热化,通信手段的现代化,世界变小了,决策加快了,决策的复杂程度大大地提高了。这使战略管理的地位空前重要,而战略管理的基础,则是企业家对企业参与市场竞争的哲学思考。众所周知,企业哲学是企业文化的重要内容。

(5) 分权管理的发展与企业精神的凝聚作用。随着市场竞争的白热化、快速化,决策的复杂程度空前地提高。对决策快速性、准确性的要求,导致决策权力下放,各种形式的分权管理应运而生。特别是近20年来,跨国公司大量涌现,这种分权化的趋势更为明显。过去,泰罗时代以效率著称的直线职能制组织形式,即金字塔组织,由于缺乏灵活性而逐渐失去了活力。代之而起的是联邦分权制(即事业部制)、矩阵式组织,以及重心移至基层的镇尺型组织。随着金字塔的倒塌,柔性组织和分权管理的发展,企业的控制方式也发生了巨大的变化。

泰罗的科学管理是依靠金字塔的等级森严的组织和行政命令的方式,实施集中统一指挥和控制的,权力和责任大多集中在上层。现在,权力下放给各事业部或跨国公司的地方分(子)公司了,地理位置又往往相隔十万八千里,直接监督已不可能,行政命令已不适宜,那么,靠什么维持庞大的企业(或跨国公司)的统一呢?靠什么形成数万职工的整体感?靠什么把分散在世界各地的、不同民族、不同语言、不同文化背景的职工队伍凝聚起来呢?只能依靠共同的价值观、企业目标、企业精神、企业制度、企业传统、仪式、建筑式样等,亦即共同的企业文化。

(6) 网络经济的出现与虚拟企业的运作。网络技术的发展和知识经济的兴起,使"虚拟企业"和在家上班成为可能。对于没有办公楼,不上班共同工作,而是各自在家里的电脑前自主安排工作的职员,经理人员怎样对他们实施激励、领导和控制?怎样使他们自觉地积极工作,主动地开动脑筋,愿意开发自己的潜能,并出色地与他人合作?有效的手段只有一种——靠企业文化的神奇力量。核心价值观成为全体职工自觉工作、自我约束的精神动力,也成为凝聚公司员工的思想纽带。当然,网络沟通并不能取代人的直接接触,管理者对员工的家庭访问、握手寒暄和感情沟通肯定比今天更为重要;而一些丰富多彩的企业风俗、典礼、仪式和业余文化活动,更成为未来企业的动人画面——凝聚人心的感情纽带。

综上所述,可以得出结论:从科学管理到文化管理是企业管理的第二次飞跃。

表 1-1 列出了经验管理、科学管理和文化管理三种管理模式的特征。

表 1-1　经验管理、科学管理和文化管理

模式 特征	经验管理	科学管理	文化管理
年份	1769—1910	1911—1980	1981 年以来
特点	人治	法治	文治
组织	直线式	职能式	学习型
控制	外部控制	外部控制	自我控制
领导	师傅型	指挥型	育人型
管理中心	物	物	人
人性假设	经济人	经济人	自动人、观念人
激励方式	外激为主	外激为主	内激为主
管理重点	行为	行为	思想
管理性质	非理性	纯理性	非理性与理性相结合
HR 管理模式	雇工管理	劳动人事管理	人力资源管理
导向	成本降低导向	效率提升导向	人力资本升值导向

二、人力资源开发与管理的兴起

与经验管理、科学管理、文化管理相对应的对人的管理,大体上可以概括为雇佣管理、劳动人事管理和人力资源开发与管理。

在雇佣管理阶段,人们把员工与机器、工具一样,看成简单的生产手段和成本。实行以录用、安置、调动、退职和教育训练为中心的劳动力管理,管理的主要目的是降低人力成本。

在劳动人事管理阶段,重点放在劳动效率的提高上。诸如如何挑选和招聘第一流的工人;如何培训员工以提高生产效率;如何建立员工档案,更科学地调配和使用员工;如何正确进行考核和给付薪酬;如何妥善处理劳资纠纷;如何维护劳动力以维持再生产等,都成为管理的重要内容。

在人力资源开发与管理阶段,有几个明显的变化。

(1)员工不仅仅是生产的成本,还是投资的对象、开发的对象,是企业赖以生存和发展的首要资源。

(2)正如著名经济学家舒尔茨所说,人力资源是效益最高的投资领域。

(3)教育和培训是人力资源开发的主要手段,也成为人力资源部门的重要职能,对人的开发重于对人的管理。

(4)人力资源开发与管理,不仅仅是人力资源管理部门的事,更是直线部门经理的

事。各级经理首先是人力资源的经理,要担负起管理人、培养人的重任。

(5) 随着文化管理的兴起,人已经成为企业管理的中心,人力资源开发与管理的重要性日益增强,人力资源部已经同财务部一起,成为企业的战略支持部门。

(6) 对人力资源的管理重点已经从直接管理人的行为向直接管理人的思想,进而间接影响人的行为方向转变。

(7) 人力资源开发与管理的主要目的是提升人力资本。

第四节 从改革开放看中国企业的人力资源开发与管理

改革开放使中国企业的内外环境发生了巨大变化,其变化之深刻和广泛,可以用沧海桑田、天翻地覆来形容。相应地,中国企业的人力资源管理也经受了严重的冲击和挑战。

一、世界竞争力排行榜的启示

每年相关国际机构都要公布各主要国家(46~48个国家)的竞争力排行榜。中国在榜上连续几年徘徊在第33名左右。1995年,在48个国家和地区中,中国竞争力名列第34位,1999年为第29位,2000年为第31位,2001年为第33位。

1995年,8项分指标的排名分别为:国内经济实力第12位,国际化程度第27位,政府政策导向第21位,财政金融第44位,基础设施第45位,管理水平第47位,科学技术第26位,人员素质第40位。

值得注意的是,中国的人员素质第40位,其中子项目:劳动力特征第46位,教育结构第45位,生活质量第45位,劳动力的心态第42位,这都说明中国的人力资源开发与管理是相当落后的。

更值得关注的是,管理水平名列倒数第2名(第47位),其中子项目:生产率第38位,企业效益第45位,企业家精神和管理效率均为第47位,即倒数第二!这说明中国企业管理水平低下,特别是企业经营者素质不高,企业家精神十分缺乏,这也是中国人力资源开发与管理的瓶颈。

应当指出:情况在日益好转。以1999年的数据为例:中国在47个国家中,公司创新列第16位,股东价值列第19位,工人动机列第21位,人员称职水平列第41位,雇员培训列第23位,劳资关系列第30位,高级经理人员的获得性列第40位,营销文化列第17位,企业家精神列第17位,社会责任感列第18位,最落后的是雇员生产率,仅列第46位。

随着中国改革开放的深入开展,以及中国经济连续多年的高速成长,中国在世界竞争力排行榜中的位次也不断攀升。2000年以来,基本上在15名至20名之间徘徊。近年来由于世界金融危机的影响,以及中国经济转型、进行结构性改革,2012年排名第23位,2013年排名第21位。

以2010年的数据为例进行深入的分析:中国在世界竞争力排行榜中居第18位;2009年实际GDP增长8.7%;2009年人均国内生产总值6436美元。在世界竞争力排名的分指标:经济表现第3位;政府效率第25位;企业效率第28位;基础设施第31位。在进一步细分指标中,中国在就业、劳动力市场和体制框架方面得分较高,但是在商业立法、管理方法、健康和环境等方面相对落后。要想进一步提高全球竞争力排名,中国需要克服这些弱点,同时改善财政政策,并实施公平的收入分配政策。

除了上述"IMD世界竞争力排行榜",还有一个《全球竞争力报告》,其排名依据是"全球竞争力指数"(GCI),该指数由世界经济论坛在2004年推出,从12个方面衡量一国(地区)综合竞争力状况,即采用12个衡量指标,分别为制度、创新、宏观经济环境、医疗卫生、基础教育、高等教育与培训、商品市场效率、劳动力市场效率、金融市场发展水平、技术就绪度、市场规模、商业成熟度及创新。每年由世界经济论坛对全球140个经济体在促进生产力发展与社会繁荣方面的"全球竞争力指数"进行考量与排名。

2015年9月30日,世界经济论坛发布《2015—2016年全球竞争力报告》。虽然中国经济正经历转型升级期,在最新出炉的全球竞争力排行榜上,中国仍排在第28位,与2014年持平,继续领跑金砖国家,保持最具竞争力新兴市场的地位。值得一提的是,中国的创新水平排名为第31位,在连续两年停滞在第32位后前进一位。瑞士连续第七年蝉联榜首。新加坡和美国排在第2和第3位。紧随其后,德国排名较2014年上升一位,至第4位;荷兰经历三年的下滑后重回第5位;日本和中国香港表现稳定,分列第6和第7位;芬兰下降至第8位,是该国历年最差排名;瑞典和英国分别位居第9和第10位。

世界经济论坛创始人兼执行主席克劳斯·施瓦布认为:"第四次工业革命正在加速催生全新的行业与经济模式,与此同时,这也导致一些现有行业和模式的快速衰落。要在新的经济环境中保持竞争力,人们在此时需要特别重视促进生产力增长的关键要素,比如人才与创新。"

《2015—2016年全球竞争力报告》指出,为了进一步提高竞争力,当前各国的可行对策是推行长远的结构性改革,提高生产力,释放人才潜力,以此提振经济增长,并创造就业。分析发现,一个经济体培养、吸引、利用和支持人才发展的能力与其竞争力高度正相关。这对我们从战略高度认识人力资源管理的重要性是一个深刻的启示。

二、中国企业人力资源开发与管理的现状

大量调查资料表明,中国企业的人力资源现状可以归结如下。

(1) 总量过剩与结构性短缺并存。在企业中,普遍存在冗员,经常是5个人干3个人的活。但在一些关键岗位、重要岗位,又缺乏合适人选,结构性短缺严重。

(2) 人才缺乏与人才浪费并存。中国企业的人才状况存在两极分化。一方面,缺乏具有管理专业知识和远见、魄力的合格经营者、企业家,以及拔尖的技术人才和熟练的骨干技术工人;另一方面,大量人员闲置,或者用非所学,用非所长,造成极大的浪费。

(3) 关系导向与市场配置并存。中国企业的人力资源在使用市场杠杆配置的同时,也存在凭关系、托人情、走后门的现象,未实现人员配置的公平、合理、有效。

(4) 以罚代管与讨好主义并存。一些企业通过严格的惩罚措施对员工进行控制和管理,内部气氛紧张。也有部分企业一团和气、人情至上,通过各种方式讨好员工,以至于造成效率低下。

(5)"一支笔"考核与多维度考核并存。我国一些企业内部的人员考核路径单一,员工的业绩评价仅凭上级领导"一支笔",但也有部分企业开始实行了诸如360°考核等方式,提高评价的科学性。

(6)随意性与科学性并存。随着人力资源管理实践的发展,科学的测量量表、管理方法和信息系统被逐渐应用,但同时也存在人才培养缺乏规划,企业决策仅凭直觉和经验,政策制定缺乏深入的调查研究和预测支持,以及人际关系干扰等现象。

(7)过度竞争与竞争不足并存。部分行业和企业人才竞争激烈,过分关注结果,压力较大。而也有些企业内部缺乏竞争机制,仍然是大锅饭,员工懒散,效率不高。

(8)只顾效率与只讲公平并存。有些企业制定的人力资源政策具有鲜明的效率导向,完成任务获得奖金,完不成任务下岗走人;而与此相反,有些企业尤其是部分国有企业仍具有平均主义的倾向,过分强调公平,实行大锅饭。

(9)精英论与主体论并存。随着高科技企业的成长,高技术、高学历、高绩效的精英人才的作用日显突出。因而,出现了不同的企业对人力资源的不同定义:有的企业是专指精英,有的企业指包括精英在内绝大多数的员工。

(10)工具论与目的论并存。员工是实现企业目标的工具,为股东赚钱的工具;或者员工的成长、幸福本身就是企业的目的之一。这是两种截然不同的员工观。在目前,中国企业界是这两种员工观并存。

(11)作为中国企业人力资源开发管理的难点之一,是员工缺乏劳动热情和工作积极性。其原因有三:一是在改革开放中,广大企业职工是经济上受益最小的阶层之一,下岗工人更成为改革成本的主要承担者;二是由于广大企业职工的政治地位相对下降,在实行劳动合同制后,原来的主人翁大厦已经土崩瓦解,新的主人翁机制尚未形成;三是许多企业尚未建立起科学的现代薪酬绩效管理体系,以及充满活力的公平竞争机制,极大地限制了职工积极性的发挥。

(12)中国企业员工缺乏精神支柱。在计划机制下,艰苦奋斗、无私奉献这种以主人翁精神为核心的价值体系,至今已风光不再。而新的、有效的价值体系尚未建立起来,在一些企业中存在信仰真空、信念危机,企业内部的精神发动机难以正常启动。

(13)中国企业缺乏强有力的主要经营者激励约束机制,旧有的无私奉献机制大多失灵,而新的以年薪制、股权、期权为特征的物质激励机制也至今尚未完善。法人治理结构的不到位,党和工会的监督作用弱化,导致企业内部约束机制乏力。

(14)有越来越多的中国优秀企业走出国门,实行跨国经营,但对于如何解决文化冲突问题,如何实现文化融合,还缺乏经验,也有重视不够的问题。

以上问题,是沿着改革开放道路前进中出现的,也必然会在改革开放的继续实践中一一化解,前提是坚定不移地按人力资源开发管理的客观规律办事。

复习题

1. 何谓人力资源?其特点是什么?
2. 何谓人力资源开发与管理?其特点是什么?
3. 人力资源开发与管理的目标任务是什么?其影响因素有哪些?

4. 试说明管理的软化趋势。
5. 为什么说从经验管理到科学管理是企业管理的第一次飞跃？
6. 为什么说从科学管理到文化管理是企业管理的第二次飞跃？
7. 人力资源开发与管理兴起的背景是什么？
8. 如何概括中国企业人力资源开发与管理的现状？
9. 中国企业人力资源开发与管理在当前主要存在哪些问题？如何解决？

思考题

1. 人力资源与土地、设备、资金相比，有哪些特点？在具体管理活动中如何考虑其特点？应采取哪些针对性措施？
2. 对人力资源量和质两方面的管理如何统筹兼顾？
3. 结合实例说明怎样取得人力资源最大的使用价值。
4. 结合实例说明如何使人力资源发挥出最大的主观能动性。
5. 结合实例说明在提高企业效益的同时，如何培养全面发展的人。
6. 试论证为什么从科学管理到文化管理是企业管理的必然发展趋势。
7. 试举例说明劳动人事管理与人力资源开发管理的区别。
8. 试举例说明中国企业人力资源开发与管理存在的主要问题，并列举出主要对策。

第二章 人力资源开发与管理的基本原理

本章学习目标
1. 关于人的哲学
2. 人事矛盾运动规律
3. 人事管理原理
4. 中国古代的人事思想
5. 发达国家的人力资源管理思想

第一节 关于人的哲学

人力资源开发与管理的对象是人,因此,怎样认识人的本质,就成为人力资源开发与管理的基础理论。

一、人性假设理论

在关于人性假设理论方面,有不少学者做过深入的研究,较著名的有美国行为科学家道格拉斯·麦格雷戈(Douglas M. MCGregor)提出的"x 理论-y 理论",以及美国行为科学家埃德加·沙因归纳出的"四种人性假设理论",我们在此重点介绍后者。

沙因在《组织心理学》一书中把前人已经提出过的"经济人假设"、"社会人假设"、"自我实现人假设",同他自己提出的"复杂人假设"排列为四种人性假设,作为这方面理论的概括和比较。

1. 经济人假设(x 理论)

经济人假设(x 理论)是古典经济学家和古典管理学家关于人性的假设。沙因把经济人假设归纳为以下四点。

(1) 人是由经济诱因来引发工作动机的,其目的在于获得最大的经济利益。

(2) 经济诱因在组织的控制之下。因此,人总是被动地在组织的操纵、激励和控制下从事工作。

(3) 人总是以一种合乎理性的、精打细算的方式行事,力图用最小的投入取得满意的报酬。

(4) 人的情感是非理性的,会干预人对经济利益的合理追求。组织必须设法控制个人的感情。

2. 社会人假设

社会人假设是人际关系学派的倡导者梅奥等人依据霍桑试验提出来的。沙因把社会人假设归纳为以下四点。

(1) 人类工作的主要动机是社会需要,而不是经济需要。人们要求有一个良好的工作气氛,要求与同事之间建立良好的人际关系。

(2) 工业革命和工作合理化的结果,使工作变得单调而无意义,因此,必须从工作的社会关系中去寻求工作的意义。

(3) 非正式组织有利于满足人的社会需要,因此,非正式组织的社会影响比正式组织的经济诱因对人有更大的影响力。

(4) 人们最期望于领导者的是能承认并满足他们的社会需要。

3. 自我实现人假设(y理论)

马斯洛的"需要层次理论"中最高一级需要是自我实现的需要。阿吉里斯的"不成熟—成熟理论"中所谓成熟的个性,就是指自我实现的人。关于自我实现人的假设,有以下四个要点。

(1) 人的需要从低级到高级可分为多种层次,其最终目的是满足自我实现的需要,寻求工作上的意义。

(2) 人们力求在工作上有所成就,实现自治和独立,发展自己的能力和技术,以便富有弹性,能适应环境。

(3) 人们能够自我激励和自我控制,外部激励和外部控制会对人产生威胁,造成不良的后果。

(4) 个人的自我实现同组织目标的实现并不是冲突的,而是能够达成一致的。在适当的条件下,个人会自动地调整自己的目标,使之与组织目标配合。

4. 复杂人假设(超y理论)

沙因等人认为,经济人假设、社会人假设和自我实现人假设,各自反映出当时的时代背景,并适合于某些人和某些场合。但是,人有着复杂的动机,不能简单地归结为一两种。事实上存在各种各样的人。人的工作动机,包括生理的、心理的、社会的、经济的各个方面,再加上不同的情境和时间因素而形成。因此,他们提出复杂人假设,其要点有五个方面。

(1) 人的工作动机不但是复杂的,而且变动性很大。每个人都有许多不同的需求。人的动机结构不仅因人而异,而且同一个人也因时而异、因地而异。各种动机之间交互作用而形成复杂的动机模式。

(2) 一个人在组织中可以形成新的需求和动机。因此,一个人在组织中表现的动机模式是他原来的动机与组织经验交互作用的结果。

(3) 人在不同的组织和不同的团体中可能表现出不同的动机模式。在正式组织中与别人不能和谐相处的人,在非正式组织中可能是合群的,从而满足其社会需要。在某些复杂的组织中,各个部门可以利用不同的动机来达到其目标。

(4) 一个人是否感到心满意足,肯为组织尽力,决定于他本身的动机结构与他同组织之间的相互关系;工作的性质、本人的工作能力和技术水平、动机的强弱、人际关系的好坏,都可能产生影响。

(5) 人可以依自己的动机、能力及工作性质对不同的管理方式作出不同的反应。因此,没有一种适合于任何时代、任何人的可能管理方式。复杂人假设产生了超 y 理论,成为权变理论的理论基础。

在关于人的本质的问题上,存在一个有趣的现象:中国古代至近现代许多思想家和学者,对人的本质的认识取得了与上述四种假设相似的结论。春秋战国时期,诸子百家争论的热点之一即人的本性。法家早期思想家荀子提出了"性恶论"的看法。他认为,"人之初,性本恶"。性恶的根据是:"若夫目好色,耳好声,口好味,心好利,骨体肤理好愉逸,是皆生于人之情性者也。"(《荀子简释·性恶》)人为什么生五官、身体?无非为了满足声、色、味、利诸方面的欲望,厌恶劳动、贪图安逸和享乐,乃人的恶的本性。这种观点与西方的"经济人"假设十分相近。儒家思想家孟子主张"性善论"。他认为,"人之初,性本善"。"无恻隐之心,非人也;无羞恶之心,非人也;无辞让之心,非人也;无是非之心,非人也。恻隐之心,仁之端也;羞恶之心,义之端也;辞让之心,礼之端也;是非之心,智之端也。人之有四端也,犹其有四体也。"(《孟子·公孙丑上》)这些善良的本性,乃是与生俱来的。这种看法,类似于西方的"社会人"假设。春秋战国时期还有另一位思想家——告不害,告子提出了"性无善恶论"。告子认为,"性无善无不善也"。善与恶都不是天生的,而是后天教育培养的结果。他把人性比作流水,他说:"性犹湍水也,决诸东方则东流,决诸西方则西流。人性之无分于善不善也,犹水之无分于东西也。"(《孟子·告子上》)这种看法具有一定的唯物主义因素,而与西方的"复杂人"假设相似。在中国春秋战国时代,没有类似西方"自动人"假设的观点,但在近代有个著名的思想家——梁启超,提出了"个性中心论"。他倡导"尽性主义",他说:"尽性主义,是要把各人的天赋良能发挥到十分圆满。就私人而论,必须如此,才不至成为天地间一赘疣。人人可以自立,不必累人,也不必仰人鼻息。就社会国家而论,必须如此,然后人人各用其所长,自动地创造进化,合起来便成强固的国家、进步的社会。"(《欧游心影录》)这里说的"尽性"的人即把个人聪明才智充分发挥的人,他们人人可以"自立","自动地创造进化",与西方的自我实现人即"自动人"假设十分相近。

中西观点的类似,说明人类在认识自己的过程中逐渐取得了共识,也说明了这些观点的典型意义。

人性假设理论如表 2-1 所示。

表 2-1 关于人性的假设

西方理论	经济人(x)	社会人	自动人(y)	复杂人(超 y)
中国古代理论	性恶论	性善论	尽性主义	流水人性
内涵	目好色,耳好声,口好味,心好利,骨体肤理好愉逸 (荀子)	恻隐之心,羞恶之心,辞让之心,是非之心 (孟子)	把各人的天赋良能发挥到十分圆满,人人可以自立 (梁启超)	性犹湍水也,决诸东方则东流,决诸西方则西流 (告子)

二、马斯洛的需要层次理论

最反映人的本质的是人的需要。关于人的需要的理论很多,最著名的是美国人本心理学家马斯洛提出的"需要层次理论"。如图 2-1 所示,他把人的基本需要划分为五个层次。

(1) 生理需要——主要指衣、食、住、行、性这些维持生存的基本需要。

(2) 安全需要——指人们对失业保障、医疗保障、养老保障、生产安全、社会治安、环境污染等方面的需要。

(3) 社交需要——指人们与人交往的需要,归属一个团体的需要,对友谊、爱的需要,建立良好人际关系的需要。

(4) 尊重需要——指人们自尊的需要,受别人尊重的需要,包括上级的赏识、表扬、荣誉、地位、晋升等。

(5) 自我实现需要(也叫作成就需要)——这是最高层次的需要,指人们充分地发挥个人聪明才智,取得成就,实现个人价值的需要。

图 2-1 人的五个需要层次图

资料来源:[美]小詹姆斯·唐纳利,等.管理学基础[M].北京:中国人民大学出版社,1982.

一般而言,生理和安全需要属于较低层次的、物质方面的需要;社交、尊重和自我实现的需要,则属于较高层次的、精神方面的需要。马斯洛认为,人的需要遵循递进规律,在较低层次的需要得到满足之前,较高层次的需要的强度不会很大,更不会成为主导的需要。人们通常是五种需要同时存在,只是各自的需要强度不同,呈现出不同的需要结构。若用横坐标长短表示需要强度,纵坐标表示需要层次,可将人们区分为五种典型的需要结构,如图2-2所示。

图2-2 五种典型的需要结构

1986年中国总工会开展了一次规模空前的"全国职工队伍情况调查",样本数达到60多万个。数据表明,我国职工队伍中需要结构分别为:生存人占33%,安全人占20%,社交人占7%,尊重人占20%,自我实现人占15%。现在25年过去了,估计中国企业职工的需要层次在提高,即尊重人和自我实现人的比例应有较大的提高。马斯洛认为,需要产生动机,动机导致行为。在若干个需要中间,总有一个最强烈的需要起主导作用,叫作主导需要;在若干个动机中间,总有一个动机强度最大,叫作优势动机。主导需要产生的优势动机是人们行为产生的直接原因。通过调查研究,掌握本单位职工的需要层次和需要结构,是做好人力资源开发管理工作的基础和前提。

三、马克思主义关于人的理论

马克思主义把唯物辩证法应用于对人本身的研究,得出了一系列科学的结论,其要点有三。

1. 人的自然属性

人的动物性或自然属性,主要表现在人的生存需要——衣、食、住、行、性。

在马克思主义出现之前,流行的看法是:上帝造人,给了人肉体和灵魂。马克思主义出现后,唯物主义代替了唯心主义,对人的认识有了一个飞跃。恩格斯说:"我们连同我们的肉、血和头脑都是属于自然界,存在于自然界的;我们对自然界的统治,是在于我们比其他一切动物强,能够认识和正确运用自然规律。"(恩格斯《自然辩证法》第159页)这里讲了两个基本事实:第一,人属于自然界,这是人的自然化;第二,人统治自然界,这是自然界的人化。同时,它揭示了一个真理:人的本质是客观的,因而是可以认识的。首先,人具有一定的动物性,正如恩格斯所说:"人来源于动物的事实已经决定了人永远不能摆脱兽性,所以问题永远只能在于摆脱得多一些或少一些。"生物学家巴甫洛夫发现了三种无条件反射——食物反射、防御反射和性反射,以及在此基础上形成的某些条件反射,乃人与动物所共有。

2. 人的社会属性

只承认人的自然属性,不承认人的社会属性,就会导致庸俗唯物主义、历史唯心论。人的社会实质即人不是孤立的、"纯粹的"个人。马克思说:"人的本质并不是单个人所固有的抽象物。在其现实性上,它是一切社会关系的总和。"(《马克思恩格斯选集》第一卷第18页)

人的社会性有四个方面的含义。

(1) 人不能离群索居,必须在社会中生存。马克思指出:"人是最名副其实的社会动物,不仅是一种合群的动物,而且只有在社会中才能独立的动物。"(《马克思恩格斯选集》第二卷第 87 页)

(2) 人除了生存需要外,还存在许多社会需要——安全需要、社交需要、自尊需要、自我实现需要。这些需要来自社会,也只能通过社会得到满足,存在客观的社会尺度。

(3) 人的需要存在着客观的社会尺度。马克思、恩格斯指出:"我们的需要和享受是由社会产生的,因此,我们对于需要和享受是以社会的尺度去衡量的。"(《马克思恩格斯全集》第六卷第 492 页)

具体而言,第一,人的需要具有时代性。不同的时代,科学技术和生产力水平不同,人们的生活方式不同,人们的需要也带有明显的时代特征。以吃为例:中国人在 20 世纪 60 年代的饮食特点是主食型、素食型;而 90 年代则走向副食型、肉食型。以穿为例:不同的时代流行样式各异。50 年代中国流行"列宁式",60 年代流行"中山式",70 年代末流行"喇叭式",80 年代末流行"牛仔式"。第二,人的需要具有阶级性。马克思在《资本论初版序》中指出:在阶级社会中,一切人"都不过是经济范畴的人格化,是一定的阶级关系和阶级利益的体现"。人总是阶级的人,超阶级的人是没有的。同样,人性都必然是具体的、带有阶级性的人性,抽象的、超阶级的人性是没有的。在这方面,毛泽东、鲁迅等人都曾有过精彩的论述。

(4) 人的全面发展取决于社会的高度发展。一个社会制度的优劣,主要标志之一,是精神文明和人的全面发展。人的全面发展,是人力资源开发与管理的重要内容,但它有赖于社会的高度发展。只有在共产主义社会,人才会真正地实现全面发展,才会人人身心健康,德、智、体均衡发展。人类推动自身全面发展的一个重要杠杆是教育。马克思指出,教育"它不仅是提高社会生产的一种方法,而且是造就全面发展的人的唯一方法"。(《马克思恩格斯全集》第二十三卷第 530 页)这包括文化知识、技术技能的教育,也包括品德和作风的教育。教育在人力资源开发中越来越处在一个关键的地位。

3. 人的思维属性

人与动物的本质区别是能够思维,有思想。根据恩格斯的观点,认识过程可分为三个阶段——第一个阶段是感性阶段,即对个别事物的感觉知觉表象;第二个阶段是知性阶段,即对事物之间关系进行分析综合归纳演绎;第三个阶段是理性阶段,即通过辩证思维形成概念并研究概念的本性。第一、二阶段是人和动物所共有的,第三阶段才是人所独有的,辩证思维才是人本质的反映。正如恩格斯所说,"辩证的思维——正因为它是以概念本性的研究为前提——只对于人才是可能的,并且只对于较高发展阶段上的人(佛教徒和希腊人)才是可能的。"(恩格斯《自然辩证法》第 200~201 页)

于是形成了"观念人假设"——人的行为受其观念的巨大影响。理想、信念、价值观、道德观对人力资源开发管理是十分重要的因素。

综上所述,马克思主义认为,人的本质是人的自然属性、社会属性和思维属性的辩证统一,而且统一在人的实践活动之中。

第二节 人事矛盾运动规律

下面简要分析人力资源开发与管理的基本矛盾及其运动规律。

一、人事矛盾的一般规律

人力资源开发与管理的出发点和落脚点是"干事",人与事的矛盾是人事管理的基本矛盾,它贯穿整个人力资源开发与管理的全过程。

人与事的矛盾可分解为三个方面:第一,事的总量与人的总量的矛盾。第二,事的类型结构与人的能力结构、素质类型的矛盾。第三,具体岗位(职位)与个人资格素质的矛盾。大到一个国家、一个地区,小到一个企业、一个事业单位,这三方面的矛盾都是普遍存在的,人与事表现出对立统一的关系。人与事之间,不适应是绝对的,适应是相对的;不平衡是绝对的,平衡是相对的。随着社会的发展,事与人都处在变化和发展之中,人与事之间的关系则经历着不适应→适应→再不适应→再适应……的循环往复的过程,永远不会完结。

二、人事矛盾产生的客观原因

具体而言,人与事之间矛盾的产生,有其客观上的必然性。

1. 无论人或事都处在动态的发展之中

我们的古人用"大江东去"形容江河的运动,用"逝者如斯夫"感叹世间万象的变化和时间的流逝。古代哲人还讲过:"人不能两次踏进同一条河流。"这都是描述一个普遍真理——世界处在无穷的、不断的变化之中。

由于生产力的发展,科学技术的进步,教育事业的日新月异,社会思想文化的不断变迁,无论人或事都处在不断的变化发展之中。

2. 人和事的发展变化不可能完全同步

人或事的发展变化有其客观规律,带有必然性;同时人或事发展变化的过程极其曲折,又受许多复杂因素的影响,带有一定的偶然性。一般来讲,人对事的认识有一个从感性到理性的循环往复的过程,人对事的适应一般存在滞后现象;当人能对事的变化作出科学的预测时,人对事的适应又可表现出一定的超前性……总而言之,人和事的发展变化常常是不同步的。

3. 人或事存在个体差异性

在世界上找不到两片完全一样的树叶,也找不到完全一样的人。个人之间无论在智力、体力、知识、技能方面,还是在性格、兴趣、爱好、志向、信念、价值观、作风方面,都有自己的个性特点。同样,事与事之间也不可能完全一样,不仅不同的单位中的不同职务所面对的事不同,而且不同单位的同类职务甚至同一单位的同类职务所面对的事也是不同的。人或事的个体差异性,促成了世界的复杂性和丰富多彩性。

4. 人与事的具体搭配受许多客观条件的限制

人与事的具体搭配受许多客观条件的限制,具体表现在如下几个方面。

(1) 受计划的局限性。人力资源的开发计划与事的发展计划都不可能是十全十美的,而往往存在许多问题和漏洞。

(2) 人力资源存在单位、地区、民族、国家之间的分割性和竞争性,在一定程度上阻碍了人力资源的合理流动。

(3) 劳动力市场和人才市场有一个发育与完善的过程,因此,劳动力和人才的流动具有不完全可控性。

(4) 不同的地区,不同的国家,制度、风俗、生活方式、思想文化环境不同,事的性质和特点各异,也给流动着的人去适应它时带来许多困难和障碍。

(5) 由于交通运输、电信事业的发展受到限制,信息的沟通和人员的流动受到很大制约,人与事的搭配不可能是最佳的。

三、人力资源开发与管理的基本职能

人力资源开发与管理的基本职能有三。

(1) 不断探索人与事对立统一的规律、矛盾和运动的规律。由于人与事都处在不停的发展变化之中,这种研究、探索工作永远不能停止,而且始终是搞好人力资源开发管理工作的基础和前提。

(2) 能动地推进人与事的发展。事的发展,指组织机构的调整和变革、职位分类的变化、岗位的设置和岗位职责的调整等,它包括了劳动人事工作关于"事"方面的全部工作。人的发展,指对人的培养和激励。对人的培养是通过不断完善和发展教育与人员培训来实现。对人的激励则包括工资奖金劳保福利制度的改革、激励机制的完善、劳动关系的调整、企业文化的建设。它包括了提高人员素质和调动人的积极性的全部工作。

(3) 实现人与事之间的优化配合。即通过不断改善人员的招聘、任用、升降、调动和分工合作,以及考核、合理组合、合理流动等项工作,达到事得其人、人适其事、人尽其才、事尽其功的目的。

总而言之,人力资源开发与管理的基本职能是:认识人与事对立统一的规律(矛盾运动的规律),能动地推动人与事的各自发展与优化配合。

第三节 人事管理原理

人事管理原理很多,本书仅从实用角度,有选择地介绍其中十种。

一、同素异构原理

同素异构原理本来是化学中的一个原理,意指事物的成分因在空间关系即排列次序和结构形式上的变化而引起不同的结果,甚至发生质的变化。

最典型的例子是石墨与金刚石,其构成是同样数量的碳原子,但碳原子之间的空间关

系不同,结构方式不同,而形成了物理性能差别极大的两种物质——石墨很软,而金刚石则十分坚硬。

再如,甲醚和乙醇(酒精)具有相同数目的碳原子、氢原子和氧原子,但由于其空间排列不同,形成了两种不同的物质——乙醇是液体,溶于水;而甲醚则为气体,不溶于水,如图 2-3 所示。

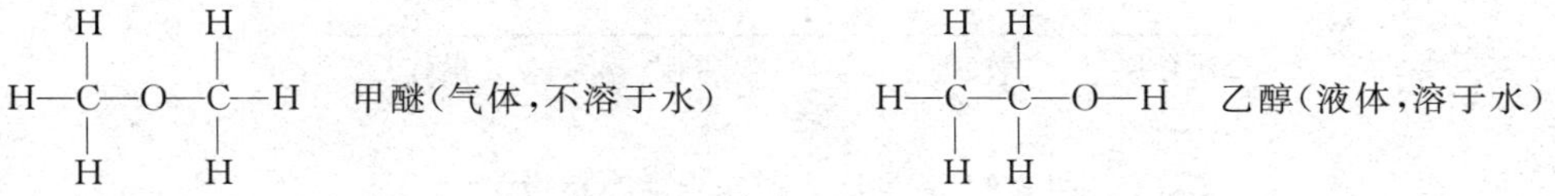

图 2-3　甲醚与乙醇同素异构示意

把自然界的同素异构原理移植到人力资源开发与管理领域,意指同样数量、素质的一批人,用不同的组织网络联结起来,形成不同的权责结构和协作关系,可以取得完全不同的效果。这在战争中表现得最为明显,同样数量的军事人员,如果组织松散,一盘散沙,必然指挥混乱,失去战斗力;如果将他们合理地组织起来,形成战斗小组、班、排、连、营、团、师、军的严密组织,则指挥有效、战斗力大增。

用系统理论来分析,组织结构的作用是使人力资源形成一个有机的整体,可以有效地发挥整体功能大于个体功能之和的优势,也可以叫作"系统功能原理"。我们经常讲一个组织内耗大,不能形成合力,做的是减法,即 1+1<2,就是指组织结构不合理,或组织文化劣质化,破坏了系统功能;而另一组织内耗小,凝聚力大,容易形成合力,做的是加法、乘法,即 1+1>2,甚至以一当十,就是指合理的组织结构,先进的组织文化,可以充分地发挥人力资源的潜力,发挥组织的系统功能。

二、能级层序原理

能位和能级的概念出自物理学。能,在物理学中表示物体做功的能量;能位(能级),表示事物系统内部按个体能量大小形成的结构、秩序、层次。如物理学中原子的电子层结构,在不同层上的电子具有不同的势能(位能),由于不同能量的电子各在其位,所以才形成了稳定的物质结构,这就是能级对应关系。

将能级层序原理引入人力资源开发管理领域,主要指具有不同能力的人,应摆在组织内部不同的职位上,给予不同的权力和责任,实行能力与职位的对应和适应。

为使有限的人力资源发挥出最大的系统功能,必须在组织系统中,建立一定的层级结构,并制定相应的标准、规范,形成纵向、横向上严格的组织网络体系,从而构成相对稳定的一种组织管理"场",然后将所有组织成员按其自身的能力、素质,十分恰当地安排在整个网络的"纽带点"上,赋予其组织层次位置,确定其"组织角色"身份性质。

处于组织上层、中层、下层的不同职位,对人员素质能力的要求差别很大,如图 2-4 所示。领导层要求很强的决策能力和丰富的管理知识;管理层要求很强的管理能力和一定的决策能力;监督层要求较强的管理能力和丰富的操作知识;而操作层则要求很强的操作知识和能力。由于人员的实际素质和能力千差万别,因此,实现能级对应是一个十分复杂艰巨的动态过程。

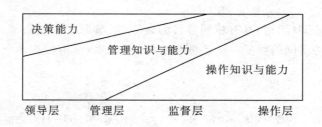

图 2-4　各层次人员知识能力结构图

为了实现能级对应,必须做到以下三点。

(1) 能级管理必须按层序,现代组织中的"级"不是随便分设的,各个级也不是可以随便组合的。稳定的组织结构应该是正三角形的能级分布。

造成非稳定结构的一个重要原因,是"人多好办事"的小生产的效率观,应该彻底破除这种落后的观念,而应该树立"用最少的人办最多的事,多一个人就是多一个故障因素"的现代观念。

(2) 不同的能级应该表现出不同的权、责、利和荣誉。在其位,谋其政,行其权,尽其责,取其利,获其荣,对失职者应有相应的惩罚。

(3) 各类能级的对应不可能一劳永逸,它是一个动态过程。人有各种不同的才能,领导者必须知人善任。随着时间的推移,事业的发展,各个职位及其要求在不断变化,人们的素质和能力也在不断地变化,因此必须经常不断地调整"能"与"级"的关系。一个人能力和素质相形见绌了,其级与位也应下调;另一个人能力和素质提高很快,成为新的佼佼者,则应将其调到更高的能级上去。

总而言之,岗位能级必须是合理而有序,人才运动也应该合理,二者相结合,才能使能级层序原理变成现实。

三、要素有用原理

要素有用原理的含义是:在人力资源开发与管理中,任何要素(人员)都是有用的,关键是为它创造发挥作用的条件。换言之,"没有无用之人,只有没用好之人"。

可以从三个方面来理解这一原理。

(1) "天生我才必有用",但人才的任用需要一定的环境。

① 知遇——千里马依赖伯乐去发现,"萧何月下追韩信"的故事,说明伯乐式的领导者对人才任用所发挥的关键作用。

② 政策——良好的政策会给人才的任用创造出各种机遇。例如,毕业生就业中实行"供需见面,双向选择"的政策,为许多人才提供了选择合适岗位的条件。而一些企业实行"公开招聘"、"竞争上岗"的政策,又使许多人才走上了更高的岗位,甚至领导岗位。

(2) 人的素质往往表现为矛盾的二极性特征,或者呈现复杂的双向性。

我们常常看到这种现象:吝啬鬼有时也很慷慨;一向认真的人也会马虎;坚强的人有时也胆怯;懦弱的人也会铤而走险……这为我们了解人、用其所长,以及发现和任用人才增加了许多困难。

（3）人的素质往往在肯定中包含着否定,在否定中包含着肯定,优点和缺点共生,失误往往掩盖着成功的因素。各种素质的模糊集合使人的特征呈现出千姿百态,形成"横看成岭侧成峰,远近高低各不同"的现象。平庸的人,也有闪光的一面,一个优秀的领导者应当成为善于捕捉每个人身上的闪光点并加以利用的伯乐。

陈云同志说过:"无一人不可用。"讲的就是每个人身上都有闪光的一面,关键是将其放在适合的岗位,给他创造闪光的机会。

我国国有企业在进行职工的"优化劳动组合"时,企业领导者的指导思想并不相同。有的厂长想的是"淘汰无用之人",于是表现出所谓"铁面孔,铁心肠,铁手腕",结果搞得劳动关系紧张,甚至人人自危,挫伤了职工积极性。另一些厂长想的是"没有无用之人,通过优化组合使每个人找到更合适的岗位,发挥所长,或者通过培训走上新的岗位,更好地发光"。他们提出的方案是"成建制地组合",下岗者好、中、差搭配,开拓新的事业。这样做的结果,既保护了职工积极性,又提高了效率和效益,他们是"要素有用原理"的成功实践者。

四、互补增值原理

人作为个体,不可能十全十美,而是各有长短,所谓"金无足赤,人无完人"。但我们的工作往往是由群体承担的,作为群体,完全可以通过个体间取长补短而形成整体优势,达到组织目标。这就是互补增值原理。

增值的客观标准是:$1+1>2$,甚至远远大于 2。如果 $1+1=2$,则说明没有增值;若 $1+1<2$,则不仅没实现互补增值,而且发生了内耗减值。

互补的内容主要包括以下几方面。

（1）知识互补——一个集体中,若个体在知识领域、知识的深度和广度上实现互补,那么整个集体的知识结构就比较全面、比较合理。

（2）能力互补——一个集体中,若个体在能力类型、能力大小方面实现互补,那么整个集体的能力就比较全面,在各种能力上都可以形成优势,这种集体的能力结构就比较合理。

（3）性格互补——一个集体中,若每个个体各具不同的性格特点,而且具有互补性,比如,有人内向,有人外向;有人沉稳,有人急躁;有人激烈,有人温和;有人直爽,有人含蓄;有人热情,有人冷静,那么,这个集体就易于形成良好的人际关系,形成胜任各类工作的良好的性格结构。

（4）年龄互补——人员的年龄不仅与人的体力、智力有关,也与人的经验和心理有关。一个集体,根据其承担任务的性质和要求,都有一个合适的人员年龄结构,既可以在体力、智力、经验、心理上互补,又可以顺利地实现人力资源的新陈代谢,焕发出持久的活力。

（5）关系互补——每个个人都有自己特殊的社会关系,包括亲戚、朋友、同学、同乡,以及师傅、徒弟、师兄弟、老上级、老部下、老同事等。如果在一个集体中,各人的社会关系重合不多,具有较强的互补性,那么从整体上看,就易于形成集体的社会关系优势。

在组建领导班子和团队组织时,有意识地应用互补增值原理,往往会收到事半功倍之效。

五、动态适应原理

在人力资源的开发与管理中,人与事的不适应是绝对的,适应是相对的,从不适应到适应是在运动中实现的,是一个动态的适应过程。这就叫动态适应原理。

根据动态适应原理,我们应该对人力资源实行动态管理。考虑到下述情况,这种动态管理尤为必要。

(1) 学用不对口现象普遍存在。用非所学,用非所长。尽管在招聘和录用时考虑到这个因素,由于科学技术和生产经营活动的发展,长与短发生转化,仍然造成人员能级与岗位能级不符。

(2) 技术工人和专业技术人员的结构比例失衡也常常发生。年龄结构(人员老化问题)、专业(工种)结构、水平结构(不同层次人员比例)失去平衡,造成人才闲置与人才短缺并存,必须通过动态调整加以解决。

(3) 由于科学技术和经济部门的迅速膨胀,边缘学科和综合学科不断出现,新兴产业、高技术产业及新增生产力的出现,都意味着一些新的职业(例如系统集成工程师、网络策划、企业文化部部长、广告专家、注册会计师)和新的工作岗位(信息总监、网络操作员)的涌现和一些旧的职业、旧的岗位的消失,这也要求对人员进行动态调整。

从动态适应原理出发,应该把人事调整作为一种经常性的任务抓好,权变地对待人力资源的开发和管理。这包括如下几方面内容。

① 岗位的调整——岗数、岗位职责的变化。
② 人员的调整——竞争上岗,招聘干部,平行调动。
③ 弹性工作时间——小时工、半时工、旺季工……工作时间自选等。
④ 一人多岗、一专多能,有序流动。
⑤ 动态优化组合——劳动组织、机构人员的优化。

六、激励强化原理

所谓激励,就是创设满足职工各种需要的条件,激发职工的动机,使之产生实现组织目标的特定行为的过程。激励是管理的一项重要职能,也是人力资源开发与管理的一个重要内容。

人力与物力的一个重要区别是人有思想感情。人的思想感情对其潜力的发挥至关重要。

根据管理学家统计研究结果,一个计时工,只要发挥个人潜力的20%～30%即可保住饭碗,但通过恰当的激励,这些工人的个人潜力可以发挥出80%～90%。显然,激励可以调动人的主观能动性,强化期望行为,从而显著地提高劳动生产率。这就叫激励强化原理,根据这一原理,对人力资源的开发与管理,除了应注意人在量(技术、能力、知识、专长)上的调配之外,更应注意对人的动机的激发,即对人的激励。

图 2-5 是激励过程的示意图。

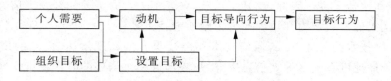

图 2-5　激励过程示意图

如图 2-5 所示,关键一环是设置目标(如评选先进工作者),它应该符合组织目标的要求,又包含较多的个人需要,为多数职工所看重,于是可以激发出职工争先进的动机,他们严格按照先进生产者的标准要求自己,使这种目标导向行为(即组织期望行为)大量出现。

七、公平竞争原理

公平竞争指对竞争各方遵循同样的规则,公正地进行考核、录用、晋升和奖惩的竞争方式。

我国经济改革的目标模式是社会主义市场经济。市场经济的本质是一种竞争机制。在人才市场上,各类人员通过竞争而选择职业和单位,在组织内部的任用、提拔和调整也主要依靠竞争。在人力资源管理中引进竞争机制,可以较好地实现奖勤罚懒、用人所长、优化组合等制度。

若想使竞争机制产生积极的效果,应该具备三个前提。

(1) 竞争必须是公平的。按照法国著名的管理学家法约尔的说法,公平包含两层意思——公道和善意。公道就是严格按协定、规定办事,一视同仁,不偏不倚。善意就是领导者对所有人都采取与人为善的、鼓励和帮助的态度。

(2) 竞争有度。没有竞争或竞争不足,会死气沉沉,缺乏活力。但过度竞争则适得其反:一是使人际关系紧张,破坏协作,甚至"以邻为壑";二是产生内耗、排斥力,损害组织的凝聚力。掌握好竞争的度是一种领导艺术。

(3) 竞争必须以组织目标为重。竞争分良性竞争和恶性竞争。良性竞争的特点是以组织目标为重,个人目标与组织目标结合得好,个人目标包含在组织目标之中。在竞争中,每个人主要不是同他人比,而是同标准比,同自己过去比,即使同他人比,也主要是取人之长,补己之短,"学先进、赶先进、超先进、帮后进"。这样的竞争,既提高了效率,增强了活力,又不会削弱凝聚力。而恶性竞争,则将组织目标弃之不顾,完全以个人目标为动力,或者组织目标与个人目标一致性很差,个人为了在竞争中取胜,不惜损害他人利益、损害组织利益。这种竞争必然损害组织的凝聚力,并且难以实现组织目标。

运用公平竞争原理,就是要坚持公平竞争、适度竞争和良性竞争三项原则。

八、信息催化原理

信息是指作用于人的感官并被大脑所反映的事物的特征和运动变化的状态。

信息是一种资源。不同的事物具有各种不同的特征和运动状态,会给人们带来各种不同的信息,人们正是通过获得和识别自然界与社会的不同信息来区分不同的事物,才得以认识世界和改造世界。因此,离开了信息,就谈不上人力资源的开发。信息是人才成长的营养液,是人们发展智力和培养非智力素质的基本条件。

随着科学技术的飞速发展,通信技术和传播媒介的高度发达,信息的质和量迅猛增长,信息的传播速度日新月异,"信息爆炸"形象地说明了当代的时代特点。在现代信息社会,人们能否迅速地捕捉、掌握和运用大量的信息(科学技术信息、管理信息、社会信息、自然信息)决定了人们能否在激烈竞争中站在科学技术和现代管理的前列,能否使人力资源的开发跟上飞速变化的形势。

根据信息催化原理,我们应该高度重视发展教育事业,高度重视干部和职工的教育培训工作,高度重视信息收集、整理和共享的工作,以便用最新的科学技术知识、最新的工艺操作方法、最新的经营管理理论去武装员工,保持人力资源的质量优势,这是增强组织活力和竞争力的关键。因此,世界各发达国家和新兴工业国家及其企业,花在教育和培训上的经费大量增加。这种培训已不局限在岗前培训、新职工培训、各种专业技能培训,而且扩展为终生性的教育和培训。随着网络技术的发展,在线学习、远程学习的活动正方兴未艾。

此外,应该在本地区、本部门、本单位,建立起信息搜集、处理和共享制度,使信息管理这一基础性管理工作上档次、上水平。

九、主观能动原理

人是生产力中最活跃的因素,最宝贵的资源。人是有生命的、有思想的、有感情的、有创造力的一种复合体。人的运动形式是最高级的运动形式。如图2-6所示,人的运动是生命运动与思维运动的辩证统一。

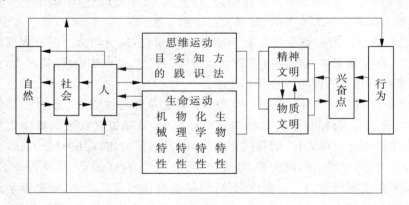

图2-6 人的运动形式图

人的生命运动包括机械的、物理的、化学的、生物的变化过程,是四种变化过程的有机统一。人的思维运动包括对目的、实践、知识和方法的思考和探索。人的生命运动是人的思维运动的物质基础,人的思维运动总要对人的生命运动产生能动作用。例如,人们每天生活、工作,一般都通过人的思维运动来进行安排。人的思维能力强,对主客观情况分析清楚、安排科学合理,人的生活和工作就有条不紊,成绩卓著,精神愉快,身体健康,人的思维运动的能力也进一步增强。反之，就会使人在思想上产生负担，精神不愉快，长此下去，不仅生活和工作到处碰壁，而且会使人心情压抑，甚至引起消化功能障碍、植物神经系统紊乱，导致神经衰弱、血压升高或心脏患病，使人的生命运动和思维运动双双受损。

由于人的主观能动性差别极大，因此强有力地影响了人的素质的差别。为什么有的人年少志高、才华横溢，有的人年华虚度、碌碌无为；有的人功高盖世而虚怀若谷，有的人略有所得便目空一切；有的人几经艰险仍泰然自若，有的人稍遇挫折便心灰意冷……我们研究一下他们在主观能动性上的差异便一清二楚了。

根据主观能动原理，我们不要把职工当机器人看待，而要高度重视人的主观能动性的开发。为此，我们应为人才的培养和使用创造良好的外部条件——完善的制度、发达的教育、周到的培训、宽松的环境、优良的组织文化，使人们的思维运动越来越活跃，其主观能动作用将大显神威。

十、文化凝聚原理

人力资源开发与管理的一个重要方面是怎样提高组织的凝聚力。组织的凝聚力强，才能吸引人才和留住人才，才有竞争力。凝聚力包括两个方面：一是组织对个人的吸引力，或个人对组织的向心力；二是组织内部个人与个人之间的吸引力或黏结力。显然，组织凝聚力不仅与物质条件有关，更与精神条件、文化条件有关。工资、奖金、福利、待遇这些物质条件，是组织凝聚力的基础，没有这些就无法满足成员的生存、安全等物质需要。组织目标、组织道德、组织精神、组织风气、组织哲学、组织制度、组织形象这些精神文化条件，是组织凝聚力的根本，缺了它无法满足成员的社交、尊重、自我实现、超越自我等精神需要。换言之，一个组织的凝聚力，归根结底不是取决于外在的物质条件，而是取决于内在的共同价值观。依靠建立良好的群体价值观，建设优良的组织文化来凝聚干部职工，才会收到事半功倍的效果。

随着生产力的突飞猛进，随着人们温饱问题的逐步解决，人们的需求层次在逐步提高，生存人、安全人日趋减少，而社交人、自尊人、自我实现人日益增加。因此，只靠泰勒的"重奖重罚"、"胡萝卜加大棒"的管理方式，越来越难以凝聚人才了。越来越多的企业家和事业家将眼光放在满足职工的高层次需要、精神需要上来，实现以人为中心的管理，用高尚的组织目标、核心价值观、组织精神、组织哲学、组织道德、组织风气塑造人才、凝聚队伍，并取得了巨大的成功。

20世纪80年代兴起的企业文化理论和"企业文化热"，为文化凝聚原理提供了新的理论武器和丰富的实践经验。中国企业、事业单位的领导者应该在中国的条件下，创造出文化凝聚人才的成功模式。

第四节　中国古代的人事思想

中国具有五千年的文明史，而且素有文官治国的传统，因此积累了丰富的人事思想并蕴藏在古代文化典籍之中。诸如春秋战国时期的《尚书》《左传》《论语》《墨子》《孟子》《韩非子》,汉代的《史记》《说苑》《新论》《汉书》,三国时代的《人物志》,唐代的《贞观政要》,宋代的《资治通鉴》《王临川集》等,都有精彩的论述。在此,笔者仅摘其要者作一介绍,供读者在人力资源开发管理工作和研究工作中参考。

一、为政之要,惟在得人

自古以来,都知道人才的极端重要性。"为政之要,惟在得人"(《贞观政要》),唐太宗这句名言,把"得人"看作"为政"的关键。《墨子》中指出:"尚贤者,政之本也",把任用贤能之才看作为政之根本。明太祖朱元璋将这一思想发展得更为具体:"构大厦者,必资于众工;治天下者,必赖于群才。"他把"治天下"比作"构大厦",盖大楼是百年大计,靠的是一批有精湛技艺的工匠;"治天下"也是百年大计,靠的是一大批善于治国的人才。清代著名皇帝康熙则把人才摆在治理国家的首要位置,他说:"政治之道,首重人才。"(《清史稿》)

二、人生而有欲,相持而长

《荀子》指出:"人生而有欲","所受乎天也","欲者情之应也"。这里的"欲"指人的欲求、需要。它是人的一切心理活动赖以进行的主观因素,也是人的一切行为的根本动力。正确认识人的欲求,对人力资源开发管理具有重要意义。荀子对此作了深入的研究,其观点如下。

(1) 人生下来之后都有欲求,这是客观世界对人的影响,以及人的情感对客观世界的感应的结果。

(2) 人的欲望有三条规律:①"欲不可去",人人有欲,概莫能外,"饥而欲食,寒而欲暖,劳而欲息,好利而恶害,是人之所生而有也,是无待而然者也,是禹桀之所同也"。②"欲不可尽",欲望是不可能完全满足的,人的欲望也是无止境的。③欲物"相持而长",亦即物质和欲望在相互影响、相互制约中增长。

应该说,荀子这些思想是十分深刻的。

《管子》有一句名言:"仓廪实则知礼节,衣食足则知荣辱。"他把人的欲求分为两个层次,即"衣食足"为物质欲求,"知荣辱"为精神需求。管子把二者分别叫作"利"与"名"。他说:"凡人之有为也,非名之则利之。"(《管子》)韩非子认为,人的本性就是拼命地满足个人欲求,而最根本的欲求是趋利避害。他说:"情莫出其死力以致其所欲","民者,好利禄而恶刑罚"。(《韩非子》)在这些思想家研究成果的基础上,后人又有许多新的发展。明末清初思想家王夫之在《读四书大全说》中指出:"盖凡声色、货利、权势、事功之可欲者,皆谓之欲。"这里,王夫之把人的欲求分为生理、财富、权力和功名四个层次,十分难能可贵。

三、取胜之本,在于士气

人有思想、有感情,人的思想感情对人的行为影响十分巨大,这就叫"士气"。自古以来,许多学者指出士气对胜败的重要作用。《尉缭子》中有一段话:"夫将之所以战者,民也。民之所以战者,气也;气实则斗,气夺则走。"指出只有士气高昂、充实,才勇于战斗。《左传》中说:"夫战,勇气也。一鼓作气,再而衰,三而竭。彼竭我盈,故克之。"意指交战双方胜负,取决于谁的士气始终占优势,所谓两虎相争,勇者胜。那么,队伍的勇气、士气从哪里来?在于"志"和"欲",如果全军上下有共同的理想、共同的目标、共同的欲望、共同的追求,必然会形成众志成城、士气旺盛的必胜之势。正如《孙子兵法》所言:"三军可夺帅,匹夫不可夺志","上下同欲者胜"。军队作战如此,企业竞争亦然。市场如战场,哪个企业队伍带得好,士气高,哪个企业便在竞争中占据有利地位。

四、刚柔相济,赏罚严明

自古以来,刚柔相济、恩威并用、宽猛互济都是公认的管理原则。孔子说:"道之以德,齐之以礼,有耻且格。"(《论语》)即是主张道德感化和制度约束两手并用。道德感化、感情激励,是"柔"的一手;严格礼仪、严肃制度,是"刚"的一手。

在这方面,诸葛亮可谓高手。他说:"古之善将者,养人如养己子,有难,则以身先之;有功,则以身后之;伤者,泣而抚之;死者,哀而丧之;饥者,舍食而食之;寒者,解衣而衣之;智者,礼而禄之;勇者,赏而劝之。将能如此,所向必捷矣。"(《哀死》)这是"柔"的具体化,爱兵如子,爱民如子,以心换心,以情感人,历来是开发人力资源、调动下级积极性的重要方面。

只有柔的一手是不够的。诸葛亮指出:"夫以兵之权,制之以法令,威之以刑罚,而不能逆其命者,孙武、穰苴之类也。故令不可轻,势不可通。"(《威令》)这是讲"刚"的一手,靠法令、刑罚维护纪律,规范下级行为,维护上级权威。这里的关键是"令不可轻,势不可通",有法必依,执法必严,违法必究,不留变通的余地。

刚柔并济,带好队伍,总会碰到一个问题——奖和罚的实施。古代众多思想家、政治家形成了共识——必须赏罚严明。韩非子主张:"诚有功,则虽疏贱必赏;诚有过,则虽近爱必诛。"(《韩非子》)诸葛亮具体论证了这一原则,他说:"赏罚之政,谓赏善罚罪也。赏以兴功,罚以禁奸。赏不可不平,罚不可不均。赏赐知其所施,则勇士知其所死;刑罚知其所加,则邪恶知其所畏。"(《便宜十六策·赏罚第十》)"挥泪斩马谡"就是实行这一原则的光辉范例。唐太宗李世民用最精练的语言阐述了赏罚严明的原则:"赏当其劳,无功者自退。罚当其罪,为恶者咸惧。"(《贞观政要》)

五、德才兼备,选贤任能

人才标准历来是人事管理中的热点问题。德才兼备、任人唯贤是唯一正确的选择,也是中国古代有作为的政治家、军事家所共同遵循的一条原则。

汉代王符在《潜夫论·忠贵》中指出:"德不称其任,其祸必酷;能不称其位,其殃必大。"如果一个人的品德与职务不相称,或其能力与职务不适应,都会带来严重后果。康熙帝指出:"观人必先心术,次才学。心术不善,纵有才学何用?"所以他主张"必才德兼优为准"。

那么,德的标准是什么?康熙提出了一个标准——"以公胜私",他说:"事君者果能以公胜私,于治天下何难!若挟其私心,则天下必不能治。"可见,这里的"公"乃指朝廷的利益。李世民也有类似的主张:"须灭私徇公,坚走直道。"《孙子兵法》中提出了军人五德——"将者,智、信、仁、勇、严也。"这里,智指智慧、谋略;信指信誉,言行一致,行则必果;仁指爱人,己立立人,己达达人;勇指勇敢,敢于面对挑战,勇于克服困难;严指严格、严谨、严肃,办事认真,决不草率马虎,严肃纪律,严格管理。

德与才之间的关系,司马光在《资治通鉴》里指出:"才者德之资也,德者才之帅也。"德与才是统率与被统率的关系。这个看法颇为深刻。接下来,他具体分析了不同人的德才素质:"是故才德全尽谓之圣人,才德兼亡谓之愚人,德胜才谓之君子,才胜德谓之小人。""自古昔以来,国之乱臣,家之败子,才有余而德不足,以至于颠覆者多矣。"

为了把真正德才兼备的人才选拔出来,必须在人事工作中坚持任人唯贤,选贤任能。孔子说:"选贤任能,讲信修睦,故人不独亲其亲,不独子其子。"(《礼记·礼运篇》)具体如何选贤任能?韩非子主张"因任而授官,循名而责实"。(《韩非子》)用诸葛亮的话来说,叫作"为官择人",而不能"为人择官"。

六、知人善任,不课不用

用人的前提是知人,知人很难,因为人常有假象。正如诸葛亮所说:"有温良而伪诈者,有外恭而内欺者,有外勇而内怯者,有尽力而不忠者。"(《将苑·知人性》)怎样去伪存真,正确识人呢?诸葛亮提出了"七观法":"一曰,问之以是非而观其志;二曰,穷之以辞辩而观其变;三曰,资之以计谋而观其识;四曰,告之以祸难而观其勇;五曰,醉之以酒而观其性;六曰,临之以利而观其廉;七曰,期之以事而观其信。"(《将苑·知人性》)意指在不同的情境下,在矛盾中观察人,容易考察人的实际素质。唐太宗的谋臣魏征则提出了《六观法》:"贵则观其所举,富则观其所养,居则观其所好,习则观其所言,穷则观其所不受,贱则观其所不为。"乃是在人们地位、处境变化中,观察人的举止、言谈、兴趣、修养和追求,更容易反映人的本质。这些方法,至今有借鉴价值。

知人之后如何任用?一个正确的原则是用其所长。孔子说:"无求备于一人。"(《论语》)汉朝东方朔有一名言——"水至清则无鱼,人至察则无徒。"因此,用人最忌求全责备。宋代政治家王安石指出:"一人之身,才有长短,取其长则不问其短。"(《委任》)"薄于责人,而非匿其过;不苟于论人,而非求其全。"(同上)因材施用,用其所长,具体而言,正如《荀子·君道篇》所言:"论德而定次,量能而授官。皆使人载其事而各得其所宜:上贤使之为三公;次贤使之为诸侯;下贤使之为士大夫。"坚持用人所长,则人人可用,各得其所,正所谓:"大匠无弃材,寻尺各有施。"(唐·韩愈《送张道士》)

用人的另一个原则是"用人不疑"。宋代政治家欧阳修指出:"任人之道,要在不疑。宁可艰于择人,不可轻任而不信。"(《论任人之体不可疑札子》)意为:宁可择人时多费一些精力,看准了再用,但不可轻易任用却不信任,不敢放手让其施展才干。《孙子兵法》指出:"将能而君不御者胜",就是讲用人不疑、充分授权才可制胜的道理。

考核是用人的一个重要环节,没有严格考核,就难分贤愚优劣,也无法施行正确赏罚。《管子》中有一句名言:"成器不课不用,不试不藏。"即对于人才,不经过考核不加任用,不经过试用,不作为人才储备。考核的办法是"听其言而观其行",(《论语》)"循名实而定是非,因参验而审言辞"。(《韩非子》)

用人时还要注意,不能考核后而无赏罚,降职乃至撤职是一种重要的惩罚办法,也是使官得其人、因材施用的必然结果。因此,"凡人为贵,当使可贱。"(《后汉书·马援传》)即能上能下,能贵能贱。

七、率先示范，治身为重

对于身居领导岗位的人才，怎样才能带好队伍，达成组织目标，这里有一个个人修养和领导作风问题。《孔子家语》指出："欲政之速行也，莫善乎以身先之；欲民之速服也，莫善乎以道御之。"这里的"以身先之"乃指领导者的示范作用，身教胜于言教；这里的"以道御之"乃指领导者以正确的思想、方法去带好队伍，做到上下一心，行动一致。

"以身先之"的前提是领导者"其身正"，身正乃自我修养的结果，即治身。中国古代把修身、齐家、治国、平天下看成紧密联系的一个系统，是非常深刻的人事思想。《淮南子·主术训》把修身具体化了："非淡薄无以明德，非宁静无以致远，非宽大无以兼覆，非慈厚无以怀众，非平正无以判断。"即清淡寡欲、清正廉洁、宽容大度、仁慈民主、公平正直，是领导者加强修养的重点。

领导者率先示范的另一方面是集思广益，广开言路。《荀子·大略》中指出："迷者不问路，溺者不问遂，亡人好独。"失败的人往往都败在刚愎自用上。因此，魏征劝谏唐太宗时说："兼听则明，偏听则暗。"（《贞观政要》）唐太宗李世民采纳了他的意见，认识到"偏听生奸，独任成乱"，（《贞观政要》）采取措施，不独任，不偏听，"开直言之路"，取得了光辉的政绩。《管子》中有一句话"夫民，别而听之则愚，合而听之则圣"，群众的个别看法未必正确，但群众作为一个整体的智慧则是十分伟大的。

要集思广益，广开言路，就应该尊重知识、尊重人才。"礼贤下士"是古代有作为的政治家的共同特点。战国时期政治家郭隗说："帝者与师处，王者与友处，霸者与臣处，亡国与役处。"意为：帝者（尧、舜）把人才当作老师，王者（禹、汤）把人才当作朋友，霸者（齐桓公、晋文公）把人才当作臣子，亡国之君（纣）把人才当作奴隶。人才在国家政治生活中的不同地位，决定了这些国家的兴亡。

修身、兼听、下士都对领导者提出严于律己的要求，即不断克服自身的不足，不断战胜自己的弱点，此即古代说的"自胜"。《吕氏春秋·季春纪·先己》中说："欲胜人者必先自胜，欲论人者必先自论，欲知人者必先自知。"《史记·商君列传》中也说："反听之谓聪，内视之谓明，自胜之谓强。"强调自察、反省、战胜自己的重要性。诸葛亮在《将苑·将志》中指出："故善将者，不恃强，不怙势，宠之而不喜，辱之而不惧，见利不贪，见美不淫，以身殉国，一意而已。"即将领应不恃强凌弱，不受荣辱支配，经得住金钱美女的考验，一心一意为国捐躯。这就是战胜自己的具体内容，对于一切领导者都适用。诸葛亮在《将苑·将弊》中进一步列出为将之八种弊端，要求将领们警惕自律："一曰贪而无厌；二曰妒贤嫉能；三曰信谗好佞；四曰料彼不自料；五曰犹豫不自决；六曰荒淫于酒色；七曰奸诈而自怯；八曰狡言而不以礼。"这进一步丰富了自戒、自省、自胜的内容。

八、勤于教养，百年树人

任何人才都不是天生的，都需要精心地教育、培养、训练，这是人力资源开发的关键一环。

《管子·权修》中有一句名言："一年之计，莫如树谷；十年之计，莫如树木；终身之计，莫如树人。"人的聪明才智的开发,是一个长期艰苦的过程。"树人"的过程,大体上包括教、养、取、任四个环节。王安石在《上皇帝万言书》中指出:"教之、养之、取之、任之,有一非其道,则足以败乱天下之人才。"意即对人应教之学问,养以礼法,取以贤能,任以专职,任何一个环节偏离了正确的方向,都足以损毁天下之人才。

教养的内容,包括技能的训练。诸葛亮在《将苑·习练》中指出:"夫军无习练,百不当一;习而用之,一可当百。"当然,操练军队,熟悉动作和队形,必须与道德教育、纪律教育相结合。在上述论文中,诸葛亮描述了这个过程:"教之以礼义,论之以忠信,诫之以刑典,威之以赏罚,故人知劝。然后习之,或陈而分之,坐而行之,行而止之,走而却之,别而合之,散而聚之。一人可教十人,十人可教百人,百人可教千人,千人可教万人,可教三军,然后教练而敌可胜矣。"

风俗、习惯对人的素质有很大影响,古人十分重视教化习俗。《管子·七法》中指出:"变俗易教,不知化不可。"王安石在《风俗》一文中指出:"风俗之变,迁染民志,关之盛衰。"欧阳修在《三皇设言民不违论》中主张:"服民以道德,渐民以教化,而人自从之。"太平天国后期的杰出政治家干王洪仁玕,看到地主阶级对农民起义将领和官员的腐蚀,主要是通过腐败的风气进行的,他惊呼:"甚矣,习俗之迷人。"并且告诫农民起义军将领和官员:"防意如防城,胜惑即胜敌。"(《资政新篇》)这些精辟的见解,在当前对我们仍有借鉴作用。

第五节　发达国家的人力资源开发与管理思想

发达国家关于人力资源开发与管理思想,在20世纪初才形成理论体系,即古典管理理论的组成部分,其代表人物有泰罗、法约尔、马克斯·韦伯。在其后又出现了以美国梅奥为代表的"人群关系学派",及其在此基础上形成的行为科学理论。20世纪70年代后,系统理论学派出现;80年代则是企业文化理论带来了人力资源开发管理的最新思想。

1995年美国《财富》杂志对美日两国成功与失败的企业做过一次比较调查,结果发现几乎所有成功的企业都具有下列特征:

(1) 以人为本,尊重个人——这是一种优良的企业文化;
(2) 对员工的需求经常进行评估,定期做员工满意度调查;
(3) 重视企业内部沟通——上下沟通、平行沟通;
(4) 重视员工发展的长远计划;
(5) 重视优秀人才的选拔与训练。

综合上述观点和一系列人力资源管理专家、学者的思想,可以把发达国家现代人力资源开发与管理思想归纳如下。

一、以人为本,尊重个人

人是企业活力之源,竞争力之本。因此,人应该成为组织(企业)决策的出发点和归宿。这里讲的"人",首先是企业的雇员,还包括企业其他的利益相关者——股东、供应商、银行等,对他们也应尊重和信任。

以人为本,首先体现在对雇员的尊重和信任,尊重个人的人格,尊重个人的劳动,尊重个人的一切权益——知情权、参与权、平等竞争权、自主择业权、休息权、取酬权、利益共享权等。

二、人力资源管理是总经理职责的重要组成部分

不能仅仅把人力资源管理简单看成人力资源部的职责,它应该是总经理职责的重要组成部分,相应地,应该成为各个直线部门(子公司、分公司、事业部、分厂)经理职责的一部分。选人、用人、育人、留人、激励人,是所有经理人员共同的职责。人力资源部的任务是制定政策,对直线经理提供专家支持和服务。

三、最高管理层的责任是平衡利益相关者的利益

最高管理层对人力资源管理的责任,首先是平衡股东、雇员、客户、供应商、银行等利益相关者的利益,关键是确定在他们之间利益分配的格局,使其在共享利益中各得其所,导致满意。

四、应把人力资源看成社会资源

人的社会性,人才和劳动力的市场化,使企业的经理层必须坚定地把人力资源看成社会资源。劳动力的能力、态度和其内部关系的发展都必须看作企业投资的对象。亦即,应该从长远的观点,把人当作一项潜在的资本,而不仅仅是一种可变的成本。

五、应从战略实施观点看待人力资源管理

人事部门必须配合战略管理部门,给企业战略的实施以人力资源的支持和保证。相应地,在人力资源开发与管理活动中,应从战略目标出发,以战略为指导,确保人力资源政策的正确性和有效性。特别应避免的是:把人力资源开发与管理活动仅仅看作事务性工作,由专业化水平不高的人去应付。

六、对人力资源开发与管理应进行多层次的社会评估

(1) 从企业角度进行评估——企业的人力资源政策和实践的成果,是否确保企业战略的实施,是否在人力资源方面增强了竞争力,是否激发了人力资源的潜力和系统功能,是否使人力资源得到了优化配置,是否确保企业获得了优异的经济效益和组织活力。

(2) 从个人角度进行评估——企业的人力资源政策和实践成果,是否体现了以人为本,是否体现了企业的核心价值观,是否满足了员工多种多样的需要,是否有利于人的全面发展,是否使员工个人职业生涯计划包含在企业人力资源计划之中,并得到整体的实施。员工能否在企业中成才,能否在全面发展的过程中得到自我实施的满足,是衡量企业人力资源开发与管理成功与否的重要标准。

(3) 从社会角度进行评估——企业是否正确地平衡了股东、员工、顾客、供应商和其

他利益相关者的利益,是否树立了良好的员工形象、经营者形象和企业整体形象,是否培育高尚的企业文化并促进了社会精神文明的进步,这也是判断企业人力资源政策和实践水平的重要标准。

七、企业主要的人力资源管理政策领域包括四个方面

(1) 雇员影响。体现在经营目标、工资待遇、工作条件、职务晋升、雇佣保障和任务自身。在以上决策过程中,雇员在多大程度上参与进来并承担责任?通过什么机制进行参与?如何体现他们的影响?

(2) 人力资源流动。人力资源专家与总经理和直线部门经理密切合作,以保证人员流动是恰当和合理的,既保证了人力资源的活力,又保证了人力资源的良好结构和质量。总体上讲,应确保满足企业的技术战略、市场战略、产品战略、财务战略和总体竞争战略的要求。

(3) 奖励体系。奖励决策应吸收各层员工参与,应该与经营战略、管理哲学、雇员需要结构和人力资源政策相吻合。总经理应认真思考:物质补偿应该在何种程度上被用作激励?薪酬结构和报酬结构如何体现企业独特的人力资源战略?外在奖励和内在奖励的比例怎样才是合理的?奖励对象是强调个人还是强调群体?

(4) 工作体系。在一个公司的各个层次上,经理人员都必须面对人力安排、人事信息、人事行为和人事技术上的任务。应采取措施,使各直线部门、总经理、人力资源管理部门密切合作,形成高效率的人力资源管理工作体系。

图 2-7 所示为以上四个方面的相互关系。

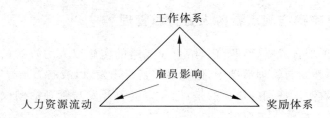

图 2-7 人力资源管理政策领域四个方面的相互关系

八、制定人力资源政策时应考虑的八个要素

(1) 法律和社会价值观;
(2) 企业经营战略;
(3) 企业的工作任务和技术特性;
(4) 劳动力特征;
(5) 劳动力市场条件;
(6) 工会的地位和作用;
(7) 管理理念和企业文化;

(8) 企业的经济效益和经济实力。

复习题

1. 人性假设有哪几种？其差别何在？
2. 需要层次论有哪些重要内容？怎样应用？
3. 为什么说人是自然属性、社会属性和思维属性的统一？
4. 人事矛盾有哪些客观规律？
5. 同素异构原理说明了什么？
6. 能级层序原理怎样应用？
7. 应怎样正确理解要素有用原理？
8. 互补增值原理有什么现实意义？
9. 动态适应原理的含义是什么？
10. 激励强化理论的含义是什么？
11. 公平竞争原理如何贯彻？
12. 信息催化原理怎样应用？
13. 主观能动性原理含义是什么？
14. 文化凝聚原理说明了什么？
15. 中国古代有哪些值得借鉴的思想？
16. 发达国家的人力资源开发与管理有哪些要点？

思考题

1. 人的本质是什么？为什么对人性有不同的假设？
2. 有人说："共产党员都应成为自我实现人。"你觉得这种说法对吗？为什么？
3. 人与事之间的矛盾有哪几个层面？你怎么看人事矛盾？
4. 试举例说明同素异构原理。
5. 试举例说明能级层序原理。
6. 试举例说明要素有用原理。
7. 试举例说明互补增值原理。
8. 试举例说明动态适应原理。
9. 试举例说明激励强化原理。
10. 试举例说明公平竞争原理。
11. 试举例说明信息催化原理。
12. 试举例说明主观能动性原理。
13. 试举例说明文化凝聚原理。
14. 中国古代的管理思想有什么特点？试举例说明。
15. 有人说：西方管理的核心是"追求卓越"，东方管理的核心是"追求和谐"，对否？为什么？
16. 发达国家人力资源开发管理的思想，其发展轨迹是什么？现在的发展趋势怎样？

案例

以人为本,共创辉煌——记中兴通讯的人力资源开发机制

有人说,知识经济时代是一个以人为本的时代,人才,是这个时代真正的无价之宝。其实,历史向来是青睐人才的,国家和民族建功立业,离不开一代英才的推波助澜;处于激烈市场竞争中的企业要获得制胜的先机,更离不开一代英才高瞻远瞩的智慧与胆略。

深圳市中兴通讯股份有限公司,是我国以程控交换机为主业的高科技企业中首家上市公司,1998年实现销售合同额40亿元,比1997年净增两倍多,其"中兴通讯"股票已成为证券市场的高科技龙头股,市值逾百亿。据《证券时报》1998年11月25日对100家上市公司所作的评价调查报告显示,中兴通讯在投资机构和投资者心目中的市场形象和发展前景均名列第一。挖掘中兴通讯成功经营的秘密,恰恰在于其以人为本的人力资源开发机制。

一、选聘人才:建立企业可持续发展的生力军

选拔人才,对任何企业来说都是一项重要工作。"用一流的标准选聘人才",这是中兴通讯1999年的首要经营方针。

选拔高素质人才始终是中兴通讯经营决策中的一个重要内容。一方面,公司每年投入上百万元,与全国各重点高校建立了科研协作和人才推介关系;另一方面,公司格外重视有丰富研发经验、管理经验和市场拓展经验的人才,常年挂牌选聘,全国各人才密集城市的人才交流中心都是公司的人才吸储器。录用方式上,公司严格把关,着手实行"集体面谈,一票否决"的选聘办法。在面试时,针对录用岗位的要求,由相关专业、不同角度、不同层次的人员组成集体面谈小组,严格筛选,确保质量。

人力资源开发作为企业经营决策的战略要素之一,不仅仅是挑选人才那么简单。在中兴通讯,选拔人才不是守株待兔,只等人才找上门来,而是主动出击,四处寻访可用之才;聘用人才,不只是为了一时之需,遇到真正的精英,也可以先储备起来,他们相信,只要是金子,就会有闪闪发光的时候。

储备人才,在中兴通讯的人力资源开发中是一个重要环节。有备才能无患,这只是一个层面的原因;爱才、惜才,才是这种企业行为的深层动机。充足的人才储备,为企业的持续发展灌注了生生不息的原动力,中兴通讯正是在这样的实践中体会到企业的人力资源开发并不只是为公司招一批人来用那么简单,而是建立在一个企业对自身及所处行业有充分认识、有长远规划的基础上的一种战略行为,决不可掉以轻心。

二、设计跑道:重新认识人才与企业的关系

中兴通讯拥有一支朝气蓬勃的高素质员工队伍,5 400余员工平均年龄仅27岁,70%以上是中高级技术、经营、管理人才,其中博士、博士后81人,硕士以上学历的1 400余人。中兴通讯发展的前冲力和弹跳力就蕴藏在这支队伍中。如何最大限度地激活这支队伍呢?

在中兴通讯,人才和企业之间的关系已经突破了一般意义上的雇佣与被雇佣的关系,

建立起了温馨家园式的相互依存的新型关系。在公司内部，不仅强调"人才是企业最大的财富"、"人才是企业发展的根本动力"，同时更强调"企业是人才成长的摇篮"、"培育人才是企业发展的最终归宿"。在融合个人追求和企业发展的基础上，人才推动企业发展，企业则为员工成才提供机会，为员工搭建充分施展才华的舞台。

中兴通讯为员工设计了三条成才跑道：专家跑道、管理跑道和业务精英跑道，分别鼓励被录用的员工成为技术带头人、高级管理者和业务骨干。你有什么样的才能，就为你提供什么样的跑道，你可以以此为起点，尽情展翅高飞。与此相适应，中兴通讯既强调人对岗位的适应，也着眼于对人的个性的充分尊重，突出人才在企业中的充分自主能力。公司为员工提供了多条跑道，员工可以根据自己的兴趣、特点、专长和潜力在相对固定的时间段中选择自己的方向。

在中兴通讯，人才已明确地被看作企业的第一资源，公司十分重视给人才创造宽松的工作环境，"因事择人"和"因人设事"相结合，公司的项目完全可以按照人才的特长进行资金、项目、岗位、目标、市场等其他要素的配套。一方面，公司发现了有远景的项目，便全方位地物色合适的人来运作；另一方面，你有科研才能，公司就给你配助手、资金、设备；你有管理才能，就把你放到相应的管理岗位上去。

中兴通讯还奉行一条"让公司适应人才，而不是让人才屈就公司"的原则。中兴通讯在深圳、北京、上海、南京和美国硅谷共设立了六个科研机构，其中上海一地就设有两个研究所。众所周知，北京、上海、南京是我国人才密集的地区，三地高校和科研院所众多，科研基础雄厚，电信专业人才济济，公司在三地发现了许多急需之才。但在聘用过程中却发现，这几个地方的人十分留恋故土，不愿意离开熟悉的生活和工作环境到深圳去。看到这种情况，中兴通讯作出了就在北京、上海、南京当地成立研究所的决定。1993年，南京研究所成立，目前有科研人员400多名，70%以上具有硕士以上学历，主要从事ZXJ10程控数字交换机技术改进和MSC移动交换机产品的开发，已为公司创造了数十亿元的销售额。1994年10月，上海第一研究所成立，近300名科研人员在国内著名通讯专家的带领下从事ISDN、光纤接入产品、ATM及HFC、CATV和无线通讯产品的研究，这些技术无论是在先进性上还是在市场占有率上都居国际领先地位。1998年1月，上海第二研究所成立，主要从事GSM900/1800与CDMA数字蜂窝移动通讯系统的开发。1998年6月，北京研究所成立，主要从事数据通讯和光通讯产品的研究开发。一个又一个研究所的成立，昭示了中兴通讯的人才观：哪里有人才，就把舞台搭建在哪里，就在哪里上演一出又一出精彩的剧目。实践证明，这种新型的人才-企业关系能够切实增强企业的凝聚力。一般来说，人才比较集中的企业，也是人才流动比较频繁的企业，尤其是在深圳这样人才密集的地方，但中兴通讯的人才流失率却始终保持着较低水平。

三、竞聘上岗：建立有效的激活机制

中兴通讯的决策者始终认为，企业的财富是员工创造的，企业利润要最大化回报员工。公司在解决员工户口、住房、建立养老和医疗保险等方面不惜加大投入，同时实行高效益、高待遇政策，通过按劳分配、按股分配、奖励分配三种方式，使全体员工依据职务、才能、责任、贡献、工作态度和风险承诺共同参与企业利润的再分配。

另外，中兴通讯还建立了一套行之有效的激活机制，以激励员工不断进取。在中兴通讯，干部岗位没有一张"铁交椅"可坐。公司时常要对各类干部的工作进行考核评价，打分入档，进行目标管理，并根据年度考评进行晋升、流动，前三名晋级、后三名免职下岗。公司逐步实行了干部竞聘制度，科室负责人全部由员工中直选产生，部门领导也逐步实行竞争上岗。这种竞聘制度，在解决干部民主化问题上收到了良好的效果。有才能的员工能够获得相应的地位，处在相关岗位上的干部也会产生相应的压力。干部的直选和竞聘，公司员工人人都可以报名参加。这样的制度，为员工的发展提供了公开、公平的竞争条件。员工在努力工作中实现自己的价值并得到企业相应的报酬与提升，最终与企业形成利益共享、风险共担的共同体，这种良性循环保证了企业在激烈的市场竞争中立于不败之地，也为企业不断发展壮大保持了源源不断的后劲。

四、输出人才：企业的更高理想

中兴通讯的一位副总裁说过："我们希望我们的公司能成为一个大舞台。我们不仅要生产产品，我们还要形成文化，我们更要培育人才。"培育并输出一批又一批优秀人才，可以说是中兴通讯的远景目标。

人才培养恐怕是世界上最复杂的园艺了，它需要一个智慧的园丁用辛勤的汗水去耐心浇灌。开花结果是园丁的理想，更是园丁的骄傲。在推崇"以人为本"的中兴通讯，人才可以获得最大限度的成长空间。公司在不断为员工创造成才机会的同时，还密切关注着向更高的层次、更广泛的知识领域进军的人才，他们认为"人往高处走"是很正常的，如果员工没有追求，没有向更高层次发展的愿望和能力，企业也就失去了应有的活力。他们认为，企业与人才之间始终是一个相互依存的互动关系，一个企业要想留住人才，首先要能跟上行业和社会的发展节奏，如果跟不上，肯定留不住人才。中兴通讯的理想，不是单纯地要留住一批人才，而是通过高素质人才的培养和成长，促成整个公司形成学习型组织，使员工在公司能很有收获，让员工感到能在这样的公司服务很自豪，员工的价值能被整个社会所认可。

栽下梧桐树，自有凤凰来。有这样的抱负，又有出色的业绩，中兴通讯在企业和人才的互动关系中逐渐找到了良性发展的平衡点。海纳百川，有容乃大，中兴通讯凭着自己的智慧和胸襟，凭着自己踏实诚朴的作风，与八方才俊携手并进，共同为民族通讯产业耕耘出了一块希望的田野。

资料来源：张德．人力资源开发与管理案例精选[M]．北京：清华大学出版社，2002．

讨论题

1. 中兴通讯公司在人力资源开发上有哪些长处？
2. 为什么中兴通讯公司能够建立这样的机制，而有的企业则不行？
3. 为在企业与人才互动中找到平衡点，企业人力资源开发应解决哪些问题？
4. 企业文化对人力资源开发与管理起什么作用？从中兴通讯的案例中你受到什么启发？

第三章 人力资源开发与管理的基础工作

本章学习目标
1. 组织设计的目的、方法和步骤
2. 定编的作用和定员的方法
3. 工作分析数据收集的基本方法
4. 工作分析的基本步骤
5. 职位评价的意义和步骤
6. 职位分类的基本概念

第一节 组织设计

一、组织的基本概念

1. 组织

广义上讲,组织是由诸多要素按照一定方式相互联系起来的系统。狭义上说,组织是指人们为实现一定的目标,互相协作结合而成的集体或团体。

关于组织的定义,比较常见的有三种。一个较为直观的定义是:"组织是为了达到某些特定目标经由分工与合作及不同层次的权力和责任制度,而构成的人的集合。"这个定义具有三层含义。

(1) 组织必须具有目标。任何组织都是为目标而存在的,不论这种目标是明确的,还是隐含的,目标是组织存在的前提。华东计算机开发公司的目标可能是推广计算机应用技术,并获得盈利;大学的目标是为了培养高级科学与技术人才。

(2) 组织进行分工与合作。分工与合作关系是由组织目标限定的。企业为了达到经营目标要有采购、生产、销售、财务和人事等许多部门。这是一种分工,每个部门都专门从事一种特定的工作,各个部门又要相互配合。只有把分工与合作结合起来才能产生较高的集团效率。

(3) 组织有不同层次的权力与责任。这是由于分工之后,就要赋予每个部门乃至每个人相应的权力和责任,以便于实现组织的目标。若想完成任何一种工作,都需要具有完成该项工作所必需的权力,这是不言而喻的,同时又必须让其负有相应的责任。仅有权力而无责任,可能导致滥用权力,而不利于组织目标的实现。权力和责任是达成组织目标的必要保证。

第二种定义是"行为论",由社会系统学派的巴纳德提出:"组织是两人或两人以上有意识加以协调的活动或效力系统。"这里强调的是组织成员的协调和协作,更适用于组织的运行分析。

第三种定义叫作"系统论",是由系统学派提出的:"组织是开放的社会系统,具有许多相互影响共同工作的子系统,当一个子系统发生变化时,必然影响其他子系统和整个系统的工作。"这种定义把组织内的部门和成员看成有机联系、互相作用的子系统。从作用上分,可以包括传感子系统、信息子系统、决策子系统、加工子系统等;从组织上分,可以包括个人子系统、群体子系统、士气子系统、组织结构子系统、目标子系统、相互关系子系统、权威子系统等。"系统论"更适合于组织变革时使用。

2. 组织环境

任何组织都是在一定的环境下生存和发展。环境给组织提供资源,吸收组织的产出,同时又给予组织许多约束。一个组织要持续地发展,它就必须适应其周围的环境。环境总是处于变化之中,有时变化剧烈,有时变化缓慢。当环境变到足以阻碍组织的发展时,就必须对组织进行调整和改革,以适应环境的变化。不适应环境是组织失败的主要原因之一。

组织与其环境是相互作用的,组织依靠环境来获得资源以及某些必要的机会;环境给予组织活动某些限制,而且决定是否接受组织的产出。如果组织能够不断地提供环境所能接受的产品或服务,环境就会不断地给组织提供资源和机会。例如,一个企业如果能够不断地生产出顾客愿意接受的产品,顾客就会付出代价,这种代价将作为资源重新投入企业,使企业生产进行下去。环境和组织之间的作用如图3-1所示。

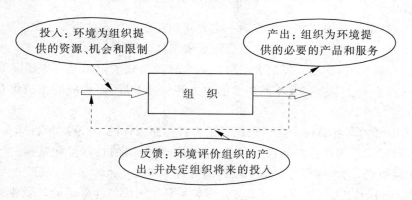

图3-1 组织和环境的关系

组织环境包括许多要素,其中最主要的是人力、物质、资金、气候、市场、文化、政府政策和法律。这些要素几乎包罗了各组织的环境要素,当然有些组织对其中几种要素依赖的程度大些,而对其他要素依赖的程度小些。例如,一所大学对气候的依赖程度不大,而一个农场成功与否在很大程度上取决于气候的好坏。这是因为各种组织对环境要求不同。

组织环境中最主要的资源是人力资源。如果在一个组织中没有足够的、训练有素的人来为组织工作，组织就不能生存。一所大学必须能使教师愿意在那里工作，也必须能够吸引学生报考。一所工厂必须有一些具备一定技术水平的工人和一些优秀的工程师和优秀的市场营销人员为本企业服务。所以说，人力是组织的最基本的资源和环境条件。此外，人力情况还决定着组织其他资源的可利用性，也对环境的其他要素产生影响。

任何组织几乎都离不开资金这一资源。资金可以靠本组织的产品或服务来获取，也可以通过银行贷款、出售股票、发行债券等方法来取得。资金对于组织的生存与发展起着重要的作用，做任何事情几乎都离不开资金，而且组织环境中这一要素可能对其他要素产生巨大的影响。

市场是否愿意为组织的产品和服务付出一种满意的价格，这是营利性组织所关心的一个重要问题。如果市场愿意付出，组织就会繁荣；否则，组织就可能失败。顾客是市场的最终评判者，顾客的偏好直接影响着产品或服务价格及其销路，如果顾客不接受组织所提供的产品和服务，组织活动就将发生障碍。竞争者也对组织活动产生影响，其他厂家能够以更低的价格、更优的质量推出与本企业相同的产品或代用品，必然直接影响本企业产品的价格和销路。

文化传统、社会风俗和政治背景等方面的条件是组织环境的重要组成部分。炼钢厂不能污染空气，汽车制造厂的产品要减低噪音，社会主义制度要求经营者尊重职工在企业中的主人翁地位，在少数民族地区办厂还要考虑当地民族宗教习惯。这些都是组织环境中文化因素在起作用的典型例子。

政府的政策与法律是组织环境的重要因素之一，它们对组织产生巨大影响。组织必须按照政府的政策和法律行事，同时也受到政策和法律的保护。例如，国家限制外国汽车进口，会给本国汽车制造企业提供机会；产业政策的改变使一些组织获得好处，而使另一些组织处于困境；为加速发展某个地区的经济，政府可能会提供较多的投资，促使该地区的企业扩大再生产；消费资金的使用政策对组织成员的工作热情也将产生影响；合同法对违反合同的组织要给予一定的惩罚，而对于另一方则提供保护；有关人事的法令将影响组织聘用人员；等等。总之，政府的政策与法律，是组织环境的重要因素之一，它对组织也能产生巨大的影响。

综上所述，组织环境对组织具有两个方面影响，一方面提供资源和机会；另一方面给予限制。因此，组织要适应环境并利用环境提供的资源和机会以求生存和发展。组织要了解环境的各种要素，明确哪些要素对组织的成功与否起关键作用，它们是怎样影响组织活动的，是直接影响的，还是间接影响的，采取什么措施才能适应组织环境的变化，是改变环境还是变革组织。只有这样，才能立于不败之地。

二、组织设计的基本内容

组织设计是以企业组织结构为核心的组织系统的整体性设计工作，其任务是设计清晰的组织结构，明确组织中各部门的职责与权限，确定组织中职能职权、参谋职权、直线职权的活动范围、关系与界线,编制组织结构图和工作流程文本。

1. 组织设计所面对的基本矛盾

为什么非得设计出一套组织机构？为什么不能由一个首长来管好一个组织？人们经常会提出这样的问题。实际上,在一个稍大一些的组织内,人们可以感受到一个共同的矛盾——管理对象的复杂性与个人能力的有限性。面对全球一体化的经济形势和变幻莫测的市场,面对日新月异的科学技术和需求层次各不相同的员工,面对日趋激烈的竞争,任何组织的领导者都会发现自己的知识面太窄,需要决策的事太多,时间不够用,能力不够大。在这种情况下,唯一的选择是设计出合理的架构,由一群人来管理。这就存在一个权力和责任的划分问题、分工与协调问题,所以必须设计出相应的组织结构。组织设计的基本任务,就是如何发挥管理者群体的作用,有效地管理复杂多变的对象。

2. 组织设计的目的

按照系统论的观点,组织设计的目的是发挥整体大于部分之和的优势,使有限的人力资源形成最佳的综合效果。

系统功能大于部分功能之和,这是系统论揭露的普遍规律。同样一堆电子元件——电阻、电容、磁性天线、二极管、三极管、导线等,用不同的规则连接起来,会成为性能差异很大的不同的半导体收音机。线路图就是线路设计的成果,它用相同的元件组成了不同的系统,其系统功能也是不相同的。同样是2 000名员工,采用不同的组织结构进行分工,会得出完全不同的组织效应。一个优秀的组织结构,能够做到机构精简、高效,职能分工合理而明确,既高效又统一,既发挥了个人积极性、创造性,又能保持高度的和谐与统一,甚至可以发挥出"以一当十"的神奇作用。反之,一个不良的组织结构,会因为机构臃肿、人浮于事而效率低下,因为职能不清、职能重叠而扯皮不止,因为有权无责而滥用权力,因为有责无权而消极怠工。在一些成功的企业中,大都可以看到优秀的组织设计;相反,在一切失败的企业中,大都可以发现不良的组织设计。

3. 组织设计的步骤

组织设计通常可分为以下几个步骤。

（1）工作划分。根据目标一致和效率优先的原则,把达成组织目标的总任务划分为一系列各不相同又互相联系的具体工作任务。

（2）建立部门。把相近的工作归为一类,在每一类工作之上建立相应部门。这样,在组织内根据工作分工建立了职能各异的组织部门。

（3）决定管理跨度。所谓管理跨度,就是一个上级直接指挥的下级数目。应该根据人员素质、工作复杂程度、授权情况等合理地决定管理跨度,相应地也就决定了管理层次和职权、职责的范围。

（4）确定职权关系。授予各级管理者完成任务所必需的职务、责任和权力,从而确定组织成员间的职权关系。

① 上下级间的职权关系——纵向职权关系:上下级间权力和责任的分配,关键在于授权程度。

② 直线部门与参谋部门之间的职权关系——横向职权关系:直线职权是一种等级式

的职权,直线管理人员具有决策权与指挥权,可以向下级发布命令,下级必须执行,如企业总经理对分公司经理,学校校长对系主任。而参谋职权是一种顾问性质的职权,其作用主要是协助直线职权去完成组织目标。参谋人员一般具有专业知识,可以就自己职能范围内的事情向直线管理人员提出各种建议,但没有越过直线管理人员去命令下级的权力。

(5)通过组织运行不断修改和完善组织结构。组织设计不是一蹴而就的,是一个动态的不断修改和完善的过程。在组织运行中,必然暴露出许多矛盾和问题,也获得某些有益的经验,这一切都应作为反馈信息,促使领导者重新审视原有的组织设计,进而进行相应的修改,使其日臻完善。

三、如何设计一个富有弹性的组织

组织的各种活动总是要受到组织内外部各种因素的影响,因此不同组织具有不同的结构形式。也就是说,组织结构的确定和变化都受到许多因素的影响,这些因素称为权变因素,即权宜应变的意思,随着这些因素的变化而变化。权变理论认为,不存在一个唯一的理想组织设计适合于所有情况,理想的组织设计取决于各种权变因素。以企业来说,组织结构要随着工作任务、企业的技术特性、企业所处的内外部环境的变化而改变。

1. 组织必须适应工作任务

对于重复、简单、呆板的工作,其工作程序和效果都是可以预测的,应采用正式的集权式的组织结构,加以指挥管理。对于复杂的创造性的工作,其工作的程序和效果并不是可以准确预测的,最好是用分权的组织结构加以指挥管理。

2. 组织必须适应技术工艺特性

以企业的工艺技术特性来分,企业可分为三种,即单件小批量生产、批量生产和大批量生产。单件小批量生产是按照顾客的"订货"或"订做"进行生产,通常包括产品的设计和制造,如波音747飞机、大型电子计算机等。单件小批量生产由于所生产的产品往往是顾客"订货"或"订做"的,一般工艺装备都是通用的,对操作人员的技术水平要求较高,技术权力相当分散。大批量生产型企业一般都采用专业化程度很高的专用高效设备,产品种类少,一次生产的数量很多,对操作人员的技术水平要求较低,产品大部分已经标准化、通用化、系列化,所以技术权力相对集中,比如自行车和汽车制造企业多属此类。批量生产企业是介于单件小批量生产与大批量生产企业之间的一种类型,它的技术工艺特性也介于二者之间。对于单件小批量生产的企业在组织设计时宜采用分权的方式进行管理;对于大批量生产的企业宜采用相对集权的方式管理,组织设计时采用传统的原则,明确层次结构,职责范围;而对于批量生产企业要灵活掌握集权与分权的界限,组织设计时要同时考虑传统设计原则和动态设计原则。

3. 组织要适应周围环境

周围环境是指组织所处的社会环境,如人口总数、年龄构成、人口分布、教育水平、兴趣和价值观念等;经济环境,如国际与国内市场的竞争与开发,以及价格等;技术环境,如新技术、新工艺、新材料和新设备等;政治环境,如国际国内政治形势、国家的企业政策、投资政策、价格政策、税收政策等。关于组织周围的环境可分为以下三类:

第一类是稳定的环境。其特点是：
(1) 产品或服务在最近几年内是稳定的，没有改变；
(2) 消费者和参与竞争者均维持稳定，很少有人进入或退出；
(3) 政府制定的与企业有关的政策、法令连续而稳定；
(4) 在可能竞争的领域，技术缺少创新和突破；
(5) 企业内部人际关系维持良好和稳定状态；
(6) 社会政治局面稳定。

处于稳定的环境中的企业适合采用正式化、集权化的组织结构。

第二类是变迁的环境。其特点是：
(1) 产品和服务在近几年内已有温和的变化；
(2) 具有一群数量相当稳定的竞争者，但不断有人进入和退出；
(3) 政府制定的与企业有关的政策、法令发生变化，但变化的趋势是可以预测的；
(4) 技术不断在创新，但每步新的发展都与过去的技术相承接；
(5) 工人与管理人员间的关系、政治形势和社会趋向不断在改变中。

处于变迁的环境中的企业虽然仍适合用正式化和集权化的组织结构，但必须要委以专人关注环境变化，销售部门必须经常调查市场消费者的需求变化。技术人员必须不断引进新技术，以降低成本，改进产品性能。

第三类是剧烈变化的环境。其特点是：
(1) 产品或服务经常改变；
(2) 竞争者的组成经常在改变，而且有一些大厂商介入市场；
(3) 政府的行动很难预测，它受几个不同的因素交互影响，如能源政策、污染政策等；
(4) 技术有重大的创新，有许多和以前不同的新技术被企业采用；
(5) 群众的行为和价值观念在迅速地改变。

处于这种环境下的企业很多，如我国的摩托车、电视机、空调、电冰箱、服装、食品、化妆品制造企业。这种企业需要有强烈的敏锐性、创造性。必须采用非常畅通的沟通渠道、相当分权化的组织机构，并具有很大的弹性，以便在发现新的机会时能迅速地转移重心。

四、常见的组织结构类型

1. 直线职能结构

直线职能结构是现代工业中最常见的一种结构形式。这种组织结构的特点是：以直线为基础，在各级行政主管之下设置相应的职能部门从事专业管理，工作（和部门）按照组织的职能和它们所需要的技能被划分和组织起来，例如生产、营销、人力资源、技术开发、财务等。这种组织结构是按照一定的职能专业分工，各级都建立职能机构，各级领导都有相应的职能机构作为助手，从而发挥了职能机构的专业管理作用。整个系统中管理人员分为两类，一类是直线指挥人，相当于军队中的各级军官，他们可以对下级发号施令；另一类是职能人员，相当于军队中的参谋、后勤人员，他们只能对下级机构进行业务指导，而不能直接对下级发号施令，除非上级直线人员授予他们某种权力。这种划分保证了统一的生产指挥和管理。另外，这种结构导致权力高度集中，凡不能在一个部门范围内作出决定的问题,最后必须由厂长作出。

直线职能结构之所以被广泛地采用,是由于它具有许多优点。这种结构分工细密,任务明确,且各个部门的职责具有明显的界限。各职能部门仅对自己应做的工作负有责任,可以专心从事这方面工作,因此有较高的效率。这种结构的稳定性较高,外部环境变化不大的情况下,易于发挥组织的集团效率。其不利方面是缺乏信息交流,各部门缺乏全局观点,不同的职能机构之间、职能人员与指挥人员之间目标不易统一,矛盾较多,最高领导者的工作量大。这种结构还不易于从企业内部培养熟悉全面情况的管理人才。此外,这种结构使整个组织系统刚性较大,分工很细,手续繁杂,反应较慢,不易迅速适应新的情况。

尽管直线职能结构有一些缺点,但同其他种类型的组织结构相比,还是一种比较好的组织形式。目前中国大部分企业采用此类结构形式。但它不适宜多品种生产和规模很大的企业,也不适宜创新性的工作。

2. 事业部结构

所谓事业部结构,就是一个企业内对于具有独立的产品和市场、独立的责任和利益的部门实行分权管理的一种组织形态。这样的部门就是事业部门,它必须具备三个要素:第一,具有独立的产品和市场,是产品责任或市场责任单位;第二,具有独立的利益,实行独立核算,是一个利润中心;第三,是一个分权单位,具有足够的权力,能自主经营。

采用事业部的组织是把政策制定与行政管理分开,政策管制集权化,业务劳动分权化。企业的最高管理层是企业的最高决策管理机构,以实行长期计划为最大的任务,集中力量来研究和制定公司的总目标、总方针、总计划以及各项政策。事业部的经营活动在不违背总目标、总方针、总计划的前提下完全由事业部自行处理,因而事业部成为日常经营活动决策的中心,是完全自主的经营单位,可以充分发挥自己的主观能动性。为了使企业保持完整性,为了使高层领导不致"大权旁落",保证事业部不至于"各行其是"、"群雄割据",最高管理当局必须保持三方面的决策权。

(1) 事业发展的决策权。整个企业采用什么技术、打入什么市场、搞什么产品、开辟什么新事业、放弃什么事业等经营方针以及价格政策、竞争策略等基本原则的决策权要留在总部。

(2) 有关资金分配的决策权。资金的供应以及资金分配必须由企业高层管理控制,而不能交分权的事业部处理。

(3) 人事安排权。事业部组织下的人,尤其是干部和专业人员都是整个公司的资源。公司的用人政策、各事业部重要的人事安排应由总部高层决策。为了发挥事业部结构的优点应当避免由最高管理机关的成员兼任各部经理,以免既没有最高的决策又没有分散的经营。

采用事业部结构的组织,直线和职能的关系比较清楚。公司的职能部门的主要任务是对最高管理层和各事业部作有效的建议、指导与服务,它不是事业部那样的独立的利益责任单位,因此它只起参谋咨询作用。

事业部结构具有许多显著的优点。它能使最高管理部门摆脱日常行政事务,成为坚强有力的决策机构,并使各个事业部发挥经营管理的主动性,而高层领导不致忙于协调、监督等较低层的管理工作。这种结构既有较高的稳定性,又有较高的适应性。这种结构还是培养管理人才的最好组织形式之一。分权化的事业部经理与一家独立公司的高层所面对的问题几乎一样,他应考虑市场、人力、技术,考虑今天和明天。所不同的只是不必负责有关财务资源与供应。所以事业部制在培养和考验着明天的领导人才。此外,事业部结构有利于扩大有效控制的跨度,使上级领导直接控制下层单位的数目增加。

事业部结构也有其相对不足的地方。比如,对事业部一级的管理人员水平要求较高。每个事业部都相当于一个单独的企业,事业部经理要熟悉全面业务和管理知识才能胜任工作。另外,集权与分权关系比较敏感,一旦处理不当,可能削弱整个组织的协调一致性。而且,各事业部皆有完备的职能部门,管理人员增多,管理成本较高。

需要提及的是,当企业的规模比较小时,是无法采用此种组织形式的,仅当企业规模比较大时,而且其下层单位够得上成为一个"完整的企业机构"时才宜采用,即下层单位除了要有自己的设计制造外,还要有自己的市场、自己的销售,并能自己选择进货,这样才能组成事业部门。

3. 矩阵结构

既有按职能划分的垂直领导系统,又有按产品(项目)划分的横向领导关系的结构,称为矩阵组织结构。矩阵制组织是为了改进直线职能制横向联系差、缺乏弹性的缺点而形成的一种组织形式。它把按职能划分的部门与按项目划分的工作小组结合起来组成矩阵,使小组成员接受小组和职能部门的双重领导。它的特点表现在围绕某项专门任务成立跨职能部门的专门机构上,这种组织结构形式是固定的,人员却是变动的。

工作小组一般是由一群不同背景、不同技能、不同知识、分别选自不同部门的人员所组成的,通常人数不多。组成工作小组后,大家为某个特定的任务而共同工作。最典型的例子是电影制片厂的摄制组或工厂的技术革新小组。工作小组的结构特点是根据任务的需求把各种人才集合起来,任务完成后小组就解散。在某一小组内,人员也不固定,需要谁,谁就来,任务完成后就可以离开。所以一个人可以同时参加几个工作小组。例如,一个演员可以同时参加几个摄制组。工作小组的优点是:适应性强,机动灵活,容易接受新观念新方法;各个成员像一个球队的运动员一样,都了解整个小组的任务和问题,责任感强。其缺点是:缺乏稳定性,在规模上有很大的局限性。

工作小组适用于需要不同专长的人在一起才能完成的工作以及具有许多事先不能确定的复杂因素的工作。如果一个企业中同时组织几个工作小组,而且这种工作小组的形式长期存在,结果就会出现一种新的组织结构——矩阵结构,又叫规划—目标结构。

第二节 定编定员

一、定编定员的意义和原则

这里仅讨论企业内部的定编定员问题,它是企业实行科学管理的一个重要条件。

1. 定编定员的意义

定编定员具有下述意义。

（1）为企业编制劳动计划和进行劳动力调配提供依据。企业只有根据先进合理的定员标准，才能正确地决定各类人员的需要量和控制各类人员的比例。对于新建企业，通过定编定员，可以有计划地、分期分批地按需招收和配备各类人员，防止盲目性。定编定员的过程也是合理安排劳动力的过程，在出现劳动力余缺时，先进合理的劳动定员为劳动力的调配提供了依据。

（2）为企业充分挖掘劳动潜力、节约使用劳动力提供依据。马克思指出：一切节省，归根结底都归结为时间的节省。劳动时间的节省，在企业内部往往通过合理定员、节约使用劳动力来实现。

（3）为企业不断地改善劳动组织、提高劳动生产率提供条件。先进合理的定编定员是以合理的劳动人事组织为基础的，反过来又会促进企业不断地改善劳动人事组织，合理地设置组织机构，合理地进行劳动组合，克服机构臃肿、纪律松弛、人浮于事、效率低下的弊病，从而有效地提高劳动生产率。

2. 定编定员的原则

为了做好定编定员工作，应遵循下述原则。

（1）必须以实现企业的生产经营目标为中心。

（2）定员必须以精简、高效、节约为目标。这就要求做到以下几点。

① 预测产品方案要科学，因为它是编制定员的基础。切忌为多留人而有意加大生产工作量。

② 应以先进合理的定员标准和劳动定额为依据。当产品的品种、产量确定后，决定定员人数的主要因素是劳动定额和定员标准的水平。

③ 提倡兼职。

④ 简化业务手续，减少管理层次，精简机构。

（3）定员必须同新的劳动分工与协作关系相适应。例如，随着电子计算机的应用，出现了信息分工，即信息处理与信息使用相分离，客观上要求配置专职的信息处理工作人员，同时相应减少老式的信息工作人员。

（4）应合理安排各类人员的比例关系。具体应做到以下几点。

① 要合理地确定直接生产人员（包括工人、工程技术人员等）和非直接生产人员（包括管理人员、服务人员等）的比例关系，尽量减少非直接生产人员比重。

② 要合理地确定基本生产工人（直接参与产品制造过程的工人）与辅助工人的比例关系，即一线工人与二线工人的比例。在一定的技术装备条件下，扩大一线工人比重是提高劳动生产率的一项重要措施。

③ 要合理确定各个工种之间的比例关系。在一定的产品结构和一定的生产技术条件下，各个工种在人员配备数量上，存在一个最佳的比例关系。按这个比例配备人员，工种之间的劳动能力就会大体平衡，减少和消除窝工现象。

二、定员标准

1. 含义

定员标准指在一定的生产技术组织条件下，为企业生产或工作岗位、设备或工种以及群体等规定的人员配备的数量界限。

2. 作用
定员标准具有如下作用：
(1) 是企业编制定员的依据，可节省编制定员的时间，促进用人的合理化；
(2) 是考察企业用人是否先进合理的尺度；
(3) 是设计部门确定新建或扩建企业定员的依据。

3. 分类
可以按不同的标准对定员标准进行分类。
(1) 按使用范围分：全国通用标准、行业通用标准、企业标准。
(2) 按综合程度分：单项定员标准（以单台设备、单个岗位、单项工作群体为对象制定的定员标准）和综合定员标准（选择某一个具有代表性的，能够综合反映出一单位劳动效率的综合指标来制定定员标准。如1979年交通部规定：每辆营业汽车配 3.86～4.81 人）。

4. 形式
定员标准主要有两种形式。
(1) 单位用工标准，包括单位产量用工标准（如吨纱用工标准、万米布用工标准）、单台设备用工标准（如单台设备定员）、单班岗位用工标准（如岗位定员）等。
(2) 服务比例标准，指规定了服务者与被服务者的人数配备比例。如食堂工作人员与就餐人员的比例、托幼保健人员与入托儿童比例等。

5. 内容
不同行业定员标准不完全相同，一般包括：
(1) 定员标准的适用范围和使用说明；
(2) 各类人员划分范围；
(3) 岗位（工种）的设置及其工作量；
(4) 生产（工作）的方法与程序；
(5) 设备的名称与规格；
(6) 各个岗位、设备的定员人数；
(7) 各主要生产工作岗位对人员素质的要求。

三、定员方法

企业在一定时期内应该占用的劳动力资源总数，取决于生产、经营、管理、服务等方面的工作量与各类人员的劳动效率。由于企业人员复杂、工作各异，无法用统一的计量单位综合反映他们的工作量和劳动效率。因此，必须根据不同的工作性质，采用不同的计算方法，分别确定各类人员定员。常用方法如下。

1. 效率定员计算法
效率定员计算法是按劳动定额计算定员的一种方法，适用于一切能够用劳动定额表

现生产工作量的工种或岗位。其计算公式为

$$M_1 = \frac{\sum(TQ) + C + B}{tpa}$$

式中：M_1——效率定员人数；

T——单位产品工时定额；

Q——产品产量（要求产品方案可靠）；

C——计划期废品工时（依工种而异）；

B——零星任务工时（在机械工业 $B=5\%\sim10\%$）；

t——制度工时，指一个工人在一年内制度工作日数与法定工作日长度的乘积，即 $(365-59)\times8=2\,448$ 小时；

p——工时利用率（制度规定的工时利用程度，小于或等于100%）；

a——工时定额完成率（一般大于100%）。

此法关键是合理确定 T、Q。

2. 设备定员计算法

设备定员计算法是根据完成一定的生产任务所必须开动的设备台数和班次，按照单机设备定员计算编制定员的方法。适用于操纵设备作业工种的定员。其计算公式为

$$M_2 = \frac{\sum(nms)}{K}$$

式中：M_2——设备定员人数；

n——同型设备开台数（按生产需要）；

m——单机定员标准；

s——该型设备平均开动班次（按实际需要）；

K——出勤率（小于100%，如等于95%）。

此法关键是正确确定 n、s。至于出勤率是为了考虑替补率 J（一般为 $5\%\sim8\%$），要求 $J+K\leqslant100\%$。尽量培养一专多能的员工，减少替补率。

3. 岗位定员计算法

岗位定员计算法是按岗位定员标准、工作班次和岗位数计算定员的方法。适用于大型装置性生产、自动流水线生产的工人以及某些看守性岗位（如门卫、仓库保管员）的定员。一般在石油、化工、钢铁、家电工厂中常用此法。其计算公式为

$$M_3 = \frac{\sum(m's'n')}{K}E$$

式中：M_3——岗位定员人数；

m'——岗位定员标准；

s'——班次；

n'——同类岗位数；

K——出勤率；

E——轮休系数（一般为7/5）。

此法关键是合理确定 n' 和 m'，应在确保安全运行和不使操作者过度疲劳的前提下，尽量扩大监护范围，减少 n' 和 m'。

4. 比例定员计算法

比例定员计算法是以服务对象的人数为基础，按定员标准比例来计算编制定员的方法。适用于辅助性生产、服务性工作或教育、卫生等单位的定员，如工具车间、动力车间、职工医院、托儿所、食堂等。其计算公式为：

$$M_4 = \frac{F}{m_1}$$

式中：M_4——比例定员人员；

F——服务对象的人数；

m_1——定员标准比例（如：食堂 $m_1=20$）。

5. 职责定员法

职责定员法是按既定的组织机构和其职责范围，以及机构内部的业务分工和岗位职责来确定定员的方法。适用于企业管理人员和工程技术人员的定员。

由于管理工作和技术工作比较复杂，弹性较大，其工作定额也难以量化，故多数情况下无法用数学公式表示。一般而言，可根据其职责和工作量，参照效率定员和岗位定员方法进行估算。为了使定员合理，可以在定员前采用工作抽样或工作日写实方法，对现有工作人员实际担负的管理工作或技术工作及其时间消耗情况进行调查研究，分析其工作量负荷情况，作为定员的依据。待条件具备后，可逐步采用技术测定法、要素分析法、典型比较法等更科学的方法制定科室定员。

影响职责定员的主要因素有：

(1) 管理层次；

(2) 机构设置与分工；

(3) 工作效率。

应提高人员素质，一专多能，一人多职，少设或不设副职，简化业务手续，使常规工作程序化、标准化、规范化，使用电子计算机等。

以上五种定员方法，可以在一个企业里同时使用、互为补充。

第三节　工 作 分 析

西方国家的企业管理方式在 20 世纪初就逐步进入了科学管理阶段，而我国的企业管理方式至今仍然以经验管理为主。管理上的落后，是我国企业在世界上缺乏竞争力的一个主要原因。由经验管理模式进入科学管理模式，是国内绝大多数企业在管理机制上作出变革的方向。

科学管理之父泰勒认为，科学管理的根本目的是谋求最高劳动生产率，达到最高工作效率的重要手段是用科学化的、标准化的管理方法代替经验管理。他说："诸种要素——不是个别要素的结合，构成了科学管理。它可以概括如下：科学，不是单凭经验的方法；协调,不是不和别人合作,不是个人主义;最高的产量,取代有限的产量;发挥每个人最高的效率,实现最大的富裕。"科学管理主要通过时间和动作研究及工作分析来达到这一目标,即建立在严密的科学分析基础上形成的一整套企业管理规范。这要求人们主动对企业的内在规律进行研究,制定出最能够反映企业运作内在规律的制度、方法和程序。

一、工作分析:人力资源管理的基本工具

工作分析是企业实现科学管理的一个基本环节,是对影响组织运作效率的各种要素的分析过程。例如,不同职位的权限不同,出了问题由谁负责?对员工进行考核时,应该依据什么标准?招聘新员工时,任职者应该具备哪些素质?等等。

工作分析中的"工作"指的是为达到特定的组织目标而必须完成的若干任务的组合,它包括不同的工作要素。某一项工作可能只需要一个人完成,如 CEO;也可能需要 100 个人来完成,如流水线上的装配工人。工作和职位的内涵并不相同。工作是若干任务的组合,而职位指的是一个人完成的任务和职责的集合。在一个由班组长、统计员和 10 名装配工组成的装配班组中,有 3 项工作和 12 个职位。在组织中,一项工作往往分配给多个人来完成。

工作分析是确定完成各项工作所需技能、责任和知识的系统过程。它是人力资源管理的基本工具,提供了关于工作本身的内容、要求以及相关的信息。通过工作分析,可以确定某一工作的任务和性质是什么,哪些类型的人适合从事这项工作。所有的这些信息,都可以通过工作分析的结果——职位说明书来进行描述。职位说明书一般包括两方面的内容:工作说明和工作规范。工作说明是关于工作任务、职责信息的文本说明。工作规范则包含了一个人完成某项工作所必备的素质和条件。

工作分析主要用于解决工作中以下六个重要的问题:

(1) 该项工作包括哪些体力和脑力劳动?
(2) 工作将在什么时间、什么节奏下完成?
(3) 工作将在哪里完成,工作环境怎么样?
(4) 人们如何完成这项工作?
(5) 为什么要完成这项工作?
(6) 完成这项工作需要具备哪些条件?

以上六个问题涵盖了一项工作的职责、内容、工作方式、环境以及要求五大方面的内容。工作分析也就是在调查研究的基础上,理顺一项工作在这个五方面的内在关系。所以,工作分析的过程,从某种意义上来讲,也是一个工作流程分析与岗位设置分析的过程。

进行工作分析是为了给企业带来更高的效率,并为公司的战略提供有益的指导。在企业人力资源管理实践中,来自工作分析的信息对每一个管理环节,例如制定人力资源计划、人员甄选、招聘、培训、选拔、考核、薪酬、激励计划等都有重要影响。工作分析的载体——职位说明书是构建科学人力资源管理体系的基本平台。

工作分析的基本步骤参见图 3-2。

1. 人力资源战略与规划

作为企业战略规划的一部分,人力资源战略对于企业的持续性发展有着重要影响。

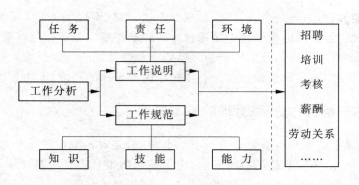

图 3-2　工作分析的步骤

制定人力资源战略通常包括战略分析、战略选择与战略衡量三个环节,其中战略分析主要是通过工作分析来完成,即在综合考虑组织战略、使命、外部环境与内部资源,以及人力资源现状的基础上,对组织人力资源的发展方向作出详细规划。工作分析对人力资源战略制定所起的作用是根本性的,它提供包括企业员工年龄结构、知识结构、能力结构、培训需求和工作安排等在内的各类关键要素信息。例如,仅认识到一个公司需要补充 100 个新员工是远远不够的,还应该知道每项工作都需要哪些知识、能力或经验,一个好的人力资源计划需要非常清晰地考虑到这些工作要求。

2. 招聘与甄选

招聘是一个能及时、足够多地吸引具备资格的个人加入组织中工作的过程。它包括两个基本的环节——制定需求计划和从申请人中挑出合格的人选。如果招聘人员不知道或不熟悉胜任某项工作所必需的资格条件,那么员工的招聘与甄选将会漫无目的。而在经过工作分析之后,这一问题将变得简单。尽管很多招聘人员对某些工作完全外行,但是职位说明书能够为他们提供一个清楚的指导性文件来对申请人进行招聘和甄选。对企业来讲,挑选合适的员工远比挑选一台打印机更为困难和复杂,缺乏工作分析基础的招聘和甄选是不会成功的。

3. 培训

如果职位说明书中指出某项工作需要特定的知识、技能和经验,而现有的员工尚不具备所要求的条件,那么就必须要有相应的培训。培训的目的在于提高员工的绩效,而职位说明书中描述了衡量员工绩效的基本内容,所以,工作分析在培训与员工绩效改进之间,提供了一个可行的方向和道路。

4. 薪酬

亚当斯的公平理论指出,员工的公平感来自横向比较的相对公平。这一理论在薪酬设计与管理中有相当重要的应用,其合理性建立在这么一个前提之上:人们所从事的工作具有相对的重要性。从事越重要的工作人们获得的薪酬越高,同样重要的工作薪酬相同。工作的职责、所要求的技能、教育水平、工作环境等都将影响到某项工作在整个组织中的相对重要程度。工作分析的一个很重要的用途在于建立组织中各种工作的相对重要性的排序,并通过量化的形式来帮助组织确定每个职位的薪酬水平。

5. 考核

考核过程就是将员工的实际工作业绩同要求达到的工作绩效标准进行比较的过程。工作分析为组织设计合理的绩效考核标准提供了科学的依据。职位说明书中所描述的工作职责、工作内容和任职要求可以帮助考核人员很方便地针对不同的职位进行考核指标设计,而且,也只有建立在工作分析基础上的考核指标体系才有可能全面、准确地对员工进行评价,从而起到应有的激励作用。

6. 劳动关系

工作分析的信息在劳动关系方面也起到重要的作用。当考虑对员工进行提升、调动或者降级时,工作说明书能够提供一个比较各人才干的标准,从而有助于组织进行客观的人事决策。

二、信息的收集

在进行工作分析的准备阶段,组织先要明确工作分析的目标和重点,以此进行相关数据的信息收集。例如,如果企业进行的工作分析主要用于建立比较科学的薪酬体系,那么工作分析所涉及的信息主要是工作过程中的各项报酬因素以及影响这些报酬因素的其他信息。在一个新成立的组织中进行工作分析,其目标则是明确组织各个岗位的职能,分析不同岗位的工作职责、权限和关联关系,建立一个明确的工作流程图景。在大多数情况下,一个有效的工作分析应该包括以下几个方面。

(1) 工作职责范围和工作职责内容。

(2) 工作任务。包括:

① 工作中所含的各项任务;

② 每项任务的工作流程;

③ 工作流程中与其他工作的接触;

④ 工作各个阶段成果的表现形式和保存形式。

(3) 人的活动。包括:

① 与工作相关的基本动作和行为;

② 工作方式;

③ 沟通方式。

(4) 工作特征。包括:

① 工作的时间特征;

② 工作条件;

③ 工作的空间环境特征;

④ 工作的人际环境特征;

⑤ 工作的技术性、创新性和复杂性。

(5) 所采用的工具、设备、机器和辅助设施。

(6) 工作的任职要求。包括:

① 个性特点;

② 所需要的学历和培训程度；
③ 工作经验；
④ 基本能力要求；
⑤ 基本知识要求；
⑥ 对身体条件的要求。
(7) 工作业绩。包括：
① 工作目标；
② 记录工作业绩的方式；
③ 业绩考核标准。

在工作分析的过程中，每项工作都要进行如上方面信息的收集，这对于一个规模较大的组织来讲，将是一个巨大的工作任务。目前，已经有多种成熟的技术来帮助组织获取以上这些资料，下面将介绍几种最常用的工作信息收集技术。

1. 问卷调查法

问卷调查是一种简便快捷的获取信息的方法。分析人员把标准化问卷发给员工，员工通过填写问卷来描述其工作中所包括的任务、职责、环境特征等方面的信息。

采用这一方法首先需要一份有效的调查问卷。分析人员要先考虑好需要调查哪些方面的内容，如何在一张标准化的问卷中引导员工把真实的情况描述出来。一般来讲，工作分析的调查问卷包括两种形式的问题：一种是提出一些简单的开放性的问题让员工进行回答，例如"请描述你的工作职责"；另一种是在问卷中详尽地列出工作中可能出现的各种情况，然后让员工选择他们实际中所从事的工作，再注明他们在每项工作上所花的时间以及重要程度。这两种不同的提问方式所获取的信息重点不尽相同，它们有各自的优点和缺点。在实际运用中，有效的调查问卷都是由这两种问题有机组合而成的。

问卷调查法的最大优点在于它能够快速高效地从一群员工中获取大量的关于工作的信息，尤其对于规模很大的组织来讲，它显然是一种非常有效的方法。但是，采用问卷调查也有其不足之处，主要表现在：一方面，设计一个好的调查问卷需要花费很多的时间和精力，尤其要确保员工能够明白每一个问题的意思是什么；另一方面，有时员工因为缺乏表达能力，以致对工作的描述不够全面，也不够准确，甚至一些员工可能会夸大其任务的重要性，从而影响问卷调查的效果。

在运用问卷调查法的过程中需要注意以下几个方面：
(1) 为保证调查的客观真实性，一定要让受调查者明确调查目的（并非用于对个人业绩评估），让他们放心地反映真实情况；
(2) 在填写问卷前与受调查者建立良好合作关系，以获得他们的支持；
(3) 由于问卷通常比较长，受调查者在填写过程中会出现烦躁情绪，容易影响认真作答，主持人应及时提示并耐心地提供帮助，以保证质量。
(4) 答过的问卷尽可能让人力资源专家和其直接主管认真审核，及时纠正偏差。
(5) 工作分析人员对问卷统计结果进行审核、评估，尤其是针对同一职位但回答差异很大的项目需要进行商议，以取得统一意见。

附　工作分析调查问卷范例

工作问卷
××电力公司

姓　　名：_____　　职位名称：_____
所在部门：_____　　部门编号：_____
上司职位：_____

1. 职位概述
   ◆ 用你自己的语言来简要地描述你所在职位主要的工作职责，如果你的工作同时需要涉及文档处理，请同时完成问题9。

   _____
   _____
   _____
   _____

2. 特殊要求
   ◆ 请列出你所在的职位所需要的诸如技术等级证书、程序员证书之类的岗位工作证书。

   _____
   _____
   _____
   _____

3. 工具设备
   ◆ 请列出你日常工作中所需要经常使用的工具（例如电脑、计算器、交通工具、移动电话等，也包括软件开发工具）。

   工具名称　　　　　　　　平均每周使用的时间（以小时为单位）
   _____
   _____
   _____
   _____

4. 日常的工作内容（问题4和问题5请详细地填写）
   ◆ 请列出你有规律的日常性工作，并且分别按照各项工作的重要性和每月在工作上所花费的时间来排序列出。

   a. 按工作的重要性排列　　　　　　需要遵循的操作规范
      （1）_____
      （2）_____

　　　　(3) _____
　　　　(4) _____
　　b. 按每周工作频率排列
　　　　(1) _____
　　　　(2) _____
　　　　(3) _____
　　　　(4) _____

5. 工作描述
　　◆ 在你以上列出的日常性工作中,请把最重要的两项工作的业务过程详尽地描述出来。
　　_____
　　_____
　　_____
　　_____
　　_____
　　_____
　　_____
　　_____
　　_____

6. 工作联系
　　◆ 你的工作是否需要和以下人员发生交流和协作:
　　　a. 本部门的其他同事;
　　　b. 公司其他部门的同事;
　　　c. 其他公司或业务机构的人员。
　　如果有的话,请按上面的分类写出需要与之进行接触的工作和业务,并标明接触的频率。
　　_____
　　_____
　　_____
　　_____
　　_____
　　_____

7. 管理和监督
　　◆ 你的工作是否需要对下属人员进行管理和监督?
　　　是(　)　　　　否(　)

　　如果是,请填写《公司管理人员职位分析调查表》。

　　◆ 你的工作是否需要对一些不属于你直接管理的人员进行监督和指导?
　　　是(　)　　　　否(　)

如果是,请说明原因。
_____

8. 决策
   ◆ 请列出你日常工作中所需要做出的决策,同时对你所要做出的决策作一些简要的说明。
   _____
   _____

   假如你决策失误,请写出由此可能会带来的后果。
   _____

   假如你行动失误,请写出由此可能会带来的后果。
   _____

9. 文档处理
   ◆ 请列出你工作中需要准备和处理的文档,如果有的话,请写出文档的来源部门和需要传送的部门。
   a. 文档名称   来源/传送部门
   _____

   b. 需要持有的文档
   _____

10. 素质要求
    ◆ 你认为胜任你所在的职位所需要的最低的要求是什么?
    (1) 受教育水平
        最 低 学 历:_____
        所学专业方向:_____
    (2) 工作经历
        工作类型:_____
        工作时间:_____
    (3) 专门的培训
               类型   培训时间
        _____
        _____

    (4) 专业技能
        _____
        _____

2. 访谈法

通过与员工和管理者访谈,可以获取更多的细节和更准确的信息。一般有三种访谈的方法:

(1) 与该工作的主管人员进行交谈;
(2) 与从事该工作的每个员工进行交谈;

(3) 与从事相同工作的员工群体进行交谈。

在访谈之前,分析人员要做细致的准备工作。在与不同的对象交谈时,访谈人员应该能熟练地挖掘这些不同交谈对象最了解的内容,这样可以挖掘出很多在组织结构和工作流程图表中看不到的工作活动和信息交流。所以,访谈人员在每次访谈之前,最好有一份完好的访谈计划,并准备相应的访谈记录表格。

访谈记录表格可以由一些简单的问题组成,比如:请描述你的工作职责;请详细描述你日常的工作流程;这项工作需要用到哪些工具、设备,需要进行哪些方面的共同和协调,需要什么样的教育背景和工作经验等。

访谈法的优点在于它的方便和准确性,并为组织提供一个良好的机会来向员工解释访谈的重要性和必要性,甚至在访谈过程中还能让员工有一个释放不满情绪的机会并使他们看到组织为此进行改善工作条件的希望。

访谈法的不足表现在两点:一方面,需要花费大量的时间和精力,尤其在大规模的组织中,和每一个在职员工进行访谈显得不太现实;另一方面,访谈所得到信息的质量很大程度上依赖于访谈对象对工作分析目的的了解程度以及访谈双方所建立关系的融洽程度。当访谈双方沟通不够充分时,如果访谈对象存在自我保护意识,则很有可能夸大或忽略他们工作中的某些方面。

在访谈中,要尽量避免把话题转到"员工希望做什么"的问题上去,因为许多员工常常把工作分析的面谈视为一种陈情或提意见的机会。工作分析人员必须牢记其职责及所承担的角色,以达到客观真实的要求。

3. 观察法

观察法是历史上最先使用的方法,泰勒的"科学管理"的观点就是建立在观察计量的实证基础之上。在一些组织中,人们利用拍照法来观察快速流程,这样就可以分解劳动者的身体动作,然后把它们重新组合以变得更有效率。在对主要由身体活动构成的工作进行工作分析时,实地观察是一种很有效的方法。而当脑力劳动在工作中占的比重提高时,观察法就变得相对无效。

观察法通常和面谈法结合使用。工作分析人员在员工的工作期间观察并记录他们的活动,同时就一些重要的信息与员工进行面谈,详细记录员工对某些重要工作环节的看法和认识,并请员工对记录的内容作出核实或补充。观察法的优点在于能够对工作有一个感性的认识,在观察过程中,分析人员能够和员工一起讨论工作当中的一些模糊的问题和内在的规律。观察法的不足在于员工的工作周期一般长短不一,有些甚至需要好几天才能完成,这对分析人员的时间和精力要求比较高,尤其在一些大的组织中,往往有几百项工作需要进行分析,这时分析人员需要结合其他的方法来完成工作。

三、工作分析的实施过程

工作分析一般采取以下六个步骤。

1. 成立工作分析的工作组

工作分析的工作组一般包括数名人力资源专家和多名工作人员,它是进行工作分析的组织保证。工作组首先需要对工作人员进行工作分析技术的培训,制定工作计划,明确工作分析的范围和主要任务。同时,配合组织做好员工的思想工作,说明分析的目的和意义,建立友好的合作关系,使员工对工作分析有良好的心理准备。

工作组需要确定工作分析的目标和设计职位调查方案。在一开始确定工作分析所获得信息的使用目的。信息的用途直接决定了需要收集哪些类型的信息,以及使用哪些方法来收集这些信息。在此基础上,工作组对信息调查方案进行设计。不同的组织有其特定的具体情况,可以采用不同的调查方案和方法。当然,如果能够把工作分析的任务和程序分解为若干工作单元和环节,将更有利于工作分析的完成。

2. 与参与调查的企业有关人员进行沟通

为了确保工作分析获取的信息全面而且准确,工作组十分有必要与参与调查的有关人员进行充分沟通。这种沟通通常包括两个层面。第一个层面是与企业管理层人员进行深入讨论,确保调查方向始终不走偏。让管理层人员参与进来,也利于共同推动调查工作的顺利进展。第二个层面是与调查对象的沟通。通常可以用召开员工大会的方式来进行。主要是让参与调查的人员了解工作分析的目的和意义,介绍工作分析的程序、大致需要的时间以及将要使用的调查方法,最大限度消除调查对象可能存在的顾虑和压力,争取在调查过程中能得到他们的支持和合作。

3. 收集与工作相关的背景信息

工作分析一般应该得到的资料包括劳动组织和生产组织的状况、企业组织机构和管理系统图、各部门工作流程图、各个岗位办事细则、岗位经济责任制度等。

很多组织都会有自己的"定岗、定编、定员"的具体规章制度,这些背景信息将会对下一步调查和分析过程产生重要的影响。其中一个最重要的作用在于,它能帮助工作分析人员进行有效的清岗工作,即对组织当前所有部门的岗位进行清理。在背景信息的帮助下,通过与该组织的人事部门工作人员进行讨论,分析人员能够清楚组织各个部门的岗位以及各岗位上的人数和大致的工作职责,并可以用一个标准的职位名称来规范各岗位。

4. 收集工作分析的信息

职位调查是调查收集和工作相关的资料,为正确地进行编写职位说明书提供依据。这个阶段的任务是根据调查方案,对组织的各个职位进行全方面的了解,收集有关工作活动、职责、工作特征、环境和任职要求等方面的信息。在信息收集中,一般可灵活地运用访谈、问卷、实地观察等方法来得到有关职位工作的各种数据和资料。职位调查是工作分析中十分必要的准备工作,它的真实程度以及准确性,直接关系到工作分析的质量。

5. 整理和分析所得到的工作信息

工作分析并不是简单机械地积累工作的信息,而是要对各职位的特征和要求做出全面说明,在深入分析和认真总结的基础上,创造性地揭示出各职位的主要内容和关键因素。整理和分析过程应该包括以下三个措施:

(1) 整理访谈结果和调查问卷,剔除无效的访谈信息和调查问卷,并按照编写职位说明书的要求对各个职位的工作信息进行分类。

(2) 把初步整理的信息让在职人员以及他们的直接主管进行核对,以减少可能出现的偏差,同时也有助于获得员工对工作分析结果的理解和接受。

(3) 修改并最终确定所收集的工作信息的准确性和全面性,作为编写职位说明书的基础。

6. 编写职位说明书

职位说明书在企业管理中非常重要,不但可以帮助任职人员了解其工作,明确其责任范围,还可为管理者的决策提供参考。一般而言,职位说明书由工作说明和工作规范两部分组成。工作说明是对有关工作职责、工作内容、工作条件以及工作环境等方面所进行的书面描述。而工作规范则描述了工作对人的知识、能力、品格、教育背景和工作经历等方面的要求。当然,工作说明和工作规范也可以分成两个文件来写。

四、职位说明书的编写与管理

职位说明书要求准确、规范、清晰。在编写之前,需要确定职位说明书的规范用语、版面格式要求和各个栏目的具体内容要求。清晰,是指员工在读过之后,即可以整体了解其工作,无须再询问他人或查看其他说明材料。说明书中应该避免使用评价类型的用语,对于难懂的专业词汇应该解释清楚。在措辞上,尽量选用一些具体的动词,如"安装"、"加工"、"传递"等。尽量指出工作的种类、复杂程度、需要任职者具备的具体技能、技巧。一般来说,由于基层的员工的工作更为具体,其职务说明书中的描述也更具体详细。

职位说明书一般包括以下几项内容。

1. 职位基本信息

也称为工作标识。包括标准化的职位名称、所在部门、直接上级、定员、部门编码、职位编码。

2. 工作目标与职责

重点描述从事该职位的工作所要完成或达到的工作目标,以及该职位的主要职责权限等,标准词汇应是负责、确保、保证等。

3. 工作内容

这是最主要的内容,此栏详细描述该职位所从事的具体的工作,应全面地、详尽地写出完成工作目标所要做的每一项工作。包括每项工作的综述、活动过程、工作联系和工作权限。同时,在这一项中还可以同时描述每项工作的环境和工作条件,以及在不同阶段所用到的不同的工具和设备。

4. 工作的时间特征

此项反映该职位通常表现的工作时间特征。例如,在流水线上可能需要三班倒,在高科技企业中需要经常加班,建筑施工人员经常出差,一般管理人员则正常上下班等。

5. 工作完成结果及建议考核标准

此项反映该职位完成的工作标准,以及如何根据工作完成情况进行考核,具体内容通常与该组织的考核制度结合起来。

6. 教育背景

此项填写从事该职位目前应具有的最低学历要求。在进行工作分析时,经常有这样的情况:某在职人员是一位有多年工龄、经验丰富的高中学历的员工,但他的教育背景显然不能代表所需要的教育水平。在确定教育背景时应该考虑,如果让一位新员工来工作,他最低应是什么学历,而不一定是当前在职员工的学历。

7. 工作经历

此项反映从事该职位之前,应具有的最起码的工作经验要求。一般包括两方面:一是专业经历要求,即相关的知识经验背景;二是本组织内部的工作经历要求,尤其针对组织中的一些中、高层管理职位。在担任这些管理职位之前,通常要求员工在组织其他职位上工作过或对其他职位的工作有一定的了解。

8. 专业技能、证书与其他能力

此项主要反映从事该职位应具有的基本技能和能力。某些职位对专业技能要求较高,没有此项专业技能就无法开展工作,比如"投资部主管",如果没有证券、财务会计等相关基础知识以及国家金融政策法规知识,就根本无法开展工作。而另一些职位相比之下则对某些能力要求更为明确,比如"市场部主管"这一职位,要求具有较强的公关能力和语言表达能力。

9. 专门培训

此项反映从事该职位前,应进行的基本的专业培训,否则将不允许上任或不能很好地胜任工作。具体是指员工在具备教育水平、工作经历、技能要求之后,还必须经过哪些培训(不包括专业技能和其他能力所列出的内容)。

10. 体能要求

对于体力劳动型的工作,这项非常重要。

职位说明书一般由人力资源部统一归档并管理。然而,职位说明书的编写并不是一劳永逸的工作。实际中组织经常出现职位增加、撤销的情况,更普遍的情形是某项工作的职责和内容出现变动。每一次工作信息的变化都应该及时地记录在案,并迅速地反映到职位说明书的调整之中。在这种情况下,一般由职位所在部门负责人向人力资源部提出申请,并填写标准的职位说明书修改表,由人力资源部进行信息收集并对职位说明书作出相应的修改。

第四节 职位评价

工作分析和职位评价,是企业实现科学管理的基础性工作,也是企业人力资源管理机制建立的平台。工作分析的作用在于对组织内所有职位的工作职责、内容、特征、环境和任职资格进行清晰明确的界定。而职位评价则是在对所有职位进行科学分析之后,来评定企业内各个职位之间相对价值的大小。它利用科学的评价手段得到各个岗位的薪点,以此作为员工薪酬支付的依据。所以,如何做好职位评价,不但涉及科学地掌握企业运作规律的问题,还必须充分地考虑到企业中人的因素。

一、职位评价:科学的薪酬管理工具

从管理制度建立的过程来看,职位评价是介于工作分析和薪酬制度设计之间的一个环节。它以工作分析的结果来作为评价的事实依据,同时,职位评价的结果——薪点,又是科学的薪酬制度设计的理论依据。

职位评价在薪酬制度设计中所起的理论基础作用是由科学管理的需要决定的。在我国,历史上企业职工的收入分配存在一定的平均主义的问题:一方面,岗位工资在职工收入中的比重不大,差距也不明显;另一方面,技能工资部分的差异主要由工龄的长短来决定。因此,传统上的岗位技能工资不能完全地体现出"按劳分配,多劳多得"的思想,企业中员工干什么以及干得怎样无法得到充分体现;相反,由于收入的平均化导致职工缺乏充分的激励因素,使职工的劳动积极性和劳动效率受到损害。所以,企业中工资的决定基础需要作出改变。从工龄工资转变到薪点工资,体现的正是科学管理在人们观念上引发的变革。而实现这种变革的一个重要的、不可或缺的工具,就是职位评价技术。

职位评价的根本目的是决定企业中各个岗位相对价值的大小。它包括为确定一个职位相对于其他职位的价值所做的规范的、系统的多因素比较,并最终确定该职位的工资或薪酬等级。如果企业决策者通过工资调查(或直接用职位评价技术)已经知道如何确定关键基准职位的工资水平,然后使用职位评价技术确定企业中同这些关键职位相关的其他所有职位的相对价值,那么决策者就能够公平地确定其企业中所有职位的工资水平。需要强调的是,建立在职位评价基础上的薪酬体系,体现的是一种组织内部的公平机制。当然薪酬的设计还需要考虑到劳动力市场这一组织外部公平机制的影响。

科学的职位评价有四种最基本的方法。

1. 因素比较法

首先定义这里的"因素",指的是报酬因素。报酬因素是反映不同职位在工资报酬上出现差别的原因,也即职位评价的指标体系。报酬因素的确定是职位评价中的关键一环,它往往随着企业实际情况的不同而有所区别。但在同一个企业中,所有的职位必须采用相同的报酬因素来进行评价。美国的联邦分类体系包括以下报酬因素:

(1) 工作的复杂性和灵活度;
(2) 接受和实施的监督;
(3) 所需要的判断能力;
(4) 所要求的创造力;
(5) 人际工作关系的特点和目的;
(6) 责任;
(7) 经验;
(8) 需要的知识水平。

因素比较法的作用在于确定哪个职位相对其他职位具有更多的确定性报酬因素,这实际上是简单的排序法的一种改进。这种方法反复地根据每个报酬因素来对所有的职位进行排序。比如,首先依据"风险责任大小"要素排序,然后是"技术含量"排序,再依据"劳动强度"要素,依次类推。最后综合考虑每个职位的序列等级,并得到一个加权的序列值作为该职位的最终得分。

2. 因素计点法

因素计点法与因素比较法相似,它建立在对报酬因素的评价的基础之上。因素计点法要求每个报酬因素分成若干等级,而且每个因素的等级,都是目前职位的现实情况。通常每个因素的各项都赋予不同的点值,因此,一旦确定了职位中各个因素的等级,只需要将各个因素对应的点值加总,就可以得到该职位的总点值,也即薪点。

因素计点法无疑是运用最广泛、最精确也是最复杂的一种职位评价的方法。

3. 分类法

分类法通过确定若干种类或者级别来对一组工作进行描述。在使用这一方法时,首先需要界定每一类(级)的明确说明。所谓工作类,是指一组在工作内容上相似的职位。所谓工作级,则是指所包含的职位除了复杂程度相似之外,其他的方面都不同。评价者将工作说明和各个工作类(级)别说明进行比较,与工作说明最一致的类别说明便决定了这一工作的分类。

分类法的不足之处在于不容易编写标准的工作类(级)说明书。

4. 排序法

排序法是四种方法中最简单的一种。在排序法中,评价者在工作分析的基础上,建立一个评价指标体系和权重体系,考察工作说明和工作规范中每一项对于组织的价值的大小,并按照指标体系进行排序,通过加权即可得到每个职位的相对价值大小。排序法的优点在于简单、容易操作,但在其应用中经常出现一些主观判断上的问题。例如,由于只是进行简单的相对价值的排序,在差异的大小上并没有明确的标准,这时只能依赖于主观的估计,这种估计往往是不精确的。

可以看到,不管采用哪种评价的方法,其基本原理都是相同的,那就是把职位的特性分解为若干个报酬因素,然后采用一定的技术对每个职位的报酬因素逐一进行分析,最后得到各个职位相对价值的大小。

二、职位评价的实施过程

下面以因素计点法为例来说明职位评价的实施过程(图3-3)。

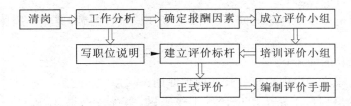

图3-3 因素计点法的实施流程

1. 岗位清理

清岗工作是工作分析的前期工作。由于它对于职位评价有重要影响，所以同时把它视为职位评价工作的开始。清岗过程是指为企业中所有的岗位定义一个标准的职位名称。我们把清岗之后的最终确定的岗位称为职位，职位名称必须充分而精练地反映该岗位的职责、内容和任职资格要求上的特性。清岗的结果是企业所有职位的目录，它是规范工作分析与职位评价的基础。

职位目录制定得是否合适，标准有两个：一是必须全面地概括企业所有的工作职责与工作内容；二是最终确定的职位名称和数目必须最简练地概括了企业所有的工作职责与工作内容。要做到这两点，需要对企业的内部运作规律和人员配备情况做充分而细致的调查分析，最终与企业各部门的负责人进行对照核实。磨刀不误砍柴工，做好清岗工作对于后面的工作分析、职位评价乃至整个人力资源策划，是避免引起称谓理解上的混乱、避免工作失败的最基本的措施。

2. 职位评价的筹划与准备

有了职位目录之后，接下来的工作便是对这些职位的各个报酬因素做出评价。由于职位评价在主观上是一个判定的过程，它需要主管人员、人力资源专家、评价专家小组、职工代表的密切合作。所以，职位评价的前期工作主要包括制定职位评价的工作计划、工作方式，评价专家小组和数据处理工作组的设立。

在职位评价工作中，评价专家小组的确立非常重要。在确定小组成员时需要考虑几个方面的因素：①专家必须是一些熟悉企业工作现状的人；②专家最好能够涵盖企业的各个部门、各个层次；③如果专家小组中有一部分是职工代表，将有助于职工更好地接受评价的结果。专家小组的人数一般为10～20人。

除了专家小组之外，一般还有一个由4～5人组成的专门处理评价数据的工作小组。因为一个企业中职位数目较多，每位专家都要对所有职位的几十个报酬因素进行评价打分，数据的处理将是一个不小的工作量，在很多情况下，它往往成为提高评价效率的瓶颈所在。事先设计一个专用的评价数据处理软件将会很有帮助。

3. 培训评价专家小组和数据处理工作小组

专家小组的设立，其成员只是对企业的工作情况比较熟悉，而对于职位评价的过程以及评价过程中所用的工具，则需要进行培训。培训的内容包括：

（1）职位评价的作用（包括背景、形势、企业发展思路）；

（2）职位评价的流程；

（3）职位评价中需要注意的问题、主要立场和原则性问题，避免小团体意识和争利情绪的影响；

（4）评价工具的使用；

（5）对某些评价过程中出现分歧的处理原则。

专家小组的培训对于整个职位评价工作来讲，是统一思想、明确任务要求的基本环节。事实表明，如果专家小组在此过程中对于职位评价的目的和规则的理解还是很混乱的话，必然会引起后续工作的混乱、延误，甚至导致返工。

对于数据处理工作小组,培训的内容主要有:
(1) 数据处理软件的使用;
(2) 数据处理的流程和方式——工作组的流程;
(3) 数据处理结果的规范化与保存。
数据处理工作小组的效率如何,很大程度上影响到整个评价工作的效率和进度。

4. 讨论报酬因素,确定评价指标体系

因素计点法的原理就在于,把一个职位分解为多个报酬因素,而每个报酬因素又细分为多个程度级别,通过实际情况与报酬因素描述的对比来确定每个职位的最后得分。所以,报酬因素,也即评价的指标体系,在评价中起着至关重要的作用。

对于职位报酬因素的分解,一般采用国际通用的指标体系,也就是从"风险责任"、"知识与技能复杂性"、"努力程度要求"和"工作环境特征"四大方面来考虑,再确定 20~30 个不同的报酬因素。这种国际通用的标准点值方案,已经被几千个组织所采用。对美国公司的一项调查显示:90%的被调查企业成功地使用了这种或类似的点值评价体系。

不同的企业,有着不同的薪酬理念和实际情况,它们对于报酬因素的理解和划分也就存在差异。而且,即使是同一个报酬因素,不同企业在程度等级上的划分也不尽相同。所以,评价专家小组必须要对报酬因素的内涵进行讨论,这同时也是一个逐渐统一认识的过程。只有在每个专家对于报酬因素及其等级划分的理解充分一致的情况下,评价工作的客观性才能得到保证。"报酬因素等级细分表"是专家们对职位进行评价的最基本的"尺子"。

5. 建立评价标杆

建立评价标杆的目的在于改善评价结果的有效性并提高评价工作的效率。"评价标杆"指的是一系列具有代表意义的典型职位。通过与这些典型职位的横向比较,专家们能够比较方便而且准确地对其他职位的各个报酬因素进行评价。"标杆"一词本来指的就是评价某种事物的参照系,通过建立评价标杆,可以得到职位评价的第二把"尺子"。

评价标杆的选择一般要考虑以下两个因素:
(1) 标杆分布在层次上要大致均匀,从企业高层到低层职位都应该有典型作为标杆;
(2) 标杆职位必须是专家们非常熟悉的,专家们对该职位在企业中相对价值的大小的认识也比较清楚一致。

当然,在具体选取时考虑到其他一些因素,可以有一些小的技巧,比如选择技术部门的管理岗位作为一个标杆,能起到的类比参照作用就比较明显。

选择好评价标杆之后,对标杆职位进行逐项评价打分计点,得到标杆职位各个报酬因素的评价点数。然后,制作一张详细的"标杆职位评价点数表",这样,专家们对以后评价的标准、打分的原则将会有更为清楚的感性认识。

6. 对各个职位进行评价

前期工作完成之后,就开始了正式的职位评价的过程。评价过程简单说来就是逐项打分,确定每一职位各个报酬要素的点值。

在评价某一职位的时候,首先由最了解该职位的专家介绍该职位的风险责任、工作内容、工作环境、脑力和体力要求等情况。其他专家参考这些解释以及《职位说明书》(如果

已经具备的话），根据自身对该职位的了解和判断独立地来对每一个报酬因素进行等级确定，并给予相应的点值。某一职位各个报酬因素的最终得分，都是经过去掉最高分和最低分的处理之后的算术平均值，所有报酬因素的得分的加权，就是该职位的最终评价总分。

数据处理小组的工作人员把关于某一职位的所有评价数据收齐之后，输入计算机，利用专门的数据处理软件对数据进行统计分析，计算出各个报酬因素的平均值、标准方差和最后总分，及时反馈给评价专家小组，专家小组对评价结果进行讨论。对于评价分歧大的报酬因素（即评价的标准方差超过事先所设定阈值的报酬因素）重新进行讨论研究，如果必要，再组织专家对该报酬因素进行第二次评价，直到达成一致的评价观点为止。

对每个职位重复上述工作，便是利用因素计点法进行职位评价的实施流程。

7. 编写职位评价的指导手册

职位评价的最后一步是编写"薪点指南"或"职位评价指导手册"。这一步只是把各个要素及其等级的定义、薪点值汇编成一本便于使用的指导手册，存档并作为以后薪酬方案设计的理论根据。

三、职位评价中常见的问题

职位评价从本质上讲是专家的主观判断与企业内各个职位实际情况相契合的过程。因此，在这过程中容易出现的问题主要体现为以下两点。

1. 小团体利益的影响

因为职位评价直接和薪酬设计相关，因此出现小团体利益的影响是很正常的。小团体利益集中体现在专家小组成员的结构上。例如，如果评价专家中有 1/3 来自生产部门，那么，这些专家很可能在潜意识里对生产岗位产生偏向。这种心理倾向，将直接使整体评价结果的公正性受到负面影响。

小团体利益不仅会影响到评价结果，同时对评价过程的顺利进行也有消极作用。一旦存在为自己所在团体部门争利的想法，专家们在职位介绍的过程中将会把自身相关部门职位的作用、责任、难度等因素自觉不自觉地放大，而对于和自身利益不太相关的部门职位的重要程度则有所忽略。这样，势必引起专家组内部不同利益团体之间的争论，如果这种争论没有得到很好的解决，对专家们的立场、情绪、心理偏向都会产生微妙的影响，这样显然既影响到评价的效率，又影响到评价的效度。

解决小团体利益的影响，主要从以下几个方面来考虑。

（1）专家小组成员的选择。这是避免小团体利益影响的第一步。首先，对于专家的工作部门来源需要做出平衡；其次，必须选择经验很丰富的、对企业所有职位状况了解比较深刻，有明确看法的专家；最后，选择在工作中态度比较客观公正，能够认真倾听的专家。

（2）专家小组的培训。在专家小组进行正式评价之前，必须让专家们明白，他们是企业请来的熟悉业务的专家，是站在企业全局的角度来完成企业的基础性的评价工作的，而不是作为部门代表来争利益的。这一立场要在专家小组培训时就很牢固地树立起来。只有反复强调立场问题，才能有效地避免小团体利益的影响。

（3）设定评价过程的规则。评价之前事先设置阈值，评价时，当某个报酬因素的评价结果的标准方差低于阈值时，就认为专家小组对于该项指标的认识和判断一致有效。而此时出现任何争论都将视为无效。任何评价后的讨论和重新评价都只能在标准方差高于阈值的情况下进行。

2. 对职位信息了解不充分

尽管评价专家小组的成员对于要进行评价的职位都很熟悉，但企业可能存在某些特殊的情况，例如，当存在工艺保密问题时，不同车间的员工对彼此的工作细节并不了解。所以，专家小组也有这个问题。对于某个职位，可能整个专家小组中就一到两个人对该职位所有的报酬因素都很了解。这时候，如果其他专家对于该职位的了解都存在偏差，而这种偏差在一般人的观念中又趋于一致的话，那么大多数不了解该职位某个报酬因素具体情况的专家们这种偏差的看法将占主导地位，相应表现为评价结果的标准方差很小，甚至出现惊人的一致性。这时候，真实的情况便被忽视了。

在这种情况下，工作分析的结果——职位说明书便能够起到应有作用。在专家们对于某一职位的某些细节不了解时，便可以通过该职位说明书来判断该报酬因素的情况。当然，这时职位评价的工作量比较大，评价的速度也会受到很大的影响。在效率和效度之间做出平衡，一种比较简便的做法是，让最了解情况的专家在对该职位做出评价前对具体情况进行详细的介绍。

由此带来另外一个问题，谁的表达能力比较强，谁就可能让其他专家更充分地了解职位的重要程度。甚至晕轮效应带来的后果是，谁表达得好，他所介绍的职位受到的评价就高。这种情况显然不是我们希望看到的。

要解决这个问题，可以从以下两个方面来考虑。

（1）明确具体有哪些职位属于这种情况，当然这种职位不会多，否则说明专家小组的挑选存在一定的问题。

（2）把这些职位拿出来，作为同一批次来做出评价，评价之前先对职位本身进行充分的讨论，然后从横向和纵向与相关的职位进行比较分析。这种讨论主要听取最了解情况的专家的意见，其他专家亦提出相应的看法作深入的辩论，这时候的争辩是了解职位真实情况的重要手段。当大家对于这些职位的认识趋于明了时，再做出自己的判断必然是有效的。

以上两个问题是影响到评价结果的有效性最主要的两个方面——信息的准确程度和人为因素的作用。能否解决好这两个问题，对于职位评价工作的开展是最难的，也是最重要的。

四、职位分类

职位分类起源于美国，后在许多发达国家中广泛采用。所谓职位分类是指将所有的工作岗位即职位，按其业务性质分为若干职组、职系（从横向上讲）；然后按责任大小、工作难易、所需教育程度及技术高低分为若干职级、职等（从纵向上讲），对每一职位给予准确的定义和描述，制成职位说明书，以此作为对聘用人员管理的依据。

1. 基本概念

下面介绍关于职位分类的基本概念。

(1) 职系(series)：是指一些工作性质相同，而责任轻重和困难程度不同，所以职级、职等不同的职位系列。简言之，一个职系就是一种专门职业（如机械工程职系）。

(2) 职组(group)：工作性质相近的若干职系综合而成为职组，也叫职群。如美国1958年规定23个职组与524个职系。例如，人事管理和劳动关系职组包括17个职系。

(3) 职级(class)：职级是分类结构中最重要的概念。指将工作内容、难易程度、责任大小、所需资格皆很相似的职位划为同一职级，实行同样的管理（每个职级的职位数并不相同，小到一个，多到几千）。

(4) 职等(grade)：工作性质不同或主要职务不同，但其困难程度、职责大小、工作所需资格等条件相同的职级的归纳称为职等。同一职等的所有职位，不管它们属于哪个职系的哪个职级，其薪金报酬相同。例如，美国1949年职位分责法案规定，美国联邦政府文官职位分为18个职等。又如，一个3级看护归为第5职等，一个1级内科医生也属于第5职等。

2．职位分类的作用

职位分类与工作分析和职位评价有着很密切的关系，它们都是人力资源管理科学化的基础。总的来说，职位分类具有以下作用。

(1) 是合理支付报酬的依据，达到同工同酬，使薪金与工作切实挂起钩来。

(2) 是使招聘录用科学化的依据，分别依据各类职位的职务内容、责任、资格，制定合理的人才标准，设计命题，实行考试。

(3) 是对聘用人员的工作进行考核的依据（1950年美国国会通过"工作考核法"，以职位说明书作为考绩依据）。

(4) 可以增加人员培训的针对性和目的性。通过职位分类，明确了不同职位的培训目标、培训内容和培训方法。

(5) 有利于对人员升迁、晋级、调转的管理，便于掌握升迁的幅度、横向调转的可能性。

(6) 有利于制定人事预算。增加某些职位，相应增加多少薪金，一目了然。

(7) 有利于调整编制、提高效率。当机构的任务和工作量发生变化时，根据职位分类及时调整职位编制，提高工作效率，防止人浮于事或人员短缺。

(8) 有利于保持组织活力。组织是由无数个职位组成，实行职位分类可以动态地调整组织结构，使其充满活力。

(9) 有利于系统工作、行为科学和电子计算机在人事管理中应用。

3．职位分类图

根据职位评价的结果可以绘制出组织的职位分类图，职位的分类按照工作职责来确定组织的职系和职组，按照薪点的高低来确定各个职位的职级和职等。职位分类图以职位为基本元素，以职系、职组为横坐标，以职级、职等为纵坐标交叉构造而成，如图3-4所示。

复习题

1. 什么是组织？
2. 组织环境包括哪些要素？它们对组织有什么影响？
3. 组织与环境有什么关系？

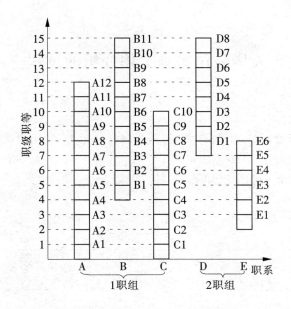

图 3-4 职位分类结构示意图

4. 怎样设计一个有弹性的组织?
5. 定员的方法有哪些?
6. 什么是工作分析?
7. 为什么要进行工作分析?
8. 工作分析中需要收集哪些数据?
9. 问卷调查法的优点是什么?不足是什么?
10. 工作分析中数据收集的方法有哪些?
11. 工作分析主要有几个阶段?
12. 什么是职位说明书?它在人力资源管理中起什么作用?
13. 职位评价主要有哪几种方法?
14. 什么是薪点?
15. 职位评价的步骤有哪几个阶段?
16. 职位评价专家小组的建立要遵循哪些原则?
17. 职位评价中有哪些常见的问题?
18. 什么是职系、职组?
19. 什么是职级、职等?
20. 为什么要进行职位分类?

思考题

1. 为什么要重视工作分析?它的科学性体现在哪里?
2. 职位评价对于薪酬管理有什么意义?
3. 薪点的管理要注意哪些方面?

案例

大华公司实施工作分析的过程

一、公司概况

大华工贸进出口公司(以下简称大华)是一家已有近 20 年历史的国有企业,年进出口总额在全国同行业中处于前 10 名。

公司的组织结构和基本情况如下:

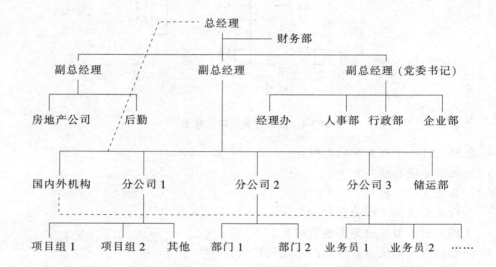

1. 人力资源情况

员工总数 101 人。其中,14 人服务于 8 个国内外机构,3 个直属专业分公司共有经理人员及业务员 42 人,储运部 4 人,财务部 10 人,房地产公司 5 人,后勤 3 人,总经理办公室 8 人,人事部 2 人,行政部 5 人,企业部 4 人,副总经理 3 人,总经理 1 人。全体员工 60% 具有大专以上文凭,主要集中在业务部门和管理层,很少进行在职培训,主要在招聘时筛选。

2. 管理层设置

外埠机构各设经理一名,3 个分公司各设总经理及副总经理 2 人,下属有关分支机构各设负责人 1 人。其他部门各设经理 1 名。3 名副总经理中 1 人由党委书记兼任,实行总经理法人代表负责制。

3. 各职能部门的运行情况

企业经营缺乏战略化管理,短期行为严重,无序现象逐步恶化。

各职能部门均有相关文件明确说明其责任;国内外机构负责联络和信息收集、反馈;3 个分公司从事项目执行及业务开发。实际上,权责模糊,越级管理和越级汇报经常发生,操作流程速度慢、质量差。

会计及资金使用由总公司集中管理,各部门和分公司总在抱怨资金周转困难,整个公司资金总量也确实在逐步萎缩。

4. 公司经营状况

平均营业收益率约为5%,且潜伏严重的交易风险。

销售收入逐年大幅下降,收益微薄,投资失误接连不断,法律纠纷频繁发生,银行信用几乎为零。由于个人收入逐年下降,员工情绪低落,纪律涣散。谣传公司即将破产,员工纷纷暗中寻找"退路"。

为了应对公司的外部竞争压力及中国加入WTO后对本企业的冲击,公司特地聘请了某咨询公司进驻,以对公司的组织结构进行诊断,并对组织职务进行重新设计。公司期望通过外部专家的介入和工作,促使大华公司形成新的组织结构、职能权限体系和业务工作流程。

咨询公司通过调查分析,认为大华公司主要存在以下问题。

(1) 公司高级管理人员定位失误,片面理解集中管理的优点,过分纠缠于操作管理和管理决策,必然地造成管理的战略性薄弱,决策失误风险加大。授权的失效也禁锢了多数中低层管理者和员工工作的积极性和创造性。

(2) 管理纵向太深,造成组织效率低下,信息渠道严重受阻。高层管理者代行中层管理者的职能,出现权责混乱,进一步加深了组织效率的恶化。

(3) 因人设岗,造成机构臃肿。全公司副经理以上级别人员39人,达到近40%的比率。非生产性人员过度膨胀,达到50%以上。

(4) 职能部门,包括经理办公室、行政办、人事部、财务部等未尽其责,致使高层管理者在决策过程中缺乏政策参考、统计支持和相关信息基础。

(5) 职能部门人员的绩效无考核标准,且工作得不到其他部门人员的认可,被认为是吃"闲饭"的,相关员工无工作积极性。

(6) 轻视人力资源的综合开发。由于职责划分模糊,组织功能不健全,员工普遍存在多角色,操作失去专业化和专人化,效率和效果都不理想。

(7) 作为控制行为主要内容的财务制度、人事制度、考勤制度、奖励制度等随意性严重,无"制"可依,有"制"不严,导致基层员工失望、不满。

(8) 激励敏感点的概念淡漠,保守原始的极端激励观念和方式。经济责任制考核到个人,又与所在部门整体效益挂钩,仍然不能彻底解决大锅饭的弊病。

总之,大华公司主要是组织的职能机构功能不清,岗位职责不明。需要进行工作分析以重新划分职能部门,确定工作流程。

二、工作分析的目的

咨询公司期望通过工作分析使大华公司组织结构设计得到进一步深入和细化,将部门的工作职能分解到各个职位,明确界定各个职位的职责与权限,确定各个职位主要的工作绩效指标和任职者基本要求,为各项人力资源管理工作提供基础。

三、工作分析的内容与结果

本次工作分析中拟完成下列工作：
(1) 了解各个职位的主要职责与任务；
(2) 根据新的组织机构运行的要求，合理清晰地界定职位的职责权限以及职位在组织内外的密切关系；
(3) 确定各个职位的关键绩效指标；
(4) 确定对工作任职者的基本要求。
工作分析的最终成果形成具体的《职位说明书》。

四、工作分析的方法

工作分析将涉及的方法有：
(1) 资料调研；
(2) 工作日志；
(3) 访谈；
(4) 职位调查表；
(5) 现场观察法。

五、工作分析的实施者

本次工作分析由清华大学专家组和大华公司有关人员共同组成工作分析实施小组。该实施小组的组成为：清华大学的专家，负责项目的总体策划与实施；大华公司人力资源部人员，作为项目的协调与联络人；大华公司的高层领导，提出总体的原则并对工作结果进行验收。

六、工作分析的实施程序

本次工作分析主要分为三个阶段进行，即准备阶段、实施阶段和结果整合阶段。
第一阶段：准备阶段（＿＿月＿＿日至＿＿月＿＿日）
(1) 成立工作分析领导小组（由大华公司领导任组长，咨询公司派人参加）。
(2) 成立工作分析工作小组（由大华公司员工和咨询公司两方面人员组成）。
(3) 对现有资料进行研究。
(4) 选定待分析的职位。
(5) 设计调研用的工具。
第二阶段：实施阶段（＿＿月＿＿日至＿＿月＿＿日）
(1) 召开员工会议，进行宣传动员。
(2) 对参加工作分析工作小组的大华员工进行培训。
(3) 制定具体的调研计划。
(4) 记录工作日志。

（5）实施访谈和现场观察。

（6）发放调查表。

第三阶段：结果整合阶段（＿＿月＿＿日至＿＿月＿＿日）

（1）对收集来的信息进行整理。

（2）与有关人员确认信息，并作适当的调整。

（3）编写职位说明书。

七、需要公司提供的资料

（1）组织机构图。

（2）各部门职能说明书。

（3）工作流程图。

（4）职权体系表。

（5）岗位责任制。

（6）人员名单。

八、工作分析结果举例

附录一和附录二是工作分析后的结果。

附录一 岗位说明书(人力资源部经理)

岗位编号：＿＿＿＿＿＿

岗位名称	人力资源部经理	所属部门	人力资源部
直接主管	人事管理办公室主任		
直接下属	人力资源专员		

工作目的
为了保证企业人力资源的持续发展，为管理者提供人力资源管理服务和支持，在国家有关企业人力资源管理的政策法规和企业人力资源政策的指引下，领导人力资源部建立和健全人力资源开发和管理体系，组织实施人力资源管理的各项工作。

工作职责	衡量标准
1. 拟定人力资源规划和人力资源管理规范	人员管理的各项工作有章可循
2. 建立人力资源管理体系、机制，并组织人力资源管理的各项工作的开展、实施 　√ 实施工作分析，确定岗位职责与岗位编制 　√ 建立人员招聘体系与人才库 　√ 建立与完善绩效考核体系 　√ 建立与完善薪酬福利体系 　√ 建立与完善人员培训与发展体系	企业经营活动能得到持续、有效的人力资源支持

续表

3. 为有关部门提供人力资源状况信息	信息提供及时、准确 其他部门的反馈
4. 对本部门员工进行任务的分配、工作指导、监督、考核和人员调配	部门内员工的绩效

重要工作联系
1. 公司内部:各部门
2. 公司外部:相关研究咨询机构

该职位的晋升、轮换与替代
1. 该职位可以晋升为人事管理办公室主任,可以由人力资源专员晋升而至。
2. 该职位可以由人事管理办公室主任临时替代。

权限
1. 财务权限
   1.1 日常报销:对人力资源部预算内日常报销金额小于____元的可进行审批,对于超过此金额或预算外的日常报销可先行报批
   1.2 大额资金使用:对人力资源部预算内大额资金使用小于____元的可进行审批,对于超过此金额或预算外的资金使用可先行报批
   1.3 办公用品申购:对人力资源部预算内办公用品申购金额小于____元的可进行审批,对于超过此金额或预算外的办公用品申请购买可先行报批
2. 人事权限
   2.1 薪资变更:对人力资源部基层员工的薪资变更具有审批权
   2.2 绩效考核:对人力资源部基层员工的绩效考核具有执行权
   2.3 考勤:对人力资源部基层员工少于____天的请假申请具有审批权
3. 业务权限
   3.1 对于人力资源部管理制度的执行情况实施监督权

任职者基本要求
1. 所需知识技能
   1.1 人力资源管理、组织管理的有关知识与操作技能
   1.2 国家有关人事管理政策
2. 教育培训
   2.1 大学本科及以上学历,人力资源管理相关专业
   2.2 有关人力资源管理的各项培训
3. 经验
   3.1 相关工作经验五年以上
   3.2 任过本部门的副职两年以上

附录二 岗位说明书(文秘部经理)

岗位编号：_____

岗位名称	文秘部经理	所属部门	文秘部
直接主管	集团办公室主任		
直接下属	文秘、前台接待、图书资料管理员		

工作目的
为保障集团信息传递和行政管理工作的顺利进行，在集团有关规章制度以及部门工作的整体规划下，为集团提供会议、文书、图书资料等方面的服务。

工作职责	衡量标准
1. 拟定文秘部的各项规章制度 √ 资料管理制度 √ 用章制度 √ 会议安排制度 √ 接待制度等	办公室文秘工作有章可循
2. 建立集团办公自动化信息网络工作系统	集团内部信息沟通快捷
3. 组织起草、审核、打印、收发、存档集团对内对外的有关文书资料	准确性、及时性、保密性
4. 组织安排集团的重要会议，规范管理使用集团会议场地	有助于会议的成功举行
5. 对本部门员工进行任务的分派、工作指导、监督、考核和人员调配	部门内员工的绩效
6. 完成领导临时交办的其他任务	领导的满意度

重要工作联系
1. 公司内部：各部门 2. 公司外部：无

该职位的晋升、轮换与替代
1. 该职位可以晋升为集团办公室主任 2. 该职位可以由集团办公室主任临时替代

权限
1. 财务权限 　1.1 日常报销：对文秘部预算内日常报销金额小于____元的可进行审批，对于超过此金额或预算外的日常报销可先行报批 　1.2 大额资金使用：对文秘部预算内大额资金使用小于____元的可进行审批，对于超过此金额或预算外的资金使用可先行报批 　1.3 办公用品申购：对文秘部预算内办公用品申购金额小于____元的可进行审批，对于超过此金额或预算外的办公用品申请购买可先行报批 2. 人事权限 　2.1 薪资变更：对文秘部基层员工的薪资变更具有审批权 　2.2 绩效考核：对文秘部基层员工的绩效考核具有执行权 　2.3 考勤：对文秘部基层员工少于____天的请假申请具有审批权 3. 业务权限 　3.1 对于文秘部管理制度的执行情况实施监督权

续表

任职者基本要求
1. 所需知识技能
1.1 办公室自动化的相关知识
1.2 较强的文书工作能力
1.3 组织协调能力
2. 教育培训
2.1 大学本科及以上学历,文秘相关专业
2.2 接受过相应的职业培训
3. 经验
3.1 相关工作经验五年以上
3.2 任过本部门的副职两年以上

资料来源:张德. 人力资源开发与管理案例精选[M]. 北京:清华大学出版社,2002.

讨论题

1. 大华公司在管理上有哪些问题?如何改进?
2. 工作分析通常在什么情况下实施?有何作用?
3. 该咨询公司为大华公司制定的工作分析实施过程是否可行?为什么?
4. 如果由你负责该公司的工作分析,你将如何改进工作?

第四章 人力资源计划

本章学习目标
1. 人力资源计划的内容
2. 人力资源计划的功能
3. 人力资源需求分析的基本思路和方法
4. 人力资源供给分析的基本思路和方法
5. 人力资源计划的一般程序

人力资源计划是人力资源管理的一项基础性工作。内外部环境的变化使组织内人与事的匹配出现问题,为确保企业在需要的时候及时得到各种需要的人才,同时更好地培养、使用现有人员,企业必须对当前和未来人力资源的供求进行科学的预测和计划。

第一节 人力资源计划的含义与功能

一、人力资源计划的含义

人力资源计划就是一个组织科学地预测、分析自己在环境变化中的人力资源供给和需求状况,制定必要的政策和措施,以确保在需要的时候和需要的岗位上获得各种需要的人才(包括数量和质量两个方面),并使组织和个体得到长期的利益。

这个定义有三层含义。

(1) 一个组织之所以要编制人力资源计划,主要因为环境是变化的。没有变化就不需要计划。组织的内部条件、外部环境都在不断变化,这种变化导致了组织对人力资源供求的动态变化。例如,组织规模的扩大需要招聘更多的员工,新技术的应用要求员工的素质有相应的提高,国家经济的迅速发展导致人才竞争加剧。人才资源计划就是要对这些动态变化进行科学的预测和分析,以确保满足组织在近期、中期和长期对人力资源的需求。

(2) 人力资源计划的主要工作是制定必要的人力资源政策和措施。对人力资源供求的预测是为制定人力资源政策和措施服务的,只有制定出正确、清晰、有效的人力资源政策和措施,才能确保组织对人力资源的需求如期实现。预测是发现和分析问题的过程,制定政策和措施才是解决问题的过程。

(3) 人力资源计划的最终目标是要使组织和个人都得到长期的利益。人力资源管理是为实现组织目标服务的,人力资源计划自然也要服从和服务于组织目标,这是人力资源管理工作的根本。人力资源计划要着眼于充分发挥组织中每个人的积极性、主动性和创造性,提高每个人的工作效率,使组织的目标得以实现。与此同时,也要切实关心组织中个人在物质、精神和业务发展等方面的需求,并帮助他们在实现组织目标的同时实现个人目标。这两者必须兼顾,否则就无法吸引和招聘到组织所需要的人才,也难以留住本组织内已有的人才。

二、人力资源计划的内容

人力资源计划的内容较多(见表4-1),主要有以下几方面。

表4-1 人力资源计划的主要内容

计划项目	主要内容	预算内容
总体规划	人力资源管理的总体目标和配套政策	预算总额
配备计划	中、长期内不同职务、部门或工作类型的人员的分布状况	人员总体规模变化而引起的费用变化
退休解聘计划	因各种原因离职的人员情况及其所在岗位情况	安置费
补充计划	需要补充人员的岗位、数量和任职资格,获取人员的途径	招聘、选拔费用
使用计划	人员晋升政策、晋升时间,轮换工作的岗位情况、人员情况、轮换时间	职位变化引起的薪酬福利等支出的变化
培训开发计划	培训对象、目的、内容、时间、地点、教员等	培训总投入、脱产人员工资及脱产损失
职业计划	骨干人员的使用和培养方案	(含在上项)
绩效计划	个人及部门的绩效标准、衡量方法,实现绩效目标的措施	
薪酬福利计划	薪酬结构、工资总额、工资关系、福利项目以及绩效与薪酬的对应关系等	薪酬福利的变动额
劳动关系计划	减少和预防劳动争议、改进劳动关系的目标和措施	诉讼费用及可能的赔偿

1. 总体规划

总体规划即根据企业战略确定的人力资源管理的总体目标和配套政策。

2. 配备计划

配备计划表示组织中、长期内处于不同职务、部门或工作类型的人员的分布状况。组织中各个部门、职位所需要的人员都有一个合适的规模,这个规模是随着组织内外部环境和条件的变化而变化的。配备计划就是要确定这个合适的规模以及与之对应的人员结构是怎样的,这是确定组织人员需求的重要依据。

3. 退休解聘计划

企业每年都会有一些人因为达到退休年龄或合同期满、企业不再续聘等原因而离开企业。在经济不景气、人员过剩时,有的企业还可能采取提前退休、买断工龄甚至解聘等特殊手段裁撤冗员。在这些方面,企业都应根据企业经营情况和人员状况提前做好计划。

4. 补充计划

因为种种原因,例如组织规模的扩大、原有人员的退休、离职等,组织中经常会出现新的或空缺的职位,这就需要组织制定必要的政策和措施,以保证在出现职位空缺时能及时地获得所需数量和质量的人员,这就是人员补充计划。

5. 使用计划

使用计划的主要内容是晋升与轮换。晋升计划是根据企业的人员分布状况和层级结构,拟订人员的提升政策。轮换计划就是为实现工作内容的丰富化、保持和提高员工的创新热情和能力、培养员工多方面的素质而拟订的对员工的工作岗位进行定期变换的计划。晋升表现为员工岗位的垂直上升,轮换则主要表现为员工岗位的水平变动。

6. 培训开发计划

组织通过培训开发一方面可以使组织成员更好地适应正从事的工作;另一方面也为组织未来发展所需要的一些职位准备了后备人才。例如美国 IBM 公司,该公司对逐级推荐的数千名有发展前途的人员分别制定培训计划,根据可能产生的职位空缺和出现的时间分阶段、有目的地培养他们,当职位空缺产生时,人员已培训好了。培训计划与晋升计划、配备计划以及个人发展计划有密切的联系,培训的相当一部分工作应在晋升之前完成。

7. 职业计划

组织发展与个人发展密不可分,个人的成长与发展只有在组织中才能实现,它不仅是个人的事,也是组织所必须关心的事。这里所说的职业计划,就是组织为了增强其成员的满意感并使其个人的发展意愿与组织的发展需要统一起来,而制定协调有关员工个人的成长、发展与组织的需求、发展相结合的计划。其主要内容是组织对员工个人在使用、培养等方面的特殊安排。一般情况下,组织很难为所有的员工都制定职业计划,职业计划的首要对象是组织的骨干人员。

8. 绩效计划

绩效计划的内容包括绩效标准及其衡量方法、实现绩效目标的主要措施等。

9. 薪酬福利计划

这项计划的内容包括薪酬结构、工资总额、工资关系、福利项目以及绩效与薪酬的对应关系等。

10. 劳动关系计划

即关于如何减少和预防劳动争议、改进劳动关系的计划。

11. 人力资源预算

以上各方面都或多或少地涉及费用问题,要在制定各项分预算的基础上,制定出人力资源的总预算。

上述 11 个方面是相互关联的,例如,培训计划、使用计划都可能带来空缺岗位,因而需要补充人员;补充计划要以配备计划为前提;补充计划的有效执行需要有培训计划、薪酬福利计划、劳动关系计划来保证;职业计划与使用计划相辅相成;等等。

三、人力资源计划的功能

"人无远虑,必有近忧。"处在信息时代的今天,科学技术突飞猛进,产业结构不断调整,企业间竞争日趋激烈,人力资源的转移也随之加速。所以,在现代管理中,人力资源计划越来越显示出其重要作用。

(1) 人力资源计划能加强企业对环境变化的适应能力,为经营战略的实施和企业的发展提供人力保证。环境的变化决定了企业的人力资源供求也是不断变化的,一个企业,如果不预测其各个发展阶段所需的人力资源并提前做好必要的准备,则合乎企业需要的人员的短缺将难以避免。如果企业短缺的是低技能人员,那么还可以通过临时招聘和短期培训来获得,但如果短缺的是高技能人员,特别是与企业独特生产技术密切相关的人员,则靠临时招聘就难以奏效了,这就必须依赖于人力资源计划。人力资源计划包括多项具体工作,它要分析企业经营战略对人力资源的要求,要对企业现有的人员结构进行研究,要对企业内、外环境未来可能发生的变化对人员结构的影响进行分析和预测,还要提出相应的保证措施。通过制定人力资源计划,企业就能及时地引进所需要的人才和对现有的人员结构进行调整,从而更好地适应环境的变化,保证战略的实施和企业的发展。

(2) 有助于实现企业内部人力资源的合理配置,优化企业内部人员结构,从而最大限度地实现人尽其才,提高企业效益。人力资源计划着眼于发掘人力资源的潜力,谋求改进人员结构、人员素质,从而改变人力资源配置上的浪费和低效现象。有些单位不重视对本单位已有人才的培养和使用,却以高成本从外面引进"人才",而引进后又冷冻起来不充分使用,结果企业的人浮于事现象日趋严重,新人旧人都感到有力无处使。这是对人力资源的极大浪费。通过制定人力资源计划,企业就可以发现这方面的弊端并及时采取措施,从而提高人力资源管理的效益。

(3) 有助于满足企业成员的需求和调动职工的积极性与创造性。职工的需求要靠企业来满足,它包括职工个人的物质利益和精神需求。人力资源计划展示了企业未来的发展机会,充分考虑了职工个人的职业生涯发展,这就使职工对自己可以得到满足的需求和满足的水平能够做到心中有数。这样,当企业所提供的与职工自身所需求的大致相符时,职工就会去努力追求,从而在工作中表现出主动性与创造性;否则,在其前途和利益未知的情况下,职工往往会下决心离开企业另谋高就,特别是能力出色的人。而能力出色人员的过多流失,又会削弱企业的实力,降低企业的士气,从而进一步加速人员的流失,使企业进入恶性循环。有些企业靠行政约束为人员流动设置障碍,意图限制人员流失,这种方法虽然能暂时留住人才,但不是长久之计,是不足取的。

(4) 协调各项人力资源管理活动,提高人力资源管理的整体效率。正如前文所述,人力资源管理是一项系统性的工作,其各项职能互相关联、相辅相成,孤立地对待各项职能有害于其内部协调性。通过人力资源计划,企业就能认清不同人力资源管理职能间的内在关系,有针对性地制定方案、采取行动,让每项管理职能都发挥出最大效力,确保人力资源管理最终目标的实现。

第二节　人力资源的需求预测

一、影响人力资源需求的因素

影响组织人力资源需求的因素主要来自组织内部,但外部因素对组织的人力资源需求也会产生影响。归纳起来,影响人力资源需求的因素主要有如下几项。

1. 技术、设备条件的变化

企业生产技术水平的提高、设备的更新,一方面,会使企业所需要的人员数量减少;另一方面,对人员的知识、技术与技能的要求则随之提高。

2. 企业规模的变化

企业规模的变化主要来自两个方面,一是在原有的业务范围内扩大或压缩规模;二是增加新的业务或放弃旧的业务。这两个方面的变化都会对人力资源需求的数量和结构产生影响。企业规模扩大,则需要的人力就会增加,新的业务更需要掌握新的技能的人员;企业规模缩小,则需要的人力也将减少,于是就会发生裁员、失业。

3. 企业经营方向的变化

企业经营方向的调整,有时虽不一定导致企业规模的变化,但对人力资源的需求却会发生改变。例如从国内经营发展到国际经营,就需要增加国际经营人才;从生产型企业转型为服务型企业,需要缩减生产人员而增加客服人员。

4. 外部因素

外部因素对企业人力资源需求的影响,多是通过影响内部供给或内部因素而起作用的。影响人力资源需求的外部因素主要包括经济环境、技术环境、竞争对手等。经济环境的变化会影响到企业的规模和经营方向,技术环境的变化会影响到企业的技术和设备,这就间接地影响了企业的人力资源需求。竞争对手之间的人才竞争,则会造成企业间的人才流动,流出人才的企业就会产生新的需求。

以上四个方面都反映在企业的经营战略中。企业内外部环境和条件决定了企业的经营战略,经营战略和策略决定了人员的需求,在实际操作中,企业的人力资源需求主要是由经营战略和策略决定的。

二、人力资源需求预测的方法

目前国内外对人力资源需求进行预测的方法和技术常用的有如下几种。

1. 管理人员判断法

管理人员判断法即企业各级管理人员根据自己的经验和直觉,自下而上确定未来所需人员。具体做法是,先由企业各职能部门的基层领导根据自己部门在未来各时期的业务增减情况,提出本部门各类人员的需求量,再由上一层领导估算平衡,最后在最高领导层进行决策。这是一种很粗的人力需求预测方法,主要适用于短期预测,若用于中、长期预测,则相当不准确。当组织规模较小、结构简单和发展较均衡稳定时,也可用来预测中、长期人力需求。这种方法可以单独使用,也可与其他方法结合使用。特别是当其他方法是静态方法时,利用管理人员的判断可以对初始结果作必要的修正。通常在以下情况下,初始预测结果需要根据判断作修正:

(1) 改进产品或服务质量的决策;
(2) 进入新市场的决策;
(3) 技术、管理改进而带来的生产率的提高;
(4) 财务资源的限制(人员成本的提高可能因此受到限制)。

2. 经验预测法

经验预测法也叫作比率分析法,即根据以往的经验对人力资源需求进行预测。具体的方法是根据企业的生产经营计划及劳动定额或每个人的生产能力、销售能力、管理能力等进行。例如,一个纺织厂根据经验发现每个工人可以负责 10 台机器,那么,如果该企业在未来某个时间要扩大生产规模,就可以据此确定需增加的纺织工人人数。又如,一个企业根据以往的经验认为生产车间的班组长一般管理 20 个人比较合适,该企业就可以根据生产工人的增减数来决定班组长的人数。需要说明的是,不同人的经验会有差别,不同的新员工能力也有差别,特别是管理人员、销售人员,在能力、业绩上的差别更大。所以,企业采用这种方法预测人员需求时,一方面要注意经验的积累,包括保留历史档案、采用多人的经验,从而减少预测的偏差;另一方面也要认识到,这种方法应用于不同的对象时,预测结果的准确程度会不同,对可准确测度工作量的岗位,预测的准确性较高,对难以准确测度工作量的岗位,预测的准确性较低。

这种方法应用起来比较简单,适用于技术较稳定的企业的中、短期人力资源预测。

3. 德尔菲法

德尔菲法是一种使专家们对影响组织某一领域的发展的看法(例如组织将来对劳动力的需求)达成一致意见的结构化方法。这里所说的专家,既可以是来自第一线的管理人员,也可以是高层经理;既可以是组织内的,也可以是外请的。专家的选择基于他们对影响组织的内部因素的了解程度。例如,在估计将来公司对劳动力的需求时,公司可以选择在计划、人事、市场、生产和销售部门任职的经理作为专家。

德尔菲法是 20 世纪 40 年代末在美国兰德公司的"思想库"中发展起来的。该方法的目标是通过综合专家们各自的意见来预测某一领域的发展。它不同于会议的特色在于,专家们互不见面。因为专家彼此之间存在身份和地位差别,面对面的集体讨论会使一些人因不愿批评其他人而放弃自己的合理主张。这样就需要有一个中间人(例如人力资源部门)在专家们之间穿针引线。具体地说,中间人的任务是,把在第一轮预测过程中专家们各自单独提出的意见集中起来并加以归纳后反馈给他们,然后重复这一循环,使专家们有机会修改他们的预测并说明修改的原因。一般重复 3~5 次,专家们的意见即趋于一致。

要使该方法奏效,应遵循下列原则。

(1) 给专家充分的信息使其能做出判断。也就是说,要给专家提供已收集到的历史资料以及有关的统计分析结果,例如,人员安排情况和生产趋势的资料。

（2）所问的问题应是专家能答复的问题。例如，不问人员需求的总的绝对数字，而问人员可能需要增加百分之多少，或者只问某些关键雇员（如市场部经理或工程师）的预计增加数。

（3）不要求精确。允许专家粗估数字，并让他们说明预计数字的肯定程度。

（4）使过程尽可能简化，特别是不要问那些跟预测无关因而没有必要问的问题。

（5）保证所有专家能从同一角度理解雇员分类和其他定义，即在整个过程中用到的职务名称、部门名称等概念要有统一的定义和理解。

（6）向高层管理人员和专家讲明预测对组织及下属单位的益处，以争取他们对德尔菲法的支持。

4. 趋势分析法

趋势分析法是一种定量分析的方法，其基本思路是：确定组织中哪一种因素与劳动力数量和结构的关系最大，然后找出这一因素随雇用人数的变化趋势，由此推出将来的趋势，从而得到将来的人力资源需求。

这种定量方法一般分为六个步骤：

（1）确定适当的与雇用人数有关的组织因素；

（2）根据这一组织因素与劳动力数量的历史记录做出二者的关系图；

（3）借助关系图计算每年每人的平均产量（劳动生产率）；

（4）确定劳动生产率的趋势；

（5）对劳动生产率的趋势进行必要的调整；

（6）对预测年度的情况进行推测。

选择与劳动力数量有关的组织因素是需求预测的关键一步。这个因素至少应该满足两个条件：第一，组织因素应该与组织的基本特性直接相关；第二，所选因素的变化必须与所需雇员数量变化成比例。根据这两个条件，对大学来说，适当的组织因素可能是学生的录取数；对医院来说，可能是每天病人数；对钢铁公司来说，则可能是平均钢产量。

上述步骤中的第（2）～（5）步都是为了得出一个较准确的劳动生产率。有了与雇用人数有关的组织因素和劳动生产率，就能够估计出劳动力的需求数量了。例如，某医院预计明年病床总数将增加到800个，而每3个护士可以护理10个病人，那么，该医院对护士的需求量就是240人。

在运用趋势分析法时，可以完全根据经验进行估计，也可以利用计算机进行回归分析来做出预测。所谓回归分析，就是利用历史数据找出某一个或几个组织因素与人力资源需求量的关系，并将这一关系用一个数学模型表示出来，借助这个数学模型，就可推测将来的人力资源需求。因为这个过程比较复杂，所以要用计算机来进行。

第三节　人力资源供给预测

一、组织内部人力资源供给预测

对组织内部人力资源供给的预测，常用的有三种方法。

1. 管理人员继任计划法

管理人员继任计划法是预测管理人员内部供给的最简单的方法。制定管理人员继任计划的过程是：

（1）确定计划范围，即确定需要制定继任计划的管理职位；

（2）确定每个管理职位上的接替人选，所有可能的接替人选都应该考虑到；

（3）评价接替人选，主要是判断其目前的工作情况是否达到提升要求，可以根据评价的结果将接替人选分成不同的等级，例如分成可以马上接任、尚需进一步培训、问题较多三个级别；

（4）确定职业发展需要以及将个人的职业目标与组织目标相结合，也就是说，要根据评价的结果对接替人选进行必要的培训，使之能更快地胜任将来可能从事的工作，但这种安排应尽可能与继任人选的个人目标吻合并取得其同意。

为清楚起见，可以将上述继任计划在组织结构图上表示出来（图 4-1）。

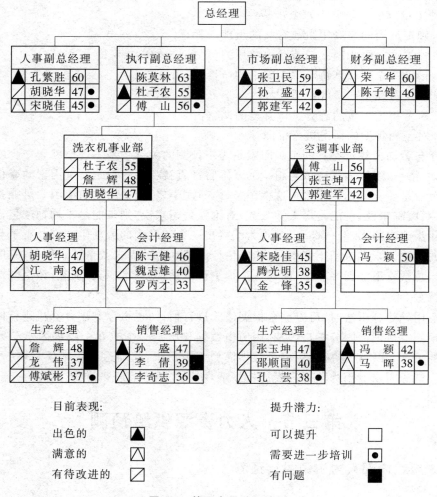

图 4-1　管理人员继任计划

2. 马尔可夫分析法

马尔可夫分析法在理论上很复杂,但其应用方法却比较简单。

这种方法的基本思想是:找出过去人事变动的规律,以此来推测未来的人事变动趋势。下面以一个会计公司的人事变动为例来加以说明(见表4-2)。

表 4-2 某公司人力资源供给情况的马尔可夫分析

(a)

	人员变动的概率				
	高层领导(E)	中层领导(M)	高级会计师(S)	会计员(Y)	离职
高层领导(E)	0.80				0.20
中层领导(M)	0.10	0.70			0.20
高级会计师(S)		0.05	0.80	0.05	0.10
会计员(Y)			0.15	0.65	0.20

(b)

	初期人员数量	高层领导(E)	中层领导(M)	高级会计师(S)	会计师(Y)	离职
高层领导(E)	40	32				8
中层领导(M)	80	8	56			16
高级会计师(S)	120		6	96	6	12
会计员(Y)	160			24	104	32
预计的人员供给量		40	62	120	110	68

分析的第一步是做一个人员变动矩阵表,表中的每一个元素表示一个时期到另一个时期(如从某一年到下一年)在两个工作之间调动的雇员数量的历年平均百分比(以小数表示)。一般以5~10年为周期来估计年平均百分比。周期越长,根据过去人员变动所推测的未来人员变动就越准确。

例如,表4-2(a)表明,在任何一年里:平均80%的高层领导人仍留在公司内,而有20%退出;大约65%的会计员仍留在原工作岗位,15%被提升为高级会计师,另有20%离职。用这些历年数据来代表每一种工作中人员变动的概率,就可以推测出未来的人员变动情况。

我们再看表4-2(b),将计划初期每一种工作的人员数量与每一种工作的人员变动概率相乘,然后纵向相加,即得到组织内部未来劳动力的净供给量。如果下一年与上一年相同,可以预计下一年将有同样数量的高层领导人(40人),以及同样数目的高级会计师(120人),但中层领导人将减少18人,会计员将减少50人。这些人员变动的数据,与正常的人员扩大、缩减或维持不变的计划相结合,就可以用来决策怎样使预计的劳动力供给与需求相匹配。

3. 档案资料分析

通过对组织内人员的档案资料进行分析,也可以预测组织内人力资源的供给情况。档案中通常包括了员工的年龄、性别、工作经历、受教育经历、技能等方面的资料,更完整的档案还包括员工参加过的培训课程、本人的职业兴趣、业绩评估记录(包括对员工各方面成绩的评价、优点和缺点的评语)、发明创造以及发表的学术论文或获专利情况等信息资料。这些信息对企业的人力资源管理十分有用,例如可以用于确定晋升人选、制定管理人员继任计划、对特殊项目的工作分配、工作调动、培训人员的选择和培训需求的确定、制定工资奖励计划、制定职业生涯规划和进行组织结构分析等。中国组织传统上都把档案作为人事管理的工具,但利用率很低,远未发挥其应有的作用,这种管理状况应该改变。

随着计算机的普及和网络技术的发展,人力资源管理信息系统日益为越来越多的企业采用,这不仅大大提高了人力资源管理的效率,而且可以存储更多的人员信息,企业可以更方便地利用人员档案预测组织内部的人力资源供给。

二、组织外部人力资源供给预测

长期地看,任何企业都必须面对招聘和录用新员工的问题。无论是由于企业生产规模的扩大、多元化经营、跨国经营,还是由于员工队伍的自然减员,企业都必须从劳动力市场上获得必要的人员补充。

组织外部人力供给的来源主要包括各类学校毕业生、失业人员、转业退伍军人、其他组织流出人员等。企业在预测外部人力供给时,主要应考虑以下因素:竞争对手,包括竞争对手的业务发展状况、薪酬水平、工作条件、在吸引人才方面采取的措施等;由组织地理位置决定的交通方便程度、住房条件、子女就学条件等;社会经济状况;失业率;教育水平;法律规定,特别是对工作时间、最低工资、劳动合同等方面的规定。近些年来,各地劳动行政主管部门建立了许多劳动力市场和劳动中介机构,这些机构经常向社会发布劳动力供求信息,这些信息也是组织预测外部人力供给的重要依据。

第四节 人力资源计划的程序

一般来说,组织的人力资源计划的编制要经过七个步骤(见图4-2)。

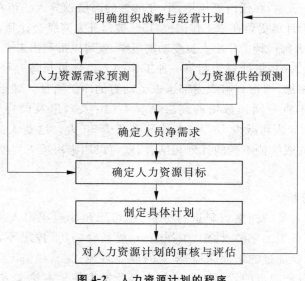

图 4-2 人力资源计划的程序

一、明确组织战略与经营计划

组织战略和经营计划是制定人力资源计划的依据,要制定人力资源计划,首先就要分析组织战略与经营计划对人力资源以及人力资源管理的要求是什么。可以问这样的问题:要实现这一战略/战术目标,我们需要具备什么样的能力？需要人力资源管理做什么？这些问题的答案是企业人力资源目标的一部分,同时也是分析人力资源供求的依据。

二、人力资源需求预测

本章第二节中已经介绍了人力资源需求预测的方法,组织应根据发展战略计划和组织的内外条件选择合适的预测方法,然后对人力需求的结构和数量进行预测。

三、人力资源供给预测

供给预测包括两方面:一是内部人员拥有量预测,即根据现有人力资源及其未来变动情况,预测出计划期内各时间点上的人员拥有量；另一方面是外部供给量预测,即确定在计划期内各时间点上可以从企业外部获得的各类人员的数量。一般情况下,内部人员拥有量是比较透明的,预测的准确度较高；而外部人力资源的供给则有较高的不确定性。企业在进行人力资源供给预测时应把重点放在内部人员拥有量的预测上,外部供给量的预测则应侧重于关键人员,如高级管理人员、骨干技术人员等。

无论是需求预测还是供给预测,对预测人员的选择十分关键,因为预测的准确性与预测者个人关系很大。应该选择那些有经验、有专业技能、管理判断力较强的人来进行预测。

四、确定人员净需求

人员需求和供给预测完成后,就可以将本组织人力资源需求的预测结果与在同期内组织本身可供给的人力资源情况进行对比分析。从比较分析中可测算出各类人员的净需求。这个净需求数如果是正的,则表明组织需要招聘新的员工或对现有的员工进行有针对性的培训；这个需求数如果是负的,则表明组织这方面的人员是过剩的,应该精简或对员工进行调配。需要说明的是,这里所说的"净需求"既包括人员数量,又包括人员结构、人员标准,既要确定"需要多少人",又要确定"需要什么人",数量和标准需要对应起来。

人员净需求的测算结果,不仅是组织调配、招聘人员的依据,还是组织制定其他人力资源政策的依据。组织根据某一具体岗位上员工余缺的情况,可以分析组织在这方面人员的培训、激励上的得失,从而采取相应的改进措施。

五、确定人力资源目标

人力资源计划的目标是随组织所处的环境、组织战略与战术计划、组织目前工作结构与员工工作行为的变化而不断改变的。当组织的战略计划、年度计划已经确定,组织目前的人力资源需求与供给情况已经摸清,就可以据此确定组织的人力资源目标了。目标可以用最终结果来阐述,例如,"到明年年底,每个员工的年培训时间达到 40 小时","到明年年底,将人员精减 1/3";也可以用工作行为的标准来表达,例如,"通过……培训,受训者应该会做这些事……"企业的人力资源目标通常都不是单一的;每个目标可能是定量的、具体的,也可能是定性的、比较抽象的。

六、制定具体计划

制定具体计划包括确定人力资源计划的其他各项内容,包括补充计划、使用计划、培训开发计划、职业计划、绩效计划、薪酬福利计划、劳动关系计划、预算等。计划中既要有指导性、原则性的政策,又要有可操作的具体措施。供求预测的不同结果,决定了应采取的政策和措施也不同。

(1) 如果预测结果表明组织在未来某一时期内在某些岗位上人员短缺,即需求大于供给,这时的政策和措施有:

① 培训本组织职工,对受过培训的员工根据情况择优提升补缺并相应提高其工资等待遇;

② 进行平行性岗位调动,适当进行岗位培训;

③ 延长员工工作时间或增加工作负荷量,给予超时间超工作负荷的奖励;

④ 重新设计工作以提高员工的工作效率;

⑤ 雇用临时人员;

⑥ 改进技术或进行超前生产;

⑦ 制定招聘政策,向组织外招聘。

上述是组织普遍采用的解决人力资源短缺的做法。但是,解决人力资源短缺最根本、最有效的方法,是采用正确的政策和措施调动现有员工的积极性,例如设置多样化的物质和精神奖励、让员工多参与决策、采用各种培训提高员工的技能、鼓励员工进行技术革新,等等。

(2) 如果预测结果表明组织在未来某一时期内在某些岗位上人员过剩,即供过于求,则可选择的一般策略有:

① 永久性裁减或辞退职工;

② 暂时或永久性地关闭一些不盈利的业务单位,精简职能部门;

③ 让员工提前退休;

④ 对员工进行重新培训,调往新岗位,或适当储备一些人员;

⑤ 减少工作时间,并相应地减少工资;

⑥ 由两个或两个以上人分担一个工作岗位,并相应地减少工资。

七、对人力资源计划的审核与评估

对一个组织人力资源计划的审核与评估是对该组织人力资源计划所涉及的有关政策、措施(包括招聘、培训发展和报酬福利等),及其所带来的效益进行综合的审查与评价。审核与评估之所以必要,主要基于以下三方面原因。

(1) 通过审核与评估,可以听取管理人员和员工对人力资源管理工作的意见,动员他们参与人力资源的管理,以利于调整人力资源计划和改进人力资源管理工作。

(2) 人力资源成本是一个企业中最高的成本项目之一。对这样一个重要的成本项目,管理者当然必须加以严格的审核和控制。

(3) 人力资源管理人员可以通过审核和评估,调整有关人力资源方面的项目及其预算。

在对人力资源计划进行审核与评估的过程中还要注意组织的保证和选用正确的方法。

在西方国家的大企业中,一般都有人力资源管理委员会(或称人事管理委员会)。该委员会由一位副总裁、人力资源经理以及若干专家和员工代表组成。委员会的主要职责是定期地检查各项人力资源政策的执行情况,并对政策的修订提出意见,交董事会审批。委员会的主席由委员们轮流担任,任期一年。除委员会外,人力资源部也定期地检查人力资源政策的执行情况以及具体项目的执行效果。我国已有许多大企业借鉴了西方的这一经验,借鉴时应注意符合我国的国情,例如,在国有企业中,党委在人力资源委员会中应该有代表参加。

从审核评估的方法上讲,可采用目标对照审核法,即以原定的目标为标准进行逐项的审核评估;也可广泛收集并分析研究有关的数据,如管理人员、管理辅助人员以及直接生产人员之间的比例关系,在某一时期内各种人员的变动情况,职工的跳槽、旷工、迟到、员工的报酬和福利、工伤与抱怨等方面的情况等。

一个组织通过定期性与非定期性的人力资源计划审核工作,能及时地引起组织高层领导的重视,使有关的政策和措施得以及时改进并落实,有利于调动职工的积极性,提高人力资源管理工作的效益。

对上述五～七步,下面给出一个例子来加以说明。

例:一个假设人力资源系统中的审核与评估过程。

目标　今后两年将公司管理干部的平均年龄降低到 35 岁以下。

政策　重视对年轻人才的培养和使用,选聘和提拔年轻人进入管理层。

方案　加强对现任管理干部的高级管理培训;选择优秀一线员工接受管理培训及其他培训;在招聘工作中向有管理经验的年轻人倾斜;对现任管理干部制定调整计划,通过退休、聘为顾问等途径有计划地将大部分年龄高于 50 岁的干部调离现任管理岗位。

方案评价(两年以后进行)

评价的主要问题:

(1) 我们最初的目标(两年,35 岁)定得太高吗?

(2) 公司是否真正重视管理干部的年轻化,是否真正愿意为年轻人提供展示才能的舞台?

(3) 多大比例的现任管理干部参加了高级管理培训?参加这种培训的干部的平均年龄是多少?

(4) 有多少优秀一线员工接受了管理培训?

(5) 新招聘了多少有管理经验的年轻后备人才?

(6) 有多少 50 岁以上的管理干部已经退出了原任管理岗位?他们是否已经得到了妥善安置?

（7）公司的管理思想、管理效果是否发生了变化？这种变化与干部年轻化有多大关系？

（8）是否应推迟或改变原来的目标？

在制定人力资源计划时，特别需要强调的一个问题是，要注意人力资源计划与企业整体计划的对应关系。这种对应关系可以用图4-3表示。

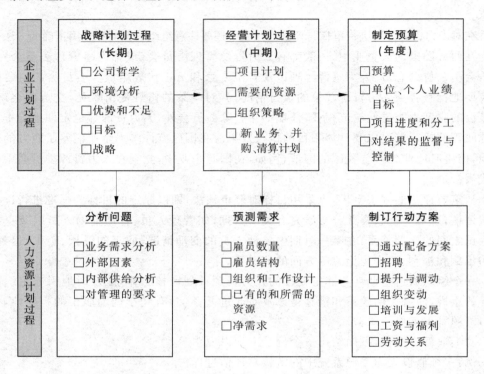

图 4-3 三个层次的企业计划对人力资源计划的影响

资料来源：Cascio, W. F. *Managing Human Resources*: *Productivity*, *Quality of Work Life*, *Profits*. Boston: McGraw-Hill/Irwin, 2006.

图4-3说明，企业的战略计划、经营计划、预算制定跟人力资源计划是互相影响、同时进行的。在制定战略计划时，同时要分析企业现有的人员水平和外部可获得的人力资源的条件，脱离有执行力的人员的战略将成为空中楼阁；而战略一旦确定，就成为企业制定人力资源计划的出发点，这时人力资源计划的作用就是保证战略的实施。由于战略是方向性的、指导性的，它对人力资源计划的作用也是方向性的。当战略计划细化为经营计划和预算时，人力资源计划也同时具体化了。有了经营计划，就能确定企业在一段时间内需要多少人以及需要什么样的人；有了年度的目标和预算，各项人力资源管理职能的内容和目标也能据之确定。

图4-3中的时间跨度是相对的，行业特征不同，计划的时间跨度也不同。对成熟的行业，"长期"可能意味着十年；对迅速变化的行业，五年甚至三年就是"长期"了，而"年度"计划则可能缩短到半年或一个季度。

柯达公司曾提出人力资源计划与战略匹配的四个步骤：第一步是根据战略确定组织

需要具备的组织能力;第二步是分析每一项组织能力对所有人力资源管理职能包括招聘、培训和发展、考核与反馈、薪酬及激励、沟通、工作设计以及环境的要求;第三步是对上述要求进行整合,合并相似内容,明确优先级,确定时间表;第四步是实施计划。

把人力资源计划跟战略计划、经营计划匹配,除了注意时间和工作流程上的协调外,还要重视直线管理人员的参与,避免人力资源部门闭门造车。直线管理人员的参与能增强人力资源管理措施的针对性和可操作性;同时,他们是人力资源计划的最终执行者,参与制定计划能帮助他们深刻认识人力资源管理实践和企业经营的关系,确保人力资源计划的顺利实施。

复习题

1. 什么是人力资源计划？人力资源计划的重点是什么？
2. 人力资源计划的主要内容有哪些？
3. 企业为什么应制定人力资源计划？
4. 影响企业人力资源需求的因素有哪些？
5. 德尔菲法的基本思路是什么？有效地运用这种方法需遵循哪些原则？
6. 制定人力资源计划的一般程序是什么？

思考题

1. 一个企业原有总经理级人员 4 名,部门经理级人员 12 名,其他员工 120 名。一年后,总经理级人员退休 1 名,辞职 1 名;部门经理级人员退休 2 名,辞职 3 名;其他员工退休 10 名,辞职 5 名。如果该企业规模维持不变,如何编制人力资源计划？

2. 试用马尔可夫分析法对某公司业务部人员下一年度的供给情况进行预测。请在下表中根据给出的各种人员的现有人数和每年平均变动概率,计算出各种人员的变动数和需补充的人数。

职 务	现有人数	人员变动概率			
		经 理	科 长	业 务 员	离 职
经 理	10	0.8	0.0	0.0	0.2
科 长	20	0.1	0.8	0.05	0.05
业 务 员	80	0.0	0.05	0.8	0.15
总 人 数	110				
需补充人数					

3. 假设已经确定了人力资源目标"在未来两年里将人员流动比率降低到 10% 以内",请你制定相应的政策和措施并列出进行评估的主要问题。

4. 在高科技等变化比较快的行业,很多企业的管理者认为连经营目标都难以确定,所以也不要做人力资源计划了,你对这种看法有何评价？

5. 编制一份你熟悉的企业的人力资源计划。

案例

信达公司的人力资源计划

一、公司背景

信达公司是香港特区速递行业的领袖,也是全球性速递公司 LDG 在香港的子公司。在香港本部,公司共有全时雇员 880 人,非全时雇员 100 人。在所有雇员中,经理级人员有 60 人,主管级人员有 100 人,一线员工 300 人。公司的所有者是一个华人,管理层中的大部分人也都是华人。公司的人力资源运作包括人事及培训两部分,人事部分有职员 11 人,培训部分有职员 6 人。

目前,信达公司在官方文件递送市场上也居于领导地位。在过去的三年中,公司的利润及市场份额都保持了稳健的增长。从 1991 年到 1993 年,人员流动比率是 30%。

二、人力资源管理的做法

公司的董事长赖先生把信达公司的人力资源哲学阐述为:"影响人的思想,将人力资源责任交给一线。"公司的人力资源行动纲领的焦点是对员工的承诺,它承诺公司要为员工创造良好的工作环境并提供培训机会,这种承诺最终将有助于形成公司在航空快运业的全球领导地位。

信达公司的企业文化非常强调团队精神,公司的人力资源计划过程就是一个团队协作的过程。这个过程涉及各个部门,高级主管和经理们也参加进来了。公司既强调全面化,也强调专业化,每个经理既要是他所在领域的专家,又要了解其他部门在做什么。因此,经理们就能够从公司整体来考虑问题而不至于仅仅看到自己的部门。公司另一独具特色的文化是公司管理层的分权化和本地化,管理层对下属只给予指导而不发布指令,各国的子公司可以自行制定战略计划,这使公司能对本地市场作出非常迅速的反应。这种做法与公司的全球化行动纲领是一致的:"在一个集中化管理的网络中的专业组织,既要跟整个组织协同工作,又要保持本地化的首创精神和及时作出适合当地特点的决策。"

公司通过定向课程将行动纲领传达给员工。行动纲领被印到能装进衣袋的卡片上,在上岗培训时发给职工。因为"满足顾客需求"在公司纲领中的重要性,公司就着重于培训顾客需求驱动导向。信达公司开发了自己的顾客满意评价方法,这些方法成为所有雇员共同学习和遵守的标准。

为激励员工自我发展,公司为所有员工参加的所有外部培训课程都提供 50% 的资助,即使培训内容可能与工作无关。而且,公司对员工参加培训不作任何限制。

三、最成功的实践 —— 人力资源计划

信达公司最成功的实践之一是人力资源计划(manpower plan, MP)。这一计划是人力资源部门五年前开发的,它得到了总经理的全力支持。人力资源部门开发该计划的主

要原因,是因为人力成本是公司仅次于航运成本的第二大成本项目,MP能控制支出并最大限度地促进收入增长。

信达公司的MP是一个非常综合的、互动的过程,从高级经理(top management)到主管层(supervisory level)都参与其中。它总共包括三个阶段。

第一阶段:企业计划

首先,市场部根据历史因素、总部战略、市场调查情况等提出公司的战略,并提交给由不同职能经理组成的高级管理小组,人力资源主管也是这个小组中的一员。然后,职能经理们开始共同讨论企业战略对各部门职能的影响。

这种头脑风暴式的讨论结束后,紧接着就是一个持续两天的管理层会议,会议将讨论企业战略中10个左右关键性的方面,这些方面是公司总部提出来的,它们都非常简短,各地子公司在制定自己的战略计划时都要以此为指南。与会的经理们要熟悉其中的每一个方面并再次讨论这些问题对本部门运作的影响。

两天会议的一个特别之处是会议没有领导,大家轮流主持。某一方面对哪个部门影响最大,在讨论这个方面时,该部门的经理就自动来主持讨论。例如,如果主题是业务的增长——如何实现计划的收入、目标是提高GTP和出口,这个主题跟市场营销关系最大,那么,市场经理就会成为会议的推动者。另一个讨论主题是通过销售战略来实现业务增长,这时,作推动者的就是销售经理。在两天会议的整个过程中,总经理都只是作为一个参与者来提出建议。

人力资源部是两天会议的组织者。在会议开始前,总经理会跟人力资源部对会议的风格、议程进行充分讨论并给予全力支持。为提高会议的有效性,培训经理在会议开始的时候对会议的主持者和参加者都要提出几条准则。主持人的准则包括"开放"、"引起讨论",参加者的准则包括"即使你可能不是专家,也要敢于发表意见"。

这些会议的推动者并没有受过什么培训,但他们在公司会议中已经经受了大量的训练,从而在演讲技巧、组织讨论等方面都具备了相当的经验和能力。

第二阶段:一系列的专门小组会议

专门小组会议的核心成员包括总经理、人力资源主管、人事经理、培训与发展经理、财务与行政主管以及首席会计经理。各部门经理要向专门小组汇报他们部门的:①人力计划(包括人数、未来一年的人员结构);②培训计划;③资本支出;④IT设备计划。讨论资本支出和IT设备计划的原因是它们直接或间接地影响到人力资源和培训资源的安排。如果有的领域跟其他某些部门有关系,这些部门的经理也要在座。

在制定各部门的人力计划时,部门经理要遵守以下格式。

(1) 本部门的特殊问题:包括即将制定的战略计划对本部门有何影响。例如,如果公司战略准备涉足重物运输,航空服务部就要列出以下问题:

① 提高公司在重物运输业务上的信誉;
② 为员工提供手工搬运重物方面的培训;
③ 帮助员工取得重型卡车的执照。

(2) 优先级。
(3) 预定完成时间。
(4) 责任(包括其他相关部门)。

在会上,人力资源经理、其他核心成员和业务经理们一起讨论他们的计划并作出必要的修改。讨论的最终结果将制作成文件并由人力资源部存档,而共同讨论所通过的计划将成为各部门制定行动计划的基础。

第三阶段:行动计划

行动计划的内容包括如下几项。
(1) 各单位、部门的人数。
(2) 加班时间。
(3) 预计人员流动。
(4) 激励计划。
(5) 培训计划:
① 将参加人力资源部组织的内部培训的人数;
② 将参加部门培训的人数;
③ 将参加公司外部培训项目的人数。

每个职能经理都要保留一份本部门的行动计划,总经理则掌握各部门的行动计划。职能经理对行动计划的执行负有责任,绩效评估就以行动计划为基础,每季度和年底都要对行动计划的执行情况进行审核。

整个过程大概持续半年(从6月到12月),如图4-4所示。

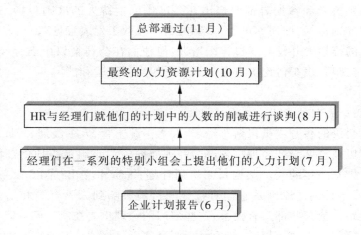

图4-4 人力资源行动计划

这一人力资源计划过程的优点之一是所有部门的共同参与,从高级主管到最高管理层都参与其中。为了提出一个完整的、彻底的计划,部门经理们需要主管和助理经理为他们提供信息。另一个优点是经理们不只顾自己的资源和目标,所有部门都顾及共同目标,因而使其思考方式更富于战略性。他们可以更好地管理自己的资源、更好地处理公司需要与员工发展的关系,有的经理甚至与他们的助理以及别的主管共同制定人力计划。对于人力资源部,由于它较早介入了战略计划阶段,人力资源计划与企业计划保持了一致性;而且,人力资源部也通过这一过程理解了一线经理面临的困难并了解了他们是如何工作的。

经过五年的运行,合作关系已经在经理中间建立起来。然而,在开始的时候,来自一线经理的阻力却是非常大的。一些经理想建立自己的势力范围,不愿意人力资源部控制他们的人数。为了保证各部门提供信息的准确性,人力资源部要反复核对。对那些不能很好地理解资源投资概念的经理,人力资源部就选做得最好的部门作为样本把他们的人力资源计划发给这些部门作参考。别的克服阻力的方法还包括在进行工作分析时吸收别的部门的经理来讨论如何进行绩效测定。

要保证计划的成功,以下因素需特别注意。

(1) 人力资源部门要有强烈的商业意识,要了解企业是如何运作的。为提高人力资源部的商业意识,人力资源主管要经常阅读市场报告和各部门的报告。为熟悉一线部门的运作,人力资源部每年一次组织所有支撑部门的经理考察一线。另外,人力资源部还组织了一门内部培训课程来帮助雇员熟悉不同部门的职能和运作。

(2) 高级管理层的支持是关键。信达公司的人力资源经理在接受采访时说,她很幸运有一位开明的总经理,总经理熟悉人力资源的职能,并全力支持"一线经理也要承担人力资源管理责任"的思想。为了争取各部门经理的支持,人力资源部把他们吸收为各种人力资源活动委员会的委员;他们还通过信息通报、照片、证书等形式对经理们的工作给予承认。人力资源部对职能经理们对人力资源管理活动所作的贡献给予充分的肯定。结果,经理们也鼓励他们的下属参与人力资源管理,他们把这看成员工发展的一个机会。

(3) 公司文化鼓励全面化而非专业化,每个人都要了解其他人在做什么。

讨论题

1. 信达公司制定人力资源计划的过程是怎样的?
2. 信达公司的人力资源计划过程有哪些特点?这些特点哪些具有普遍性?哪些具有特殊性?
3. 信达公司为什么如此重视人力资源计划?

第五章 人员招聘与人才测评

本章学习目标

1. 人员招聘的一般程序
2. 内部招聘与外部招聘的利弊
3. 主要的人员选拔方法和人才测评技术
4. 有效面试的技巧
5. 测试的信度与效度的含义
6. 招聘管理工作的主要内容

第一节 招聘概述

一、招聘的目的

招聘就是企业吸引应聘者并从中选拔、录用企业需要的人的过程。招聘的直接目的就是获得企业需要的人,但除了这一目的外,招聘还有以下潜在目标。

1. 树立企业形象

招聘过程是企业代表与应聘者直接接触的过程,在这一过程中,负责招聘的人的工作能力、招聘过程中对组织的介绍、散发的材料、面试小组的组成、面试的程序以及录用、拒绝什么样的人等都会成为应聘者评价组织的依据。招聘过程既可能帮助组织树立良好形象、吸引更多的应聘者,也可能损害组织形象、使应聘者失望。

2. 降低受雇佣者在短期内离开组织的可能性

组织不仅要能把人招来,更要能把人留住。能否留住受雇佣者,既要靠招聘后对人员的有效培养和管理,也要靠招聘过程中的有效选拔。那些认可组织的价值观,在组织中能找到适合自己兴趣、能力的岗位的人,在短期内离开组织的可能性就比较小一些。而这就有赖于组织在招聘过程中对应聘者进行准确的评价。

3. 履行组织的社会义务

组织的社会义务之一,就是提供就业岗位,招聘正是组织履行这一社会义务的过程。

二、招聘的程序

招聘的程序可以用图 5-1 表示。

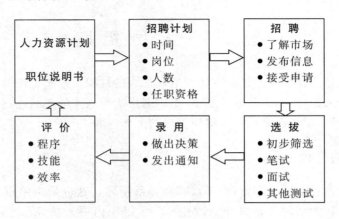

图 5-1　招聘的程序

在上述程序中,人力资源计划和职位说明书是招聘的依据,人力资源计划决定了招聘的时间、人数和岗位等,职位说明书则明确了对招聘人员的要求。根据人力资源计划和职位说明书,就可制定具体的招聘计划,从而指导招聘工作。从下一节开始,分别介绍人员招聘、选拔及录用以及招聘管理工作。

三、招聘的原则

招聘应遵循如下原则。

1. 因事择人

组织应依据人力资源计划进行招聘。无论是多招了人还是招错了人,都会给组织带来很大的负面作用,除了人力成本、低效率、犯错误等看得见的损失,由此导致的人浮于事还会在不知不觉中对组织文化造成不良影响,并降低组织的整体效率。

2. 公开

招聘信息、招聘方法应公之于众,并且公开进行。这样做,一方面,可将录用工作置于公开监督之下,以防止不正之风;另一方面,可吸引大批的应聘者,从而有利于招到一流人才。

3. 平等竞争

对所有应聘者应一视同仁,不得人为地制造各种不平等的限制。要通过考核、竞争选拔人才。静止地选拔人才,靠"伯乐""相马"、靠在"马厩"里"选马",靠领导的直觉、印象来选人,往往带有很大的主观片面性。采用"赛马"的方法,以严格的标准、科学的方法对候选人进行测评,根据测评结果确定人选,就可以创造一个公平竞争的环境,这样既可以选出真正优秀的人才,又可以激励其他人员积极向上。

4. 用人所长

在招聘中,必须考虑有关人选的专长,量才使用,做到"人尽其才"、"事得其人",这对应聘者个人以及组织都十分重要。

第二节 人员招聘

人员招聘就是通过各种途径和方法获取候选人的过程。招聘工作的成败在很大程度上取决于有多少人来应聘,应聘的人越多,组织选出优秀人才的可能性就越大。人员招聘的目标,就是要吸引尽可能多的符合组织需求的人来应聘。

一、招聘的途径

人员招聘的途径不外乎两种:内部招聘和外部招聘。这也是组织招聘人员的两个来源。人们传统上认为招聘都是对外的,而事实上,组织内部人员也是空缺岗位的后备人员,而且有越来越多的组织开始注重从内部招聘人员。

内部招聘与外部招聘各有利弊,两者基本上是互补的(表 5-1)。

表 5-1 内部招聘与外部招聘的利弊

	内 部 招 聘	外 部 招 聘
优点	1. 了解全面,准确性高 2. 可鼓舞士气,激励员工进取 3. 应聘者可更快适应工作 4. 使组织培训投资得到回报 5. 选择费用低	1. 人员来源广,选择余地大,有利于招到一流人才 2. 新雇员能带来新思想、新方法 3. 当内部有多人竞争而难以做出决策时,向外部招聘可在一定程度上平息或缓和内部竞争者之间的矛盾 4. 人才现成,节省培训投资
缺点	1. 来源局限于组织内部,水平有限 2. 容易造成"近亲繁殖" 3. 可能会因操作不公或员工心理原因造成内部矛盾	1. 不了解组织情况,进入角色慢 2. 对应聘者了解少,可能招错人 3. 内部员工得不到机会,积极性可能受到影响

研究表明:内外部招聘结合会产生最佳效果。具体的结合力度取决于组织的战略计划、招聘的岗位、上岗速度以及对组织经营环境的考虑等因素。需要强调的是,无论内部招聘还是外部招聘,对于高层管理人员尤其重要。一般来说,高层管理人员更需要保持连续性,但因此导致的因循守旧、降低组织创新能力和适应能力的风险也更高。至于到底从内部还是外部招聘,也不存在标准的答案。通用电气公司数十年来一直都是从内部选拔CEO,日本组织的管理特色之一就是内部提拔,而IBM、HP等大公司的CEO则多是从外部招聘来的。一个不变的原则是,人员招聘最终要有助于提高组织的竞争能力和适应

能力。

二、内部招聘的来源和方法

组织内部候选人的来源主要有五个:公开招聘、内部提拔、横向调动、岗位轮换、重新雇佣或召回以前的雇员。其中,公开招聘是面向组织全体人员,内部提拔、横向调动和岗位轮换则是局限于部分人员,重新雇佣或召回以前的雇员,就是吸引那些因组织不景气等原因而被组织裁撤的人或者在竞争中被暂时淘汰下去的人。从这些不同的途径招聘到的候选人都可平等地参加选拔。

内部招聘的方法有以下几种。

(1)查阅档案资料。即通过查询组织人力资源信息系统(包括书面档案和计算机系统)来搜寻候选人。

(2)发布招聘广告。发布广告的目的是展示现有职位空缺,邀请组织所有符合条件的雇员申请。这种方法的优点是让各类员工都知道岗位空缺,发现可能被忽视和埋没的人才,鼓励员工对自己的职业发展负责。这种方法还符合现代管理倡导参与、开放交流、平等竞争的潮流。现在组织可以利用的广告媒体已经越来越多了,例如内部电视、电子邮件、组织主页、张贴海报等。招聘广告中的内容应包括空缺岗位名称、工作说明、待遇条件、任职资格等。在运用这种方法时需要注意的一点,就是要尽可能通知到所有的人。

(3)管理层指定。组织内有些岗位,特别是管理岗位,常常是由管理层根据考核结果确定候选人,有时甚至直接任命。

除了以上三种正式的内部招聘方法外,员工也常常通过非正式系统成为空缺职位的候选人,例如上司、同事简单的口头要求等。

三、外部招聘的来源和方法

外部招聘的人员来源较多,例如熟人介绍来的、自己找上门来的、职业介绍机构介绍来的、合同机构和学校推荐来的等,他们可能是学校的毕业生、其他组织的员工,也可能是失业人员。

外部招聘求职者常用的方法有以下几种。

1. 广告

广告是组织从外部招聘人员的最常用的方法之一。使用广告招聘人员主要有两个问题需要考虑:一是媒体选择;二是广告设计。

(1)选择广告媒体。组织可选择的广告媒体很多,例如电视、广播电台、报纸、期刊、网站、广告散页等。每种媒体各有利弊,组织在选择时,要综合考虑空缺岗位、广告价格、潜在应聘者的所在地域、工作特性等因素。在所有这些媒体中,网站是最新出现的,凭借其传播速度快、范围广、查询方便等特性,它受到了越来越多组织的青睐。

(2)广告设计。招聘广告的设计应争取达到四条要求:吸引注意、激发兴趣、创造愿望、促使行动。

① 吸引注意。这是从广告设计的总体效果而言的。在多数的媒体上,大部分的广告都是批量发布的。广告设计如果没有特色,就很容易湮没在其他的广告中而不能引起应聘者的注意。招聘广告引人注目的方法包括醒目的字体、与众不同的色彩、显眼的位置等,最醒目的内容应是组织最具吸引力之处,例如组织的名称、组织的标识、招聘的职位、待遇条件、工作地点等。

② 激发兴趣。即要引起求职者对工作的兴趣,这可以通过具有煽动性的广告词实现,例如"你将投身于一项富有挑战性的工作";也可以通过其他具有吸引力的内容实现,例如工作地点等。

③ 创造愿望。这比激发兴趣更前进一步了,即不仅要使应聘者有兴趣,而且有得到工作的愿望。这可通过针对应聘者的需求,列举组织能够提供的条件如工资、福利、职位、培训机会、住房条件、出国机会等来达到。

④ 促使行动。即要向应聘者提供联络方法,包括联系电话、通信地址、公司的网址等,同时用一些煽动性的话,例如"今天就打电话吧"、"请尽快递交简历"等,促使应聘者迅速采取行动。

2. 中介机构

组织招聘人员可借助的中介机构包括猎头公司以及各种职业介绍机构,例如人才交流中心、职业介绍所、劳动力就业服务中心等。

猎头公司(head hunter)是一个英文直译名称,指那些以受托招聘为主要业务的公司。在国外,猎头服务早已成为组织求取高级人才和高级人才流动的主要渠道之一。我国的猎头服务近些年来发展迅速,有越来越多的组织逐渐接受了这一招聘方式。猎头服务的一大特点是推荐的人才素质高。猎头公司一般都会建立自己的人才库。优质高效的人才库是猎头公司最重要的资源之一,对人才库的管理和更新也是它们日常的工作之一,而搜寻手段和渠道则是猎头服务专业性最直接的体现。当然,与高素质候选人才相伴的,是昂贵的服务费,猎头公司的收费通常能达到所推荐人才年薪的 25% ～35%。但是,如果把组织自己招聘人才的时间成本、人才素质差异等隐性成本计算进去,猎头服务或许不失为一种经济、高效的方式。

猎头公司典型的工作步骤是:分析客户需要,根据需要搜寻人才并进行面试、筛选,最后做出候选人报告供客户抉择。全面理解客户的需要是成功找到合适人才的前提。为了切实理解客户的需要,有的猎头公司甚至派人去客户公司工作一段时间,亲自了解和体会其文化、员工关系、组织结构等。组织在使用猎头服务时,也要注意确保猎头公司准确地理解了自己的需要,否则,耽误了时间,组织将比猎头公司遭受更大的损失。

职业介绍机构往往担当着双重角色:既为组织择人,也为求职者择业。这一定位使职业介绍机构能够掌握大量的关于求职者和用人单位的信息。组织向介绍机构提出用人要求,介绍机构就可根据要求提供求职者简历等资料。不过,这种方式一般更适合中低层员工的招聘。

3. 现场招聘

所谓现场招聘,即由组织的招聘人员到招聘对象聚集的场所直接招聘人员,这类场所包括学校、人才交流会、劳动力市场等。

学校是组织招聘人员的主要渠道之一,跟社会招聘相比,学校招聘有许多优势:学生的可塑性强;选择余地大;候选人专业多样化,可满足组织多方面需求;招聘成本较低;有助于宣传组织形象等。学校招聘的主要形式是召开信息发布会,另外也可采取张贴海报、委托学校的就业服务部门介绍等形式。

学校、政府、职业中介机构常常举办各种形式的人才交流会,有些地区还有常设的劳动力市场。在这些场合,组织工作人员也可以跟应聘者面谈,发现人才、接受申请。

4. 推荐

通过组织的员工、客户、合作伙伴等对组织情况比较了解的人推荐人选,也是组织招聘人员的重要方式。这种方式的长处是对候选人的了解比较准确;候选人一旦被录用,顾及介绍人的关系,工作也会更加努力;其招聘成本也很低。这种方式的主要问题是可能在组织内形成小团体。减少以致消除这种负面影响的关键是在选拔和录用环节严格把关,对被推荐人和其他应聘者一视同仁,按照统一的程序进行选拔和做出录用决策。正由于贯彻了这一思想,许多组织都发现这是一种有效的方法,例如思科公司、麦肯锡公司等,这些公司对推荐成功的员工还给予奖励。

5. 公司网站

随着信息技术的发展,越来越多的公司有了自己的网站,其中一个不可缺少的模块就是"职业机会"。这是一种低成本、高效率的招聘手段。那些知名度很高的组织的网站每天都有众多的浏览者,信息一登出来就可以迅速传播开来。没什么知名度的组织也不必担心,借助国际互联网和先进的搜索技术,组织的招聘信息也有很多机会到达应聘者。尽管公司主页不能作为招聘的唯一渠道或者主要渠道,它却可以作为其他方法的有益补充。

6. 其他方法

任何人才聚集的地方都可以是组织招聘人才的来源,例如各种正式或非正式的社团、协会、俱乐部等。一些公司甚至盯上了高档房展、车展、艺术品展览会等。到这种展示会来的人一般都是有一定成就的人,对那些需要高层次人才的公司,这也不失为一种搜寻人才的有效渠道。

第三节　人员选拔与人才测评

人员选拔就是从应聘者中选出组织需要的人的过程。由于这一步将直接决定组织最后所雇佣的人,因而这是招聘过程中最关键的一步;同时,这也是技术性最强的一步,在这一过程中,需要运用多种测试方法,包括人才测评的有关技术。

一、人员选拔的信息依据

选拔人员所依据的信息可以分为两大类:知识、技能、能力;人格、兴趣、偏好。根据这些信息,组织可以预测哪些求职者将来可能成功。因此,这些信息也被称为"预测因素"。人员选拔就是要了解应聘者的这些信息,并把它同组织的要求进行对比,然后做出判断。

二、人才测评的含义

所谓人才测评,就是测评主体采用科学的方法,收集被测评者在主要活动领域的表征信息,针对某一素质测评目标系做出量值或价值的判断的过程。或者直接从表征信息中引发与推断某些素质特性的过程。

根据测评目的的不同,可以把人才测评分为选拔性测评、开发性测评、诊断性测评、考核性测评等。选拔性测评是以选拔优秀人员为目的的测评,通过这类测评,要把不同素质、不同水平的人区别开来。开发性测评是以开发人员素质为目的的测评,是要了解测评对象哪些方面有优势,哪些方面存在不足,从而为测评对象指出努力方向,为组织提供开发依据。诊断性测评是以了解现状或查找根源为目的的测评,这类测评要从表面特征观察入手,继而深入分析问题与原因、诊断"症状",最后提出矫正对策方案。其他测评都没此要求。考核性测评又称鉴定性测评,是以鉴定与验证某种(些)素质是否具备或者具备程度大小为目的的测评,它经常穿插在选拔性测评中。本节主要讨论选拔性测评。

三、人员选拔方法与人才测评技术

求职者信息可通过多种不同的方式收集,这些方式就对应着各种不同的人员选拔方法。人员选拔过程中会用到多种人才测评技术,而且随着测评技术的发展和组织对测评的重视,对人事测评技术的应用还有发展之势。下面将要介绍的笔试、面试、评价中心、心理测试都是人才测评的常用方法。

组织在选择要使用的选拔方法时,必须考虑收集信息的成功率、类型和数量,同时也要考虑选拔方法的有效性。

1. 申请表

申请表是一种初始阶段的筛选工具。目的在于收集关于求职者背景和现在情况的信息,以评价求职者是否能满足最起码的工作要求。其基本内容包括应聘者过去和现在的工作经历、受教育情况、培训情况、能力特长、职业兴趣等(表5-2)。设计申请表时要注意的问题是,只能要求申请人填写与工作有关的情况。

表5-2　×××公司申请表

一般信息					
姓名		性别		出生日期	
出生地		电话/手机			照片
电子邮件					
通信地址					

续表

受教育经历(从大学开始)							
专业	学校	城市	时间	成绩排名			
				前 5%	前 25%	中等	中下

工作经历			
单 位	职 务	时 间	职 责

社团活动			
组织名称	职 务	时 间	职 责

奖励情况

语言能力			
语种		水平	□优秀 □好 □一般
CET6		TOEFL	GRE/GMAT

计算机能力

一般性问题

1. 你希望从本公司得到什么？你能为本公司做出什么贡献？

2. 你如何设计将来的职业道路？你的根据是什么？你目前最适合的工作是什么？为什么？

续表

| 3. 请描述你在过去 5 年间最大的成就。 |
| 4. 请举例说明你曾经如何与他人合作，共同完成一项任务。 |

请寄至：(公司通信地址)　　　　　　　　　　　　　　　　　　　　　　　(公司主页地址)

每个应聘者都会向招聘单位递交简历，为什么还需要有申请表呢？这是因为简历主要是应聘者想告诉组织的内容，申请表则主要是组织想了解的内容，二者内容既有重叠又有区别，对组织各有利弊，配合使用可以互为补充。

表 5-3　简历与申请表的优缺点分析

	申　请　表	个　人　简　历
优点	1. 直截了当 2. 结构完整 3. 限制了不必要的内容 4. 标准化程度高，易于评估	1. 开放式，有助创新 2. 允许申请人强调他认为重要的东西 3. 允许申请人点缀自己 4. 费用较小，容易做到
缺点	1. 封闭式，限制创造性 2. 制作和分发费用较高	1. 申请人可能略去某些对自己不利的内容 2. 容易添油加醋 3. 标准化程度低，难以评估

2. 笔试

笔试主要用来测试应聘者的知识和能力，现在有些组织也通过笔试来测试应聘者的性格和兴趣等。

对知识和能力的测验包括两个层次，即一般知识和能力与专业知识和能力。一般知识和能力包括一个人的社会文化知识、智商、语言理解能力、数字才能、推理能力、理解速度和记忆能力等。专业知识和能力即与应聘岗位相关的知识和能力，如财务会计知识、管理知识、人际关系能力、观察能力等。

性格与兴趣通常要运用心理测试的专门技术来测试，仅靠笔试中的一部分题目是很难得出准确的结论的。

3. 工作模拟(情境模拟)

工作模拟是模拟实际工作情境，使应聘者参与，从而对其做出评价的一类测试方法。工作模拟必须具体到工作、具有针对性才能有效。因此，设计费用很高。

常用的工作模拟方法有三种。

(1) 文件篓测试法。也叫作公文筐测试。其具体方法为：在文件篓里放置诸如信件、备忘录、电话记录之类的文件,这些文件是经常会出现在管理人员的办公桌上的。首先向应试者介绍有关的背景材料,然后告诉应试者,他现在就是这个职位上的任职者,负责全权处理文件篓里的所有公文材料。要使应试者认识到,他现在不是在做戏,也不是代人理职。他现在是货真价实的当权者,要根据自己的经验、知识和性格去处理解决问题。他不能说自己将如何去做,而应是真刀真枪地处理每一件事。由此,每个应试者都留下一沓笔记、备忘录、信件等,这是每个应试者工作成效的最好记录。然后,由评委通过考查应试者在测试过程中所做的工作并考虑其在个人自信心、组织领导能力、计划能力、书写表达能力、决策能力、是否敢冒风险、经营管理能力七个方面的表现来给其打分。

(2) 无首领小组讨论法。这是对一组人同时进行测试的方法。主持者给一组参试者一个与工作有关的题目,并简单地交代参试者,叫他们就这个题目展开一场讨论。没有人被事先指定为这个小组的首领,也没有人告诉任何一个小组成员他应该坐在哪个位置上,通常用的是一张圆桌子,而不用长方形的桌子,以使每个座席的位置具有同等的重要性。由几位观察者给每一个参试者评分。评价大致可围绕七个方面:主动性、说服力和兜售能力、口头表达能力、自信程度、承担压力的能力、精力以及人际交往能力。

(3) 商业游戏法。在一个真实的公司经营管理案例中,参加游戏者可自行其是,无人为他们分配角色。最后根据各自在小组中的表现评分。

4. 评价中心

评价中心方法最初是在第二次世界大战期间,德国的一些军事心理学家们在挑选军官时所使用的方法。后来美国军事服务部(也是在"二战"期间)用此法来挑选间谍人员,在评价过程中,每个应试者都必须自己虚构一个故事用以掩盖自己的真实身份,以此测试每个受试者的撒谎能力,为此,人们在此过程中设计了许多巧妙的陷阱来诱使受试者露馅。

"二战"结束后,许多军事心理学家和军官加入了公司,就把这一方法带到了公司的人员测试中。1956年,AT&T公司首次使用这一方法进行大规模的管理发展和职业培训方面的研究。经过多年研究,AT&T公司发现,某一方面的管理技巧和管理能力用某些测验方法来进行测试,效果最佳。下面是不同的管理技能或个人特征与其相应的最佳测试方法。

(1) 经营管理技巧:文件篓测试法。
(2) 人际关系技巧:无首领小组讨论法、商业游戏法。
(3) 智力状况:笔试方法。
(4) 表现的稳定性:文件篓测试法、无首领小组讨论法、商业游戏法。
(5) 工作动机:投射测验、面试、模拟。
(6) 职业发展方向:投射测验、面试、性格考查。
(7) 依赖他人的程度:投射测验。

评价中心是由几种工作模拟方法组合而成,利用现场测试或演练,由评估人员观察候选人的具体行为,并给予评分。评价中心尤其适用于复杂的属性和能力测试。评价中心把多种不同的选择工具合为一体,因而独具特色。这是目前测试准确性最高的一种方法,见表5-4。

表 5-4 评价中心示例

准 备	
18:00—19:00	晚餐
19:15—19:30	开会、致辞
19:30—19:50	介绍活动的时间安排
19:50—20:30	个人进行自我介绍
20:30—	自由活动

正式的活动	
第一天	
7:30—8:00	早餐
8:00—8:15	休息
8:15—11:30	面谈模拟/纸笔测验
11:30—13:15	午餐/休息
13:15—13:30	介绍,无领导小组讨论
13:30—14:30	无领导小组讨论
14:30—14:45	休息
14:45—15:00	解释"文件篓"
15:00—17:00	文件篓测验
17:00—17:30	休息/评委进行讨论
17:30—18:30	晚餐/休息
18:30—	候选人各自在自己的房间里阅读一份关于公司的资料,为第二天的讨论做准备,并写出书面的建议

第二天	
7:30—8:00	早餐
8:00—8:15	休息
8:15—8:30	介绍分角色游戏
8:30—10:00	分角色游戏
10:00—10:15	休息
10:15—11:15	就前一天晚上准备的材料进行讨论,达成一致性的建议
11:15—11:30	派一个人将讨论的结果向考官汇报
11:30—13:15	午餐/休息
13:15—13:30	进行演讲的准备
13:30—15:00	演讲(每个人在演讲之前的 15 分钟会拿到关于演讲的主题和要求,其余时间在另外的一个房间里填写一张表格,是关于对小组中其他人的评价)
15:00—15:30	回顾总结
15:30—	候选人离开,评委留下来对候选人进行评价

主试者一般是直线经理或心理学家。如果由直线经理担任主试人员,他们与被试者应该不熟悉,在职务级别上要比被试者高两级或两级以上,他们事先要在面试技术、行为观察、人才评价等方面接受两天到几周的训练,最好能作为被试者亲自经历整个过程。在使用这种方法时,一般是由评审员集体对某一个被试者做出评价。

5. 面试

面试是组织最常用的,也是必不可少的测试手段。调查表明,99％的组织在招聘中都采用这种方法。考虑到面试的重要性和复杂性,我们在下一节专门介绍面试。

6. 心理测验

所谓心理测验,是指在控制的情境下,向应试者提供一组标准化的刺激,以所引起的反应作为代表行为的样本,从而对其个人的行为做出评价。这种测验与前面提到的笔试相比,更加规范化。组织常用的笔试技术,有些就是对心理测验的简化。完整意义的心理测验所包含的内容比多数组织实际运用的内容要复杂得多,其所运用的方法也不仅限于笔试。

具体地说,心理测验大致包含以下方面。

(1) 成就测验。用来鉴定一个人在一般的或是某一特殊的方面,经过学习或训练后实际能力的高低。一般采用笔试和现场操作方式进行,了解应试者对该项工作"应知""应会"掌握的水平。成就测验适用于招聘专业管理人员、科技人员和熟练工人,特别是当对应聘者实际具有的专业知识和技能不能确认时,便于应聘者间的公平竞争。

(2) 性向测验。所谓性向,不是指个人表现出的实际能力,而是指其潜在能力,即可能的发展前景或可能具有的能量。性向测验的目的,是测量一个人如经适当训练,能否成功地掌握某项工作技能。性向测验分为综合性向测验和特殊性向测验两种。综合性向测验,用于鉴别个人多种特殊潜在能力,实际上它是多种特殊性向测验的复合体。如:美国著名的"区别性向测验",就包括8个分测验——语文推理、数字推理、抽象推理、空间关系、机械推理、文书速度与确度、语文拼字习惯、语文造句习惯。测验后,根据个人在各个分测验所得分数,评估其哪些方面性向较高。特殊性向测验只为鉴别个人在某一方面具有的特殊潜能,如机械性向、文书性向、音乐性向、艺术性向等。在选择操作工人时,机械性向测验用途很大,主要测量个人对空间关系的知觉能力,双手协调动作能力,手、眼配合的运动能力等。

(3) 智力测验。主要用来测验一个人的思维能力、学习能力和适应环境的能力。测验的对象不是智力本身,而是个人智力表现出的外在行为,是一种间接测量。进行这种测验,首先须设计出一套问题,让应试人回答,从答案中计算得分。例如,著名的法国"西比量表",共有30个题目,后来美国人增补为90个题目,改称1916年"西比量表"。量表中的问题,难度由浅而深排列,以通过题多少作为鉴别智商的标准。得分在90～110分为正常智力,140分以上者为最优,70分以下者为心智不足。智力水平是从事各项工作的必要条件,因此,智力测验得到了广泛的应用。

(4) 人格测验。人格由多种特质构成,大致包括体格与生理特质、气质、能力、动机、兴趣、价值观与社会态度等。人格对工作成就的影响是极为重要的,不同气质、性格的人适合于不同种类的工作。对于一些重要的工作岗位,如主要领导岗位,为选择合适的人才,往往需要进行人格测验。因为领导者失败的原因,往往不在于智力、能力和经验不足,而在于人格的不成熟。人格测验的目的是了解应试者的人格特质。其主要方法有两种:自陈量表法和投射法。自陈量表法即问卷法,就是按事先编制好的包含若干问题的人格量表,由应试者本人挑选适合于描写个人人格特质的答案,然后从量表上所得分数判断应试者个人人格的类型。自陈量表种类很多,目前西方盛行的是明尼苏达多项人格测验,该测验包括550个问题的陈述句,要求应试者做出三选一的回答——是、非或无法回答。所谓投射法就是给应试者提供一些未经组织的刺激材料,如模糊的图片或绘画等,让应试者在不受限制的条件下,自由地表现出他的反应,使其不知不觉地将自己的感情、欲望、思想投射在其中,从而可窥见其人格。投射法的种类也很多,但实施难度较大,一般需在心理学家的指导下才能进行。

(5) 能力测验。为了测验某方面的能力,可有针对性地设计和实施专门的测验方案。例如:为测验其想象力、创造力而进行"一物多用"测验,即想象一种物品所有的可能的用途;为测验其双手协调动作的准确性与速度而进行"钉板"测验,即用双手把一定数量的木钉插到一块事先打好钉孔的木板上;为测定记忆广度而进行"顺背数字"和"倒背数字"广度测验;为考查应试者记忆与动作的协调能力进行"数字配符号"测验等。

7. 体检

体检通常要委托医院进行。体检的目的是要判断应聘者的身体状况是否能够适应工作的要求,特别是能否满足工作对任职者身体素质的特殊要求,所以,其结论不是"健康"或者"不健康"就能表达的。

8. 背景调查

背景调查就是组织通过第三者对应聘者的情况进行了解和验证。这里的"第三者"主要是应聘者原来的雇主、同事以及其他了解应聘者的人员。背景调查的方法包括打电话、访谈、要求提供推荐信等。组织在运用这种方法时,需注意以下问题:第一,只调查与工作有关的情况;第二,慎重选择"第三者";第三,要评估调查材料的可靠程度,这可通过要求对方提供相关事例等方式进行。

四、选拔方法的使用

上述所有选拔方法都可用来选择潜在的雇员。决定使用哪些选拔方法,要综合考虑时间限制、信息与工作的相关性以及费用等因素。对相对简单或无须特殊技能的工作,采用一种方法就行了。例如,招聘打字员,根据应聘者打字测试的成绩一般就足以做出决定了。但是,对大部分岗位,通常需要采用几种方法。不同方法的结合使用方式大致有以下三种。

1. 多级障碍式

即每种测试方法都是淘汰性的,求职者必须在每种测试中都达到一定水平,方能合格。

2. 补偿式

即不同测试的成绩可以互为补充,最后根据求职者在所有测试中的总成绩做出录用决策。

3. 结合式

在这种情况下,有些测试是淘汰性的,有些是可以互为补偿的。应聘者通过淘汰性的测试后,才能参加其他测试。

五、测试的信度与效度

信度与效度是对测试方法的基本要求,只有信度与效度达到一定水平的测试,其结果才适于作为录用决策的依据,否则将误导主试者,影响其做出正确的决策。

1. 信度

信度主要是指测试结果的可靠性或一致性。可靠性是指一次又一次的测试总是得出同样的结论,它或者不产生错误,或者产生同样的错误。信度主要有四类:重测信度、复本信度、内部一致性信度、评分者信度。

(1) 重测信度又称稳定性系数,它是指用同一种测试方法对一组应聘者在两个不同时间进行测试的结果的一致性。一致性可用两次结果之间的相关系数来测定。重测信度的高低既与测试方法本身有关,也跟测试因素有关。例如,受熟练程度影响较大的测试,其重测信度就比较低,因为被测试者在第一次测试中可能记住某些测试题目的答案,从而提高第二次测试的成绩。对于具有较高稳定性的测试内容,例如人格、基本能力倾向等,测试方法的重测信度是十分重要的。

(2) 复本信度又称等值性系数,它是指用两个测验复本(功能相同但题目内容不同)来测验同一群体,被试在这两个测验上得分的相关性。复本信度的高低反映了这两个测验复本在内容上的等值性程度。

(3) 内部一致性信度。这一信度主要反映同一测试内部不同题目的测试结果是否具有一致性。

(4) 评分者信度,这是指不同评分者对同样对象进行评定时的一致性。例如,如果许多人在面试中使用一种工具给一个求职者打分,他们都给候选人相同或相近的分数,则这种工具具有较高的评分者信度。

2. 效度

效度即有效性或精确性,是指实际测到应聘者的有关特征与想要测的特征的符合程度。效度主要有三类:内容效度、效标关联效度、构想效度。

(1) 内容效度即测试方法能真正测出想测的内容的程度。例如,如果某测试工具旨在测量求职者的交流技能,那么高分就意味着此人有很强的交流能力。

(2) 效标关联效度也可叫作标准相关有效性,是指选择工具能否根据重要标准准确预测工作表现,或根据测试标准得到的测试分数与根据实际工作标准得到的标准分数之间的关系。标准强相关有效性的一个例子是认知能力测试。这种测试应使分数与人的工作表现精确相关。有效相关系数范围为$-1.00 \sim +1.00$。相关系数越接近1.00,测试工具越有效。

(3) 构想效度。这是指测验能够测量到理论上的构想或特质的程度。所谓构想通常指一些抽象的、假设性的概念或特质,如智力、创造力、语言流畅性、焦虑等。这些构想往往无法直接观察,但是每个构想都有其心理上的理论基础和客观现实性,都可以通过各种可观察的材料加以确定。例如,语言流畅性可以通过语速、语句间的逻辑性、口误的数量等可观察的指标进行确定。构想效度关心的问题是:测验是否能正确反映理论构想的特性。

第四节 面 试

一、面试的分类

1. 根据面试的结构化程度分类

根据面试的结构化程度,可分为结构化面试和非结构化面试。结构化面试的问题与回答均经过事先准备,主试人根据设计好的问题和有关细节逐一发问。为了活跃气氛,主试人也可以问一些其他方面的问题。这种面谈适用于招聘一般员工、一般管理人员等。非结构化面试则是漫谈式的,即主试人与应试人随意交谈,无固定题目,无限定范围,海阔天空,无拘无束,让应试者自由地发表议论、抒发感情。这种面谈意在观察应试者的知识面、价值观、谈吐和风度,了解其表达能力、思维能力、判断力和组织能力等。这是一种高级面谈,需要主试人有丰富的知识和经验,以及掌握高度的谈话技巧,否则很容易使面谈失败,这种面谈方式适用于招聘中高级管理人员。

在实际中,很少有绝对的结构化或非结构化的面试。绝大部分面试都介于两个极端之间,即部分问题是事先准备好的,部分问题是临场发挥的。一般对层次较低、标准化程度较高的岗位的招聘,面试的结构化程度较高;对层次较高、标准化程度较低的岗位的招聘,面试的结构化程度较低。高层岗位面试的一个著名的例子是通用电气公司的"机舱面试"。

美国通用电气公司1963—1972年间总裁弗雷德·博尔奇创造了一种叫作"机舱面试"的选拔接班人的方法,十分巧妙而有效。面试的过程分两个阶段。

第一阶段:每个候选人都被单独召来与总裁会见,谁也不知道为了什么原因而召见,每个人都得发誓保密。总裁把一个人叫进来,关上门,拿出烟斗,设法让他(候选人)放松些,然后对他说:"听我说,比尔,你和我现在乘着公司的飞机旅行,这架飞机坠毁了。(停顿一下)谁该继任公司的董事长呢?"有些人想从飞机的残骸中爬出去,可总裁说:"不,不行。你和我都遇难了。(停顿)该由谁来做公司的董事长?"总裁一般要求候选人提出三个他们认为合适的人。这种会谈可以反映出很多信息,包括谁不喜欢什么人,谁喜欢与谁合作,等等。

第二阶段:三个月后进行。这次,每个人预先都得到了通知,人们会带来大量的笔记材料。面试还是逐个进行。开始时,总裁问:"还记得咱们在飞机里的对话吗?"候选人会回答:"啊,记得。"然后,他就可能要出汗了。总裁继续:"听着,这次咱们在一架飞机里飞行,飞机坠毁了。我死啦,你活着。谁该来做公司的董事长?"总裁特别要求候选人提三个人的名字,作为董事长的候选人,他自己可以成为其中之一。对提过自己名字的人,就要回答这样的问题:公司面临的主要挑战是什么?你准备怎样应付这些挑战?总裁还要求候选人就公司的战略目标作出判断,并回答如何实现这些目标。

博尔奇用这种方法选出了继任者雷吉·琼斯,琼斯用同样的方法选出了他的继任者杰克·韦尔奇,韦尔奇又采用"机舱面试"选择了他的接班人伊梅尔特。通用电气的每一任 CEO 都在自己的任期内创造辉煌,公司的销售收入从琼斯上任时的 94 亿美元提高到 2004 年的 1 524 亿美元,同期利润从 4.7 亿美元提高到 166 亿美元。

2. 根据面试的控制方式分类

根据对面试的控制方式,可分为以下几类。

（1）一对一面试与多对一面试。一对一面试即单独面试，是由一个考官面试一个应聘者。多对一面试即集体面试，是由多个考官面试一个应聘者。

（2）连续性面试与一次性面试。连续性面试即多轮面试，例如先由人力资源部人员面试，再由用人部门主管面试，最后由组织高层管理人员面试。一次性面试通常是由面试小组主持，小组中的成员来自组织各有关方面。

（3）电话面试和面对面面试。电话面试一般发生在面对面面试之前，其主要目的包括补充了解应聘资料中不详细或有疑问的信息；确定候选人的最新状况和意愿，以便于招聘官进一步筛选出合适人选安排面对面面试；了解候选人更多的基本信息，节省招聘官面对面面试时所需的时间；异地面试前先进行电话面试，排除明显不合适的人选，避免双方的更大无效投入。

二、面试的规范化

为提高面试的有效性，应建立面试的专门制度，使面试规范化，以减少主观判断成分。具体需注意以下几点。

1. 面试资料的准备

面试会用到多种资料，组织的人力资源部门和面试人员要做好相关准备。

（1）职位说明书。面试者要通过职位说明书确认空缺岗位的工作内容和特点以及任职资格条件。

（2）面试问题。面试问题应仅限于与工作有关的内容，这些内容经工作分析证明对工作成败是至关重要的。人力资源部应该为面试者提供一个问题列表，可以把面试问题分为必问问题和选问问题。切忌让面试者完全随意提问。

（3）评分表。应编制一张包括一系列评价标准的评价表格，要求面试者根据具体项目来评价每一个候选人。

（4）应聘资料。应聘资料主要是候选人的简历和申请表。面试者要提前阅读候选人的资料，了解其基本情况，在面试中做到有的放矢。面试者应该特别注意应聘资料中三方面的信息：与公司文化、岗位要求相关的信息，例如个性、工作经历等；有可能被包装过的信息，例如曾任职务、成就和奖励描述、薪酬变化、文凭及其他与职业有关的资格证书等；异常信息，例如中断学业或职业、经常转换工作但事业无进展等。

2. 面试时间的安排

面试者要估计完成面试所需的时间，安排好自己的工作，确保面试时不受干扰。应该尽量选择求职者方便的时间，例如对在职的应聘者，最好安排在晚间或周末。面试时间的安排还要考虑到人的生理周期。通常来说，面试官和求职者的反应能力在上午11点左右达到高峰，下午3点左右出现低谷，在下午5点时会达到另一个高峰。因此在条件允许时，面试时间应尽量安排在生理高峰时间，以提高面试准确率。

3. 面试程序

一个比较规范的面试大致包括三个步骤。

（1）开始阶段。面试者与候选人见面，面带微笑，起身欢迎；面试者自我介绍；介绍此次招聘的基本程序；核实毕业证书及其他证书原件。在这一阶段，有时需要简单介绍组织及招聘岗位的情况。

（2）提问阶段。面试者根据事先准备的问题和现场情况向候选人提出问题，考查候选人。

（3）收尾阶段。包括让候选人向面试者提问；说明通知候选人面试结果的时间和方式；说明如果此次未被录取，资料将存入组织人才库以备将来有合适机会时再联系；感谢候选人参加面试，承诺对候选人的情况保密；候选人离开后，面试者应当检查面试记录，并在回顾面试过程的基础上把面试记录表填写完整。

4. 面试者的培训

面试的技术性较强，一个人只有经过必要的培训和一定的经验积累才能成为合格的面试者。培训的内容包括阅读简历的技巧、沟通技能、非言语行为的观察和评价、面试评价标准等。

三、有效面试的技巧

几乎每个管理者都有机会作为考官参加面试，面试能力是管理者的一项重要技能。下面是有效面试的一些主要技巧。

（1）保证面试问题的结构度，即事先确定问题的顺序层次。问题太缺乏结构层次会导致整个面试中出现自相矛盾的信息，会造成毫无效率、毫不相干的漫谈，也不利于在不同的求职者之间进行对比。

（2）一般应在轻松的气氛下进行面试。除非有必要进行压力式面谈，否则面试者应尽量营造轻松的气氛，例如多微笑、使用缓和的语气、鼓励求职者等。在轻松的气氛下，求职者能更真实、充分地表现自己。

（3）在面试过程中要注意，面部表情和目光接触这类非语言动作都可能反映出申请者对工作的兴趣和工作能力。

（4）不要问带有提问者本人倾向的问题，例如以"你一定……"或"你没……"开头的问题。

（5）避免提出引导性的问题，例如："当你接受一项很难完成的任务时，会感到害怕吗？""你介意加班吗？""你经常提出建设性的意见吗？"

（6）尽可能提问与过去行为有关的问题，即采取行为事件访谈（behavioral event interview，BEI）的技术，这可能是最有用的面试技巧了。这一条的假设前提是：一个人过去的行为最能预示其未来的行为。与应聘者自称"通常在做"的、"老在做"的、"能够做"的、"可能会做"的或者"应该做"的事情相比，其过去实际所作所为的实例远为重要。考虑到这一点，提出的问题应该让应聘者必须用其言行实例来回答，例如"举一个当你……的例子。""讲述一下你……的具体例子。""你有过……的经历？请讲述一下这样的经历。"应尽量避免下列这样的问题，以免浪费时间："你对……有何看法？""如果……你会怎样做？""……如果是你，你也许会怎样做？"这样的提问方法容易引导应聘者做出理论性回答或只陈述观点，如果这样问，你将不得不再追加一个行为性的问题。理论性问题、引导性问题和行为性问题之间的区别参见表5-5。

表 5-5　理论性问题、引导性问题和行为性问题之间的区别

才能	理论性问题	引导性问题	行为性问题
协作能力	你会如何对付难缠的雇员？	你善于化解矛盾吗？	作为一名管理者，你曾如何对付难缠的雇员？
销售能力	你认为你能卖出商品的原因是什么？	我们的销售目标很高，你能应付这种挑战吗？	谈谈过去一年中你成交的最大一次销售。你是如何做成的？
解决问题的能力	你会如何处理生产中出现的问题？	你能排除机器设备的故障吗？	请你说说你最近遇到的一个（有关仪器的、加工的或质量的）问题。你是如何解决的？
安全意识	你感到工作中的安全问题有多重要？	听起来你是个小心谨慎的员工，是吗？	请你谈谈所发现的你认为是不安全的情况。具体情境是什么样的？你做了些什么？
应变能力	如果你不得不改变自己的工作安排以适应变化中的要求，你将有何感想？	一个月内你先后干四种不同的工作，你会烦吗？	请谈谈你工作中不得不适应变化的经历。是怎样的变化？结果如何？

资料来源：凯文·C. 克林维克斯，马修·S. 奥康内尔等. 招兵买马[M]. 北京：中国标准出版社，科文（香港）出版有限公司，2000.

提问行为事例性的问题必须了解事例的来龙去脉，即事件发生的背景、事件的性质、候选人在事件中的行为表现、候选人行为所导致的结果，即必须遵循 STAR 原则：situation（背景）、task（任务）、action（行动）、results（结果）。

候选人的回答可分为三类：完整的 STAR；部分的 STAR，即只有 STA、STR 或 AR；假的 STAR。如果候选人回答的是含糊、主观、理论性的事例，即是假的 STAR 事例，面试官就无法从这些事例获得有关候选人的准确有用的信息。当候选人回答的是部分 STAR 或假的 STAR 时，面试官应该跟进提问，四个部分缺一不可。

按 STAR 原则面试，面试者只需收集有用的资料（即候选人过去的行为事例），而不是从心理角度分析其行为；面试者评价候选人的依据是其行为表现，而不是面试者个人的主观感受和直觉；候选人难以隐瞒过去的表现或提供含糊空洞的信息，而必须提供确切和真实的信息资料。鉴于以上原因，STAR 原则可以帮助面试者对候选人做出准确的评价。

四、影响面试的因素

面试是面试者和求职者的互动过程，面试者、求职者以及外部环境的多种因素都会影响面试的有效性。具体地，影响面试的因素主要有以下几种。

1. 第一印象

也称为首因效应。即面试者根据开始几分钟甚至是面试前从资料（如笔试、个人简历等）中得到的印象对应聘者做出评价。如果面试者对候选人的第一印象很好，他就会有意无意地证明这个人确实不错；反之，他将努力证明这个人确实不行。

2. 对比效应

对比效应即面试者相对于前一个接受面试的候选人来评价目前正在接受面试的候选人的倾向。如果第一个候选人得到极好的评价，而第二个候选人的评价为"一般"，则面试

者对第二个候选人的评价往往比本应给予的评价更差;如果第一个候选人的表现一般,而第二个候选人表现出色,则他得到的评价可能会比他本应得到的评价更高。

3. 晕轮效应

晕轮原指月亮被光环笼罩时产生的模糊不清的现象。晕轮效应是一种普遍存在的心理现象,即对一个人进行评价时,往往会因对其某一品质特征的强烈、清晰的感知而掩盖了其他方面的品质。爱屋及乌、"情人眼里出西施"都是晕轮效应的典型例子。在面试中,面试者可能会因为一个人反应敏捷而有意无意地认为他聪明、能力强;也可能会因为一个人反应较慢而不经意地认为其不够聪明、能力差。

4. 负面效应

所谓负面效应即负面信息对人的影响大过正面信息对人的影响。对人的印象从好变坏容易,从坏变好难。

5. 面试者不了解岗位要求或缺乏经验

缺乏经验的面试者不能敏感地把握面试中的有用信息,特别容易受到上面四种心理效应的干扰。不了解岗位要求的面试者只能选出他自己认为合适的人,而不是真正适合于招聘岗位的人。当招聘岗位具有较高的技术性时,面试者这方面知识的缺乏更容易使其做出错误的决策。

6. 雇佣的压力

当上级对招聘结果有定额要求时,面试者对候选人的评价就会偏高。有经验的组织都不会设定定额要求,他们宁肯少招人,也不肯招进一个不合适的人。

7. 非言语行为的影响

研究表明,目光接触、摇头、微笑这类动作较多的候选人容易得到较高的评价。另外,候选人的个人魅力以及性别对面试人也都会有影响,而这些跟工作的要求有时并不相关。

第五节 招聘管理工作

一、招聘网络的开发与维护

组织招聘人员的来源主要有学校、劳动力市场、中介机构、专业团体或组织、其他公司、熟人介绍等。为保证人员供给的数量和质量,组织应选择适合自己需求的人员供给渠道并与之建立良好关系,从而形成自己的招聘网络。例如,组织可选择一些大学作为重点招聘基地,与这些大学的就业服务中心建立固定的联系,通过设立奖学金、举办比赛、赞助公共活动等方式提高组织在大学的知名度。

二、相关文件和工具设计

招聘过程中需要许多辅助文件和工具,包括申请表、面试评分表、书面通知、登记表等,组织要做好这些工具的设计开发,提高其科学性、实用性、有效性。

三、题库建设

笔试和面试都需要大量的测试题目,题目的科学性、针对性对组织做出正确的录用决策起着关键性的作用,组织有必要根据自己的需求收集、开发专用试题,建设题库。题库中应包含各种不同用途的题目,分别用于测试应聘者的文化水平、管理能力、专业知识、性格品质等。

四、对面试人员的培训

面试人员要对应聘者做出准确的评价,就必须善于察言观色,善于提问和倾听,并要了解有关岗位要求,准确把握评分标准。这些方面不经过必要的培训是很难做到的。组织应提前对人力资源部工作人员、有关的高层管理人员、部门主管等进行这方面的培训。组织还可以跟踪面试的情况,对那些面试结果准确性较低的管理者,应及时取消其面试资格。

五、人才库建设

对不同的人员,组织在招聘上需要做的工作是不同的。高级管理人员、技术骨干、市场营销骨干是市场上的紧俏人才,组织对这些人的招聘也应有更大的投入。组织固然可以委托猎头公司为自己招聘,但组织如果有自己的人才库,在招聘时就可以更加主动。人才库中既包括组织内部的人才,也包括组织外部的人才,例如本行业的技术权威和拔尖人才、竞争对手的骨干人员等。组织不仅要知道这些人是谁、在哪里,最好还要知道其特长是什么、爱好是什么、家庭情况怎样等。这样,在组织需要人才时,才知道应该到哪里去找以及怎样去找。

复习题

1. 组织招聘人员的一般程序是什么?
2. 内部招聘与外部招聘各有何利弊?组织应如何运用这两种途径?
3. 人员招聘应遵循哪些原则?
4. 组织选拔人员的方法有哪些?
5. 怎样提高面试的有效性?
6. 什么是测试的信度与效度?
7. 组织在人员招聘方面主要应做哪些工作?

思考题

1. 组织怎样才能选拔出优秀的人才?
2. 怎样才能提高测试方法的信度与效度?
3. 结合实际论述招聘工作对组织的重要性。

案例

SH 公司失去的一笔财富

SH 公司是一家大型电子产业集团,拥有员工近 2 万人,年销售额达 16 亿元,利润 2 亿元,与其他高科技组织一样,SH 公司也在高速发展,不断增加对人才的需求。

1997 年冬季,SH 公司人力资源部刘经理负责公司在南京地区高校的招聘工作。一天,当刘经理正在所住宾馆组织技术人员面试时,一位穿着普通的中年人走进面试房间,问:"请问,哪位负责招聘工作?我想和他谈谈。"刘经理预感到这不是一位普通应聘者,在简单安排其他面试工作后,很客气地把这位不速之客请到另外一个房间。通过一个小时的交谈,让刘经理感到异常兴奋,果然,这位应聘者不同寻常。杨博士的个人情况如下:

杨成,男,1960 年生,1977 年在南京工学院无线电系读本科,1982 年在南京工学院读硕士研究生,毕业后留校,很快担任教研室副主任,曾承担数字信号阵列处理科研项目,担任国家"863"项目数字信号处理 CAD 项目负责人,受聘副教授职称。

1989 年去英国,享受博士后待遇。在一家公司设计 IC,设计过数字收音机等产品。现在在朗讯公司 Bell 实验室,是 ASIC/VHDL 组负责人,曾负责组织完成了 64 信道 GMS 基站。现正在研究第三代移动通信技术和专用芯片等。他在相关领域研发方面的国外关系网颇大,具有很高的无形资产价值。

其夫人曾就读于解放军南京通信工程学院,后读硕士研究生,现在 Motorola 英国公司工作,亦正在从事第三代移动通信产品/系统的研究开发工作。

杨先生多年漂流国外,一直希望回国创业,这次回来就是特意寻找适合自己的组织,得知 SH 公司正在招聘,赶来了解情况,他愿意致力于公司第三代移动通信产品/系统研究开发的规划、组织、管理和指导。经初步交谈,他认为从现有基础出发,有 2~3 年时间可以按照中国标准研发成功 W-CDMA。杨博士也愿意负责能发挥其能力的其他科研项目。

刘经理在了解情况之后,马上告诉杨博士:"幸会,杨博士,谢谢您对我们公司的赏识,今天也很巧,参加选聘的技术人员,是我们公司一流的专家,其中有一位还是国内有名的计算机专家,您稍等一下,我把他们带过来与您谈谈,一定比跟我谈强似百倍。"说完之后,刘经理到面试会场,招呼正在面试一位硕士生的潘教授和李高级工程师,并向其他应聘者道歉。

两位技术专家按照刘经理的吩咐与杨博士聊起来,果然谈得很投机。一个多小时后,李高级工程师急着找正在稳定面试现场的刘经理,很高兴:"刘经理,赶快,杨博士要走,你去送送,这绝对是难得的人才!"当刘经理和李高级工程师赶过去的时候,潘教授已经把杨博士送到电梯口,潘教授一再嘱咐杨博士耐心等待公司的回信。

刘经理耐心地听取了两位技术专家的意见,评述之后的结论很简单:"这是公司难得的人才,可能是公司又一个转折性人才。"刘经理立即起草一份报告,全面介绍了杨博士的情况,以及两位专家的面谈后意见,并提出以下建议:

(1) 请公司马上反馈意见;

(2) 如果公司与两位专家意见一致,请负责技术的董事长或总裁亲自到南京与杨博士会谈;

(3) 安排杨博士到公司参观。

传真发出一天后,刘经理收到总裁的传真,由于董事长和总裁都不得脱身,请刘经理代表公司将杨博士带往总部。刘经理马上与杨博士取得联系,杨博士答应第二天一早出发。刘经理是这样安排的:先安排杨博士与技术出身的董事长见面,然后参观公司总部,最后与公司高层技术人员见面讨论有关技术问题。

第二天中午,飞机准点到达 B 市,但迎接他们的是司机小丁,赶回公司的路上刘经理给总裁拨出电话,总裁答复:"我现在有事脱不开身,董事长参加信息产业部的一个会议,不能见杨博士,你先带杨博士找一家宾馆住下来,到 B 市有特色的饭店吃午饭,下午带到我办公室。"刘经理没有办法,只好好言解释,杨博士回答:"没关系,我们是要做点事情的,别在乎这些小事。"

按照总裁的意思,刘经理按时把杨博士带到公司,但一路上并没有人迎接他们,走进总裁的办公室,总裁正在与一位高级副总谈事情,见到杨博士,总裁和高级副总裁站起身来迎接杨博士,并与杨博士谈起来,谈的内容基本是杨博士在国外的工作情况,很少谈及技术内容。整个过程大约半小时,总裁很热情但始终没有离开那把老板椅。

会谈结束后,杨博士已经没有了初到 B 市时的热情,简单参观公司后回到宾馆的第一句话就是:"刘经理,我已经对贵公司了解得差不多了,我这次回来有许多事做,就不耽搁了,麻烦您帮我订一张尽早回南京的飞机票。"

一年以后,刘经理在一次国际电子产品展览会上偶然见到杨博士,当时,杨博士正在代表 SH 公司的一家国内竞争对手公司向客户介绍由他研发出来的最新产品,这项产品后来为这家公司盈利 1.3 亿元,会场上杨博士很礼貌地递给刘经理一张名片,上面印着"某公司技术总监杨成博士"。

资料来源:张德.人力资源开发与管理案例精选[M].北京:清华大学出版社,2002.

讨论题

1. SH 公司在引进人才方面表现如何?
2. 杨博士没有到 SH 公司就职的主要原因是什么?组织应如何吸引高层次人才?
3. 如果你是 SH 公司的总裁,你会如何计划和行事,以便最终将杨博士留住?

第六章 人员的使用与调配

本章学习目标
1. 人员调配的原则和类型
2. 人员职务升降的功能
3. 人员流动的理论基础
4. 人员流动管理

近年来越来越多的企业重要或关键人物离职或跳槽的消息，占据了媒体的大量版面。跳槽现象在反映了现代企业正常的人员流动的同时，也给人员流失的企业长期发展带来影响。跳槽背后的原因和对离职跳槽事件的处理都涉及企业内的人力资源使用问题，这些就与本章的主题相关。

第一节 人员使用的原则

人力资源管理的目的就在于合理地使用人力资源，最大限度地提高人力资源的使用效益。企业最基本的生产条件是劳动力、信息、资金、劳动工具和劳动对象，这些生产要素的有机结合和不断地协调发展，才能使企业高效运行，生产出高质量的产品以满足和适应社会不断发展的需求。在所有生产要素中，人力资源是企业一切活动的主体，合理使用人力资源有利于提高企业的管理水平，有利于进一步提高员工的整体素质，从而可以不断增强新产品的研究开发能力，提高劳动生产率，提高设备使用率，节约材料和能量消耗，降低成本等。相反，人员使用不当，有的人没有事情做，该做的事情没有人去做，在人员使用上该用的不用，不该用的滥用，事情人人负责，出来问题又人人不负责，相互推诿扯皮。可以想象这样的企业不可能留住真正的人才，不可能有长久的生命力，所以，合理使用人员对企业的生存和发展具有至关重要的意义。只有做到人尽其才，才能做到物尽其用，财尽其力，才能使企业得到长期的可持续发展。具体来说，人员使用要符合以下基本原则。

1. 人适其事

所谓人适其事，是指每个人都在适合自己能力和特长的岗位上工作。俗话说，没有不能用的人，只有用不好的人，就是说明没有找到适合其工作的岗位。在今天的许多组织中，仍然存在用人上的随意性，不考虑员工的特长和意愿，结果自然造成诸如"专业不对口""能力得不到发挥"等抱怨。所以组织要对员工的个性特长有深入的了解,针对其特点安排相应的工作,做到人适其事。

2. 事得其人

所谓事得其人,是指组织中的每项工作和每个岗位都找到合适的员工来承担。有的组织在人员使用上目光狭隘,只会在小圈子中寻找人选,往往就会出现"都不行,但退而求其次,只能选他了"的现象。这既是人员使用不当的表现,也给工作带来了潜在的危机。所以,组织在使用人员上,一定要坚持为每个岗位找到最合适的人选,这样才能真正把工作搞好。

3. 人尽其才

这是听到最多的一句话,但在实际中,很少有组织真正做到了人尽其才,许多员工的才能得不到完全的发挥,即便是在合适的岗位上,这就与企业的人力资源管理直接相关。比如有些企业的某些薪酬政策,使员工产生干多干少一个样、干好干坏一个样的印象,自然就不会将能力发挥到极致,或者员工的职业发展通道与个人能力绩效没有直接的关系,而与资历更相关,员工也不会全力工作。所以人力资源管理的整个系统要能够调动员工的积极性,使其做到人尽其才,这样组织也才能获得最大的人力资源使用效益。

4. 事竟其功

所谓事竟其功,就是要使工作完成到最好,或者说获得在现有条件下最好的效果。这一个原则粗看上去与人员使用无关,但实际上反映了人员合理使用后的结果,也是衡量人员是否合理使用的标准。比如,高科技企业员工跳槽现象非常普遍,但企业高层管理者并不是简单地担忧有人走了,更关心的是有没有更好的人来,将工作做到最好。如果能够有这样的人,就说明其人力资源使用上没有大的问题。

第二节　人员调配的含义和作用

一、人员调配的含义

人员调配指经主管部门决定而改变人员的工作岗位职务、工作单位或隶属关系的人事变动。包括在组织之间和组织内部的变动。本书着重探讨在组织内部的不同单位之间,以及单位内部不同职位(岗位)或职务(如工种)之间的变更。这种变更具有两个特点:第一,经过劳动人事部门认定并办理相应手续;第二,较长时间的职位或职务改变。

二、人员调配的作用

人员调配的作用,从根本上讲是促进人与事的配合和人与人的协调,充分开发人力资源,实现组织目标。具体而言,它有以下六个方面的作用。

1. 人员调配是实现组织目标的保证

任何组织,无论是政府机关、学校、军队还是企业,实现自身的生存与发展,都离不开人力资源的保证。如果在每一个岗位、每一个职位上都有第一流的人员在工作,组织何愁得不到发展？但由于组织的外部环境、内部条件以及组织的目标和任务都在不断地变化,因此岗位、职位的数目和结构,及其对人员的要求也不断发生变化,只有不断进行人员调配,才能适应这些变化,维持组织的正常运转和推动组织的发展壮大。

2. 人员调配是人尽其才的手段

人的才能各异,各有所长,也有所短。只有放到最适合的岗位、职位上,才能扬长避短,充分发挥出自己的潜能。但是,人与事的最佳配合不是一劳永逸的,而是动态的。有时,随着工作内容的扩充、设备的更新,人的能力变得越来越不适应;有时,人的能力提高,经验增加,兴趣转移,对眼前工作越来越不满足,甚至产生厌倦情绪。如果不及时对相应人员进行调配,不仅影响工作,更影响人员才能的发挥,影响杰出人才的脱颖而出。

3. 人员调配是实施人力资源计划的重要途径

人力资源计划中确定的人员培训和劳动力转移的方案,都须通过人员调配手段来实现。及时将待培训人员调出,合理安排培训返回人员,按照人力资源结构合理化的要求,进行劳动力的调动和组合,这是实施人力资源计划、提高人力资源开发水平和人力资源使用效益的基本途径。

4. 人员调配是激励员工的有效手段

人员调配包括职务的升降和平行调动。职务晋升对当事人是一种内在激励,使其产生较强的成就感、责任感和事业心;平行调动虽不如晋升,但员工面对全新的工作环境、工作内容和工作要求,会产生一种新鲜感和应付挑战的亢奋,从而提高工作积极性并有利于挖掘其潜在才能;对于降职的人,只要做好领导工作,也会促其变压力为动力,改正缺点,迎头赶上。

5. 人员调配是改善组织气氛的措施之一

对于风气不正的部门和团队,通过人员调配可以扭转不良风气;对于互抱成见、难以合作的当事人,经沟通和调解工作无效,采取组织手段使一方调离,仍不失为改善人际气氛、优化工作环境的有效措施。

6. 人员的调配也是组织发展的必然需要

随着组织战略和工作目标的变化,许多情况下,组织的架构和工作内容也会发生相应的变化,根据这些变化,进行适当的人员调配,使人力资源的配置可以满足新结构新目标工作的需要,这是组织成长的必然要求。

第三节 人员调配的原则和类型

一、人员调配的原则

人员调配事关工作成效和职工个人利益,应该谨慎地进行,并遵循下述原则。

1. 因事设人

诸葛亮有一句名言:"为官设人者治,为人设官者乱。"这里的"官"即职位、职务,亦即我们所说的"事"。为官设人、因事设人是根据职位或职务对人员素质、能力的需要，挑选合适的人去担当。相反，为人设官或因人设事，则偏离了组织目标也离开了"事"的需要，是一种不正常的人事调动，往往伴随"裙带风"、"帮派风"、"以贿求职"、"以职行贿"等不正之风，是十分有害的。违背因事设人原则的非正常人事变动，是机构臃肿、人浮于事的直接原因之一。

2. 用人所长

因事设人是按事的需要选人，并不是说可以忽视对人的关心。与其并行不悖的原则是用人所长，容人所短。对多数员工来讲，能发挥自己的业务专长是最大的愿望，而英雄无用武之地则成为最大的苦恼。领导者应该花费许多时间和精力，研究各类人才的不同特长，使其各得其所、各展所长，这就叫因材施用。韩国著名企业家李秉哲说："如果一个经营者把因材施用看得很容易，就无法做出一个经营者的正确判断，我把我90%以上的精力都用在了人事工作和因材施用上了。"

在人员调配中能容人之短也是重要的。人各有长短，就像有高山必有深谷一样，"峰谷并存"也是人才的普遍规律。唐代陆贽有句名言："录长补短，则天下无不用之人；责短舍长，则天下无不弃之士。"多少年来，一些单位的领导和人力资源管理部门的管理者，形成了一种有害的思维定式——在人员调配时不是盯住人的长处，而是盯住人的短处，致使有瑕之玉遭冷落，无瑕之石登大堂。这恰恰是有些单位留不住人才的一个原因。

3. 协商一致

人员调配涉及面广，变动一个人的工作岗位，除了调出、调入单位的领导外，有时还牵涉三四个人的工作连锁变动。因此，在调配过程中，应贯穿深入细致的思想工作，做好各方意见的沟通，否则将影响部门与部门、人与人之间的正常关系。力争协商一致，使各方基本满意，是人员调配的另一个原则。当然，这种协商一致不是扯皮不止，议而不决，调而不动。它应该建立在人力资源管理部门的权威基础上。人力资源管理部门依靠办事公道、决策正确、廉洁自守、与人为善的自身形象会赢得崇高的威望，也自然为人员调配的顺利进行创造了良好的前提条件。当然，万一协商而不能一致，争取上级领导的支持也是十分必要的。

4. 照顾差异

人之间在生理、心理、能力等各方面千差万别，适当考虑和细心照顾这些差异是搞好因材施用、人员调配工作的重要方面。主要应考虑以下五个方面的差异。

（1）性别差异。男女性别差异带来生理和心理上的差异，导致职业适应性上的差异。一般而言，重体力劳动只适于男性，而需要耐心、细心而体力消耗不大的工种，如纺纱、织布、缝纫、流水线操作工等，较适于女性；由于男性在空间及机械方面的能力、注意某种特殊物体而不被周围环境影响的能力优于女性，所以宜于从事高精密度机床的操作和维修、操作复杂机械和监视自动装置仪器仪表的运行，而由于女性在艺术方面、社会服务方面、感情方面的优势，以及"维持现状心理较强"的特点，更适宜从事营业员、办事员、服务员、教师、医生、护士、演员、公关人员以及比较标准化、定型化的工作。

（2）年龄差异。随着人在年龄上的增加，经验趋于丰富，技术趋于成熟，分析能力增强，而记忆能力下降，视力和肌肉反应减退，所有这些都应在人事调配中充分考虑，研究不同年龄组的职工对工作的适应性，及时地调整老工人和年龄偏高的管理者的工作。一般而言，中老年更适于从事质量要求胜过数量要求的工作、需要自我管理的岗位、把关性质的工作、需要刻苦和耐心的工作、需要经验胜过体力的工作。

(3) 气质差异。气质指人的典型的、稳定的心理特征，主要表现为情绪体验的快慢、强弱以及动作的灵敏或迟钝等方面。心理学把人的气质分为胆汁质、多血质、黏液质和抑郁质四种类型，各自具有不同的职业适应性。人的气质的基本类型是与高级神经活动的基本类型相当的。胆汁质相当于兴奋型，多血质相当于活泼型，黏液质相当于安静型，抑郁质相当于抑制型。

每种气质类型都各有自己的特点。胆汁质的人精力旺盛、态度直率、动作迅速、性情急躁、富于热忱，宜于从事革新、攻关或突击性的工作。其缺点是行为上往往表现出不平衡性。

多血质的人被俄国生物学家巴甫洛夫称为热忱和高效率的活动家。他们的神经活动具有高度灵活性，往往表现为智慧和灵敏，对新生事物敏感，性情十分活跃，宜于从事研究性、创造性，反应迅速而敏捷，多样化和多变的工作。其缺点是行为受兴趣的影响过大，易表现出冷热病。

黏液质的人被巴甫洛夫称为安详、沉着、坚定和顽强的实际劳动者。他们因神经过程的稳定性和一定的惰性，具有较强的自我克制的能力，埋头苦干，注意力集中，态度持重，交际适度，宜于从事有条有理、重复性较强和持久性的工作。其缺点是动作迟缓、不够灵活，缺乏创造性，倾向于保守。

抑郁质的人孤僻、多愁善感、犹豫不决、优柔寡断，但他们办事细心、谨慎、感受力强，宜于从事上下工序连续性不强的具有独立性、要求操作细心谨慎、对速度要求不高的工作。在友好团结的集体中，抑郁质的人也可以与别人融洽相处。

(4) 能力差异。由于每个人的心理素质不同，其能力性向往往具有显著区别，对工作的适应性也各不相同。

① 机械性向测验结果。手臂运动灵活性得分高的人，宜于从事装配、焊接等工作；手、眼配合得分高的人，宜于从事机械加工性质的工作。

② 注意力测验结果。注意力广度、稳定性，以及注意力的分配、转移等得分高的人，宜于从事以监督、监视为主的工作，如控制仪表仪器的监测、多机台作业、文字校对等工作。

③ 综合能力测验结果。观察力、记忆力、思维能力、想象能力以及操作能力得分都比较高的人，宜于从事需要多方面能力的复杂工作，如从事探索性、开发性、创造性的工作，从事科学研究、新技术和新产品开发工作，从事中高级经营管理工作等。

注意人的能力差异是量才使用、提高人员调配科学性的重要环节。

(5) 兴趣差异。兴趣是人积极探究某种事物的认识倾向，而兴趣发展成为某种活动倾向时就成为爱好。兴趣和爱好是人们从事活动的强大动力。如果人们对自身工作充满了兴趣，就会十分专注和投入，以至于达到入迷的程度，从而取得卓越的成绩。因此，在人员调配时，充分考虑职工的不同兴趣、爱好，尽量满足职工个人对某项工作的期望也是一条正确的原则。当然，若满足所有人的兴趣事实上是不可能的，应辅之以耐心的解释和说服。

二、人员调配的类型

对人员进行计划调配的类型,大体上有以下四种。

1. 工作需要

这种类型是指因地区、部门或单位事业上的发展,例如,建立新的部门,建立新的分厂、车间、分公司、门市部,形成新的生产和经营能力,需要调动一部分技术和管理骨干去组建新单位;或者对于正在发展中的组织充实工作骨干,加强技术力量和管理队伍;或者因退休、调离,须补充缺额而引发的人员调动。

2. 调整优化

指对一些使用不当、用非所长或专业不对口的人员调整其工作;或者因优化组合,对富余人员、超编人员进行的工作调动。

3. 照顾困难

指针对职工的一些具体困难,如夫妻两地分居、父母身边无子女、子女入学困难、上班离家太远、长期支边等情况,而实施的照顾性调动。

4. 落实政策

指根据国家有关的政策(如对军烈属、英雄模范、海归人才,对某些侨眷、民主党派等统战对象的照顾政策),对相应人员的隶属关系、工作关系所做的改变,以及智力流动的政策倾斜,均属于落实政策性调配。

从调配涉及的范围角度,可将调配分为全国调配、地区或部门间协商调配、单位间协商调配、单位内部调配。

第四节 人员职务升降

人员调配带来的职务变动,一般指平行调动,不涉及升迁。而人员职务的晋升和降低,则可视为一种特殊的人员职务变动,即人员职位的垂直变动。

一、人员职务升降的功能

长期以来,人们总习惯地把职务晋升当作奖励,把职务降低当成处罚,降职似乎成为"犯错误"的代名词,这成为管理者能上不能下的重要心理障碍。因此,正确理解人员职务的升降,对人力资源管理制度的改革意义非同小可。

正常的职务升降具有以下功能。

1. 经常保持人事相宜

人事相宜是现代人力资源管理的基本法则。对人量才而用,德才高者承担较大的责任,德才低者承担较小的责任,与事与人皆有利,对当事人并无褒贬之分。

但是,事和人都不是一成不变的,而总是处在不断的变化之中。因此,人事配合是动态的,人事相宜是相对的。随着生产力的迅速发展和市场经济的不断完善,各个职务对人员的素质要求不断提高,新的职位不断涌现,不可避免地会出现职位的新要求与原有人员素质之间的不协调,即人事矛盾。另外,人的素质和能力也在发生变化,新员工的加入也使人员素质能力上的优劣势发生变化,年龄和生理因素也在发挥作用。据科学家研究结果,人在45岁前的能力递增,此后10~15年能力处在相对稳定阶段,55岁或60岁以后,则进入能力衰减期。人的能力的变化,素质的变化与所担负的职务的要求也将发生矛盾,这是人事矛盾的另一方面。人与事之间的这两种矛盾都可以通过人员职务的升降加以解决,从而动态地保持人事相宜状态。

2. 激励人员进取

长期形成的干部能上不能下的"铁交椅"制度,造就了一批"不求有功,但求无过"和"只会当官,不会做事"的平庸者,无法适应社会主义市场经济的客观要求。因此,在传统干部制度中引进竞争机制,根据绩效进行升降,依靠素质竞争上任,彻底改变"铁交椅"以及所谓"干部"的身份意识,实行管理者能上能下,不仅有利于各个职位的择优用人,而且有利于不断发现和提拔杰出人才。这种机制本身鼓励人员进取、不断提高能力、完善素质、做出成绩,在实现组织目标和职位要求的同时,实现个人价值。国家这几年在国有企业管理者任职中不断弱化级别意识,国资委对于央企高层管理者的公开招聘制度也实施多年,这些尝试都是在强调管理者的职务升降更符合市场经济的运行规律。

3. 使管理者队伍充满活力

生命的活力在于新陈代谢,管理者队伍的活力也在于吐故纳新。改革开放以来,我国依据"革命化、知识化、专业化、年轻化"的标准,对各种组织的管理者队伍进行了更新和优化,在两个方面取得了显著的效果。

(1) 使管理者队伍的知识结构、能力结构进一步合理化,重点提拔了一些具有较高知识水平和专业技能、管理能力的管理者到重要的领导岗位,减少了"外行领导内行"带来的弊病。

(2) 使管理者队伍的年龄结构进一步年轻化。年龄问题实质上是一个精力问题。通过对管理者队伍进行梯队配置,有计划地培养和提拔一批年富力强的人员走上领导岗位,有效地避免了管理者队伍的"老化"。

为了经常保持管理者队伍的勃勃生机,必须经常选择、吸收和提拔有相应专业知识、管理知识和领导能力的管理者,不断调整管理者队伍的知识结构和年龄结构。缺乏必要的知识和能力,不能胜任现职要求的,要坚决调下来;有较高知识和能力,能胜任较高职位要求的,要大胆提上去。年龄偏大,精力已不能胜任现职要求的,要调到较低的职位或者离休、退休。此外,对于虽然知识水平较高、能力较强,但以权谋私、作风不正的管理者也应该坚决地将其调下来。

二、职务晋升的实施

发达国家的职务晋升制度与中国有诸多不同:它们在职务晋升中更重视能力与绩效,其中美国和日本的晋升制度各有千秋。

美国实行的是"功绩晋升制"。美国不以学历、资历作为晋升标准,而强调"能力主义",判断能力高低靠的是绩效。同时,晋升时强调机会均等、竞争择优,若有突出功绩,提倡破格提拔。

而日本企业晋升制度的特征则是以"年功序列制"为基础,实施职务的提升,即随着年龄和工龄的增加,逐渐提高其在企业中的职务。这里表面上是只看资历,实际上是资历与能力相结合,在获得可晋升的资历之后,究竟能否晋升,完全依据对其工作的考核。为了使"年功序列制"与金字塔形的权力等级相适应,日本企业中普遍实行限期离职制度。在大企业工作的大学毕业生,一般是按如下规定:

社长(董事长)	67岁离职
取缔役(董事)	63岁离职
厂长	55岁离职
副厂长	50岁离职
上层管理者	45岁离职
中层管理者	40岁离职
一般职员	60岁离职

"年功序列制"承认职工经验的价值,给予大家平等晋升的机会;限期离职制则体现了"无功便是过",不断更新平庸者,也为年轻有为的人才不断提供晋升的机会,对于离职者,企业一般安排其去中小企业担任负责工作,仍然照顾原职务工资,直到退休。近年来,日本企业在国际市场竞争中也面临许多困境,一些日本企业也在反省传统"年功序列制"的弊端,尤其在阻碍年轻而有才华的管理者成长方面的问题,也开始对其"年功序列制"进行改革的探索;而美国企业界在知名企业爆出道德丑闻和金融危机的双重压力下,也对企业高管人员的伦理道德对企业经营的影响有了直观的感受,因此在高管的任用中也不再一味强调业绩。

借鉴发达国家的经验,总结改革开放以来我国优秀企业的做法,我们在人员职务升降方面,应遵循以下原则。

1. 德才兼备原则

德和才两方面不可偏废。韩国最大的企业集团——三星财团总裁李秉哲坚持提拔那些"正直不阿,有为有守"的管理者,他说:"以后能成为社长的社员,其素质并不是由学历决定的,最重要的还是在于诚实的品性。"在中国,许多成功企业,无论所有制形态如何,都非常强调任用和晋升管理者更应该重视其德才两方面的平衡,而且对于德的要求,许多时候还超过对才的考量。当然企业所说的德不仅包括符合一般社会的伦理道德标准,更重要的是符合用人企业的价值导向和道德准则,而某些企业在"用能人"的旗号下,重用和晋升一些才高德寡的管理者,结果却发现,存在更大的经营风险,这方面也有一些负面的案例。

2. 机会均等原则

应该使每个员工面前都有晋升之路。在改革开放过程中,首钢公司等企业率先取消了工人和管理者的界限,这有利于使工人中的人才及时被发现和提拔上来。另有一些企业,对各个层次管理者一律实行公开招聘、平等竞争,唯才是举,不强调学历、资历,也取得了良好效果,个别企业甚至做到全员竞聘。

3. 规范晋升程序原则

职务晋升关乎组织管理者队伍建设,而且也是组织管理制度中比较敏感的内容,为了保证任人唯贤和公平竞争,将真正符合管理岗位要求的人才晋升到相应的岗位,组织的职务晋升程序必须要规范,这一方面依靠严谨的制度设计和相关责任人的道德素质,更重要的是要建立必要的民主监督制度,包括党委组织部门的监督作用以及职代会的民主监督作用。在企业获得人事自主权后,这一点尤为重要。企业经营者应充分尊重党委组织部门的意见,充分尊重职代会对企业高层管理者的选举权、监督权、建议任命权、建议罢免权等一系列民主权利。

4. "阶梯晋升"与"破格提拔"相结合的原则

"阶梯晋升"是对多数管理者而言,这种逐级晋升的方法,可避免盲目性,准确度较高,便于激励多数管理者。对非常之才、特殊之才则应该"破格提拔",使少数杰出人才不致流失并及时发光,并可增加对年轻员工的凝聚力。无论阶梯晋升还是破格提拔,都要符合前面提到的三条原则。

5. 有计划替补和晋升原则

一个组织的管理人员举足轻重,因此各级管理者的替补和晋升都应谨慎地、有计划地进行。图 6-1 所示是美国某公司的管理人员替补图,依此制定各级管理人员的替补计划。当涉及总经理的继任问题时,这种图作用不很大。因为公司(特别是面临困境的公司)往往从公司外部选择继任者。中国一些企业已经开始有计划地进行管理者的后备人才选拔和培养工作,诸如 AB 岗、一拖二等针对具体某个岗位的后备选择或者针对层级的后备人才配备做法,并开始针对性地对后备人才进行培训和锻炼(轮岗或者进修等形式)。管理者接续计划是正式职务晋升的补充,从人力资源开发的角度具有更深远的意义。

三、我国人事任用方式

无论是人员调配还是职务升降都应通过一定的人事任用方式来实现,我国目前常见的有以下几种方式。

1. 选任制

即用选举方式确定任用对象,诸如党委系统、工会系统的干部和一部分行政系统干部均由选举产生。选任制通常的程序是提名、筛选、确定候选人、投票,最后确定任用对象,所有的程序必须有相应的法律和法规予以保障。

2. 委任制

即由有任免权的机关按照管理权限直接指定下属单位领导者的任用制度。这种任用方式的特点是任用程序简单、权力集中,便于统一指挥,同时委任制与调配制是配套的任用制度,便于适人适用,适人适职,人尽其才,各得其所。如果没有委任制,调配制则难以实行。

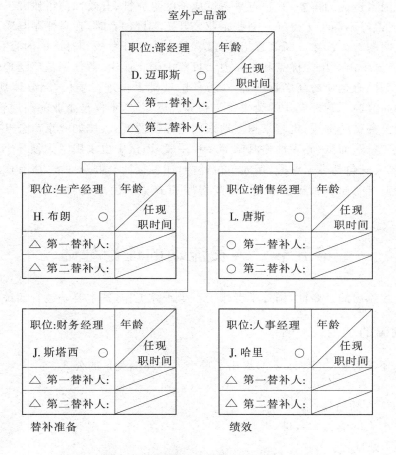

图 6-1　美国某公司管理人员替补图

△3 年以上　　○需要改进

注：每一名字后面的方格斜上部分填写年龄，斜下部分填写任现职时间。

3．聘任制

即用人单位通过契约或合同形式聘任人员的一种任用制度。根据契约或合同，用人单位有聘用和解聘的权利，个人有应聘、拒聘和辞聘的权利。聘任制和合同制不仅在三资企业中广为采用，而且随着改革的深入，在全民所有制企业中包括事业单位中，也越来越多地得到采用。

专业技术职务聘任制度是在定编定员的基础上，由行政领导根据其任职资格和实际表现加以聘任，有一定任期并在任职期间领取相应的专业技术职务的工资。专业技术职务聘任制把职务和学位、学衔区分开来，同时与定编、任期挂钩，有利于人才的使用和更新。

4．考任制

即通过公开考试、公平竞争、择优录用，广泛地选拔优秀人才的任用制度。这种制度的优点是机会均等、公开竞争，便于广揽人才，避免了委任制中的主观因素和选任制中的资历和历史因素造成的偏差;其缺点是考试成绩的可靠性、有效性值得研究。理论强不等于实践强,说得好不等于干得好。一些企业公开招聘管理者时,在考任制与聘任制相结合方面做了大胆的尝试。在不断完善招聘方法(特别是公开考核和答辩的内容和方法)的基础上,它必将显示出突出的优点和生命力。目前中国企业中,考任制被广泛地使用。即便是国家特大型国有企业的高层管理者,在考任的基础上再进行委任,充分体现了科学、客观和高效的高级经营管理人才的选拔变革趋势。近年来,不仅是企业的高层管理者,政府部门的高级公务员的选拔,也越来越多地采用考任制的方式,比如北京市公开招考局级干部,就采用了笔试、面试、心理性格测试等多种手段,面试中也采用了无领导小组讨论的测评技术,评测人既包括专家评委、用人单位评委,还包括社会群众评委,所有成绩公布并对备选人进行财产及家庭情况的公示,这些程序和方法的使用是对考认制的不断推动和完善。

第五节　人员流动的理论基础

关于人才流动的必要性,国外学者作了不少研究工作,其主要学说有四种。

一、勒温的场论

美国心理学家勒温(K. Lewin)提出了单个人与环境关系的公式:

$$B = f(p, e)$$

式中:B——个人的绩效;
$\quad\quad p$——个人的能力和条件;
$\quad\quad e$——所处环境。

勒温的场论指出,一个人所能创造的绩效,不仅与他的能力和素质相关,而且与其所处的环境(也就是他的"场")有密切的关系。如果一个人处于一个不利的环境之中,比如专业不对口,人际关系恶劣,心情不舒畅,工资待遇不公平,领导作风专断,不尊重知识和人才,则很难发挥其聪明才智,也很难取得应有的成绩,而且一般而言,个人对环境往往无能为力,改变的方法是离开这个环境,转到一个更舒适的环境去工作,这就是人员流动。

二、卡兹的组织寿命学说

美国学者卡兹(Katz)对科研组织的寿命进行了研究,发现组织寿命的长短与组织内信息沟通情况有关,与获得成果的情况有关。他通过大量调查统计出了一条组织寿命曲线,即卡兹曲线,如图6-2表示。曲线表明:在一起工作的科研人员,在1.5～5年这个期间里,信息沟通水平最高,获得成果也最多。而在不到1.5年或超过5年的时间段,成员信息沟通水平不高,获得成果也不多。这是因为成员相处不到1.5年,不熟悉,尚难敞开心扉;而相处超过5年,已成为老相识,相互间失去了新鲜感,可供交流的信息减少。卡兹曲线告诉我们:一个科研组织也和人一样,也有成长、成熟、衰退的过程,组织的最佳年龄区为1.5～5年。超过5年,就会出现沟通减少、反应迟钝,即组织老化,解决的办法是通过人才流动对组织进行改组。卡兹的组织寿命学说从组织活力的角度证明了人才流动的必要性,同时也指出人员流动也不宜过快,流动间隔应大于两年,这是适应组织环境和完成一个项目所需的下限时间。一般而言,人的一生流动7～8次是可以的,流动次数过多反而会降低效益。

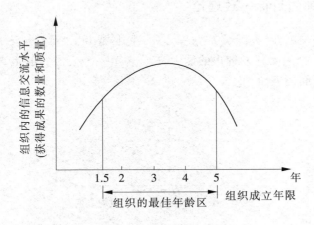

图 6-2　组织寿命曲线

三、库克曲线

美国学者库克(Kuck)提出了另外一条曲线,从如何更好地发挥人的创造力的角度,论证了人才流动的必要性,如图6-3所示。

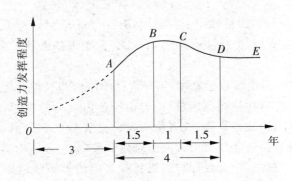

图 6-3　库克曲线

库克曲线是根据对研究生参加工作后创造力发挥情况所作的统计绘出曲线的。图中,OA表示研究生在3年的学习期间创造力增长情况;AB表示研究生毕业后参加工作初期(1.5年),第一次承担任务的挑战性、新鲜感,以及新环境的激励,促其创造力快速增长;BC为创造力发挥峰值区,这一峰值水平大约可保持1年,是出成果的黄金时期;随后进入CD,即初衰期,创造力开始下降,持续时间为0.5～1.5年;最后进入衰减稳定期即DE期,创造力继续下降并稳定在一个固定值。如不改变环境和工作内容,创造力将在低水平上徘徊不前。为激发研究人员的创造力,应该及时变换工作部门和研究课题,即进行人才流动。如图所示,创造力较强的时期大约有4年(AD)。人的一生就是在不断开辟新工作领域的实践中,来激发和保持自己的创造力的。即走完一个S形曲线,再走下一个S形曲线。

四、中松义郎的目标一致理论

日本学者中松义郎在《人际关系方程式》一书中提出了"目标一致理论",如图6-4所示。图中F表示一个人实际发挥出的能力,F_{max}表示一个人潜在的最大能力,θ表示个人目标与组织目标之间的夹角。

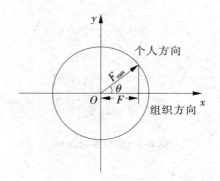

图6-4 个人潜在能力的发挥同个人方向与组织方向夹角的关系

图6-4表示出三者之间的关系:

$$F = F_{max}\cos\theta, \quad 0° \leqslant \theta \leqslant 90°$$

显然,当个人目标与组织目标完全一致时,$\theta = 0°$,$\cos\theta = 1$,$F = F_{max}$,个人的潜能得到充分发挥;当二者不一致时,$\theta \geqslant 0°$,$\cos\theta < 1$,$F < F_{max}$,个人的潜能受到抑制。解决这一问题有两个途径。

(1) 个人目标主动向组织目标靠拢,引导自己的志向和兴趣向组织和群体方向转移,并努力趋于一致。这样做往往碰到困难,或者由于价值观上的差异(对知识的尊重,对金钱的追求,对事业的忠诚)难以弥合;或者由于人际关系上的矛盾(任人唯亲、排除异己、忌才妒能)难以克服;或者由于业务努力方向上难以一致(如专业不对口,一改专业就有可能丧失业务上的优势)。总之,个人目标与组织目标之间的差距难以短期内解决,则这条路变得不可取。

(2) 进行人才流动,流到与个人目标比较一致的新单位去。个人的努力方向与组织的期望比较一致,如鱼得水,个人的积极性、创造性得到充分发挥,个人的行为容易受到组织的认同和肯定,形成良性循环。这叫作"柳暗花明又一村"。

以上四位学者分别从不同角度论证了人才流动的必要性和必然性。但他们主要是从人才成长和创造力激发角度进行研究的。从宏观角度看,人才流动是社会化大生产的必然产物,是产业结构发展变化对人力资源合理配置提出的必然要求和解决途径。

第六节 人员流动管理

一、人员流动的类型

1. 按流动原因划分

按流动原因划分,人员流动可分为以下类型:

(1) 由于人与事不相适应而引起的流动,如用非所学、用非所长;

(2) 由于人际关系失调而引起的流动,如领导专横跋扈、任人唯亲、拉帮结派,或与同事关系紧张,难以合作;

(3) 由于生活或经济原因而引起的流动,如夫妻两地分居,子女上学过远,交通不便,工资较低,父母无人照顾,水土不服等。

2. 按人员隶属关系变动与否划分

按人员隶属关系变动与否划分,人员流动可分为以下类型:

(1) 改变隶属关系的流动需办理调动手续;

(2) 不改变隶属关系的流动,多指各种形式的智力交流、第二职业,无须办理调动手续。

3. 按职位变动情况划分

按职位变动情况划分,人员流动可分为以下类型:

(1) 职位业务性质和职级不变的流动属于职系内部的平调;

(2) 职位业务性质不变,职级变动的流动,属于职系内部的升调或降调;

(3) 职位业务性质改变,职等不变的流动,属于跨职系的平调;

(4) 职位业务性质改变,职等也改变的流动,属于跨职系的升调或降调。

二、人员流动的原则

为了实现人员的合理流动,必须为人员流动规定一些必须遵循的原则。

1. 用人所长原则

长期以来,我国对人员实行的是统一计划调配和管理的方式,这对于保证社会主义建设对人员的需要,特别是保证新开发地区、边远地区、重点部门和国有大中型企业对人员的需要,稳定职工队伍,发挥了积极作用。但是,也出现了管得过多、统得过死的弊端,相当程度上造成了人员的地区、部门和单位所有制。一方面,许多职位得不到合格人员,形成人员奇缺的现象;另一方面,又有许多人员专业不对口,用非所长,形成人员浪费现象。人员缺乏与人员积压并存,急切地呼唤着人员流动。但这种流动不应是盲目的、不加控制的。每个单位应该首先搞好人员的内部挖潜和调配,实现人员在本系统内部的合理流动,尽量使现有人员学有所用,提高其利用率,在此基础上再根据实际需要,引进必不可少的稀缺人员。

2. 合理流向原则

由于各地区、各部门、各单位事业的发展不平衡,人的素质和能力的发展也不可能同步。因此,各地区、部门和单位在一定时期对人员的需求与同时期本地区、部门和单位人员的供给之间产生不平衡。这种不平衡既有总量上的不一致,也有各级各类人员结构上的不一致。所谓合理的流动就是人员从多的地方向少的地方流,从人员闲置的地方向人员急需的地方流,从效益差的地方向效益好的地方流,以促进人员供需关系的平衡。

3. 最佳社会综合效益原则

人员流动应该从全社会的需要出发,最大限度地发挥现有人员的经济效益和社会效益。从总体上看,我国人员缺乏,尽管大中城市、大型企业、沿海地区、高校科研单位人员相对多一些,这也是与小城市、农村、中小企业、边疆、生产第一线相比较而言,并不是绝对的人员过剩。因此,在人员配置上,必然存在国家建设全局需要同地方、部门、单位需要之间的矛盾,发挥中心城市作用与发展乡镇企业的矛盾,发展教育科研事业同发展生产之间的矛盾,发展沿海开放地区与发展内地和老少边穷地区的矛盾,发展三资企业与发展国有大中型企业的矛盾。在这种情况下,衡量人员流向合理与否的标准,只能是综合社会效益,即不仅包括社会经济效益,而且包括社会政治的、文化的效益。仅就经济效益而言,也有眼前效益与长远效益、局部效益与全局效益的区分。市场调节机制虽然充满活力,但也有一定盲目性,表现在重经济效益轻社会效益,重眼前效益轻长远效益,重局部效益轻全局效益。为了取得最佳的社会综合效益,还必须辅之以计划调节手段,在政策上进行引导。

4. 自主原则

在人员流动中应该坚持自主原则,既允许用人单位根据工作需要选择人员,也允许人员在国家法律、法规和政策的范围内自主择业,这是不言而喻的。在人员流动中,应创造条件让供需双方直接见面洽谈,实行双向选择,做到两全其美。

三、人员流动的形式

目前我国主要有以下几种人员流动形式。

1. 招聘

指用人单位通过传播媒体(报纸、广播、电视)公开发布招收某种员工的启事,通过面谈、笔试等程序,在应聘者中择优聘用的方式。一般而言,应聘者要改变其隶属关系,原在职人员需按组织人事部门的有关规定办理调动手续。非在职人员则经有关部门审批,方可办理录用手续,也可以签订聘用合同。

2. 兼职

指在职人员在完成本职工作的前提下,利用业余时间或经本单位同意占用一部分工作时间,为聘请单位服务。兼职人员不改变隶属关系,其编制、户口、工资、考核和晋升均不脱离原单位。

兼职可有不同聘期,分为临时聘请、短期聘请和长期聘请等不同方式。聘请前一般需征得本人及所在单位同意并签订聘请合同,由聘请单位发聘书。聘请兼任领导职务的,应按管理权限办理任命手续。

3. 借调

指一些单位因技术攻关、引进项目、确保重点建设或扩大事业范围等原因,急需某类专业技术人员或管理人员,在调动有困难的情况下所采取的临时或短期借用的办法。借调一般按照自愿互利原则由用人单位与被借调人员所在单位签订借调合同。借调不改变人员隶属关系,借用期满后仍回原单位工作。

4. 承包、承租、领办

指科技人员或管理人员到城镇或农村承包、承租中小企业,承包或领办集体乡镇企业。承包一般分为科研单位集体承包、科研单位组织选派科技人员或管理人员承包,以及科技人员或管理人员个人承包三种。领办多是科技人员个人承担的。承包、承租和领办都与主管部门签订合同,明确双方的责、权、利。承包和领办一般不改变当事人的隶属关系,多属于智力交流的范围,往往采用停薪留职的方式。

5. 咨询

咨询一般由科研单位、高等学校、领导部门或咨询公司出面组织,由有关各方面专家组成咨询队伍,对企业或政府部门提供技术、管理方面的服务。咨询内容多为技术服务、管理诊断、人员培训、信息服务等,为特定对象解决生产经营或管理中的重大问题、紧迫问题。咨询不改变人员隶属关系,属智力交流的一种方式。

四、建立和完善人员流动的内部机制与外部环境

人员流动的内部机制是指企、事业单位在人力资源使用政策和具体制度上为人员的内外部流动创造条件,从企业内部流动来讲,不搞岗位终身制,提倡内部的岗位轮换和竞争上岗,从而使员工在企业内部可以结合自己能力、特长和发展需要自主选择并有序流动。从对外流动来讲,企业对选择离开本企业的优秀员工不要一味地堵、卡、拖,要更多地考虑背后的原因,对于因为组织和领导因素提出的离职的情况就更需要重视,改善组织的管理制度环境,提高企业各层次领导者的管理能力,才是避免类似情况再次发生的根本解决之道。同时对表现不称职的员工也不要只考虑面子和资历等,该走的一定要走,该引进的一定要引进和保留。只有这样,企业的人力资源管理工作才能实现人事相宜的动态平衡。

人员流动的外部环境就是要培育和完善劳动力市场,尤其是人才交流市场。它是劳动力供求双方彼此平等洽商达成协议的场所、人员合理流动的中介环节。人才交流市场是劳动力市场的一个重要组成部分,是对人才流动进行社会调节和管理的专门服务机构。其业务包括:搜集、储存、提供各方面的人员和智力信息;举办定期人员智力洽谈会,为供需双方牵线搭桥;办理专业技术人员和管理人员的推荐、引进、招聘、借调、兼职、咨询等业务手续;承办专业培训等。人才市场的服务对象包括:在职的和离退休的各类人员,国家不包分配的大中专毕业生,电视大学、夜大学、函授大学、走读大学、成人自学考试"五大"毕业生,自学成才人员,社会闲散专业技术人员,农村乡土人员和被解聘的管理者等。在

人才市场上,求职人员与用人单位双方在法律上是平等的、自由的,用人单位享有用人自主权,求职者享有择业权,双方都到这里来登记,直接面谈,符合双方意愿即可签约。这种平等和自主自愿的双向选择,保障了人才供求双方的权益,有利于实现人与事的良好配合,有利于人才的优化配置。人才市场从根本上打破了人才的部门、单位所有制,促进了全社会范围的人员流动,既有利于用人单位事得其人,也有利于求职人员各得其所。如在中国改革开放过程中,已经出现了外企员工回流本土企业,政府机构公务员流向企业,都是在人才市场的存在和运作中实现的。

在人才流动的外部环境中扮演越来越重要角色的另一类机构就是人力资源猎头企业。随着中国市场经济环境的进一步规范和相关法律、法规的进一步完善,人力资源的中介结构开始走向专业化、高端化、产业化。人力资源猎头企业往往深耕于某些行业或者某个细分的经营管理或者专业技术人才市场,为这些企业的一些岗位提供合适的人选。从服务内容来说,猎头企业往往服务得更加深入,对用人企业的岗位需求和任职条件有更深刻的理解,对潜在人选的性格特征和能力素质也有更全面的认识,因此,才能更精准地在这两者之间建立起沟通和协商的渠道。猎头企业的存在,降低了人员流动的风险,也提高了人员流动的效率和效益,是对一般人才交流市场的补充。

复习题

1. 人员使用的基本原则是什么?
2. 人员调配有何作用?如何做好人员调配工作?
3. 人员职务的晋升在现代企业中有何意义?应该遵循哪些原则?
4. 人员流动的四种理论是如何论证流动的必要性的?
5. 如何更好地实现人员流动?

思考题

1. 如果你是一个大企业的高层管理者,你如何看待管理人员替补图的作用?
2. 如果你所在的企业出现了技术和销售人员纷纷跳槽的趋势,作为人力资源部经理,你该如何应对?

案例

人员调配通知单

P先生是LK仪表仪器设备有限公司人力资源部业务主管,P先生已经从事了三年人力资源管理工作,但一直从事薪酬管理,最近,公司总裁提出岗位定期轮换制度,两年调换一次岗位,所以P先生经与人力资源部经理谈过之后,现在负责公司的人员调配工作。P先生对这个岗位很感兴趣,它需要具备广博的学识、良好的交际能力、敏锐的鉴别能力以及熟悉公司的运作,只有具备了这些条件,才能帮助员工确定自己的最佳工作岗位,将人与岗位最优化地组合,实现调配的目的。开始,P先生阅读了大量的相关资料,广泛地与员工接触,征求各经理人员对下属员工的使用意见,及时调配员工到需要和合适的岗位上去,工作显得井井有条,P先生的工作得到上司的肯定。

可是,随着公司业务的发展,新旧项目的不断替代,公司结构几次大的调整,新进员工的大量增加,在人与岗位磨合过程中,需要做大量的人力资源配置工作,当然,P先生也就忙得不亦乐乎,难免出现工作漏洞。这不,一天上午,P先生接到如下一些抱怨。

制造一部经理:小P,T某怎么还不到位,相关负责人不是已经在《调配表》上签过字了吗?请你赶快落实此事,我这儿等着人干活呢!

市场部经理:小P,Y某不是已经批准派到南方事业部工作了吗?怎么两周了还不见动静?南方事业部已经催问过我们好几次了,请抓紧时间办理!

财务部的L会计:P兄,我到国际投资部报到,国际投资部说他们还没见到任何通知,帮个忙,赶快通知他们好吗?

连本部门薪资管理主管H小姐也来凑热闹:小P,企业策划部的J某是具体哪一天调到公关部的,赶快告诉我,我得做下一个月的工资了。

……

小P不断翻阅自己的工作记录,一一做着答复。一上午就这样过去了。小P再也受不了这样的工作方式了,这不是在配置人力资源,太耽误事了。小P中午茶饭不思,满脑子想得都是如何改变这种局面。公司的人力调配需要填写一份审批表格,相关领导批示后就可以办理了,但是缺乏一些配套的执行程序表格,大多凭借反复通知,调配的人员一多,难免有时忘了通知一个部门或个人,使得人员不是到不了位,就是相互之间接不上茬。仔细考虑之后,P先生做了如下几个调配程序通知。

单1:

人员调配通知单(人力资源管理部门存根)　　编号:_____

____年__月__日批准_____同志由_____部门_____岗位调入_____部门_____岗位。

经手人:_____　　____年__月__日

单2：

　　　　　　　　　　人员调配通知单（原部门留存）　　　　编号：_____

_____：
　　_____同志调动事宜已经批准，请你部在____个工作日内办好工作交接手续，并通知本人在_____年__月__日以前凭"人员调配通知单（员工留存）"到_____部办理报到手续。

　　　　　　　　　　　　　　　　　　　　　　　　　　　　　　人力资源部
　　　　　　　　　　　　　　　　　　　　　　　　　　　　　_____年__月__日

单3：

　　　　　　　　　　人员调配通知单（员工留存）　　　　编号：_____

_____同志：
　　您的调动事宜已经被批准，请您执本通知单在_____年__月__日以前到_____部报到。

　　　　　　　　　　　　　　　　　　　　　　　　　　　　　　人力资源部
　　　　　　　　　　　　　　　　　　　　　　　　　　　　　_____年__月__日

单4：

　　　　　　　　　　人员调配通知单（调往部门留存）　　　　编号：_____

_____部：
　　_____同志调动事宜已经批准，请贵部依据其本人所执的"人员调配通知单（员工留存）"在_____年__月__日以前安排其工作并将"人员调配工作安排回执"转交人力资源部。

　　　　　　　　　　　　　　　　　　　　　　　　　　　　　　人力资源部
　　　　　　　　　　　　　　　　　　　　　　　　　　　　　_____年__月__日

单5：

　　　　　　　　　　人员调配工作安排回执　　　　编号：_____

人力资源部：
　　_____同志的工作已经安排妥当，就任_____岗职务，直接上级_____。

　　　　　　　　　　　　　　　　　　　　　　　　　　　　_____部（盖章）
　　　　　　　　　　　　　　　　　　　　　　　　　　　　　_____年__月__日

"单1"是留作本部门查询、及时处理用的；"单2"用来通知员工原来的部门；"单3"作为员工本人办理相关手续的凭证;"单4"和"单5"一并交给调往部门,"单4"通知调往部门,"单5"在调往部门安排好员工的工作后交送人力资源部,只有当人力资源部接到"单5"时才完成一次人员配置工作。

P先生的设计,很快得到上司的赞同,从此,P先生又可以把精力放在真正需要做的人力资源开发工作了。

资料来源:张德. 人力资源开发与管理案例精选[M]. 北京:清华大学出版社,2002.

讨论题

1. 如何理解人力资源调配工作?应该包括哪些方面?
2. P先生遇到的问题是什么?他的办法可行吗?还可以在哪些地方改进?
3. 如果在一家内部信息网络建设较好的公司工作,你会如何调整工作方式?

第七章 人力资源风险

本章学习目标
1. 人力资源风险的含义和特征
2. 人力资源风险的危害
3. 人力资源风险的主要表现和成因
4. 人力资源风险的防范对策

新华网堪培拉2010年3月29日报道 澳大利亚力拓公司29日发表声明宣布解聘胡士泰等四名员工,并称胡士泰案不影响公司继续与中国建立良好而重要的合作关系。

声明说,力拓公司已经得到通知,目前有充分证据证明,公司原驻中国上海代表处首席代表胡士泰等四名员工在中国工作期间曾参与了不光彩的活动。"毫无疑问,这与力拓公司的道德标准格格不入。为了与公司标准一致,力拓公司决定解聘这四名员工。"

力拓公司首席执行官艾博年在声明中说,这四名员工触犯中国法律的行为是不可接受的,但是这不会影响公司继续与中国建立重要的合作关系。公司铁矿石业务部总经理萨姆·沃尔什说,接受贿赂是"明显的违法行为"。

澳大利亚外交部长斯蒂芬·史密斯29日召开新闻发布会说,根据澳大利亚方面得到的情况,已有充分证据证明胡士泰曾收受贿赂,胡士泰本人已认罪。

中国上海市第一中级人民法院29日对被告人胡士泰等非国家工作人员受贿、侵犯商业秘密案作出一审判决,分别以非国家工作人员受贿罪、侵犯商业秘密罪,数罪并罚判处被告人胡士泰有期徒刑十年,并处没收财产和罚金人民币100万元;王勇有期徒刑十四年,并处没收财产和罚金人民币520万元;葛民强有期徒刑八年,并处没收财产和罚金人民币80万元;刘才魁有期徒刑七年,并处没收财产和罚金人民币70万元;违法所得均予以追缴。

资料来源:http://news.163.com

这个轰动一时的案例中无论是中国钢铁企业,还是力拓公司都遭到了不同程度的损失,而且并不仅仅是经济损失或者企业商誉的损失,究其根本原因,还是由于用人的失误造成的人力资源风险,这就是本章要讨论的重点问题。

第一节 人力资源风险的含义

人力资源风险是企业经常面临的风险之一,首先它是一种风险,具有破坏性;其次这种风险与人紧密相连,是人力资源领域存在的风险和人力资源管理过程中存在的风险。具体地说,人力资源风险是指组织内从业人员的行为指向偏离组织期望和目标或由于从业人员的行为违背客观规律、越轨等给组织造成的损失或损害。从风险类型来看，人力资源风险属于人为的、内部的、主观的风险。

所谓的人力资源管理过程风险主要是因为对人力资源管理的科学性、复杂性和系统性的认识不足，而在具体实施工作设计与工作分析、招聘、甄选、绩效管理，以及晋升、培训等各个环节中管理不当所造成的可能性危害。企业竞争环境的变化使企业的人力资源管理工作变得更加复杂。复杂多变的经济全球化环境，使管理的不确定性大大增加，这些都加大了人力资源管理中的风险。由于信息的不对称，员工的行为具有不可测性，很难准确测度工作人员的行为，从而带来人力资源管理的风险。员工靠自身的劳动取得收益，其利己动机客观存在，甚至可能有投机动机并转化为具体的行为。于是，管理者不得不面对员工可能给组织带来损失的风险。

中国企业尤其是国有企业刚进入市场，所面临的市场既充满了诱惑又布满了陷阱，极具变动性和不确定性。以往人们习惯以资产的多寡以及财务状况的好坏为标准去评判企业实力与价值，因而企业一方面要在市场中捕捉每一个机会以图发展壮大；另一方面也要力避引入风险以防不测。在规避和防范风险方面，不少企业常常把注意力集中在对付经营风险和财务风险上，而对包括人力资源风险在内的其他形式风险未予足够的重视。

经营风险和财务风险固然不能轻视，必须花大力气加以预测、规避和应付。但如果以为企业盯住了这两种风险就可以万事大吉，那就大错特错了，因为它们并不是风险的全部。尽管人们较少关心和研究经营、财务风险以外的其他风险，但并不说明其他风险不存在或对企业的危害不大。只要简单回顾一下1995年以来国内外接连爆发金融风险事件这一事实，就不难得出一个明确的结论。

1995年2月6日，已有200年历史的老牌商业银行——英国巴林银行只因该行派驻新加坡的首席交易员里森，未经授权在一个月里进行270多亿美元金融衍生商品交易，大量购进了走势看涨的日经指数期货，不料"人算不如天算"，一场阪神大地震使日经指数狂跌，结果仅此一举就损失10亿美元，造成资不抵债，巴林银行被迫宣布倒闭。一个在英国乃至欧洲地位显赫，有着百年经营史的金融巨头，在短短的一个月内便被断送在一个小交易员手中。同年3月14日，法国政府宣布，法国第二大银行——里昂信贷银行1994年亏损120亿法郎，负债额达1000亿法郎（约合200亿美元）。更令人震惊的是，在对该银行的账户审查中发现有约50亿美元的"空洞"。这一"空洞"可能是由于里昂银行大规模收购企业时有人舞弊，中饱私囊所致。

正当欧洲大陆的金融企业忙于应付其从业人员违规行为引发的风险之时，亚洲的金融企业也步其后尘遭受了同样的厄运。1995年9月，饱受巨额坏账困扰的日本金融界，又传出了大和银行纽约分行交易员井口俊英在购买美国国债期货的交易中非法交易的丑闻，井口俊英隐瞒长达11年之久的1100亿日元的交易亏损终于曝光，使大和银行雪上加霜，并被美国扫地出门。时隔不久，日本住友企业又爆出了迄今世界上最大的一桩越权交易丑闻。该企业伦敦金属交易所首席交易员滨中泰男，越权交易致使住友企业蒙受26亿美元巨额损失，将住友企业推向倒闭的边缘。由于滨中泰男每年经手铜现货、期货交易额量达50万吨以上，总价值约10亿美元，约占全球铜交易总额的5%，因而被同行称为"5%"铜先生。正是这位备受同行瞩目的人士，在担任首席交易员期间，通过制造虚假盈利,将自己打扮成优秀职员,蒙蔽视听,博得上司的信任,逃脱企业的监控,为自己非法交易创造了条件。其间,他还将大约2亿日元的非法收入装进了自己的腰包,并大肆挥霍。

一个权位并不显赫的小职员,其个人违规、违纪的越轨行为竟可以撼动巨人企业的现象,难道是西方国家特有的吗?事实证明,这些现象绝不是西方国家的专利,而是带有一定的普遍性。

1995年10月6日,中国人民银行宣布,从即日起中国人民银行对中银信托投资企业(以下简称中银信)实行全面接管。此前,"中银信"因存在严重违规经营,内部管理混乱,资产质量差,不能支付到期债务的问题,亏损达25亿元,已濒临破产境地。为了避免该企业财务状况的进一步恶化,最大限度地维护债权人的利益,央行不得不向"中银信"出示了红牌。1996年10月5日,中国人民银行再度发布公告,宣布结束对"中银信"为期一年的接管,同时批准广东发展银行收购"中银信"。此举一出,立刻轰动整个金融界,它不仅爆出了我国首例金融机构监管案,而且开创股份制商业银行收购非银行金融机构的先河,被《金融时报》评为1996年中国十大金融事件之一。

尽管上述诸多事件都是发生在金融领域,且其发生的原因、背景、环境也千差万别,它们的背后却有一个共同的,且不可忽视的现象:企业内部的从业人员,利用掌握的某种权力和工作之便,采取欺骗手段逃避应有的监控,以牺牲企业和公共利益为代价,从违法、违规行为中谋取个人或小集体的好处。如果从这个角度去看,这种现象绝不仅限于金融领域,在所有企业中,企业除了面临来自外部环境的经营风险和财务风险外,同样受到来自内部人员越轨行为的危害,后者的风险性和破坏程度绝不亚于前者。当处于市场经济中的企业极力抵御外部风险时,绝不能忽略自身的内患。天灾不可不防,人祸也不能不御。

除了企业,其他组织也存在人力资源风险。这种风险是来自组织自身,因内部从业人员的行为指向偏离组织目标,导致组织利益或公共利益受到损害。处在经济制度转轨过程中的中国组织,需要有一个良好的外部环境和内部秩序,以免引起不必要的风波和震荡,因此必须加强对人力资源风险的监控和防范。

第二节 人力资源风险的危害

人力资源风险是以各种形式表现出来的。不同的行业,不同的职位,不同的环境会出现不同的人力资源风险形式。尽管它们表现各异,但造成的后果是相同的。从企业已发生的风险事件来看,人力资源风险的危害大致可以归为五大类。

一、非正常损耗有形资产

包括:侵吞国有资产,如贪污索贿、挪用公款;损失资产,如在经济活动中人为因素导致的索赔、投资失误;消耗资产,如挥霍浪费等。

二、信誉损害

信誉属于无形资产,是广义的资产概念。可以毫不夸张地说,信誉如同生命,损害企业的信誉,无异于侵蚀企业的生命。

三、干扰和破坏总体战略

组织发展战略是在对内外环境、可取资源和组织结构等进行系统、全面分析的基础上确定的,是统揽全局的总纲,对组织的发展起着极其重要的作用。战略首先是方向,它指出企业向何处去,即应该进入和坚持哪些行业,退出或放弃哪些领域。战略遭受干扰将会使组织偏离正确轨道,误入歧途。其次,战略要求准确把握机遇,机不可失,时不再来。机遇总是有限的,不会时常出现,也不是随处可寻。当战略受到干扰时,就可能错过发展机遇。一旦与机遇失之交臂,就等于丧失一次发展机会,致使企业还在起跑线上便处于劣势甚至输给对手,一步落后则步步落后。战略实施的最终结果应是企业赢得优势地位,立于不败之地,如果战略得不到正确、有效的贯彻,组织就会丧失竞争力,最终被对手所淘汰。

四、降低配置效率

组织的资源十分有限,而需求则是多样和变化的。因此组织面临资源配置的优化问题,即最大限度地提高资源利用的效率。然而由于人为因素的干扰,实际上已造成资源配置大权部分旁落,政令不够畅通或被打折扣;资源部门条块分割,严重阻碍资源向高效益方向转移;信息误导,使资源配置决策失误。

五、降低组织的发展、创新动力和削弱组织的凝聚力

主要是由于良好的组织文化遭到人为破坏,利益关系被扭曲,价值取向发生偏离,工作氛围和人际关系恶化,使人的积极性和创造性受到压制,作用和力量相互抵消,群体优势难以发挥,结果1+1<2。

第三节 人力资源风险的表现

人力资源风险的表现多种多样,主要表现形式有七种。

一、针对企业的违法犯罪行为

当违法犯罪行为指向组织,且当事人属于内部人时,对组织来说这就是人力资源风险。在诸种人力资源风险中,违法犯罪无论从行为动机还是后果来看均居人力资源风险之首。内部人针对组织违法犯罪的常用手法包括:内外勾结,合伙坑害组织;在正常的业务活动中,个人索要、收受好处费,作为交换条件则是牺牲组织利益,向交易对方无原则让利,以公利换取私利;钻法律和财务制度的空子,将组织利润转移出去以供个人享用,肆意侵吞组织资产;利用职权和工作之便贪污、挪用公款。从客观上看,内部人犯罪的危害性比外部带给组织的风险等级更高。因为内部人掌握了更多的组织信息,较容易发现内部制度的漏洞以及监控体系的盲区;受"内外有别"和"熟人好办事"观念的影响,在预防犯罪方面普遍存在"外紧内松"的心理,使内部人的违法行为更容易得逞。其犯罪行为更具隐

蔽性和欺骗性，往往不易识别。由此看来，攘外更须安内。

二、官僚主义行为

官僚主义行为经常被列为批评对象，说明它绝不是个别现象。官僚主义行为一般发生在位居高职、手握大权的领导人身上，如企业中的董事长、总经理。他们因拥有重大事项的最终决定权，只要"尊口"一开、大笔一挥就可定夺一切事情。拥有某种特权而又不能认真履行相应的职责，轻率且不负责任地使用手中的权力，不深入实际调查研究，盲目决策，是官僚主义行为的典型特征。

官僚主义行为之所以归属于人力资源风险，首先，它是组织从业者的行为，受当事人主观意志的支配，发生在组织内部。其次，它的存在极大地削弱了组织抵御风险的能力，为风险的侵袭提供了可乘之机。尽管当事人并非总是出于损害组织利益的动机，但客观上充当了其他损害组织利益行为人的庇护者和帮凶。多一份官僚主义行为，组织中就多一点风险发生的概率。一旦从业者染上官僚主义作风，其责任心、使命感以及严谨细致的工作作风就会衰退，随之而来的是：高高在上，脱离实际；偏听偏信，主观武断，对人对事失之公允和明察；满足于听汇报，看请示，不注意做深入细致的调查研究，指挥失灵；对所获取的信息，不加分析和印证，不辨真伪地全盘接受并据此进行决策，以致情况不明决心大，心中无数点子多。不难想象，官僚主义的存在必然对组织构成严重危害。

三、虚报浮夸、截留、扭曲信息行为

当今组织发展的规模越来越大，构成越来越复杂。与以往任何时期相比，组织的时空跨度已有了极大的拓展，跨国企业的出现，近期席卷欧美的兼并浪潮以及国内企业间的"强强联合"之风就是最好的例证。与之相适应，组织管理产生了质的飞跃。现代组织的决策、运营、监控越来越依赖于信息，信息网络如同组织的神经系统，缺乏有效的信息资源，没有畅通无阻的信息网络，科学决策与风险监控只是一句空话。离开了可靠的信息支持，组织的处境就如同"盲人骑瞎马，夜半临深池"，以致危机四伏，陷入无序状态，最终瘫痪。

基于以上情况，组织对信息有两个最基本的要求：一是准确；二是及时。这不仅取决于记录、处理、传输信息的硬件物理特性，同样取决于提供原始信息和参与信息传递的网站人员。与信息系统物理品质相比较，信息网络中人员的行为具有多变和不确定性，他们为了某种目的可能提供虚假的情况、截留信息，或者颠倒是非，人为造成信息失真和阻滞，从中渔利。任何基于不真实信息作出的决策，任何妨碍信息畅流的举动都会给组织带来风险。

四、部门利益至上的小团体主义行为

目前许多组织的规模都在走向庞大，组织集团比比皆是，集团总部不是一个只负责经营"投资组合"的空盒子，而是集团有形资产和无形资产的主要载体。许多组织集团子组织的经营、发展在相当大的程度上借助集团信誉这个无形资产。离开了总部提供的资金和信誉支持,子组织的业务活动将难以维持。这种品牌共享使组织集团的战略是至高无上的,子组织的利益和战略要服从和服务于它。但许多子组织只按照自身利益最大原则设定目标,较少顾及整体,存在部门利益至上的行为倾向,形成对总体战略的干扰和对整体利益的损害。

一个组织集团发展中的典型的现象是,子组织在发展过程中不顾总体部署,不顾总企业三令五申,拼命发展机构,扩充地盘,盲目上项目,铺摊子,争资源,极力把本部门搞得大而全。这种分兵作战,各自为政,有令不行,有禁不止,追求小集团利益的行为留下了巨大后遗症。一方面是有开发能力、有专业人才和业绩的专业化子组织由于资金不足有力使不出;而另一方面是一些不具备从事规模开发能力或者非专业性的子组织占用了本已短缺的资源,使资源得不到最有效的利用,以致整个集团无法整合,实现协同效应。

五、争权夺利的内部争斗行为

内耗是组织普遍存在的"人祸"之一,被视为"顽症",长期困扰着组织的生存和发展,贻害无穷。由于群体中的个体之间出现名利、地位之争,嫉贤妒能和情感纠葛引起人际冲突,相互拆台,钩心斗角,致使群体中各成员的时间、精力被额外消耗,心理疲惫和紧张。群体的作用和能量被自身所消耗,聚合力和战斗力衰退,人心涣散,工作受损,既误事又害人,有百害而无一利。

有的组织领导班子不和,彼此缺少批评和自我批评精神,把个人的权利、得失看得比事业和大局更重。由于有了矛盾和成见,以人画线,所以对人对事失之公正。工作不是补台,而是拆台。为了把对方搞倒,不惜到群众中散布不利于团结和不利于工作的言论,犯自由主义,或小题大做,致使内部关系十分紧张。由于领导班子不和,政令不一,使得威信低下,指挥和控制失灵。

六、违反客观规律的蛮干行为

事物发展都有其自身的规律,它由其内在的因素及相互关系所决定。人们可以从实践中去发现规律,并掌握和运用;但人们无法改变规律,更不能违反规律,逆规律而动。企业是一个经济组织,从事和参与多种经济活动。经济活动遵循着一定之规,按照经济规律办事,企业就可能成功、避险,达到预期目标,收到预期效果;反之,违背经济规律,则企业注定要失败。经济活动又是众人参与的一种游戏,为了游戏的公平公正,使其有序地进行,必须共同约定一些游戏规则,使参加者共同遵守,谁违反这些规则就将承担风险受到惩罚。事在人为,一切事情都要靠人去做,如果办事者不具备应有的知识和能力,不掌握客观规律,不了解有关规则或者有意违背,就会把事情做坏,造成损失。所以不顾客观规律、缺乏科学态度的蛮干行为不管其动机如何,同样是人力资源风险,这对于企业或其他组织都适用。

从主观动机来看,违背客观规律的行为可以分为两种情况:当事人不具备相应的知识和经验,缺乏对有关法律、政策、规定的了解,盲目进入不熟悉的业务领域,造成风险,使组织为此付出沉重的代价;当事人为达到某种个人目的,明明知道某事不可为或收益与风险不对称,而决意为之,将不该承担的风险引向组织。

七、任人唯亲、拉帮结派、排斥异己、嫉贤妒能行为

如果用人出现了问题,就会给今后的工作埋下风险,这无异于在源头种下了祸根。古语说"事在人为",事情的成败人起着很重要的作用,不同道德水准和不同才识的人会干出不同的事。用人只是手段,成事才是目的,所以用人不当,用人不公,必然影响到组织大业。把权力交给德才兼备者,则大事可成;把权力委托于有德无才或有才无德者,则成败不定;但如果权力交给寡才缺德者,则事业必败无疑。任人唯亲,嫉贤妒能,无疑是组织内的一大祸害和风险。人才是组织的宝贵财富,在生产力诸要素中,人是最活跃并起支配作用的,组织竞争归根结底是人才的竞争,这一点已得到广泛认同。拉帮结派,排斥异己,轻则压制和浪费人才资源,重则导致人才流失,这将从根本上动摇组织生存的基础,危害之重,风险之大,不言自明。

第四节 人力资源风险的特征和产生的条件

天有不测风云,人有旦夕祸福。世界充满着风险,人们厌恶和诅咒风险,祈祷灾祸不要降临。在与风险周旋中,人们逐渐认识到最好的避险方法莫过于全面了解和认识它,掌握风险形成和运动的规律,并在此基础上寻求对策。比如,人们发现自然风险一般遵从大数法则,据此保险企业可以通过历史统计数据对各种自然灾害出现的概率进行测算,从而精算出赔率作为度量保费的依据;财务风险可以用利率、汇率、通胀率统计预测的变动对企业资产和预期收益率的可能影响来度量;社会风险则可以依靠健全而清晰的法律和道义的约束来控制。又如,投资组合理论提出一个投资项目的风险由市场风险和特定风险两部分构成,并得出结论:市场风险是投资者进入市场必须承担的基本风险,它是不能通过投资组合来化解的;特定风险仅由作用于特定投资项目上的各种不利因素所决定,人们能够通过投资组合的方式降低特定风险。这就是有名的"不要把全部鸡蛋放在一个篮子里"的警句。"天灾人祸"是国人用来概括风险的最精辟词句。其绝妙之处正是表现在对风险源点的划分上,"天灾""人祸"分别是代表了两大类不同特性的风险,合在一起恰好是人们已见到的风险现象的全部。人力资源风险自然归属"人祸"之类,有着与其他风险不同的特点,了解这一点对于我们进一步探讨人力资源风险将是十分有益的。

一、人力资源风险的特征

人力资源风险是组织内部人员的行为偏离组织目标和预期,而使企业遭受损失的可能性。其主要具有如下特征。

1. 人是人力资源风险的始作俑者

这是人力资源风险一个最显著的标志。组织由于外部环境中的某一因素发生了非组织期望的逆向变化所致的损失,属于非组织力量可抗。组织无力改造环境,因而难以全部化解这种外部环境风险,所能做的只能是对外部变化迅速做出反应,适时调整自己,以适

应环境,控制和减少外部环境风险。人力资源风险则有所不同,首先,它是来自组织内部而非外部,险源潜伏于组织自身。其次,它完全是由内部从业人员造成的,受当事人主观意志支配。最后,它并非不可抗力,只要制度健全,管理严格,措施到位,化解人力资源风险是可能的。

2. 人力资源风险有较大的隐蔽性和突发性

人的行为一旦偏离理性的轨道,就预示着风险的来临。行为受动机支配,而动机由需求萌发。越轨行为只不过是个人非分需求的外在表现,非分需求才是人力资源风险根源所在。动机和需求不同于行为,它们还只是人的心理活动和心理状态,除非转化成行为,否则外人是不易察觉的。此外,即使要满足非分需求,当事人也绝不会明目张胆或赤裸裸地公开为之,而常常采取一些手段加以伪装和掩饰,以期瞒天过海,逃避惩罚。伪装和掩饰又进一步增大了隐蔽性。伪装的惯用手法之一就是将越轨行为混迹于当事人的职务行为之中,利用工作之便,借助职务行为作掩护,逃避监视和控制。从这种意义上说,隐蔽性给识别、判断和防范人力资源风险带来了极大的难度。正是人力资源风险在积聚过程中的隐蔽性,又注定了其爆发的突然性。

3. 人力资源风险的客观性和动态性

人力资源管理中的每一个环节都蕴藏着风险。人力资源管理的风险是客观存在的,人们只能设法防范和化解风险,但不能使其绝对消失。漠视风险的客观存在必将招致损失。风险在人力资源管理各个环节中发生的频率、影响其他活动的强度、范围都不尽相同,并具有动态变化的特征。风险动态变化的特征增加了风险管理的难度,要求管理方法注重灵活性,避免僵化和一成不变。

4. 人力资源风险的大小与当事人的职位正相关

职位越高,权势越大,引发风险的险级越高;反之,则越低。由此推断在组织中法人代表的行为风险是最大的,"一个人可以断送一个企业",这绝非耸人听闻。人力资源风险与当事人职位相关的原因在于:企业内权力结构如同倒置的金字塔,上大下小。权力是一种以制度为支撑的影响力,既有大小也有方向。权力总是由高职位指向低职位,不同职位掌握、控制和调动的资源量不同,不同层次的人员影响面不同。另外,从权力所受监督的情况来看,职位越高,受到的监督越少。从理论上讲,每一个职位都受到来自上下左右四个方向的监督和制约,而实际上来自下级的监督往往难以到位,来自左右的监督也很脆弱,剩下的只是上级监督。一般来说,受约束和监督越少,越轨行为越容易发生,引发风险的概率也就越高。现代企业制度的基本特征是所有者与经营者分离,所有者与经营者之间建立的是一种委托-代理关系。委托人在代理人完成约定时,给付约定报酬,激励代理人尽其所能去实现委托人确立的目标。代理人受到委托人的利益诱惑,同时又受到自身需求的驱动,他的行为动机是两种力量合成的结果。一旦自身需求上升到主导地位并与委托人施加的诱惑力相悖时,就可能引发代理人非预期的越轨行为,出现人力资源风险。因此近年来,讨论对高层管理者的风险防范是个热点,就是因为除了人性自身弱点所引发的不可避免的道德风险外,还有组织制度本身存在的一些致命的缺陷,对组织高级管理人员缺乏有效的激励与约束,给组织高级管理者将非正常行为正规化、合法化提供了可能,使其有机会利用手中掌握的权力,谋求个人利益,做出危害组织的事情。

5. 人力资源风险不可向组织外部转移

有些风险可以在付出一定代价的情况下转移到愿意承担风险的人,这就是众所周知的投保行为。例如,组织可以向保险机构支付一定数额保险费用,而将组织财产可能遭受的风险损失转给保险机构承担;银行要求受贷客户提供财产担保或抵押;人们参加意外伤害保险,当约定的风险事件出现时,由此造成的损失将由承保人承担。通过投保将风险转移出去的需求使保险业应运而生。然而人力资源风险尚未被列入承保对象。主要原因是人力资源风险属于"道德风险"范畴。而道德风险一直是困扰承保人的难题之一,至今他们既未找到度量道德风险的方法,也没有找到控制道德风险的有效途径,因而不敢轻举妄动。人力资源风险最终只能靠组织自己来防范和化解。

二、人力资源风险产生的条件

1. 内因

与洪水、干旱、地震等大灾不同,人力资源风险并非与生俱来,它是社会发展到一定时期的现象。在人类社会的发展过程中,人们的经济活动从个体单独分散进化到集体共同协作,这是一种历史的必然,不可逆转。早期,人类处在自给自足的经济形态,每个人既是所有者,又是经营者,双重身份合二为一。所有者的意志与经营者的行为高度吻合,所为即所思,行为始终指向目标,自然没有越轨问题,也就不会产生人力资源风险。而当社会进步到某一阶段,降低生产成本、提高劳动生产率以及增大技术含量三重力量的驱动,使得自给自足的家庭经济之间开始联合,形成了规模较大的经济组织。这时要求所有者与经营者分离,经济组织内部按照专业化和等级实行分工,并逐渐演化成当今普遍采用的、典型的等级组织结构,它的出现是现代企业制度的一次重大革命。由于所有者将原本归属于自己的经营权转授给经营者,经营者又将一部分控制和支配资源的权力下授给组织内部的其他人员,使得所有者与经营者之间、组织内部不同层次的管理者之间、管理者与生产者之间普遍建立起一种委托-代理关系。这种关系实质上是具有不同利益和目标函数的两个主体之间的一种契约关系。从理论上讲,委托-代理关系中的代理人只是受托去从事某些工作,授权关系要求代理人按照委托人的意志行事,并从委托人那里取得完成这些工作所应得的报酬。而委托与代理这两个主体之间往往存在利益和目标函数的冲突,又使得代理人企图摆脱委托人为其预定的轨迹、目标的制约,去追求自身利益及自我目标。即存在代理人非法使用委托人授予的权力,违反双方的约定,偏离委托人预期目标,从而导致委托人利益受损的风险,人力资源风险便由此而生。所以,只要发生授权,形成委托-代理关系,也就可能引发人力资源风险。授权是人力资源风险存在的前提。既然现代企业制度中的法人治理结构一定发生授权行为,那么可以肯定它潜伏着人力资源风险。

除此之外,人性假设的理论也为人力资源风险的存在提供了解释。用"经济人"理论很容易说明人力资源风险现象。"经济人"唯利是图,一味追求自身利益最大化,必然会不择手段谋取私利,哪怕牺牲他人的利益或群体利益。但我们的现实社会中,在一个组织中产生人力资源风险行为的人是少数或极少数,这一方面是由于监督、约束、惩罚制度增大了违规成本,使一些人的违规意愿没能演变成风险行为;另一方面,"经济人"的比重随着教育的发展、生活水平的提高而减少。还应该看到,即使是人力资源风险当事人,也并非时时处处都表现出损公肥私和侵害集体利益。因此,用"复杂人"假设来说明人力资源风险现象,则理论与现实的差距相对较小,矛盾现象相对较少,更似合理。

人的社会需要,是在人类社会历史的发展过程中,在天然需要的基础上所发展和形成的人类特有的需要。例如,对知识的需要、道德的需要、创造的需要和实现理想的需要等。不同的历史时期,不同的文化条件,不同的政治制度,不同的阶级和不同的民族,以及不同的风俗习惯、社会规范、组织文化都使得人们的社会需要有很大的不同。这表明,人类受环境影响会产生相应的社会需要,而这些需要又折射出特定环境中的文化、制度、道德等社会因素。值得说明的是,人的需要受个体心理状态和外部环境双重作用,以至于相同的环境并不一定产生同一种需要,不同的环境却有可能产生相似的需要。一个组织中大公无私与唯利是图者共存,或相异组织中的个体出现同类需求的现象也就不是费解之事了。由此可以解释,为什么在一个绝大多数人把遵纪守法、维护集体利益作为基本行为准则的组织中,会有与此相悖的风险行为存在;又为什么在不同的组织会出现类似的风险行为。

2. 外因

人力资源风险的产生既有当事人自身的原因,同时也有不可或缺的外在的条件。当某人有了非分需求,同时由于管理和制度存在漏洞,客观上为满足此人的非分需求提供了特定目标和机会,这时受内需的驱动及外界的引诱,就会产生越轨的动机,引出人力资源风险行为。不能只看到人有非分需要的一面,而忽视了管理和制度的疏漏;同理,防范和化解人力资源风险,既要注意提高人的道德水准和思想修养,也要注意加强管理,完善制度,才能真正产生效果。不可想象,一个重利轻义、缺乏理想和境界的利己主义者,能够自我约束,抑制非分需要,消除风险行为。同样不可想象的是,一种存在缺损的制度和漏洞百出的管理方式,能有效屏蔽组织中的人力资源风险。

1)社会人文环境

人生活在一定的社会环境中,无不受到环境影响。环境作用力反映在文化的感染力和道德的规范力上。在人的理想信念、价值观念、心理品格的形成和变化过程中,文化和道德等人文因素起着重要的作用,它们透过人的理想、价值观和道德品格等心理因素去影响人的行为取向和行为方式,因而对行为产生约束或驱动力。文化或道德的核心是它所推崇的人文精神。唯物辩证法认为,物质决定精神,存在决定意识,我国现实社会中的各种人文精神现象,是与当前的生产力发展水平和社会的物质文明程度相伴而生的。

我国正处在从传统计划经济向社会主义市场经济体制转变的社会转型时期。转型意味着从一种比较稳定的状况向另一种新的状态过渡,伴随着这个过程,正是国内外各种社会和经济因素的影响以及利益的驱动,人的思想、观念和心理在转型期出现了很大的变化,由以往的一元化向多元化发展,形形色色,参差不齐。在这种变化中,一部分人理想信念、价值取向、道德观和人格扭曲变形。他们动摇了曾有过的崇高理想和信念,视其为一种空洞的政治说教,转而崇尚"人不为己,天诛地灭"和"金钱至上",放纵个人的非分需要,成为利己主义者,为此不惜损害国家、集体和他人的利益,成为人力资源风险的始作俑者。

2) 立法与执法

人的行为受到道德和法律两种力量的制约，前者是一种软性约束，具有内在性；后者是一种硬性约束，具有外在性。在规避和防范人力资源风险中，这两种约束力发挥着不同的、不可或缺的作用。"不以规矩，不能成方圆"，一个和谐有序的社会离不开法治，秩序和规范以法律为基础。应该承认，中国的法制建设取得了长足进步，国民的法律意识、国家的执法水平的提高以及法律体系的建设和改革都为世人所瞩目。但不可否认，它离法治化国家的目标还有很大的差距。由于法律体系尚不健全、配套，给人力资源风险的孕育和爆发留下了空间，这是不可忽视的社会因素。

3) 组织的制度因素

社会人文环境和法制因素固然会为人力资源风险的孕育和形成起到推波助澜的作用，但分析组织自身出现的人力资源风险原因时，既不能割裂它与环境和整体之间的联系，孤立、静止地看问题；也不能用外部原因来掩盖自身存在的问题。组织自身的管理和制度的漏洞也是造成风险的原因。

（1）权力结构

权力活动有其自身的规律，权力的配置和结构设计应该遵循其客观规律，以科学结构和完善的制度体系来保证权力正确有效地运行。科学的权力结构，要求做到权力适当分工制约，进行法治控制，排斥绝对权力，做到权责相符。但很多组织都存在这样一些漏洞。

① 职权界定不严格，边界不够清晰，存在模糊区域。职权范围弹性越大，用权者可发挥的余地也就越大，这不仅会助长某些当权者私欲的膨胀，同时给权力的监督带来困难。这里所说的权力界定不严有两层含义。首先，是指在组织采用的等级制的金字塔式权力结构中，各个层级的权力尚未全部、详尽地划分和标识，权力或重叠，或真空，或畸大畸小。有的管理者认为自己权力很大，大笔一挥就调动了上亿元的资金，随意处置下级，公款消费无度。其次，是指在界定权力时，定性的和非强制性的内容太多。定性和非强制性的东西过多，主观发挥空间就大，也容易引起理解上的歧义。

② 权力过于集中，突出表现在法人代表身上。事实说明，权力过多地授予一个主体，容易发生掌权者个人凌驾于制度和组织之上的后果，无形中加大了滥用权力的风险。

③ 权力制衡不够。这一点突出表现在组织结构的缺陷上。其实《中华人民共和国企业法》对组织机构及其相应的职权已经作出了明确的规定，企业法正是通过分权和制约，达到权力制衡的目的。但在中国很多国有企业，在法律确定的产权关系之外，还有一层行政隶属关系，这是中国国情所决定的。由于行政隶属关系的存在，使《企业法》赋予董事会的某些权力落空，并被行政权力取而代之。经理人员的升降去留主要由上级行政主管决定，于是经理的行为不必对董事会负责，而是对上级主管负责。经理只要维持好与上级主管的关系，就能稳坐钓鱼台。在这种体系中，权力分配和制约关系脱离了产权关系，制衡机制也被破坏。

④ 权责不对等。权力与责任是一对孪生兄弟，相辅相成，互为前提，相互制衡。行使权力必须承担责任，反之亦然。权力是承担责任、履行义务的前提和手段，责任是运用权力的后果。没有责任的权力或权大责小，权力必然被滥用，形成风险。如许多企业的"总经理负责制"只落实了一半，往往是权力到位，而责任落空。究其原因，除总经理的责任难

以清晰界定和界定时过于抽象笼统外，核心的问题还是国企总经理目前并不具备承担决策责任的资质。在这种负责体制下，总经理们在用人、用钱和业务上拥有极大的权力，做出决定时甚至不需要任何请示商量，因为这种权力是组织赋予并得到制度支持的。但决策出现偏差或决策失误造成损失时，总经理根本无力抵偿。首先，国企总经理不拥有企业资产，他们只是代人经营。其次，总经理也未承诺用个人财产部分补偿决策失误造成的损失。总经理对决策后果负责，在很多情况下不过是一句空话，无法兑现。当决策后果与决策者的利益没有必然联系时，也就是说权力与责任相脱离时，权力的运行就会失去内在的自律力量，权力滥用也就不可避免。从理论上说，就是委托人对代理人激励过度和约束不足。

（2）监控制约手段

人力资源风险的产生既有制度层面的原因，也有操作层面的问题。有了好的制度，而无有效的措施和手段，制度同样不能落到实处，发挥应有的作用。因此，对企业监控、制约手段的检查和修正是十分必要的。

代理人的介入，阻隔了委托人与某些事情之间的直接联系，委托人不得不依靠代理人采集和传递有关信息。从这个意义上说，委托人受制于代理人，代理人也有足够的时间和机会对委托人感兴趣的原始信息筛选加工，将信息中对自己有利的部分传递给委托人，将不利自己的部分屏蔽掉。为了某种目的，代理人有时甚至给委托人传递虚假信息，使委托人所获信息失真或残缺不全。委托与代理双方之间存在信息不对称，在信息博弈中，代理人掌握了主动权，处于优势地位。正是利用了这一点，代理人可能违背诺言，达到追求个人利益的目的，他们欺骗委托人而又有不被发现的可能，侥幸逃脱惩罚。信息不对称一直是委托人面临的一个难题，它给代理人以可乘之机。例如，在投资项目的可行性研究上弄虚作假，误导、诱骗决策者上当受骗；财务报告失真、"做假账"等都是与此相关。在瞬息万变的信息社会中，决策者们仍停留在听汇报、看材料，靠点对点的方式和传统手段获取信息，是无法及时发现、化解风险的。如果不能迅速构筑信息网络，多渠道、多层面地获取一切必要的信息，对代理人的言行进行有效的监控，他们就难以预见风险、防范风险，而只能被图谋者牵着鼻子走。

第五节　规避和防范人力资源风险的对策

一、对策的约束条件

如何规避人力资源风险，或将其减少到最低限度，尽力避免由此带来的危害，是经营管理者和产权所有者面临的一个重要课题。许多从事实际工作和理论研究的人员长期致力于发现与掌握人力资源风险形成的规律，探索和寻求防范风险手段及应对措施。从理论上和实践中，人们发现组织单纯解决人力资源风险这一个问题并不十分困难，而且可以达到令人满意的程度。不幸的是，组织本身就是一个复杂系统，在这个系统中任何问题绝不是孤立存在，而与其他问题之间有千丝万缕的联系，形成相互制约、相互影响、相互关联的复杂结构。在这种复杂结构中，一个问题的优化常常以另一些问题的恶化为代价。比如,当我们要加强人力资源风险防范和监控时,势必增加管理成本,消耗原本就稀缺的资源;当我们追求效率时,可能难以顾及公平。其实,组织面对的不是一个问题、一个目标,而是一组问题和多个目标,组织所需要的是一个综合解,而非单一解。综合解所寻求的目标是使若干个主要问题在不同程度上都能得到改善,避免顾此失彼。

现代组织处在激烈竞争的市场环境之中。市场严格遵守"优胜劣汰"规则,适者生存。迫于竞争的压力,组织在防范人力资源风险时必须综合考虑以下因素的约束。

1. 成本

世界上没有免费的午餐,做任何事情总要付出代价,成本可以理解为代价的数量形态。防范风险的一切行为同样要耗费人、财、物,这一切构成了组织的管理成本。众所周知,低成本是一个组织竞争优势的重要来源,任何增大成本的举措都将直接削弱竞争力和与竞争对手的比较优势。因此成本是组织时刻关注并着力控制的一项指标。广义地说,人力资源风险也属于成本范畴,只不过是一种或有成本。人力资源风险与防范费用都是成本因素,两者此消彼长,反向变动。正是基于这一点,组织的真实意图是用较小的防范费用规避未来较大的人力资源风险。如果达不到这一点,就不能说防范措施是十分成功的。

2. 尊重人的主观能动性和创造性,保护组织创新的原动力

人是组织最重要、最宝贵的资源。在科学技术高度发达、人类社会进入了"知识经济"的今天,人力资源在一切资源中的突出地位和优先级,在组织竞争优势和未来发展中的决定作用不言而喻。而这一切都源于人力资源特有的能动性和创造性。因此,能否充分发挥人的主观能动性和创造性,调动人的积极性,是衡量一项制度或措施成败得失、进步与落后的重要标准。管理理论的发展与进步过程,实质上是人类对自身不断认识的过程。防范人力资源风险就是加强对人的约束,约束必然要制定一系列的规则、制度来限制人的自由度,减小个人行为的不确定和个性展现空间。但如果组织实施一项制度将严重扼杀人的主观能动性和创造性,那么这种行为无疑是一种极具危害性的自杀行为。组织既要防止人力资源风险,也要避免影响主观能动性和创造性最大限度地发挥。

3. 合规合法

市场经济不是自由经济,市场行为受制于市场规则,规则依靠国家相应的法律、法规支持和维护,任何人都不得以任何形式或借口违规犯法。组织的一切行为和规章制度不能与法律、法规相抵触、相违背,不能侵犯法律赋予各级人员的权利,也不能以防范人力资源风险为由,搞出一些与现行法律相违背的规定。目前国家已颁布的与之有关的法律是《中华人民共和国企业法》《国有企业转换经营机制条例》《董事会组成条例》《监事会组成条例》等。

二、防范人力资源风险的对策

1. 正确认识人力资源风险,增强防范意识

人力资源风险是道德品质和灵魂深处中丑陋和消极面的外在表现。必须承认人有利己主义倾向和"搭便车"的弱点,因此不能期望在没有任何外力的作用下,人们能够彻底铲

除自身的劣根,自觉消除人力资源风险。这就如同人类自身缺乏对某些病毒的免疫力一样,为了获得这种免疫力,我们必须增强体魄,接种相关的疫苗,使肌体内生出抗体,从而产生对这些病毒的免疫力。在这方面心存幻想和过于幼稚都会削弱我们对人力资源风险的识别能力和敏锐性,淡化防范意识,留下很多漏洞,给风险行为者以可乘之机。

人力资源风险必须通过内力和外力双重作用来抑制和防范。内力是指当事人本身具有的自律的约束力,它受个人的世界观和价值观影响。改造人的主观世界,增强人的自我约束能力,必须依靠提高人的道德水准和自身修养。在这个方面企业文化建设能够产生独到的功效。

据北京平津管理咨询有限公司抽样统计,有17%的国有企业人力资源部不知道人力资源风险的概念和含义,74%的国有企业没有明确建立有效的人力资源风险管理机制,在各类企业中,国有企业对人力资源风险的防范意识仅比民营企业好,较外资企业相差甚远。在风险防范意识方面,这个报告还提出了制度完善更新、人员选拔机制、人员激励制度、人员外包管理、法律意识、风险管理流程制度六个子维度。只有强化企业的人力资源风险防范意识,才可能理性地对风险进行识别和评估,才能真正建立起人力资源风险管理的流程。

2. 加强组织文化建设,营造防范风险的良好氛围

对于现代组织,防范的关键在于建立以人为本的、以知识驱动力为核心的、多元化的激励体制。传统的组织管理制度常常把"控制"、"约束"作为人力资源风险防范的理念和手段,然而对现代组织来讲,这并不能真正有效地防范与化解人力资源风险。因为传统工业文明时代的管理模式对现代知识型员工已不再适合,需要重新搭建一个适应员工特征的工作平台。有的组织重视员工的个体成长和职业生涯发展,引导员工将个人目标自觉地纳入组织发展目标中;有的组织为员工提供系统的培训、学习机会,提供广阔的成长空间;有的组织通过满足员工更高层次的精神需求,使员工得以认识自我、完善自我,进而产生与组织同命运、共发展的内在发展动力与创新能力。这些组织形成的和谐心理契约,从源头上减少了不利于组织目标的人力资源风险行为出现的可能性。在规范员工行为,防范和化解人力资源风险方面,组织文化建设也受到越来越多的重视和关注。文化的核心是价值观及其行为准则,组织的价值观是其员工所共有的或者说它代表着员工价值观的主流,任何个体只有在认同和接纳了组织的文化后,才能真正融入群体,否则终将遭排斥和拒绝。利用文化的同化力和容斥现象以及员工的从众心理,通过营造遵法守纪,诚实守信,公廉为荣、私贪为耻的文化氛围,筑起一道无形的心理防线,以优良的组织文化来抵制腐朽思想和落后意识对员工的侵蚀,截断险源祸根。从这个意义上说,有影响力的组织文化是最强大的控制和防范机制。

3. 完善法人治理结构

必须明确,人力资源风险并不仅仅是从业人员的道德问题或道德风险,不能认为加强精神文明建设、加强道德观念的教育就可以解决这一问题。道德约束是一种缺乏强制性的软约束,没有它不行,只有它也是远远不够的。防范人力资源风险必须构筑起道德和法治两道防线,还必须从制度和机制上解决人力资源风险的问题。一项好的制度,一种好的

机制能防止坏人得逞。相反,一项消极的、漏洞百出的制度,一种坏的机制可能使好人犯错误。制度的约束具有强制性。对企业而言,企业法人治理结构是机制和制度的综合表现,因此应该对企业法人治理结构进行重新认识和检讨,使之臻于完善。

(1) 按照现代企业制度完善企业的内部结构和管理体制。现代企业制度一个重要方面是它的治理结构,它比较准确地表现了企业的组织结构和制约关系。企业的治理结构一方面是指企业的组织机构;另一方面是这些机构的运行规则,也可以理解为企业的组织制度和管理制度。科学、规范、完整的组织机构包括股东会、董事会、监事会和经理层,它们形成调节所有者、法人代表、经营者和员工之间的平衡与制约机制。要真正落实民主监督机制。俗话说,群众的眼睛是雪亮的,任何滥用权力、违纪越轨行为导致的人力资源风险都逃不过群众的眼睛。群众是抵御和防范人力资源风险的一道重要防线,要使这道防线能够真正发挥防御的作用,关键是要在企业内部建立起一种有效的民主监督机制。

(2) 严格界定权力边界。企业要对董事会、监事会、经理及员工的权力进行科学、严格的划分,约定各级委托-代理关系双方的权力与责任,防止在任何岗位、任何人身上出现有权无责或有责无权的现象,既要杜绝绝对权力,又要消除权力真空。权力界定重点是经营决策权、资源配置权、资产处置权、利益分配权、人事任免权。界定内容包括权限、权力关系、权力运行规则、相应的责任及义务。通过权力界定使企业内部各种利益集团、各个层次之间形成一种相互监督、制约和激励的关系。

4. 强化企业内部的监督制度建设

在明确各级岗位职权的前提下,将责任落实到人,做到人人有责有权。在制度建设中要设法消除一切损失监督动力的不合理因素,重点解决两个问题:一是避免监督者和被监督者形成利益共同体;二是使监督者彻底摆脱对被监督者的依附,不受制于被监督者,能够独立公正地行使监督权力。例如,有的企业对传统的管理模式和管理制度重新安排。对财务经理实行委派制,由产权所有者向投资企业委派财务经理。财务经理的工资、福利及其他待遇完全执行派出机构的规定,并由派出机构承担。禁止财务经理参加投资企业的利益分配,彻底切断财务经理与投资企业的利益纽带,打破"内部人控制"的格局,避免因成为利益共同体而丧失履行监督职责的动力。同时消除财务经理对投资企业领导的依附关系,维护财务人员独立工作和客观公正地反映、披露投资企业财务状况的权力。通过财务经理使投资人可以方便、准确、及时地了解和掌握投资企业经营管理状况。

建立、健全一套严格的内部监管制度,使监管工作能够落实到位。监管制度是包括竞争机制、责任机制、考核机制、约束机制、奖惩机制、纪委监督机制、职代会监督机制、董事会中的独立董事制度等在内的制度体系,通过它来完成对内部人员行为的监督和调整。在选择代理人时引入竞争机制和责任机制,按照德才兼备的标准,优胜劣汰,实现人力资源的最佳配置,同时减少潜在的人力资源风险,缩小未来人力资源风险出现的概率,把好用人的第一关。

5. 开发和引入现代化的高科技管理手段,打破委托-代理双方信息不对称的格局

今天,计算机科学和通信技术已经有了突破性的进展,时空差异已不再成为远程实时监控的障碍了。随着关键技术的突破,曾长期困扰委托人的信息不对称问题将会有一个较大的改观。组建自己的管理信息系统网络,可以实现对系统内各项经营业务活动的远程实时监控,变事后检查为过程控制,变被动为主动,及时发现人力资源风险,并将其控制在萌芽状态,做到防微杜渐,适时化解可能出现的危害。

复习题

1. 什么是人力资源风险,与其他风险相比有何特点?
2. 人力资源风险在企业内有哪些表现?
3. 人力资源风险为什么会存在,有哪些原因?
4. 如何防范人力资源风险,有哪些约束条件?

思考题

1. 请分析你目前(或曾经)所在组织存在的潜在人力资源风险。有何对策?
2. 人力资源风险与企业文化之间的关系是怎样的?

案例

小会计贪污挪用公款 2 亿多元

管理国家自然科学基金的国家自然科学基金委员会的财务人员卞中被查出贪污 1 200 余万元,挪用 2 亿多元公款,该委员会财务局经费管理处副处长吴峰也涉嫌挪用公款、玩忽职守。记者今天了解到,卞中与吴峰已被市检一分院起诉到市一中院,一中院将在近期开庭审理这起大案。

一、沆瀣一气:处长与会计挪用 1 000 万元

卞中是国家自然科学基金委员会综合计划局计划财务处出纳和财务局经费管理处会计。1995 年 6 月,他和邻居陶某聊天时说,基金委有部分闲置资金可以向外拆借,搞体外循环为单位挣钱,陶某表示其所在的公司正好需用资金。由于该公司不是科研机构,基金委需先找一家银行或金融机构将款存入再贷给该公司使用。卞中与吴峰共谋后,与对方商定借款 1 000 万元,借期 6 个月,月利率 13.5‰,贷款风险由基金委自身承担,条件是将款通过中农信公司委托贷款,付给基金委的利息以现金形式支付,并让吴峰、卞中去美国旅游一趟。

同年 8 月,吴峰、卞中为个人赚取借款利息,由吴峰偷盖公章、开支票,卞中办理具体手续,擅自将公款 1 000 万元挪出,以委托存款的方式贷给广州某国际贸易有限公司。1998 年 4 月,该公司才将借款归还,并先后分 8 次支付利息 294.5 万元,这些利息由吴峰交卞中隐匿,除 2002 年年底、2003 年年初吴峰分得 1 万元外,余下的钱已被卞中用于购买房屋等。

二、小吏大贪:疯狂挪用公款终查出

从 1995 年就开始用公款"享受人生",却长期逍遥法外,卞中的胆子越来越大。从 2002 年起,他开始疯狂地挪用公款。从 1995 年 8 月至 2003 年 1 月,卞中利用职务便利,分别采取伪造银行信用凭证、电汇凭证、进账单等手段贪污公款 1 262.37 万元,单独或伙同他人挪用公款 20 993.3 万元。有了钱后,卞中送给情人名贵首饰,购买豪华别墅,在单位之外俨然一副大款派头。

卞中一次次将黑手伸向科研经费,终于露出了马脚。2003 年 1 月 7 日,他在拨出一笔项目款 2 090 万元时,私自将其中的 1 713.6 万元挪到某公司账户内,准备用于注册一家投资管理公司。2 月 12 日,基金委从该公司追回 2 090 万元,这笔款尚未来得及修改银行对账单就被发现,因此卞中才没有得逞。2 月 11 日晚上,卞中躺在床上一夜无眠,有一种大祸临头的预感。当时吴峰在安徽老家,订立攻守同盟不是特别方便。因此他去贿赂此次挪用公款的关键人李某,没想到被一口拒绝。

2003 年 2 月 12 日上午,基金委向海淀检察院报案。至此,卞中的好运到了头。

三、沉重反思：小会计何以制造惊天案？

当腐败的外壳被一层层撕开，一长串沉重的问号留在办案人员的脑海中。卞中一个小会计，为何能在 8 年中贪污、挪用公款而不被发现呢？基金委财务制度管理不规范和基金审批与监管环节中的漏洞，给了卞中可乘之机。按规定，主管部门应对财务部门及其工作人员实行有效管理与监督。遗憾的是，办案组在侦查中发现，该委会计部门账务极其混乱，卞中担任会计期间，主管部门没有很好地查过财务账，而且主管部门的财务做账也不严格，让卞中钻了空子。

2004 年 6 月 7 日，市检一分院就此案中发现的财务问题向基金委发出检察建议书。基金委党组和有关部门高度重视，责成财务局认真落实整改措施。7 月 7 日，基金委函告市检一分院，基金委已完成了对财务局领导班子和工作人员的调整，并下大力气整顿财务管理和资金运转监控，健全和落实各项财务制度。据悉，基金委已制定出具体的 10 项整改措施，以防止财政资金支付过程中可能出现的截转、挪用等违纪、违法犯罪事件的发生。

资料来源：http://finance.21cn.com/news/cjyw/2004/08/11/1702138.shtml.

讨论题

1. 结合本章关于人力资源风险形成原因的讨论，请分析本案例中人力资源风险的形成原因。
2. 除了已经制定的财务整改措施，你认为国家基金委还应该在哪些方面有所改进，以进一步防范未来可能产生的人力资源风险？

第八章 绩效管理

本章学习目标

1. 绩效管理的意义
2. 绩效考核的方法
3. 绩效管理的执行与问题
4. 绩效反馈与改进
5. 平衡计分卡简介

第一节 绩效管理的意义

工作在不同岗位上的人们,一定都有这样的体验:每到年终岁尾,大家都要填写各式各样的考核表格,或者被要求写年终总结。填写考核表格或者写年终总结,都是绩效管理的表现形式。作为人力资源管理的重要职能之一,绩效管理对于组织或者非营利性组织成功地实现其组织职能,对于员工成功的职业发展,都扮演着不可或缺的角色。同时,绩效管理的标准制定和执行,如果操作得不够合理,也可能给组织运行带来负面影响。如何正确地认识绩效管理在组织中的作用,选择适当的考核方法,促进员工提高绩效水平,充分地发挥其功效而避免其弊端,就是我们本章将要探讨的主题。

任何组织——不管是声名赫赫的跨国公司、创业维艰的小型企业,还是大院里威严的政府机关、松散灵活的业余爱好者协会,其组织目标都是由一个个员工用其辛劳与智慧实现的。从管理者的角度来说,为实现组织的目标,必须有效地管理好每一个员工的工作成果,也就是绩效。对于员工,只有充分了解自己的工作绩效,才能对自己有一个正确地认识,逐步在工作中提高,并建立起成功的职业生涯。

一、绩效管理的概念

绩效管理(performance management)是在绩效考核(performance appraisal)基础上人力资源管理实践的最新发展。与绩效考核相比,绩效管理更加强调与员工交流考核结果、制定出绩效改进的目标和措施。在管理实践的发展中,绩效考核及帮助员工提高绩效一直是管理者至为关心的环节。尤其在 21 世纪的经济角逐中,各类组织都已认识到人力资源的重要性,"以人为本"指导思想下绩效管理已经体现出很多新的内容。

绩效管理的思想早就出现于灿烂的中华文化中。比如,《尚书·舜典》中就记录了在父系氏族社会后期对氏族管理者进行考核的情况:"三载考绩,三考黜陟幽明。"这句话说的就是每三年对他们进行一次绩效考核,根据三次考核的结果决定对善者、智者进行晋升,对恶者、愚者进行降职,即"黜退其幽者,升进其明者"。

顾名思义,绩效管理就是制定、评价及改进员工在本职工作岗位上的工作行为及工作成果的管理过程。绩效,就是工作的成绩和效果,就是一个员工是否按照岗位的要求完成了工作。工作的绩效主要应该通过工作的结果来表现。当然,对于有些工作来说,工作的行为更容易被直接地观察和评价。从管理的角度来说,绩效管理的目的,主要是明确一个员工工作的成果,并且在存在改进余地的情况下设法提高未来的绩效。

二、绩效管理的内容

绩效管理主要包括三方面的内容。

1. 制定工作标准

工作标准可以规定工作中的行为,也可以确定工作应该产出的结果。关于这一部分内容,在本书人力资源规划及工作分析和岗位设计等部分已经进行了全面的介绍。当然,工作分析和职位设计满足一定条件才能够有助于组织的绩效管理工作。有效的绩效标准应该做到以下几点。

(1) 具有较高的可靠性。绩效标准应该产生一致、可信的考核结果。最重要的是评分者间信度。如果使用主观评分的办法,好的绩效标准应该能够确保不同的评分者之间在评价同一员工绩效时具有较高的一致性。现代统计学中用"信度"来度量可靠性。一般"评分者间信度"达到 0.70 以上才可接受;否则,一般都应在标准的制定上寻找原因。

(2) 绩效标准应与个人职位和组织目标紧密关联。对任何一个职位来说,什么是最重要的工作成果,什么就应该成为最重要的工作标准。比方说,对于完全独立完成工作任务的员工,评价其"合作性"就没有很高的相关性。

(3) 具有较高的辨别性。任何标准都应该能够有效地区分出同一岗位上不同的表现水准。如果就某一标准来说,所有的任职者的表现都一样或者很接近,这样的标准就失去了考核意义。

(4) 可操作性。任何绩效标准都应该是可以测量、可以评价的。搜集绩效方面数据的过程不应过于烦琐,也不应对组织的正常运转造成太大的影响。

正因如此,绩效管理工作是组织进行人力资源开发与管理全方面工作中的一环,需要有效的管理基础工作作为前提。

2. 进行绩效考核

绩效管理要求根据工作标准评价每一个员工的工作表现,这部分也就是传统上所说的绩效考核。组织需要制定一整套制度,来确定用什么样的方法搜集与员工绩效有关的信息、由什么人来进行相应的工作、搜集到的数据应该如何汇总等。这些内容,本章将给予详细的介绍。

3. 反馈与改进绩效

绩效管理要求管理者将考核结果与员工进行沟通,并且与员工一起制定出保持及改进绩效的步骤和措施。如果我们每年填写的绩效考核表格仅仅是为了敷衍了事,"为评估而评估",那么组织所投入的人力、物力都被白白浪费了。本章将用相当篇幅详细介绍绩效管理的反馈过程和绩效改进的做法。

绩效管理的过程,从制定评价标准到执行考核,再到绩效反馈与改进,是一系列复杂、烦琐,而又要求严格的管理活动。在这一系列管理活动中,管理者主观的因素、组织的环境以及人在认知过程中常见的倾向,都可能给这一类活动带来相应的问题。因此,本章还将详细探讨绩效管理中可能出现的问题,以及如何更好地执行相应工作来有效地解决这些问题。

绩效考核是对人的考察,有时往往与人才测评相混淆。其实,二者有明显的差别。绩效考核是组织内部管理活动,它是组织在执行经营战略、进行人力资源管理中要求日常进行的活动。它根据事实和职务要求,对员工的实际贡献进行评价,强调每个人、每个岗位的特殊性。从执行结果来看,它包含对人的管理、监督、指导、教育、激励和帮助等功能。而人才测评是咨询诊断活动,是例外性工作,为组织选拔、评价和开发人才服务。它要求用标准量表和统计分析方法对人本身的属性进行评价,强调人的共性。测评过程要求"中立",不对测评对象的行为发生实质性的影响。简单地说,绩效考核回答的问题是"这个员工有效地完成工作了吗?"人才测评回答的问题是"这个人是一个什么样的人?"

很多研究都发现,有效的绩效管理可以显著提高组织的竞争优势。比如,有效的绩效管理措施可以使员工的行为与组织的目标更高地保持一致,还可以督促员工在工作中以实际行为确保组织目标的实现。绩效管理有助于组织作正确的人力资源管理决策,在加薪、升职、解雇、降级、调动、培训和试用期结束等方面使组织的人力资源管理能够提高水平。良好的绩效管理制度还可以保证组织依法行事。对于员工个人来说,了解自己的长处和短处,往往是安排自己职业生涯发展的重要依据。

绩效管理包括什么内容,取决于哪些方面最能准确地体现员工的工作成绩。传统上,我国很多组织中经常用"德"、"能"、"勤"、"绩"四个方面来进行工作业绩的考核。其实这里面有一定的误解。"德"、"能"更多地是个人的品质特征,与工作绩效有关,但事实上它们却并不一定是工作绩效的构成方面;"勤"是一种工作行为特征,但并不必然地反映工作的结果,而且"勤"的行为并不一定与工作结果直接相关;只有"绩"才是我们所说的绩效。当然,对于绩效到底该集中在行为上还是结果上,取决于具体的工作性质和组织特点。一般来说,应该以结果为主但不局限于工作结果;特别是在员工个人不能全部决定工作结果的情况下,要充分地考虑人们所做的同组织目标相关的、可观测的行为或事情。而且,由于组织中多数员工的工作成绩都不能够单一地通过某种行为或某一结果来衡量,最好的考核内容应该是结合工作的行为和结果,使用一种混合的标准,甚至有关的个人特征都包括在内,但是不能简单地以任何一个指标来决定整体绩效。

明确绩效管理的侧重点,并且制定出恰当的绩效管理标准,是绩效管理工作的第一部分。这也是人力管理的基础性工作。如果一个组织有比较完善的人力资源管理制度的话,那么在人力资源计划及工作分析的过程中就蕴含了绩效管理的内容。比如,工作说明书就指明了各个员工该完成的任务及工作成果应达到的标准。

三、绩效管理的应用

绩效管理主要应用于以下方面。

(1) 本书中已经多次强调,组织目标的实现有赖于每一个员工绩效的改善。因此,绩效管理首先应用于员工绩效的提高。一个合理的绩效管理系统,有助于将组织目标和每一个员工的业绩紧密联系起来,并且与激励制度一道促进员工努力工作。比如,如果某一组织认真开发了一套各岗位的行为锚定评分体系,而且该组织中各岗位的高效行为均非常明确(因而适用这种考核方法),这就给每位员工都提出了工作改进的明确目标。

(2) 人力资源计划与绩效管理相辅相成。人力资源计划提供了绩效管理的基础。反过来,绩效管理可以为人力资源计划提供反馈信息。比如,当某一职位上多数员工的绩效都无法达到满意的水平,一个合理的推测就是工作的安排有一定问题。这样,管理者就可以改进工作职位的设计和安排。

(3) 绩效管理有助于对求职者进行选择。组织可以根据已有的绩效管理的结果,归纳出各个职位上成功员工的个人特征。在招聘过程中,就可以根据这些特征来进行求职者的甄选。比如,成功的管理者应该有良好的行为习惯,特别是在执行重要任务时。如果这些行为能够确定,就可以在招聘过程中通过侧重行为的面试来挑选合适的申请者。这样,绩效管理的结果就促进了招聘工作的提高。

(4) 绩效管理对人力资源开发提供重要信息。比如,如果组织发现管理纪律方面存在困难,那么就可以在培训期间强调这个问题。组织如果识别到管理制度中存在对业绩有不利影响的缺陷,组织就应制定出相应的管理制度改进方案。

(5) 绩效管理为员工职业发展提供有用的信息。从员工的角度来说,职业计划和发展往往对于个人无比重要。管理者可以利用绩效管理的信息来评议下级,并帮助完善和执行其职业计划。同时,员工本人也可以根据自己的优缺点来确定适合自己的发展道路。

绩效管理的应用还有很多。表 8-1 列出了绩效管理的数据在人力资源管理中各个方面被应用频度的一项研究结果。从表中可以看出,绩效管理的应用非常广泛。最需要依赖绩效管理的管理活动包括工资管理、绩效反馈以及识别员工的优劣势。当然,应用于不同的目的,对绩效考核就会有不同的要求。

表 8-1 中绩效管理的应用可能主要反映了美国的管理实践。最近的一项跨国研究表明,在北美国家,绩效管理在各个方面的应用都非常广。相比之下,在世界上其他地区,"保留工作记录"这样以法律目的为主的应用就不多,这部分地说明在人们习惯以法律手段解决劳动纠纷的环境中,管理者更加注重依法行事,并用法律手段保护自己的利益。相比之下,日本的组织希望将绩效管理的过程作为一个员工表达对上级和组织整体的意见的机会,而中国大陆和中国台湾地区的组织进行绩效管理的主要目的,往往集中在人力资

源开发上,有时也包括为晋升决策提供依据。在中国,保留工作记录文件根本不被看重,很大程度上反映了不愿意以法律手段解决劳动纠纷的倾向。海峡两岸的中国组织都不太看重绩效管理在员工表达意见以及工资决策方面的应用。此外,跨文化管理的研究发现,绩效奖金的办法在英、美等国被广泛适用,但是在其他国家不仅应用不广,仅有的应用其失败的比例也更高。从这些研究结果来看,中国的组织应该在一定程度上加强绩效管理的应用,使工资决策更大程度上依赖于绩效,在绩效管理过程中为员工提供表达意见的机会,并且加强文件的积累和管理以适应日益增多的劳动纠纷。

表 8-1　绩效管理数据在各方面的应用频度

工资管理	5.85	达到法律要求	4.58
绩效反馈	5.67	决定岗位转换和任务指派	3.66
个人优劣势识别	5.41	裁员决策	3.51
为人事决策提供证据	5.15	识别各人培训需求	3.42
认可个人绩效	5.02	决定组织培训需求	2.74
晋升决策	4.80	人事计划	2.72
识别不良绩效	4.96	加强权力结构	2.65
帮助识别工作目标	4.90	识别组织发展需求	2.63
续聘或终止雇佣合同决策	4.75	建立可信度研究的标准	2.30
考核目标完成情况	4.72	考核人事制度	2.04

指标意义:这些指标是建立在问卷调查基础之上的,应用频度表明了问卷回答者所给的平均值。问卷的问题格式是:"绩效考核在多大程度上影响了你公司在＿＿方面的活动? 1—没有影响;……;7—首要的决定因素。"

资料来源:Jeanstte N. Cleveland, Kevin R. Murphy, Richard E. Williams. Multiple Uses of Performance Appraisal: Prevalence and Correlates. *Journal of Applied Psychology*, 1989. Vol. 74, pp. 130-135.

第二节　绩效考核的方法

前已述及,绩效管理包括三方面管理过程:明确工作要求、考核员工、反馈并改进绩效。明确工作要求的内容已经在本书前面章节中进行了详细的讨论。本节重点讨论绩效考核的各种具体方法。绩效考核需要搜集与每个员工的工作状态、工作行为、工作结果有关的信息,并将其转化为对员工工作的评价,据此为与员工管理或开发有关的活动提供信息支持。因此,绩效考核的方法,也就成为绩效考核的核心内容。

进行绩效考核有很多种方法,这都是多年的管理实践中积累并经过管理理论研究者升华、改进的结果。本节介绍一些在实践中被应用得最为广泛,并且具备一定科学性的方法。各种考核方法的介绍中,我们将侧重于它们如何操作,并分析它们的优点和缺点,以供大家在实际工作中根据实际情况来选用。

面对众多的绩效考核方法,一个自然而然的问题就是:它们分别考核的是什么?简单地说,各式各样的绩效考核方法可以根据其考核的重点分成三类:基于员工特征的方法、基于员工行为的方法和基于员工工作结果的方法。员工的特征是员工行为的部分原因,员工的行为可以帮助我们了解员工是否在努力完成工作任务,员工工作的结果则可被用来证实员工的行为和组织目标之间的联系。表8-2列出了这三类绩效考核方法所考核的内容。

表 8-2　绩效考核各类方法的侧重考核点

基于员工特征的方法	基于员工行为的方法	基于员工工作结果的方法
工作知识	完成任务	销售额
力气	服从指令	生产水平
眼、手协调能力	报告难题	生产质量
证书	维护设备	浪费
商业知识	维护记录	事故
成就欲	遵守规则	设备修理
社会需要	按时出勤	服务的客户数量
可靠性	提交建议	客户的满意程度
忠诚	不吸烟	
诚实	不吸毒	
创造性		
领导能力		

资料来源:George T. Milkovich, John W. Boudreau. *Human Resource Management*. Irwin,1994. p.170.

一、基于员工特征的绩效考核方法

基于员工特征的绩效考核方法(trait methods)衡量的是员工个人特性,如决策能力、对公司的忠诚、人际沟通技巧和工作的主动性等方面。这种考核方法主要是回答员工"人"怎么样,而并不在于员工的"事"做得如何。这类评价方法最主要的优点是简便易行,评价的结果往往反映了员工给人的总体印象。当然,简便带来的问题也很多。首先,以员工特征为基础的评价方法的有效性差,考核过程中所衡量的员工特性与其工作行为和工作结果之间缺乏必然的联系。例如,一名性情非常暴烈的员工在对待客户的态度上却可能非常温和。然而,这样的员工却很可能因为给上级(或进行考核的其他人)留下不好的印象,因而得不到良好的评价。其次,基于员工特征的考核方法也缺乏稳定性,特别是不同的评价者对同一个员工的评价结果可能相差很大。这种评价的主观性也可能使人际关系或者说组织中的不正之风对考核结果产生很大的影响。最后,这类考核方法无法为员工提供有益的反馈信息,限制了绩效管理对组织的绩效改进发挥作用。

1. 图解式评定量表

图解式评定量表(graphic rating scales,GRS)大概是一种最古老、应用也最广泛的评定手段。一个图解式评定量表应列举一系列被认为是成功工作绩效所必需的个人特征,这些特征应该与成功完成工作的要求直接相关,如表8-3所示。表中的特征用于一个商场售货员的绩效考核,可以说比较好地反映了工作的需要。但如果用于评价一位车工师傅,"衣着和仪表"就没有什么太大的意义。

表 8-3　图解式评定量表举例-1

说明：
用下列评定量表,按每一特征评价该员工：_____
5＝优秀：你所知道的最好的工人。
4＝良好：满足所有的工作标准,并超过一些标准。
3＝中等：满足所有的工作标准。
2＝需要改进：某些方面需要改进。
1＝不令人满意：不可接受。

A. 衣着和仪表	1____	2____	3____	4____	5____
B. 自信心	1____	2____	3____	4____	5____
C. 可靠程度	1____	2____	3____	4____	5____
D. 机智灵活	1____	2____	3____	4____	5____
E. 态度	1____	2____	3____	4____	5____
F. 合作	1____	2____	3____	4____	5____
G. 热情	1____	2____	3____	4____	5____
H. 知识	1____	2____	3____	4____	5____

资料来源：根据 Lawrence S. Kleiman, *Human Resource Management: A Tool for Competitive Advantage*, Exhibit 8.5 改写。

图解式评定量表中的每一个特征都伴有一个从 1～5(或者 1～7,或到别的数字)分的评定量表。那么,到底这一评定等级个数多少最合适呢？这里面要考虑两方面：多还是少；奇还是偶。有些情况下,较少的等级更符合评价人认知的实际情况,因为一个考核者对于被考核者的认识不可能准确到在 1～15 的量表中找到一个确定无疑的位置。然而,也有些情况下较多的等级更加准确,而且某些情况下确实可以区分出某一个员工在一个 1～11 的量表中,到底应该居于 7 还是 8。

奇数个等级的优点是存在一个自然的中点——客观事物(在这里是员工的绩效)有时确实可能是不偏不倚的；不过,存在这一中点往往又促进居中趋势的出现,使得很多评价都集中在中间的分数上。所以说,到底应该用多少个等级,取决于组织所考核的员工的实际情况。如果考核者能够准确地在 1～10 的一个等级中选择出恰当的绩效水平,那么用 10 级的考核量表也未尝不可。如果居中趋势不是一个问题,就可用奇数个等级；否则,就用偶数个等级。

为了便于考核者给出分数,各个评分等级往往伴随着一定的意义。比如,表 8-3 中 1 分到 5 分别被赋予了从"不令人满意"到"优秀"等意义。量表的中间分数通常被定为"平均"、"适度"、"满意"或"达标"。

表 8-3 中的图解式评定量表,给出的说明(指导语)是适用于所有的评定维度的。实际上,由于考核的维度不同,也可以按照各个维度来给出评定得分的尺度,如表 8-4 所示。

表 8-4　图解式评定量表举例-2

请根据下表评价员工在当前岗位上的绩效。在你认为最合适等级上画钩(√)。同时你可以自由地进行相应的评价。

项目				
1. 工作所需要的知识 对其工作的各个阶段及有关知识的理解	需要指导 ☐	具备自己工作及相关的知识 ☐	有比自己工作及相关情况更多的知识 √	☐
	评价:在汽油发动机方面特别在行。			
2. 首创性 创造新想法及推动工作进展的能力	缺乏想象力 ☐	可达到必需的要求 √	通常很有创见 ☐	☐
	评价:问到的时候,一般有好想法;不问的话就不说。有时有点缺乏自信。			
3. 操作 关注工作,能够操作	浪费时间 需要认真监督 ☐	稳定、愿意工作 √	特别能干 ☐	☐
	评价:布置工作都能完成。			
4. 工作质量 工作的完整性、整洁和正确	需要改进 ☐	通常能达到要求 ☐	一直高质量 √	☐
	评价:他做的工作总是质量最高的。			
5. 工作量 完成工作的数量	应该增加 ☐	通常能达到要求 √	一直高产出 ☐	☐
	评价:如果不是总检查来检查去的话,工作量可以更高。			

资料来源:根据 Arthur Sherman, George Bohlander, Scott Snell. *Managing Human Resource*(11th edition). Highlights in HRM-2, p. 320 改编。

图解式评定量表的优点是因为它实用,而且开发成本小,所以有很多组织在考核中使用这种方法。它的缺点是不能指导行为,员工往往不知道自己该如何做才能得到高分。这种方法对于为绩效考核反馈面谈提供信息方面也不够成功。比如,如果上级告诉一位下属"考核中反映你这个人不够可靠",这显然会引起员工的不满;但是如果上级能够通过其他考核方法提供的信息向他明确指出,"上周有 6 位顾客向我投诉你没回他们的电话",那么员工感觉就会好一些,并且知道自己该如何改进。图解式评定量表还有一个潜在的问题是评价的准确性,因为相比于其他方法,它更容易受到偏见、晕轮效应等的影响而失去客观性。

2. 配对比较法

配对比较法(paired comparisons)将在一个部门或小组里面所有可比的员工两两配对,由考核者根据两人绩效的相对水平指出其中哪一个人表现更好。表现相对更好一些的人就从这次比较中得一分。在所有需要进行考核的员工都两两比较后,根据各个员工"占优"的次数(也就是累积的得分),确定各个员工的相对名次。这里所说的"表现",也可能用其他同样笼统的标准来代替,比如说"对组织的贡献"、"对组织独特的价值"等,见表 8-5。

表 8-5　配对比较法评估用表

评　估　用

说明:以下列出了××部门5名员工的两两配对。请根据你对他们的了解指出各对中哪一位的工作绩效更突出一些。

＊张　三 　　李　四	赵　六 ＊姚　七	＊张　三 　　赵　六
王　五 ＊姚　七	王　五 ＊张　三	＊李　四 　　赵　六
李　四 ＊姚　七	王　五 ＊李　四	＊姚　七 　　张　三
＊赵　六 　　王　五	评分人：施瓦格,组长	日期：

汇　总　用

根据以上的比较,这5名员工得分(占优次数)分别为:

张　三：　3
李　四：　2
王　五：　0
赵　六：　1
姚　七：　4

高得分表明更高的相对绩效。

汇总人:乔布希,人力资源助理　　　　　　　　　　　　　　　日期：

资料来源:根据 Ivancevich J. M. *Human Resource Management*. Boston：McGraw-Hill,1998. p. 279 图 9-12 改编。

在实际操作中,为了使评分人(在本例中是组长)尽可能独立地评价各个组合,可以把每一个组合都印在不同的卡片上。配对比较法的一个严格要求是每一个可能的组合都必须包括在内,否则整个评估结果都不是有效的。实践表明,配对比较法是一种可信度和有效性(统计学术语分别为"信度"和"效度")都非常高的评价方法。当然,它的缺点也很明显,当有 n 名员工在一起时,就需要评价很多次,其次数等于 $n(n-1)/2$。如果是10名员工,就需要比较45次;如果是20名员工,比较次数就是190次——考核者很可能感到疲劳甚至经历更消极的心理过程。此外,这样的考核结果应用于反馈,提供的信息量也是有限的。

3. 强制选择法

使用图解式评定量表,考核者可能给所有员工都打高分。前已述及,好的评价指标应该具有能够区分不同员工的能力。这样,图解式评定量表就可能失去使用的意义。配对比较法可以解决这样的问题,但是仍然使用笼统的标准。强制选择法(forced choice method)在一定意义上可以避免这样的问题。

强制选择法要求考核者从许多陈述中选择与被考核者的特征最相近的陈述。这些陈述通常是成对或者以更大的组合出现的,它们分别标志着员工是否成功完成工作。而哪句话表明员工的绩效更高,往往并不非常明显。比如,某一个成对陈述的强制选择量表可能如表8-6所示。

表 8-6 强制选择陈述举例

1a. 努力工作
1b. 迅速工作
2a. 对顾客负责
2b. 表现出首创精神
3a. 产出质量差
3b. 缺乏良好的工作习惯

或者,强制陈述可以在更大的组合里面出现。表8-7给出了另一种强制选择的量表。

表 8-7 强制选择评定量表

说明:	针对以下各项陈述,请评价它们分别在多大程度上准确地描述了本组织员工_____(姓名)的工作表现。请用1~8给以下各项指标排序:1赋予最能代表该员工工作表现的描述,8赋予最不能代表该员工工作表现的描述。您的评价中,不能有并列的分数,每个分数只能用一次。
_____	对困难准备不足
_____	对错误总有借口
_____	从不浪费时间
_____	易于沟通
_____	在小组共事中能起到协调作用
_____	在不重要的事情上花费太多时间
_____	一直非常冷静沉着
_____	是一个努力的员工

资料来源:根据 Ivancevich J. M. *Human Resource Management*. Boston:McGraw-Hill,1998. p.274 图 9-7 改编。

可以看出,这种考核方法中给出的选项,很可能与被考核者的特征都有差距,或者都非常接近。这样,考核者就必须反复揣摩这每一对陈述中到底哪一句与被考核者更接近一些。这样自然带来一个问题,就是考核的准确性问题。真正的强制选择陈述必须是行为科学专家结合组织实际、针对各个岗位的工作要求制定出来的,而且其分析、整理都要求很高的科学性。比如,有些陈述代表了对工作的正面描述,有的则是负面的。有时,在备选的陈述中有一些完全中性的陈述。中性的陈述不能反映被考核者的绩效水平,但是它们可以帮助避免或减轻考核者的偏见或主观倾向。

在设计强制选择量表的同时,人力资源专家应该根据不同的岗位给定绩效计算公式。这时,中性的陈述被赋予的分数(或优先权——在成对陈述中)将不予考虑。某些陈述对有的岗位是正面的,而对另外一些岗位则可能是负面的。比如,"不放过每一个细节"对一线任务执行者来说是优点,对战略制定者则可能是缺点。同样,这样的量表(只有包含其计算公式才算完整的量表)也可以根据心理测量学的要求分析其信度和效度,只有信度和效度都可接受的量表才能正式地投入使用。

根据考核的结果,人力资源部门的工作人员应根据事先设定好的计算公式计算出被考核者的得分。

4. 强制分配法

强制分配法(forced distribution method)是按照事物"两头小、中间大"的分布规律,将员工绩效的等级比例确定,由考核者将所有被考核者按照该比例分配到各个等级上去。使用这种方法,要提前确定准备按照一种什么样的比例将被评价者分别分布到每一个工作绩效等级上去。比如,可能按照下述比例原则来确定员工的工作绩效分布情况:

绩效最高的	15%
绩效较高的	20%
绩效一般的	30%
绩效低于要求水平的	20%
绩效很低的	10%

当然,也可以按照四等来分,并且赋予各部分比例分别为20%、30%、30%、20%,或者15%、35%、35%、15%等。这个比例可以不是固定的,组织高层管理者可以根据员工总体绩效水平的高低来确定如何分配比例关系,然后由各部门考核者来对本部门员工进行等级分配。在实际操作的过程中,这种评价工具的使用方法通常是这样的:首先将被考核的每一位员工的姓名分别写在一张小卡片上;然后根据每一种评价要求对员工进行评价;最后根据评价结果将这些代表员工的卡片放到相应的绩效等级上去。

强制分配法的缺点也在于它的强制性——在这里,强制性的影响远大于强制选择法。在强制选择法中,多项选择结果的汇总使每一个选择的误差被降低甚至抵消。但是在强制分配法中,等级的分配却是最终决策。比如,一个小组的工作可能很差,却总有10%的人将被评为"杰出";或者人人都很出色时,依然要有10%的人被评为"不可接受"。

为了减轻强制分配法的缺点,可以使用"点分配法"(point allocation technique)。在点分配法中,一个上级自由地给各个下属分配分数,但是平均分数不能超过某一个上限。这样,既避免了主观决定等级分配比例的缺点,又可在一定程度上避免考核者给所有人都评最好的或相同的分数。

5. 叙述法

图解式评定量表提供结构化的考核表格,而叙述法(essay method)则是完全开放式的。它要求考核者用最能描述被考核员工绩效的语言,写成一段短文。为了帮助考核者确定哪些方面是应该描述的,叙述法一般应给考核者一些明确的提示。当然,在要求的方面之外,考核者还应该将特别的事件或结果记录下来,作为全面评价一个员工的依据。

一般来说,叙述法要求事先培训考核者,使考核者能够按照要求描述员工的优点和缺点。与其他考核方法相比,叙述法可以很好地表现每一个员工的独特之处,因为这种方法限制较少,给考核者机会来提供开放式的评价。因此,叙述法可以成为很多考核方法的很好的补充。如果单独地运用这种方法,显然考核者要花费相当多的时间来挖掘每一特征,甚至不免挂一漏万。所以,叙述法通常是与其他考核方法结合使用的。在这种情况下,考核者就可以描述被考核者最特别的方面,不必描写得特别冗长了。

表 8-8 所示为应用叙述法的一个例子。

表 8-8 叙述法举例

说明:请在下面的空白处描述销售员赵钱孙的工作业绩。

作为对销售员的评价,您的描述中应尽可能地使用具体的数字或事迹。一般来说,描述中应包括:过去 1 年左右的销售额同比增长、销售费用变化、上级评价、顾客评价、培训新销售员(适用于有 3 年以上工作经验的销售员)以及个人工作态度。除此之外,您还应明确描述过去 1 年中发生的比较重要的能够反映这位员工工作绩效,或者对部门、公司绩效可能产生短期或长期影响(比如说士气)的具体事迹。

在加强珠海地区的销售额方面,赵钱孙先生竭尽了全力。在过去的 11 个月中,他成功地将销售额比去年同期提高了 8%,同时使每笔交易的销售费用下降了 460 元。我们从总部收到很多封信,表扬赵先生作为一名销售员的业绩。顾客非常喜欢他的为人处世和工作风格。他还培训了 3 名新的销售员,教他们掌握了销售各个环节的基本技能和技巧。他的工作热情感染着周围的人,激励着很多员工充满热忱和激情地工作。

曾经有两次,在华南地区销售经理向他电话询问有关销售的细节中,赵先生没能控制住自己的脾气。这两次事后,他都向我进行了解释,说他当时压力太大才导致举止失当。虽然他后来都向地区销售经理进行了道歉,但是我觉得他必须充分认识到我们公司的业绩控制是非常严格的,并学会适应这样的环境。如果他能够控制住他的急脾气,他会是一名更加耀眼的销售明星。

考核人:周吴郑(签名)
日期:

资料来源:表格下半部分根据 Ivancevich J. M. *Human Resource Management*. Boston:McGraw-Hill,1998. p. 275 图 9-8 改编。

二、基于员工行为的绩效考核方法

本章已经反复强调,任何绩效考核方法都有其局限性,这样的局限性取决于考核方法与工作特点的匹配。为此,不同类别方法的组合往往更有效。就特征类的方法来说,它们特别容易受限于人的认知局限性。现在,我们就开始介绍另一大类绩效考核方法,它们都是建立在对员工行为的考核上的。

如果工作完成的方式对于组织目标的实现非常重要,那么基于员工行为的绩效考核方法(behavioral methods)就显得特别有效。例如,一名售货员在顾客进入商店(或所属区域)时应该向顾客问好,帮助顾客寻找他们需要的商品(或者给顾客足够的时间和空间自由地挑选),及时地开票和收款,将顾客购买的商品迅速地包装好,在顾客离开时礼貌地道谢和告别。当然,对于一名售货员来说,有些个人特征也是非常重要的,比如说善于在适当的时候说出适当的话,能够揣摩顾客的心理,具有乐观的精神等。显然,以上所描述的行为可能准确地描述了一名售货员是否有效地完成了本职工作。基于行为的考核方法,就集中在员工是否按照要求完成了这些工作行为。

与特征类的考核方法相比,行为类的考核方法可能更准确一些。只要所考察的行为确实是重要的,同时,绩效考核者对于员工的工作行为进行了足够详细和准确的记录及评价,行为类的考核方法就能够更有效地标志一名员工的工作成绩。此外,行为类的考核方法能够为员工提供有助于改进工作绩效的反馈信息。比如说,一名销售员在"迎接顾客"

方面得分很低,他就知道应该在这方面进行加强。这类考核方法的缺点是它们往往无法涵盖员工达成理想工作绩效的全部行为;或者说,如果被考核的行为并不是建立在直接与工作结果相联系的基础上,考核行为就有可能出现偏差。例如,一名保险推销员可能用积极的煽动性很强的方法在一个月实现100万元的保费收入,而另一名保险推销员可能用非常谨慎的以事实讲话的方式也在一个月实现100万元的保费收入。在这种情况下,如果员工的业绩考核体系认为前一种方法是有效的,那么对第二个员工就很不公平。

1. 关键事件法

在运用关键事件法(critical incident method)的时候,主管人员将每一位下属员工在工作活动中所表现出来的非同寻常的良好行为或非同寻常的不良行为(或事故)记录下来。这些"关键事件"就构成了绩效考核的基本资料。当然,这些"事件"可能不可避免地包括一些工作的结果。因为这些关键事件可能在不同的员工之间不具有可比性,所以组织可以请人力资源专家给考核者提供一些关键事件记录的参照,或者对考核者(通常为上级)进行相应的培训。在此基础上,考核主要就成为一项日常性的工作,考核者每天(或者每周)记录被考核者的工作事件。

如果采用关键事件法来进行工作绩效评价,可以将其与工作计划、目标及工作规范结合起来使用。这样,正如在表8-9中的例子一样,一位工厂助理管理员的职责之一是监督工作流程以及使库存成本最小化。关键事件表明,他使得库存成本上升了15%,这就提供了一个最好的证据来说明:他在将来的工作中需要对工作绩效加以改善。

表8-9 关键事件法举例:对工厂助理的绩效考核(部分)

负有的职责	目标	关键事件
安排工厂的生产计划	充分利用工厂中的人员和机器,及时发布各种指令	为工厂建立了新的生产计划系统,上个月的指令延误率降低了10%,上个月提高机器利用率20%
监督原材料采购和库存控制	在保证充足的原材料供应前提下,使原材料的库存成本降低到最低	上个月使原材料库存成本上升了15%;A部件和B部件的订购富余了20%,而C部件的订购却短缺了30%
监督机器的维修保养	不出现因机器故障而造成的停产	为工厂建立了一套新的机器维护和保养系统,由于及时发现机器故障而阻止了机器的损坏

资料来源:Gary Dessler 著. 刘昕,等译. 人力资源管理[M]. 北京:中国人民大学出版社,1999.

使用关键事件法,需要特别强调两点。第一,考核者应该有足够的时间来观察被考核者的工作。过于自信是人的通病,上级主管往往以为自己非常掌握下属的实际工作,而事实并非如此。所以,使用关键事件法时组织应该强制性地要求主管人员每天花多少时间、如何分配、用何种方式来观察下属的表现。第二,人对事实的记忆是不准确的,长时间后的回忆往往更不准确。所以,必须要求主管人员每天按照规定的格式记录工作情况(即工作日志)。

这种工作绩效评价方法通常可作为其他绩效评价方法的一种很好补充,因为它有着许多优点。第一,它为你向下属人员解释绩效评价结果提供了一些确切的事实证据。第二,它还会确保你在对下属人员的绩效进行考察时,所依据的是员工在整个年度中的表现(因为这些关键事件肯定是在一年中累积下来的),而不是最近一段时间的表现。第三,保存一种动态的关键事件记录还可以使你获得关于下属员工是通过何种途径消除不良绩效的具体实例。不过,这样的评价方法并没有给出一个定量的分数或排序,在对员工进行比较或在做出与之相关的薪资提升决策时,可能不会有太大用处。

2. 行为观察量表法

行为观察量表(behavior observation scales,BOS)也被称为"行为清单"(behavioral checklist),是20世纪70年代末期开发出来的。行为观察量表列举出一系列工作行为——这些工作行为一般是特定工作的成功绩效所要求的。行为观察量表的开发要求收集关键事件并按维度分类。在使用行为观察量表时,评估者通过指出员工表现各种行为的频率来评定工作绩效。一个5分的量表被分为"极少或从不(1)"到"总是(5)"。通过将员工在每一行为项上的得分相加得到总评分,高分意味着一个人经常表现出合乎希望的行为。表8-10列举了行为观察量表的一部分。

表 8-10　行为观察量表举例:药物顾问

说明:通过指出员工表现下列每个行为的频率,用下列评定量表在指定区间给出你的评分。

5＝总是
4＝经常
3＝有时
2＝偶尔
1＝极少或从不

工作知识
_____ 对所有的患者和合作者都表现出同情和无条件的关心。
_____ 系统地陈述可测量的目标,为每位患者提供全面的文件证明和反馈。
_____ 显示关于可供治疗和治疗安排的社区资源的知识。

临床技能
_____ 很快评估患者的心理状态并开始恰当地相互配合。

人际技能
_____ 与所有的医院职员保持开放的沟通。
_____ 利用恰当的沟通渠道。

资料来源:根据 Lawrence S. Kleiman. *Human Resource Management: A Tool for Competitive Advantage*, Exhibit 8.5 改写。

3. 行为锚定评分法

行为锚定评分法(behaviorally anchored rating scale,BARS)发端于20世纪60年代,也被称为"行为期望量表"(behavioral expectation scale)。行为锚定评分法要求考核者根据个人行为评定员工。典型的行为锚定式评定量表包括7个或8个方面的行为特征,被称作"维度"。表8-11给出了美国一家超市为收银员工作的行为锚定所分析的8个维度。

表 8-11　超市收银员工作行为的维度

知识及判断力
感悟顾客能力
人际关系技能
收银工作操作技能
包装技能
验货台工作的组织能力
财务结算能力
观察能力

资料来源：Fogli L, Hulin C, Blood M. Development of First Level Behavioral Job Criteria. *Journal of Applied Psychology*, 1971. pp. 55, 3-8.

在每一个维度（行为特征）以下，都包含一个 7 分或 9 分的量表。这个量表上的关键行为或事件可以被用做基准，来"锚定"被考核员工的行为。行为锚定式评定量表中所使用的评定量表与图解式评定量表中所使用的评定量表在结构上是不同的，它并不使用形容词。行为锚定式评定量表是用反映不同绩效水平的具体工作行为的例子来锚定每个特征。行为锚定式评定量表的例子见表 8-12。

表 8-12　行为锚定式评定量表举例：工程师（部分）

评价维度：能力

——9——　这位工程师能够充分运用各方面的技能，可以出色地完成任何任务。
——8——
——7——　多数情况下，这位工程师能够充分运用相关技能解决分配的任务。
——6——
——5——　这位工程师能够应用相应的技能，恰当地完成多数任务。
——4——
——3——　这位工程师在运用有关技能时会遇到困难，多数任务的完成都会被拖延。
——2——
——1——　这位工程师往往在应掌握的技能前束手无策，常常因为技能不足而影响整个工作。

资料来源：根据 Ivancevich J. M. *Human Resource Management*. Boston：McGraw-Hill, 1998. p. 27 图 9-10 改编。

开发一项行为锚定式评定量表的过程是比较复杂的。简单地说，行为锚定式评定量表开始于工作分析；使用关键事件方法来分析一系列有效的和无效的行为；然后，将各事件或行为依据其所代表的维度加以分类（这时可以借助于因子分析法）；再下一步，根据统计学上的结果及专家分析，为各个关键事件所代表的绩效水平打分；最后，在每一个维度上将相关的关键事件列在一起，就开发出一个维度的评定量表，用这些关键行为或事件作为"锚"来定义量表上的评分。限于篇幅，本书无法提供更详细的开发行为锚定量表的指南，有兴趣的读者可以参考相关的文献。

行为锚定评分法通过将员工行为的每个维度上的典型行为的评分作为"锚"，不仅可以给出员工绩效的评价，而且对于员工如何改进行为、提高绩效也提供了非常明确的建议，给员工一个清晰的努力方向。图 8-1 给出的 BARS 量表显然很好地做到了这一点。

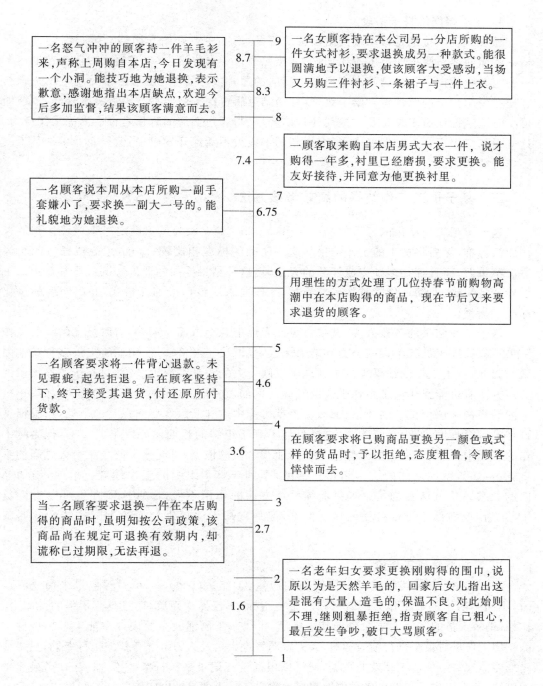

图 8-1 百货店售货员绩效考核行为锚定评分表

考核维度：对待顾客投诉的处理态度与方式。

资料来源：余凯成．人力资源开发与管理[M]．北京：企业管理出版社，1997．

4. 移动端网络打卡手段

随着互联网特别是移动端网络设备的普及，有些企业开始采用移动端打卡的方式考核一些面向客户服务的员工。比如，一名按照公司要求应该去拜访客户的员工，在抵达客户公司时应该拍一张自己站在客户公司门前的照片发给上级，在与客户交流时拍一张与客户在一起讨论的照片再发给上级，等拜访结束后再次拍张照片发给上级。这样，上级即可实时地掌握该员工是否及时地前往拜访客户、与客户交流的时长是否恰当等工作行为。这方面的应用还在蓬勃发展中，很多崭新的手段被不断地开发出来，值得企业根据员工的工作特征选用。

三、基于员工工作结果的绩效考核方法

基于员工工作结果的考核方法（results methods）一般为员工设定一个应该达到的工作成绩标准，然后将员工的工作结果与这一明确的标准相比较。当员工完成任务的具体方法不重要，而且存在多种完成任务的方法时，这种结果导向的评价方法就非常适用。工作标准越明确，业绩评价就越准确。而且，工作要求应该形成书面格式，并以明确的量化标准来衡量。

基于工作结果的考核方法，其缺点可能有以下几个方面。第一，有时员工最终的工作结果不仅取决于员工个人的努力和能力因素，也取决于经济环境、组织特点等多种其他因素。因此，员工工作的结果难以单独准确反映个人的贡献和努力。第二，基于工作结果的考核方法有可能强化员工不择手段的倾向。例如，在提供电话购物服务的公司，如果用员工的销售额来评价员工的业绩，那么员工就可能中途挂断顾客要求退货的电话，结果损害顾客的满意程度，减少重复购买率，这显然不利于组织的长期发展。第三，在实行团队工作的组织中，把员工个人的工作结果作为业绩考核的依据，可能会加剧员工个人之间的不良竞争，妨碍彼此之间的协作和相互帮助，不利于整个组织的工作绩效。第四，结果导向的业绩评价方法在为员工提供业绩反馈方面的作用不大，尽管这种方法可以告诉员工其工作成绩低于可以接受的最低标准，但是它却无法提供如何改进工作绩效的明确信息。

1. 考核产量或工作量

有许多种工作，其绩效可以用明确的产量、工作量（productivity）等数量来衡量。这时，用简单明了的数字作为绩效考核的主要指标，不仅操作简单，而且具有很强的说服力。比如，销售人员的绩效主要取决于其销售额，一线车工的绩效主要表现在加工了多少件产品。用工作量对员工进行绩效考核，人力资源管理人员及人力资源考核的执行者们，只要认定最能体现每一位员工绩效的数据，就可以根据生产记录来执行考核了。这往往是最简单的事情，而且工作量一般也确实能够很好地将员工个人的绩效同组织的绩效联系起来。

当然，很多工作的成果可能难以用简单的一两个数据来表达。设定考核的标准时，组织应充分考虑相关的所有指标。对销售员来说，绩效应该既包括销售商品的数量，也应包括回款率、销售所产生的利润率。车工的绩效，可以用他们所生产、加工的产品或半成品的数量及其合格率等进行衡量。高级管理人员的绩效，可以用公司的财务指标、公司价值

的变化等来考核。对于大学教授,需要考核的不仅包括课堂授课的课时,还应包括研究成果的数量特别是质量、指导学生的成果等。只有这样,每个人被考核的绩效才会与组织绩效、组织目标息息相关。

结果导向的考核方法也有不足,有两点极为突出。第一,有时员工的工作成果受到不可抗力(非个人因素)的影响,而简单地考核业绩可能并不公平。如果两个推销员,一个辛辛苦苦跑了一个月总共拿下了20万元的订单,而另一个并未努力,却因为偶然的机会就拿下了30万元的订单。这时,如果简单地使用定量指标,就会得出结论:后者的绩效优于前者。可这并不一定被员工接受。第二,以工作量来考核有一种危险,可能会引导员工追求短期目标。比如,对高层管理者的考核一般以财务指标考核为准,他们的奖金数额或升迁往往也取决于财务指标。为防止其短期行为,特别针对高层管理者而设计的股票期权计划,就是对此的补充。然而,随着公司治理结构中高层管理者的权力越来越大,他们往往有能力操纵股票价格以谋私利。近年来经常占据报刊头条的公司丑闻,对完全以业绩为导向的思路提出了严重的警告。对于基层员工也一样,绩效管理必须设计出合适的方法,来避免此种考核方法诱发的短期行为。

2. 目标管理

目标管理(management by objectives)反映了一些管理思想家的观念,尤其是在德鲁克的《管理实践》一书中。实际上,目标管理并不仅仅是一种绩效考核的方法或过程,而是一种对员工进行管理的全面的新思路,它强调个人目标的制定、执行以及与组织目标的协调。目标管理要求组织明确自身的目标,并且将这些目标分解到各个部门并最终汇总,而各个部门的目标也分解到每一个员工的身上。目标管理考查的不是员工的工作行为,而是每一个员工为组织实现其最终目标贡献了什么。

目标管理主要要求组织必须与每一位员工共同制定一套便于衡量的工作目标,上级要定期与下属讨论其目标完成情况。必须注意,在建立工作绩效评价体系的同时,也要考虑整个组织的目标。

目标管理法的执行,一般要包括以下一些实施步骤。

(1)确定组织目标。按照组织的使命、战略、环境等确定组织下一步的目标和工作计划。

(2)确定部门目标。由各部门领导和他们的上级共同制定本部门的目标。

(3)讨论部门目标。部门领导就本部门目标与部门下属人员展开讨论(一般是在全部门的会议上),并要求他们分别制定自己个人的工作计划。换言之,在这一步骤上需要明确的是:本部门的每一位员工如何才能为部门目标的实现作出贡献?

(4)对预期成果的界定(确定个人目标)。在这里,部门领导与他们的下属人员共同确定短期的绩效目标。

(5)工作绩效评价。对工作结果进行审查。部门领导就每一位员工的实际工作成绩与他们事前商定的预期目标加以比较。

(6)提供反馈。部门领导定期召开绩效评价会议,与下属人员展开讨论,一起来对后者的目标达成和进度进行讨论。

目标管理在世界各地的企业和非营利性组织中得到了比较广泛的应用。研究结果表明,将目标管理作为一种绩效评估工具,是相当有效的,因为目标管理可以通过指导和监控行为来提高工作绩效。作为一种有效的反馈工具,目标管理使员工知道期望于他们的是什么,从而把时间和精力投入能最大程度实现重要的组织目标的行为中。研究进一步指出,当目标具体而具有挑战性时,当员工得到目标完成情况的反馈以及当员工因完成目标而得到奖励时,他们得到有效的激励。而且,从公平的角度来看,目标管理较为公平,因为绩效标准是按相对客观的条件来设定的,因而评分相对地没有偏见。

目标管理也有若干潜在的问题。首先,尽管目标管理使员工的注意力集中在目标上,但它往往并不具体指出达到目标所要求的行为。这对一些员工尤其是需要更多指导的新员工来说,是一个问题,应给这些员工提供"行为步骤",具体指出他们需要做什么才能成功地达到目标。其次,在一个组织伦理越来越受到关注的社会中,如果公司的员工为了达到目标而"不择手段"的话,对于组织来说,可能会丧失其长远的利益。

目标管理也倾向聚焦于短期目标,一般是能在每年年底加以测量的目标。结果,员工们可能会试图达到短期目标而牺牲长期目标。例如,一个球队的经理,由于要达到在今年赢得奖牌的目标,可能用现在就能赢的老队员换下该队中有前途的年轻选手,这种行为可能损害球队的未来(即长期目标的完成)。

目标管理有时不能被使用者接纳。如果在制定目标的过程中,上级要求下级完成较高的目标而下级觉得那样的目标过高,那么目标制定的过程就成了上下级之间无休止的数字之战。

目标管理需要大量的时间来实施。一般认为,一个组织要全面实施目标管理的思路及实践,需要3~5年的时间。事实上,很多组织往往仅仅是明确了各个层级的目标,就将自己的管理实践称为目标管理,以致"目标管理"这样一个本义代表了一种全面管理思路和实践的词组,往往失去了本来的含义。这样的混淆不仅发生在中国,即使在目标管理的诞生地——美国,也常常会有不同的理解。

此外,有些管理者不喜欢目标管理所要求的大量书面的工作,也许会担心员工参加目标设定而夺取了他们的职权。有时,员工也经常不喜欢目标带来的绩效压力和由此产生的紧张感。

总之,使用目标管理法,要特别注意这其中的基本原则:在管理者和员工双方愿意的前提下共同订立目标;目标要可衡量、具体明确;目标要建立在个人可控的基础上;所有个人的目标结合起来即构成了公司的目标,这些目标之间要协调统一、成为一个系统。

四、绩效考核方法的选择

面对众多的绩效考核方法以及它们各自的特点,人力资源管理者面临的问题首先是:该选择哪种方法?我们已经在介绍三大类各种绩效考核方法的过程中,逐一介绍了它们的优缺点和使用中需要注意的问题。作为人力资源管理者,应该首先根据本组织的实际情况及各种职位的特点,选择恰当的考核方法。其次根据各个职位的需要,开发出相应的量表。根据历年来积累的绩效管理方面的经验和教训,再逐步改进绩效量表,甚至重新选择考核方法。表8-13概括性地列出了上述三类绩效考核方法的一些优缺点。

表 8-13　三类绩效考核方法的优缺点比较

	优　　点	缺　　点
特征方法	1. 开发费用低 2. 使用的维度有意义 3. 容易使用	1. 评估出现错误的可能性高 2. 不能用于员工咨询 3. 在分配奖金方面不适用 4. 不能用于晋升决策
行为方法	1. 使用具体的行为维度 2. 员工及领导均可接受 3. 可以提供反馈 4. 在用于奖金及晋升时比较公平	1. 开发及使用耗时多 2. 开发费用高 3. 可能出现评估错误
结果方法	1. 很少有主观偏见 2. 上下级均可接受 3. 将个人绩效与组织绩效结合起来 4. 鼓励共同设定目标 5. 适用于奖金及晋升决策	1. 开发及使用耗时多 2. 可能鼓励短期行为 3. 可能使用错误的标准 4. 可能使用不充分的标准

　　在为具体的工作职位设计业绩考核方法时，需要谨慎地在这些类别中进行选择。一般地说，除非员工的个人特征与工作绩效之间存在确定的联系，否则就不应该选择这种简便的方法。但是往往有些工作，其特性无法保证有客观的结果或者可明确观察的行为，来作为相应的绩效考核的依据，那么个人特征就成了仅存的方法。事实上，很多专家都建议使用混合的方法，即以某一类指标（行为或者结果）作为主要的评价手段，而以另外一些方法作为补充。一般而言，切合实际情况的混合的评价方法，有效性会比较高，可以用来对绝大多数工作进行评价。

　　未经深思熟虑而随便采用一种考核方法，甚至只是基于经验的很不正规的考核，以及名不副实、雷声大雨点小、看似严格实则走过场的考核实践，不仅不会服务于人力资源管理，还会产生严重的问题。比如说，对于绩效管理的很多批评，实际上针对的都是不完善的绩效管理。这类问题或者出自考核方法的不当、量表的缺陷，或者是执行中的问题。

第三节　绩效考核的执行及问题

　　研究表明，绩效考核的结果很难非常准确地反映实际的绩效。也就是说，考核的结果与实际（客观）的绩效之间的相关性系数，远小于 1。为什么会发生这样的情况呢？这是因为，考核结果非常依赖于考核者的大脑对信息的处理。众所周知，人类在处理信息时往往是非常不可靠的。比如说，我们的记忆中，可能存在根本就没发生的事，也可能是对已经发生的事情的重新加工、组合甚至创造。此外，在一个以"关系"著称的国度，我们谋求提高管理水平时，一定要注意尽量避免主观因素的干扰。笔者的一项研究清楚地表明：尽管客观的员工绩效与员工获得的绩效评估结果是紧密相关的，当我们去除客观绩效的影响时，考核者（在我们的研究中是员工的直接上级）与被考核者的私人关系就成了决定绩效考核结果的最重要原因。还有的学者认为，使用哪一种量表来进行绩效考核，对于整个绩效管理系统的有效性起着非常小的作用。更重要的问题在于加强考核过程的控制，以及绩效成果的反馈与改进。他们的观点得到了实证研究的支持。这就说明,绩效考核的执行,其重要性并不亚于考核方法的选择。而执行中如果稍有偏差,就可能被各种各样的问题所左右,使考核结果不可靠,也无法提供有效的绩效反馈,甚至带来更严重的问题。

一、绩效考核中容易出现的问题

美国一家咨询公司对员工进行的调查表明,大约80%以上的员工都对本公司的绩效考核制度不满意。究其原因,一方面,是由于绩效考核本身的难度,它并不是像某些人想象的那样只是上级领导给下属打一个分数这般简单;另一方面,在于绩效考核中的微小失误都可能导致人力资源管理中明显的不良后果。

下面分析绩效考核中容易出现的问题。其中包括绩效考核标准不明确、晕轮效应、偏松或偏紧倾向、居中趋势、近因效应、考核者的个人偏见以及文化上的"水土不服"等。

1. 绩效考核标准不明确

工作绩效评价标准不清(unclear performance standards)是造成工作绩效考核工具失效的常见原因之一。比如,就表8-14所示图解式评定量表来说,有些考核工具看上去似乎很客观,但它却很可能会导致不公正的评价。这是因为,这张表对每一评价要素及其好坏程度的解释都是开放式的。比如,不同的主管人员可能会对"好"、"中"等绩效标准做出非常不同的解释。对于"工作质量"和"首创性"这些要素,不同的评价者也同样会产生意义相差很大的理解。

表8-14 在图解式评定量表中加强评价标准明确性的界定

O:杰出(outstanding)	在所有各方面的绩效都十分突出,并且明显地比其他人的绩效优异得多
V:很好(very good)	工作绩效的大多数方面明显超出职位的要求。工作绩效是高质量的并且在考核期间一贯如此
G:好(good)	是一种称职的和可信赖的工作绩效水平,达到了工作绩效标准的要求
I:需要改进(improvement needed)	在绩效的某一方面存在缺陷,需要进行改进
U:不令人满意(unsatisfactory)	工作绩效水平总的来说无法让人接受,必须立即加以改进。绩效评价等级在这一水平上的员工不能增加工资
N:不做评价(not rated)	在绩效评价等级表中无可以利用的标准,或因时间太短而无法得出结论

当然,可以找到一些方法来对上述不足进行修正。其中最好的一种办法是用一些描述性的语言对绩效评价要素加以界定。比如说,可以用表8-14所示的说明性的语言,对工作质量的"杰出"、"很好"、"好"等内容进行较为清楚的界定。这样就会使评价更具有一致性,并且使评价人更容易对评价结果进行解释。

2. 晕轮效应

晕轮效应(halo effect)是指人们把事物在某一方面的特征、看法扩展到对此事物在其他方面的认知中去。在绩效考核方面,这就意味着如果考核者对员工的某一方面(如"与其他人相处的能力")的评价较高,就会导致该考核者对这名员工的其他方面(如"工作质量")也评价较高,即使事实并非如此。当评价对象是那些对主管人员表现特别友好(或特别不友好)的员工时,这种问题是最容易发生的。比如,一位对主管人员表现十分不友好的员工通常不仅会在"与其他人相处的能力"这一方面得到较差的评价,而且在其他绩效要素上也会得到较差的评价。虽然晕轮效应的发生并不像我们想象的那样广泛,但是一旦主管产生了对某一员工笼统的"好"或"不好"的印象后,这样的印象是很难被克服的。

3. 偏松或偏紧倾向

有些主管人员倾向于对下属员工的工作绩效总是做出较高的评价,而另外一些人却倾向于总是给员工较低的评价。在运用图解式评定量表时,这种工作绩效评价标准掌握得偏紧或偏松(strictness/leniency)的问题就显得尤为重要。这种倾向往往并不是考核者的主观趋势:他们总认为自己的评价是"客观"的。而一旦要求主管人员必须对下属的工作绩效以排序的方式进行等级排列时,他们就必须将所有的员工在低绩效和高绩效之间加以合理分布。因此,在强制分布法中,工作绩效评价标准掌握得偏松和偏紧的倾向就不会构成严重问题了。

4. 居中趋势

在确定评价等级时,许多监督人员都很容易造成一种居中趋势(central tendency)。比如,如果评价等级是从第1等级到第7等级,那么他们很可能既避开较高的等级(第6和第7等级),也避开较低的等级(第1和第2等级),而把大多数员工都评定在第3、4和5这三个等级上。如果你所使用的是图解式评定量表,那么,居中趋势就意味着所有的员工都被简单地评定为"中"。这种过于集中的评价结果会使工作绩效评价变得扭曲,它对于组织做出晋升、工资方面的决策或进行员工咨询等工作所能起到的积极作用就很小。而使用强制分配、强制选择或点因素法(而不是使用图解式评价量表)就能够避免这种居中趋势,这是因为,在这种情况下,所有的员工都必须被排列在一条线段上,这样就不可能把他们全部都排在中间的位置上。实际上,正如我们在前面已经强调过的,这种作用正是强制分布等相对评价(或多人评价)法所具有的最重要的优点。

5. 近因效应

对于考核者来说,对被考核者近期行为的记忆要比对其遥远的行为的记忆显然更为清晰,这是很自然的事情。因此,在考核之前的一段时间里,员工的绩效,往往会在整个考核结果中占据更大的分量。员工往往也准确地知道何时安排对自己的绩效评价。尽管员工的某些行动可能并不是有意识的,但常常是在评价之前的几天或几周内,员工的行为会有所改善,劳动效率也趋于上升。因此,考核应该加强平时的观测,避免近因效应(recency effect)。

6. 考核者的个人成见

被评价者之间的个人差异(主要是指年龄、种族和性别这一类个人特点方面的差异),有时候也会影响他们所得到的评价,甚至会导致他们所得到的评价大大偏离他们的实际工作绩效。比如,老年员工可能在"工作完成能力"和"发展潜力"等方面得到比实际水平更低的评价。在存在人口多样性和事实上的歧视的环境下,评价者的个人成见(stereotype)往往会更加明显。在中国,种族的差别在绩效考核中目前尚不具有显著的意义,但是年龄和性别的歧视往往是存在的。对于农民工的歧视,或者对于来自某一地域的人员的歧视,也可能在不同程度上存在。

在实际工作绩效评价过程中,必须尽量依靠客观标准,对考核者明确要求,并加强考核过程管理等,努力避免因受员工年龄、性别或出生地等情况的影响,而造成对他们的工作绩效做出不正确的评定。

7. 文化上的"水土不服"

作为人力资源开发与管理中的重要一环,绩效考核工作与其他工作一样,具有极强的文化特征。生活在不同的文化中,人们具有不同的价值观、基本信念、判断是非的标准。比如,在日本非常有效的质量控制循环,在美国却并不有效。类似地,在不同文化下,绩效考核就会有不同的侧重点,同样的考核方法的有效性也是不同的。在进行美国与日本管理的对比研究中,学者们发现美国式的以个人为基准的考核与奖惩很可能不适用于日本的环境,员工感到困惑、不满,甚至觉得自己的价值观受到挑战;相反,基于团队的考核与奖惩能促进员工更加努力地工作。这样的绩效考核方法,在以色列的集体农庄——一个非常强调平等地对待每一个人的地方——可能也不适用。

在文化的各方面研究中,与在中国进行绩效管理相关最为密切的,可能包括权力距离、集体主义、时间导向、普遍主义价值观等。具体地说,由于现在所介绍的各种方法,其有效性基本建立在集中于北美的实证研究基础之上,能否在中国同样有效,需要管理实践者和研究者共同探讨。对任何一个组织来说,都应该在采用这些方法的同时,与管理研究者进行合作加强实践研究,并逐步吸收实践中的反馈,以开发出适合国情的考核工具。

二、如何避免在绩效考核中可能出现的问题

上述各种问题都会对绩效评价结果产生影响。为了将它们的影响降低到最低程度,管理者至少可以从以下几个方面做出努力。

(1) 要确保所有的管理者,特别是一线管理者对上述几种在工作绩效评价过程中容易出现的问题都有清楚的了解。因为弄清楚问题显然会有助于避免这些问题的出现。

(2) 选择正确的绩效评价工具。每一种评价工具都分别有其优点和不足。这些评价方法对于各种可能问题的免疫力也是不一样的。组织应根据各种外部条件的限制,来选择、开发适当的绩效考核方法。比如,在为了工资决策而进行的考核中,如果管理者估计居中趋势可能带来几乎人人相同的考核结果(有些人往往非常信奉中庸之道),那就可以用强制分配法或者配对比较法来给员工排序。

(3) 对主管人员进行培训。恰当地识别重要的工作行为、通过个人工作行为来反映员工的改进方向以及区分有效的和无效的劳动等,都有助于增强考核效果。

(4) 要保证考核尽量依赖于客观的、有据可查的事实和资料,减小认知的误差。为考核者提供足够的时间和精力来进行考核,也是非常重要的,因为偏见的控制是需要占用认知资源的。

(5) 组织应能够有针对性地使用资源。尽管每个岗位、每个员工对组织都不可或缺,但是它们的重要性确实是不同的。绩效考核以及反馈等都是非常费时费力的工作,组织如果识别了对于本组织成功最为关键的一些职位,就可以将更多的资源集中在对这些职

位的考核上面。比如,有的公司发现战略实施的成功与否,在80%的程度上依赖于5个类型的职位。这样,组织就可以在安排人力、物力资源方面有恰当的倾斜,以最小的代价达到最好的效果。

三、考核的执行者

在绩效考核的各种方法中,除了以工作结果作为考核依据的方法外,其余方法都需要有人来为员工的工作表现打分。这就涉及由谁来进行打分的问题。

1. 谁掌握绩效信息

绩效考核的执行者,最常见的就是每个员工的直接上级。直接上级负责向员工分配工作任务并监督、指导该员工的工作,因此也是最经常来执行考核的人。

然而,随着组织管理实践的发展,很多员工的工作特征已发生了巨大的变化,在很多情况下,直接上级已经不能了解员工工作的全面情况了。比如,对销售人员来说,他们的上级一般只能够了解销售额、回款情况以及其他一些对他们工作的印象,而这些印象是否正确也很难说。但是,作为与他直接接触最多、最能体现他的工作绩效的,却是顾客。如果能够将顾客吸收进来参加对销售人员的绩效考核,绩效考核所搜集到的信息,就比仅依赖直接上级的评价要多得多了。

此外,团队式工作的兴起,使工作的组织中要求很多的合作。这时,"是否具有合作态度及合作能力"应该是考核员工绩效的重要指标,而这一点,同事对一个员工的了解,显然比直接上级要多得多。所以,将同事包括在绩效考核的执行者中来,也是一种合理的发展。

很多组织在进行绩效考核时,也要求员工进行自我评价。当然,自我评价的结果是不能单独用来进行人力资源管理的决策的,因为人们几乎都是倾向于给自己一个较高的评价。但是,由于这种方法有利于帮助员工认真地思考自己的工作、认识自己,而且员工个人对于自己工作的了解显然要超过别人,所以也经常在绩效考核中作为开始的一步。比如,在我国,很多组织经常在年终考核时要求员工个人填写年终总结表,或者撰写个人总结,这就是自我评价的手段。

在对管理者的考核中,经常结合下属的考核,一般是让被考核人的下属不记名地参与到考核过程中来,就该管理者在管理方面的绩效进行评价。对管理者的考核中加入下属的意见,可以了解该管理者的领导行为对下属产生的效果,不仅是管理者业绩的重要方面,而且对于管理者改进领导方式、提高管理水平,都有很重要的意义。民意测验、征求意见、召开座谈会等在我国被广泛应用的手段,与这样的绩效考核执行具有异曲同工之处。当然,这里面也可能有一些潜在问题,下属由于在考核其上级过程中一般不具名,所以有时可能会有人给出并不公正的评价。因此,在实践上,下属的评价更多地用在管理人员开发上,即通过吸收下属的意见来提高管理人员的管理技能,而不该过于将其应用到人事决策上。

此外,还有的组织利用考核中心的做法,也有的组成一个专门的委员会来领导考核。

2. 360°考核

由于很多员工绩效的信息被组织内外不同的人掌握,于是管理实践中就出现了360°

考核及反馈。所谓360°考核,就是在组织结构图上,位于每个员工上、下、左、右的公司内部其他员工(也就是上级、下级及同事)、被考核的员工本人,有时甚至还包含顾客,一起来考核这个员工的绩效。360°考核特别注重通过反馈来提高员工的绩效,因此有些文献专门把360°考核中的反馈称为360°反馈。

从全球的范围来看,《财富》杂志评出的前1 000家大企业中,有90%以上应用了360°考核的部分或全部内容。更多的组织使用了360°考核的某些方面。也就是说,从所有与员工相关的人群中间找出最有相关性、最能了解其绩效的人,一起来参加对其的绩效考核。

每个人的工作都具有多个表现方面,因此将各个方面的人对于每个员工绩效的考核意见结合起来,能够比较准确地给出一个员工的绩效。然而,也正是由于不同的人对考核的态度、考核的结果方面的差异,360°考核在最初被提出和应用时,并不是集中于人力资源管理决策上的,而是作为决策的参考,更多地用于人力资源开发方面。

3. 360°考核的建议

360°考核已经得到了比较广泛的应用,但是也存在很多潜在的问题。管理者应该充分地运用其优点而避免其缺点。根据已发表的研究,以下建议值得重视。

(1) 制定明确的目标。模糊的目标往往使员工无所适从,不同的考核者在评价时也会各自有不同的侧重点。比如,在没有明确的工作目标和考核标准时,上级觉得这位员工能够很好地完成任务,同事觉得这位员工缺乏合作精神,于是这两方就分别在一个1~5的图解式量表中给了"5"和"1"的评价。然而,平均的结果"3"(或者加权之后得到另一个数)不能反映这位员工哪方面好,哪方面不够好。就像将苹果和橘子加权是没有意义的一样,这样得到的360°考核的结果也没有什么意义。相反,如果明确不同角度的考核者分别以哪些标准作为考核的基础,评价结果就能够以更有意义的方式汇总。

(2) 每个角度的考核者都要按照其所掌握的信息来执行考核。也就是说,不要让所有考核者都考核一名员工工作的所有方面。在360°考核中,每个考核者都是因为比较好地了解关于某员工的某一方面而被吸收入考核者队伍中来的。如果让每个考核者都考核所有方面,显然就失去了360°考核自身的意义了。

(3) 正如其别名"360°反馈"所强调的那样,这种手段的主要应用在于帮助员工提高。所以一般来说不将360°考核的结果用在人事的决策上,而只用在人力资源开发上。明确了解这一点,对于员工在考核和工作中的主动配合,是有好处的。

(4) 尽量保密。不要让员工知道都有哪些人参与了对他的考核,特别是这些人都分别给了他什么样的评价。当然,直接上级是他肯定知道的,但是也不必让他知道直接上级给了他什么评价。这样也可避免相互帮忙或有意报复。特别是在同事之间考核时,有些人可能会事先约定相互之间都打高分,或者有的人愿意给自己喜欢的人打高分、给自己不喜欢的人打低分。这些情况,人力资源部门和执行考核监督职能的外部专家,应该发现那些明显过高或过低的分数,并与这些考核者沟通或者剔除这些分数。

(5) 使考核者以相同的理解来对待每个评估项目。一般地说,应该由组织外聘的考核专家,在考核时与参与考核的来自360°范围的人员进行交流,逐一讨论应该分别由这些考核者执行的考核项目的含义及如何打分。甚至,在每一个人进行对他人的考核时,都可以先进行"试打分",在和这些外部专家交流中确保每个人都正确地理解了考核的项目和标准。

(6)帮助员工解释这些评价并做出行动计划。由于360°考核中可能包含一些不准确的评价,所以组织应该对其进行解释,不要把所有考核结果都告诉员工,而应选择那些有助于其改善绩效的方面进行沟通。

(7)科学地执行360°考核。换句话说,执行360°考核应该慎重,一旦决定,就按照规定执行,不能领导心血来潮就搞一次,下一次又嫌它太麻烦就抛在一边。考核方法要有一定的稳定性和连续性,因为这是员工行为的指南。

四、绩效考核期限

绩效考核的期限,一般来说并不是管理者考虑的问题。绝大多数组织每年或每半年对员工进行一次考核。然而,研究表明,这样的考核显然太不够了。如果要考核者评价员工6个月或者12个月过程中的绩效,他很难给出准确的结果,因为在考核者的记忆中往往是无关的、过于简单的或者错误的信息。

这些研究结果给我们的启示,就是要加强平时的考核。我们不能因为不是在考核期而忽视绩效考核的工作。实际上,绩效考核是应该随时进行的,因为工作绩效发生在每一天的工作当中。比如,关键事件法最早在通用汽车公司中被开发出来,就要求主管每天记录其下属在当天能够反映绩效的工作事件,结果100个主管中有99个人可以对其每个下属都写出2件以上的事件,而且他们在每个员工身上花费的时间不足5分钟就可以完成这项考核任务。同时进行的对比试验表明,如果改成每周记录一次或每两周记录一次,绝大多数人即使花上一个小时回忆,也很难想出什么内容来了。

准确地说,绩效考核就应该发生在每天的日常工作中。特别是对于管理人员,每天都应该记录下属工作的状况,依据组织统一的量表将员工工作中有关的事情记录在案。这样,在所有的"年终考核"或者"季度总结"时,真正与绩效管理有关的工作已完成大半,仅剩下绩效的汇总与又一次反馈、改进的谈话了。

第四节 绩效反馈与改进

绩效管理工作的重要目的之一,就是组织的管理者要为员工提供绩效反馈并与员工一起探讨改进绩效的手段。本节将探讨为什么绩效反馈(绩效考核面谈)及改进如此重要,分析绩效反馈如何才能改进员工的绩效,并具体地给出绩效反馈及改进的操作方法及建议。

关于绩效反馈的功与过,就像关于绩效考核的争议一样,充满了是是非非。有人认为绩效反馈从来不受欢迎:下属们担心自己得到各式各样的批评,领导们担心自己的努力工作换来的却是"愤怒与眼泪"。也有最新的研究表明,如果管理者在绩效考核过程中持续地给下属提供反馈,能够使下属的绩效得到很大的改进,同时也可促进绩效管理系统的有效性。也有人认为员工都期待得到绩效反馈,而且反馈往往是激励员工更加努力工作的动力。之所以不同的学者和管理者对绩效反馈有不同的意见,在于绩效反馈本身的复杂性。在某些情况下,绩效反馈可以改进员工的绩效并进而提高组织的有效性;然而,在另外一些情况下,如果绩效反馈做得不够好,这项工作也可能真的"费力不讨好"。建立在实证研究和理论构建的基础上,反馈干涉理论提供了一种对绩效反馈效果进行全方位考察的依据。

一、理念基础:反馈干涉理论

反馈干涉理论是建立在社会认知理论基础上的。社会认知的研究发现,人对自身的行为往往有继续或无意识重复的倾向。同时,人的注意力是有限的,投入注意力及调整行为只有在有意识的情况下才能发生。因此,对于组织的员工来说,行为的调整只有在反馈结果与事先设定的目标不匹配时才成为可能。

此外,人在工作中的目标或标准是分层次的。越高层次的目标越根本,也就越与个人的自身价值或自我实现息息相关。而越低层次的目标越具体,越体现在日常工作中的琐碎细节。目标层次反映了人们对于工作中个人努力目标及绩效改进措施中的努力方向。反馈干涉理论采用了比较简单的三个层次的观点来分析这些层次对于绩效反馈的意义。

第一个层次是总体任务过程层次或称自我层次。在这个层次上,员工关心的问题是:我做的工作,是否反映了我作为一个人的价值?我应该成为一个什么样的人?我在社会上以及在组织中扮演了一个什么样的角色?我对自己的要求是否合适?等等。

第二个层次是任务动机层次或任务层次。它使员工关心他所执行的工作任务本身。员工考虑的将是:我在这项任务中的表现如何?我是否达到了组织对我的期望?

第三个层次,也是最低的层次,是任务学习层次。它关注工作执行过程中的细节和员工的具体行动。员工考虑的问题是:能不能有更好的办法来做这件事?我哪件事做得不合适?

一般情况下,员工的注意力通常被引导至中间的层次,也就是任务层次。在绩效考核结果即将出来之时,员工往往希望知道自己得到了一个什么样的评价。然而,这种期待不能仅仅地理解成对反馈信息的渴望;更重要的,是员工希望得到正面的反馈,因为正面的反馈不仅意味着表扬、奖励、晋升,而且还是对员工个人成就、自我形象的肯定。

实际上,员工不仅希望得到正面的反馈,而且往往将自己的成绩估计得很高。比如,一项研究中发现,87%的员工认为自己的表现应该在所有同事中属于前25%。这种过高的自我感觉,肯定会导致很多员工认为绩效考核的结果对自己不公平,为此感到不满,并据此认为这个绩效考核制度不合理,才会有"愤怒和眼泪"充斥着绩效反馈过程。

在得到与预期不一致的反馈后,员工往往会矫正自己的行为。这时,"层次"的概念就非常重要。如果绩效反馈触及了第一个层次的内容,那将是很危险的。比方说,如果上级在向下属提供反馈时说:"看看这个结果,你根本就是个废物!"这样的反馈(非事实性的,乃评价性的)实际上构成了人身攻击,它对员工作为一个人的价值进行了否定。这样的反馈显然不可能带来正面的结果。类似地,如果反馈集中在任务学习层次,对下属行为矫正的效果也不够好;一般是造成只见树木不见森林的效果。比方说,上级向下属反馈:"每次在接用户电话时一定要多用'请'、'谢谢'、'对不起'等词语。"这样的反馈对于员工具体的行为可能会有矫正作用,但是员工往往难以站在更高的角度上来理解这样的行为的具体意义。如果这位员工知道了自己需要让打进电话的客户感受到友好的气氛,让客户感觉自己的问题得到了公司的关心,而且相信公司一定会尽力帮助他们解决相应的问题,那么,这位员工就更可能自己想方设法做到满足这些要求。

有研究人员总结了管理者在绩效考核面谈中,该如何关注员工的不同层次问题:
(1) 仅集中在任务和工作绩效上,不要集中在员工个人自我形象的任何部分;
(2) 不要让员工感到不安;
(3) 包含如何改进的信息;
(4) 与反馈同时,提出一个正式的目标设定计划;
(5) 尽可能多地提供与绩效改进相关的信息,减少与他人绩效(比较)相关的信息。

二、操作过程:绩效反馈注意事项

绩效反馈对员工的发展是十分关键的。有效的绩效管理制度不仅需要这样一次单独会见,而且,负责人应不断地保持与员工的交流,以强调他们在个人发展上的责任。

上级和下级都应将绩效考核面谈作为解决问题的时机,而不是一次发现错误的时机。部门主管在计划一次考核面谈时应考虑三个基本内容:讨论员工的业绩、帮助员工确定目标、提出员工实现这些目标应采取措施的建议。例如,根据生产质量这个要素,一个工人可能被评价为"一般"。在面谈中,双方都同意把生产质量这一要素作为下个评价时期里需要特别改进的要素。在提供达到一个更高目标的方法方面,部门主管可能会推荐一些特殊的措施。

1. 绩效考核面谈的内容

绩效考核面谈中主管应该与下属讨论他们的评价结果,并且设定下一个绩效考核期限的目标。此外,专家建议,与员工薪酬有关的行动不应在这次面谈中讨论。具体地说,绩效考核面谈应该包括以下内容:
(1) 对整体上的工作成绩以及进步进行总结;
(2) 讨论遇到的问题;
(3) 就如何改进绩效尽可能达成一致;
(4) 就当前的绩效与长期的职业目标进行讨论;
(5) 为未来一段时间内,或者下一个绩效考核周期(如下一年)做出具体的行动计划,包括短期和长期的目标。

2. 绩效考核面谈的准备

在准备工作绩效考核面谈时,需要做三件事情。
(1) 要对工作绩效考核的资料进行整理和分析。管理者应对即将接受面谈的员工所从事工作的工作描述进行研究,将员工的实际工作绩效与绩效标准加以对比,并对员工历来的工作绩效等档案资料进行全面的了解和分析。
(2) 给员工较充分的准备时间。应至少提前一周通知员工,使员工有时间对自己的工作进行总结。鼓励员工阅读自己的岗位说明书,分析自己工作中所存在的问题,准备需要提出的问题和意见。

（3）选择合适的面谈时间和地点。应当找一个对双方来说都比较方便的时间来进行面谈，以便为整个面谈过程留出一段较为充足的时间。面谈应安排在考核期结束不久以后。员工通常知道他们的会见时间，如果会见被推迟，则会增加他们的担心。通常情况下，如果面谈对象是像办公室文员和维护工人这样从事容易理解和量化工作的员工，面谈不应超过一个小时；而与管理人员所进行的面谈则常常要花费2~3个小时的时间。不仅如此，面谈地点应当具有一定的相对安静性，以免面谈被电话或来访者所打扰。美国心理学家泰勒尔及其助手兰尼的实验研究，对于面谈地点的选择有一定借鉴意义，如表8-15所示。

表8-15 谈话地点的选择

地 点	特 点	适 用 范 围
办公室	严肃、重要	犯有错误的人，对性格外向、喜欢交际的人
家中	亲切、平等	目的是沟通思想，增进双方了解，密切双方关系；或者劝导难度较大时
路上、室外	随便	对性格内向、胆小怕事、敏感多心的人，屡教不改的人
公园、林荫路	平等、非正式	对那些情绪低落、消沉的人

3. 进行绩效考核面谈

在进行工作绩效考核面谈时，总的原则是要直接切入主题、客观评价绩效、建设性地探讨未来。整个绩效评价过程应是员工的一次积极的经历。但在实践中，绩效反馈往往给员工带来消极的影响。较为理想的情况是，员工带着对部门主管、公司、工作和他们自己都较为积极的情绪退出会谈。如果员工的自我形象受到了歪曲，则提高业绩的前景将很渺茫。过去的行为已不能改变，但未来的业绩则能改变。因此，应明确列出并一致通过员工发展的特定计划。对管理者来说，一定要建立起对于绩效考核面谈积极的认识，不能有一种"老好人"的心态，也不能高高在上、颐指气使，把反馈面谈当作教训下属、发泄自己不满或者建立威严的机会。绩效考核面谈的核心目的，是帮助员工改进绩效，促进员工的发展，自然也就同时促进了组织的绩效。

具体地说，绩效考核面谈的要点如下。

（1）不要直接指责员工。正如反馈干涉理论所指出的那样，指责员工会造成员工的自我保护行为，会将建设性的会谈变成冲突性的争吵。例如，不要对员工说，"你递交报告的速度太慢了"；相反，你应当试图将员工的实际工作绩效与绩效标准进行对比（如"这些报告通常应当在10天内递交上来"）。类似地，也不要将员工个人的工作绩效与他人的工作绩效进行对比（如"他比你递交报告的速度要快多了"）。

（2）谈话要直接而具体。交谈要根据客观的、能够反映员工工作情况的资料来进行。这些资料包括以下几个方面的内容：缺勤、迟到、质量记录、检查报告、残次品或废品率、订货处理、生产率记录、使用或消耗的原料、任务或计划的按时完成情况、成本控制和减少程度、差错率、实际成本与预算成本的对比、顾客投诉、产品退回、订货处理时间、库存水平及其精确度、事故报告等。尽管不能直接针对员工个人，但必须要员工明白自己到底做对了什么,做错了什么。因此,以下做法可能是非常有意义的:给员工举出一些特定的例子;在与员工讨论如何对工作加以改善以及何时加以改善之前,确信他们对问题已经搞明白,并且你们之间确实已经达成了共识。

(3) 鼓励员工多说话。应当注意倾听员工正在说什么;多提一些开放式的问题,比如,"你认为应当采取何种行动才能改善当前的这种状况呢?"或者"请继续说下去。"或者"请再告诉我一些更多的事情",等等。管理者还可以将员工所表述的最后一点作为一个问题提出来,比如,"你认为自己无法完成这项工作,是吗?"

(4) 强调积极方面而不是消极方面。同样的实质性内容如果用不同的语言讲出来,对方的心理反应是截然不同的。比方说,如果管理者能够以下面这样的方式来说话,员工就会感觉很好:"如果你能够每天早来 15 分钟,我相信你可以把工作做得更好。希望这对你来说不会造成太大的麻烦。""我希望我们一起来寻找一些方法,看看我能够怎样帮助你把工作做得更好。"相反,接连不断的批评会让人沮丧,并且对员工的发展也有不利的影响。在管理者不得不强调绩效考核中负面的内容时,这方面的讨论也应集中在工作行为和工作结果的缺点上,而不应集中在个人上。反馈干涉理论中的"层次"概念,在这里得到了很好的体现。无论何时,只要有可能,就应最大限度地维护员工的自尊。

(5) 制定行动方案。绩效考核最重要的目标,就是为了把工作做得更好。只有通过具体的行动方案,才能使员工将注意力集中到如何更好地完成任务方面。通过更好地完成任务,员工的自信、自我形象也得到加强。表 8-16 给出了一个例子。

表 8-16 一个工厂助理管理员改善绩效的行动计划

行 动 方 案	行 动 时 间	预 计 结 果
行动执行人:约翰,工厂助理管理员 问题:零件库存过多 目标:在 6 月将零件库存降低 10%	5 月 18 日	
行动步骤		
弄清平均每月的零件库存量	6 月 2 日	确定工作绩效改善的基础,并以此作为对工作进步情况进行衡量的标准
检查订货数量和零件的实际使用量	6 月 15 日	清查过多的库存项目
将多余的零件运到地区仓库中去,并且将过失的零件报废	6 月 20 日	
为所有零件确定新的订货数量	6 月 25 日	避免将来仍然出现过多存放的问题
清查记录以明确现有零件库存量	7 月 1 日	看一看与目标的接近程度

资料来源:Gary Dessler 著. 刘昕 等译. 人力资源管理[M]. 北京:中国人民大学出版社,2005.

4. 针对绩效的奖惩

在本章第一节,我们提到绩效考核结果经常应用到奖惩中去。关于奖惩的详细内容,本书中薪酬管理和激励等部分有更详细的介绍。这里仅强调一种在管理实践中经常见到的绩效管理的误区。

研究表明,多数组织在奖励绩效时只注意最杰出的员工(A or A+ Players)以及对最差的员工进行惩罚,却对绝大多数偏好或偏差的员工什么也不做。这样做的结果就是组织很难留住表现偏好但却不出类拔萃的员工。留下来的大多数,往往是绩效本来偏差的。长此以往,人力资源为组织发展的贡献将受到限制。组织应该尽可能多地注意到绩效为中上的员工(有管理学家将他们称为 B Players)。虽然这些员工不能成为明星,但是正是他们扎实的工作才提供了组织基本运作的基础。然而,多数组织却对他们的贡献不予重视,在反馈中不会对他们提供充分的咨询。此外,与薪酬管理相关,在绩效考核后对绩效的奖励方面也应充分考虑到各个层次绩效的员工,不能眼睛仅盯着两个极端。

表 8-17 列出了上级主管在绩效反馈面谈前、中间及之后应该做的事。

表 8-17 绩效反馈面谈前、中间、之后主管应该做的事

面谈前
经常与下属就他们的绩效进行沟通 接受绩效反馈面谈方面的培训 计划使用"解决问题的办法"而不是"让你怎样做就怎样做" 鼓励下属准备绩效反馈面谈
面谈中间
鼓励下属参与 评价的是绩效,而不是人格或行为习惯 具体 做一个积极的倾听者 避免破坏性的批评 为未来的改进建立双方同意的目标
面谈之后
经常与下属就他们的绩效进行沟通 经常性地检查目标的进步 针对组织整体的绩效进行奖励

三、检查绩效管理系统自身的有效性

组织一方面要按照例行的工作程序来对员工进行绩效考核、反馈并改进绩效;另一方面,组织的高层人力资源管理者和领导,都有责任经常检查、反思自身所应用的绩效管理系统,考察其制度自身的有效性。按照学者的研究和总结,一个有效的绩效管理系统应该满足以下标准。

(1)与战略目标相一致。组织考核、奖励的行为与结果,往往也就是员工最可能表现出来的行为和结果。所以,组织的考核内容和考核标准,必须与组织战略目标相一致,否则就会出现"想要 A 却奖励 B"的错误。比如,很多组织期望员工着眼于组织的长远竞争力,却考核员工短期目标的实现,这样,绩效考核的内容就与战略目标相矛盾了。

(2)全面。这个"全面"包含了几层意思。首先,所有员工,包括最高层的领导者,都应该接受考核和绩效反馈。其次,绩效考核和管理应该涵盖一名员工工作的全部职责,否则,不被考核的职责往往会被员工忽视。再次,考核应该随时进行,涵盖员工开展工作的

所有时间,而不是到年终岁尾才想起搜集绩效信息。最后,考核结果的反馈,既要告诉员工哪些方面做得好,也要告诉员工哪些方面需要改进,从这个好—不好的绩效分布上,反馈结果也要全面。

(3) 可操作。绩效管理制度是为组织发展服务的,所以其各个环节必须便于执行、容易理解,对组织发展的结果具有明显的启示意义。如果片面强调考核方法的完备而制定了过于复杂的制度,那么对于实际执行很可能会产生负面的影响。

(4) 有意义。绩效管理制度"有意义"的含义也有几个方面。首先,绩效标准必须是重要的、对于组织发展有贡献的。其次,绩效考核所关注的内容必须是员工个人努力所能够决定的。比如,全面质量管理的先驱戴明认为,美国工业质量90％以上的问题都来自组织系统的缺陷;那么,根据员工的产出来评价他们就是不公平的。最后,考核的期限、考核者的技能、回馈的内容等方面,都应该符合绩效管理和改进的目标。

(5) 具体。一个好的绩效管理制度必须是非常具体的,应该为员工提供详细的改进目标甚至步骤。

(6) 可靠和有效(具有较高的信度和效度)。绩效考核的结果应该经得起考验和推敲,较少受到各种错误的影响。绩效考核必须测量了真正应该测量的工作内容,把标志员工工作好坏的最重要的信息都包含在内了。

(7) 公平,且被员工接受。作为组织内部管理的一种非常重要的制度,绩效管理的整个体系应该做到符合公认的程序公平的标准。比如,绩效考核制度应该一致地应用于所有员工,应该符合所在环境的法律和社会公序良俗,应该允许员工就制度的不完备方面提出意见并进行相应的修改,等等。只有这样,整个制度才能够得到广大员工的认可,提高绩效考核结果的可接受程度。

第五节 平衡计分卡法

一、传统组织和部门考核的局限

以上讨论的都是对员工个人的考核,这是绩效考核的重点。但是,由于以下几个方面的原因,对部门的考核与对员工个人的考核紧密相关,使得对部门或者整个组织的考核也非常重要。

(1) 每个员工都是在一个部门或团队中工作的,他不仅有义务完成那些属于他自己的、明确地写在了职位说明书中的工作,也要在团队或部门中扮演积极的角色,加强与同事的合作,这样才能共同为实现部门的目标,从而为实现组织的目标贡献力量。也就是说,完成部门的、组织整体的任务目标,是每个员工的义务。因此,很多组织在绩效考核与薪酬管理的实践中,将每个员工个人的考核成绩与其所在的班组、工段、车间的相对考核成绩一起加权进入每个员工的最终考核成绩之中。

(2) 我们前面的论述并未特别考虑到对部门领导的考核。事实上,对部门领导或基层管理者的考核,从结果来看,就是该部门的业绩;当然,从特征、行为的角度,还有其他一些因素。在组织实际运作中,组织的中层、基层管理者对于组织战略目标能否顺利实现,扮演着举足轻重的角色，对于这部分人员的考核是高层管理者更应关注的问题。

(3) 组织的众多利益相关者需要了解一个组织是否完成了它的使命和任务。组织需要从外界环境中获得相应的资源和支持，这些利益相关者很可能将对组织的支持建立在该组织的绩效基础之上。对于营利性组织，投资者需要了解自己的投资是否得到了回报，以及长期来看自己的获利能力如何，等等。同时，各个组织也需要将组织的使命、战略目标和计划等变成可实施的、分解到具体小组或者个人的任务。战略实施过程从来都不是一个容易的工作，如果有什么措施能够辅助战略实施，自然会受到管理业界的重视。

对于部门的考核，我们传统上只采用以结果为导向的方法，即考察该部门是否完成了计划的各项任务，而各生产、销售部门的任务通常都是以经济指标作为衡量标准。比如，我国某通信组织，2000年分别给其各事业部销售额指标定为：系统部，80亿元；手机部，30亿元；接入设备部，20亿元；等等。相应地，该公司职能部门也有一定的非财务的指标，比如，人力资源部，在招聘方面要完成在36所重点大学招聘研究生层次技术人才80人、MBA 60人；在考核方面，要初步开发成功公司的一到三级部门考核的平衡计分考核法；等等。到年终考核决定各事业部总经理分别能够获得多少提成时，各自的事业部是否完成了销售定额，就是最重要的指标。

虽然这样的考核实践在事实上也会考虑到除了财务数据外一些其他的绩效因素，比如，某一事业部发生了安全事故，其考核结果也会受到影响；但是，这种考虑是不全面、不系统的。作为各个部门，除了追求财务上的短期绩效外，还应该花很大力气追求顾客的满意度、组织的长远发展、员工的工作生活质量等目标。那么，怎样站在战略高度考核各部门的业绩？平衡计分卡法提供了可资借鉴的经验。

二、平衡计分卡法的发展

严格地说，平衡计分卡法并不是绩效考核的一种手段。但是，它却是组织进行战略实施、绩效管理以及投资者了解组织业绩优劣的重要手段。卡普兰和诺顿在过去十几年的研究中逐步开发出这套绩效管理及战略实施的工具。近年来，国内很多组织都对平衡计分卡法产生了浓厚的兴趣。这里简单介绍一下平衡计分卡法的发展和应用。

在他们的著作中，卡普兰和诺顿说他们研究中秉承着的最基本的信念，就是传统的主要依赖财务会计数据的绩效考核方法已经过时。他们在书中用一个假想的例子，充分地说明使用单一考核指标的危险。设想你在等飞机，可是你却看到飞行员只依赖一台仪表来指导自己的驾驶。假设这台仪表测量的是空气的速度或者什么别的对于飞行是至关重要的，甚至是最重要的指标，但是这架飞机连机长都不了解飞行高度和剩余燃料多少，显然没有人会愿意拿自己的性命开玩笑去登上这架飞机。

平衡计分卡法使高级管理人员可以将组织的使命和战略，转换成整个组织和各部门在日常工作中需要考虑的包括财务指标在内的绩效标准。在指标的选择上，他们广泛使用了财务结果、顾客满意度、内部程序以及组织的学习和创新/提高能力这四套绩效考核指标。

在帮助组织实施平衡计分卡法的过程中，研究人员发现多数组织即使在实施新的绩效考核制度过程中,也没有将考核指标与组织战略很好地结合起来。具体地说,组织的战略虽然制定出来了,但是并没有建立起相应的程序来支持组织战略的贯彻和实施。为此,他们在为组织提供咨询服务的实践经验基础上,提出了一些新的建议和注意事项。后来,他们发现平衡计分卡其实并不只是一个对绩效进行测量的系统。更重要的它是一个核心的管理系统。他们也强调,平衡计分卡应该是一种沟通、传达信息、学习的系统,而不是一个控制系统。事实上,不仅是企业,很多非营利性组织(如加州伯克利大学的管理服务系统)也应用了平衡计分卡法来实现它们的目标。

此外,近年来美国又兴起"组织绩效管理"的概念,并且有相关的管理软件问世。其核心内容与平衡计分卡非常接近,也是侧重可衡量的绩效来进行战略实施,感兴趣的读者可参阅相关文献。

三、平衡计分卡法的应用

作为一种战略管理系统,平衡计分卡的详细内容超出了本书应该涵盖的范围,有兴趣的读者可以参阅相关资料。下面仅列出该法所侧重的关键管理过程:

(1) 明确组织的使命和战略,并将这些远景用员工的语言进行传播;
(2) 将战略目标与考核指标联系起来并与员工沟通;
(3) 计划,设定目标,协调战略步骤;
(4) 强化战略反馈与学习。

平衡计分卡法能够很好地使组织各部门的努力方向同组织战略目标联系起来。比如,专长于水下工程建筑的罗克沃特公司为了适应公司经营环境的变化,对公司战略进行了调整,新的公司使命要求他们"作为受顾客欢迎的供货商,我们应在向顾客提供最高的安全和质量标准方面处于行业领先地位"。他们分析了该战略的五个组成因素是:超出顾客预期和需要的服务;高水平的顾客满意度;安全、设备可靠性、灵敏性和成本效率的不断提高;高质量雇员;实现股东预期。他们据此设计了如图8-2所示的战略目标以及图8-3所示的平衡计分考核体系。

这样的绩效管理体系的最大的优点在于它帮助管理者在进行每一项决策时,能够既考虑到该决策主要有利于哪一方面目标的实现,同时充分考虑到该决策是否还会对其他方面的目标造成不良影响。这样,组织运营中最重要的问题就能够得到比较全面的照顾,避免顾此失彼。当然,这些指标并不是一成不变的,应该根据战略的调整而不断调整。

复习题

1. 什么是绩效管理?绩效管理的内容和步骤是什么?
2. 通常有哪些绩效考核的方法?各适用于什么对象?
3. 绩效考核容易出现哪些问题?如何避免?
4. 什么是360°考核?如何正确执行360°考核?
5. 绩效考核的期限如何确定?
6. 绩效反馈在绩效管理中的地位与作用如何?如何正确进行反馈面谈?
7. 如何把绩效考核结果正确运用到激励上去?

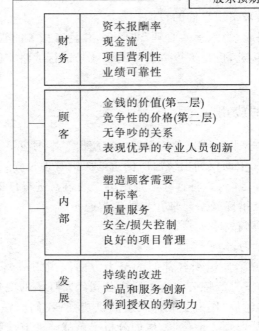

图 8-2 罗克沃特公司的战略目标

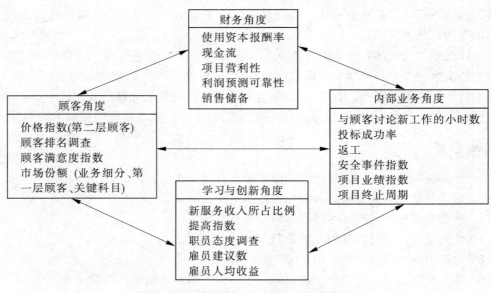

图 8-3 罗克沃特公司的平衡计分考核法

8. 什么是平衡计分卡？它与传统的目标管理有何异同？
9. 怎样正确借鉴和应用平衡计分卡？

思考题

1. 绩效管理对于现代组织人力资源管理有什么意义？
2. 为什么说绩效管理是具有很大难度的工作？
3. 三类绩效考核方法各有哪些优、缺点？
4. 如果你是一名人力资源主管，你如何设计你目前所在职位的考核指标和考核方法？为什么不采用其他的方法？
5. 就你所在的组织而言，若应用平衡计分卡法应主要考察哪些指标？
6. 你所在的组织的绩效考核有哪些问题？你能想出解决的办法吗？
7. 绩效反馈面谈的总体原则是什么？
8. 假设你现在要针对某位下属进行绩效反馈，你将如何进行准备工作？

案例

路在何方
——SY厂生产经营与绩效管理现状

CW集团公司SY厂成立于1986年,经过近三十年的不断发展,工厂已经成为西南地区实力雄厚的生产冶金矿山、石油化工、建材、起重运输等行业设备、备件的制造基地。工厂现有职工2300余人,其中各类中、高级专业技术人员310余人,拥有主要生产设备800余台,年生产各类成套设备和备件达15000多吨。

CW公司是1986年组建的大型企业集团,是我国规模较大、品种规格较齐全的专业化无缝钢管生产基地和大型企业集团。公司现有成员单位30多家。SY厂属于CW公司的核心企业之一。SY厂的主要用户是集团内部企业CW公司(占其全部产量的80%)。因此,SY厂的命运也就和CW公司的命运紧密地联系在一起。从1993年起,由于国内经济结构的调整,冶金行业开始全面下走坡路,CW公司的效益逐年下降。SY厂也是如此,利润大幅下降。而且由于其最大用户CW公司的现金流动困难,SY厂的现金回收也受到严重的影响。

SY厂生产基地分别位于成都和成都市新都县,俗称成都厂区和新都厂区,由于两厂区在合并前都是独立的冶金设备生产单位,各自有一套完整的从坯料生产到机械加工的工序,所以两厂区的工序设置基本相同,但是工序能力稍有不同,成都厂区的铸造能力比新都厂区强。两厂合并后,经常进行协作,使生产能力大幅度提升。

SY厂采用典型的直线职能制组织结构。两厂区各有2~3名副厂长,其中各有一名生产副厂长。内部管理力求完全一体化,职能处室都只设一个,一名正处长,两套人马,成都和新都厂区各一套。厂设有经营销售、生产计划、技术开发、质量管理、人事教育、后勤服务等6大管理体系,含经营处、生产处、技术开发处等职能部门。两厂区车间统一编号。拥有铸造、锻造、金属结构、热处理、金加工、爆炸成型、总装等13个主要生产车间,大的车间有300余人,小的有30余人,两厂区车间数基本相等。实行统一管理的典型事例是,每月初的行政工作会,要将两厂区的中层以上的干部集中在一起,都要用汽车将一边的人载到另一边,开后又载回去,所以有些职工说干部没事就坐车玩。另外,虽然实行统一管理,但是由于历史和地域原因,两厂区生产系统基本自成体系,管理上基本是各自为政,但两厂区员工事事相互攀比,结果员工怨气很大。两厂区的人数和生产能力基本相等,但成都厂区每月完成的产值都是新都厂区的2倍或3倍。但是由于考核指标是在往年的基础上加上一定的增长幅度,而新都厂区的历史数据比成都厂区的低,所以新都厂区的员工比成都厂区的员工少干活,却可以拿到一样的钱。

随着集团公司效益的下降,集团内部任务越来越少,集团内部任务要同时满足两厂区的生产能力已经不可能。由于是统一管理,厂部依然是将有限的任务在两厂区平衡,这样部分工序相同的车间的任务都不饱和。此时工序设置重复的弊端显露出来。

SY厂的领导早就认识到将CW公司作为最大用户无异于死路一条。因此下大力气进行市场开发和产品开发。在市场开发方面,除致力承接其他冶金企业的冶金备件订单外,还注意跨行业的市场开发。产品订单覆盖冶金、轻工、化工、压力容器等行业。SY厂还制定激励机制,鼓励经营人员开拓社会市场。但由于机械行业竞争激烈,SY厂不如一些小企业灵活;加上没有拳头产品,因此接回的订单大多难度大,成本高、批量小。

内部的生产管理上,由于SY厂是CW公司的集团内部企业,CW公司的备品备件属于必保项目。因此社会合同常常被迫被放在第二位。这样,一方面,集团利益不能不保,但是保了也没钱赚;另一方面,SY厂必须通过社会合同的完成来赚取现金收入,但社会合同很难争取到,好不容易争取到,往往又不能按期完成,用户很不满意。如某年社会合同共签订了5亿元,而只有大约2亿按期交货。因此,SY厂处于两难的境地。这不仅造成经营处与生产处之间的矛盾,因为社会合同完不成,还影响经营人员的收入。

在新产品的开发上,SY厂也投入了很大的力气。在一位副总工程师的带领下,SY厂成功开发出了大口径特铸钢离心铸管,在全国属于领先地位。为了将此产品推向市场,专门成立了离心铸管事业部,将生产、销售等权力下放。事业部的成立,极大地调动了事业部领导们的积极性,事业部各方面的工作作得有声有色。但是由于总厂对事业部的考核指标过高,事业部全体人员拼命努力都完不成,事业部人员的收入受到严重的影响。事业部成立一年后,事业部领导身心疲惫,辞去了工作。

SY厂对各车间的考核实行"方针目标分解,收入与效益挂钩"的模拟经济实体的考核办法。具体做法是:厂部首先根据历年统计数据并考虑一定的增长幅度制定今年的销售额指标,然后测算出产值和利润指标,如产值为15亿元和利润1亿元,然后将这15亿元的产值和1亿元利润指标分解到各车间,经营订货指标落实到经营处。对车间指标的分解的主要依据是往年的数据加上一定的增长幅度,并保证各个车间完成指示后总厂的指标能完成。各个车间在财务处财务结算中心设立模拟账户,车间之间模拟经济实体实行经济结算。如一车间(上工序)将产品卖给二车间(下工序),那么二车间要付给一车间相应费用。由于在分解指标时不可能准确预测到产品结构等情况,考核实施过程中的问题很多。比如,三车间为坯料车间,生产能力很大,上一年任务完成很好,因此本年的指标很高。由于本年经营处没有承接到高附加值的订单,任务量(需要投入的劳动)虽然很足,但是产值指标和利润指标完成不了,其中利润指标只完成了指标的50%。按规定,只应发放工资总额的50%。这对车间主任造成很大的压力,因为工人付出劳动,干了活而少拿钱是说不过去的。车间主任到厂长面前据理力争,最后厂长答应先暂时借给80%。这件事使车间主任的工作难度增大,没法向工人交代,严重打击了这位车间主任的积极性,他曾经想辞职,还递交了辞职书,后经党委反复作工作才暂时留下。

后来,很多车间为了保住职工的收入,被迫弄虚作假,报假数据。厂部只好实行"内利=收入－支出"的考核办法。由于产品结构原因,有时一个月产成品完成少,收入就少;而下一个月产成品多,内利大,收入多,这样车间工资总额波动极大,车间主任没有办法控制。但是,为了保住员工的收入,车间主任不得不将主要精力放在指标的完成和调整上,没有精力和时间加强内部管理,一些素质高、有理想的年轻车间主任认为工作没有意思,觉得前途渺茫。

厂部将工资总额发放到车间后,授权车间主任进行二次分配。这样做的好处是便于车间主任对车间员工的管理。但是也产生了一些不好的地方。由于厂部只要求结果,将内部管理和分配权力下放,所以,虽然同处一厂,不同的车间有不同的绩效管理方法。

在内部干部的任用上,SY厂不讲论资排辈,大胆起用年轻大学毕业生。新任命的干部,基本上都是最近几年进厂的正规大学生,年龄都在30岁左右,正是年富力强、充满生机的时候。有两位副厂级领导的年龄在35岁以下,而且都是硕士。70%的车间正副主任和处、科级干部都是30岁左右的大学毕业生。即使这样,干部队伍的士气依然不振,尤其是年轻技术员。最近几年,年轻技术人员流失极为严重,比如技术处的一个工艺员岗位,两年内换了4人,弄得技术处的领导很难堪。最后一个人离职后,全厂再也找不到合适的人选,只好把一位已经退休的工人技师聘请回来作技术工作,但是这并不是长久之计。年轻技术人员离开的一个主要原因是收入太低,比如一个工作了三年的大学生,其收入不要说孝敬父母、谈对象,连自己想过上像样的生活都困难。

由于企业效益不好,员工的士气低落,积极性不高。工资与往年比虽然没有降低,但是与其他效益好的企业比,落后了一大截。另外由于现金流动性差,工资往往要拖后一个月左右才能发放,员工意见很大,对企业的前途没有信心。

资料来源:张德. 人力资源开发与管理案例精选[M]. 北京:清华大学出版社,2002.

讨论题

1. SY厂在组织机构设置上有什么特点?利弊如何?
2. SY厂在业绩考核上存在哪些问题?其产生的原因是什么?
3. 应采取哪些措施克服该厂的绩效管理弊病?怎样完善该厂的绩效管理制度?
4. SY厂为什么留不住大学生?怎样解决此难题?
5. 如果你是该厂总经理,怎样带领企业走出困境?

第九章 薪酬管理

本章学习目标
1. 薪酬的基本概念
2. 工资制度、工资给付方式的选择
3. 奖励和惩罚的综合运用
4. 薪酬策略的制定
5. 现代薪酬管理思想
6. 中国组织薪酬管理现状与对策

第一节 报酬的含义和内容

报酬(rewards)是一个广泛的概念,指的是作为个人劳动的回报而得到的各种类型的酬劳。报酬分为内在(intrinsic)报酬和外在(extrinsic)报酬两大部分,外在报酬依据其性质又分为直接、间接和非财务性三类。

内在的报酬是指工作者由工作本身所获得的满足感而言的,包括:

(1) 参与决策权;
(2) 自由分配工作时间及方式;
(3) 较多的职权;
(4) 较有趣的工作;
(5) 个人成长的机会;
(6) 活动的多元化。

它们都是工作参与的结果,基于这方面的考虑,才会有工作丰富化、缩短工作日、弹性工作时间、工作轮换等做法的出现。

外在的报酬是以物质形态存在的各种类型的报酬,包括直接薪酬、间接薪酬与福利、非财务报酬三类。

针对不同的对象,有不同的报酬内容,完备的报酬构成参见图9-1和图9-2。

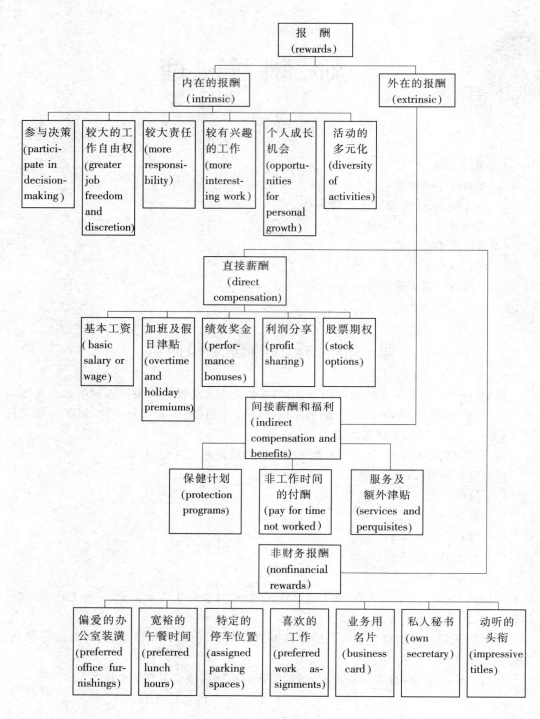

图 9-1 整体报酬的结构

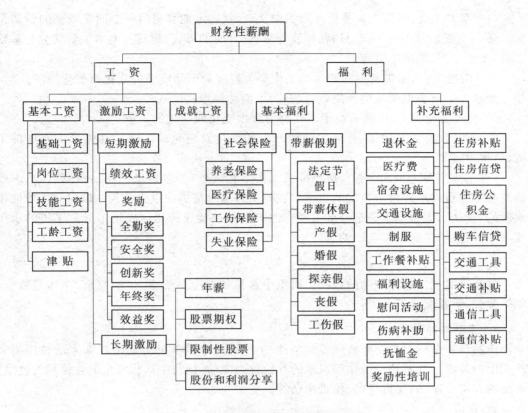

图 9-2　中国企业的财务性薪酬结构图

第二节　薪酬的含义和内容

薪酬(compensation)是组织因使用员工的劳动而付给员工的钱或实物。凡是具有下列两大要素的报酬都属于薪酬的范围：

（1）基于对组织或团队的贡献；

（2）这种报酬被认为是具有效用的。

薪酬分为直接薪酬和间接薪酬，直接薪酬主要包括基本工资、奖金、津贴补贴和股权，间接薪酬即福利。

1. 工资

工资是指根据劳动者所提供的劳动数量和质量，按照事先规定的标准付给劳动者的劳动报酬，也就是劳动的价格。这是总体上工资的定义。

salary：从事管理工作和负责经营等的人员按年或按月领取的固定薪金。

wages：按件、小时、日、周或月领取的工资。在经济学中，salary 和各种形式的薪酬均称为 wages。

总体的工资可以作如下分类。

(1) 基本工资,指员工只要仍在组织中就业,就能定期拿到的一个固定数额的劳动报酬。基本工资多以小时工资、月薪、年薪等形式(计时的形式)出现。基本工资又分为基础工资、工龄工资、职位工资等。

(2) 激励工资,指工资中随着员工工作努力程度和劳动成果的变化而变化的部分。激励工资有类似奖金的性质,可以分为下面两种形式。

① 投入激励工资,即随着员工工作努力程度变化而变化的工资。

② 产出激励工资,即随着员工劳动产出的变化而变化的工资。具体形式有计件工资、销售提成等。

(3) 成就工资(merit pay),指当员工工作卓有成效,为组织做出突出贡献后,组织以提高基本工资的形式付给员工的报酬。成就工资是对员工在过去较长一段时间内所取得成就的"追认",而激励工资是与员工现在的表现和成就挂钩的。成就工资是工资的永久性增加,而激励工资是一次性的。

2. 奖金

奖金指对员工超额劳动的报酬。组织中常见的有全勤奖金、生产奖金、不休假奖金、年终奖金、效益奖金等。

3. 津贴与补贴

津贴与补贴指对员工在特殊劳动条件、工作环境中的额外劳动消耗和生活费用的额外支出的补偿。通常把与工作相联系的补偿称为津贴,把与生活相联系的补偿称为补贴。常见的有岗位津贴、加班津贴、轮班津贴等。

4. 股权

以组织的股权作为对员工的薪酬,作为一种长期激励的手段,能够让员工为组织长期利润最大化而努力。

5. 福利

根据《现代汉语词典》,福利的意思是"对员工生活的照顾",是劳动的间接回报,包括带薪的节假日、医疗、安全保护、保险、各种文化娱乐设施等。

第三节 工 资 制 度

工资制度是依照法律和国家政策规定的有关工资结构、工资水平、工资标准、工资关系、定级、升级、工资支付等项办法的总称。工资与福利是满足员工生存、安全等物质需要的主要渠道,因而是激励的基础。合理的工资制度是调动员工积极性的前提手段。

过去,无论是国家政府机关、事业单位还是企业,工资制度都由国家统一规定。改革至今,企业已获得了内部分配权,可以根据自身实际情况,选择最佳工资制度。而国家公务员和事业单位工作人员的工资,仍由国家规定。总体来看,主要有如下几类工资制度。

一、技术等级工资制

技术等级工资制是根据劳动的复杂程度、繁重程度、精确程度和工作责任大小等因素划分技术等级,按等级规定工资标准的一种制度。其特点是:主要以劳动质量来区分劳动差别,进而依此规定工资差别。

这种工资制度适用于技术比较复杂的工种,诸如机械行业的车、钳、铆、锻、焊、插、铣、刨、磨、钻,以及模型、机修、保全等工种。

技术等级工资制由工资等级表、技术等级标准和工资标准三方面组成。

1. 工资等级表

工资等级表是确定各级工人的工资标准和工人之间工资比例关系的一览表。它包括如下内容。

(1) 工资等级数目有十级、八级、七级,但更多地使用八级。

(2) 工种等级线用来确定各工种的起点等级和最高等级的幅度。工种等级线的起点、终点、等级线的幅度,取决于技术、责任、劳动强度等因素,如图9-3所示。

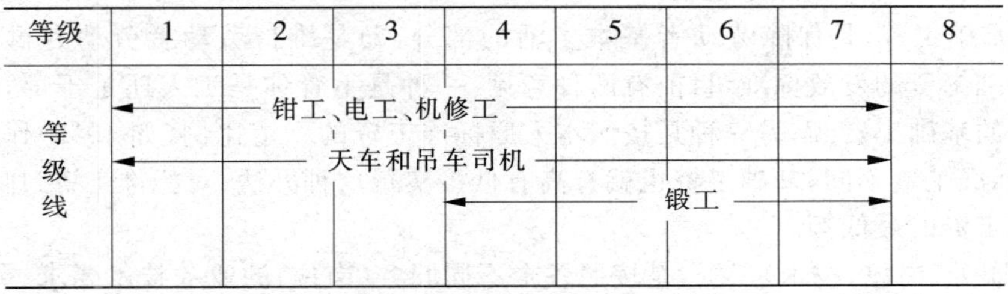

等级	1	2	3	4	5	6	7	8
等级线	←——	钳工、电工、机修工					——→	
	←——	天车和吊车司机			——→			
				←——	锻工		——→	

图 9-3 技术工种等级线

(3) 工资级差,即等级之间的工资差别。

制定工资等级表的通常步骤是:分析工种劳动差别;确定等级级数;划分工种等级线;规定最高等级与最低等级工资的倍数(一般以3倍计算);确定各等级之间的工资级差。

2. 技术等级标准

技术等级标准就是不同工种、不同级别应该达到的技术水平和劳动技能的标准。它包括:

(1) 应知——规定该等级工人应该具备的文化技术理论知识;

(2) 应会——规定该等级工人应该具备的技术操作能力和实际经验;

(3) 工作实例——规定该等级的工人应该能够完成的典型工作实例。

3. 工资标准

工资标准又称工资率,指对不同等级员工实际支付的工资数额。标准工资与工资标准不同,二者关系可用下式表达:

$$标准工资 = 月工资标准 - 缺勤天数 \times 日工资标准$$

二、职务等级工资制

职务等级工资制是政府机关、企、事业单位的行政人员和技术人员所实行的按职务等级规定工资的制度。

这种制度是根据各种职务的重要性、责任大小、技术复杂程度等因素,按照职务高低规定统一的工资标准。在同一职务内,又划分为若干等级。各职务之间用上下交叉的等级来区别工资差别线,呈现一职数级、上下交叉的"一条龙"式的特点。全国采用同一个工资等级表,行政人员分30级,技术人员分18级,并根据各地物价和生活费用水平划分11类工资区,技术人员除地区分类外,根据产业不同又规定五类工资标准。

职务等级工资制由职务名称表、职务工资标准表、业务标准、职责条件等构成。

三、结构工资制

结构工资制也称为分解工资、组合工资或多元化工资。它根据决定工资的不同因素和工资的不同作用,将工资划分为几个部分,通过对各部分工资数额的合理确定,构成劳动者的全部报酬。

一般结构工资由四部分组成。

(1) 基础工资,是保障劳动者基本生活的部分,乃是维持劳动者劳动力再生产所必需。对基础工资的发放标准,目前有两种意见:一种是不管你是工人还是干部,统一规定一个相同的基础工资额;另一种是按照本人原标准工资的一定比例(如40%)作为基础工资,由于标准工资不同,基础工资也就有高有低。实行这种办法,对标准工资过低者,还规定有基础工资的最低额。

(2) 职务(岗位、技术)工资,是按照各个不同职务(岗位)的业务技术要求、劳动条件、责任等因素来确定。即担任什么职务,确定什么工资标准。工作变动,职务工资也随着变动。一般以"一职一薪"为宜。

(3) 年功工资,以工龄为主,结合考勤和工作业绩来确定,也叫工龄工资,但它在工资构成中所占比例较小。

(4) 浮动工资(奖励工资),也叫作业绩工资,根据组织经营效益的好坏、个人业绩的优劣来确定。在中国,这部分工资在工资构成中所占比例有日益增长之势,但具体计算方法各企业、事业单位有较大差别。有的是规定几个等级,每个等级有确定的工资额,也有的与个人业绩挂钩,上不封顶,下不保底。

结构工资是一种比较优秀的工资制度,考虑因素较为全面,主要有以下几个优点。

(1) 较好地体现了工资的几种不同功能。劳动有潜在、流动和凝固三种形态。工龄、学历、学衔、职务主要反映劳动的潜在形态,劳动(工作)态度、劳动条件主要反映劳动的流动形态,业绩工资(当期贡献)和年功工资(积累贡献)主要反映劳动的凝固形态。而员工的最低工资则保障劳动者的基本生活需要。结构工资全面地反映了这些因素,并且选取较为合理的比例。

(2) 有利于实行工资的分级管理,从而克服"一刀切"的弊病,为深入改革工资分配制度搭建了合理的平台。

(3) 能够适应各行各业的特点。

四、岗位技能工资制

岗位技能工资制是将员工工资分解为技能工资和岗位工资,分别依据劳动技能水平和岗位要求确定工资率的工资制度。这是1990年后我国国有企业推广的最主要的基本工资制度。它把对各类具体劳动者的要求和影响归纳为劳动技能、劳动责任、劳动强度、劳动条件四个要素,并采用科学测定(包括劳动写实、能量代谢测定、毒害物质测定、数理统计、计算和分析等)和民意评价相结合的方法对各项要素(的具体指标)进行评价,从而确定工资差别。适用于专业化程度较高、分工较细、工种技术比较单一、工作对象和工作物等级比较固定的产业或组织。

岗位工资(对某些员工来说是职务工资):通过岗位评价(或称岗位功能测评)的方法,根据各岗位的责任轻重、劳动强度大小及劳动条件好坏三项内容的总积分,将各岗位划分为几个不同档次,并确定相应的工资标准。

技能工资是根据员工的劳动技能水平确定的,反映了员工的潜在劳动形态。根据劳动技能水平,工人一般分为技术工人、非技术工人、管理与专业技术人员三类。技能工资是根据岗位(职务)对员工的技术要求以及员工的实际劳动技能确定的,它与员工实际所在岗位(或职务)有时并不一致。

五、提成工资制

组织实际销售收入减去成本开支和应缴纳的各种税费以后,剩余部分在组织和员工之间按不同比例分成。有创值提成、除本分成、"保本开支,见利分成"等形式。在制造业的营销部门、饮食服务业、咨询业、律师业、建筑设计业等多用。实行此制度要把握三项要素。

(1) 确定适当的提成指标。

(2) 确定恰当的提成方式,主要有全额提成和超额提成两种形式。全额提成即员工全部工资都随营业额浮动,而不再有基本工资;超额提成即保留基本工资并相应规定需完成的营业额,超额完成的部分再按一定的比例提取工资。从实行提成工资的层次上划分,有个人提成和集体提成。

(3) 确定合理的提成比例,有固定提成率和分档累进或累退的提成率两种比例方式。

六、谈判工资制

谈判工资制是一种灵活反映组织经营状况和劳务市场供求状况并对员工的工资收入实行保密的工资制度。

员工的工资额由组织根据操作的技术复杂程度与员工当面谈判协商确定,其工资额的高低取决于劳务市场的供求状况和组织经营状况。当某一工种或人员紧缺或组织经营较好时,工资额就上升,反之就下降。组织对急需的管理或技术水平高的员工愿意支付较高的报酬。如果该等级的管理或技术人员在组织中的地位下降,就可能降级使用或支付较低的报酬。如果员工对所得的工资不满,可以与组织协商调整,执行新的工资额。员工可以因工资额不符合本人要求而另谋职业,组织也可以因无法满足员工的愿望而另行录用其他员工。组织和员工都必须对工资收入严格保密,不得向他人泄露。

谈判工资的优点:有利于员工之间不在工资上互相攀比,减少矛盾。工资是由组织和员工共同谈判商定，双方都可以接受，一般都比较满意，有利于调动员工的积极性。工资水平随着组织经营状况和劳务市场供求状况而升降，促使员工转向紧缺的工种，保持各类人员之间的合理的比例关系。有利于员工在最佳年龄期间取得最佳报酬。

谈判工资的弊端：这种工资制度与劳、资双方的谈判能力、人际关系等有关，弹性较大，容易出现同工不同酬。在制度不健全和仲裁机构、监督机构不健全的情况下，容易使以权谋私者从中舞弊，产生亲者工资高、疏者工资低，利用工资拉帮结派等不合理现象。

七、年薪制

年薪制是顺应西方发达国家分配制度的变革而产生的。在西方，企业经历了业主制、合伙制和公司制3种形式。随着公司规模的不断扩大，所有权和控制权逐渐分离，在社会上形成了一支强大的经理人队伍，企业的控制权逐渐被经理人控制。为了把经理人的利益与企业所有者的利益联系起来，使经理人的目标与所有者的目标一致，形成对经理人的有效激励和约束，产生了年薪制。因此年薪制的主要对象是企业的经营管理人员。通常，经营管理者年薪由基本年薪和风险年薪两部分组成。年薪制是以一个较长的经营周期（通常为年）为单位，按此周期确定报酬方案，并根据个人贡献情况和企业经营成果发放报酬的一种人力资本参与分配的工资报酬与激励制度。从人力资源的角度来看，年薪制是一种有效的激励措施，对提升绩效有较大的作用。年薪制突破了薪资机构的常规，对高层管理人员来说，年薪制代表身份和地位，能够促进人才的建设，也可以提高年薪者的积极性。但年薪是和本人的努力及企业经营情况相挂钩的，因此也具有较大的风险和不确定性。

如何确定经理人的年薪，不同国家、不同企业是不同的。一般来说，有以下三种方式：

（1）通过利润指标对经理人的业绩进行评估。

（2）利用股票市场对经理人的业绩进行评估。因为股票市场体现了企业将来盈利的可能性，在一定程度上可以防止经理人行为的短期化。

（3）通过所有者对经理人的行为直接进行评估。

大体说来，年薪制中的年薪主要由固定薪金、奖金、股票、股票买卖选择权等组成。在我国，还没有统一的年薪制规定，有的地方制定了具体的实施方法。例如，南京市规定，经营者年薪原则上由基础年薪、效益年薪组成。经营者年薪原则上不得超过本企业职工平均工资的8倍。还规定，企业经营者实行年薪制，必须承担经营风险责任，须缴纳风险抵押金、年薪预留金。实行年薪制应先向企业职代会报告，并需报企业主管部门审批。

可供选择的年薪制模式。

1. 准公务员型模式

报酬结构：基薪＋津贴＋养老金计划

报酬数量：取决于所管理企业的性质、规模以及高层管理人员的行政级别，一般基薪为职工平均工资的2～4倍，正常退休后的养老金水平为平均养老金水平的4倍以上。

考核指标：政策目标是否实现，当年任务是否完成。

适用对象：所有达到一定级别的高层管理人员，包括董事长、总经理、党委书记等，尤其是长期担任国有企业领导、能够完成企业的目标、临近退休年龄的高层管理人员。

适用企业：承担政策目标的大型、特大型国有企业，尤其是对国民经济具有特殊战略意义的大型集团公司、控股公司。

激励作用：这种报酬方案的激励作用机理类似于公务员报酬的激励作用机理，职位升迁机会、较高的社会地位和稳定体面的生活保证是主要的激励力量来源，而退休后更高生活水准保证起到约束短期行为的作用。

2．"一揽子"型模式

报酬结构：单一固定数量年薪。

报酬数量：相对较高，和年度经营目标挂钩。实现经营目标后可得到事先约定好的固定数量的年薪。例如，规定某企业经营者的年薪为50万元，但必须实现减亏5 000万元。

考核指标：十分明确具体，如减亏额、实现利润、资产利润率、上缴税利、销售收入等。

适用对象：具体针对经营者一人，总经理或兼职董事长。至于领导班子其他成员的工资可用系数折算，但系数不得超过1。

适用企业：面临特殊问题亟待解决的企业，如亏损国有企业，为了扭亏为盈可采取这种招标式的办法激励经营者。

激励作用：具有招标承包式的激励作用，激励作用很大，但易引发短期化行为。其激励作用的有效发挥在很大程度上取决于考核指标的科学选择、准确真实。

3．非持股多元化型模式

报酬结构：基薪＋津贴＋风险收入（效益收入和奖金）＋养老金计划

考核指标：确定基薪时要依据企业的资产规模、销售收入、职工人数等指标；确定风险收入时，要考虑净资产增长率、实现利润增长率、销售收入增长率、上缴税利增长率、职工工资增长率等指标，还要参考行业平均效益水平来考核评价经营者的业绩。

适用对象：一般意义上的国有企业的经营者，指总经理或兼职董事长，其他领导班子成员的报酬按照一定系数进行折算，折算系数小于1。

适用企业：追求企业效益最大化的非股份制企业。现阶段我国国有企业绝大多数都采用这种年薪报酬方案。一般集团公司对下属子公司的经营者实施的年薪报酬方案也多是这种，只是各个企业的具体方案中考核指标、计算方法有一定差异。

激励作用：如果不存在风险收入封顶的限制，考核指标选择科学准确，相对于以前国有企业经营者的报酬制度和上述方案而言，这种多元化结构的报酬方案更具有激励作用。但该方案缺少激励经营者长期行为的项目，有可能影响企业的长期发展。

4．持股多元化型模式

报酬结构：基薪＋津贴＋含股权、股票期权等形式的风险收入＋养老金计划。

报酬数量：基薪取决于企业经营难度和责任，含股权、股票期权形式的风险收入取决于其经营业绩、企业的市场价值。一般基薪应该为职工平均工资的2~4倍，但风险收入无法以职工平均工资为参照物，企业市场价值的大幅度升值会使经营者得到巨额财富。只有在确定风险收入的考核指标时才有必要把职工工资的增长率列入。

考核指标：同模式3。如果资本市场是有效的，有关企业市场价值的信息指标往往更能反映企业经营者的业绩。

适用对象：同模式3,折算系数小于1。也可以通过给予不同数量的股权、股票期权来体现其差别。

适用企业：股份制企业,尤其是上市公司。这种报酬方案适应规范化的现代企业制度要求。

激励作用：从理论上说,这是一种有效的报酬激励方案,多种形式的、具有不同的激励约束作用的报酬组合保证了经营者行为的规范化、长期化。但该方案的具体操作相对复杂,对企业具备的条件要求相对苛刻。

5. 分配权型模式

报酬结构：基薪＋津贴＋以"分配权"、"分配权"期权形式体现的风险收入＋养老金计划。

报酬数量：基薪取决于企业经营难度的责任,以"分配权"、"分配权"期权形式体现的风险收入取决于企业利润率之类的经营业绩。同模式4,没必要进行封顶。只有在确定风险收入的考核指标时有必要把职工工资的增长率列入。

考核指标：同模式3,要考虑净资产利润率之类的企业业绩指标。

适用对象：同模式3,其他领导班子成员的报酬可通过给予不同数量的"分配权"或期权来体现。

适用企业：不局限于上市公司和股份制企业,可在各类企业中实行。

激励作用：把股权、股票期权的激励机理引入非上市公司或股份制企业中,扩大其适用范围。这是一种理论创新,其效果还有待实践检验。

近年来,我国一些事业单位（如科研院所、高等学校、医院）,也对其主要领导人和科研、教学、业务骨干实行年薪制,其做法大体上由基础年薪和效益年薪构成,显著增加了激励强度,收到了较好的效果。

第四节　工资给付方式

工资给付方式也称为工资形式,我国现行的工资形式主要有三种：一是计时工资；二是计件工资；三是作为补充形式的奖金和津贴。

一、计时工资制

计时工资制的特点：一是直接以劳动时间计量报酬,适应性强；二是考核和计量容易实行,具有适应性和及时性；三是具有明显的不足,即不能反映劳动强度和劳动效果。如果对计时工资辅以超额计件工资,即可避免计时工资制的缺点。

计时工资制又可分为小时工资制、日工资制和月工资制三种。

（1）实行小时工资制的工资计算公式为：

$$小时工资标准 = \frac{月工资标准}{月法定工作小时数}$$

(2) 实行日工资制的工资计算公式为：

$$日工资标准 = \frac{月工资标准}{月计算日数}$$

月计算日数有两种算法：一种是用一年365天减去52个双休日，11个节日休假日，除以12个月，得20.8天；另一种是不扣双休日和节假日，得30.4天。

(3) 月工资制，即根据规定的月工资标准来计算工资。

二、计件工资制

计件工资制是指依据工人生产合格产品的数量或完成的工作量，以劳动定额为标准，预先规定计件单价来计算劳动报酬的一种工资形式。

计件工资制的优点是把工人的劳动成果与报酬直接挂钩，有利于提高劳动生产率，同时增加工人的收入；其缺点是容易忽视产品质量，以及产生拼设备等短期行为。

目前计件工资有下列九种具体形式：

(1) 直接无限计件工资制——上不封顶，同一单价计酬；

(2) 直接有限计件工资制——在劳动定额内按计件单价支付，对超额部分进行限制，采用"封顶"的计件工资；

(3) 累进计件工资制——在劳动定额内按计件单价计发工资，超额部分在原单价基础上累进单价计发工资，超额越多，单价越高；

(4) 超额计件工资制——在劳动定额内，按计时发给标准工资，超额部分发给计件工资；

(5) 按质分等计件工资制——根据产品的不同质量，规定不同的计件单价计发工资；

(6) 包工工资制——把生产任务包给个人或班组，如按期完成，发给包工工资，类似于集体计件工资；

(7) 提成工资制——从组织的利润或营业额中提取一定比例的金额，按照员工的个人劳动成果、技术水平计发工资；

(8) 间接计件工资制——二线工人和从事辅助性工作的工人，按一线工人完成的产量进行折算计件发给工资；

(9) 最终产品计件工资制——以整个组织或班组为单位，以最终产品计数的计件工资制。

三、奖金和津贴

奖金和津贴是一种辅助的工资形式。

奖金应该是对劳动者提供的超额劳动的报酬，必须从组织的超额利润中提取。

奖金的分配以计分法最好，奖金不封顶，但应征收奖金税。

奖金分综合奖（月奖、季度奖、年中奖、年终奖等）和单项奖（质量奖、节能奖、安全奖、节约原材料奖、全勤奖、技术革新奖、合理化建议奖等）。

津贴是对劳动者提供特殊劳动所作的额外劳动消耗的一种补偿。它是工资的一种辅助形式，其效用是保护员工的身体健康，稳定特殊岗位、艰苦岗位、户外工作岗位的员工队伍。

主要的津贴形式有如下几种。

(1) 地区津贴——鼓励去艰苦地区、边远地区工作。

(2) 野外作业津贴——对于地质普查、勘探、采油、管线工程等野外工作的补贴。又可分为9类地区,每类地区又规定普查、勘探两种津贴标准。

(3) 井下津贴——为了补偿矿工井下操作的劳动消耗,保护员工身体健康而设立。

(4) 夜班津贴——为补偿员工夜间工作的劳动消耗而设立。

(5) 流动施工津贴——为补偿建筑安装、水电、铁路施工等单位员工在生活上的额外开支而设立。

(6) 冬季取暖津贴——为补偿员工冬季取暖额外支出而设立。

(7) 粮、煤、副食品补贴——国家在提高粮、煤、副食品价格之后,为了不降低员工生活水平而设立的津贴。

(8) 高温津贴——是为钢铁工业或制造业中铸造、锻造等工种从事高温作业的工人设立的临时补贴。

(9) 职务津贴——对组织各级领导人员现工资低于职务最低等级的给予补贴。不从事该项工作或晋升工资后达到该等级线时,津贴取消。

(10) 放射性或有毒气体津贴——对化工、原子能行业接触放射性物质、有毒气体的员工给予的保健津贴。

现在存在的主要问题是:津贴设置过滥,有些组织巧立名目,以津贴为名增加员工收入,造成超额分配。因此,应加强对津贴的管理。

第五节 福 利

福利是指组织为员工提供的除工资与奖金之外的一切物质待遇。

员工福利的内容可以分为两大部分:法定福利和组织福利。法定福利是政府通过立法要求组织必须提供的,例如,我国员工的法定福利包括员工集体生活设施(食堂、浴室等)、集体文化娱乐设施(员工俱乐部、员工活动中心等)、员工困难补助、必要的补贴(探亲待遇、上下班交通费补贴、冬季取暖补贴等)。组织福利是组织在没有政府立法要求的前提下主动提供的,如工作餐、旅游、通信补贴等。

一、福利的重要性

为什么组织愿意花费这么多钱来支持福利项目,原因是福利对组织的发展具有许多重要意义,主要有以下几点。

(1) 吸引优秀员工。优秀员工是组织发展的顶梁柱。以前一直认为,组织主要靠高工资来吸引优秀员工,现在许多组织家认识到,良好的福利有时比高工资更能吸引优秀员工。

(2) 提高员工的士气。良好的福利使员工无后顾之忧,使员工有与组织共荣辱之感,士气必然会高涨。

(3) 降低员工流动率。员工流动率过高必然会使组织的工作受到一定损失,而良好的福利会使可能流动的员工打消流动的念头。

(4) 激励员工。良好的福利会使员工产生由衷的工作满意感,进而激发员工自觉为组织目标而奋斗的动力。

(5) 凝聚员工。组织的凝聚力由许多因素组成,但良好的福利无疑是个重要的因素,因为良好的福利体现了组织的高层管理者以人为本的经营思想。

(6) 提高组织经济效益。良好的福利一方面可以使员工得到更多的实惠;另一方面用在员工身上的投资会产生更多的回报。

二、影响福利的因素

影响组织中员工福利的因素很多,主要有以下几种。

(1) 高层管理者的经营理念。有的管理者认为员工福利能省则省,有的管理者认为员工福利只要合法就行,有的管理者认为员工福利应该尽可能好,这都反映了他们的经营理念。

(2) 政府的政策法规。许多国家和地区的政府都明文规定组织员工应该享受哪些福利。一旦组织不为员工提供相应的福利就算犯法。

(3) 工资的控制。由于所得税等原因,一般组织为了控制成本,不能提供很高的工资,但可以提供良好的福利,这也是政府所提倡的措施。

(4) 医疗费的急剧增加。由于种种原因,近年来世界各地的医疗费都大幅度增加。员工一旦没有相应的福利支持,如果患病,尤其是危重病人,往往会造成生活困难。

(5) 竞争性。由于同行业的类似组织都提供了某种福利,迫于竞争的压力,组织不得不为员工提供该种福利,否则会影响员工的积极性。

(6) 工会的压力。工会经常会为员工福利问题与组织资方谈判,有时资方为了缓解与劳方的冲突,不得不提供某些福利。

三、福利的类型

组织中的福利五花八门、不胜枚举。每个组织除了法律政策规定的福利以外,可以提供任何有利于组织和员工发展的福利项目。

下面是组织中经常选用的一些福利项目。

1. 公共福利

公共福利是指法律规定的一些福利项目。主要有以下几种。

(1) 医疗保险。这是公共福利中最主要的一种福利,组织必须为每一位正式员工购买相应的医疗保险,确保员工患病时能得到一定的经济补偿。

(2) 失业保险。失业是市场经济的必然产物,也是经济发展的必然副产品。为了使员工在失业时有一定的经济支持,组织应该为每一位正式员工购买规定的失业保险。

(3) 养老保险。员工年老时,将失去劳动能力,因此组织应该按规定为每一位正式员工购买养老保险。

(4) 伤残保险。员工由于种种意外事故,受伤致残,为了使员工在受伤致残时得到相应的经济补偿,组织应该按规定为每一位正式员工购买伤残保险。

2. 个别福利

个别福利是指组织根据自身的发展需要和员工的需要选择提供的福利项目,主要有以下几种。

(1) 养老金,又称退休金,是指员工为组织工作了一定年限,到了一定年龄后(中国男性为55~60岁,女性为50~55岁),组织按规章制度及组织效益提供给员工的金钱,可以每月提取,也可以每季度或每年提取。根据各地的生活指数,有最低限度。如果组织已为员工购买了养老保险,养老金可以相应减少。

(2) 储蓄,又称互助会,是指由企业组织、员工自愿参加的一种民间经济互助组织,员工每月储蓄若干金钱,当员工经济发生暂时困难时,可以申请借贷以渡过难关。

(3) 辞退金,是指组织由于种种原因辞退员工时,支付给员工一定数额的辞退金,一般来说,辞退金的多少主要根据员工在本组织工作时间长短来决定,聘用合同中应该明确规定。

(4) 住房津贴,是指组织为了使员工有一个较好的居住环境而提供给员工的一种福利,主要包括以下几种:根据岗位不同每月提供住房公积金;组织购买或建造住房后免费或低价租给或卖给员工居住;为员工的住所提供免费或低价装修;为员工购买住房提供免息或低息贷款,全额或部分报销员工租房费用。

(5) 交通费,主要指上下班为员工提供交通方便,主要包括以下几种:组织派专车到员工家接送上下班;组织派专车按一定的路线行驶,上下班员工到一些集中点去等候车子;组织按规定为员工报销上下班交通费;组织每月发放一定数额的交通补助费。

(6) 工作午餐,是指组织为员工提供的免费或低价的午餐。有的组织虽然不直接提供工作午餐,但提供一定数额的工作午餐补助费。

四、福利的管理

组织提供的福利反映了组织的目标、战略和文化,因此,福利的有效管理对组织的发展至关重要。有些组织由于不善于管理福利,虽然在福利方面投入了大量金钱,效果却不理想,许多优秀人才纷纷离职,组织效益明显下降。福利的管理涉及以下几个方面:福利的目标、福利的成本核算、福利的沟通、福利的调查、福利的实施。

1. 福利的目标

每个组织的福利目标各不相同,但是有些内容是相似的。主要包括:必须符合组织长远目标;满足员工的需求;符合组织的报酬政策;要考虑到员工眼前需要和长远需要;能激励大部分员工;组织能担负得起;符合政府法规政策。

2. 福利的成本核算

福利的成本核算是福利管理中的重要部分,管理者必须花较多的时间与精力投入福利的成本核算。主要涉及以下一些方面:通过销量或利润计算出公司最高的可能支出的福利总费用;与外部福利标准进行比较,尤其是与竞争对手的福利标准进行比较;作出主要福利项目的预算;确定每个员工福利项目的成本;制定相应的福利项目成本计划;尽可能在满足福利目标的前提下降低成本。

3. 福利的沟通

要使福利项目最大限度地满足员工的需要,福利沟通相当重要。研究显示:并不是福利投入的金额越多,员工越满意,员工对福利的满意程度与对工作的满意程度呈正相关。

福利沟通可以采用以下方法:用问卷法了解员工对福利的需求;用录像带介绍有关的福利项目;找一些典型的员工面谈了解某层次或某类型员工的福利需求;公布一些福利项目让员工自己挑选;利用各种内部刊物或其他场合介绍有关的福利项目;收集员工对各种福利项目的反馈。

4. 福利的调查

福利的调查对于福利管理来说十分必要,主要涉及三种调查:

(1)制定福利项目前的调查,主要了解员工对某福利项目的态度、看法与需求;

(2)员工年度福利调查,主要了解员工在一个财政年度内享受了哪些福利项目,各占比例多少,满意程度如何;

(3)福利反馈调查,主要调查员工对某福利项目实施的反应如何,是否需要进一步改进,是否要取消。

5. 福利的实施

福利的实施是福利管理最具体的一个方面。在福利实施中应注意以下几点:根据目标去实施;预算要落实;按照各个福利项目的计划有步骤地实施;有一定的灵活性;防止漏洞产生;定时检查实施情况。

第六节 奖励和惩罚

一、奖励和惩罚的种类

1. 按适用范围划分

按适用范围划分,奖励和惩罚可分为以下两类。

(1)国家规定的一般奖励和惩罚。根据国家规定,国家工作人员的奖励分为记功、记大功、授予奖品或奖金、升级、升职、通令嘉奖六种。

根据国家规定,干部行政纪律处分的种类有警告、记过、记大过、降级、降职、撤职、开除留用察看、开除八种。

(2)事业或企业单位内部特殊的奖励和惩罚。例如,四通公司的奖励项目有以下几种。

① 集团级大奖:优秀四通团队奖、优秀四通管理者奖、创业精神奖、敬业精神奖、特殊贡献奖。

② 集团级奖:科技开发成果奖、合理化建议奖、四通荣誉职员称号。

③ 二级单位奖:合理化建议奖、优秀职员奖。

四通公司的惩罚项目:除国家规定的行政处分之外,还有经济处罚,包括停发奖金、降级或一次性经济罚 500~5 000 元等。

2. 按奖励和惩罚的手段划分

按奖励和惩罚的手段划分,奖励和惩罚可分为以下两类。

(1) 物质手段:经济处罚;发放奖金、奖品、晋级、奖励旅游、培训、出国考察等。

(2) 精神手段:颁发奖状、获奖证书、奖杯、奖章、锦旗,通报表扬,给予荣誉称号,照片上光荣榜等。

二、奖励的技巧

1. 对于不同的员工应采用不同的激励手段

对于不同的员工应采用不同的激励手段:对于低工资人群,奖金的作用就十分重要;对收入水平较高的人群,特别是对知识分子和管理干部,则晋升其职务、授予其职称,以及尊重其人格,鼓励其创新,放手让其工作,会收到更好的激励效果;对于从事笨重、危险、环境恶劣的体力劳动的员工,搞好劳动保护,改善其劳动条件,增加岗位津贴,都是有效的激励手段。为此,应对员工的需要进行调查。表 9-1 列出了美国的一种调查表。

表 9-1 工人希望从他们的工作得到什么

工作有保障	
对工作评价较高	
有提升和成长的机会	
有得体的训练	
有较高的工资	
对工作有感情	
工作有趣味	
管理者对工人以诚相待	
工作条件好	
体贴工人的个人问题	

资料来源:保尔·赫赛赫凯尼斯·勃兰卡特.组织行为的管理:人力资源的利用.普兰蒂斯-霍尔图书公司,1977 年第 3 版.

2. 注意奖励的综合效价

奖励的综合效价即尽量增加物质奖励的精神含量,不仅使获奖人在物质上得到实惠,而且在精神上受到鼓励,激励起荣誉感、光荣感、成就感和自豪感,从而使激励效果倍增。发达国家的一些成功的组织,特别重视颁奖会的仪式,绞尽脑汁使仪式搞得隆重热烈,震撼人心,让人终生难忘。有的公司一年一度地举行"奥林匹克运动会",实际上是借用体育场召开大型颁奖会,每个获奖者绕万人会场一周,在全公司员工欢呼声中上主席台领奖;还有的公司把海军在军舰上的一些特殊仪式引进公司颁奖活动,提高奖励的震撼作用。这些经验值得我们借鉴。

3. 适当拉开实际效价的档次,控制奖励的效价差

效价差过小,搞成平均主义,会失去激励作用,但效价差过大,超过了贡献的差距,则会走向反面,使员工感到不公平。应该尽量使效价差与贡献差相匹配,使员工感到公平、公正,才会真正使先进者有动力,后进者有压力。

4. 奖励措施的个性化

每位员工的需要带有个性化色彩,组织应实行按需激励,提高奖励措施的个性化差异。表 9-2 列出美国一家零售连锁店的三档次奖励计划。

表 9-2　三等级自助食堂式奖励计划

一等:本部门销售额最高的员工 　1. 按照成本购买商品 　2. 为两人提供午餐 　3. 赠手提式电视机 　4. 赠 75 美元礼品券 二等:超额完成销售任务的员工 　1. 提供带薪休息日 　2. 生日请假工资照付 　3. 赠 10 加仑汽油或者 15 美元的公共汽车票 　4. 赠两组电影票 　5. 指定为某一天的荣誉雇员(上下班接送,请吃午饭) 三等:完成最低销售额的员工 　1. 可以自由安排自己的工作时间(一周) 　2. 休息时免费喝咖啡一周 　3. 可选择休息日 　4. 就餐时间可延长半小时(一天) 　5. 担任经理助理一天

资料来源:林达 L. 纳德. 自助食堂式计划:一种新的激励方法[J]. 车间管理,1983.

5. 适当控制期望概率

期望概率即员工主观判断自己获奖的概率。一般来讲,在劳动竞赛的动员阶段,应该提高广大员工的期望概率,使大家都以积极的姿态响应竞赛;当工作中遇到困难和挫折,灰心失望、信心不足时,则应及时地加以鼓励,使下降的期望值重新升高,充满信心地克服困难;当进入评比发奖阶段时,一般员工的期望概率往往普遍较高,这时的工作是促使大家冷静、客观,使期望概率降到比较接近实际,否则会诱发一系列挫折心理和挫折行为。

6. 注意期望心理的疏导

如上所述,每次评奖阶段是员工期望心理高涨的时刻,希望评上一等奖的员工,一般总是大大多于实际评上一等奖的人数,一旦获奖名单公布,其中一些人就会出现挫折感和失落感。解决这个问题的办法是及时对员工的期望心理进行疏导。疏导的主要方法是目标转移到"下一次"、"下一个年度",树立新的目标,淡化过去,着眼未来。特别要及时消除"末班车"心理,以预防争名次、争荣誉、闹奖金的行为发生。

7. 注意公平的心理疏导

根据亚当斯的公平理论,每位员工都是用主观的判断来看待是否公平的,他们不仅关注奖励的绝对值,还关注奖励的相对值。尽管客观上奖励很公平,也仍有人觉得不公平。因此,必须注意对员工公平心理的疏导,引导大家树立正确的公平观。正确的公平观包括三个内容:第一,要认识到"绝对的公平是不存在的";第二,不要盲目地攀比;第三,不应"按酬付劳",造成恶性循环。

8. 恰当地树立奖励目标

在树立奖励目标时,要坚持"跳起来摘桃子"的标准,既不可太高,又不可过低,过高则使期望概率过低,过低则使目标效价下降。对于一个长期的奋斗目标,一旦达到阶段目标,就及时给予奖励,即把大目标与小步子结合。这样可以使员工的期望概率较高,维持较高的士气,收到满意的激励效果。

9. 注意掌握奖励时机和奖励频率

奖励时机直接影响激励效果,犹如烧菜,在不同时机加入作料,菜的味道就很不一样。奖励时机又与奖励频率密切相关。奖励频率过高和过低,都会削弱激励效果。奖励时机和奖励频率的选择要从实际出发,实事求是地确定。一般来说,对于十分复杂、难度较大的任务,奖励频率宜低;对于比较简单、容易完成的任务,奖励频率宜高;对于目标任务不明确,需长期方可见效果的工作,奖励频率宜低;对于目标任务明确,短期可见成果的工作,奖励频率宜高;对于只注意眼前利益、目光短浅的人,奖励频率宜高;对于需要层次较高,事业心很强的人,奖励频率宜低;在劳动条件和人事环境较差、工作满意度不高的单位,奖励频率宜高;在劳动条件和人事环境较好,工作满意度较高的单位,奖励频率宜低。表9-3列出了不同环境下组织的不同奖励方案,包括现金、非现金奖励的强度,值得各类组织借鉴。

表 9-3 不同组织不同的薪酬构成

组织类型	工作环境	薪酬管理的组成			
		现 金		非 现 金	
		基本薪金	短期奖金	水 平	特 征
发展中行业	增长、创造	中等	高	低	短期导向
成熟行业	稳 定	中等	中等	中等	稳 定
金融机构	安 全	低	低	高	长期的安全导向
非营利机构	社会影响、个人自我实现	低	无	低、中等	长期的安全导向
销售机构	增长、自主性	低	高	低	短期导向

资料来源:M.F.卡特,K.P.夏皮罗.用先行法制定员工福利计划[J].人事,1983.

当然,奖励频率与奖励强度应恰当配合,一般而言,二者呈反向相关关系。

三、惩罚的技巧

惩罚是一种负激励,如何搞好惩罚也是管理中的重要问题。

1. 惩罚标准

在我国对干部和员工分别规定了一些惩罚标准,主要对下述行为实施惩罚:

(1) 违反国家的政策、法律、法令和政府的决议、命令和有关规章制度者;

(2) 违反劳动纪律,经常迟到、早退、旷工,消极怠工,没有完成生产任务和工作任务者;

(3) 无正当理由不服从工作分配和调动,或无理取闹,影响正常生产或工作程序者;
(4) 玩忽职守,贻误工作,或造成事故,造成国家和集体利益受损害者;
(5) 弄虚作假,欺骗组织者;
(6) 丧失原则,包庇坏人者;
(7) 贪污盗窃国家财产者;
(8) 浪费国家资财,侵害公共财物者;
(9) 滥用职权,以权谋私,使国家或组织在经济上遭受损失者;
(10) 泄露国家机密者;
(11) 索财受贿,腐化堕落,损害国家机关或组织信誉者;
(12) 在对外交往中丧失国格、人格,损害国家尊严者;
(13) 有其他违法违纪行为者。

2. 惩罚种类

惩罚有以下几种:
(1) 警告;
(2) 记过;
(3) 记大过;
(4) 降级;
(5) 降职;
(6) 撤职;
(7) 开除留用察看;
(8) 开除。

改革开放以来,惩罚的种类明显增多,包括扣发奖金、扣发工资、罚款、辞退、除名等,在私营和三资企业、乡镇企业中,各自有自己的惩罚标准和惩罚方式。

3. 惩罚技巧概述

惩罚可采取以下技巧。

(1) 不能不教而诛。应该把思想教育放在前边,只有对那些经教育不改或造成后果十分严重者才实施惩罚。

(2) 尽量不伤害被罚者的自尊心。宣布惩罚的方式要有所选择,应使被罚者自尊心的损伤达到最小,特别应尊重其隐私权,不要使用侮辱性的语言。

(3) 不要全盘否定。应把其成绩和错误分开,不要一犯错误就全面否定其一切工作和个人的长处,在处罚的同时,应看到其闪光点,抓住其积极因素,促其向好的方向转变。

(4) 不要掺杂个人恩怨。不能在惩罚中掺杂个人恩怨,更不得以执行纪律为名,行打击迫害、进行报复或排除异己之实。

(5) 打击面不可过大。每次惩罚打击面不可过大,"法不责众"正是说明这样的道理。对于涉及较多人员的违纪违法事件,应该采用"杀一儆百"的办法,尽量缩小打击面,扩大教育面。

(6) 不要以罚代管。惩罚只是管理的一个环节,而且带有一定的坏作用,因此惩罚应慎用。不要过分依赖惩罚去推动工作、树立领导权威,更不应以惩罚代替全面的管理。

(7) 不可以言代法。是否该罚,罚到什么程度合适,都不能由领导者主观决定,而应该有明确的标准,这个标准只能是有关法律、法规。坚持依法惩罚,是确保惩罚权不被滥用,惩罚比较公平、公正的保证。常见的问题是无法可依或有法不依、执法不严、以言代法,由领导者一句话决定惩罚大事是违背管理原则的。

(8) 将原则性与灵活性相结合。坚持原则,就是严字当头,执法要严。"严是爱,松是害",这句话在执行纪律、运用惩罚时十分重要。但鉴于事务的复杂性,在不违背法律、法规前提下,掌握一定的灵活性是完全必要的。惩罚中讲究灵活性就是要严得合情、严得合理,达到教育一大批的目的,这就是管理艺术。例如,石家庄造纸一厂规定,凡迟到者均罚款 10 元。一天因下大雪,公共汽车严重晚点,全厂多数人迟到。怎么办?如果按章罚多数员工,不但达不到教育目的,而且使员工感到厂领导不关心员工疾苦。厂领导当机立断:不但不罚款,而且规定下午提前 2 小时下班,以方便女员工接孩子、买菜。这个决定,看似执法时灵活性挺大,但并未伤害制度的严肃性,此后员工遵守制度更自觉了,迟到现象更少了。原则性与灵活性结合得好坏,是管理艺术、管理水平高低的重要标志。

四、奖惩的综合运用

奖励和惩罚是规范人们行为的有效杠杆,是激励员工的基本手段,但奖励和惩罚如何恰当配合、综合运用,是值得认真研究的。

1. 奖励和惩罚不是目的

奖励和惩罚不是目的,这一点十分重要,如果把奖励和惩罚当作目的来追求,必然走偏方向。须知,对于一个组织而言,任何奖励和惩罚仅仅是推动工作的手段,而调动员工积极性才是目的。如果奖惩的结果,员工积极性反而降低了,那么奖励和惩罚是否成功就值得怀疑了。丢掉了这个目的就会变成为奖励而奖励,为惩罚而惩罚,成为一种"例行公事"。怎么才会收到应有的效果呢?

2. 必须从组织目标出发进行奖惩

与"奖励和惩罚不是目的"相对立的是从非组织目标(领导者的个人目标或小团体目标)出发进行奖励和惩罚。比如,把奖励作为培植亲信、拉帮结伙的手段,甚至少数人侵吞员工劳动成果的手段;把惩罚当作排除异己、打击报复、压制民主的手段,都是从根本上背离组织目标的。这样的奖励和惩罚,既不可能公正、公平,也不会调动起广大员工的积极性,因而必定丧失其激励的功能。

3. 应坚持以奖励为主、以惩罚为辅

奖励是一种正强化、正激励,可以直接满足人们的物质和精神的需要,而较少负面影响,对于调动员工积极性是一种比较理想的手段。而惩罚是一种负强化、负激励,是对非期望行为的一种惩罚,即剥压其一部分物质的和精神的利益,使其物质和精神需要的满足程度降低,借此减少这种组织非期望行为,而转向组织期望的方向。这种手段也是有效的、不可缺少的,但其局限性较大。具体表现为,惩罚具有副作用,即负面影响。主要表现在惩罚不可避免地导致被罚者出现挫折行为和挫折心理,至少在短时间内影响其积极性,甚至影响干群关系、员工之间的人际关系,以致使人际矛盾激化。因此,应该以奖励手段为主、惩罚手段为辅,惩罚仅仅作为奖励的补充。具体实施时,奖与惩的比例是四六开、三七开,还是二八开,则视具体情况而定。

4. 科学的考核是奖惩的主要依据

公正和公平的奖惩,必须建立在公正和公平的考核基础之上。这种考核方法应该有科学性,应该将定性与定量相结合,应该使考核制度化、规范化。在这样的考核机制下,才可能准确地判断每个人的功过,以及每个人贡献的绝对量和相对量,才能公正地决定奖励谁、惩罚谁。

目前存在的主要问题是考核方法不够科学或者不够规范,往往缺乏定量的考核(特别是对于机关工作人员和脑力劳动者),有时考核不严格,马马虎虎"走过场",甚至于完全由领导圈定奖励名单,决定惩罚方案,而缺乏客观的奖惩依据。

5. 注意奖惩适度

只有奖惩适度才能服众,也才能收到激励效果。正如李世民所说:"赏当其劳,无功者自退;罚当其罪,为恶者咸惧。"根据科学考核的结果,才能准确地判断其"劳"和"罪"的量,再依法度量,决定奖励和惩罚的档次。如果奖惩无度,小功大奖,则助长人们的侥幸心理;大功小奖,则缺乏应有的激励强度;小过重罚,会加重挫折行为;大过轻罚,不足以纠正非期望行为。所有这一切都会在员工中产生不公平感,因而达不到调动广大员工积极性的目的。

要做到奖惩适度,就要求组织负责人出以公心,一视同仁,摒除个人恩怨和个人杂念。真正如韩非子所说:"诚有功,则虽疏贱必赏",而且不打折扣;"诚有过,则虽近爱必诛",绝不徇私包庇。

要做到奖惩适度,还要求组织负责人实事求是,依法奖惩。绝不能赶浪潮、随风倒。现在的问题正存在于此。在"用能人"风刮起之时,在报刊上竟讨论起"能人犯罪怎么办?"的问题,似乎以其"能"即可折其罪,逃避法律的制裁。在"重奖"风越刮越盛之时,有重大贡献的工程技术人员、企业家纷纷得到洋房、汽车和上百万元的重奖,而且有攀比之势,应该依照有关考核制度和奖惩条例来客观地确定。在法规不完善时,也不是奖越重越好,而应"奖当其劳",过重的奖励会带来与奖励颁发者初衷相悖的负面效应,也许会造成调动了一个人积极性,挫伤了一批人积极性,以及破坏协作关系及和谐气氛的不良后果。

6. 做到奖惩及时

根据斯金纳的强化理论,强化应及时提供,否则激励效果将大打折扣。因此,宜采用"大目标与小步子相结合"的方法,将五年的目标分解为每个年度、每个季度、每月度的小目标,每达到一个小目标就强化一次,这种及时的强化,在时效上会增强激励效果。也就是说,奖励应有一定频度。同样,惩罚应及时,在大家印象最深时进行负强化,可以收到振聋发聩之效,如果拖了几月或一年后才惩罚,则难于发生应有的震动。

7. 应注意非正式组织的作用

非正式组织有其积极作用,也有其消极作用。在奖励和惩罚时,除了通过正式组织开展工作之外,还应关注非正式组织的反应,并及时开展工作,趋利避害,才会取得满意的激励效果。

非正式组织的自然趋向是"保持现状,反对变革",这种天然的保守性往往使非正式组织孤立先进、排斥先进、打击先进,销蚀奖励带来的正向激励效果。如果获奖者是非正式组织的成员,则会造成其角色冲突,同样会削弱激励效果。

相应地,如果惩罚的对象是非正式组织的成员,受惩罚者有可能从非正式组织中得到过多的同情和鼓励,妨碍他真正吸取教训,削弱负强化的效果,甚至诱发非正式组织与正式组织的对抗,产生离心作用。

在这种时候,应集中做好非正式组织"情绪领袖"人物的工作,争取他的理解、认同和支持,至少可以消除不必要的误解和对立。如果获奖者是非正式组织成员,还可以借此开展工作,带动非正式组织向积极方向转化,使非正式组织成为努力进取、支持正式组织目标的积极力量。

8. 认真疏导挫折心理

所谓挫折心理就是指动机受阻。毫无疑义,受处罚者必然产生挫折感,而且,受到奖励时也可能产生挫折感,如希望拿一等奖的得了二等奖,希望拿二等奖的得了三等奖。当然,自以为应该受奖,结果没有得到奖励的人,也会产生挫折心理。挫折心理会导致挫折行为。一般来讲,挫折行为主要有七种表现。

(1) 升华行为。主动找不足,找差距,再接再厉,奋斗不懈。这种人信奉"失败是成功之母",将压力转化为动力,这是最理想的挫折行为。

(2) 理智行为。这种人虽没有上一类人那样振奋,却也能比较客观地看待奖罚。比如,理解领导的苦衷,理解"绝对的公平是没有的",因此能够比较冷静、理智,行为上也没有明显的消极表现。

(3) 自慰行为。这种人善于自我安慰,有一点"阿Q"精神。比如,过去争一等奖争得起劲,刚宣布得了二等奖时还愤愤不平,但晚上躺在床上,越想越觉得得二等奖是幸运的:"谁要那一等奖?十个人只一名,成为众矢之的,什么脏活、累活,让他一个人干吧,累死他!一等奖白给我,我也不要!"越想心中越高兴。这就是"吃不到葡萄,就认定葡萄是酸的"的自慰心理。这种心理虽然不是很积极,但也没有什么破坏性。

(4) 消极行为。这种人在遇到挫折时表现出失望、冷漠、无穷的烦恼,甚至"破罐子破摔"。在工作中表现越来越消极,觉得领导对自己有成见,群众也把自己看死了,再努力也是枉然。这种状态很不理想。

(5) 固执行为。这种行为主要发生在受惩罚之后,想不通,有抵触,觉得领导有意跟自己过不去,所以抱着"对着干"的态度,坚持错误,拒绝改正,我行我素。这种固执态度,往往给领导提出一个又一个的难题,较难处理。

(6) 倒退行为。多发生在女员工身上,一个中年女工,因没能如愿晋级,躺在地上又哭又闹,行为类似几岁的孩子。这种行为虽破坏性不大,也必须细心地处理。

(7) 攻击行为。这种行为多发生在受开除处罚的员工身上。这种重大的挫折,在其心理上产生强烈的逆反,甚至产生强烈的敌对情绪。在行动上可以有三种表现。第一种行为是直接攻击,即攻击他心中的假想敌,或者是车间主任,或者是厂长。"你不让我活,我也不让你活!"在这种心理支配下,他们殴打甚至于杀害对方,造成严重后果。第二种行为叫转向攻击。这种人没有勇气攻击车间主任或厂长,但愤怒之气难平,到家后打老婆、孩子,以发泄心中的不满。第三种行为叫自我攻击。这种人没有勇气直接攻击领导,也舍不得转向攻击亲属,只好把满腔愤怒倾泻在自己身上,产生自伤、自杀的行为。

攻击行为是最严重的挫折行为,往往产生不幸后果。对这种行为应十分重视,谨慎和妥善地处理。

管理者在实施奖惩时,应该把正确处理挫折行为,作为一项非常重要的工作。一般来讲,处理挫折行为应遵循下述三项原则。

(1)坚持原则。不能由于对方出现了问题,而无原则地让步。这种让步不仅解决不了问题,而且会暗示和诱发更多的挫折行为。这种丧失原则的行为,不利于维护依法奖惩的严肃性、权威性,并且往往产生新的不公平。

(2)积极疏导。为了防止挫折行为,特别是防止严重挫折行为的产生,应该把疏导工作做在前边。奖励和惩罚的揭晓不宜过急,待疏导工作布置妥当后再宣布不迟。当员工发生挫折行为之后,要设身处地地为对方着想,以同情和关心的态度去理解他们的行为,不过多地加以指责。从真诚的关心入手,耐心地进行疏导。

(3)绝不激化矛盾。这一条十分关键,许多惨案是人为地激化矛盾的结果。应该理解,这些有挫折行为的人,处在一种被激发状态,其自我控制能力已十分脆弱,如果领导对其采取针锋相对、冷酷无情的态度,无异于对其挫折心理雪上加霜或火上浇油,以致导致对方丧失理智,进而酿成严重的后果。

9. 思想工作应贯穿奖励和惩罚的始终

奖励和惩罚是一种杠杆,借以影响员工的行为,使其更符合组织目标的要求。而人的行为无不受思想的支配,影响行为的关键一环是影响其思想。这就要求将思想工作贯穿于奖惩工作的全过程。思想工作的内容,大体上可以归结为以下几点:

(1)及时了解员工的需要;

(2)恰当地满足其合理的需要;

(3)纠正其不合理的需要;

(4)引导员工不断提高需要的层次,树立高尚的追求和高度的责任感。

特别是在实施奖励和惩罚的关键时刻,员工的思想起伏很大,斗争激烈,这正是开展思想工作、转变其观念的大好时机。如果错过时机,不仅难于进一步提高员工队伍的思想道德素质,也往往造成许多新的思想问题,甚至由于处理不好挫折心理、挫折行为而产生极为不良的后果。

第七节 薪酬管理的影响因素

影响薪酬的因素很多,组织在实施时,应该根据实际情况的需要,通盘考虑做出合适的选择。表 9-4 汇总了国外有关研究文献的观点,实际上可以归纳为三类。

第一类:外在环境因素(external environment factors),包括政府法令、经济、社会、工会、劳动市场、团体协商、生活水平等。

第二类:组织内在因素(organization internal factors),包括财务能力、预算控制、薪酬政策、组织规模、比较工作价值、竞争力、公平因素。

第三类:个人因素(individual factors),包括年资、绩效、经验、教育程度、发展潜力、个人协商能力等。

表 9-4 影响决定薪酬的因素有关文献汇总表

研 究 者	年 份	内容分析或研究主张
Clueck	1979	政府法令、工会、经济、劳动市场、预算控制、薪酬管理、工作评价、团体协商
Chruden & Sherman Jr.	1980	劳动市场状况、普遍薪资率、生活水平、工作价值、给付能力、团体协商、个人协商
Dessler	1984	法令、工会、薪酬政策、公平因素
Greenlaw & Kahl	1986	劳动市场、企业规模、工会
Gordon	1986	经济、法令、竞争力、财务给付能力
French	1986	工作价值、普遍薪资率、团体协商、经济因素、公平原理
Mondy & Noe	1987	生活水平、工会、社会、经济、法令、比较价值、绩效、年资、经验、潜力、幸运

资料来源:李建华,茅静兰.薪资制度与管理实务[M].台北:超越企管,1999.

具体来讲,影响工资制度和工资水平的因素有以下几种。

(1) 职位的相对价值。该职位的责任大小、工作的复杂程度、任职资格要求的高低、工作环境是否危险等。由工作分析和职位评价来确定每个职位的薪点,工资＝职位薪点×工资率。

(2) 任职者的技术水平。在此职位上工作的经验、知识和技能的先进性,由此决定薪酬的技能档次。

(3) 市场价格。由人才市场、劳动力市场的供需关系决定,组织的工资水平应该大于或等于市场的平均水平。

(4) 组织绩效和支付能力。工资增长速度＜组织效益增长速度。

(5) 部门绩效。确定工资时加入部门绩效考核系数,鼓励团队精神。

(6) 劳资协商谈判的结果。谈判中考虑通货膨胀率(物价指数)、宏观经济状况,它们决定了工资增长幅度。

(7) 法律的规定。各国都制定了适合本国国情的最低工资标准,这影响了组织整体上的工资水平。

第八节 薪酬管理的策略

一、薪酬管理的目标

薪酬管理的最终目标有五点:
(1) 吸引和留住组织需要的优秀员工;
(2) 鼓励员工积极提高工作所需要的技能和能力;
(3) 鼓励员工高效率地工作;
(4) 创造组织所希望的文化氛围;

(5)控制运营成本。

二、合适的薪酬策略的特征

合适的薪酬策略,其设定的目标必须切合实际,应该具备下列特征。

(1)独特性:企业必须制定出薪酬的一般原则,以利于全体员工遵守执行,然而为了吸引人才,公司的薪酬策略应区别于对手,才具有竞争性。

(2)程序性:什么时候和什么情况下应该调薪,调整的幅度有多大,这些都应该有规可循。

(3)弹性:薪酬策略应该富有弹性,才能应对各种挑战,超出规则的特殊情况,应该有补救的办法。

(4)透明性:薪酬策略应该让全体员工都知道,这样利于提高员工士气与凝聚力。

三、薪酬策略的内容

我国企业目前所采用的薪酬策略大致可以概括为以下两个方面。

1. 内部薪酬策略

1)点薪制

点薪制是目前我国大多数企业采取的一种薪酬策略。点薪制是指建立在薪点基础上的岗位技能工资制。它是一种以岗位为主、以技能为辅的工资制度(图 9-4)。岗位技能工资就是按照工人的实际操作岗位及技术水平来规定工资标准。它适用于专业化程度较高、分工较细、工种技术比较单一、工作对象和工作物等级比较固定的产业或企业。岗位技能工资将工资、技术和工作绩效三者密切结合起来,能够更好地贯彻多劳多得、同工同酬的原则,特别是有利于调动青年员工的积极性。

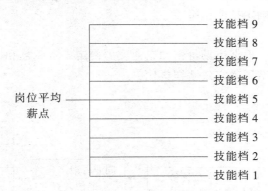

图 9-4 点薪制示意图

岗位工资(对某些员工来说是职务工资)是通过岗位评价(或称岗位功能测评)的方法,根据各岗位的责任轻重、知识和技能高低、对努力程度要求的高低及劳动条件好坏四项内容的总积分,将各岗位划分为几个不同档次,并确定相应的工资标准。

技能工资是根据员工的劳动技能水平确定的,反映了员工的潜在劳动形态。一般考虑工龄、学历、实际技能水平等因素。

(1) 点薪制管理的基础工作

点薪制的基础工作是工作分析和职位评价。即明确工作职位的内容、责任和工作关系，确定各个职位的相对价值，得出不同职位的薪点。薪点是构造点薪制的基本标志。

点薪制的评价指标体系包括工作责任与风险、知识与技能复杂性、努力程度要求和工作环境特点四个方面的内容。在确定薪点时，要对每一个职位从这四个方面进行考虑，通过科学的测评方法，得出不同职位的工资差别。其中：

① 工作责任和风险是指工作所需要肩负的职责以及需要承担风险的大小；

② 知识与技能复杂性是指工作岗位对知识和技能要求程度的高低，若需要采用的知识和技能比较复杂、不易掌握则工资水平就会相对较高；

③ 努力程度要求是指某一岗位的工作要求员工付出的脑力和体力劳动的强度，如果对工作的努力程度要求较高，则工资水平就会相应提高；

④ 工作环境特点是指工作环境因素的好坏，如果某一岗位的工作环境比较艰苦，或是工作地点不固定需要大量的奔波，工资水平也会相对高一些。

职位评价的关键是要做好评价过程的控制。第一，在进行职位评价时必须要对专家小组的成员进行培训，使其掌握职位评价的过程以及熟练运用评价工具。第二，要由最了解该职位的专家对职位进行详尽介绍。其他专家参考这些解释以及《职位说明书》，独立地对每一个报酬因素进行等级确定，并给予相应的分值。第三，分数的统计和复核。通过去掉最高分和最低分、控制标准方差等手段，使职位评价的结果更科学。

(2) 点薪制的设计步骤

在进行点薪制的设计时，主要遵循以下步骤（图 9-5）：

① 职位调查与工作分析；

② 职位评价——确定职位薪点；

③ 技能评价——确定技能档级；

④ 工资测算；

⑤ 确定工资率——根据市场价格和企业实力确定工资总额和工资率；

⑥ 结合绩效考核结果确定效薪挂钩比；

⑦ 制作工资表。

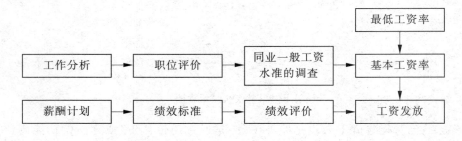

图 9-5　点薪决定流程图

(3) 点薪"调节阀门"

点薪制需要把握几个关键控制点，在企业进行薪酬制度的调整时可以从以下几个"调节阀门"入手。

① 工资率（点值）。它由工资总额与员工薪点总数相除而得到。调整工资总额即可改变工资率（点值）。

② 技能档的数量。同一岗位的技能档为员工铺设了岗位不变前提下薪酬晋升的通道，技能档增加意味着晋升通道加长。

③ 技能档的档差。档差加大意味着技能档作用力度加大。公司可以通过调节技能档差，从而使具有不同技能水平员工的工资拉大或者缩小。

④ 技能档的分档标准。对于岗位相同的员工，按什么标准分到不同的技能档，会直接影响具体员工的技能档级。具体而言，是如何考虑工龄、学历、实际技能水平的权重。

⑤ 基本工资与绩效工资的比例。基本工资与绩效工资在个人工资中所占的比例，即"死工资"和"活工资"的比例，会影响薪酬的激励水平。

⑥ 挂钩比。挂钩比是指薪资水平和绩效考核结果挂钩的比例。有些企业将优秀员工的挂钩比确定为1.2，一般员工为1.0，绩效较差的员工确定为0.6。这主要是出于企业奖优罚劣的角度考虑，但是不同的公司可以根据自身奖惩的力度在挂钩比上有所变化。

⑦ 部门考核系数。部门考核系数是根据高层经理对部门绩效的考核，对各个部门的工资总额进行相应调整，奖优罚劣。该部门每个员工的薪酬中应考虑部门绩效的好坏，乘以相应的部门考核系数。其目的是促使每位员工不仅关注个人绩效的提高，而且为整个部门效益的提高作出贡献。

⑧ 市场系数。市场系数是点薪水平与劳动力市场情况挂钩的系数。如果市场系数高就说明员工的点薪水平因市场供求而提高较多。

2）宽带薪酬、知识工资和个性化薪酬

宽带薪酬是通过拉大每个职位的薪酬空间，根据能力和表现设定较多的小的技能薪酬等级，形成一种宽带的薪酬安排。宽带薪酬适用于拥有大量知识型员工的科技型企业。知识员工付出了大量的脑力劳动，希望获得较高的薪酬待遇，然而由于企业的职位有限，无法为业绩突出的员工提供足够的晋升通道，而致使员工因职位无法提升、工资增长有限而离开公司。宽带薪酬通过拉大职位的薪酬空间，使员工即使不通过晋升也能通过业绩的提升和技能的增加而获得较高的薪资增长，甚至得到与主管上级相同的薪酬水平。从而把员工成长上升的轨道由一条变为多条，极大地调动了员工的积极性。

知识工资则是将薪酬与知识和技能联系起来，而不是仅仅与职位相联系的薪酬制度。它适用于知识型企业和学习型组织支撑的管理系统。

个性化薪酬是一种以员工为中心，将企业的需求与员工的需求相结合的薪酬制度。它强调薪酬与员工需求的匹配，主张为每一类员工设计一种具有弹性的薪酬基本框架，在此框架内，定期给予员工重新选择的机会（宽带薪酬、知识工资和个性化薪酬的具体内容详见本章第九节）。

2. 外部薪酬策略

1）薪酬水平策略

薪酬水平策略主要是指企业将薪酬定在何种水平之上。可以分为四种类型。

（1）市场领先策略。市场领先策略是指企业实行领先于市场的高薪酬策略。市场领先策略由于可以为员工提供高额的工资回报,因而容易吸引行业内的优秀人才,有利于企业的快速成长。因此这种策略往往被处于高速成长期的企业所采用。

(2) 市场跟随策略。市场跟随策略不主张提供高额的工资水平,而是采取跟随的方式,向标杆企业看齐。这是一种适中的薪酬策略,既可以帮助企业节省成本,同时也可以吸引到优秀的人才。

(3) 成本导向策略。成本导向策略是以提供低薪资水平为核心理念。以这种策略主导的企业其薪酬水平将明显低于行业平均水平。成本导向策略以成本的节约为主要目的,这种策略多用于对技能要求不高、劳动力资源较为丰富的服务行业。

(4) 混合薪酬策略。混合薪酬策略是将以上几种策略综合运用在同一个公司中,只是针对不同的部门、岗位和人才,会采用不同的具体策略。

2) 薪酬结构策略

薪酬结构策略主要指按照固定薪酬与浮动薪酬比例的不同而划分的薪酬策略。

(1) 高弹性薪酬模式。高弹性薪酬模式是基本薪酬很低,而绩效薪酬所占比例较大的一种薪酬模式。销售公司常采用此种模式。

(2) 高稳定薪酬模式。高稳定薪酬模式是基本薪酬占大头,而绩效薪酬比例很低的一种薪酬模式。

(3) 调和性薪酬模式。调和性薪酬模式是兼顾激励性和稳定性的薪酬模式,是薪酬结构策略的中间路线。

(4) 混合薪酬模式。混合薪酬模式是针对不同的部门、岗位和人才,采用不同的薪酬结构的一种薪酬模式。

3) 一企两制策略

一企两制,顾名思义是指在同一个企业中实行两种工资制度。其适用于平均工资水平不能完全与市场接轨、薪酬竞争力不足的企业。这样的企业碍于较低的薪酬水平,很难吸引到优秀的人才。因此就需要建立薪酬的特区,对特殊的人才特殊处理,实行谈判工资制,使这部分核心员工的工资与市场接轨,提高吸引和保留优秀人才的能力。一企两制的实质就是实现薪酬与市场的部分接轨。

在具体实施上要明确以下几个方面:

(1) 对于企业的一般员工仍然采用点薪制;
(2) 对于市场稀缺人才采用谈判工资,进入工资特区;
(3) 由薪酬委员会审定进入特区的人员和工资水平;
(4) 工资特区不是保险箱,要本着能进能出的原则,随时进行调整;
(5) 工资特区的薪酬一般不要超过企业工资总额的15%。

4) 企业形象与工资水平的组合策略

组合薪酬策略是将薪酬水平与组织形象作为参考因素,将两者搭配形成不同的组合方案(图9-6)。企业形象和工资水平是吸引人才的两个重要因素,两者密不可分。工资水平越高,企业形象越好,就越有利于吸引和留住人才。对于企业形象较好的企业可以采取高工资、中等水平工资和低工资,当然如果其实行高工资或是中等水平工资的话,其吸引和保留人才的能力会增强。因此对角线右上方的组合是相对有效的策略。

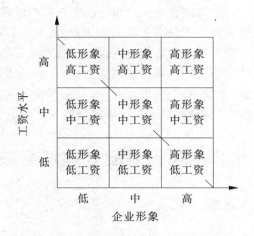

图 9-6 企业形象与工资水平的组合策略图

由此可见,企业在制定薪酬策略时也要考虑到企业形象的影响作用,不同形象的企业若要在人才市场上具有竞争力,就要采取与之相配合的薪酬水平。

5)不同发展阶段公司的薪酬策略

薪酬策略与公司的发展阶段也有很大的相关性。根据企业生命周期理论,企业的发展大致可以分为初创期、成长期、成熟期和衰退期,处在不同发展阶段的公司需要采取不同的薪酬策略(图9-7)。在制定薪酬策略时一方面要考虑到薪酬策略的有效性;另一方面还要考虑到企业的资金实力。

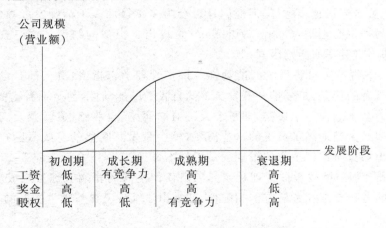

图 9-7 不同发展阶段公司的薪酬策略

对处于初创期的企业而言,由于资金有限,需要节约运营成本因而可以采取低工资策略,但同时用高额的奖金作为激励员工为公司奋斗的动力,而此时由于企业规模不大,资金有限,所以股权分配也是相对较低的。而当企业进入成长期时,就进入了高投入高增长的阶段,此时企业需要制定有竞争力的工资水平,同时继续保持高额的奖金比例,增强吸引优秀人才和保留人才的能力,扩大企业规模和实力。但由于高投入使企业的利润积累相对不多,股票市场增长有限,因此企业不会给予员工较高的股权分配。当企业进入成熟期后,利润相对丰厚,已经具备了支付高工资的实力,企业就可以采取高工资高奖金的策略吸引保留人才。而此时股票市场的良好表现也使得企业可以通过分发具有竞争力的股权来稳定企业的核心人才队伍。进入衰退期的企业,为了防止人才的流失可以继续采取高工资的薪酬策略,但是由于效益不佳、资金有限,只能采取低奖金甚至没有奖金的工资制度,而此时的高股权策略在某种程度上是可以起到留住核心员工的作用的。

第九节 现代薪酬管理发展趋势

一、现代薪酬管理思想

随着社会生产力的高度发展,随着世界进入经济全球化和知识经济时代,管理也正由科学管理进入文化管理时代,相应地,传统的薪酬管理理念也发生深刻的变化。在此基础上形成的薪酬管理思想包括如下内容。

(1)薪酬的管理,最根本的就是对劳动生产率的管理,即对劳动效率的管理。判断薪酬制度、薪酬策略的优劣,不是看人力成本的高低,而是看劳动生产率的高低。成功的薪酬管理,必然导致激励因素的提高,员工劳动效率的提高。反之,没能促使劳动效率提高的薪酬管理,不能认为是成功的。

(2)金钱的作用是有限的。"金钱是一种最容易被夸大、效果最差、花费最昂贵,也最为复杂的激励工具",美国管理学家 Sam W. Gellerman 的这句话,是经过认真论证的。他指出:人们当然希望钱越多越好,但他们是否会为多拿钱而多干活呢?多数情况下,答案都是"不"。另一位心理学家 Gary Vikesland 也得出了类似的结论:"优厚薪酬只能用来留住员工,却不带有任何激励因素。"

(3)不要忽视员工自我激励的能动性。许多管理学家指出:员工都有自我激励的本能。组织管理者的任务,是爱护和开发员工的自我激励能动性,甚至不需花费分文。员工自我激励能力基于这样一个事实,即每个人都对归属感、自尊感、成就感及驾驭工作的权力感充满渴望。恰当地满足员工的这些需要,就会激发其旺盛的自我激励行为。正如日本组织家稻山嘉宽所说:"工作的报酬就是工作本身。"

(4)薪酬管理与绩效考核管理是亲兄弟。任何优秀的薪酬管理若想成功,必须有一个科学有效的考核制度和考核方法相配合,往往由于绩效考核管理上的漏洞,使优良的薪酬管理功亏一篑。

(5)薪酬结构应随行业、组织而改变。薪酬结构作为薪酬策略选择的一部分,日益成为薪酬管理的重要内容。薪酬结构主要指工资、奖金、津贴、股权、福利之间的比例关系,以及固定工资与活动工资(业绩工资)之间的比例关系。这些比例关系像是一些调节阀,整合和变化出许多新的薪酬格局。

① 总的来讲,活工资的比重不应太小,但也不是越大越好,活工资不足,难以推动业绩的提高;活工资比例过高,则导致短期行为。

② 一般而言,工资仍是薪酬的主体部分,奖金和津贴应该少而精。在中国组织中,奖

金和津贴往往五花八门，师出无名，因而激励作用很小。当务之急是对其进行清理整顿，年终综合奖可与业绩工资合并，留下一些专项奖金，应该从严筛选，加强力度，严格考核，择优发放。

③ 福利，是十分重要的因素。像上海贝尔公司，工资水平不是很高，却用十分具有竞争力的优厚福利吸引和留住了一流人才。综合运用工资、奖金和福利环节，往往会收到极佳的激励效果。

④ 股票和股票期权。这一环节属长期激励，但影响因素十分复杂。比如股票期权，既要看到其显著的长期激励效果，又要看到其负面影响——助长贫富两极分化，诱发经营层的短期行为。也应看到其局限性——一旦股票市值的高速增长不再持续，其激励作用则一落千丈。应该看到，这一环节主要适用于高层经营管理人员、核心技术人员，特别适用于高速增长行业、高技术行业、高投入高产出和高风险行业。

(6) 薪酬管理应与组织文化、组织形象建设相得益彰。薪酬管理意在启动组织内部的物资发动机，组织文化建设意在启动组织内部的精神发动机。优厚的薪酬可以吸引和留住优秀人才，而优秀的组织文化以及由此塑造出的优秀组织形象，则可使人才迸发出高度热情和创造性，甚至可以用中等竞争力的薪酬把第一流人才吸引来、留住，并使之积极工作。

(7) 对于知识型员工的薪酬管理，应以工作而非级别为基础。在知识型组织，知识的创新和业绩的取得，往往不取决于资历深浅和级别高低，而取决于个人工作的投入和创造能力的强弱。因而，知识型员工很少愿意接受传统的不以贡献为基础的资历、权威和特权。因此，"薪酬和权力分开"，应该是对知识型员工薪酬管理的基本原则。

(8) 竞争是个绝妙的东西，它使薪酬管理充满活力。薪酬管理的本质是提高劳动生产力，提高劳动生产力的杠杆是公平竞争。如果一个薪酬政策鼓励和造就了公平竞争，则这种薪酬管理就充满了活力。为达此目的，必须与公平、科学的考核制度相结合，必须强调薪酬与贡献挂钩，与个人、团队、组织的绩效挂钩，并且薪酬差距适当拉大，表现出"奖勤罚懒，奖优罚劣"的明显功能。

二、现代薪酬管理发展趋势概述

1. 个性化薪酬

随着社会的发展，人的个性和需求以及所处的环境都出现了明显的差异，单一、固化的传统薪酬制度无法对全体员工起到激励效应的最大化。如何满足员工个体的个性化需求，提高其对薪酬水平的整体满意程度，成为组织薪酬设计的重要考虑因素，因此人们引入了个性化的薪酬制度设计。

1) 个性化薪酬的基本理念

1990年美国学者埃德·劳勒在《策略性薪酬——组织策略与薪酬体系相结合》一书中论述了薪酬管理与组织策略的关系。其研究的出发点是站在组织角度，制定薪酬计划，没有强调员工的参与性，员工只能作为被动的接受者。之后，美国的另一位学者约翰·特鲁普曼吸收了劳勒等学者的研究成果，在其著作《薪酬方案——如何制定员工激励机制》中提出了强调员工参与的"自助式薪酬"理念。

个性化薪酬的核心理念是以员工为中心，将组织的需求与员工的需求相结合。组织在员工充分参与的基础上，建立每个员工不同的薪酬组合系统，并定期随着他们的兴趣爱好和需求的变化，做出相应的调整，每个员工可以按照事业发展、工作和个人生活的协调比率，决定自己的薪酬组合。

2）个性化薪酬设计思路

（1）组织要建立整体薪酬概念。整体薪酬扩大了传统薪酬概念，包括了与收益有关的所有因素，为员工考虑得更全面，涉及员工生活的四个方面：工作、家庭、公共活动和个人活动，薪酬不仅与工作有关，而且与员工的生活有关。

（2）薪酬与员工需求相匹配。组织结合实际情况，在保持总体薪酬支付基本相同的情况下，选择几种薪酬元素为基本框架，根据薪酬元素的不同功能进行归类，按照个性和业绩对员工进行分类，为每一类员工设计一种具有弹性的基本框架，在此框架内，允许员工自由选择适合自己的薪酬组合，并定期给予员工重新选择的机会。

（3）强调雇佣双方在薪酬问题上的沟通。由于薪酬结构趋于复杂化，使员工真正理解每项薪酬项目就显得十分重要，雇主应该充分了解员工的需要，员工也应该充分了解组织的薪酬政策和薪酬模式。

3）个性化薪酬的组合内容

组织要满足不同员工的需求就首先要制定一个尽量宽的薪酬选择范围，参照约翰·特鲁普曼提出的薪酬方案组合模型，用等式加以表达：

$$TC = (Bp + Ap + Ip) + (Wp + Pp) + (OA + OG) + (PI + QL) + X$$

式中：TC 指整体薪酬；Bp 为基本工资；Ap 为附加工资，即一次性薪酬，如加班费、奖金、利润分享等；Ip 为间接工资，即福利工资；Wp 为工作用品补助，即组织为员工工作所提供的各种设施设备；Pp 指额外津贴，即因工作时间过长或在危险或不理想条件下工作而付给员工的一种补偿；OA 指晋升机会；OG 为发展机会，包括员工在外培训和学费赞助等；PI 指心理收入，即员工从工作本身和公司中得到的精神收益；QL 指生活质量，即职业和个人生活关系，涉及如何处理好工作与家庭的矛盾问题；X 指私人因素，即个人独特的需求，比如允许某些员工带宠物上班。

由此可见，个性化薪酬方案具有很强的弹性，每位员工都可以根据自己的需要，在特定的框架内进行自由组合，并可以根据自己的实际情况进行相应的调整。

4）对个性化薪酬的评价

个性化薪酬制度充分考虑了员工的需求和愿望，最大限度地满足了员工的要求，因此，在组织支付成本不变的情况下，个性化薪酬制度可以使薪酬的效用最大化。

然而，个性化薪酬需要向组织全体员工开放，增加了设计和运作的成本，可能会导致内部管理成本的增加。与此同时，个性化薪酬提高了工作的复杂性，对组织内部的人力资源管理人员提出了更高的要求。

基于此，组织可以考虑在对组织作出突出贡献的核心员工中先行实施。核心员工的地位决定了组织必须符合这部分员工的个性化需求，而对其需求的满足也有利于留住核心员工，使其发挥最大的力量。

2. 宽带薪酬

1) 宽带薪酬的产生背景

随着现代组织的变革和不断发展,特别是"扁平化"组织结构的出现,传统的薪酬体系表现出的不适应性越来越明显。组织扁平化带来了一个新的问题:随着职位等级数的减少,职位晋升的空间也逐渐减少,单纯地用职务晋升来提高收入的独木桥变得拥挤不堪,因此解决组织扁平化下的员工激励问题成为一种新的思潮,宽带薪酬体系应运而生。

2) 宽带薪酬的设计思路

所谓宽带薪酬,就是把在传统的工资结构中分为十几个甚至几十个工资级别的工作划分到同一工资级别中,同时拉大每个薪酬级别内部薪酬浮动的范围,取消原来狭窄的工资级别带来的工作间明显的等级差别,从而形成一种新的薪酬管理系统及操作流程。

其基本的设计思路是将每个职位的薪酬空间拉大,根据能力和表现设定较多的小的技能薪酬等级,形成一种相互交叉的宽带的薪酬安排。与传统的基于职位或资历的薪酬体制相比,这种新型的设计体系使员工可能在很长一段时间内都处于同一薪酬等级里。但在同一个级别内部,因为对组织的贡献价值大小不同,收入会出现很大的不同(见图 9-8)。

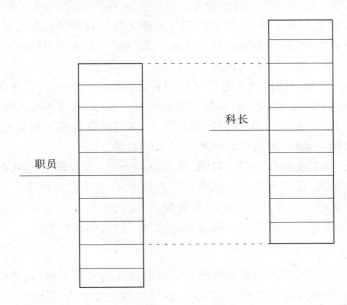

图 9-8 宽带薪酬

宽带薪酬的实质就是从原来注重岗位薪酬转变为注重绩效薪酬。它体现了绩效比岗位更重要的思想。职级减少,很多岗位被归类到同一个职级中。带宽拉大,员工薪水有了更加灵活的升降幅度。这样就能够极大地调动员工的工作积极性,使公司人力资源利用率最大化。

3) 对宽带薪酬的评价

与传统的等级薪酬模式相比,宽带薪酬制度具有以下优点。

(1) 使更多的员工从独木桥上走下来。传统的薪酬制度往往按照职位等级确定工资数额,因而为了获得工资的提升,员工不得不挤上晋升的独木桥,围绕职位争夺产生了许多内耗,增加了管理成本。而宽带薪酬的实施,可以使更多的员工走下独木桥,追求个性化的职业发展。

(2) 使普通的员工在本岗位上成才的愿望大大加强。在传统等级薪酬结构下,员工的薪酬增长往往取决于个人职务的提升而不是能力提高,因为即使能力达到了较高的水平,如果组织没有出现职位空缺,员工仍然无法获得较高的薪酬。而在宽带薪酬制度下,即使是在同一个薪酬宽带内,组织为员工所提供的薪酬变动范围也会比员工在原来的五个甚至更多的薪酬等级中可能获得的薪酬范围还要大,员工不需要为了薪酬的增长而去计较职位的晋升,而开始考虑通过提升个人的能力,立足本岗,立志成才获得薪酬的增加。

(3) 提高了工作导向薪酬的激励作用。在宽带薪酬结构中,上司对有稳定突出表现的员工可以在报酬方面进行明显的奖励,而避免使用像传统薪酬制度中的组织只能通过职务提升这一奖励办法,将薪酬与员工的表现结合起来,更加强调员工的工作表现,提高了工作导向薪酬的激励作用。

(4) 提高了部门经理对员工的影响力。在传统的薪酬结构中,由于拥有的弹性很少,基本上是机械式的套级别工资,其他职能部门经理无参与薪酬决策的机会,参与的意义也不大。而在宽带薪酬中,技能薪酬的等级主要由部门经理来决定,这就提高了部门经理对员工的影响力,有利于管理效率的提高。

(5) 有利于形成和谐的内部关系。传统的薪酬制度使得员工将晋升作为共同的奋斗目标,在职位相对稀缺的情况下,必然造成激烈的职位争夺,导致内部人际关系的不和谐。而宽带薪酬体系下,只要立足本岗,做好本职工作,就可以获得更多的报酬,因而员工内部争夺职位的现象就会减轻,有利于形成和谐的人际关系。

然而,宽带薪酬制度自然也有其局限,如果搞得不好,很可能会造成新的"大锅饭"现象。这种现象的出现,在很大程度上取决于公司内部的绩效管理体系。如果绩效管理不能够很好地衡量出同一带宽的员工的工作业绩,带宽内的员工干多干少一个样,没有体现在薪酬的变化上,就会使宽带薪酬形同虚设,造成新的"大锅饭"现象。

3. 知识工资

传统的工资计划中,员工的薪酬按照小时或月或年为单位计算,这种薪酬方案与员工的学历、职位和工作年限等息息相关,其薪水的增加则主要是由资历和主管对其工作表现的评价决定的。然而,随着组织的发展、外部竞争的加剧、内部员工的增加,公司需要提出一套更有激励作用的工资方案以鼓励员工不断地学习知识,不断地提高工作技能,进而提高组织的竞争力。在这种情况下出现了知识工资方案。

1) 知识工资的基本理念

知识工资(pay-for-knowledge)就是一种将薪水与知识和技能联系起来,而不是仅仅与员工所做的工作相联系的薪酬。有时候也称为技能工资(pay-for-skills)。知识工资计划是薪酬领域的重要创新:在知识工资制度下,员工不再仅仅把报酬看成一种应有权利,而且还是组织对其成功获得或运用与工作相关的知识和技能的一种重要奖励。

知识工资最初的出现是为了保证公司生产的连续性,允许员工承担其他员工因缺勤而空置的工作。这样,员工就不得不学会其他工作所需要的知识和技能。早在20世纪40年代,就有公司将知识工资计划运用于生产线的工人,国外也有许多学者和机构对此做了大量的研究。根据美国《商业周刊》一项技能工资的使用情况和效果的调查研究表明,知识工资已在美国30%以上的公司中得到了运用,20世纪90年代,世界500强中有50%至少部分采用了知识工资制。知识工资带来了员工特别是知识工作者更高的绩效和满意度,此外它还大大有助于提高公司的劳动生产率和产品质量,降低员工缺勤率。

2) 知识工资计划的类型

知识工资计划有三种基本类型,即楼梯-台阶模型(stair-step model)、技术-单元模型(skill-block model)和工作-积分累计模型(job-point accrual model)。

(1) 楼梯-台阶模型。这个模型与传统的职位工资系统的差别最小。在此模型中,职位被界定为起步职位到复杂职位阶段,然后可以被安排到不同的"阶梯"中去。阶梯代表一个具体工作组中复杂程度不同的工作,员工每完成一个台阶的课程培训,知识和技能会增加,其薪资也会上升到这个阶梯对应的水平。员工的培训可以是由公司内部安排,也可以由外部专门的培训机构来完成。但一般而言,针对公司的专门工作培训是由公司自己承担的,而一般比较普遍的技术则由外部的专门机构承担。

(2) 技术-单元模型。这种模型适用于相同的工作族之中。在此模型中,职位也被归类到技能群中去,就像楼梯-台阶模型一样,员工也是由简单的工作升入复杂的工作,但是员工的晋升不是直线阶梯形的(从低一级课程到紧接着的高一级的课程,如从第一级课程到第二级课程,第二级课程再到第三级课程,以此类推),而是带有一定的跳跃性。例如,员工在达到入门技能水平(一级课程)后,就可以任意选择学习另一课程中任何一个职位所需的技能,比如说第二级课程、第三级课程或第四级课程中的职位所需的技能等。当然,掌握的技能的复杂度越高,员工的收入也就越高。

(3) 工作-积分累计模型。这种模型旨在鼓励员工提高技术和学习完成不同工作组的工作。如果一家组织有太多的职位且有太多的技能需要员工学习,那就可以考虑采用传统的职位工资制中的工作分析法来分析每个职位,给每个职位进行评分后,技能与职位相对应,收入与技能相对应。该模型和技术-单元模型的区别就是员工不能选择自己要学习的知识和技能,需要由公司统一安排。工作-积分累计模型能够通过对员工学习的鼓励直接增强公司的竞争优势。

3) 对知识工资的评价

知识工资具有如下优点。

(1) 知识工资鼓励技术创新,可以提高员工知识水平和基本素质。在知识工资系统中,员工会追求掌握更多的技能并且保持一定的熟练度,同时员工在工作中也拥有了相当程度的自由独立的处置权,因而员工的自我管理能力得到提高,这就形成了一个更能够激励人的工作环境。知识工资使员工致力于提升自身的知识水平和基本素质,因此有利于公司的技术创新。

(2) 知识工资可以提高公司的业绩和综合竞争力。首先,在知识工资体制下,员工通过学习知识和技能,对公司的整个生产流程了解得更加深入,从而提高了生产力和工作质量,生产率提高促使了成本的降低。员工对生产了解的越多,产品生产的质量就越高。其次,采用知识工资和技能工资可以使公司缩减人员,技术全面的员工代替缺勤的员工,接受培训的员工获得了处理更多更深入的工作内容的能力,能够从事范围更广泛的工作。人员的灵活性使得在公司发生意外时,公司不必再花费财力、人力来应对紧急事件。

第十节　中国企业薪酬管理存在的问题及对策

一、中国企业薪酬管理存在的问题

(1) 政企不分。政府对企业的薪酬管理干预过多。有的地方政府,不仅控制企业的工资总额,而且直接干预企业内部工资比例等具体管理决策。这使企业的薪酬管理自主权难以落实,严重影响了内部分配制度改革的质量。

(2) 平均主义与差距过大并存。虽然经过三十多年的改革开放,一些企业在薪酬上的平均主义仍很严重。员工工资奖金差距拉不开,干好干坏收入差不多,优秀员工缺乏动力,后进员工缺乏压力;在另外一些大型企业,薪酬改革后,管理和技术骨干薪酬大幅提升,而普通员工薪酬原地踏步,内部薪酬差距过大,影响员工积极性。

(3) 薪酬水平偏低,缺乏市场竞争力。有相当多的企业,特别是中小企业,技术落后,劳动生产力低下,经济效益不佳,造成工资水平偏低,员工流失严重,招工又遇到"民工荒",反过来助长了经济效益下滑,形成恶性循环。

(4) 一些国有组织从领导者到普通员工的观念落后,"大锅饭"、官本位、人情风、拜金主义等观念,严重地妨碍内部人才市场机制的形成,严重地阻滞着企业内部崭新薪酬制度和动力机制的建立。

(5) 许多组织工作分析、职位评价工作十分薄弱,薪酬管理处在经验管理阶段,缺乏科学管理的基础,因此薪酬制度不健全,管理随意性大。

(6) 奖金和补贴种类繁多、项目繁杂,发放中的平均主义和随意性大,往往失去激励作用。而消耗的资源往往占工资总额的1/3,甚至一半左右。

(7) 许多组织缺乏绩效管理的观念,绩效考核不科学、欠公平,使薪酬的激励作用雪上加霜,造成员工满意度不高。

(8) 许多组织薪酬系统不规范,操作缺乏透明度,人际关系的干扰很大,造成薪酬分配不公平,削弱了薪酬的激励作用。

(9) 由于制度不健全,资金不到位,社会保障机制迟迟建立不起来,致使"员工福利"大打折扣。

(10) 近年来,国有超大型企业,特别是金融、石油、石化、电力、移动通信等垄断性行业,其薪酬水平快速提升,造成行业薪酬水平差距过大,形成一种社会问题。

二、中国企业加强薪酬管理的对策

(1) 继续深化向市场经济转轨的改革,彻底改变政企不分的局面,减少政府对组织薪酬管理的直接干预。政府的任务是制定宏观调控薪酬的制度和法规,为组织改革创造良好的政策环境。

(2) 组织应加强薪酬管理的基础工作，调整组织机构，建立工作分析和职位评价制度，改变机构臃肿、职能错位和人浮于事现象，实行定员定编，理顺工资关系，使薪酬管理逐步摆脱经验管理，迈上科学管理的台阶。

(3) 深化组织内部分配制度的改革，首先是在工作分析和职位评价的基础上实行以薪点表示的岗位技能工资制，贯彻以岗位工资为主、以技能工资为辅，并且在工资的发放中，保持较高的绩效工资比例，真正开发出薪酬的激励功能。

(4) 清理现有的奖金和津贴项目，尽量将其纳入工资之中。将综合奖金纳入绩效工资轨道，只保留少而精的单项奖，同时严格考核，择优评选，加大力度，改善效果。

(5) 与薪酬改革的同时，配套进行绩效管理制度的改革，使二者密切结合，真正做到"岗位靠竞争，收入靠贡献"。

(6) 继续在主要经营者中推行年薪制，在严格考核基础上，适当加大风险收入的比重，使年薪在市场上有竞争力，提高对主要经营者的激励水平。

(7) 对主要经营者、管理骨干和技术骨干，可以尝试股份、股票期权，发挥其长期激励功能。随着中国股票市场走向规范和成熟，这种激励手段有一定的应用前景，对于高速成长和高科技组织尤其重要。

(8) 对于一些平均工资水平偏低，很难与劳动力和人才市场完全接轨的组织，作为一种过渡措施，可实行"一企两制"——对普通员工实行以薪点为基础的岗位技能工资制，对于管理骨干、技术骨干中的市场稀缺人才，可以实行"谈判工资制"，建立工资特区。

(9) 继续加强劳动力和人才市场的培育，继续完善失业保险等社会保障机制，在组织内部建立、健全公平竞争和合理淘汰机制，提高薪酬的透明度，激发薪酬管理的活力。

(10) 加强组织文化、组织形象建设，内聚人心，外塑形象，增强组织的竞争力和对人才的吸引力、凝聚力，使薪酬管理获得优良文化的强有力支撑。

复习题

1. 报酬与薪酬在含义上有什么不同？薪酬包括哪几个部分？
2. 主要的工资制度有哪些？分别适用于何种对象？
3. 工资给付方式主要有哪些？分别适用于何种对象？
4. 为什么组织要有福利？如何有效地对福利进行管理？
5. 奖励和惩罚的技巧有哪些？
6. 如何综合运用奖励和惩罚手段达到激励目的？
7. 薪酬主要受哪些因素制约？
8. 如何制定恰当的薪酬策略？
9. 现代薪酬管理思想包括哪些内容？其发展趋势如何？
10. 中国组织在薪酬管理方面存在哪些问题？解决对策是什么？

思考题

1. 一个合理的薪酬结构有哪些特征？试举例说明。
2. 目前中国组织中普遍采用的岗位技能工资制存在哪些问题？其产生的原因是什

么?如何解决?

3. 计件工资有何优缺点?如何完善计件工资?
4. 中国社会保障体系存在哪些问题?如何解决?
5. 举例说明如何正确进行奖励和惩罚。
6. 如何正确地选择薪酬策略?
7. 目前中国组织中有哪些陈旧的薪酬管理思想?怎样尽快代之以现代薪酬管理思想?试举例说明。

案例

薪资革新促进人才的多样化发展
——日本松下公司的薪酬变革

日本松下电器产业公司,《财富》杂志排名1998年第26位(1997年第23位),销售收入590亿美元,利润1亿美元,总资产670亿美元,雇员人数28万人。1999年,日本松下电器产业公司总经理森下洋一在日本《文艺春秋》月刊11月号著文表达了松下对世界经济变革进行的"薪酬哲学"反思。

松下认为,日本企业在21世纪必须实现的目标大体有两个。第一,改变战后日本企业按照单一模式来管理员工的现状,重视具有丰富个性和才能出众的员工。21世纪整个社会将更具个性化,无论从事何种行业,能够获得具有个性和才能的员工的企业,才能够在国际竞争中生存下来。第二,为了顺利地在全球范围内扩展事业并取得成功,日本企业应该具有与其他国家"共生"的意识,并忠实地为此付出努力。"冷战"结构瓦解已经10年了,世界正越来越呈现出无国界的状态。许多日本企业满怀喜悦地跨越国界,在世界各地发展着自己的事业。

为了完成这两大使命,松下电器表示,他们将"注重人"的经营。以往,日本企业中一直存在极端平等主义,例如,同一时期进入企业的职员在退休之前所领到的工资几乎一样,缺乏激励作用。

松下电器所讲的"注重人"的经营绝不是指结果上的平等。人生的目的存在差异,生活方式、工作方式也各不相同,有的人希望为公司奉献毕业的精力,有的人则更注重家庭和自己的生活。

正是具备了较强的变革现实意识,松下电器在过去两年多的时间里,对人事工作的制度进行了根本性的革新。"全额工资支付型员工制度"就是其中一项,将退职金(退休时一次性发放的资金)加到工资中提前发放。

松下电器实行这一制度,比预期效果要好得多,两年内有40%左右的人申请提前发放。之所以实行这一制度,有这样一些考虑。第一,松下为了更好地吸引专业技术人才和特殊人才。像过去那样,把公司当作一棵大树,把自己完全绑在这棵树上的人已经很少了。松下电器希望具有突出专业技能人员,与松下电器产生共鸣,聚集在公司周围。松下电器不仅欢迎希望在退休前把一生献给一个公司的人,而且也接纳多种多样的人才。为了实现这一目标,松下电器认为必须在一定程度上激活就业的流动性。第二,考虑到职工的家庭贷款和子女教育费用的问题。森下洋一本人就曾目睹公司的中坚职员为筹措资金而苦恼的情形,所以,与其在退休时领取大笔资金,还不如在职工最需要花钱的时候及时得到它。

人事制度改革的第二项主要内容是公司准备从2001年开始实行雇佣工龄延长制度,员工最长可以工作到65岁。现在,很多人到了60岁看上去依然很年轻,而且,许多人退休后又到别的公司就职,业绩依然显著。所以,让那些多年在松下电器工作的人充分发挥他们多年积累的专业技能，继续为公司作出贡献。从长远来看，随着整个社会老龄化的发展，森下洋一认为企业也应该为具有劳动能力和愿望的人创造一个能够继续工作的环境，为整个日本作出贡献。对于仍在工作的员工，为了更有效地促进职业的顺利转变，松下电器在1996年创立了"自我重塑大学"，学习时间为半年至一年，已有500名职员在此接受了培训。

为了达到奖优罚劣的目的，松下从1999年4月起对近11 000个课长以上的管理职员实行完全年薪制。实行这一制度后，同是部长职务的管理人员每年的收入能相差近300万日元。年薪额度通过年底与上司面谈来确定，一年后对其工作业绩进行评价，结合公司效益情况，确定一个双方都能够接受的下一年的薪金标准。松下电器逐步把这种注重能力的工资体系扩大到管理层以外的普通员工，逐渐减少资历收入部分所占的比重。森下洋一认为提高实际工作成果收入的比重之后，公司与员工之间的关系必然会在很大程度上发生改变。

森下洋一认为，从最近的员工调查情况来看，年轻人更喜欢公司对自己的工作进行客观评价，按照评价的结果来决定工资标准。松下电器将让那些努力在工作中实现自我价值并取得实际业绩的人获得丰厚的报酬。这并非片面地注重工作业绩，而是基于"注重人"的思想。松下电器希望新的人事制度和工资制度能够改变以往员工发展的单一模式，使每个人的特点和才能都能够充分地展示出来。

松下认为并非只有高级管理干部才能成为经营者，奉行"全员经营"的传统理念，即公司所有的员工都是经营者。尽管商法规定公司的经营是由高级管理干部来负责，但森下洋一认为，仅靠30多名高级管理干部来监督管理遍布世界的企业和28万名员工是绝对不可能的，要让所有的员工都持有松下电器的股份，让他们对公司整体的经营业绩具备更多的敏感意识。目前，股份期权制仅限于30多名高级管理干部。

资料来源：张德. 人力资源开发与管理案例精选[M]. 北京：清华大学出版社，2002.

讨论题

1. 松下为什么要进行薪酬制度的改革？内外部因素是什么？
2. 松下以薪资变革促进员工个性和才能发展的措施有哪些？试阐述它们之间的关系。
3. "延长雇佣工龄制度"有何现实意义？在中国是否可行？为什么？

第十章 人员培训

本章学习目标

1. 培训与人力资源开发的关系
2. 培训的重要性
3. 对不同培训对象的培训内容重点及培训形式
4. 培训方案的设计
5. 组织培训组织工作的主要内容
6. 组织学习与学习型组织的含义

第一节 人力资源开发与培训

一、人力资源开发的相关概念

关于人力资源开发,国内外学者给出了许多不同的定义。

(1) 开发者通过学习、教育、培训、管理等有效方式,为实现一定的经济目标与发展战略,对既定的人力资源进行利用、塑造、改造与发展的活动。(萧鸣政,2002)

(2) 通过投资(包括物质、精神和时间等的投入),利用教育和训练等方式,促进和诱使人本身潜在体力、脑力、知识和技能等形成、发展和提高,即促使潜在能力现实化的过程。(赵秋成,2001)

(3) 由组织所开展的任何有计划的培训、教育和开发活动。(Rothwell,1985)

(4) 人力资源开发是通过组织发展和个人培训与发展开发、释放人的才能的过程,其目标是改进绩效。(Swanson,1995)

(5) 为雇员今后发展而开展的正规教育、在职体验、人际互助以及个性和能力的测评等活动。(Raymond A. Noe,1999)

由上可见,人力资源开发是一个内涵比较广的概念,它跟培训、教育、管理都不同,萧鸣政(2002)对这些概念的比较有助于我们更深刻地理解这些概念(表10-1)。

关于上述概念,有以下几点说明。

(1) 培训和教育都是人力资源开发的具体形式,人力资源开发还有很多其他的形式,例如,面谈、职业发展计划、开发性考核等。

表 10-1 培训、教育、开发与管理特点比较

活动形式	主要内容	活动目的	效用时间	财政理念	风险程度
培训	知识与技能方面的掌握与提高	满足当前的工作需要	当前	短期投资	较低
教育	行为习惯、行为方式、智力与体力的基础素质的培养	满足将来组织与个人需要	不久的将来	中期投资	中等
开发	潜能的挖掘与现有能力的发展与发挥	满足将来组织的需要	将来	长期投资	较高
管理	现有人力资源的利用与发挥	满足目前组织的需要	现在	消费	无

资料来源：萧鸣政.人力资源开发学[M].北京：高等教育出版社，2002.

（2）很多人认为人力资源开发是人力资源管理的一部分内容，不少《人力资源管理》教材都把人力资源开发作为其中的一部分。我们认同这种观点，同时也认为人力资源开发是人力资源管理非常重要的内容，它不是一项独立的职能，它渗透在人力资源管理的整个过程中。

（3）人力资源开发与人力资源的使用是两个相对独立的过程，开发是形成人力资源的过程，使用是消耗人力资源的过程，尽管在实际中二者经常交织在一起，但在理论上不能把它们混淆。

二、人力资源开发的现代理念

现代组织对人的素质要求越来越高，人们的个体发展需求也越来越强烈，这两方面因素使人力资源开发的重要性达到前所未有的程度。与此同时，人力资源开发的理念也不断更新，了解这些理念，对指导组织人力资源开发实践具有重要意义。

1. 综合能力理念

由于组织扁平化、工作团队化等管理趋势的发展，单项能力、局部技巧越来越不能满足组织发展的需要，组织越来越强调人的综合能力和综合素质，沟通能力、合作能力、解决问题的能力、创新能力等不再是个别岗位的特殊能力要求，而成为适用于绝大部分岗位的通用能力。

2. 终身学习理念

无论个人或者组织，停止学习就不能适应迅速变化的环境。终身学习是个人寻求职业发展的必然要求，更是组织要在竞争中立于不败之地的必要条件，建立学习型组织是组织发展的方向。

3. 国际化理念

经济的全球化给组织的人力资源带来了深刻的影响，组织人力资源的构成、素质要求、流动、教育培训、政策法规都显示出越来越浓厚的国际化色彩。

4. 全过程开发理念

正如我们在上面提到的，人力资源开发已经渗透到了人力资源管理乃至其他许多管

理职能之中,渗透到了组织管理的诸多环节。组织的工作设计要强调丰富化,招聘人员时要了解应聘者的职业计划,考核时不仅考核业绩指标,还考核发展指标,员工有越来越多的机会参与管理,全面质量管理的理念和方法日益普及。很多组织已经摒弃了单纯使用人力资源的理念,而进入到在开发中使用,通过开发更高效地使用人力资源的良性循环。

5. 变革创新理念

变革、创新是当今组织的主题。组织对人的能力和素质的要求要顺应环境和组织战略而变,组织的人力资源开发方式方法要顺应开发目标和技术条件的变化而变。它应该是一个开放的系统,要不断吸取新思想、新方法、新技术。

三、培训的作用

人是生产力诸要素中最重要、最活跃的因素,一个国家、一个地区、一个单位的命运,归根结底取决于其工作人员素质的高低。人的素质的提高,一方面需要个人在工作中的钻研和探索;另一方面需要有计划、有组织的培训。发达国家、最优秀的组织毫不例外地高度重视人员培训。虽然组织也可以通过招聘获得自己需要的人才,但培训仍被视为21世纪组织最主要的竞争武器。美国企业在2014年的培训投入总计超过了700亿美元,全世界的企业在培训上的投入超过1 300亿美元。而且,近年来还一直保持着增势,比如美国企业2014年的培训投入比上一年增长315%。

培训的作用主要表现在以下几个方面。

1. 培训是调整人与事之间的矛盾,实现人事和谐的重要手段

从20世纪末开始,人类社会进入了高速发展的时代,随着科学技术的发展和社会的进步,"事"对人的要求越来越新、越来越高,人与事的结合处在动态的矛盾之中。总的趋势是各种职位对工作人员的智力素质和非智力素质的要求都在迅速提高。"蓝领工人"的比例不断下降,"白领职工"的比例不断上升。今天还很称职的员工,如不坚持学习,明天就有可能落伍。人与事的不协调是绝对的,是事业发展的必然结果。要解决这一矛盾,一要靠人员流动;二要靠人员培训。人员流动是用"因事选人"的方法实现人事和谐,而人员培训则是采用"使人适事"的方法实现人事和谐。即通过必要的培训手段,使其更新观念、增长知识和能力,重新适应职位要求,显然,这是实现人事和谐的最为根本的手段。

2. 培训是快出人才、多出人才、出好人才的重要途径

所谓人才是指在一定社会条件下,具备一定的知识和技能,并能以其劳动对社会发展作出较多贡献的人。社会对人才的需要千变万化,对各层次人才的培养提出越来越高的要求,仅仅依靠专门的、正规的学校教育越来越难以满足要求,必须大力发展成人教育,而人员培训是成人教育的重点。

3. 培训是调动员工积极性的有效方法

组织中人员虽然因学历、背景、个性的不同而有不同的主导需求,但就其大多数而言,都渴求不断充实自己、完善自己,使自己的潜力充分发掘出来。越是高层次的人才,这种

需求就越迫切。在组织中得到锻炼和成长,已成为人们重要的择业标准。组织如能满足员工的这种自尊、自我实现需要,将激发出员工深刻而又持久的工作动力。国内外大量事实证明,安排员工参加培训、去国外子公司任职、去先进公司跟班学习以及脱产去高等学校深造、去先进国家进修,都是满足这种需求的途径。经过培训的人员,不仅提高了素质和能力,也改善了工作动机和工作态度。应该说,培训是调动员工积极性的有效方法。

4. 培训是建立优秀组织文化的有力杠杆

人类社会进入21世纪后,管理科学正经历从科学管理到文化管理的第二次飞跃。在激烈的市场竞争中,有越来越多的企业家发现文化因素的重要作用。韩国著名企业家郑周永说:"一个人,一个团体,或一个组织,它克服内外困难的力量来自哪里?来自它自身,也就是说来自它的精神力量,来自它的信念。"组织文化建设不是孤立的,特别是离不开人力资源管理活动。培训就是建设组织文化的重要环节。应把组织文化作为人员培训的重要内容,在培训过程中宣传、讲解和强化组织文化。

5. 培训是组织竞争优势的重要来源

随着科学技术的迅猛发展,知识更新、技术更新的周期越来越短,而技术在竞争中的地位日益重要。尤其是知识经济的崛起,更使科学技术成为组织发展、社会经济发展最主要的动力。技术创新成为组织赢得竞争的关键一环。技术创新的关键在于一流技术人才的培养。通过技术培训,使组织的技术队伍不断更新知识、更新技术、更新观念,才能走在新技术革命的前列。另外,培训着眼于提高人的素质,而人正是组织最根本、最主要的竞争优势。所以,组织想要在激烈竞争中立于不败之地,就必须重视培训。

第二节 人员培训的原则和方法

一、人员培训的原则

1. 理论联系实际,学用一致的原则

培训都应当有明确的针对性,从实际工作的需要出发,与职位特点紧密结合,与培训对象的年龄、知识结构、能力结构、思想状况紧密结合,这样才能收到实效,推动工作水平的提高。

为使培训与使用一致,应注意以下两点。

(1) 要全面规划。培训工作是一项长期的、经常性的工作,所以培训工作切忌盲目性和随意性。应根据人员的实际情况,制定出短期、中期和长期的培训计划,使人员培训规划与各部门、各单位的工作规划妥善地"接轨"。

(2) 要学用一致。培训内容切忌概念化、一般化,要从实际出发,根据各类人员的工作性质和素质现状,有针对性地决定培训内容。培训的方法应多采用案例讨论、模拟演示等跟实际联系较紧密、受训者参与程度较高的形式。要给受训人员应用其所学提出要求、提供条件,最大限度地发挥他们的才能。

2. 知识技能培训与组织文化培训兼顾的原则

培训的内容应该与岗位职责相衔接。组织中的任何职位都要求任职者既要掌握必备的知识和技能，又要了解并遵守组织的制度、具有基本的职业道德、信守组织的核心价值观。这一方面可通过招聘中的考查来保证；另一方面还必须通过不断的培训加以强化。组织既要安排文化知识、专业知识、专业技能的培训内容，又要安排理想、信念、价值观、道德观等方面的培训内容，后者必须与组织目标、组织哲学、组织精神、组织制度、组织传统等密切结合起来，使之切合本单位实际。

3. 全员培训和重点提高相结合的原则

全员培训就是有计划、有步骤地对在职的各级各类人员都进行培训，这是提高全员素质的必由之路。但全面并不意味着平均使用力量。为了提高培训投入的回报率，培训必须有重点，这个重点就是对组织的兴衰有着更大影响力的管理和技术骨干，特别是中高层管理人员。对于年纪较轻，素质较好，有培养前途的第二、三梯队干部，更应该有计划地进行培训。

4. 严格考核和择优奖励原则

培训工作与其他工作一样，严格考核和择优奖励是不可缺少的管理环节。严格考核是保证培训质量的必要措施，也是检验培训质量的重要手段。只有培训考核合格，才能择优录用或提拔。鉴于很多培训只是为了提高素质，并不涉及录用、提拔或安排工作问题，因此对受训人员择优奖励就成为调动其积极性的有力杠杆。要根据考核成绩，设不同的奖励等级，还可记入档案，与今后的奖励、晋级等挂起钩来。

二、培训的方式

培训的方式主要有三种：在职培训、脱产培训和半脱产培训。

在职培训即人员在实际的工作中得到培训。这种办法比较经济，不需要特殊的场所、设备，有时也不需要专职的教员，而是利用现有的人力、物力来实施培训。同时，培训对象不脱离岗位，可以不影响工作或生产。但这种方法往往缺乏良好的组织，不太规范。以技术培训为例，机器设备、工作场所只能有限制地供培训使用，有些昂贵的仪器设备不宜让学员操作，因而影响培训效果。

脱产培训即受训者脱离工作岗位，专门接受培训。组织可以把员工送到各类学校、商业培训机构或自办的培训基地接受培训，也可以选择本单位外的适宜场地自行组织培训。由于学员为脱产学习，没有工作压力，时间集中，精力集中，其知识技能水平会提高很快。这种形式的缺点是需要专门的设备和场所、专门聘请的教师，成本较高。另外，由于培训时间和工作时间是分开的，在应用培训所学方面对学员和组织的要求较高；有些培训的针对性较差，所学内容在实践中如何应用尚需进一步摸索。

半脱产培训介乎上述两种形式之间，可在一定程度上克服二者的缺点，吸纳二者的优点，从而较好地兼顾费用和质量。例如，把培训穿插在工作中，培训一天后，让受训者工作一段时间，应用培训所学，然后再集中培训。

三、培训的方法

1. 授课

授课是最常用的培训方法之一。其主要优点是组织难度较小,受众面大,成本也比较低。主要缺点是培训对象参与度低,针对性不强。有关研究显示,这种方法至少有中等水平的效力。如果授课教师在课程内容、授课方法上充分准备,培训效果会更好。

2. 学徒制和指导人制度

"师傅带徒弟"是一种古今中外都流行的培训方法,现在很多组织还在应用这种方法,也有些组织把这种方法称为"指导人制度"、"导师制"等,主要用于培训新员工。一个师傅或指导人可以指导一个人,也可以同时指导几个人。指导的内容应该是全面的,不仅包括技术、工艺、操作、服务技巧、办事方法,而且包括思想、作风、伦理。这种方法成本较低,对新员工的帮助较大。其局限性在于:对师傅或指导人的要求较高。另外,有的组织学徒期或指导期是固定的,这对不同员工原来的思想技能水平以及学习速度的个体差异考虑不足。

有效应用学徒制或指导人制度有两个关键环节:一是选拔合适的师傅或指导人,这种人应该是那些业绩突出、熟知组织历史、认同组织文化的人;二是建立对师傅或指导人的考核和激励制度,包括明确他们的责任、对其履行职责的情况进行考核、对优秀的师傅或指导人予以奖励等。

3. 教练技术

"教练"(coaching)是20世纪90年代才开始流行的一种管理技术。美国的咨询师Gallwey把教练技术定义为"释放人的潜能以最大限度地提高其绩效。教练是帮助人们学习而不是教他们"。虽然现在还没有对教练技术的一致的定义,但这一定义所表达的思想是大部分的专家都认同的。教练技术和学徒制、指导人制度、导师制的区别主要是:教练技术所涉及的双方的关系不是固定的,教练可以用这种技术去帮助任何人,后三者所涉及的双方的关系是相对固定的;教练技术关注的是马上改变表现和迅速开发技能,后三者关注的则是在比较长的时间里获得技能;在具体的方法上,教练技术和其他方法也不相同。

教练技术是上级帮助下级以至于人们之间互助的一种有效方法,管理者尤其需要掌握和自觉运用这一技术。其基本方法是通过提问和倾听建立员工对周边环境和自我的意识、建立责任感、建立自信。传统的管理者习惯于告诉下级现成的答案,教练技术则强调通过提问帮助员工自己找到答案,而提问的顺序通常是厘清目标、分析现状、发掘方案、制定计划。一些比较有效的问题如下:

(1) 还有什么?
(2) 如果你知道答案,这个答案会是什么?
(3) 这样对你以及别人会有什么影响?
(4) 你的标准是什么?
(5) 这里对你最困难、最有挑战性的部分是什么?

(6) 你这样做/说会得到/失去什么？
(7) 如果别人对你这样说（或者这样对待你），你会有什么感觉（或者你会怎样想）？
(8) 如果你的一个朋友跟你处境相同，你会给他提什么建议？

4. 讨论会

讨论会适用于人数较少群体的培训。其长处是提供了双向讨论的机会，受训者比较主动，他们的特殊和具体问题可以得到比较充分的讨论和回答；他们不仅可以向培训者学习，也可以彼此互相学习；培训者也可以及时而准确地把握受训者对培训内容的理解程度。这种方法对解决具体问题、提高受训者的责任感或改变工作态度特别有效。

5. 工作轮换

工作轮换是一种在职培训的方法，目的在于扩展受训者的知识和技能，使其胜任多方面的工作，同时增加工作的挑战性和乐趣；组织因而也在人员调配上获得更大的灵活性。相对于普通员工，工作轮换制度在管理人员中应用更为普遍。除了上述作用外，管理人员轮换还可达到以下三个方面的目的：

（1）管理人员将逐渐学会按照管理的原则从全局而不是某一职务方面来思考问题；

（2）帮助管理人员确定他们愿意进行管理的职务范围，同时也便于上级确认适合他们的岗位；

（3）组织的高级职务可以由对不同部门有广泛了解的更有资格的人担任。

组织应用工作轮换制度要注意的问题有：让参加轮换的人员明确轮换的目标，特别是在每项工作上要培养的技能；掌握适当的轮换频率，在达到轮换目标的同时尽可能地降低因为轮换影响工作而增加的成本；把工作轮换作为员工职业发展的一个环节，系统规划。

6. 录像

组织可以自制或购买培训用的录像资料。这种方法具有许多优势：可以激发受训者的兴趣；可以用来异地培训，从而节约旅行成本；可以对不同的对象重复使用而不增加成本。在行为模式化培训以及人际技巧培训中，这种方法更具有其他方法不可取代的优越性。受训者可以看到真实的行动从而去模仿，受训者自己的言行也可以被录像并立刻回放以给他们提供反馈。这种方法的主要缺点是录像资料的初期开发成本和后来进行调整的成本较高，有些情况下也可能比较费时。

7. 模拟

模拟是以实际情况为模型的一种经过精心设计的练习，受训者可以参与其中并得到反馈。这种方法对于错误的风险和代价很高（如飞行员培训）以及缺乏直接的、可以看得见的反馈（如管理决策制定）的工作特别有用。在计算机技术的帮助下，机械模拟器（如飞行模拟）可以造得惊人得真实。模拟也被经常用于管理培训，如商业游戏、角色扮演、拓展训练等。

（1）商业游戏。商业游戏是对实际管理问题的一种模拟。其具体形式多种多样，但一般都在游戏中设计若干角色，参加者各自扮演不同的角色，在一定的情境和规则下完成一系列的仿真活动。例如，一种典型的决策竞赛游戏：首先给定当前的经济条件、市场状况、生产设备、人员和资金情况，在指定的时间内，要求比赛者就推销、研究和开发、人力资源、服务、生产设备等方面如何运用资金做出决策,然后将决策信息输入计算机,计算机经过模拟运行后输出结果,包括新的市场供求情况、各小组(公司)的库存情况、股价变化情况等。结果被反馈给比赛者,让他们在规定时间内做出新的决策并输入计算机,形成新的结果。如此循环往复,具体轮次视比赛时间而定。比赛一般持续3~4小时,有时可以更长一些。比赛后一般召开评比会,首先由裁判评论各组的决策和效果。每组检查自己的决策并且推测其效果,对同一种情况下其他组所做出的决策进行评价。全体参与者的讨论有助于总结收获,强化学习效果。

(2)角色扮演。设定某种带有普遍性的、比较棘手的情况,让几个人分别扮演其中的角色,把事件的过程表演出来。例如,一名雇员要求调动工作。可选一人扮演雇员,一人扮演主管。然后把各人的角色资料提供给他们,在稍做准备后,让两个人即兴地模拟这一事件的交涉过程。当此二人进行模拟表演时,其他成员在一旁观摩、思考、记录。模拟结束后,也可请另一些人模拟表演同一情节,最后组织全体讨论。还可将表演过程进行录音、录像,表演者可进行自我检查,也供大家仔细研讨。

(3)拓展训练。拓展训练包括了一系列的练习。例如,让一组受训者翻越一堵高墙而不借助任何设备,利用一些油桶、竹竿和绳子自制成船并通过一片水域。每次练习之后,培训者将练习中的行为和受训者的工作环境相联系,使受训者获得改进工作的启发。

模拟的优点是真实性强,表演者身临其境,可在模拟实践中加深对工作现实和管理原理的领会以及对工作技巧的把握;缺点是费时较多。

8. 案例研究

案例是对真实管理情境和问题的描述,它可以只涉及一个典型的管理问题,也可以把若干的管理问题综合在一起。这种方法的优点是真实性、实用性、参与性都很强。因为案例分析往往采用个人思考、小组讨论与集体讨论相结合的形式,所以既能锻炼受训者个人的分析能力,又可训练团队合作能力。组织在培训中采用案例方法,最好能应用本组织自己的案例,这种案例不仅能更有效地调动受训者参与的积极性,而且实用性也更强。

9. 内部网

多媒体工具、网络技术的发展为组织的培训工作提供了新的、便捷的手段。组织可开发内部网,将文字、图片、音像等培训资料放在网上,从而形成一个网上资料馆、网上课堂。这种方法的优点是:方便,不需要统一时间,员工可以选择方便的时间随时上网学习;突破地域限制,网络手段把天各一方的员工联系在一起,即使地处偏远,也可学到同样的内容;成本较低,除了课件制作外,几乎不增加任何成本。事实上,内部网具有网络所具有的几乎所有优势。正因如此,这种方法近些年来得到了长足的发展。

10. 远程教育

远程教育是借助卫星、电视、网络等通信和视听手段,实现人员异地交互的一种教育培训方法。跟内部网方法不同的是,远程教育中人员彼此之间是可视的,并能实现实时的沟通,就像在同一个教室中一样。目前,不论在大学教育还是组织培训中,这种方法都日渐普及。

11. 自学

集体培训必须跟自学相结合。组织既可要求员工通过内部网自学,也可指定或者提供学习资料,提倡或要求员工利用业余时间自学。不少组织还用支付部分学费的方法鼓励员工自行参加社会组织的培训。

12. 移动端应用软件学习

随着移动端网络的迅速普及,其在员工培训方面也得到了广泛应用。有的公司购买或自行开发了相应的应用软件,为员工提供方便的学习机会。比如,有的软件可以提供这样的机会,令员工可以在乘地铁、公交的上下班路上观看对应的视频、回答问题,利用这种零碎时间达到培训的目的。

第三节　新员工培训

新员工的培训通常也称为职前教育、导向教育等。

一、新员工培训的目的

培训新员工是为了达到如下目的。

1. 互相了解

首先,要让新员工了解组织。虽然他们在应聘过程中对组织已经有了一些了解,但这种了解一般都是比较肤浅和片面的,特别是对组织文化的认识,在到组织之前,几乎没有哪个员工会有机会现场听总经理详细介绍公司历史和经营理念;对组织的规章制度,新员工更是一无所知。在正式开始工作前真实而全面地了解组织,无论对新员工还是组织都十分必要。其次,新员工培训的过程,也是组织管理者和新员工相互了解的过程。大部分管理者和新员工在培训中都是第一次谋面,双方都将在此过程中获得关于对方的第一印象,这是双方互相认识、初步了解的一次重要机会。参与培训的管理者一方面要让新员工认识和了解自己;另一方面也要尽可能多地认识新员工。

2. 打消疑虑

新员工是怀着各种各样的想法进入组织的,有对未来的美好期待,也有对新环境的不安和疑虑。自己的上司是什么样的人?同事们是否友好?组织在招聘时的承诺能否兑现?自己将承担什么工作?等等。他们迫切希望尽快知道答案。一般而言,这种不安和疑虑的心理都会持续一段时间,但良好的培训和接待将能够缩短这种不稳定的时间,而使新员工更早地全力以赴地投入工作。

3. 适应工作

新员工进入组织后做的第一份工作都将是新的工作,不管他以前是否做过类似的工作。即使他们已经有了扎实的基础知识和丰富的实践经验,他们也还需要了解本组织的这方面工作是怎样做的,这正是培训要解决的。要让新员工了解他即将从事的工作的基本内容和程序,知道自己应该如何开始,如何尽快进入角色。

4. 培养归属感

员工对组织的归属感,就是员工对组织从思想、感情和心理上产生的认同、依附、参与和投入,是对组织的忠诚和责任感。归属感是培养出来的。新员工对组织还没有什么归属感,但这却是培养归属感的最关键而又最有效的阶段。刚刚加入一个组织,一方面,新员工迫切希望得到同事的认可和接受,得到上司的重视和赏识;另一方面,他们又觉得自己是新来的,是陌生人,还未融入这个组织,甚至可能有"不满意就走"的想法。在这时,周到而充实的培训安排、管理者和老员工的热情态度都将把新员工们躁动的心拉向组织,很快地,他们也会觉得自己是这个组织的人了。

二、新员工培训的内容

1. 组织文化培训

组织文化培训包括让新员工了解组织的历史、宗旨、组织精神、发展目标、组织哲学等,从而最终明确组织提倡什么,反对什么,自己能从组织得到什么,应以什么样的精神风貌投入工作,应以什么样的态度待人接物,怎样做一名优秀员工。

2. 规章制度培训

新员工不可能在开始就熟悉组织所有的规章制度,在本阶段主要是要让员工了解他们最关心的以及不了解就难以开始工作的制度,例如,考勤制度、请假制度、奖惩制度、薪酬福利制度、财务报销制度、人员调配制度、培训制度、考核制度、职称评定制度、晋升制度、岗位责任制度、安全规程、员工行为规范等。

3. 业务培训

这包括本组织产品或服务的基本知识、组织的基本生产经营特点、本部门的主要职能、基本的工作流程、工作要求及操作要领等。

4. 熟悉环境

这就是要让新员工了解与其工作、生活关系最为密切的部门和场所。例如,财务部门、食堂、卫生间、饮水点、活动室等。

三、新员工培训的程序

1. 概况介绍

由了解组织情况的人员向新员工作介绍,或者播放介绍组织的影片。介绍的内容包括组织发展历史、组织机构、主要领导、平面布置等。

2. 参观

在参观过程中,除了向新员工介绍上文提到的关键部门和场所外,还应重点了解组织环境内的纪念建筑。例如,雕塑、展览橱窗、荣誉室、纪念碑等。

3. 组织层次的培训

包括由组织主要领导(通常是总经理或董事长)宣讲组织文化,由有关部门负责人介绍组织规章制度和组织生产经营特点、技术特点，对新员工进行上岗前的岗位技能培训等。

4. 部门层次的培训

新员工分散到各部门后，各部门应组织相应的培训，包括向新员工介绍本部门人员、本部门主要职能、本部门的特殊规定，以及对新员工继续进行必要的岗位技能培训等。

5. 有关领导与新员工单独面谈

对于小型组织，应该由组织的主要负责人出面跟新员工面谈；对于大型组织，可由新员工的直接上司跟新员工面谈。面谈的主要目的是了解新员工个人的特殊情况。例如，其职业规划、遇到的困难、对上司及组织的期望等。

四、新员工培训要注意的问题

根据有关研究，以下要点是组织新员工培训时需要注意的。

（1）新员工在最初 60～90 天的工作中形成的印象具有持久性。

（2）进入公司的第一天非常重要，数年后员工仍然会记得第一天的情景，所以，组织对员工进入公司的第一天务必要精心安排，尤其是不要让新员工在第一天填一大堆的表格。如果确实有很多表格要填，可以让他们先填最重要的，其余的慢慢来。

（3）让新员工了解整个组织以及他们的部门、工作跟整体的关系，而不只是了解他们自己的工作。

（4）不要提供过量的信息。人在一定的时间内能掌握的信息是有限的，在新员工培训阶段要传达的信息应该是新员工感兴趣的或者对他们开始工作最重要的，而不是他们不知道的所有信息。

（5）给每个新员工找一个老员工作为指导人或者伙伴是培训新员工的有效办法，老员工不一定跟新员工在同一部门。不同部门的人结成伙伴能使他们在今后更好地合作。

第四节　管理人员的开发

一、管理人员开发的重要性

管理人员开发的重要性，无论如何强调都不过分，然而组织却常常因为这样那样的原因而忽视。对管理认识上的误区，制约了组织在管理人员开发上的实践。这里的误区主要有两个。一是迷信个人经验，不把管理当科学。这些人认为，那些被任命为主管的人以及晋升到管理职位的人，即使缺乏领导能力，也可以通过工作获得所需要的技能，并且可以凭个人经验正确行事。二是不了解管理者和被管理者在素质和能力结构上的要求差别很大。常常有组织把精通技术的专家选拔到管理岗位上。例如，挑选最优秀的业务员当业务主管。可是，做出这种选择所依据的技能，对管理人员而言，只具有部分的价值。要使其胜任管理工作，必须开发出其他能力，如决策能力、组织协调能力、人事能力等。这种开发工作，只靠管理者个人的自学和摸索是远远不够的，必须接受专业机构、专业人员所提供的专业培训。

和西方优秀组织相比,中国组织在管理上仍然有不小的差距,急需一大批懂得市场经济的基本规律和组织管理的基本规范并了解最新理念的管理者。因此,管理人员的开发在中国具有突出的重要性。

二、管理人员开发的目标

管理人员开发除具有一般培训的传递信息、学习知识、提高能力的目标外,尤其特殊和重要的是更新观念和传承文化。

1. 更新观念

管理人员都是一个组织或团队的领导者,他们最重要的职责是明确组织的努力方向和调动组织成员的积极性,为此,他们首先要知道的是"做什么"和"为什么"而不是"怎么做",越是高层次的管理者,这一点就越重要。管理者要了解已经或将要影响组织实践的新的管理思想和管理理念,了解优秀组织的实践经验,了解宏观的经济形势、社会价值观的动向,只有这样,他们才能保持对环境和人的敏感性,在需要变革的时候积极顺应变革,在员工提出意见或建议时从善如流。

2. 传承文化

管理人员是组织长期稳定发展最重要的力量,他们完成这一使命的主要方式之一就是传承组织文化。有调查表明,员工最关心的就是上级对自己的看法,他们可能是对员工影响最大的人了,其言行直接决定了员工对组织的看法、对组织文化的认同度,每一个管理者都是组织文化的传播者。而管理者要传承组织文化,首先自己就必须对组织文化有深刻的理解和高度的认同,这就离不开培训,包括各种正式和非正式、技能性的和文化性的培训。

三、管理人员开发的形式

管理人员开发有一些特殊的形式,一般的培训方法应用于管理人员时,其具体形式也不同程度地表现出特色。这里主要介绍管理人员开发的一些比较特殊的形式。

1. 替补训练

替补训练是指把一些工作较为出色的管理人员指定为替补训练者,除原有责任外,要求他们熟悉本部门的上级的职责。一旦其上级离任,替补训练者即可按预先准备接替其工作。如果其他上级职位出现空缺,替补训练者也可填补之。

这种方式的优点是:由于是为晋升做准备,因此其训练积极主动;在替补发生后,受训者可较快地适应新的工作。

这种方式有三个明显的缺点:第一,渴望晋升但又未被选为替补训练者的人可能感到自己前途渺茫,积极性下降;第二,已经等候不少时间的替补训练者可能变得垂头丧气,特别当他们看到空缺被其他部门的替补训练者填补时更是如此;第三,某些上级唯恐被取而代之,不向可能的取代者传授他们的所有知识和技能。

2. 基层主管开发计划

常见的对基层主管进行开发的方式有如下几种。

(1) 班组长开发计划。一般让被训练的班组长在专人指导下,在车间学习3个月,促其掌握和运用提高生产的领导方法,掌握各直线部门与职能部门的关系,掌握各项管理原则,并随后应用于实际工作。

(2) 改善上下级关系计划。安排一组人数不多的基层主管人员开会、听课,并同高级管理人员座谈,畅所欲言地讨论公司在管理上存在的问题,并共同制定对策,以此建立起高层领导者与基层主管之间的友好合作关系。

(3) 提高素质的阅读计划。这是一种以自学为主的方法。例如,公司将介绍管理工作的书籍、简报、杂志和文章分发给基层主管,经常召开会议讨论有关内容,并进行测验来确定阅读的数量和质量。

3. 决策训练

常常有一种误解,以为决策过程不在正规训练的范围之内,其实不然。决策是一门科学,不训练就难以提高决策能力和水平。

决策训练也叫作"解决和处理问题方法训练"。在训练中让管理人员正确地掌握决策步骤。例如,明确问题、提出假设、收集数据、分析方案、选择方案和测定结果。

决策训练的方法很多,而且日趋严格和复杂。这些方法着重在逻辑推理、数学模型、电子计算机和创造力分析等方面进行探索,目的是提高决策的有效性。例如,考查一个人如何从已知的事物中推出未知的事物;如何把某一问题的各个方面综合起来;如何使用各种设备和电子计算机来帮助思维活动;当必须达到一系列相互关联的目标时,如何确定使结果尽可能完善的标准。实际上,这种训练一般是通过模拟各种决策情况进行的,训练着重研究如何选择各种策略,以及如何在诸多方案中做出选择。

4. 敏感性训练

敏感性训练法是直接训练管理人员对其他人的敏感性。众所周知,管理人员必须通过别人去完成任务,要想工作上取得最大的成功,必须意识到自己的上级、下级、同事的情感、态度和需要,即提高对人的敏感性。

敏感性训练常常针对下述内容:管理者知道如何体察下情吗?管理者对各种人的情感注意到什么程度?组织的某一目标或计划如何影响各种人的态度和追求?争论、命令、讨论、协商等应如何进行?敏感性训练备有成套的边听边看的课程,而且常常设计一些训练活动,使学员在相互影响的实践中,亲自体验这种相互影响是怎样进行的。例如,把来自不同岗位的管理者编成小组,进行既不规定中心内容,又不规定具体日程的自由对话。在这种无拘无束的对话中,受训者通过自己与他人之间的相互影响,发现自己行为的动机和感情,并思考自己如何对待别人,如何进行改变自己行为的尝试。这种训练所强调的不是训练的内容,而是训练的过程;不是思想上的训练,而是感情上的训练。

5. 跨文化管理训练

伴随经济全球化的发展,越来越多的企业开始跨国经营,跨文化管理成为管理人员遇到的最新挑战。"跨文化管理训练"因而成为跨国公司管理人员必不可少的培训内容。

这种培训的主要目的是了解并学会尊重各国不同的文化以及由此导致的人们的不同的价值观念,并转化为组织的竞争优势。培训的方式可采取讲课、讨论、录像等。培训首先要使受训者掌握有关的文化背景知识;然后设法改变他们的态度和偏见,使他们确立这样一种观念——"各种文化没有好坏之分,只是各不相同,我们必须理解和尊重各自的文化";最后,要使受训者掌握与不同文化背景的人打交道的技巧,如不可以把泰国的儿童举到头顶,在德国赴约会时不可迟到,在拉美则把迟到看作天经地义,等等。

这类训练的理论依据是诸如荷兰学者霍夫斯泰德等人的学说。这位荷兰学者用四个维度解释各种文化的差异:①个人主义-集体主义;②权力距离;③不确定性的规避;④男性化-女性化。他举例说:"在德国,除非获得允许,否则什么事情都不准做;在英国,除非受到禁止,否则什么事都准做;在法国,即使受到禁止,什么事也准做。"

第五节 培训的组织管理

培训是人力资源管理诸项职能中投入最大的一项职能,在组织的整体支出中常常也占有比较高的比例。很多人都说对人力资源的投入是最值得的投资,但是,这种结果不是自然而然发生的,要获得培训的高回报,必须对培训进行有效的组织管理。

一、培训工作流程

培训工作流程主要包括四个阶段:分析培训需求,设计培训方案,实施培训,培训评估,如图10-1所示。

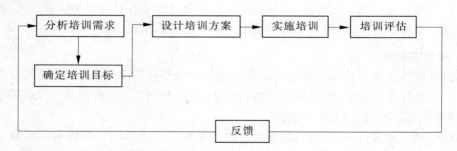

图10-1 培训工作流程

1. 分析培训需求

在培训活动中,培训的组织者与参加者是服务和被服务的关系,组织者应该把参加者视为自己的顾客,而培训课程则是组织者所提供的产品。既然是产品,就必须考虑到顾客的需求。需求分析关系到培训的方向,对培训的质量起着决定性的作用。

麦吉(McGehee)和塞耶(Thayer)早在1961年就提出了培训需求分析的一个三步体系(表10-2)。该体系虽然后来在术语上有一点儿改变,但仍然是今天的教科书中最常使用的模型。他们的方法包括三项内容:组织分析、任务分析(有时被称为动作分析或工作分析)、人员分析。

表 10-2 麦吉和塞耶的判定培训需求的方法

分析	目的	方法
组织分析	决定组织中哪里需要培训	• 根据组织长期目标、短期目标、经营计划判定知识和技术需求 • 将组织效率和工作质量与期望水平进行比较 • 制定人事继任计划,对现有雇员的知识/技术进行审查 • 评价培训的组织环境
任务分析	决定培训内容应该是什么	对于个人工作,分析其业绩评价标准、要求完成的任务和成功地完成任务所必需的知识、技术、行为和态度
人员分析	决定谁应该接受培训和他们需要什么培训	• 通过使用业绩评估,分析造成业绩差距的原因 • 收集和分析关键事件 • 对员工及其上级进行培训需求调查

决定培训需求的因素主要有组织战略、组织文化、组织经营计划、岗位要求的观念和技能、员工个人发展目标、员工现有的观念和技能,这些因素之间的关系如图 10-2 所示。

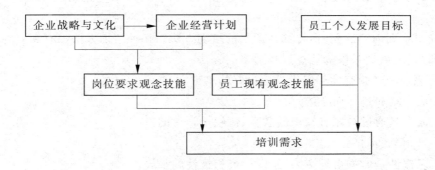

图 10-2 影响培训需求的因素之间的关系

组织分析培训需求的方法主要有如下几种。

(1) 绩效分析法。即通过绩效考核发现组织成员个人或部门在绩效上的差距,分析造成绩效差距的原因,然后探讨解决问题的办法。其中有些问题是可以通过培训解决的,这就形成了培训的需求;有些问题则不是培训能够解决的,这就需要寻找其他的办法。

(2) 调查分析法。即通过对组织成员进行访谈或问卷调查直接了解他们对培训的要求。那些具有普遍性的要求就形成了组织培训的有效需求;对那些不具有普遍性的培训要求,不同组织可以制定不同的政策。有的组织通过为员工提供资助的方式解决,有的组织则完全让员工自己想办法。

(3) 组织整体分析法。这种分析法通常是前瞻性的,即从组织战略、组织文化、组织整体经营计划出发,分析这些方面对人员观念和技能的要求,然后把这种要求与组织人员的观念和技能现状进行对比,针对差距制定对策。由此形成的对策可能是引进新的人员,也可能是培训现有人员。

培训需求明确后,还应据此制定培训目标。培训目标一般有三个层次:
(1) 知识目标,即培训后受训者将知道什么;
(2) 行为目标,即培训后受训者能做什么;
(3) 结果目标,即通过培训组织要获得什么最终结果。
例如,一个安全培训项目的目标可以阐述如下。
(1) 知识目标:"使受训者能够精确地描述把重物吊离地面的正确程序"。
(2) 行为目标:"观察到的违反安全程序的情况发生频率应低于每人每年一次"。
(3) 结果目标:"工厂中造成时间浪费的事故减少 30%"。

2. 设计培训方案

设计培训方案主要需要完成两方面的任务:培训内容设计和培训方法设计。这两方面是相辅相成的。

一旦培训目标确定了,具体的培训内容也就可随之确定。培训的内容一般包含多个部分和方面,它们彼此之间有内在的联系,在培训过程中应该有一定的顺序,以保证培训能够循序渐进。在设计培训内容时,切忌盲目照搬、赶时髦,而应密切联系本组织的实际情况。

在确定培训内容的同时,要选择适当的培训方法。每种培训方法都有利有弊,组织应根据培训内容、培训对象的特点选择适当的方法。

以下原理和经验有助于组织设计出好的培训方案。
(1) 成人是通过干而学的。
(2) 成人是通过与原有知识的联系、比较来学习的。
(3) 采用真实的例子。
(4) 多样性是增添培训活力、激发学员积极性的手段。
(5) 培训员要做一个推动学习的促进者。
(6) 向学员宣布学习目标。
(7) 所有的活动要紧扣学习目标。
(8) 考虑受训者的学习意愿、学习能力、培训内容与受训者工作的相关度,根据不同情况采取相应对策。例如,在受训者学习意愿较低时,可以采用强制或奖励的办法;在受训者学习能力较差时,可以提高培训的结构化程度,进行小规模培训,采用模拟、示范方法等。

3. 实施培训

实施培训是培训的组织者和参加者共同实现培训目标的过程。在这一过程中,双方都要定期回顾培训目标,对达成目标的程度进行评估,培训的组织者应该根据评估的结果以及受训人员的反馈对培训方案做出必要调整。

4. 培训评估

对培训项目进行评估的作用有如下两个。
(1) 决定是否应在组织内继续进行该项培训;

(2) 对培训进行改进。

可以从以下四个层次对培训进行评估，这四个层次对应着四种不同的方法。

(1) 反应。即受训者对培训的印象如何。具体的做法就是在培训结束时请受训者填写一份简短的问卷，要求受训者对培训科目、教员、自己收获的大小、后勤服务等方面做出评价。例如，可以问"总的来说，你觉得培训有多大效果？①完全无效；②有些效果；③十分有效。""可以做什么来改进培训？"

(2) 学习效果。即受训者对培训内容的掌握程度。这可以用培训前和培训后都举行的书面考试或操作测试来衡量。

(3) 行为。即受训者接受培训后在工作行为上的变化。这通常由受训者自己或由那些和受训者最接近的人。例如，其上司、同事或下属，进行评定。这也要借助于一系列的评估表。需要注意的是，受训者行为的变化可能是由多种因素引起的。例如，经验的丰富、考核和奖惩制度的变化等。为了克服这种干扰，可以事先选一个与受训者各方面情况都相似的控制组，控制组不参加培训。通过对两组成员的行为进行对比，就可以发现培训所导致的行为变化。

(4) 结果。即培训带来的组织相关产出的变化。例如，主管参加培训后，他负责的生产团队的生产效率的提高。培训的最终目的就是要有助于达到组织目标，因而培训评估最有意义的方面是结果。但是，与行为变化类似，组织绩效的变化常常是由多种因素导致的，很难把由培训造成的组织绩效的变化与其他因素造成的变化分离开。运用控制组可以在一定程度上克服这种问题。

要对培训后学员的行为和结果进行评估，就必须进行跟踪评估，即对受训学员开展回任工作考核。回任工作考核指对培训结束后回任工作的评价。培训的目的主要在于应用，回任后的工作表现是检验培训效果的最直接的证据。回任工作考核的主要内容是：思想上有无进步，对组织文化的认同感有无增加，工作态度和作风有无改变，业务能力有无提高，工作效率有无增进。最后综合起来判断培训目标是否达到。

回任工作考核的方法可多样。

(1) 问卷调查。学员回任工作半年或一年时统一发调查表，进行问卷调查，调查内容包括上述考核的各个方面，调查对象包括本人、本人的同事、本人的上级、本人的下属，最后将回收问卷进行综合分析。

(2) 实地考察。由培训负责机构派人到学员工作单位进行实地考察，包括与领导、下级、同事和本人交谈，可召开座谈会、汇报会，深入细致地了解学员回任后的实际表现；还可直接观察学员回任后的工作情况（工作态度、作风、技术熟练程度、工作效率和效果等）。实地考察的结果可以用填考察表逐项打分的形式，也可用评语方式表达出来。

(3) 回任小结。由学员自己在回任半年或一年时写出小结，评价自己培训的效果，再由其直接上级写出评语，交培训管理机构作最后评价。

以下实例说明了根据上述步骤进行培训方案设计的框架和思路。

方案设计目的：
向新的基层主管提供人员有效管理所需的能力和知识。

第一阶段：课前活动
在上课的前几周，要求参加者参加下列活动，以帮助他们做好参加该方案的准备：
(1) 识别有成效与无成效的活动；
(2) 与老板一起讨论其工作的基本要素；
(3) 选择一个参加者和老板都要面对的重要机会和问题（这将成为一个行动计划）；
(4) 将一个员工评价样本送给培训项目协调人。

第二阶段：5天的封闭课程
星期天的晚上：聚会、晚餐、商务会议。参加者简单介绍自己的工作并讨论其行动计划。一位高级管理代表在会议开始时接见参加者，阐述基层主管的作用、本项目的目的及工作中的预期成果。

支持性题目(1.5天)
- 我们为什么到这儿来
- 分析工作问题
- 培训：对其他人进行有效培训的能力和知识
- 特殊健康服务：处理员工问题的能力
- 时间管理：如何更好地管理和使用时间
- 雇用依据：保持人事工作做法一致性的价值及应用能力等

关键性题目(2.5天)
- 文件处理能力
- 员工工作业绩评定
- 工资管理
- 员工开发

项目评价(1天)
- 排列培训题目
- 制订行动计划方案
- 评价项目

第三阶段：课后活动
- 通过并实施行动计划方案
- 给参加者及其老板的问卷

资料来源：R. 韦恩·蒙迪，罗伯特·M. 诺埃. 人力资源管理[M]. 北京：经济科学出版社，1998.

二、影响培训转移的因素

所谓培训转移，即受训者把学到的知识和技能运用到工作上。培训转移的程度直接决定了培训的回报。影响培训转移的主要有以下三方面因素。

1. 培训设计

培训设计包括培训内容是否符合受训者的需求、培训的形式是否有助于受训者掌握培训的内容、培训师在多大程度上帮助受训者把培训内容和实际工作联系起来等。

2. 受训者的特性

不同受训者对同一个培训项目的评价不同，其培训转移程度也不同，这是因为他们在学习能力、学习积极性、理论联系实际的能力、应用所学的主动性等方面都不相同。

3. 工作环境因素

受训者在工作中应用所学需要具备若干客观条件：机会、物质和技术条件、上级和同事的支持等。培训不是孤立的活动，组织应该把它和其他人力资源管理职能协同考虑。例如，人员调配、考核、晋升等。组织一方面要为受训者提供应用所学的条件；另一方面要对其应用所学的效果进行考核评价，考核不仅可以督促受训者有意识地应用所学，而且可以为是否继续举办或参加该培训项目提供依据。

三、企业培训工作的管理

近年来，我国组织的培训工作随着经济的发展和改革的深入而快速发展，达到前所未有的规模。但对培训工作的管理水平还远远不能适应培训规模扩张的需要，主要反映在缺乏长远规划、培训目的性、针对性不强，培训质量控制不力，培训方法选择不当等方面。为提高培训的效益，保证培训的效果，必须加强对培训工作的管理。

1. 确立培训工作在组织中的重要地位

关键是组织主要负责人要深刻认识培训工作的深远意义。目前，在有些组织，培训工作仍然是软任务，往往"说起来重要，做起来次要，忙起来不要"。有些人只从眼前利益出发，认为培训效益不高，见效慢，搞培训不合算。这些不正确的认识和目光短浅的做法是组织培训工作正常开展的主要障碍。"十年树木，百年树人"，没有长远的眼光，就做不好培训工作，更做不好人力资源管理工作。

2. 建立、健全培训组织

组织应有专司培训的部门或人员。大型组织可以成立培训中心甚至是大学，并在各下属单位或部门设立对口部门或人员。各部门应按照"加强领导，统一管理，分工负责，通力协作"的原则，搞好分级培训。培训所需的师资，一方面可以从组织外聘请；另一方面也要从组织内部挖掘和培养。有的组织要求组织的主要管理人员承担一定的培训工作，这既有利于提高培训效果，对管理者本人也是一种锻炼和提高。

3. 制定培训计划

培训是一项经常性的、长期的、战略性的工作，不是一时的权宜之计，因此必须从本组织实际出发全面规划，统筹安排。包括规划期内拟培训人数、培训的要求和标准、培训方法和途径、培训经费、教师、教材、基地、培训用实验仪器的落实、培训计划与生产经营计划、人员调配计划的衔接等。

4. 完善课程体系

一个成熟的组织,对于不同人员应接受哪些方面的培训,应该有明确的规定。这些培训,从内容上讲,有的是基础性的,可以作为任职资格要求,有的是提高性的,为的是提升员工的水平;从形式上讲,有的可采取在职培训,有的可采取脱产培训,有的可以要求员工自学。设计课程体系,就是要明确什么人应参加什么培训,培训目的是什么,相应内容是什么,对应形式是什么,等等(见表10-3)。

表10-3 西门子员工管理教程

级别 课程	五 管理理论教程	四 基础管理教程	三 高级管理教程	二 总体管理教程	一 西门子执行教程
培训对象	具有管理潜能的员工	具有较高潜力的初级管理人员	负责核心流程或多项职能的管理人员	具备下列条件之一者 1. 管理业务或项目并对其业绩全权负责者; 2. 负责全球性、地区性的服务者; 3. 至少负责两个职能部门者; 4. 在某些产品、服务方面是全球性、地区性业务的管理人员	已经或者有可能担任重要职位的管理人员
培训目的	提高参与者的自我管理能力和团队建设能力	让参与者准备好进行初级管理工作	开发参与者的企业家潜能	塑造领导能力	提高领导能力
培训内容	西门子企业文化、自我管理能力、个人发展计划、项目管理、掌握满足客户需求的团队协调技能	综合项目的完成、质量及生产效率管理、财务管理、流程管理、组织建设及团队行为、有效的交流和网络化	公司管理方法、业务拓展及市场发展策略、技术革新管理、西门子全球机构、多元文化间的交流、改革管理、企业家行为及责任感	企业价值、前景与公司业绩之间的相互关系、高级战略管理技术、知识管理、识别全球趋势、调整公司业务、管理全球性合作	根据参与者的情况特别安排
培训日程	与工作同步的一年培训、为期3天的研讨会两次和开课讨论会一次	与工作同步的一年培训、为期5天的研讨会两次和为期两天的开课讨论会一次	与工作同步的18个月培训、为期5天的研讨会两次	与工作同步的两年培训、为期6天的研讨会两次	根据需要灵活掌握

5. 严格培训考核

这既包括对培训者的考核，也包括对受训者的考核。对培训者考核的主要目的在于改进培训，对受训者考核的主要目的是督促其全力以赴地完成培训。应该说，培训既是员工的权利，又是员工的义务。培训考核的结果可以作为员工转正、定级、使用、职称评定、报酬等的依据。

6. 保证培训投入

培训需要一定的物质条件，包括场地、设备、经费等。我国规定一般企业按照员工工资总额的1.5％提取教育培训经费，从业人员技术素质要求高、培训任务重、经济效益较好的组织可按2.5％提取。考虑到我国国民教育现状、组织员工的素质以及跟发达国家的差距，这个比例并不高。当然在实际中不同组织的做法也有很大差异，有的组织这个比例不到1％，有的组织则超过10％。这里不存在一个适合于所有组织的最佳比例，组织应根据内外部环境和条件、本组织的战略和文化等确定自己的培训投入水平。

7. 积累培训案例

本组织的案例是组织宝贵的知识财富，开发本组织的案例对组织的培训工作具有特别重要的意义。组织可以指定专人把发生在组织内的各种较典型的成败事例总结记录下来，也可以把这项工作布置给各个部门，让有经验的人负责指导。经过长时间的积累，员工最容易犯的大部分错误、对员工最有帮助的大部分经验都可以包括在案例中，用这样的案例去培训员工，将收到任何培训都难以收到的效果。开发、积累案例的过程就是一个组织学习的过程。

第六节 组织学习与学习型组织

组织学习和学习型组织是现代组织重视培训、重视人力资源管理的产物，倡导组织学习、构建学习型组织，将使组织的人力资源管理发展到新的阶段。

一、组织学习的含义

最早的有关组织学习（Organizational Learning）的概念出现在1965年，随后哈佛大学的克里斯·阿吉瑞斯（Chris Argyris）教授和萧恩（Donald Schon）于1976年在《组织学习》一书中进一步对组织学习和学习型组织做出了解释。

组织学习是从个人学习的概念引申过来的。我们每个人每天都在学习，在我们的日常生活中，学习就是吸收知识、获得信息的过程。对于组织学习，不同学者给出了多种不同的定义：阿吉瑞斯认为组织学习是发现和纠正错误的过程。斯瓦特（Swart）等人认为组织学习是一个实体（可以是代表一个组织去行动的个人或群体，也可以是组织本身）运用能力在系统内创造永久性的认知或行为变化的过程，这种变化的行为或认知需要深植于组织并且是清晰的。哈佛大学的阿米·爱德蒙德森（Amy Edmondson）分析和综合各种不同领域对组织学习的定义，认为组织学习是一个过程，在这个过程中，组织的成员积极主动地应用资料(即与组织相关的信息)来指导组织行为,以提高组织连续适应环境的能力。这一定义强调三个方面:①组织学习是一个过程,②成员积极应用资料学习,③提高组织的适应能力。除了这三个方面外,组织学习的定义还应包含三点:①组织学习是一个交互的开放学习过程,组织学习过程中不仅应从过去的经验和教训中学习,还应该不断地从外界吸收先进的技术、管理思想和方法,同时组织也对外界产生着影响;②组织学习的过程是通过组织中的个人来完成的,学习结果不仅要存在于个人,而且要存在于团队乃至组织中;③组织对环境的适应应该是主动的。结合以上分析,我们认为组织学习是一个主动适应环境的过程,在此过程中,组织及其成员积极学习并应用组织内外有用的知识,指导组织的行为,同时也影响着组织的环境。

需要特别说明的是,组织学习不能等同于"有组织的学习",有组织的学习也就是培训、研讨会等具体的学习形式,组织学习的内涵要丰富得多。

二、学习型组织的定义

学习型组织(learning organization)理论自提出以来,备受世人关注,理论界进行了广泛而深入的探讨,但对于学习型组织仍没有一致的定义。主要的有以下几种:

(1) 学习型组织是为其成员提供良好的学习环境,促进其所有成员学习,并不断改造自己以实现自己的战略目标的组织;

(2) 学习型组织是具有很强的创造知识、获取知识和传递知识的技能,并能够不断根据新的知识和观念来修正自身行为的组织;

(3) 学习型组织就是从个人学习到团队学习,到组织学习,再到全局学习,这样一个不断进行学习与转换的组织;

(4) 学习型组织是指通过培养弥漫于整个组织的学习气氛而建立起来的一种符合人性的、有机的、扁平化的组织,这种组织具有持续学习的精神,是可持续发展的组织。

综合各种观点,我们认为,学习型组织是某一组织或某一群体的全体成员在共同目标指引下注重学习、传播、运用和创新知识,因而具备高度凝聚力和旺盛生命力的组织。

组织学习与学习型组织既有区别又有联系。学习型组织是一种组织形态,组织学习则是一个过程;任何组织都有组织学习的过程,但只有部分组织才是学习型组织。

三、学习型组织的要素和特征

为了具体描述学习型组织,不同的学者提出了多个不同的模型,但这些模型包含的元素是基本相同的,这里介绍的是美国乔治·华盛顿大学的教授麦夸特(Michael J. Marquardt)提出的学习型组织的系统模型。该模型包括五个子系统(见图10-3)。

1. 学习子系统

学习子系统包括学习的层次、学习的类型、组织学习技能三方面内容。在学习型组织中有三个层次的学习,即个人层次、群体或团队层次、组织层次。个人层次的学习即个人通过自学、他人指导、领悟、观察获得技能、见识、知识、态度和价值观。群体层次的学习指通过群体完成并且发生在群体内的知识、技能、能力的增加。组织层次的学习是指通过组

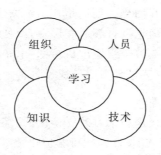

图 10-3 学习型组织模型

织范围内对持续改进的追求和各种机会增进组织智能和生产能力,它跟个人层次及全体层次的学习有两点区别:首先,它是通过组织成员共享见识、知识和心智模式而发生;其次,它要有一套制度化的机制(例如,政策、战略、模式等)来保存知识,由此积累起来的知识和经验是组织学习的基础。

麦夸特区分了不同的学习类型。适应性学习是通过经历和反思学习,它遵循的过程是行动—结果—反思—新的行动;预期性学习是为计划将来进行学习,包括分析机会、确立愿景、分析行动方案等;行动性学习是通过完成一项困难的任务或解决问题来学习,一般包括分析问题、采取行动解决问题、对结果及采取的行动进行讨论等环节,它强调自己采取行动、接触不熟悉的问题、质疑已有的经验。他还提出了其他一些学习类型。

组织学习技能主要有六个方面:系统思考、改善心智模式、自我超越、团队学习、建立共享愿景、对话。其中前五个方面就是彼得·圣吉在其名著《第五项修炼》里提出的五项修炼。

2. 组织子系统

组织子系统包括文化、愿景、战略和结构四个要素。学习型组织的文化应该是这样一种文化:把学习看成组织成功的绝对重要的因素,学习成为一种习惯,成为所有组织职能的有机组成部分,鼓励团队合作、自我管理、授权、分享等价值观。学习型组织的愿景的主要内容是学习及学习者不断创造、不断改进组织的产品或服务。学习型组织的战略是充分利用在所有的组织活动中获得、传递、使用的知识。学习型组织的结构是一种精简的、扁平的、无边界的结构,能在组织内外最大限度地增进接触、信息流动、责任感和合作。

3. 人员子系统

人员子系统包括员工、管理者/领导者、客户、合作伙伴(供应商、分销商、转包商等)以及社区。不同人员的学习活动不同。员工要学习,制定他们未来的能力发展计划,采取行动,承担风险,解决问题。管理者/领导者的角色是训练、指导、做榜样,他们的首要责任是为他们周围的人创造学习的机会。客户作为学习者的主要角色是提出需求、接受培训,跟组织的学习体系保持联系。供应商既可以是培训项目的接受者,也可以是提供者。社区包括能提供或接受学习资源的各种社会机构、教育机构等。

4. 知识子系统

知识子系统就是管理知识的系统,包括知识的获取、创造、存储、传递和使用。获取是指从组织内外收集已有的数据和信息。创造是在组织内通过解决问题和领悟形成新的知识。存储是对组织的有价值的信息进行编码和保存,以便于组织成员在任何时间、任何地点访问。传递包括信息和知识在整个组织内机械的、电子的以及人际的运动,可能是有意识的,也可能是无意识的。使用就是组织成员通过各种形式运用知识和信息去解决问题。

5. 技术子系统

技术子系统是有助于信息交换和学习的支持性的、综合的技术网络和信息工具,其三个主要部分包括信息技术、基于技术的学习和电子化绩效支持系统。信息技术是对信息进行收集、编码、存储、转移的以计算机为基础的技术。基于技术的学习包括使用录像、录音、多媒体等手段实现知识和技能的传播和共享。电子化绩效支持系统包括互动培训、生产率和应用软件、专家和反馈系统等,它能在组织内捕捉、存储和传播信息,用最少的人员、在最短时间内帮助员工实现最好的绩效。

麦夸特总结了学习型组织的特征,我们在这里把它们分为组织上的特征和学习上的特征两大类。

学习型组织在组织上的特征为:

(1) 组织成员都认识到整个组织不断学习对组织目前以及将来的成功的重要性;
(2) 有鼓励、促进个人和群体学习的组织氛围;
(3) 每个人都追求高质量,有精益求精的精神;
(4) 以一种创造性的、社区式的方式在组织内外结成网络;
(5) 敏捷、灵活;
(6) 有不断调整、更新、再造自己的能力,以适应变化的环境。

学习型组织在学习上的特征为:

(1) 组织作为一个整体系统来完成学习,整个组织就像一个大脑;
(2) 学习是一个连续的、战略性的过程,它融入到了工作之中,和工作并行;
(3) 强调创造性和发展性的学习,即要通过学习培养创造性,而不是死记硬背,简单重复;
(4) 欢迎变革,把意外乃至于失败看成学习的机会;
(5) 系统思考至关重要;
(6) 所有活动都包含愿望、反思、概念化三个阶段;
(7) 人们有机会接触对组织成功重要的信息和数据资源。

四、学习型组织的建设

从以上学习型组织的要素和特征可以看出,建设学习型组织是一个系统、复杂、艰巨的工程,不是说多组织一些培训就可以成为学习型组织了。建设学习型组织需要做好以下几方面的工作。

1. 营造学习文化

学习型组织的灵魂是学习文化。要营造学习文化,首先要确定学习的理念和价值观。在建设学习型组织上做得非常成功的英国著名汽车公司——路虎(Rover)公司关于学习的理念是：
（1）学习是人类的天性；
（2）学习和发展是创造性、凝聚力与贡献的燃料；
（3）每个人都有两项工作——现在的工作和改善它；
（4）谁发明，谁受益；
（5）要重视人、尊重人；
（6）创造性和独创性说起来容易，用起来难；
（7）管理不能解决所有的问题。

提出理念只是营造学习文化的第一步，还需要借助多种形式让理念深入人心，包括宣传动员、领导率身垂范、制定相应的奖惩措施等。最重要的是让员工和管理人员明白学习的重要性、学习和组织经营的关系，把学习变成每个人的内在需求和动力。

2. 建立学习型的组织结构

建立学习型的组织结构要做好以下 3 项工作。

（1）精简组织层次，形成扁平化的组织结构。扁平化的组织能促进授权，给基层团队以及个人更大的责任和发挥的空间，培养个人多方面的知识和技能；有助于打破部门界限，促进沟通与合作。总之，扁平化的组织结构能强化个人的学习动力，创造良好的学习环境。

（2）加强团队建设。团队是学习型组织的重要学习单位，在知识的获取、创造和传播中都扮演着重要角色。要明确团队在组织学习中的责任，建立对团队学习进行考核和激励的制度，促进团队的建设和发展。

（3）设立专门的学习管理部门或知识管理部门。这个部门的责任不同于传统的培训部，概括地说，其责任是促进组织范围内的学习，力求使学习成为组织内每个人和每个单位乃至整个组织不可分割的一部分，并为学习提供必要的支持与帮助；具体地讲，其工作包括标杆管理、外部信息收集和发布、组织内部问题公布和意见收集、知识共享平台的建设和维护、学习过程辅导、配合人力资源部进行相应的考核等。

3. 完善内部培训和学习体系

学习型组织不仅要有我们前面介绍过的完整、规范的培训体系，而且要有其他多种多样的学习方式和管理措施。例如，由管理者协助员工制定个人发展计划书，明确提出学习目标，并对目标的实现情况进行考核；定期向员工推荐、散发学习资料，并组织研讨等。

组织学习特别强调的是知识的积累，即要把知识和掌握知识的人分离，使知识真正成为组织的资源而不是员工的个人资源。为此组织要建立一套管理系统，包括详细记录和保留组织中的个人工作记录；对相关的工作记录进行整理，总结出具有普遍意义的知识，供其他组织成员使用；对知识进行完善和更新。例如，宝洁公司有一个经验沉淀系统。如果做一件新事情，需要负责做事的人把做事的流程记录下来，成为 CBA(current best approach，目前最好的操作方法)，作为以后做事的指导。如果经多次总结沉淀，这个方法在不断修订后成熟，就会被做成 SOP(standard operation procedure，标准操作规范)。以后做事，无论是新人还是老员工，都要按照标准的操作规范去做。这样，就不会再次重复以前犯过的错误,同时,更不会再次发明创造别人已有的经验。

4. 搭建知识管理平台

这个知识管理平台就是前面提到的技术子系统。由于组织信息和知识的高度复杂性,必须要利用技术手段作为辅助。例如,ERP(组织资源计划)、KMS(知识管理系统)等,从而提高知识积累、传递、使用的效率。

5. 形成组织学习网络

组织的供应商、分销商、客户、周边社区组织既是组织服务的对象,也是组织学习的对象,甚至竞争对手也可以是组织学习的对象。学习型组织把这些单位都当成自己学习网络的一部分。通过设定标杆,引导、支持员工个人、团队学习组织内外先进的方法、技术、策略,并及时协调相关部门人员在本单位试用,如果效果良好,则可以进一步推广。学习型组织也会把自己的信息和知识通过适当的渠道提供给合作伙伴和周边社区,实现双向学习,共同发展。

复习题

1. 有人说,人力资源开发就是培训。你对这种看法有何评论?
2. 培训具有什么作用?
3. 培训应遵循哪些原则?
4. 常用的培训方法有哪些?每种方法的主要优点是什么?
5. 新员工培训的目的和主要内容是什么?
6. 培训工作的基本流程是什么?如何进行培训需求分析和培训效果的评估?
7. 组织在培训方面要做的组织工作有哪些?
8. 什么是组织学习?什么是学习型组织?
9. 学习型组织有哪些特征?怎样建设学习型组织?

思考题

1. 联系实际论述人员培训对组织的重要意义。
2. 在组织中,影响培训效果的因素有哪些?怎样从管理角度提高培训的效益?
3. 培训与组织文化有怎样的关系?
4. 组织学习和学习型组织理论对现代组织有何现实意义?

案例

中粮集团的人才培养之道

中粮集团有限公司(以下简称中粮集团,COFCO)是中国最大的粮油食品进出口公司和实力雄厚的食品生产商,在农产品贸易、生物质能源开发、食品生产加工、地产、物业、酒店经营以及金融服务等领域成绩卓著,旗下拥有"长城"葡萄酒、"福临门"食用油、"金帝"巧克力、"黄中皇"绍兴酒、"中茶"茶叶等知名品牌。集团是美国可口可乐公司在中国最重要的合作伙伴;集团投资开发的海南三亚亚龙湾国家旅游度假开发区被外国游客誉为中国的夏威夷;集团旗下的凯莱国际酒店集团是世界酒店300强之一。

如今的中粮集团比以往任何时期都更加深刻地认识到人才的重要性、人才队伍培养与建设的重要性。因为,各个部门的员工与各级管理人员不仅是组织每一步发展和每一个规划的执行者,更是这些发展与规划能否真正得以实现的决定者。因此,让组织拥有合适的人才,让现有员工拥有符合组织未来发展战略的能力便成为落实组织战略的第一要务,而培训正是沟通公司现状和战略的桥梁。

一、以战略为导向开展培训

作为推进组织战略转型的切入点、抓手,组织管理的一个重要工具和方法,培训的价值早已被中粮各级领导者所认同。董事长宁高宁说:"培训工作要求很高,可以高到是公司里重要的管理方式,也很容易高到形同虚设,谁也不在乎,看我们的水平、决心,我一定要和大家一起搞好这项工作。"从集团公司的老总到下属部门各级经理人,大家都认识到,培训的目的是为了获得符合公司战略发展的人才和能力,培训针对业务发展中的关键问题,直接服务于集团的战略。在宁高宁的要求下,中粮成立了培训委员会,他亲自当主任。培训委员会针对每一阶段需要解决的问题,确定培训主题,审定培训计划,推动集团开展培训工作。培训已经成为了每位经理人必须掌握的领导技能,培训能力也成为了经理人领导力的重要体现,他们在集团培训部的协助下结合自己部门业务的实际情况在员工个人、组织和业务等层面都设置了相关的培训目标和内容。

培训成为了经理人工作的重要组成部分,部门经理成为了所在部门培训工作的第一责任人,也是第一培训师。在培训过程中,公司的各项设想都逐步得到了落实。在各部门大力开展培训工作的同时,集团公司制定了详细的学习契约、团队精神和经理人境界标准,把组织使命和每位员工特别是经理人的个人价值观和生活态度密切相连。在此基础上,又设定经营目标,加强团队进取心与活力,在市场上对自身正确地定位,优化配置资源,使之服务于战略,在组织架构上同样以战略为基准,保持组织高效率、灵活、清晰、彼此协作。同时针对业务特点,实施适宜的管理办法,用心经营产品、塑造品牌,建立自身的市场竞争力,获得卓越的经营业绩,回报社会、股东、员工和客户。

二、团队学习提升培训层次

相比具体解决工作中存在问题式的培训,中粮内部的培训更多的是为了促使员工不断思考自己所存在的问题,思考如何解决问题、用什么方法解决,从而促进组织的发展并形成有效的团队工作方法。董事长宁高宁认为,培训师跟传统意义上老师的职责应该不一样,并不单纯是知识和专业技能的培训,而是要通过培训来促进组织的发展,促进团队的建设,启迪大家的思维,挖掘大家的潜力,最后达成共识,培训的过程也就成为统一思想、熔炼团队的过程。现在中粮的很多培训课,宁高宁都会亲自参加。培训现场非常活跃,大家分成小组进行研讨,不拘泥于形式,而注重培训效果。有了集团领导的有力支持,人力资源部建立培训体系的时候,更容易打通各个业务单元的沟通渠道。

中粮集团的培训既重培训结果,也重培训流程,培训之前培训部会先进行课程体系的设计。首先要明确培训目的,清楚培训最终要达到一个什么样的效果,重点要解决哪些问题。中粮集团各个业务单元和经营中心提出培训需求之后,由培训部跟业务单元一起设计完成培训日程和培训内容。对于初次参加培训的人员,首先会介绍一些关于研讨式学习的方法。比如,"头脑风暴"、"六项思考帽"、"解决问题的六步法"等。如果是跨业务单元的培训,还会首先安排一些拓展训练,使大家在很短的时间内可以相互融合,在开展讨论的时候会有很强的团队意识,效果更好。

基于分层级的领导力模型,中粮设计并开展了针对不同领导者的分层级课程。课程体系以五步组合理论为基础,通过选经理人、组建团队、制定战略、培养市场竞争力和价值创造与评估的五步循环,设立了三个层级(由A至C,成熟度由高到低)、针对四类人群的四种课程项目,分别是初级领导项目(C级)、运营领导力项目(B级)、战略领导力项目(B级)和高管领导力项目(A级)。

三、KAAPP评价体系,锤炼职业经理人

管理团队的素质往往决定了一个公司的实力和战略实现能力,因此,中粮在广泛开展员工培训的同时也对组织各级管理者进行同步培训,在具体的培训方向上,组织牢牢地把握住"领导力"这一重点环节,并把对领导力的培养作为公司人才管理的重要组成部分。

在制定领导力模型前,中粮切实地从自身的情况出发,基于商业驱动识别并确定所需能力要素,针对竞争战略、转换商业思维、创建以客户为中心的文化、推动流程技术和产品创新、培养组织人才、整合组织架构、强化品牌等商业需求设计了适合不同层次的领导力模型。

公司设计了A、B两个层级的职能领导力模型和业务领导力模型,分别针对集团职能总监、业务单元总经理、一般职能总监和一般业务经理。模型以商业驱动力和公司核心价值观为基础,其各项要素被统称为"KAAPP体系"。K指知识(knowledge),通过后天学习可以获得的认识以及实践中积累的经验;第一个A指能力(ability),工作中能够解决实际问题的能力;第二个A指态度(attitude),是否愿意投入并认真对待工作;第一个P指个性(personality),对待工作中的挑战和职业生涯能够成熟地面对;第二个P指业绩(performance),工作所应该达到的阶段性成果。

对于知识(K)、能力(A)、态度(A)和个性(P)四个方面的评价,中粮采取专家决策的方法。高层经理人首先采用德尔菲法对人力资源部提出的知识、能力、态度、个性四个维度共120个要素的指标库进行筛选,最终得到20个具体指标。人力资源部首先对讨论出的指标进行了详细的定义,并对不同的要素采取了不同的评价方式。对于知识要素的评

测,一般管理人员采取考试、测验的方式,而对中高层经理人,则主要采取上级评价的方法。对于能力和态度的10个要素评价,主要采用360°评价,通过上级、平级、下级和自我对同一个指标进行评分,就会得到一个全面客观的分数。其中,上级、平级、下级权重分别为5、2、3。对于个性评价中的6个指标,最初是采用心理测量的方式进行,后来又逐步与他人评价相结合。对于业绩(P)的评价,则来源于每年业绩考核结果,业绩的评价重点在于基于战略的评价指标的选择,主要有销售收入、经营利润、净资产收益率(ROE)、现金流等指标。

KAAPP体系采用量化的方式解释难以量化的问题,通过对知识、能力、态度、个性的分级描述,分权赋分,统一了大家对于各评价要素和标准的理解,减少了主观因素的影响。KAAPP评价报告通过关键事件和事例进行描述,使报告阅读者能够通过案例发现和了解被评价者的特点。

为了进一步使经理人重视能力、态度的锻炼和培养,中粮集团还将二者的评价结果跟年度奖金分配挂钩,年度奖金的发放根据业绩、能力和态度评价的结果,权重为7:2:1。薪酬调整对于优秀员工、良好员工和一般员工的调整比例差距会很大。

"评价不是为了惩罚过错,而是为了追求完美。"KAAPP评价结果向被评价人反馈也是一项重要的工作内容。反馈谈话通常由被评价人的直接上级和人力资源部人员共同参加,这是直接上级向被评价者提出期望和建议的最好时机,也是每年经理人评价结束后一项重要的核心工作。

四、《组织忠良》和"忠良书院"

中粮集团有一本叫作《组织忠良》的内刊,这本内刊也可以说是中粮集团的一种独特培训方式。中粮集团的各种培训、员工的思想活动以及对组织发展的看法,都会在内刊上有所展现。尤其引人注意的是,董事长宁高宁对内刊格外重视,甚至在内刊开设了专栏,每期都会抽出时间来写文章。他的文章语言平实,往往从生活小事说起,但最后都会落到跟中粮发展相关的问题上,折射出深刻的管理哲学。依托于这本刊物,中粮的培训达到了课堂培训方式起不到的效果。

中粮集团还建立了自己的组织大学——"忠良书院"。书院是由中粮原来的培训中心龙泉山庄改建的,是一个具有深厚中粮文化特色的校区。在软件建设方面,书院正在逐步建设适合中粮经理人发展的课程体系、师资体系、评价体系和知识信息管理体系,这些体系的建立主要是围绕着员工的职业生涯和组织战略的发展要求来设立的。未来中粮集团各级经理人的培育和成长都要通过"忠良书院"进行,"忠良书院"将成为中粮经理人的摇篮,成为中粮思想的发源地。

资料来源:本案例根据有关期刊材料改写,作者曲庆。

讨论题

1. 中粮集团采用了哪些方法促进人力资源开发?
2. 中粮集团如何让培训支持企业的发展?
3. 中粮集团在培训上的主要经验是什么?

职业管理

本章学习目标
1. 职业生涯、职业计划、职业管理的含义
2. 职业发展观的含义和意义
3. 影响职业生涯的因素
4. 自我职业生涯管理的内容
5. 组织进行职业管理的内容和方法

人力资源管理的一个基本观念就是,组织既要最大限度地利用员工的能力,为实现组织目标服务,又要为每一位员工提供一个不断成长、挖掘个人最大潜力和建立成功职业的机会。这一观念使得职业管理成为人力资源管理区别于人事管理的最重要特征之一。

第一节 职业管理概述

一、职业管理的有关概念

1. 职业生涯

简单地说,职业生涯就是一个人在一生中从首次参加工作开始的所有工作经历,按编年的顺序串接组成的整个过程。也有研究者把职业生涯定义为:以心理开发、生理开发、智力开发、技能开发、伦理开发等人的潜能开发为基础,以工作内容的确定和变化、工作业绩的评价、工资待遇、职称职务的变动为标志,以满足需求为目标的工作经历和内心体验的经历。

2. 职业计划

从管理的角度来看,职业计划有个人与组织两个层次。从个人层次来看,每个人都有从现在到将来在工作中得到成长、发展和获得满意的强烈愿望和要求,为了实现这种愿望和要求,他们不断地追求理想的职业,希望自己的职业生涯顺利发展,从而制定了自己成长、发展和不断追求满意的计划。这个计划就是个人的职业计划。从组织的层次来看,职业计划是指组织为了不断地增强员工的满意感并使其能与组织的发展和需要统一起来而制定的协调有关员工个人成长、发展与组织需求和发展相结合的计划。

3. 职业管理

职业管理是一种专门化的管理,即从组织角度,对员工从事的职业所进行的一系列计划、组织、领导和控制等管理活动,以实现组织目标和个人发展的有机结合。对这一概念,需要明确以下几点:第一,职业管理的主体是组织;第二,职业管理的客体是组织内员工及其所从事的职业;第三,职业管理是一个动态的过程;第四,职业管理是将组织目标同员工个人职业抱负与发展融为一体的管理活动,它谋求组织和个人的共同发展,同时也是促其得以实现的重要方式、手段和途径。

二、职业发展观及其意义

1. 职业发展观产生的背景

职业发展观产生的背景如下。

(1)经济发展和人们需求层次的提高。人类社会经过长期的发展,经济规模已经达到空前的水平,人类创造财富的能力从来没像现在这样强,这使越来越多的人开始过上了比较富裕的生活,而且能够接受更高水平的教育。随着生活水平和基本素质的提高,人们不再只重视物质需求的满足,而开始追求更高层次的需求。职业发展和事业成功就是现代人的主要追求之一。

(2)知识经济时代的到来。自20世纪50年代以来,随着第三次技术革命浪潮的兴起,世界开始告别传统的工业经济,迎来新的经济发展时代。在以信息技术为代表的高科技的推动下,知识和技术成为经济增长的主要源泉,工业时代的分工被重新整合,人力资本成为最活跃的生产要素和经济发展所依赖的最主要的战略资源。

(3)企业管理从科学管理到文化管理的飞跃。在过去的200多年里,企业管理已经从早期的经验管理、科学管理发展到当今的文化管理。员工不再被看成"经济人"而是"复杂人"、"观念人",管理不再"以物为本"而是"以人为本",领导不再是"指挥型"而是"育才型"。人力资源管理是文化管理的核心,人力资源开发是现代组织的生命线,作为人力资源开发重要内容的职业管理是现代组织生存和发展的必要条件。

(4)组织管理走向"以人为本"。以人为本是现代组织管理的指导思想:人是组织的主体,组织最主要的资源是人;组织为人的需要而存在;组织要促进员工的全面发展,只有这样,才能实现组织的目标。在人本管理思想的指引下,现代组织的经营目标不再仅仅是为组织所有者的利益最大化服务,而是必须为所有的"利益相关者"服务。满足员工的利益需求、促进员工的全面发展日益成为现代组织追求的目标。

2. 职业发展观的主要内容

职业发展观是现代人力资源管理的基本思想之一,其主要内容就是:组织要为其成员构建职业发展通道,使之与组织的需求相匹配、相协调、相融合,以达到满足组织及其成员各自需要、同时实现组织目标和员工个人目标的目的。职业发展观的核心,是要使员工个人职业生涯和组织需求在相互作用中实现协调与融合。

3. 职业发展观的意义

(1)有利于促进员工的全面发展和提升他们的满意感。人类社会发展到今天,仅仅靠物质刺激已很难满足员工特别是高层次员工的需求。职业发展观正是针对这一现实而提出的。不仅如此,人的进步和发展,是经济发展的根本目标和最终目标。所以,职业发展观顺应人类社会的发展趋势，代表着组织管理的发展方向，它不但能解决员工的现实激励问题，而且能从根本上调动员工的积极性，是员工激励的最终选择。经验也证明，成功的组织无一例外地重视职业管理，他们的员工素质之所以高，既跟组织的吸引力和选聘有关，更跟员工在组织中得到的培养和发展有关。组织只有树立了职业发展观，才能在管理活动中真正贯彻以人为本，采取必要的管理措施、投入充足的资源促进员工的全面发展，从而增加员工的满意感，并最大限度地调动员工的积极性和创造性。

(2) 有利于塑造优秀的组织文化。组织文化的核心是组织全体员工的共同价值观，其主要内容就是如何认识组织的使命、如何看待顾客和员工，对这些问题的价值取向，决定了一个组织的文化品位。树立职业发展观，实质上就是肯定和强调人的重要性，这是现代优秀组织文化的基本特征。

(3) 有利于促进组织的发展。职业发展观的核心是发展和进步，它鼓励学习、鼓励创新，也鼓励竞争。在这一过程中，组织一方面保持了积极向上、活跃进取的氛围；另一方面也必然造就一大批勇于创新求变的人才。无论优秀的组织文化，还是忠诚于组织的高素质的员工，都是组织发展的最重要的条件，满足了这两个条件，组织的发展也就指日可待了。

第二节　影响职业生涯的因素

任何人的职业生涯都不可能是一帆风顺的，它要受到个人和环境多种因素的影响，了解这些因素，无论对个人还是组织都具有非常重要的意义。

一、影响职业生涯的个人因素

1. 职业性向

职业性向(occupational orientation)也译为职业倾向、职业取向。它是美国职业咨询专家约翰·霍兰德(John Holland)提出来的。他认为，人格(包括价值观、动机和需要等)是决定一个人选择何种职业的一个重要因素。比如，一个有较强社会性向的人可能会被吸引去从事包含着大量人际交往内容的职业，而不是去从事包含大量智力活动或体力活动的职业。霍兰德基于自己对职业性向测试(vocational preference test, VPT)的研究，一共发现了六种基本的职业性向。

(1) 技能性向。具有这种性向的人适合从事那些包含着体力活动并且需要一定的技巧、力量和协调性才能承担的职业。例如，机械维修、木匠、烹饪、电气技术等。

(2) 研究性向。具有这种性向的人喜欢从事那些包含着较多认知活动(思考、组织、理解等)的职业，而不是那些以感知活动(感觉、反应、人际沟通、情感等)为主要内容的职业。这类职业的例子有生物学家、化学家、医师、大学教授等。

(3) 社交性向。具有这种性向的人乐于从事那些包含着大量人际交往内容的职业，他们通常喜欢周围有别人存在，对别人的事很有兴趣，乐于帮助别人解决问题。这种职业的例子有诊所的心理医生、外交工作者以及社会工作者等。

（4）事务性向。具有这种性向的人一般从事那些包含大量结构性的且规则较为固定的活动的职业，在这些职业中，雇员个人的需要往往要服从于组织的需要。这类职业的例子有会计、银行职员等。

（5）经营性向。具有这种性向的人喜欢从事那些通过言语活动影响他人的职业。例如，管理人员、律师、推销员以及公关人员等。

（6）艺术性向。具有这种性向的人常常从事那些包含着大量自我表现、艺术创造、情感表达以及个性化活动的职业。这类职业的例子有艺术家、广告制作者以及音乐家等。

然而，大多数人实际上都有多种性向（比如，一个人的性向中很可能同时包含着社会性向、实际性向和研究性向）。霍兰德认为，这些性向越相似或相容性越强，则一个人在选择职业时所面临的内在冲突和犹豫就会越少。为了帮助描述这种情况，霍兰德建议将这六种性向分别放在如图 11-1 所示的正六角形的六个角上。根据霍兰德的研究，图中的某两种性向越接近，则它们的相容性就越高。如果一个人的两种性向是紧挨着的话，那么他将会很容易选定一种职业；如果其性向是相互对立的（比如同时具有实际性向和社会性向），那么他在进行职业选择时就会面临较多的犹豫不决的情况。

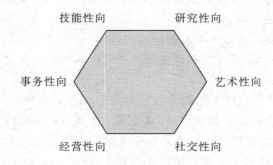

图 11-1　职业性向的选择

资料来源　(美)加里·德斯勒. 人力资源管理[M]（第 10 版）. 北京：中国人民大学出版社，2007.

2. 能力

对组织的员工而言，其能力是指劳动的能力，也就是运用各种资源从事生产、研究、经营活动的能力。它包括体能、心理素质、智能三个方面。体能即生理素质，主要就是人的健康程度和强壮程度，表现为对劳动负荷的承受能力和劳动后消除疲劳的能力。心理素质指人的心理成熟程度，表现为对压力、挫折、困难等的承受力。智能包含三个方面：①智力——员工认识事物、运用知识解决问题的能力，包括观察力、理解力、思维判断力、记忆力、想象力、创造力等；②知识——员工通过学习、实践等活动所获得的理论与经验；③技能——员工在智力、知识的支配和指导下操作、运用、推动各种物质与信息资源的能力。体能、心理素质、智力、知识和技能构成了一个人的全面综合能力，它是员工职业发展的基础，与员工个体发展水平成正比。它从两方面对员工个体发展产生重要影响。其一，能力越强者，对自我价值实现、声望和尊重的要求越高，发展的欲望越强烈，对个体发展的促进也越大；同时，能力强者接受新事物、新知识快，其自我完善和提高快，能力与发展呈良性循环，不断上升。其二，在其他条件相同的情况下，能力越强，贡献越大，收入相对越高。

高收入一方面为个人发展提供了物质保证；另一方面能替代出更多自我发展的时间。所以，能力既对员工个体发展提出了强烈需求，又为个体发展的实现提供了可能条件，它是员工职业发展的重要基础和影响因素。

3. 职业锚

职业锚（career anchor）与职业性向有相似之处，但又不同于职业性向。这一概念是美国麻省理工学院斯隆商学院的埃德加·沙因（Edgar Schein）教授提出来的。他认为，职业计划实际上是一个持续不断的探索过程。在这一过程中，每个人都在根据自己的天资、能力、动机、需要、态度和价值观等慢慢形成较为明晰的与职业有关的自我概念。随着一个人对自己越来越了解，他就会逐渐形成一个占主导地位的"职业锚"。所谓职业锚，就是当一个人不得不做出选择的时候，他无论如何都不会放弃的职业中那种至关重要的东西。正如其中"锚"的含义一样，职业锚实际上就是人们选择和发展自己的职业时所围绕的中心。沙因教授通过研究提出了五种职业锚。

（1）技术/职能型职业锚。即职业发展围绕着自己所擅长的特别的技术能力或特定的职能工作能力而进行，具有这种职业锚的人总是倾向于选择能保证自己在既定的技术或职能领域不断发展的职业。

（2）管理型职业锚。具有这种职业锚的人，其职业发展的路径是沿组织的权力阶梯逐步攀升，直到到达一个担负全面管理责任的职位。获得承担重要责任的管理职位，是这种人努力的目标。

（3）创造型职业锚。这种人的职业发展都是围绕着创业性努力而组织的，这种创业性努力使他们能创造出新的产品或服务，或是搞出什么发明，或是建立起自己的事业。

（4）自主/独立型职业锚。具有这种职业锚的人总是想自己决定自己的命运，他们往往喜欢教书、咨询、写作、经营一家店铺这样的职业，这类职业使他们可以自己安排时间，自己决定生活方式和工作方式。

（5）安全/稳定型职业锚。具有这种职业锚的人极为重视职业稳定和工作的保障性，他们喜欢在熟悉的环境中维持一种稳定的、有保障的职业，他们甚至更愿意让雇主决定他们去从事何种职业。

沙因指出，要想对职业锚提前进行预测是很困难的，这是因为一个人的职业锚是在不断变化的，它实际上是一个不断探索过程所产生的动态结果。有些人也许一直都不知道自己的职业锚是什么，直到他不得不做出某种重大抉择的时候。正是在这一关口，他过去所有的工作经历、兴趣、资质、性向等才会集合成一个坚定不移的信念，这就是职业锚。

4. 人生阶段

人是有生命周期的，传统的说法是把人的一生分为幼年、少年、青年、壮年、老年几个阶段。孔子把自己的一生总结为七个阶段："吾十有五而志于学，三十而立，四十而不惑，五十而知天命，六十而耳顺，七十从心所欲不逾矩。"美国著名的人力资源专家加里·德斯勒教授把人生分为成长阶段、探索阶段、确立阶段（又分为尝试子阶段、稳定子阶段、职业中期危机子阶段）、维持阶段和下降阶段。在不同的人生阶段，人们的生理特征、心理素质、智能水平、社会负担、主要任务等都不相同,这就决定了在不同阶段,其职业发展的重点和内容也是不同的。

二、影响职业生涯的环境因素

1. 社会环境因素

影响职业生涯的社会环境因素包括以下几个方面。

(1)经济发展水平。在经济发展水平高的地区,企业相对集中,优秀企业也比较多,个人职业选择的机会就比较多,因而就有利于个人职业发展;反之,在经济落后地区,个人职业发展也会受到限制。

(2)社会文化环境。包括教育条件和水平、社会文化设施等。在良好的社会文化环境中,个人能受到良好的教育和熏陶,从而为职业发展打下更好的基础。

(3)政治制度和氛围。政治和经济是相互影响的,它不仅影响到一国的经济体制,而且影响着组织的管理体制,从而直接影响到个人的职业发展;政治制度和氛围还会潜移默化地影响个人的追求,从而对职业生涯产生影响。

(4)社会价值观念。一个人生活在社会环境中,必然会受到社会价值观念的影响。大多数人的价值取向,大体上为社会主体价值观念所左右。一个人的思想发展、成熟的过程,其实就是认可、接受社会主体价值观念的过程。社会价值观念正是通过影响个人价值观而影响了个人的职业选择。

2. 组织环境因素

影响职业生涯的组织环境因素包括以下几个方面。

(1)组织文化。前面我们已经提到过,组织文化决定了一个组织如何看待其员工,所以,员工的职业生涯,是为组织文化所左右的。一个主张员工参与的组织显然比一个独裁的组织能为员工提供更多的发展机会;渴望发展、追求挑战的员工也很难在论资排辈的组织中受到重用。

(2)管理制度。员工的职业发展,归根结底要靠管理制度来保障,包括合理的培训制度、晋升制度、考核制度、奖惩制度等。组织价值观、组织经营哲学也只有渗透到制度中,才能得到切实的贯彻执行。没有制度或者制度定得不合理、不到位,员工的职业发展就难以实现,甚至可能流于空谈。

(3)领导者素质和价值观。一个组织的文化和管理风格与其领导者的素质和价值观有直接的关系,组织文化往往就是组织领导者价值观的群体化。如果组织领导者不重视员工的职业发展,这个组织的员工也就没有太多指望了。

第三节 职业生涯的自我管理

对员工职业生涯的管理,员工个人及其所在组织都负有责任。对个人而言,主要包括制定职业计划、自我学习、发现并争取机会等。

一、制定个人职业计划的原则

判定个人职业计划应遵循如下原则。

（1）实事求是、准确的自我认识和自我评价是制定个人职业计划的前提。

（2）切实可行。首先，个人的职业目标一定要同自己的能力、个人特质及工作适应性相符合。一个文化学历不高又无专业特长的员工，却一心想进入管理层，在现代组织中显然不切实际。其次，个人职业目标和职业道路的确定，要考虑到客观环境和条件。例如，在一个论资排辈的组织里，刚毕业的大学生就不宜把担当重要管理工作确定为自己的短期职业目标。

（3）个人职业计划目标要与组织目标协调一致。员工要借助于组织才能实现自己的职业目标，其职业计划必须要在为组织目标奋斗的过程中实现。离开组织目标，便没有个人的职业发展，甚至难以在组织中立足。所以，员工在制定自己的计划时，应积极主动与组织沟通，获得组织的指导与帮助。

（4）在动态变化中制定和修正个人职业计划。随着时间的延续，员工本人的情况及外部环境条件都会变化，这就要求员工及时调整自己的职业计划。职业计划中有些内容具有相对的稳定性。例如，长期的职业目标、职业道路等；有些内容则需不断变化。例如，职业发展的具体活动、短期职业目标等。

二、个人职业计划的内容

1. 个人自我评价

职业计划应从认识自我开始，然后每个人才能建立可实现的目标，并确定怎样达到这些目标。

1）自我评价的目的

自我评价是为了达到如下目的。

（1）扬长避短，完善自我。员工进行自我评价，首先是要了解自己的长处和短处。所谓"自知者智，知人者明"，认识自我并不是一件容易的事。通过经常性的自我反省、自我评价，就能认识到自己的缺点和不足，从而明确努力方向，不断地完善自我。

（2）正确地选择和调整职业。正如我们在上一节介绍过的，每个人都有适合自己的职业性向和职业锚。一个人如果不了解自己的职业性向和职业锚是什么，在选择工作时就会有很大的盲目性。选择对了还好，一旦选择错误，就很有可能为之付出时间和精神上的巨大代价。自我评价有助于人们了解自己的性格、价值观和追求，从而明确自己的职业性向和职业锚，这样就能正确地选择和调整职业，在职业生涯中少走弯路。

2）自我评价的工具和方法

员工评价自己的优缺点只需要一些简单的方法，而要了解自己的职业性向、职业锚以及能力水平等，则要运用一些规范的工具。

（1）优/缺点平衡表。编制这个平衡表的方法很简单。首先，在一张纸的中间画一条竖线,左边标明"优点",右边标明"缺点";接下来记录自己意识到的所有优点和缺点。有效编写这张表的关键是,一定要诚实。这个表本来就是写给自己看的,不诚实实际上就是欺骗自己。

(2) 好恶调查表。好恶调查表的格式与优/缺点平衡表是一样的,只需要把"优点"换成"喜好","缺点"换成"厌恶"就行了。这里要调查的好恶范围比较宽,特别是跟工作有关的内容,应尽可能全面。例如,喜欢户内/户外工作,喜欢安静/热闹,喜欢大公司/小公司,喜欢有规律的生活/自由的生活,喜欢/不喜欢出差,喜爱什么运动、什么文娱活动等。这些好恶将影响个人的职业选择和职业感觉。

(3) 标准化的纸笔测验。这是人事测量中应用最广泛的一种方法。这种测验一般都有规范的测验题目和答卷,被试根据测验的指示语回答问题后,有时需要专家帮助分析,有时自己就可以得出结论。职业性向、职业锚以及个人能力等方面都需要借助标准化的纸笔测验来测定。

2. 选择职业道路

职业道路的选择需以准确的自我评价为基础,自我评价越准确,就越可能选择适合的职业道路。一个人的职业道路大体上有五种选择:纵向、横向、网状、双重和核心向。

纵向职业道路是最为传统的,它是指员工在变换工作的同时提升在组织中的层级,即在纵向上从低组织层级向高组织层级发展。通常情况下,前一份工作都是后一份工作的准备。纵向职业道路具体表现为职务的晋升,同时也伴随着待遇的提高。

横向职业道路则是跨职能边界的工作变换。例如,由工程技术部门转到采购供应或销售部门。这种变化有助于扩大个人的知识技能面,积累阅历。由于工作内容变化较大,也往往具有较大的挑战性。

网状职业道路是纵向与横向的结合。一般情况下,一个人很难完全走纵向的道路,因为这样其背景会比较简单,从而制约其纵向发展的潜力。上升到一定层次后在横向上做一些积累,将更可能胜任纵向的下一个目标。对于大部分人来说,这种职业道路可能是最为现实的选择。

双重职业道路的基本思想是,技术专家不必成为管理者而同样可以为组织做出贡献。一个人完全可以选择只是做一个技术专家,他既不必在纵向上提升,也不必在横向上调动。他可以凭借自己能力的提高而为组织做出更大的贡献,同时也得到更好的待遇和应有的承认。

核心向的职业道路类似于横向职业道路——没有组织层级的变化;又类似于双重职业道路——没有工作岗位的变化。这是一种进入组织内圈或者说组织核心的运动,是指随着员工个人了解情况的增多,逐渐受到组织中老成员特别是领导者的信任,虽然在组织层级上没有什么变化,却对组织具有更大的影响力。接近组织核心的最清晰的信号是,获得特权和特殊信息——组织"机密"。例如,组织的政策和计划,怎样办事的关系学,组织对某些人的看法,人事安排等。核心向的职业道路虽然常常同纵向职业道路联系在一起,但也并非一定联系在一起。图 11-2 所示为一个组织的三维模型。

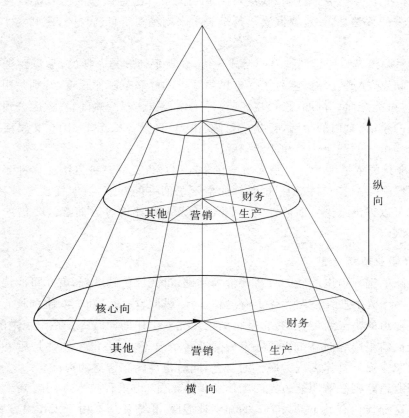

图 11-2 一个组织的三维模型

资料来源:(美)埃德加·沙因. 职业的有效管理[M]. 北京:生活·读书·新知三联书店,1997.

三、职业生涯自我管理的其他内容

1. 自学

员工除参加组织组织的培训外,还应结合自己的职业性向、现有能力等,有计划地利用学校、社会培训机构等各种条件丰富知识、提高能力。机遇只垂青有准备的人。个人能力提高了,才能更顺利地实现自己的职业计划。

2. 发现并争取机会

员工有权利了解组织内的职业机会以及如何才能得到这些机会,每个员工都应珍惜自己的这一权利,并且通过努力的工作、出色的业绩争取发展的机会。

3. 重视与上级、同事的沟通

上级和同事往往是在工作方面最了解自己的人,员工个人的职业发展离不开他们的支持和帮助。应虚心听取他们的意见和建议,发现自己的不足,不断完善自我。

第四节 组织的职业管理

组织的职业管理归纳起来有以下几方面内容:协调组织目标与员工个人目标,帮助员工制定职业计划,帮助员工实现职业计划。

一、协调组织目标与员工个人目标

要协调组织目标与员工个人目标,组织主要应做好以下工作。

1. 树立人力资源开发思想

人力资源管理强调组织不仅要用人,更要培养人。职业管理正是培养人的重要途径。组织只有牢固树立了人力资源开发的思想,才能真正实施职业管理。

2. 了解员工需求

员工的需求是多样化的,不同的员工有不同的主导需求。组织只有准确把握员工的主导需求,才能采取针对性措施满足其需求。特别是组织的骨干员工,他们在个人发展上的愿望更为迫切,职业计划更为清晰,组织尤其应注意重点了解和把握。

3. 使组织与员工结为利益共同体

组织在制定目标时,要使组织目标包含员工个人目标,还要通过有效的沟通使员工了解组织目标,让他们看到实现组织目标给自己带来的利益。在组织目标实现后,组织要兑现自己的承诺。

二、帮助员工制定职业计划

为了帮助员工制定职业计划,组织可以采取以下措施。

1. 设计职业计划表

职业计划表就是一张工作类别结构表,即通过将组织中的各项工作进行分门别类的排列,而形成的一个较系统反映组织人力资源配给状况的图表。借助这张表,公司的普通员工、中低层管理人员以及专业技术人员就可以瞄准自己的目标,在经验人士、主管经理的指导下正确选择自己的职业道路。

图11-3是摩托罗拉公司技术人员的职业计划表。如果一位员工选择双重职业道路,他在摩托罗拉公司的职业道路就可通过这张表具体化了。这张表再加上管理人员、销售人员等各类人员的职业计划表,就构成了摩托罗拉公司的总体职业计划表,所有人员,不论其选择哪种职业道路,都可以通过职业计划表得以具体化。

2. 为员工提供职业指导

组织为员工提供职业指导有三种途径。一是通过管理人员进行。这是管理人员的义务。管理人员长期与下属共事,对下属的能力和专长有较深入的了解,所以有可能在下属适合从事的工作方面给其提供有价值的建议;另外,他也能帮助下属分析晋升及调动的可

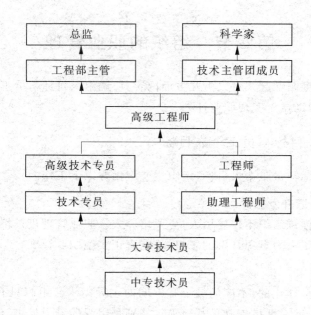

图 11-3 摩托罗拉公司技术人员的职业计划表

能性。二是通过外请专家进行。组织可以外请专家为员工进行职业发展咨询。三是向员工提供有关的自测工具。前面我们曾介绍有许多工具可以帮助员工进行能力及个人特质方面的测试,组织可以购买这类工具,供员工使用。有的组织把这种工具装在内部网上,员工可以自己上网测试。

三、帮助员工实现职业计划

比起帮助员工设计职业计划来,组织在帮助员工实现职业计划方面,有更多的工作可做。

1. 在招聘时重视应聘者的职业兴趣并提供较为现实的发展机会

组织在招聘人员时既要强调职位的要求,又要重视应聘者的愿望和要求,特别是要注重了解应聘者的职业兴趣和对未来的职业发展计划。这是组织正确地使用和培养人才的基本条件。试想,如果组织连员工想干什么都不了解,又怎么可能为其安排适合的工作呢?如果组织根本不具备满足员工的长远职业计划的条件,员工又怎么可能在组织中长期工作下去呢?

组织在招聘时要注意的另一点是要真实地向应聘者介绍组织的情况以及未来可能的发展机会。否则,由此而造成的误解将影响应聘者对组织的忠诚,提高其辞职的可能性。

2. 提供阶段性的工作轮换

工作轮换对员工的职业发展具有重要意义。它一方面可以使员工在一次次的新尝试中了解自己的职业性向和职业锚,更准确地评价自己的长处和短处;另一方面可以使员工经受多方面的锻炼,拓宽视野,培养多方面的技能,从而为将来承担更重要的工作打下基础。

3. 多样化、多层次的培训

培训与员工职业发展的关系最为直接。职业发展的基本条件是员工素质的提高,而且这种素质不一定要与目前的工作相关,这就有赖于持续不断的培训。组织应建立完善的培训体系,使员工在每次职业变化时都能得到相应的培训;同时也应鼓励员工自行参加组织内外提供的各种培训。

4. 以职业发展为导向的考核

许多人都认为考核的主要目的是评价员工的绩效、态度和能力,或者是为分配、晋升提供依据,但考核的真正目的应是保证组织目标的实现、激励员工进取以及促进人力资源的开发。考核不能满足于为过去做一个结论,更要使员工了解怎样在将来做得更好。以职业发展为导向的考核就是要着眼于帮助员工发现问题和不足,明确努力方向和改进方法,促进员工的成长与进步。为此,必须赋予管理人员培养和帮助下属的责任,把员工的发展作为衡量管理人员成绩的重要标准之一。应要求管理人员定期与员工沟通,及时指出员工的问题并与员工一起探讨改进对策。

5. 晋升与调动管理

晋升与调动是员工职业发展的直接表现和主要途径。组织有必要建立合理的晋升和调动的管理制度,保证员工得到公平竞争的机会。在招聘人员时,应允许组织内员工与外部人员平等竞争;在同等条件下,应优先录用内部员工。

复习题

1. 什么是职业生涯?什么是职业计划?什么是职业管理?
2. 职业发展观的含义是什么?
3. 职业管理的重要意义是什么?
4. 影响职业生涯的因素有哪些?
5. 个人如何制定职业计划?
6. 组织怎样进行职业管理?

思考题

1. 试运用本章的有关理论分析你的职业计划并制定一个行动方案。
2. 有人认为在目前的形势下,职业管理的重心应从组织转到员工个人,也就是说,个人在职业管理上应承担更大的责任。你对这一观点有何评论?

案例

3M 公司的职业管理

一、3M 公司

3M 公司（全称明尼苏达矿业及制造公司）成立于 1902 年，总部位于美国明尼苏达州首府圣保罗市，是世界著名的产品多元化跨国组织。在 1997 年美国《财富》杂志评选的世界 19 家行业领袖中占据一席之地。截至 1999 年年底，3M 在全球 60 多个国家和地区设有分支机构，员工总数达到 7 万多人，年销售额超过 156 亿美元。

3M 以"成为最具创意的组织，并在所服务的市场中成为备受推崇的供应商，让每一个对 3M 感兴趣的人都能得到满意的回复"为使命。以勇于创新，产品繁多著称于世。在其百余年历史中开发出 6 万多种高品质产品，涉及的领域包括工业、化工、电子、电气、通信、交通、汽车、航空、医疗、安全、建筑、文教办公、商业及家庭消费品。世界上有 50% 的人每天直接或间接地接触到 3M 的产品。

3M 的价值观是：
(1) 以卓越的品质、价值和服务满足客户要求；
(2) 持续发展，为股东提供可观的回报；
(3) 尊重社会和自然环境；
(4) 成为员工引以为荣的企业。

二、3M 职业生涯管理系统的组成部分

多年以来，3M 公司的管理层始终积极对待其员工职业生涯开发方面的需求。从 20 世纪 80 年代中期开始，公司的员工职业生涯咨询小组一直向个人提供职业生涯问题咨询、测试和评估，并举办个人职业生涯问题公开研讨班。通过人力资源分析过程，各级主管对自己的下属进行评估。公司采集有关岗位稳定性和个人职业生涯潜力的数据，通过电脑进行处理，然后用于内部人选的提拔。

公司的人力资源部门自成体系，可对员工职业生涯开发中的各种作用关系进行协调。公司以往的重点更多地放在评价和人力资源规划上，而不是员工职业生涯开发的具体内容上。新的方法强调公司需求与员工需求之间的平衡。

3M 公司的员工职业生涯开发工作主要包括如下内容：
(1) 岗位信息系统；
(2) 绩效评估与开发运作程序；
(3) 个人职业生涯管理手册；
(4) 主管和员工公开研讨班；
(5) "一致性分析"过程；
(6) 个人职业生涯咨询；
(7) 个人职业生涯项目；

(8) 合作者重新定位；

(9) 学费补偿；

(10) 调职。

上述内容共同构成了一套卓有成效的员工职业生涯开发体系。

三、岗位信息系统

1989年年底，3M公司开始试行一套岗位需求信息发布系统，作为大规模人力资源行动的一部分，让员工对自己的个人前途负责。这一岗位信息系统反映公司的多样性，而这种多样性过去曾使任何管理人员都很难得到现有岗位的信息，同时它还反映出民意调查特别希望获得有关岗位机遇的信息。这一"岗位信息系统"的初步目标是使3M公司负责用人的经理可以在内部发现人选，同时帮助职工了解竞争不同岗位所需的技能和资格。

在建立这套"岗位信息系统"之前，公司的岗位导向系统要求员工填写一份表格，说明自己的兴趣所在。管理人员利用这份表格在内部寻找空缺岗位人选，而员工本人则无法直接查阅空缺岗位的具体要求。除此之外，人力资源分析过程（现仍在使用中）使管理人员可以根据能力和胜任程度提出某一岗位的人选，无论这些候选人是否申请了这一职位（令人欣慰的是，许多3M公司的员工对自己目前的位置感到满意，他们不打算自行申请本公司内部的其他岗位）。

"岗位信息系统"和人力资源分析过程双管齐下有着明显的优势。上述"岗位信息系统"覆盖的仅仅是毛遂自荐者，而人力资源分析过程则将所有的人包括在内。此外，"岗位信息系统"的数据常常比年度的人力资源数据更加及时。这些系统是相互补充的。

1. 系统的组成部分

管理层中的所有岗位，最高到总监级，均在全公司通报，只有最高层的1.5%的岗位不在通告之列。所有经批准的空位均被列出，只有极少数的特殊情况除外，那就是副总裁或总裁特许的例外情况。比如说，某人作为继任计划中的人员显然正在等待某一位置。

空缺岗位的通告时间为10个工作日。岗位需求信息发布采取电子方式，员工们可以通过自己的电脑调阅这方面的内容。销售代表及其他现场工作人员通过拨叫一个电话号码来获得岗位信息。另外，还开通一条电话热线，专门解答人们对岗位需求信息发布系统的疑问。

员工们可以申请自己认为有资格胜任的所列出的任何岗位，但在申请之前他们必须在现有岗位上工作满24个月，除非他的主管放弃这一要求。他们以书面的方式填写申请表，这些申请表直接送交用人经理进行筛选。用人经理打电话给自己希望进行面试的申请人的经理，然后再直接打电话给申请者本人。

反馈是本系统必不可缺少的一部分。用人经理对所有候选人均给予回应，未被面试者至少会收到一份格式化的信函。所有参加面试但未能获得申请岗位的人将收到一份备忘录或者一次电话通知。这一项目由员工职业生涯资源部门进行协调。

虽然协调员工职业生涯各种工具的工作刚刚起步，但是公司还是计划将岗位需求信息发布与一般性的员工职业生涯开发系统联系起来。目前，公司正在发放一本员工个人职业生涯资源手册,其内容包括岗位需求信息等许多资源。此外,人们还可以选择参加一个名叫"个人职业生涯指导"的公开研讨班,其重点在于寻找内部岗位,目的是为了与"岗位信息系统"紧密地结合在一起。

2. 实施

"岗位信息系统"从一个专项小组开始启动,该专项小组包括人力资源和一线工作人员以及普通工作人员。他们花了数月的时间收集内部和外部的信息,然后进行规划。项目试行从(全美国的)工程设计职能部门开始,因为管理层认为从某一专业集体开始,这一试行项目的效果可能会更好。后来试行的范围扩展到两个自愿加入进来的运营部门,最后又增加了其他几个表现出浓厚参与兴趣的部门。1991年2月,本"岗位信息系统"在美国境内的公司实施,目前正考虑将它扩展到海外。

公司通过各种沟通渠道向所有员工广为宣传这一系统,包括信件、公司内部刊物上的文章以及一本引导人们参加"岗位信息系统"的手册。

上述"岗位信息系统"的推出涉及管理过程的改革,但这一改革不会很快发生,因为人们从自身的利益出发,需要在看清楚其实际好处之后才肯行动。刚开始的时候,管理人员对上述过程对自己用人权限的影响心存疑虑。为打消这一顾虑,人力资源部门反复强调,本过程的目标在于信息共享,管理人员仍有权针对具体的空缺岗位任用自己希望的人选。他们唯一的义务是分析来自"岗位信息系统"的所有申请信息,并对申请人作出回答。有些经理还害怕大家都通过这一"岗位信息系统"来寻求晋升机会,其中包括那些不合格的人。人力资源部门指出,只有管理人员具体而详细地规定任职资格,员工们才能够做到实事求是地毛遂自荐。管理人员的另一个顾虑是优秀人才的流失和员工会将大量的时间花在该系统上。

3. 成果与评估

职工对这一"岗位信息系统"的反应从总体上来说是非常积极的。管理人员的保留意见很快就烟消云散。的确,他们的许多顾虑被证明是毫无根据的。例如,一次初步的评估表明,48%的申请是非晋升性的。显然,许多员工考虑的是发展问题,这正是公司的初衷。另外,每位员工花在调用岗位信息系统所发布的信息的时间平均仅为两分钟。

许多管理人员找到员工个人职业生涯资源部门,并带来了成功的好消息。由于有了"岗位信息系统",公司在发现人才和提供个人职业生涯机遇方面做得越来越好。员工更加清楚和现实地认识到自己的个人职业生涯选择。

四、绩效评估与发展过程

本绩效评估与发展过程涉及各个级别(月薪员工和日薪员工)和所有职能的员工。1989年,它开始适用于月薪员工,1990开始适用于日薪员工(当这一过程扩大到日薪员工时,公司为他们召开会议并提供培训)。

每一位员工都收到一份供下一年度使用的工作单。员工填入对自己的工作的想法,列出下一年的4~5个主要努力方向和期望目标。这份工作单还包括一个岗位改进计划和一个职业生涯开发计划。

然后,员工与自己的主管一起对这份工作单进行分析,就工作内容、主要努力领域和期望目标以及明年的发展过程取得一致。在第二年中,这份工作单可以根据需要进行修改。此过程旨在根据实现目标过程中的相关因素,突出需要强化和改进业绩的领域。待到年底时,主管根据以前确定的业绩内容及努力方向进行业绩评价和表彰。

在实施这一绩效评估与发展过程之前,3M公司的评价过程重点不在具体的对发展规划的要求。而上述过程巩固了这样一个观念,即员工对工作和职业生涯开发负有主要责任,而领导者则为员工提供咨询、建议和辅导。

具有重要意义的是,绩效评估与发展过程促进了3M公司主管与员工之间的交流。他们定期召开业绩讨论会议(一般是一个季度一次),鼓励员工根据需要主动与自己的主管进行非正式的商谈。

五、其他的职业管理工作

1. 个人职业生涯管理手册

公司向每位员工发放一本个人职业生涯管理手册。它概述了员工、领导者和公司在员工职业生涯开发方面的责任。这本手册还明确指出公司现有的员工职业生涯开发资源,同时提供一份员工职业生涯关注问题的表格。

2. 主管公开研讨班

为期一天的公开研讨班有助于主管理解自己所处的员工职业生涯开发环境,同时提高领导技巧、加深对自己所扮演的各种角色的理解(咨询者、教练、推荐人等)。主管的反应一直都是非常积极的,公司计划再开展一次公开研讨班跟踪此过程。公开研讨班巩固了这样一个认识,即人才开发是主管工作的一个基本组成部分,公司同时还在对主管的考核指标中增加了"员工开发与管理"。这一开发还强调了对业绩表彰过程的利用。

3. 员工公开研讨班

早在1987年,3M公司就已经开办了旨在帮助员工分析个人前途的职业发展公开研讨班。经过1990年的改进,这一员工公开研讨班为期两天,提供"个人职业生涯指导",包括介绍自我评估、目标和行动计划、平级调动的好处和职位晋升的经验。第三天的内容可以任选,其重点在于内部岗位的求职技巧、如何写简历、如何面试等。如何有效利用岗位信息系统也被纳入公开研讨班的内容之中。开始时有些主管担心这样的公开研讨班可能会起到鼓励人们跳槽的作用,然而事实并非如此。参加过公开研讨班的大部分职员报告说,他们现在对自己目前的个人前途更加满意了,同时他们还充分地认识到如何更加现实地把握自己的个人职业生涯。充实岗位内容是该研讨班强调的一个重点,其基本观念是"个人职业生涯的发展始于你目前的岗位"。

公开研讨班结束后,员工们根据要求回答跟踪问卷调查,而且他们的行动计划也得到跟踪(主管也参与其中)。为一视同仁地协助员工和主管,人力资源部准备了一个资料库,其中有与个人职业生涯相关的录像带。3M公司的各个图书室备有关于个人职业发展的图书。虽然公司目前尚未使用职业开发软件,但是正在进行相关的调查工作。

4. 一致性分析过程及人员继任计划

接下来的过程到达了顶点，集团副总裁会见各个部门的副总裁，讨论其手下管理人员的业绩情况和潜能。此过程影响到评定结果和人力资源部门的评审过程，因此对于转岗、发展和晋升都有影响。这是一个重要的信息共享工具，对于管理人员来说也是反馈业绩信息的又一来源。此过程始于总监们与自己的经理们举行会议，执行总监们与自己手下的各位总监举行会议，部门或负责人事的副总裁则与各位执行总监举行会议。

与上述一致性分析过程紧密相连的是一个在执行层面上开展的人员继任计划项目，它已经实行了六七年之久。公司正考虑将这一高度成功的项目扩大到中级管理层。

5. 职业生涯咨询

一方面公司鼓励职员主动去找自己的主管商谈个人职业生涯问题；另一方面公司也提供专业的个人职业发展咨询（除此之外，还为每一个部门指定一个人力资源经理）。这一咨询功能包括一些评估工具。员工们可以从主管、员工帮助顾问或人力资源经理处征得个人职业生涯咨询意见，抑或他们可以各行其是。咨询一般被用做对员工公开研讨班的跟踪调查，帮助员工制定一份深造计划，讲解简历写作技巧和面试技巧，帮助员工在求职失败后重新考虑个人前途问题，或者帮助员工求职或重新确定个人发展方向。

6. 职业生涯项目

作为内部顾问，员工职业生涯开发工作人员根据职工兴趣开发出一些项目，并将它们在全公司推出。一个非常普及的项目涉及如何保持高水平。项目内容包括关于员工职业生涯资源部门的信息及现有的内部职业生涯开发资源。

7. 合作者重新定位

员工职业生涯开发工作人员在全公司范围内协调本合作者重新定位程序。由于双职工夫妇的原因，这已经成为一个重要的功能，虽然本项目也解决非工作关系合作者的选择。

8. 学费补偿

此项目已实行多年。它报销学费和与员工当前岗位学习相关的费用，以及与某一工作或个人职业生涯相关的学位项目的全部学费和费用。

9. 调职

内部调职的协调通过"3M 公司员工转岗"程序进行。其岗位被撤销的员工自动进入一个个人职业生涯过渡公开研讨班，同时还接受具体的过渡咨询。这种方法在过去的 8 年中唤起了数千名职工的工作热情。根据管理层的要求，还为解除聘用的职工提供外部新职介绍。

资料来源：(美)托马斯·G.格特里奇.有组织的职业生涯开发[M].天津：南开大学出版社，2001.

讨论题

1. 3M 公司职业管理的特点是什么？
2. 你认为 3M 公司职业管理方式对保留和激励员工是否有效？为什么？
3. 中国企业应该怎样借鉴 3M 公司的经验？

劳动关系

本章学习目标
1. 劳动关系的法律意义、管理意义和社会意义
2. 劳动者的组织
3. 劳动协商、谈判和争议
4. 劳动保护
5. 中国企业劳动关系的热点问题

人是生产力中最重要、最活跃的因素。建立在劳动过程中的劳动者与工作组织（即用人单位）之间的关系，是人力资源管理中的一个重要主题。劳动关系是否融洽，直接关系到人力资源潜力的发挥。然而，现实生活中经常有报刊头条新闻报道一些企业违反法律的事情，涉及漠视工人的人身安全与健康，侵犯工人的人身权利、休息与休假的权利等，这些企业更谈不上关注员工的需要、提高广大员工的劳动积极性了。当前很多中国企业，确实都需要着力解决这些问题。因此，如何正确认识和维护劳动关系，是人力资源开发与管理的重要内容，也是我们将在本章探讨的主题。

第一节 劳动关系的法律意义、管理意义和社会意义

劳动关系（劳资关系）是人力资源管理中极为重要的一个研究和实践领域。在资本主义发展的早期，几个方面的因素造成了劳动关系问题，包括资本家对利润的过分追求，法律环境中缺乏对劳动者的保护，主动或被动离开土地的农民人数众多造成劳动力供过于求，等等。结果，工人的安全、健康、报酬等得不到保障，历史上不断爆发出大规模的罢工，破坏机器、怠工等多种形式的反抗更是层出不穷。

实践中的需要促进了理论上研究的活跃与进步，学者们对与劳动关系有关的问题进行了深入的探讨，形成了许多在实践中行之有效的管理理念、操作方法、制度措施。政府对劳资关系的介入，以美国（小）罗斯福总统的"新政"为代表，促进了劳资关系的改善，并对很多重大问题都形成了立法。所有这些，都为发达国家劳动关系在总体上由冲突转向协作以及生产力的提高起到了重大作用。

西方学术界将劳动关系称为"劳工关系"（labor relations）或"产业关系"（industrial relations）。这些概念有一些细微的差别，但一般都是指劳动者与雇主（企业以及非营利性组织的所有者及经营者）之间的关系。劳动关系的双方相互依存，却又充满矛盾。没有合格、积极的劳动者，任何组织都无法完成其使命；没有组织提供的工作机会，劳动者也无

法施展自己的能力并从工作中获得回报。然而,劳动关系更多地以冲突的形式表现出来。较温和的形式,表现为双方就利益分配、劳动条件等方面的争执;较激烈的形式,则表现为罢工、联合抵制、请愿等。

自从20世纪50年代以来,产业关系学作为社会科学的一部分得到了长足的发展,成为工商管理领域的一门重要的学科,其所包含的内容也非常广泛。投身其中的社会科学家们分析了劳动关系双方争执的起源、激化争执的心理因素、解决冲突的途径及效果、劳动者身心健康的影响因素等。这些科学成果中的相当一部分已经反映在当今发达国家的社会政治生活及管理实践之中。本章将结合中国实际情况有选择地介绍产业关系学的一些内容。当然,近年来发达国家中劳动关系已经远非当年那样充满冲突,主要的劳动关系问题都有详细的法律来进行监管。相应地,产业关系学在工商管理学科乃至整个社会上的地位也受到了一定影响,但是层出不穷的新问题依然很多。比如,2005年秋,通用汽车公司宣布将要在北美关闭9家工厂,裁员大约3万人,汽车工人联合工会(United Auto Workers,UAW)立即做出反应,要求企业为妥善安排被解除劳动合同的工人的生活问题而做出努力。

在中国,由于法律、法规的不完善,由于劳动力市场上长期供需矛盾的突出,由于劳动者缺乏自我保护的意识,也由于企业所有者和经营者缺乏正确的经营理念,劳动关系上存在非常严重的问题。事实上,劳动者与用人单位之间的矛盾,已经成为我国现阶段社会上一类比较尖锐的矛盾。因此,进行劳动关系方面的学习和研究,理顺劳动者与所在单位之间的关系,对于正确处理社会矛盾,促进社会生产力发展,都是非常重要的,是管理者必不可少的一课。对于任何劳动者来说,掌握劳动关系方面的知识,特别是相关的法律知识,可以运用法律维护自己的合法权益不受雇主侵害,捍卫自己的权利、健康和尊严。

一、劳动关系的法律意义

劳动关系既是一个人力资源管理领域的概念,也是一个法律概念,具有明确的法律内涵。在我国,调整劳动关系最重要的法律是《中华人民共和国劳动法》和《中华人民共和国劳动合同法》,它们从法律角度确立和规范了劳动关系。

按照《关于贯彻执行〈中华人民共和国劳动法〉若干问题的意见》(以下简称《意见》),劳动关系是指存在于企业、个体经济组织与劳动者之间,劳动者事实上已成为企业、个体经济组织的成员,并为其提供有偿劳动的关系。劳动法还规定国家机关、事业组织、社会团体和与之建立劳动合同关系的劳动者之间的关系,依照劳动法执行。《意见》还指出,公务员和比照实行公务员制度的事业组织和社会团体的工作人员,以及农村劳动者(乡镇企业职工和进城务工、经商的农民除外)、现役军人和家庭保姆等不适用劳动法。按照这些规定,劳动关系的双方当事人,一方是劳动者,另一方是提供生产资料的劳动者所在单位(如企业),即"用人单位"。劳动关系包括劳动者与用人单位之间存在的方方面面的关系,如工作时间、休息时间、劳动报酬、劳动安全卫生、劳动纪律与奖惩、劳动保险、职业培训等。此外,还包括劳动行政部门与用人单位、劳动者在劳动就业、劳动争议和社会保险等方面的关系;工会与用人单位、职工之间履行工会的职责和职权,代表和维护职工会合法权益而发生的关系等。

调整劳动关系的法律、法规很多,不同的法律、法规从不同的角度来维护劳动者和用人单位双方的权利。劳动法和劳动合同法是劳动关系法律中非常重要的部分。现行《中华人民共和国劳动法》在1994年7月5日由第八届全国人民代表大会常务委员会第八次会议通过，自1995年1月1日起施行。劳动法共13章107条。我国现行的《中华人民共和国劳动合同法》在2007年6月29日由第十届全国人民代表大会常务委员会第二十八次会议通过，从2008年1月1日起实施。2012年12月28日第十一届全国人民代表大会常务委员会第三十次会议对该法进行修订，这些修改的内容自2013年7月1日起开始施行。劳动合同法共8章98条。劳动法和劳动合同法各章内容如表12-1所示。从这些名称可以看出，它们是调整劳动关系的综合性法律。

表12-1 《中华人民共和国劳动法》和《中华人民共和国劳动合同法》主要内容

劳动法	劳动合同法
总则	总则
促进就业	劳动合同的订立
劳动合同和集体合同	劳动合同的履行和变更
工作时间和休息休假	劳动合同的解除和终止
工资	特别规定
劳动安全卫生	监督检查
女职工和未成年工特殊保护	法律责任
职业培训	附则
社会保险和福利	
劳动争议	
监督检查	
法律责任	
附则	

　　公司法、企业法中对与劳动关系有关的内容进行了一般性的规定。《中华人民共和国公司法》是1993年12月29日八届全国人大常委会第五次会议通过的，自1994年7月1日起施行。在此之后，公司法又经过了1999年（第九届全国人民代表大会常务委员会第十三次会议）、2004年（第十届全国人民代表大会常务委员会第十一次会议）、2005年（第十届全国人民代表大会常务委员会第十八次会议）、2013年（第十二届全国人民代表大会常务委员会第六次会议）几次修改。公司法是建立市场经济体制的一部重要法律，它为建立新型企业组织提供法律依据。比如，《公司法》第十七条规定："公司必须保护职工的合法权益，依法与职工签订劳动合同，参加社会保险，加强劳动保护，实现安全生产。公司采用多种形式，加强公司职工的职业教育和岗位培训，提高职工素质。"第十八条则对工会、职代会做了进一步的规定："公司职工依法组织工会，开展工会活动，维护职工的合法权益。公司应当为本公司工会提供必要的活动条件。国有独资公司和两个以上的国有企业或者其他两个以上的国有投资主体投资设立的有限责任公司，依照《宪法》和有关法律的规定，通过职工代表大会和其他形式，实行民主管理。"此外，《公司法》第一百九十五条规定，公司在进行解散、清算的过程中，应当优先偿付职工工资和劳动保险费用。

　　许多专门的法律、法规对劳动关系中的各具体内容作了规定。由于劳动关系涉及的内容非常广泛，其中的很多内容都以专门的法律、法规的形式确定下来，以保护劳动者和组织的利益。比如，工会法规定了劳动者组织工会、工会如何维护劳动者权益等方面的具体事项(将在本章第二节对工会法进行更详细的介绍)。2002年10月1日国务院发布的《禁止使用童工规定》规定:"国家机关、社会团体、企事业单位、民办非企业单位或者个体工商户均不得招用不满16周岁的未成年人。"对于非法招用童工的用人单位,按该规定应处以重罚,比如"童工伤残或者死亡的,用人单位由工商行政管理部门吊销营业执照或者由民政部门撤销民办非企业单位登记;用人单位是国家机关、事业单位的,由有关单位依法对直接负责的主管人员和其他直接责任人员给予降级或者撤职的行政处分或者纪律处分。"

民事诉讼等程序法对劳动争议处理程序进行了规定。比如,1993年8月1日国务院发布施行的《企业劳动争议处理条例》对劳动争议的受理、调解、仲裁、法律责任等都作了具体的规定(将在本章第三节详细加以介绍)。

了解这些法律、法规,对于劳动者和用人单位的管理者来说都非常重要。人力资源和社会保障部的网页上,都辟有专门发布与劳动关系有关法律、法规的专栏。

二、受法律保护的劳动者权利

法律面前人人平等。劳动者作为社会财富的创造者,享有诸多法律所赋予的权利。国家立法机关通过法律的形式,将其中有些权利用法律加以保护,确保劳动者权益不受侵害。我国的劳动法规定了劳动者在劳动关系中的各项权利,如表12-2所示。

表12-2 劳动法规定的劳动者权利

平等就业和选择职业的权利
取得劳动报酬的权利
休息休假的权利
获得劳动安全卫生保护的权利
接受技能培训的权利
享有社会保险和保障的权利
提请劳动争议处理的权利
法律规定的其他权利

资料来源:《中华人民共和国劳动法》,1994年7月5日第八届全国人民代表大会常务委员会第八次会议通过.

1. 劳动者有平等就业和选择职业的权利

劳动是人们生活的第一基本条件,是一切物质财富、精神财富的源泉。平等就业的权利,保护劳动者不因性别、民族、宗教信仰等方面的差别而受到就业的歧视。

劳动者平等就业的权利,要求用人单位在招聘员工时,对所有可能的求职者一视同仁。雇用的标准只能是与工作有关的技能,而不能是其他任何标准。现阶段,因为相应的法律、法规尚不够完善,尤其是法律的执行上很粗糙,劳动者平等就业的权利并不容易得到保证。

表12-3所示的例子,是某公司对应聘电脑工程师职位的求职者的要求。在劳动法律(特别是执行)比较完善的国家,这样的雇主必须能够提供科学的证据,来表明这些要求与完成工作相关的原因。换句话说,招聘条件必须而且只能与完成工作相关,否则即构成对劳动者的歧视。

表 12-3　招聘要求：考虑到平等就业权利了吗

某公司招聘一名电脑工程师，要求年龄 30 岁以下，未婚，男性，本科毕业，3 年以上相关工作经验。

该公司的招聘要求符合平等就业权利的规定吗？仅从这些信息，能看出该公司人力资源管理的哪些问题？

简要分析：
这几项要求，不仅反映了该公司人力资源管理实践方面的严重欠缺，也体现出对劳动者平等就业权利的不尊重。就前者来说，"3 年以上相关工作经验"太笼统。我们相信该公司招聘这样一名电脑工程师是希望应职者完成一定的任务；因此须具备相应技能。为此，招聘要求中应明确哪些技能是工作所需要的。比如，应详细列举出"具备用常用软件设计、维护网页的技能和××经验，能够维护个人电脑及局域网，掌握 PhotoShop 等图形处理软件"。

就其后者来说，"30 岁以下"、"未婚"、"男性"都可能构成对某些劳动者的歧视。"李工"今年 32 岁了，特别想做这份工作，为什么这家公司就要拒绝他呢？"小张"是一名出色的电脑工程师，难道仅仅因为她是一名女性就一定被拒之门外？这样的求职者显然受到了歧视，除非该公司能够以科学的证据证明相应的要求是合理的，与完成工作直接相关。

你能在身边找出类似的例子吗？尝试进行一下自己的分析。

劳动者有选择职业的权利。劳动者选择职业的权利是指劳动者根据自己意愿选择适合自己才能、爱好的职业。劳动者拥有自由选择职业的权利，有利于劳动者充分发挥个人的特长，促进社会生产力的发展。传统的计划体制有一个弊病——一次分配定终身。一方面是企业不能自主地选择自己所需要的劳动者；另一方面劳动者也不能自主地选择职业和企业，造成社会生产力的浪费。随着市场经济体制的逐步形成，在劳动力市场上，劳动者作为就业主体，具有支配自身劳动力的权利，可根据自身素质、志趣和爱好以及市场信息，选择用人单位和工作岗位。当前，我国很多劳动者平等就业和选择职业的权利受到市场供需不平衡的制约。企业拥有经营自主权，包括用人上的自主权，很少主动考虑如何为社会提供就业机会。政府在促进就业方面面临更大的挑战。

2. 劳动者有取得劳动报酬的权利

取得劳动报酬是公民的一项重要权利。我国《宪法》明文规定的各尽所能、按劳分配的原则，是我国经济制度的重要组成部分。《宪法》还规定，实行男女同工同酬，国家在发展生产的基础上，提高劳动报酬和福利待遇。随着劳动制度的改革，劳动报酬成为劳动者与用人单位所签订的劳动合同的必备条款。劳动者付出劳动，依照合同及国家有关法律取得劳动报酬，是劳动者的权利。而及时定额地向劳动者支付工资，则是用人单位的义务。用人单位违反义务，劳动者可以依法要求有关部门追究其责任。获取劳动报酬是劳动者持续地行使劳动权必不可少的物质保证。

当前，劳动者取得劳动报酬权利面临一定挑战，特别是男女同工不同酬、克扣工资、压低工资等。在全世界范围内，男女同工同酬都遭遇挑战。比如在美国，同样工作的妇女只能拿到男员工报酬的大约 71%；在管理层，妇女不仅数量上非常少，而且待遇也更低。这其中，部分原因是资方对女性劳动者价值的低估，部分地也源自女性劳动者在讨价还价中经常将自己放在弱者的地位上。在中国，类似的问题也广泛存在，但因用人单位性质及所有制而有很大差异。

拖欠员工工资与任意压低员工工资,在很多使用低技能工人的劳动密集型企业中非常普遍。员工因为流动性太强,缺乏组织,在与企业出资者的利益冲突中处于不利地位。在劳动力明显供大于求的情况下,这种劣势尤其突出。

3. 劳动者享有休息休假的权利

我国法律规定,劳动者有休息的权利,国家发展劳动者休息和休养的设施,规定职工的工作时间和休假制度。我国劳动法规定的休息时间包括工作间歇、两个工作日之间的休息时间、公休日、法定节假日以及年休假、探亲假、婚丧假、事假、生育假、病假等。1994年,我国对休息制度作了一次较大的调整,由原来的每周48小时工作制,改为44小时,从1995年5月1日起更进一步减少到40小时。缩短工作时间是提高劳动生产率的一种手段,也适应了劳动者提高生活质量的需要。休息、休假的法律规定既是实现劳动者休息权的重要保障,又是对劳动者进行劳动保护的一个方面。《劳动法》规定,用人单位不得任意延长劳动时间。当因生产需要不得不延长劳动时间的情况下,须经工人本人、工会的同意,企业还要支付高于正常工作时间的工资,并且保证加班时间在法律规定范围内。

4. 劳动者有获得劳动安全卫生保护的权利

劳动安全卫生保护,是保护劳动者的生命安全和身体健康,是对享受劳动权利的主体切身利益最直接的保护。这包括防止工伤事故和职业病。如果劳动保护工作欠缺,其后果不仅是某些权益的丧失,而很可能是劳动者健康和生命直接受到伤害。目前我国已制定了大量的关于劳动安全保护方面的法规,形成了安全技术法律制度、职业安全卫生行政管理制度以及劳动保护监督制度。但有些用人单位,尤其在一些乡镇企业和三资企业出现了片面追求利润、降低劳动条件标准,以致发生恶性事故的现象。《劳动法》规定,用人单位必须建立、健全劳动安全卫生制度,严格执行国家安全卫生规程和标准,为劳动者提供符合国家规定的劳动安全卫生条件和必要的劳动防护用品,对从事特种作业的人员进行专门培训,防止劳动过程中的事故,减少职业危害。鉴于当前工伤及职业病的严重性,本章将专门辟出一节详细探讨劳动保护问题。

5. 劳动者有接受职业技能培训的权利

我国《宪法》规定,公民有受教育的权利和义务。受教育既包括受普通教育,也包括受职业教育。公民要实现自己的劳动权,必须拥有一定的职业技能,而要获得这些职业技能,越来越依赖于专门的职业培训。因此,劳动者若没有职业培训权利,劳动就业权利就成为一句空话。

6. 劳动者有享受社会保险和福利的权利

疾病、年老等是每一个人都不可避免的。社会保险是劳动力再生产的一种客观需要。我国的劳动保险包括生育、养老、疾病、伤残、死亡、待业、供养直系亲属等。但长期以来,我国社会保险制度还存在一些问题,如社会保险基金制度不健全,保险基金筹集渠道单一,社会保险的实施范围不广泛,发展不平衡,社会化程度低,等等。目前,国家正在逐步完善我国社会保险制度,实行社会统筹,保险基金由国家、用人单位和个人合理负担和建立个人账户等办法。一个符合市场经济要求、覆盖更多人口的社会保险制度正在逐步形成。

随着生产力水平的提高,社会财富的增加,劳动者有享受越来越完善的职工福利和社会福利的权利。这种权利也必须受到法律保护。

7. 劳动者有提请劳动争议处理的权利

劳动争议指劳动关系当事人因执行劳动法或履行集体合同和劳动合同的规定引起的争议。劳动关系当事人,作为劳动关系的主体,各自存在不同的利益,双方不可避免地会产生分歧。用人单位与劳动者发生劳动争议,劳动者可以依法申请调解、仲裁,提起诉讼。劳动争议调解委员会由用人单位、工会和职工代表组成。劳动仲裁委员会由劳动行政部门的代表、同级工会、用人单位代表组成。解决劳动争议应贯彻合法、公正、及时处理的原则。

8. 法律规定的其他劳动权利。这些将根据劳动法相关法规和有关地方法规而具体化

按照当代政治原则,公民(劳动者是公民的一部分)的权利是与生俱来的,神圣不可侵犯。公民权利保证社会的和谐运转。法律并非赋予公民相应的权利;恰恰相反,法律仅仅代表国家意志来履行国家保护公民权利的义务。因此,判断法律在保护公民的各项权利方面做得好不好,至少以下两方面的标准是必要的。第一,重要的、普适性的权利都得到保护了吗?第二,这些法律是否足够详尽?执法部门是否尽职尽责地去贯彻法律的精神?就劳动者权利来说,劳动者的尊严、人格,也是法律需要加以保护的。在执法过程中,也需要明确相关部门及企业管理者的权限、义务及法律责任等。在学习与劳动关系有关的法律、法规的过程中,要特别注意理清这些基本思路。

三、劳动关系的管理意义和社会意义

劳动关系之所以重要,除了因为它具有明确的法律内涵、受国家法律调控以外,还因为其在企业管理中具有关键的作用,是人力资源管理的一项重要职能。从更广阔的视角上看,劳动关系的管理,还涉及企业如何履行其社会责任,为建设一个和谐社会而贡献力量。管理者深刻地理解劳动关系并能够正确地处理这方面的问题,可以获得诸多方面的回报。

(1)企业只有处理好劳动关系,才能够实现其基本的使命、目标,完成其社会责任中必不可少的一部分。现代社会中人与人、人与组织、组织与组织之间形成了非常密切的相互依赖的关系。企业存在的重要理由之一,就是要给所在的社区提供就业机会,为其所雇用或外包的员工提供一个施展才华和能力、获得收入、实现自我价值的机会。如果企业连员工的安全、健康都满足不了,如果恣意损伤员工的自尊和人格,企业的存在本身就失去了相当的合法性。

特别是近年来,随着员工维权意识的觉醒与信息传播网络的发展,很多劳动关系中的重大事件都与国家与局部地区的稳定息息相关。企业内部的劳动关系如果处理不好,往往造成社会问题。在这种情况下,有些企业片面采用"堵"的办法,通过阻止上访、封口之类的办法,维护表面上的稳定,然而却忽视解决深层次的造成这些问题的根本原因,掩盖了企业发展中影响社会进步的矛盾。

(2)能提高企业的盈利能力。罢工、劳动生产率低、关键员工离职、员工破坏或拿走企业的财物等都是对企业盈利优势的明显破坏;而这些问题的避免有赖于良好地处理劳

动关系。比如,对员工拿走企业财物进行的研究表明,如果员工觉得自己受到了不公正的待遇,特别是自己的人格和尊严受到了损坏,是员工偷窃的最重要的一个导火索。近年来,因为某些地区的许多企业待遇过低,已经促使许多"打工仔"、"打工妹"向其他地区发展,或者回到家乡寻找创业或其他工作机会,已经造成部分企业劳动力的严重短缺。结果,"民工荒"对于劳动关系处理得较差的企业冲击尤其明显,而对于在这方面管理较好的企业则基本不受影响,市场机制最终使注重管理的企业赢得了回报。

(3) 有利于管理者的职业生涯发展。如果某个管理者所管辖的范围内经常出现劳动关系纠纷,或者某一起纠纷引起了极为严重的后果,显然,这个管理者的绩效就受到了不良影响。这也从一个侧面证明这个管理者缺乏人力资源管理方面的技巧。在人力资源管理越来越受到重视的今天,学习如何解决好劳动关系问题对于一个管理者的职业发展是必不可少的。

(4) 能够帮助避免纠纷。建立并保持良好的劳动关系,可以使员工在一个心情愉快的环境中工作,即使出现一些问题也能够较好地解决,避免事态扩大。比如,在美国,员工在接到企业辞退的通知后,可以向法院申诉,申明自己被辞退是受到了不公正的待遇,要求法院进行审理。虽然在这样的案件中,多数申诉的员工并不能获胜,但是少数胜诉的那些案件中,往往法庭会判决企业要付出巨额的赔偿。劳动关系中的纠纷为什么激化,到了非上法庭去解决不可的地步呢?研究表明,最重要的因素,仍然是员工在日常工作中感觉自己是否得到了有尊严、尊重的对待。如果劳动关系处理得好,在一旦出现问题的时候,企业依然可以与员工协商,以对双方都有利的方式来解决。

(5) 有助于处理日常管理中的很多问题。经理人员对劳动关系有恰当的理解,并具备解决相应问题的技能,在面临很多现实管理问题时就能够处变不惊、得心应手。比如,在很多发达国家,法律要求企业对员工的工作成绩必须有客观的考察和记录,否则,在处理劳动纠纷时企业几乎一定处在不利的地位。了解了这一点,管理者就可以在日常工作中养成记录员工细节、客观标准等习惯。这样不仅促进了劳动关系的管理,也有助于绩效考核和反馈工作。

管理者必须认识到,劳动者权利受到保护、发展健康的劳动关系,是劳动者生存、发展、提高劳动水平的必备条件,对用人单位与劳动者个人都是从根本上有利的。特别是在知识型员工越来越占据主导地位的今天,赢得员工的认同与合作,是所有企业获得成功的必由之路。早在1911年,泰勒就在美国众议院听证会上介绍科学管理的精髓,实际上是一场管理者与员工之间的"精神革命",他说:"在科学管理下,双方思想态度发生巨大革命。它表现在双方都将眼睛从重于一切的盈余分配转移到增加盈余上,努力增加足够的盈余,使双方没有必要再为如何分配而争吵。他们开始看到,如果他们不再相互对立,而是齐心协力,那么,由他们共同创造出来的盈余就会多得真正惊人。他们双方都会认识到,如果用友好合作和互相帮助代替敌对和冲突,他们就能够共同使这种盈余比过去有巨大的增长,从而有充足的余地来大大提高工人的工资;同样,大大增加工厂的利润。先生们,这就是伟大思想革命的开始。它是走向科学管理的第一步。这种革命就是完全改变双方的思想态度;用和平代替战争,用真诚的兄弟般的合作代替争论和冲突;用齐心协力代替相互对立,用相互信任代替猜疑戒备,双方变成朋友而不是敌人。我认为,这就是科学管理的必由之路。"

但至今,在我国忽视劳动者权利,将劳动者权利、利益与单位利益对立起来的观念依然屡见不鲜。事实上,管理者(或人力资源经理、人事经理)必须急员工所急、想员工所想,充分尊重、兑现劳动者的各项权利,才能在从浅到深各个层次上激励员工,使劳动者感受到家庭般的温暖,愿意与工作单位结成利益共同体甚至情感共同体,这才是成功的人力资源管理。

第二节　劳动者的组织

在劳动者与用人单位之间存在利益冲突时,与任何冲突的解决一样,其结果往往有利于拥有更大影响力(权力)的一方。在劳动者与用人单位中间,显然绝大多数情况下劳动者处于弱势地位。因此,劳动者为保护自己的利益,必须团结起来,以集体的力量来同用人单位进行讨价还价,才能够保护自身利益。

在劳动关系的发展历史上,工会一直是劳动者组织的主要形式。比如,在国际上曾经享有盛誉的劳联-产联,往往被称为工会组织的代名词。19世纪中期至20世纪后期,工会不仅在一定程度上帮助劳动者保护了自身权益,也曾经推动整个社会的转型。工会的兴衰,也反映了整个社会发展的趋势。总而言之,当整个社会倾向于盲目地追求经济利益、激烈地竞争、资方在政治上的发言权倾向于扩大的时候,或者说,整个社会向右转的时候,工会就会经历一定的困难。相反,在整个社会风气都在强调人的权利、强调草根阶层的权益应该受到保护、社会风气倾向于限制资方的特权和资本触角的无限膨胀时,工会或者其他劳动者的组织也会得到更大的社会支持。近年来,国际社会整体上倾向于向右转,工会的艰难岁月正是这种社会倾向的反映。

在我国,全民所有制企业的劳动者还组织成职工代表大会。作为全民所有制企业重要的机构之一,职代会在这类企业的管理中曾经具有非常重要的作用。本节简单介绍一下工会和职代会的基本情况。

一、工会

在市场经济条件下,劳动者完全处在劳动力市场之中。劳动者寻求工作与劳动力市场的供求状况关系很大。一般而言,在经济快速增长,劳动力相对短缺的情况下,劳动力市场对雇员是有利的。然而,在多数情况下,雇主通常具有控制雇用人数的优势,有抵挡来自个人压力的经济实力,对劳动力市场有更好地了解。因此,从讨价还价方面来说,雇主优于雇员。企业在对它本身有利的情况下经常作雇用条件的调整。雇员用来抵消资方讨价还价的力量来自联合起来的产物——工会。

在讨价还价中,工会的作用是代表劳动者的利益,平衡雇主的经济实力。为了维护劳动者的利益,工会还扮演更为复杂的角色,它在公众、政府机构和政党中寻求同情,因此工会具有一定的政治特性。然而工会作用的核心是联合起来与资方进行集体谈判。

在多数国家,工会的发展历史中都经历过明显的波峰与波谷,其理念和措施也大相径庭。有的工会完全集中在与资方斗争而争取劳动待遇和条件上面,他们的目标可以被称为"面包与黄油"。当然,也有的工会将其目标扩展到社会变革方面。比如,19世纪后期兴起的"劳动者骑士团"(knights of labor)对政治改革非常感兴趣。从工会的成员人数上看,工会的发展也有很大的变化。美国各种工会的会员总数,曾经在20世纪70年代达到2 000万人以上,如今已远远低于这个数字了。根据最新的统计数字,2015年美国劳动者(美国统计上的定义是:拿工资的人)中,有11.1%的人属于工会,会员人数为1 480万人,与2014年持平;而2004年这一比例是12.5%,2003年这一数字是12.9%,1983年是20.1%。最近30多年中,工会在所有劳动者中的覆盖率在持续下降。当然,在不同的行业、部门中,工会会员比率差别很大。比如,2015年在私营组织中只有6.7%的员工属于工会,但在公共服务部门,有35.2%的员工属于工会,是前者的5倍。

在我国,按照2001年10月27日修订的《中华人民共和国工会法》规定,工会要组织职工参与本单位的民主决策、民主管理和民主监督。工会应关心职工的生活,帮助职工解决困难;教育职工不断提高思想道德、技术业务和科学文化素质。从这里可以看出,工会在我国的职能非常多;当然,修订后的工会法明确规定,维护职工合法权益是工会的基本职责。

工会是职工自愿结合的工人阶级的群众组织。修订后的工会法明确规定,在中国境内的企业、事业单位、机关中以工资收入为主要生活来源的体力劳动者和脑力劳动者,不分民族、种族、性别、职业、宗教信仰、教育程度,都有依法参加和组织工会的权利。任何组织和个人不得阻挠和限制。

工会法明确了工会的职权,特别是在维护职工合法权益方面。比如,企业单方面解除职工劳动合同时,应当事先将理由通知工会,工会认为企业违反法律、法规和有关合同,要求重新研究处理时,企业应当研究工会的意见,并将处理结果书面通知工会。工会发现企业违章指挥、强令工人冒险作业,或者生产过程中发现明显重大事故隐患和职业危害,有权提出解决的建议,企业应当及时研究答复;发现危及职工生命安全的情况时,工会有权向企业建议组织职工撤离危险现场,企业必须及时作出处理决定。

工会法为工会工作提供了法律保障。比如,上级工会可以派员帮助和指导企业职工组建工会,任何单位和个人不得阻挠。只要没有个人严重过失、尚未达到法定退休年龄,基层工会专职主席、副主席或者委员自任职之日起,其劳动合同期限自动延长,延长期限相当于其任职期间;非专职主席、副主席或者委员自任职之日起,其尚未履行的劳动合同期限短于任期的,劳动合同期限自动延长至任期期满。

必须认识到,在社会发展的不同阶段,工会以及其他的劳动者组织的作用及其对于企业管理、对于社会发展的影响也是不同的。在有些发达国家,工会的力量过于强大,可能已经阻碍了经济的发展、企业的进步,并最终影响了工人自身的福祉。比如,美国的汽车工人联合会因具有非常强大的力量,参加工会工人的待遇远远高于没有参加工会的工人和其他国家的工人,造成了诸多汽车企业的困境,不仅已经造成了其所在企业的危机,也已经引起了公众的不满。2010年在希腊等国家工会所组织的大罢工,也被很多人批评为不切实际地片面追求过分的福利与保护,而忽视了国家和企业的竞争力。

当然,在中国,总体上来说,工会的力量尚不够强大,在保护工人福祉方面还有诸多不足。尽管如此,在法律、法规以及舆论越来越重视劳动者保护的大背景下,也有些劳动关系的问题来自劳动者一方不够合作的态度。特别是有些员工抱着"不闹白不闹"的态度，利用企业在管理上一些不合理的措施而过高要价，给企业发展造成过高的代价甚至困境，最终都可能是"双输"的结果，都需要在实践中通过双方更智慧地逐步解决。

二、职代会

实行职工代表大会制度是中国国有企业的另一特点。国务院1986年9月15日发布的《全民所有制工业企业职工代表大会条例》是实行职工代表大会制度的法律依据。按照该条例规定，职代会具有五项职权。

（1）定期听取厂长的工作报告，审议企业的经营方针、长远和年度计划、重大技术改造和技术引进计划、职工培训计划、财务预决算、自有资金分配和使用方案，提出意见和建议，并就上述方案的实施作出决议。

（2）审议通过厂长提出的企业的经济责任制方案、工资调整计划、奖金分配方案、劳动保护措施方案、奖惩办法及其他重要的规章制度。

（3）审议决定职工福利基金使用方案、职工住宅分配方案和其他有关职工生活福利的重大事项。

（4）评议、监督企业各级领导干部，并提出奖惩和任免的建议。对工作卓有成绩的干部，可以建议给予奖励，包括晋级、提职。对不称职的干部，可以建议免职或降职。对工作不负责任或者以权谋私，造成严重后果的干部，可以建议给予处分，直至撤职。

（5）主管机关任命或者免除企业行政领导人员的职务时，必须充分考虑职工代表大会的意见。职工代表大会根据主管机关的部署，可以民主推荐厂长人选，也可以民主选举厂长，报主管机关审批。

在实际操作中，我国在工会、职代会方面仍旧存在很多问题，相关法规执行还有很多问题。在国有企业，工会、职代会往往成为摆设，工会干部是企业管理层的一部分，而事实上并非由员工选举产生，其职能侧重在访贫问苦而非维护职工核心权益；职代会开会往往是流于形式，"认认真真走过场"。这一方面反映了管理层漠视员工的权利、有权任性；另一方面也反映了国企员工缺乏流动性、不敢主张自己的权利。而在一些私企，企业主设法阻止员工组织工会，工会干部在企业受到排挤，也反映相关法规执行中的困境。也有一些技术类企业，技术骨干、销售骨干利用企业管理的漏洞，带着企业的机密加入竞争对手公司或者创业去谋求自身的利益，给原用人单位带来很大损失。总之，这些劳动关系方面法律法规的执行，尚需要多方面努力来保护各方利益都得到较好的平衡。

第三节 劳动协商、谈判和争议

一、劳动协商和谈判

在发达国家和新兴工业化国家的劳动力市场中，供需双方讨价还价经常是以集体谈判的形式解决的。劳资协商和谈判的主要内容是工资标准、劳动条件、解雇人数，还有其他有关职工权益的问题。劳资双方的代表，一方是工会，另一方是雇主。

由于历史、经济等原因,在不同的国家、不同的产业和企业,劳资协商和谈判表现出很大的个异性。比如,尽管从总体上说,美国是偏重于企业层次上的谈判,但实际上在各个行业所采取的集体谈判方式明显不同。有一些行业运用的是大公司和产业工会之间的国家级谈判,而另一些行业则采用按公司进行的谈判或者地方性的谈判。还有极端的情况:通用汽车公司与汽车工人联合会达成的一项协议,可以覆盖几十万名加入该工会的工人;建筑行业工会与他们的雇主通过区域性的谈判方式达成了大约6 000项协议,覆盖了150万工人。同时,非营利性组织在经济生活中也扮演着非常重要的角色,这些部门拥有好几百万雇员,这些雇员大多是工会会员,这其中的谈判结构也不尽相同。表12-4概括了美国经济领域42个行业的谈判结构。

表12-4 美国部分产业或者部门的谈判结构

谈判单位之间的关系	雇主谈判单位的类型		
	多雇主谈判 A	单个的雇主	
		公司一级谈判 B	公司的下属一级(工厂一级)谈判 C
Ⅰ 覆盖整个产业工会化公司的协议	货运、职业棒球、足球	邮政服务、煤矿	
Ⅱ 强劲的全国性谈判模式	玻璃容器、皮革业	冶金、肉类加工、铝制品、烟草、有色金属、汽车	石油、化工
Ⅲ 中等程度的全国性谈判模式	服装业	制鞋、铁路、航空、橡胶、纺织	管件生产、电信
Ⅳ 微弱的全国性模式	海岸与海事	电子机械、化工	
Ⅴ 地区谈判模式	农业工人	超市、造船、木材、家具	造纸
Ⅵ 地方谈判模式	旅馆、建筑	地方运输、公用事业、公共教育、卫生、报纸和印刷	化工

资料来源:由David H. Greenberg. The Structure of Collective Bargaining and Some of Its Determinants. *Proceedings of the Industrial Relations Research Association*,1966,p. 345 中选编和改编;转引自丹尼尔·奎因·米尔斯著. 李丽林等译. 劳工关系. 第171页.

随着中国劳动力市场的逐步建立和完善,也应逐步建立和完善劳动协商谈判制度,以确保企业和职工双方的权益均受到尊重,使所有的企业经营者同所有的职工群众之间,形成一种正常的、民主的新型工资分配协调机制,从而使企业内部分配关系达到协调发展,以利于调动、发挥、保护职工群众的劳动积极性。比如,集体谈判应该能够帮助解决在部分企业侵犯劳动者权益的问题。

在中国的社会环境下,可以考虑目前以企业内部劳动协商谈判为主。谈判一方是工会,另一方是企业经营者,双方各自选派几名代表,名额对等。劳动协商谈判会议是双方进行磋商的主要形式,每年或每半年召开一次,会议主席由双方轮流担任。协商谈判的内容可以包括职工工资福利增长幅度,工资结构如基本工资、奖金、补贴结构,工资的年龄结构,工资的岗位结构等。双方达成的协议主要由企业管理部门负责履行,工会(或职代会)监督企业管理者履约。

随着市场经济的发展,企业内部劳动协商谈判所要解决的劳动关系问题也应逐步扩大范围,诸如用工与辞退工人、解雇工人、工作时间及休假、补充保险与职工福利、劳动保护等,都应纳入协商谈判的议程。协商谈判的层次也可扩展到中观(行业、产业和地区一级)。

二、解决劳动争议的途径和方法

劳动争议是指劳动关系当事人之间因劳动的权利发生分歧而引起的争议。在劳动关系的发展中,劳动关系各方出现矛盾是不可避免的。正确地处理劳动争议,是维护和谐的劳动关系,发挥人力资源潜力的重要方面。

劳动争议可以通过调节、仲裁或法院判决来解决。这三种处理争议的方式对应的组织部门是劳动争议调解委员会、劳动争议仲裁委员会和人民法院。解决劳动争议需要遵循三个原则:第一,着重调解,及时处理;第二,在查清事实的基础上,依法处理;第三,当事人在适用法律上一律平等。

中国2004年全年各级劳动争议仲裁委员会立案受理劳动争议案件26万件,涉及劳动者76万人。其中,集体劳动争议案件1.9万件。全年各级劳动争议仲裁委员会审理结案25.9万件。而到了2009年,各级劳动人事争议仲裁机构共立案受理劳动争议案件68.4万件,涉及劳动者101.7万人。其中,集体劳动争议案件1.4万件,仲裁机构审理结案69.0万件。到2015年,所有这些数字都有所上涨。从这些数字来看,我国劳动争议的形势不容乐观。

1. 通过劳动争议调解委员会进行调解

劳动争议处理条例规定,在用人单位内部可以设立劳动争议调解委员会。它由职工代表、用人单位代表、工会代表三方组成。在企业中,职工代表由职工代表大会(或职工大会)推举产生;企业代表由厂长(经理)指定;企业工会代表由企业工会委员会指定,调解委员会组成人员的具体人数由职代会提出并与厂长(经理)协商确定,企业代表的人数不得超过调解委员会成员人数的1/3。调解委员会主任由企业工会代表担任,其办事机构设在企业工会委员会。

劳动争议调解委员会所进行的调解活动是群众自我管理、自我教育的活动,具有群众性和非诉性的特点。调解委员会调解劳动争议应当遵循当事人双方自愿原则,经调解达成协议的,制作调解协议书,双方当事人应当自觉履行;调解不成的,当事人在规定的期限内,可以向劳动争议仲裁委员会申请仲裁。

劳动争议调解委员会调解劳动争议的步骤如下。

(1) 申请。指劳动争议当事人以口头或书面方式向本单位劳动争议调解委员会提出调解的请求,是自愿的申请。

(2) 受理。指劳动争议调解委员会接到当事人的调解申请后,经过审查,决定接受申请的过程。受理包括三个过程。第一,审查。即审查发生争议的事项是否属于劳动争议,只有属于劳动争议的纠纷事项才能受理。第二,通知并询问另一方当事人是否愿意接受调解,只有双方当事人都同意调解,调解委员会才能受理。第三,决定受理后,应及时通知当事人做好准备,并告之调解时间、地点等事宜。

（3）调查。经过深入调查研究，了解情况，掌握证据材料，弄清争议的原委，以及调解争议的法律政策依据等。

（4）调解。调解委员会召开准备会，统一认识，提出调解意见；找双方当事人谈话；召开调解会议。

（5）制作调解协议书。经过调解，双方达成协议，即由调解委员会制作调解协议书。

实践证明，劳动争议案件能够成功地进行调解的比率并不高。全国的劳动争议案件的调解率仅为 24.7%，远远低于全国民事案件 60% 的调解、撤案率。这么低的成功调解的比率，部分来源于双方冲突的尖锐，毫不让步；还有一种原因是双方集中在冲突本身而不是根本利益。在劳动争议的调解过程中，调解委员会一定要明确认清双方冲突的根本原因，从双方的根本利益着手，而不是从冲突的立场上进行简单的让步。帮助冲突双方充分认清各自的利益，有助于找到创造性地解决冲突的方法。

2. 通过劳动争议仲裁委员会进行裁决

劳动争议仲裁委员会是依法成立的、独立行使劳动争议仲裁权的劳动争议处理机构。它以县、市、市辖区为单位，负责处理本地区发生的劳动争议。

世界各国对于劳动争议的处理虽因各国国情的不同而有所区别，但以仲裁方式来解决劳动争议则为世界各国所普遍采用。比如，在美国，有些岗位的劳动者因为工作的特殊性而没有罢工的权利，如警察，他们与雇主的劳动纠纷只能通过调解或仲裁等相对"温和"的方式来解决。

在我国，劳动争议仲裁委员会由劳动行政主管部门、同级工会、用人单位三方代表组成，劳动争议仲裁委员会主任由劳动行政主管部门的负责人担任。劳动行政主管部门的劳动争议处理机构为仲裁委员会的办事机构，负责办理仲裁委员会的日常事务。劳动争议仲裁委员会是一个带有司法性质的行政执行机关，其生效的仲裁决定书和调解书具有法律强制力。

劳动争议仲裁一般分为以下五个步骤。

（1）受理案件阶段。即当事人申请和委员会受理阶段。当事人应在争议发生之日起 60 日内向仲裁委员会递交书面申请，委员会应当自收到申请书之日起 7 日内作出受理或不予受理的决定。

（2）调查取证阶段。此阶段工作分三个步骤：第一，拟定调查提纲；第二，有针对性地进行调查取证工作；第三，审查证据，去伪求真。

（3）调解阶段。调解必须遵循自愿、合法的原则。"调解书"具有法律效力。

（4）裁决阶段。调解无效即行裁决。

（5）执行阶段。将裁决的结果贯彻实施，使各方利益符合裁决的规定。

按照劳动争议处理条例的规定，当事人对仲裁裁决不服的，自收到裁决书之日起 15 日内，可以向人民法院起诉；期满不起诉的，裁决书即发生法律效力。当事人对发生法律效力的调解书和裁决书，应当依照规定的期限履行。一方当事人逾期不履行的，另一方当事人可以申请人民法院强制执行。

按照国际上通行的原则，仲裁有三种形式：传统仲裁、"一揽子"方案以及逐项选用。所有的形式都要求争议双方向仲裁者陈述各自的立场，即冲突解决方案，并要提供详尽的支持,以证明自己的解决方案是合理的。仲裁者要向冲突双方询问有关问题,甚至允许双方辩论。传统仲裁中,仲裁者独立地作出关于所有争议事项的仲裁结论。"一揽子"方案仲裁中,仲裁者听取双方陈述并通过询问等方式来了解情况,然后选用争议双方中某一方的解决方案。逐项选用的仲裁过程中,仲裁者在要求冲突双方明确争议事项并充分了解情况后,可以逐项地选择此方或彼方的解决方案,所有的选项加在一起就构成了最终的解决方案。不同的仲裁方法,对仲裁者的要求以及对冲突双方的战略及利益影响都是不同的。

3. 通过人民法院处理劳动争议

人民法院并不处理所有的劳动争议,只处理如下范围内的劳动争议案件。

(1)争议事项范围。因履行和解除劳动合同发生的争议;因执行国家有关工资、保险、福利、培训、劳动保护的规定发生的争议;法律规定由人民法院处理的其他劳动争议。

(2)企业范围。国有企业;县(区)属以上城镇集体所有制企业;乡镇企业;私营企业;"三资"企业。

(3)职工范围。与上述企业形成劳动关系的劳动者;经劳动行政机关批准录用并已签订劳动合同的临时工、季节工、农民工;依据有关法律、法规的规定,可以参照本法处理的其他职工。

人民法院受理劳动争议案件的条件是:

(1)劳动关系当事人间的劳动争议,必须先经过劳动争议仲裁委员会仲裁;

(2)必须是在接到仲裁决定书之日起 15 日内向人民法院起诉的,超过 15 日,人民法院不予受理;

(3)属于受诉人民法院管辖。

第四节 劳 动 保 护

一、劳动保护的任务

劳动保护是指为了保护劳动者在劳动过程中的安全和健康所采取的各种技术措施和组织措施的总称。经济的发展需要人力的投入,广大劳动者在劳动过程中不可避免地要承受一定的劳累,这是创造社会财富、个人收入和个人社会价值的重要途径。然而,经济和社会发展的根本目标,也只能是为了广大人民物质文化生活水平的提高。以牺牲劳动者健康甚至生命为代价的经济发展,不仅无法为社会进步提供动力,反而构成了社会混乱和退化的重要部分。

生命、健康、安全是人最基本的需要。劳动保护就是为满足劳动者这些最基本的需要而采取的措施,所以它是提高劳动者工作生活质量的基础,是提高劳动者劳动积极性的先决条件。在经济发展与社会整体进步的大环境下,世界各国在劳动者保护方面都取得了很大的进展。劳动保护,作为人力资源管理中必要的和有效的措施,正在得到越来越多的重视。

劳动保护的主要任务有以下几方面。第一,保证安全生产。采取各种有效措施,减少和消除劳动中的不安全、不卫生因素，改善职工的劳动条件，满足其安全需要。第二，实现劳逸结合。采取各种必要措施，使职工有劳有逸，有张有弛，既紧张地生产、工作和学习，又保证劳动者的休息和娱乐。这是劳动力维持再生产的需要，也是提高职工生活质量的需要。第三，实行女工保护。女职工由于其生理特点，比男职工的受毒敏感性高，患病率也高，特别是在经、孕、产、哺期，受毒敏感性和患病率比平时更高。而且女职工的健康关系到下一代的人口素质。因此，对女职工的保护意义十分重大。第四，组织工伤救护。用人单位要保证劳动者一旦发生工伤事故，立即得到良好的治疗。第五，做好职业中毒和职业病的预防和救治工作。

《中华人民共和国安全生产法》对劳动保护有很多具体的规定。这部法律在2002年6月29日召开的第九届全国人民代表大会常务委员会第二十八次会议上通过、自2002年11月1日起施行，而后又经过2014年8月31日第十二届全国人民代表大会常务委员会第十次会议修改（自2014年12月1日起施行）。按照这部法律，安全生产管理应坚持安全第一、预防为主的方针。生产经营单位必须遵守相关法律、法规，加强安全生产管理，建立、健全安全生产责任制度，完善安全生产条件，确保安全生产。安全生产法规定了生产经营单位在安全生产方面的很多义务，也规定了从业人员的权利。比如说，从业人员有权对本单位安全生产工作中存在的问题提出批评、检举、控告，有权拒绝违章指挥和强令冒险作业。生产经营单位不得因从业人员对本单位安全生产工作提出批评、检举、控告或者拒绝违章指挥、强令冒险作业而降低其工资、福利等待遇或者解除与其订立的劳动合同。从业人员发现直接危及人身安全的紧急情况时，有权停止作业或者在采取可能的应急措施后撤离作业场所。生产经营单位不得因从业人员在紧急情况下停止作业或者采取紧急撤离措施而降低其工资、福利等待遇或者解除与其订立的劳动合同。

二、工伤与职业病的根源

在全世界范围内，工伤事故和职业病每年造成大约200万人死亡。国际劳工局在2002年发布的报告中称，只要各国采取良好的保护措施，80%的工伤事故都是可以避免的。为了更好地避免工伤与职业病的产生，我们需要了解它们发生的原因。对这些原因的理解能够帮助组织的管理者更好地采取措施避免相应事故的发生。美国管理学家伊万瑟维奇将这些原因分成以下六个方面。

对员工安全和健康危害最重要因素是工作任务的性质。比如，煤矿工人受到职业侵害的危险远远高于打字员，因为他们的工作任务使他们经常要吸入粉尘。类似地，操作X光透视的技术人员，患癌症的概率远远大于一名小学老师。

第二个因素是员工的态度。广大员工在实际工作过程中处于操作的第一线，他们对待劳动保护的态度决定了他们如何采取相应的措施。如果员工自身对劳动保护漠不关心，比如说抱着一种侥幸心理总觉得自己身体好、不会受影响，那么再好的劳动保护措施也无法发挥作用。很多未受过良好教育和培训的员工对劳动保护认识不足，也是很多劳动保护问题的根源。

影响劳动保护的第三个因素是经济条件。在发达国家，组织与员工都愿意投入更大的财力来进行保护，相应地，工伤与职业病的发生概率就比发展中国家低得多。仅仅在

1936年，美国在工作中死亡人数就有35 000人。而到了2013年这个数字降为4 405人。在我国当前高经济增长、制造业为主、技术和管理水平比较低的背景下，各类伤亡事故则要高得多。不过，近年来随着技术和管理的进步以及劳动者维护自身权益意识的加强，这个数字有所下降。比如，2001年全国共发生各类事故1 000 629起，死亡130 491人。2004年1月至9月全国共发生各位伤亡事故607 429起，死亡98 809人。据报道，2014年上半年全国工伤死亡人数达27 000人。

影响劳动保护的第四个因素是工会。比如，美国很多企业工会通过自己聘请职业病专家对劳动条件进行评估，以科学的结论同雇主进行谈判，或者利用这些结论在劳动纠纷的解决中获得支持。工会还聘请说客影响政府的立法和决策。

管理者的目标是第五个因素。有些富有社会责任感的管理者提供良好的劳动条件，保证劳动者不受到工伤或职业病的威胁，即使法律还没有强制要求企业那样做。然而，也有些企业从来都希望通过拿员工的健康和生命来冒险，为的是财务报表上一些更光鲜的数字和自己口袋里更沉甸甸的铜板。

影响劳动保护的第六个因素是政府。各国政府都采取立法措施，改进职业安全和健康条件。在这中间，公众舆论也非常重要。比如，20世纪70年代以前，美国公众中充斥着对私营企业的不信任，认为他们在劳动保护方面根本没有尽力。很多工会和基层劳动者游说国会，最终迫使国会通过了《职业安全与健康法案》，对劳动者的保护得到了极大的改善。

三、中国企业劳动保护的任务

在劳动保护方面，当前我国企业面临的问题主要是不够重视。很多企业在劳动保护方面存在严重的问题。有报告表明，自1991年以来，全国各类事故的死亡人数呈上升趋势。据不完全统计，全国有50多万个厂矿存在不同程度的职业危害，实际接触粉尘、毒物和噪声等职业危害的职工有2 500万人以上。自从我国在20世纪50年代建立职业病报告制度以来，中国内地累计有14万多人死于职业尘肺病。

人的生命是无比宝贵的。保护劳动者不受工伤和职业病的危害，是广大劳动者非常关心的问题。鉴于我国安全生产形势的严峻，很多机构都进行了这方面的研究。概括来说，我国在安全生产上存在的主要问题有以下几方面。

(1) 一些地方官员不能摆正安全生产与发展经济的关系，存在重生产、轻安全的思想，片面追求经济利益，放松对安全生产的监管，致使一些企业在不具备安全生产条件下，组织生产，使事故上升。简单地说，就是"国内生产总值"（GDP）挂帅，指望通过GDP数字来达到升官的目的，不管其他。

(2) 一些企业安全生产基础工作薄弱，安全生产投入不足，安全防范措施不到位，事故隐患多，以致酿成事故。

(3) 一些企业安全培训工作不到位，安全生产管理制度不健全，不落实，违章指挥，违章作业现象严重。特别是一些中小企业和非国有企业，生产作业现场管理混乱，忽视安全生产问题突出，事故突发。

(4) 一些煤矿企业在煤炭市场形势好转的情况下，盲目追求产量，超能力生产，忽视安全,导致事故发生。非煤矿山种类繁多、分布广、规模小、户数多、基础差,尤其是一些小型非煤矿山企业无证开采、非法经营、不顾安全,致使事故上升。比如,我国2001年煤矿企业共发生死亡事故3 082起,死亡5 670人;其中,乡镇煤矿死亡事故1 876起,死亡3 645人。由此可见,小煤矿在安全事故方面的形势,往往更为紧迫。

切实保护劳动者的合法权益,特别是生命和健康,不仅是一个社会问题,更是一个企业管理问题。作为企业的所有者和经营者,如果目标是为了企业的长远发展,那么切实保护好员工的健康,就是必须要完成的第一堂功课。除此之外,没有任何的捷径可以解决安全问题。当然,随着社会经济的发展,国家在法律、法规上将逐步完善,法律的执行将更加科学严格,劳动者的自我保护意识也逐渐增强,这些力量也会推动劳动保护的改善。

第五节 中国企业劳动关系的热点问题

我国正处在一个由计划经济体制向市场经济体制转轨的过程之中,原有的经济运行机制被逐渐改变,而新的机制尚未建立完整,所以造成了许多经济生活中的混乱现象,在劳动关系领域表现得极为突出。特别是在劳动保护、社会保障、劳动者组织、纪律处分及劳动关系终止等几个方面,存在非常严重的问题。概括地说,我国目前劳动关系中存在几个非常不健康的趋势:企业经营者职位权力越来越大,而职工的民主权利甚至健康、安全的权利越来越小甚至受到损害;劳动者有了越来越强烈的危机感,同时失去了主人翁责任感;员工之间竞争关系开始出现,合作的、比学赶帮的关系很少再能见到;企业管理过程中越来越以利益驱动为主导,却忽视了理想信念的驱动。本节将对这些热点问题进行简单介绍,以期引起管理者的注意。

一、社会保障

基本养老保险、失业保险、基本医疗保险、工伤保险、生育保险等社会保险制度,是广大劳动者在遇到某些困难情况下基本生活和安全的最后保障。一系列社会保障制度,在原先的计划经济条件下,都是由企业直接负担的。市场经济的改革将它们逐步社会化,但由于这个改革的过程相当漫长,所以尚在不断发展之中。

当前,我国社会保险制度框架基本确立,已覆盖大部分城镇职工。我国在这方面也已有很多立法,如《失业保险条例》、《社会保险费征缴暂行条例》等。劳动保障监察制度也基本建立,全国县级以上劳动和社会保障行政部门普遍建立了监察执法机构,配备了监察人员,全面开展了监察执法工作。劳动和社会保障行政执法监督工作也取得了较大的进展。

我国企业当前主要存在的问题是欠缴保险费,因此影响了职工社会保障经费的落实。亏损的企业欠费,有些盈利的企业也将社会保险费看作企业的额外负担,能拖则拖。这方面,企业管理者应有正确的认识,意识到这些费用是企业给员工工作回报的一部分,同时也是企业为社会应尽的义务。

社会保障方面最新的发展,反映了我国将逐步消除城乡二元的社会保障建设,将农民工纳入社会劳动统计及社会保障体系之内。这样做,其结果不仅仅是统计的失业率将会大幅度上升,更重要的,是在失业保险中将涵盖一部分人口,而且正在逐步向农村人口覆盖。

二、纪律处分

作为企业人力资源管理中激励的重要内容,纪律处分制度显然是必要的,因为通过批评、惩罚等手段来改变员工行为在某些情况下也是有效的管理手段。然而,在我国很多企业目前的管理实践中,存在一些严重问题,明智的管理者应注意不犯这样的错误。

有些组织以罚代管,过分依赖处分、惩罚等负强化手段来促使员工合作:职工稍有不慎就会受到罚款、处分,造成人心惶惶。事实上,每一个有经验的管理者都知道,由于管理本身是一个系统性极强的工作,员工的有些错误或不恰当做法并不是员工自身的主、客观原因造成的,很可能来自管理制度自身的不完善。比如,在质量管理中,绝大多数的质量问题来自设计而不是制造,负责制造的员工产生的质量问题很可能来自产品自身的设计问题,而不是负责制造的员工所能够控制的。企业在这方面的不慎重有时可能导致很多不必要的冲突,有些甚至造成了惨案。经理人员应该有明确的意识,要保持纪律的严肃性,要严格地按照规章制度正确地执行正强化和负强化手段。

还有些组织滥用惩罚权。这样的组织往往没有明确的制度,主管人员"出口成章",可以任意地进行规定或者对规定进行任意的解释。这样很容易造成劳动者与管理人员产生对立。管理学的理论告诉我们,在进行激励的过程中,特别要注意尽量多用奖励的手段,除非必要,不用或少用惩罚的手段。而且,在对员工进行处分的过程中,也应该做到"无情制度,有情执行"。比如,一家公司的一位女员工因为在下雪天要送小孩到很远的幼儿园而迟到 1 小时。按照公司规定,应该罚款 100 元。公司领导知道这位女工平时工作认真,总是超额完成任务,几乎从没有这样的情况发生,经了解,知道她夫妻两地分居,她每天都要绕道将近 2 小时送孩子,在大雪天为尽量不迟到早晨 4 点就起床赶路,决定:既严格执行了制度,照罚不误,同时,又尽快帮助这位女工联系了一家更为方便的幼儿园照顾孩子,使她每天可以节约一个半小时的时间。为此,这位女工在交罚款时非常诚恳,表示自己心服口服,衷心拥护企业的决定。后来她加倍努力工作,很快在自己的岗位上做出了杰出的成绩;同时公司员工也深受感动和教育。显然,企业应该不断提高管理水平,健全管理制度,经常进行管理审计和咨询,加强管理制度的宣传教育,使员工在一个制度明确的环境下开展工作。在必须进行惩罚时,也要设法帮助员工解决认识问题和实际困难,这样才能使有限的纪律处分产生无限的管理效果。

克扣工资往往也成为有些企业的"生财之道"。部分企业面对的是没有组织起来的"打工仔"、"打工妹"而不尊重员工的很多权利,甚至做出限制人身自由等违法的事情。特别是针对农民工等流动性较大的员工,有些企业将克扣工资作为节约成本的重要一种手段。

三、终止劳动关系

在市场经济的运行机制下,社会上应有成熟的人才市场,人力资源在这里找到他们实现自身价值的工作岗位,企业在这里招收他们所需要的员工。然而,在我国,由于人才市场发展不完善,出现了很多问题,特别是在员工辞职与企业解雇方面。

员工辞职最常面临的问题,是企业对辞职人的各种刁难。传统上人员的单位所有制观念在某些企业领导头脑中仍占有重要地位。当他们面临某位骨干辞职的要求时,想方设法进行各种刁难,比如:赔偿企业培训支持、交出企业分配或卖出的住房、交纳企业的档案管理费、先要孩子离开企业的幼儿园等,如果这个员工的爱人也在同一企业工作,那么,也请一并"撤离",等等。当然,这都出现在希望流动的人是企业认为的骨干,但企业事实上肯定也未用好的人员身上。这种用消极的办法挽留人才的做法,不仅经常违反了劳动法、引起劳动纠纷、会使在岗员工失去对企业的信心,也给企业未来的招聘工作带来极大的困难。这种情况下,企业一方面要严格遵守劳动法,尊重员工平等就业和选择职业的权利;另一方面要加强人力资源管理工作,提高本企业对员工的吸引力,而不要靠制定许多不合法的土政策来限制人才流动。

企业解雇是企业主动与员工解除劳动关系的一种形式,也叫"辞退";类似的形式还有资遣。解雇与资遣并不都是由于员工的过错,并不一定是对员工的处分。比如,企业业务缩减、企业分厂关闭、企业冗员过多等,都可能带来与员工解除劳动关系的情况。现在我国企业这方面主要面临两个不足。

第一,不够尊重员工权益,不依法办事。比如,按照《劳动法》及其相关法规的规定,用人单位解除劳动合同是在员工有以下情况下才能进行的:①在试用期间被证明不符合录用条件的;②严重违反劳动纪律或者用人单位规章制度的;③严重失职,营私舞弊,对用人单位利益造成重大损害的;④被依法追究刑事责任的。《劳动法》还规定了在某些情况下,用人单位解除劳动合同应当提前30日以书面形式通知劳动者本人。用人单位裁减人员应当提前30日向工会或者全体职工说明情况,听取工会或者职工的意见,经向劳动行政部门报告后,才可以裁减人员。用人单位在6个月内录用人员的,应当优先录用被裁减的人员。在某些情况下,用人单位不得解除劳动合同。这些,都是企业管理者需要注意的。

第二,执行的具体工作要做到深入细致。由于企业的原因需要裁减人员,要向员工做好解释工作,甚至应该向员工致歉;同时,要尊重被裁减的人员,最好能够帮助他们进行转岗培训,帮助他们联系新的工作,而不能简单、粗暴地把人赶走了事。比如,IBM公司在1992年前后共裁减了10万人,但是公司花了一年多的时间帮助他们找工作,把他们叫作"IBM之友"。这些员工很快在新的工作单位都获得了很好的表现,成了IBM公司一笔巨大的网络关系财富。

此外,有很多劳动者在生产过程中得不到管理者的尊重,基本的人格尊严经常受到侵害。有些工人在试图组成工会的过程中,遭到企业管理者的阻挠。这些问题,同劳动保护、社会保障、纪律处分、终止劳动关系等方面一道,构成了对劳动者身心健康及合法权益的严重损坏,也影响了国家的经济发展和社会进步。

这些问题给劳动者的工作生活质量造成了严重的影响,同时从根本上也对企业的长远利益有很大的损坏。拿工伤来说,每一个受伤的劳动者背后,都是一个被摧残的家庭,都给数名家庭成员的生活带来严重的影响。这些问题对于企业是有害的,是因为劳动者与企业在根本上是相互依存的关系。比如,近年来,由于一些企业在劳动保护、薪酬待遇方面的严重落后,很多流动的劳动者已经到其他地区去寻找工作机会,企业不得不提高待遇、改善工作条件来吸引劳动者;即使这样,生产过程也受到了严重的影响。

这些问题都是在复杂的社会、经济及人文背景下造成的,产生的原因很多。比如说,劳动力市场上供需矛盾突出,就是造成劳动者的权益未受到充分保护的一个重要原因。《愤怒的葡萄》中的主人公,在找工作中受尽了折磨,是因为 20 世纪 30 年代美国中西部有太多失去土地的农民;《包身工》中的"芦柴棒",不得不忍受异常的屈辱,是因为不忍的话只有饿死这一条路可走。在公司治理方面发现的企业所有者与高层管理者之间权力分配的斗争,背后的推动力量也是市场上的供求关系。2005 年 10 月,全国人大常委会的报告显示,农民工的平均月工资水平仅相当于城镇职工的 58%;因生产不安全事故死亡的人数,有 90% 以上是被称为"农民工"的城市建设者。所以说,中国劳动关系的根本改善,重要的条件之一,就是在经济的发展过程中创造出大量的就业机会;当供需基本达到平衡时,劳动者才可能成为受保护、有尊严的人。

复习题

1. 何为劳动关系?劳动关系包括哪些内容?
2. 管理者为什么需要学习劳动关系?
3. 《劳动法》规定劳动者都有哪些权利?
4. 工会的基本职能是什么?
5. 职工代表大会在我国国有企业中有什么作用?
6. 解决劳动争议的原则和途径都有哪些?
7. 劳动争议调解委员会如何组成?怎样运作?
8. 劳动争议仲裁委员会如何组成?
9. 仲裁有哪几种类型?
10. 哪些劳动争议可由人民法院处理?
11. 有哪些因素影响工伤和职业病的发生?
12. 当前我国企业劳动关系状况出现了哪些不好的趋势?

思考题

1. 处理好劳动关系与我国建设和谐社会有什么关系?
2. "以人为本"在处理我国劳动关系中具有什么作用?
3. 你对处理我国企业劳动关系中的常见问题有什么对策建议?

案例

法航，你该怎么办

1993年11月初的某一天，克里斯汀·白朗（Christian Blanc）——这位新任法国航空公司的总经理，面色凝重地望着办公室窗外碧蓝天空，眼中一片迷茫。尽管上任刚刚一周，但法航所面临的史无前例的困境如一团乱麻使他心烦意乱。

一、火上浇油，引爆罢工

今年10月26日是法航历史上的黑色星期二，法国航空公司、法航国内公司和巴黎机场公司三者全面大罢工，使在几天前才宣布对法航罢工事件绝不妥协、坚持改革法航计划的法国交通部长贝荷那·博松（Bernard Bosson）的态度被迫逆转，宣布取消整个对法航的改革计划。

交通部长妥协的原因不难理解。因为法国政府十分担心法航罢工事件继续扩大，继而影响到其他国营单位，尤其是目前法国五大国营企业相继公布裁员1万人，若一公开，许多社会问题都会采用罢工方式，势必将造成不可收拾的局面。

但也有许多人表示非常失望，因为法国政府正努力进行国营企业民营化，例如，法国电信，正是法国政府目前推动民营化的试点。看到法航事件得到政府的如此让步，法国电信也许会起而仿效，甚至闹得更严重。结果是法国政府再也没有勇气去改革这些大而不当的国营企业了。

这次罢工是于10月20日开始的。当时法航地勤工作人员占据了法国两个国际机场的航道，不许法航飞机起飞。同时所有国外航空公司的飞机也受到直接影响，无法起降。罢工持续几天后，法航被迫取消所有国际班机，其他国外航空公司则不得不借用巴黎附近的一些小机场，先把飞机飞过去，再以汽车将旅客接送到这些小机场。种种不便使所有国外航空公司和旅客怨声载道。

20日晚上，交通部长贝荷那·博松在电视上神色严肃地表示：法航罢工事件，让我们在国际上丢尽了面子，我坚持对法航的改革计划决不妥协。这次罢工的导火线，是10月初法航前任总经理贝荷那·阿塔里（Bernard Attali）宣布，今年法航将会亏损50亿法郎，因此，法航员工要全面减薪。事实上，在今年6月，阿塔里已经与法航工会谈妥，提出两年内要减少50亿法郎费用、裁减4 000名员工两个计划，工会也已表示赞成。

令人不解的是，阿塔里早不宣布晚不宣布，就在法航工会重新选举的前几天，又公布要减薪一事。于是工会便顺势把此事炒大了，发起全面性的大罢工。工会表示，减薪对地勤人员等收入较低者最不公平。因为他们受到的影响最大，而空勤人员薪水却没有减少。

交通部长的解释是，法航地勤人员的最低收入为1.5万法郎，此番只是减少600法郎，且日后还是会以奖金或别的方式再补还给员工。因此，实际上对员工的影响，并不是真的那么大。

此次罢工事件估计使法航每天损失7 000万法郎，而且名誉扫地。尽管罢工事件以改革计划的取消，总经理阿塔里下台落幕，但法国航空公司所面临的种种问题却不是一下子能解决的。此次罢工事件也正是多年来法航内部种种沉疴的一次总爆发。

二、管理僵化　毫无弹性

尽管此次危机的爆发有航空市场不景气等外部因素,但更重要的内因却是法航内部管理的种种问题。

法航的管理层共有9层,其中无法升迁的主任和副主任相当多,但是他们却不能决定任何一件事。他们得了一种开会病,每天的工作就是保护自己的工作范围,而不是行动。

从1996年开始,法航总经理与工会签订的各项条约,一年一年地增加,到现在已有80条,集中在一本集体条约书中。结果是现在每天要改变任何一个工作条件,都要参考这本书,而且无法变更已有利益。如法航规定驾驶员一天最多只能飞9个小时的航程,一分钟都不能超过。其他航空公司若有十二三个小时的航程,一定会派上另一个驾驶员,可以马上接替。但是法航的驾驶员不愿意,飞行9个小时后,一定要停在一个地点,全部人员重新替换再飞,一点应变的弹性都没有。

谈到薪水,法航是欧洲航空公司中薪水最高的。以空中驾驶员的薪水为例,按照年资与经验,在2.4万~8万法郎之间;空中小姐为1.2万~2万法郎,并加发2个月或3个月的薪水;这个标准比英航高出30%。法航总经理阿塔里曾对此作出解释:法国社会福利费用较高,所以薪资理应较高。但是如果依其生产能力计算的话,这个高薪水,确实是太离谱了。

三、盲目扩张　雪上加霜

内部管理如此僵化,近几年来,法航还不停地进行并购。例如,以很高的价钱并购了一家法国航空公司(UTA)、一家国内航空公司(Air Inter)、比利时航空公司(Sabena)及捷克航空公司(CSA)等。它的摊子越铺越大,包括了航空运输、旅馆连锁、航空及陆运食品服务等。

当然,为了要与其他国家竞争,法航必须扩大规模。但法航是否考虑过它能不能消化这些新的购并企业呢？尤其是法航在购并这些公司后,更面临着管理的关键问题。本来,旗下有几家航空公司,可以互相协调帮忙,共享资源,如电脑、地勤人员等。但是,法航的人员看不起国内航线的人员,国内航线的人员对法航的员工也很敏感。结果扩张非但没有带来规模效益,反而增添了新的矛盾。

四、连年亏损　陷入绝境

法航自1990年起亏损,到现在已连续第四年赤字(图12-1)。今年估计会超过50亿法郎。财务总监向白朗汇报的最保守数字将超过70亿法郎亏损,加上已有债务达260亿法郎。1992年的营业额却不到570亿法郎,法航几乎已陷入绝境。一位法航内部高级主管透露,如果法航是一家民营企业,早已关门了。

近几年来,法国政府为拯救这个法国最大的国营企业,已经先后补贴了100亿法郎,其中去年一年就补贴了50亿法郎。这是法国政府无法接受的。为此,在早些时候,法国

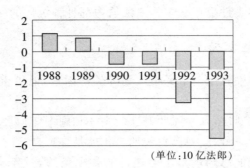

图 12-1　法航赤字逐年增加

政府宣布,将不再注资,法航唯有全面改革才能自救。法国政府之所以这么做,除了主观原因外,欧共体也让法国政府对于处理法航事情更增困扰。在过去,法国政府可以轻易地拨出一部分中央预算给法航。但现在,这种做法却会引发欧委会强烈的批评,指责法国政府违反公平竞争法。

以营业额计算,法航是欧洲第一、全球第三大航空公司,其空中货物运输量的营业额更是排名世界第二。但是这个规模庞大的老大哥,目前在欧洲的占有率却越来越小。1982年,法航还占欧洲空运市场的11%,到了1992年,只剩下8%。特别是在巴黎——法兰克福这条黄金航线上,法航的载客量急剧下降。

五、法航市场占有率节节下降

克里斯汀·白朗就是在这种背景下接替阿塔里走马上任法航总经理的。他在1989—1992年间一直担任法国地铁的总经理。地铁公司是法国罢工最频繁的单位。白朗在任期间,不但从工会收回很多权力,也降低了不少罢工事件的严重性。

法国政府正是考虑到白朗有处理罢工事件的丰富经验,以及领导法国地铁公司的成功经历才对他委以重任的。当局给了他三个月时间,要求他提出全面的可行性改革计划,逐步解决法航亏损的严重问题,减少罢工带来的社会危害。否则,法航将从此消失。

"冰冻三尺,非一日之寒。"法航的困境是多年来的量变引起的质变,要使它起死回生谈何容易？工会的牵制,政府的压力,国营企业的体制弊病,无不使白郎在制定一套可行的改革方案时困难重重。他坐在办公室那张宽大的转椅上,陷入了无尽的深思当中。

资料来源:张德. 人力资源开发与管理案例精选[M]. 北京:清华大学出版社,2002.

讨论题

1. 法航员工大罢工的原因是什么？
2. 法航在人力资源管理上有哪些需要改进的地方？
3. 请以此案例来分析工会在法国企业中的地位和作用,有何利弊。

第十三章 组织文化建设

本章学习目标
1. 组织文化的基本概念
2. 组织价值体系
3. 组织文化的作用
4. 组织文化的影响因素
5. 组织文化对人力资源开发的影响
6. 组织文化建设机制与步骤
7. 组织文化与组织竞争力的关系
8. 文化资本

组织是社会的细胞,组织文化是社会文化的子系统,又是本组织员工的微观文化环境,对员工的思想和行为产生重要影响。

第一节 组织文化的内涵

组织文化是指组织在长期的生存和发展中所形成的,为组织多数成员所共同遵循的最高目标、基本信念、价值标准和行为规范。它是理念形态文化、制度-行为形态文化和物质形态文化的复合体。

组织文化是一种客观存在,无论它属于优良的文化还是劣性文化,它的存在是客观的。从一个组织诞生那一天开始,组织成员在长期的共同活动中,必然会形成一些独特的行为方式、独特的风俗习惯,以及蕴藏其中的独特的价值观念。这一切构成了组织传统,这个传统在组织成员之间传播并得到加强,这就是该组织的微观文化,或"小气候"。

组织文化一般可分为三个层次,如图13-1所示。

图13-1 组织文化的结构示意图

一、观念层

观念层(内隐层次)是组织文化的核心和主体,是形成符号层和制度-行为层的基础和原因。主要指组织的领导和员工共同信守的基本信念、价值标准、职业道德及精神风貌。组织文化中有无观念层是衡量该组织是否形成了自己的文化的标志和标准。

组织文化观念层次包括组织最高目标、组织哲学、组织核心价值观、组织精神、组织风气、组织道德、组织宗旨。这七个内容中,组织最高目标和组织核心价值观最为重要,是群体价值观的主要部分。

1. 组织最高目标

组织最高目标(组织愿景)是组织的终极发展目标、全体员工的长期追求,是组织共同价值观的集中表现。组织愿景反映了组织领导者和员工的共同理想,是组织文化建设的出发点和归宿。凡是优秀的组织无一不是把对国家、对民族、对社会的责任放在组织目标的首位,明确的组织愿景是全体员工凝聚力的焦点,可以以此充分发动各级组织和员工,从而调动他们的积极性、主动性和创造性。组织最高目标的设置是防止短期行为、促使组织健康发展的有效保证。

2. 组织哲学

组织哲学是组织领导者对组织长远发展目标、发展战略和策略的哲学思考,是处理组织运作过程中发生的一切问题的基本思维方法。其形成由组织所处的内外环境决定,并受组织主要领导者思想方法、政策水平、实践经验、个人素质等因素的影响。

3. 组织核心价值观

组织核心价值观是组织最重要的、指导全局的、长期不变的价值标准和基本信念。它是组织存在和发展的基本动力,也是这一组织区别于其他组织的主要特征。组织的管理理念、经营理念以及各职能观念可以随时间的推移而改变,但组织的核心价值观是长期不变的。著名的"丰田纲领"、IBM 的三条价值观、HP 的五条价值观,以及中国同仁堂的"同修仁德,济世养生"、中国移动的"正德厚生,臻于至善"、清华大学的"自强不息,厚德载物",都是这些组织的灵魂。

4. 组织精神

组织精神是组织有意识地提倡、培养的员工群体的精神风貌,是对组织现有的观念意识、传统习惯、行为方式中的积极因素进行总结、提炼及倡导的结果。20 世纪 60 年代的"大庆精神"、"大寨精神",90 年代的"海尔精神",是最具时代特点的组织精神。

5. 组织风气

组织风气是指组织在长期活动中逐步形成的一种带有普遍性、重复出现且相对稳定的行为心理状态。组织风气是约定俗成的行为规范,是组织文化在员工的思想作风、传统习惯、工作方式、生活方式等方面的综合反映。组织风气是组织文化的直观表现,组织文化是组织风气的本质内涵。人们总是通过组织全体员工的言行举止感受到组织风气的存在,体会出并感受到该组织的文化氛围。

6. 组织道德

组织道德是指在特定的组织内,人们共同生活及其行为的伦理准则和规范。组织道德就其内容来看,主要包含调节员工与员工、员工与组织、组织与社会三方面关系的行为准则和规范。组织道德是社会道德的一部分，又带有明显的本组织特点。

7. 组织宗旨

组织宗旨（组织使命）指组织处理与利益相关者关系的根本指导思想，及其相应的社会承诺。在市场经济环境下，诸如"客户至上、诚信至上、服务至上"、"回报客户、成就员工、造福社会"等，是典型的组织宗旨的表述。

二、制度-行为层

制度-行为层（中间层次）包括组织制度和组织规定的行为规范，它约束组织成员的行为，维持组织活动的正常秩序。制度-行为层包括以下内容。

1. 一般制度

一般制度指各组织存在的一些带有普遍意义的工作制度和管理制度以及各种责任制度，这些普遍采用的成文的制度，对员工的行为起着约束作用，保证组织有序运转。例如，董事会制度、监事会制度、生产管理制度、人事管理制度、劳动管理制度、财务管理制度等，以及经理负责制、岗位负责制、职代会制、按劳取酬的分配制度等。

2. 特殊制度

特殊制度指本组织特有的一些非程序化的制度，如员工评议干部制度、总结表彰制度、管理人员受控制度、干部员工平等对话制度等。与一般制度相比，特殊制度更能反映一个组织的管理特点和文化特色。有良好文化的组织，必然有多种多样的特殊制度。例如，海尔的"日清日高"制度。

3. 组织风俗

组织风俗指组织内部长期形成、约定俗成的一些特殊典礼、仪式、习俗、节日、活动等，属于特殊风俗范畴。例如，生日活动、星期五啤酒聚会、内部奥林匹克运动会、春节联欢晚会、集体婚礼、厂庆日活动、卡拉 OK 大赛、"月亮节"等。

组织风俗与一般制度及特殊制度有所不同，不是表现为准确的文字条目形式，也不需要强制执行，而是完全依靠习惯、偏好的势力维持。组织风俗由观念层主导，又反作用于观念层。

4. 员工行为规范

员工行为规范包括高层领导层、中层管理者、基层管理者的行为规范，普通员工的行为规范，它们可以是明文规定的，也可以是约定俗成的（即"潜规则"）。

三、符号层

符号层（外显层次）又可以称为器物层，是组织文化在物质层次上的体现，组织文化的表层部分，是群体价值观的物质载体。包括组织名称、标志、标准字、标准色、厂旗、厂服、厂容厂貌，产品样式和包装、设备特色、建筑风格，纪念品、礼品、纪念建筑等，它们看得见、摸得着。

组织文化的传播网络，诸如组织内部的局域网、报纸、刊物、组织文化手册、标语牌、广告牌、内部广播、内部电视等，这是组织文化传播的物质载体。

组织的业余文化活动及其产品，如摄影作品、电影、电视、录像、美术作品、摄影作品、文学作品、歌舞作品等，也属于符号层范畴。

第二节 组织文化的特性

文化是由人类创造的不同形态的特质所构成的复合体，它是一个庞大的丰富而复杂的大系统，既包含有社会文化、民族文化等主系统，也包含有社区文化、组织文化等属于亚文化层次的子系统。由于文化的层次不同，其所具有的功能、担负的任务、所要达到的目的也不同。组织文化作为一种子系统文化，其特性主要包括以下四个方面。

一、无形性

组织文化所包含的共同理想、价值观念和行为准则是作为一个群体心理定式及氛围存在于组织员工中，在这种组织文化的影响下，员工会自觉地按组织的共同价值观念及行为准则去从事工作、学习、生活，这种作用是潜移默化的，是无法度量和计算的，因此组织文化是无形的。

组织文化是一种信念的力量，这种力量能支配、决定组织中每个成员的行动方向，能引导推动整个组织朝着既定目标前进。

组织文化是一种道德的力量，这种力量促使其成员自觉地按某一共同准则调节和规范自身的行为，并转化为成员内在的品质，从而改变和提高成员的素质。

组织文化是一种心理的力量，这种力量使组织员工在各种环境中都能有效地控制和把握自己的心理状态，使组织成员即使在激烈的竞争及艰难困苦的环境中也能有旺盛的斗志、乐观的情绪、坚定的信念、顽强的意志，因而形成整个组织的心理优势。

以上三种力量互相融通、促进，形成了组织文化优势，这是组织战胜困难、夺取战略性胜利的无形力量。

组织文化虽然是无形的，但却是通过组织中有形的载体（如组织成员、产品、服务、设施等）表现出来的。没有组织，没有员工、设备、产品、服务、资金等有形的载体，则组织文化便不复存在。

组织文化作用的发挥有赖于组织的物质基础，而物质优势的发挥又必须以组织文化为灵魂，只有组织的物质优势及文化优势的最佳组合，才能使组织永远立于不败之地。

二、软约束性

组织文化之所以对组织经营管理起作用，主要不是靠规章制度之类的硬约束，而主要是靠其核心价值观对员工的熏陶、感染和诱导，使组织员工产生对组织目标、行为准则及价值观念的"认同感"，自觉地按照组织的共同价值观念及行为准则去工作。它对员工有规范和约束的作用，而这种约束作用总体来看是一种软约束。员工的行为会因为合乎组织文化所规定的行为准则受到群体的承认和赞扬，从而获得心理上的满足与平衡。反之，如果员工的某种行为违背了组织文化的行为准则,群体就会来规劝、教育说服这位员工服从组织群体的行为准则,否则他就会受到群体意识的谴责和排斥,从而产生失落感、挫折感及内疚感,甚至被群体所抛弃。组织中存在的这种群体压力,是组织文化软约束力的内在机制。

三、相对稳定性和连续性

组织文化是随着组织的诞生而产生,在组织长期发展中积淀而成型,因此具有一定的稳定性和连续性,一旦形成就不易改变,能长期对组织员工行为产生影响,不会因为日常的细小的环境变化或个别干部及员工的去留而发生变化。这种组织惰性,使文化变成一种习惯势力,即文化积淀或文化传统。如果这种传统是良性的、积极向上的,它就成为组织的宝贵财富。但是,如果这种传统是落后的、消极过时的,它就成为组织的沉重负担。所谓"千百万人的习惯势力,是最可怕的势力",指的就是这种文化惰性的消极作用。

我们主张继承组织的优良传统,也主张组织文化的与时俱进。组织文化也要随组织内外环境的变化而不断地更新和变革,封闭僵化的组织文化最终会导致组织在竞争中失败。在我国改革开放过程中,由于组织内外环境及组织领导体制等发生了重大的变化,组织文化中如价值观、经营哲学、发展战略等都会发生很大变化,若组织仍然抱残守缺,不肯变革,终究会走上破产的道路。因此,在保持组织文化相对稳定的同时,也要注意保持组织文化的弹性。及时更新、变革组织文化,是保持组织活力的重要因素。

四、个异性

组织文化是共性和个性的统一体,例如,各国组织大多都从事商品的生产经营或服务,都有其必须遵守的共同的客观规律,如必须调动员工的积极性,争取顾客的欢迎和信任等,因而其组织文化有共性的一面。此外,由于民族文化和所处社会环境的不同,发展历史和过程的特殊性,其文化又有个异性的一面。据此我们才能区别美国的组织文化、日本的组织文化和中国的组织文化。

同一国家内的不同组织,其组织文化有共性的一面,即由同一民族文化和同一国内外环境而形成的一些共性,但由于其行业不同,社区环境不同,发展历史和路径的特殊性,各个组织的文化又互相区别,具有个异性的一面。

文化对组织的路径依赖性,是组织文化个异性形成的根本原因。个异性是组织文化的活力源泉,没有个性的文化就没有吸引力,没有凝聚力,没有生命力。我们要高度重视组织文化个性的培养和塑造,而要抛弃那种盲目照搬、东施效颦似的组织文化"建设"。我们应永远牢记:组织文化只有具有鲜明的个性,才能焕发活力和生命力,才能充分发挥组织文化的作用,使组织长盛不衰。

第三节 组织文化的作用

文化因素对人力资源的开发和管理具有重要的影响和巨大的意义,文化环境是人力资源开发和成长的重要外部条件,它在一定程度上决定了人力资源在质上的规定性。具体而言，组织文化对于解决组织目标与个人目标的矛盾、领导者与被领导者之间的矛盾，开辟了一条现实可行的道路。其主要具有如下作用。

一、导向作用

即把组织成员的行为动机引导到组织目标上来。为此，在制定组织愿景时，应该融进组织成员的事业心和成就欲，包含较多的个人目标，同时要高屋建瓴、振奋人心。

"不怕众人心不齐，只怕没人打大旗"，组织愿景就是引导成员统一行动的旗帜，一种集结众人才智的精神动力。使广大成员了解组织追求的崇高目标，也就深刻地认识到自身工作的伟大意义，不仅愿意为此而不懈努力，而且往往愿意为此做出个人牺牲。

二、规范作用

规章制度构成组织成员的硬约束，而组织道德、组织风气则构成组织成员的软约束。无论硬的和软的规范，都以群体价值观作为基础。一旦共同信念在组织成员心理深层形成一种定式，构造出一种响应机制，只要外部诱导信号发生，即可得到积极的响应，并迅速转化为预期的行为。这种软约束，可以减弱硬约束对员工心理的冲击，缓解自治心理与被治现实之间的冲突，削弱由此引起的心理逆反，从而使组织成员的行为趋于和谐、一致，并符合组织目标的需要。

三、凝聚作用

文化是一种极强的凝聚力量。组织文化是组织成员的黏合剂，也是组织成员忠于组织的向心力，它把各个方面、各个层次的人都团结在组织目标的旗帜下，并使个人的思想感情和命运与组织的命运紧密联系起来，产生深广的认同感，以至于与组织同甘苦、共命运。

如果说薪酬和福利形成了凝聚员工的物质纽带的话，那么共同价值观则形成了凝聚员工的感情纽带和思想纽带。

四、激励作用

组织文化的核心是确立共同价值观念，在这种群体价值观指导下发生的一切行为，又都是组织所期望的行为，这就带来了组织利益与个人行为的一致、组织目标与个人目标的结合。在满足物质需要的同时，崇高的群体价值观带来的满足感、成就感和荣誉感，使组织成员的精神需要获得满足，从而产生深刻而持久的激励作用。

优秀的组织文化都会产生一种尊重人、关心人、培养人的良好氛围，产生一种精神振奋、朝气蓬勃、开拓进取的良好风气，激发组织成员的创造热情，从而形成一种激励环境和激励机制。这种环境和机制胜过任何行政指挥和命令，它可以使组织行政指挥及命令成为一个组织过程，从而将被动行为转化为自觉行为，化外部压力为内部动力，其力量是无穷的，对人力资源的开发意义十分深远。

五、整合作用

任何组织都具有许多资源,如人力资源、物力资源、财力资源、知识资源、社会资源等,要形成竞争优势,就必须将这些资源有效地进行整合,形成强大的合力。那么用什么去整合资源呢?用文化。用共同的核心价值、经营理念、管理理念去武装组织的主要人力资源,形成从思想到行为的高度一致,在此基础上整合组织的物质资源,往往可以获得最大的综合效果。美国通用电气公司运用"数一数二原则",统一了高中层管理骨干的经营战略思想,通过一系列的资产重组,不断优化组织的资产,并且成功地由制造业转型为服务业,就是最好的证明。

六、辐射作用

文化具有辐射作用。人们通过组织的标志、广告、建筑物、产品、服务,以及组织领导人、员工(特别是营销、服务和公关人员)的行为,就会了解组织与众不同的特色,以及在其后面深层次的价值观。对社会公众来说,是对组织的识别过程。对组织来说,就是文化的辐射过程。这个辐射的结果,就形成了组织的形象。

总之,优秀的组织文化,可以使组织管理深刻化、组织管理自动化。组织文化像一只无形的手,引导组织发挥出巨大的潜在能量,内聚人心,外塑形象。

第四节 组织文化的影响因素

前面我们从整体上对组织文化的构造进行了分析,是对既成组织文化的静态分析,那么追根溯源,组织文化又是如何形成、发展与演变的,受哪些因素影响?我们将在下面进行分析,这可以为我们了解并改造旧的组织文化、塑造新的组织文化提供线索。

一、民族文化因素

现代组织管理的核心是对人的管理。作为文化主体的组织全体员工,同时又是作为社会成员而存在,长期受到社会民族文化的熏陶,并在这种文化氛围中成长。员工在进入组织后,不仅会把自身所受的民族文化影响带进来,而且由于其作为社会人的性质并未改变,他们将继续承受社会民族文化传统的影响。因此要把组织管理好,就不能忽视民族文化对组织文化的影响。

处于亚文化地位的组织文化植根于民族文化的土壤中,这使组织的价值观念、行为准则、道德规范等无不打上民族文化的深深烙印。一方面,民族文化对组织的经营思想、经营方针、经营战略及策略等会产生深刻的影响;另一方面,组织文化作为民族文化的微观组成部分,在随着组织生产经营发展的过程中,也在不断地发展变化,优良的组织文化也会对民族文化的发展起到积极推动的作用。

二、制度文化因素

组织文化的另一个重要因素是制度文化,包括政治制度和经济制度。组织文化的核心问题是要形成具有强大内聚力的群体意识和群体行为规范,由于社会制度不同,不同国家的组织所形成的组织文化也有所差异。

三、外来文化因素

严格地说,从其他国家、其他民族、其他地区、其他行业、其他组织引进的文化,对于特定组织而言都是外来文化,这些外来文化都会对该组织文化产生一定的影响。在经受外来文化影响的过程中,必须根据本组织的具体环境条件,有选择地加以吸收、消化、融合外来文化中有利于本组织的文化因素。

四、组织传统因素

应该说,组织文化的形成过程也就是组织传统的发育、沉淀过程,组织文化的发展过程在很大程度上就是组织传统去粗取精、抑恶扬善的过程。组织传统是组织个性的基础,是组织的遗传密码,因此,组织传统是形成组织文化的重要因素,特别是形成文化个性的关键。

五、个人文化因素

个人文化因素,是指组织领导者和员工的思想素质、文化素质和技术素质对组织文化的影响。

由于组织文化是组织全体员工在长期的生产经营活动中培育形成并共同遵守的最高目标、价值标准、基本信念及行为,因此员工队伍的思想素质、文化素质和技术素质直接影响和制约着该组织文化的层次和水平。个人文化因素中,有两种人值得关注。

(1)劳动模范、先进工作者、组织内的英雄,这些人的先进言行,为组织文化作了精彩的示范,使文化人格化、具象化。

(2)组织领导者,他们的思想素质、政策水平、思想方法、价值观念、经营思想、经营哲学、科学知识、实际经验、工作作风等因素对组织文化的影响是非常显著的,甚至其人格特征也会有一定的影响。这是因为他们是组织文化的主要倡导者和缔造者,组织的最高目标和宗旨、价值观、组织作风和传统习惯、行为规范和规章制度在某种意义上说都是组织领导者价值观的反映。

第五节 组织文化与员工需要层次

调动人的积极性是人力资源开发与管理的目的所在,人员激励则是调动员工积极性的主要手段,也是形成良好组织文化的有效途径。明确员工需求、按需激励,是激励的指导原则,也是建立组织文化的现实基础和根源所在。

一、马斯洛的需求层次论强调按需激励

美国管理学家马斯洛的"需求层次论"的要点如下。

(1) 人的需求可以从低到高分为五个层次,即生理、安全、社交、自尊、自我实现。

(2) 需求引发行为,不是所有的需求都能成为激发行为的动机,人的需求决定于他已经占有了什么和未占有什么,只有在需求还未得到满足时,才能影响行为,已满足的行为不再具有动力。

(3) 对人的行为起主导作用的需求一般从低到高依次发挥作用;一般只有在较低层次的需求得到满足后,较高层次的需求才会对人的行为起主导作用。

需求层次论的意义在于帮助明确和了解引发人们行为的主导需求是什么,从而有的放矢,按需激励。只有按需激励,才能形成有效激励。

组织凝聚力实际上是一种群体凝聚力,组织凝聚力的基础是满足员工的需要,人的需要的满足是产生凝聚力的基础,因此对组织来说,明确员工的需要层次和结构是提高组织凝聚力的基础性工作。对于主导需求不同的人要采取不同的措施来满足才能达到激励效果,对于同一个人,其需求结构也不是一成不变的,而是动态变化的。因此提高凝聚力的工作也要始终重视、不断更新,才可以满足员工变化的需要结构。

二、员工的需要结构与组织管理模式

人的需要往往是多元的,但这些多元需要呈现一定的结构,其中占优势的需要对人的行为发挥主导作用。在管理实践中,应该根据员工的不同需要结构,选择不同的管理模式。

1. "经济人"假设

"经济人"的假设是员工都是追求经济利益最大化的。他们除了赚钱生活和追求物质享受外,没有其他的工作动机。工作的动机是为了获得经济报酬。因此当时管理者的管理手段就是严厉的外部监督和重奖重罚的方法,金钱是唯一有效的激励杠杆。并订立各种严格的工作规范,加强各种法规和控制。"胡萝卜加大棒"政策是典型的写照。在20世纪初以泰勒《科学管理原理》的出版为标志,表明在"经济人"假设基础上建立的泰勒制管理原则已经相当完善。虽然这一管理方式有其科学性的一面,也适应当时生产和管理发展的阶段,但是其出发点是考虑如何提高生产率,而对员工的思想感情却漠不关心。

2. "社会人"假设

基于霍桑试验,研究结果表明,工人是社会人,影响工人的生产积极性的因素除了物质条件以外,还有社会和心理因素。人不仅有物质的需求,还有心理和社会的需求。因此组织和管理者不应只注意工作目标的完成,还要注意员工的社会需求是否得到满足,管理者要通过提高员工的满意度,激励员工的士气、重视员工之间的关系、培养和形成员工的归属感和整体感。

3. "自我实现人"假设

"自我实现人"假设观点认为,人除了社会需求以外,还有一种欲望——充分运用自己的各种能力,发挥自己的潜力。只有人的潜力充分发挥出来,人的才能充分表现出来,才会感到最大满足。人的情感需要、发展需要本身就是管理目标的一个重要内容。强调发挥人的主观能动性,通过内在激励调动人的积极性,让人们在工作中获得知识、增长才干。从而在实现组织目标的同时实现自我。

4. "复杂人"假设

"复杂人"假设观点认为,人的需要和动机并非如上述三种人性假设那么简单,而是十分复杂的,人的需要是多种多样的,而且这些需要随着人的发展和生活条件的变化而发生变化,每个人的需要都各不相同,需要的层次也因人而异。因此要因人、因时、因事而异进行管理,即采用权变的管理方式。

三、员工需求层次的变化与组织文化建设

作为个体的组织成员,其主导需求与需求结构是在发展变化的,随着生产力水平的提高和经济的发展,人们的生活水平逐步提高,温饱问题已基本解决,赚钱已不再成为人们劳动的唯一需要,人们开始追求更高水平的精神和物质生活。与此同时,随着教育的发展与普及,员工队伍的文化层次迅速提高,高知识、高素质人才的比例逐步增加,人们除了希望得到金钱与物质的需求满足之外,更追求在社会群体中的归属感、认同感,希望实现自我价值。他们社交、自尊、自我实现的需求增加。员工不再是经济人,而是社会人、自尊人、自我实现人。

对于解决了温饱问题、需求层次提高的员工,满足其生理需求和安全需求的物质激励杠杆已越来越无力,根据按需激励的原则,设法满足员工的社交、自尊和自我实现需求等高层次的精神要求,才能有效地激励员工、提高其工作积极性和主动性。组织文化的催人奋进的精神和理念、春风化雨的作用方式,正是社交人、自尊人、自我实现人所欢迎的、容易接受的。

四、组织文化建设与提升员工需要层次

组织文化与员工需要之间的关系是辩证的:一方面,员工的各种需要,特别是精神需要只能由优良的组织文化来满足;另一方面,优良的组织文化又可以有效地促进员工需要层次的提升。人们的社交、自尊、自我实现需要的产生和发展,不完全取决于物质条件的好坏,还取决于组织价值追求的高低。自古以来就有"人穷志不穷","静以修身,俭以养德",强调在物质贫乏的条件下,更利于品德的修养和伟大志向的确立。"玩物丧志"则是讲优越的物质条件,往往成为一些人抛弃远大抱负的诱因。这里关键是价值取向。崇高的理想、远大的目标,能使员工在低收入时激发出穷则思变的勇气和取得成就的决心,成为自我实现人,甚至超越自我人。组织内部良好的人际关系、良好的领导作风、高尚的组织道德,都会培育出一批又一批乐于助人、先公后私的社交人和自尊人,而与收入水平无关。

因此,一个明智的领导者,就会抓住组织文化建设的"牛鼻子",不断提升全体员工的需要层次,打造一支志向远大、善打硬仗的员工队伍。

第六节　组织价值观与组织凝聚力

一、组织凝聚力是组织活力深层次的动力

所谓组织活力是指组织在现有的内外环境下自我生存、自我发展的能力。

仅就组织而言,组织活力包括六个方面的内在要素:
(1) 资产的增值力;
(2) 产品的竞争力;
(3) 市场的应变力;
(4) 技术的开发力;
(5) 组织的凝聚力;
(6) 品牌的辐射力。

构成组织活力的六个内在要素并不是彼此孤立、互不相关的,而是相互作用、相互制约、相互影响的,它们都是组织活力的动力,其中最深层次的动力是组织凝聚力。因为,无论是提高资产增值力、提高产品竞争力、提高市场应变力、提高技术开发力,还是提高品牌辐射力,归根结底都要靠人去奋斗。没有团结一致、拼搏奉献的员工队伍,一切都是空话。而人的积极性、主动性与组织凝聚力是正相关的。如图13-2的 MA 曲线所示。因此日本企业家从"企"字的结构,引申出一种看法——组织就是"止""人"的,如何留住人,把人凝聚在一起是组织的根本使命。

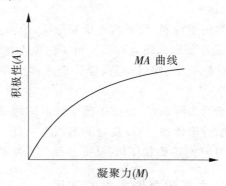

图 13-2　凝聚力和积极性曲线

二、物质凝聚与精神凝聚

形成组织凝聚力的本质根源何在呢?行为科学揭示了这个秘密,那就是满足人的需要。

人的需要可以分为物质需要和精神需要两个方面,因此组织凝聚力大体上可从两个

渠道形成——物质凝聚和精神凝聚。

1. 物质凝聚

物质凝聚指通过满足员工的生存、安全需要,以物质满足形式形成的凝聚作用。物质凝聚是组织凝聚力的基础。正如恩格斯所说:"人们首先必须吃、喝、住、穿,然后才能从事政治、科学、艺术、宗教等。"(《马克思恩格斯全集》第三卷,第 574 页)物质凝聚需要解决的问题是:

(1) 提供员工满意的劳动报酬(工资、资金和津贴);

(2) 提供员工满意的公共福利(食堂、宿舍、托幼园所、体育馆、影剧院、舞厅、浴室、活动中心、图书室等);

(3) 提供员工满意的劳动保护(安全技术设备、工业卫生设备、员工的例假与休假制度、女员工劳动保护等);

(4) 提供员工满意的劳动保险,即国家或组织、事业单位,为保护和增进员工的身体健康,并保障员工在暂时或永久丧失劳动能力时,得到物质帮助而建立的制度,这是受法律保护的员工的一种社会权利。

2. 精神凝聚

精神凝聚指通过满足员工的社交、自尊、自我实现和超越自我的需要,以精神满足形式形成的凝聚作用。人不同于其他动物的特点在于,除了衣、食、住、行和安全等自然需要、物质需要之外,还存在精神和社会的需要,这种需要层次更高、意义更大,满足它所产生的凝聚作用也更大。可以说,精神凝聚是组织凝聚力的根本。

精神凝聚需要解决如下问题。

(1) 为每一位员工提供施展聪明才智的舞台,使其取得成就、获得嘉奖和荣誉,实现自我价值,从工作本身受到激励。

(2) 尊重每一位员工的民主权利,倾听其建议和意见,给他们提供参与管理的机会和渠道。在中国国有组织中就是要真正确立和落实员工的主人翁地位。

(3) 尊重和鼓励员工钻研技术、探讨经营、提高个人才干和素质,并有计划地对其进行培训,使其人力资本增值。

(4) 在组织内建立和谐的人际关系,使员工感受到群体的温暖、组织的关怀。

(5) 培育高品位的组织价值体系,建设良好的组织文化,使员工在此微观文化中形成高尚的追求、高雅的情趣、良好的道德和作风,从而感受到人生的真正价值。

三、组织价值观在形成组织凝聚力中的作用

图 13-3 表示出需要的基本要素,值得注意的是"主导价值取向"这一要素,它取决于需要主体的价值观能动地作用于需要客体和需要手段。例如,具有"金钱至上"价值观的人,把工资、奖金看作主要的需要对象,甚至于不是通过诚实劳动,而是通过坑、蒙、拐、骗、赌等不正当手段获取金钱。而具有"劳动最光荣"价值观的人,则把当先进工作者作为主要的需要客体,靠自己诚实的劳动、敬业的精神在工作中取得成就,获取报酬。

不可否认,员工个人之间的价值取向不可能完全一致,更不可能"千人一面"。但是,

图13-3 需要的基本要素

员工个人之间价值观的整合是完全必要的,其内容如下。

1. 组织目标与个人目标的整合

员工个人的目标选择在相当程度上决定于个人价值观念取向,当个人目标与组织目标不一致时,一方面组织的激励手段有效性大为削弱;另一方面降低了组织对个人的吸引力。因此必须经常进行组织目标与个人目标的整合。其整合方法如下。

(1)丰富组织目标的内涵,使其包含着更多的个人目标,使员工为实现组织目标的努力,最终导致个人需要的满足和个人目标的实现。

(2)培育良好的群体价值观,使个人价值取向向群体价值观靠拢,个人目标向组织目标靠拢。

所谓群体价值观是员工群体在价值判断上形成的共识,它有效地制约着个体的价值取向,而且对与群体价值观相背离的个体产生群体压力,使之重新向群体价值观靠拢,并进而调整其个人目标,自觉地趋向组织目标。

2. 员工之间个人目标的整合

组织凝聚力的另一重要方面是员工之间的吸引力。员工之间吸引力的形成,一是依赖于利益的推动;二是依赖于思想一致的催化。

培育良好的群体价值观是实现员工之间个人目标整合的基本手段,其结果是目标相悖情形越来越少,"志同道合"的程度越来越高,行为一致性越来越强。

日本企业家比较善于培育群体价值观,增强组织凝聚力,在日本组织中培育起的团队精神、敬业精神、和为贵的观念,以及在管理干部间构造的桃园精神,为形成日本组织的命运共同体,提供了强有力的群体价值观基础。日本组织凝聚力经受住了多次的考验,说明这些优秀组织的精神凝聚作用是十分深刻和持久的。

我国优秀组织也普遍重视员工"主人翁意识"、"爱厂如家"、"厂兴我荣,厂衰我耻"意识的培养,并有效地增强了组织的凝聚力,这些经验值得推广。

第七节 组织道德与组织公共关系

一、道德的内涵和特点

1. 道德和组织道德

所谓道德是指一定社会调整人们之间以及个人和社会之间关系的行为规范的总和。它以善和恶、荣誉和耻辱、正义和非正义、诚实和虚伪等概念,通过社会的舆论、人们的内心信念的力量,来评价和影响人们的各种行为。它和法律、纪律这些硬规范不同,没有强制性,是一种软规范。这两种不同性质的行为规范(硬规范和软规范)互相配合、互为补充。

道德具有以下特性。

(1) 意识形态性:道德是一种特殊的意识形态,在一定的经济基础上产生,反过来又为一定的经济基础服务。

(2) 历史继承性:道德是一种历史现象,它一经形成就具有相对的独立性,并且随着人类社会的发展而发展,既具有历史的继承性,又具有时代特点。

(3) 阶级性:在阶级社会中,道德具有鲜明的阶级性,在当前我国社会中,既存在社会主义的道德,又同时存在封建主义和资本主义的道德。

所谓组织道德是在社会道德大背景下,在组织内部存在的群体道德规范。它反映出组织独特的道德观念和道德风尚。

2. 组织道德的作用

组织道德具有三个方面的作用:

(1) 调节员工与员工之间的关系(也包括管理人员与员工的关系),在一定程度上决定着组织内部的人际关系;

(2) 调节员工与组织之间的关系,影响员工对组织的向心力、组织对员工的吸引力;

(3) 调节组织与社会之间的关系,包括组织与不同层次的公众的关系、与传播媒介的关系、与社区的关系,塑造组织的公共形象,影响组织的公共关系。

作为组织文化的重要组成部分,组织道德对于组织内部和外部人力资源的开发都发挥着不可替代的显著作用。

二、组织道德与组织内部人际关系

1. 人际关系的测量

人际关系是一种复杂多变的、难于准确测量的社会现象。国外心理学家和社会学家做了许多工作,创造了人际关系的社会测量方法。这些方法可以使我们能够找到个体在人际交往与相互作用的过程中形成喜爱、冷淡或反感的数量指标。

首先应确定社会测量标准。美国学者通常依据三个标准进行研究:

(1) 以共同生活为标准(如"你愿意和谁住在一个房间里?");

(2) 以共同劳动为标准(如"你愿意同谁一起干活?");

(3) 以共同休息为标准(如"你愿意跟谁一起度假?")。

在苏联的文献中,除上述三个标准外,通常还补充两个标准:

(1) 以共同的公益活动为标准(如"让你举办一次辩论会,出一次墙报,你愿意从你的朋友中选择谁做你的助手?");

(2) 以共同学习为标准(如"你愿意选择谁和你一起做家庭作业?")。

在进行社会测量时,至少应有 2～3 个标准,通常选择 5～7 个标准。标准的选择数目,对实验的准确性意义极大。

在测量时,通常要求被询问者自己排列选择的次序,选择的先后顺序对分析人际交往的性质与规律具有巨大的意义。

为取得测量的准确结果,必须在被试者与主试者之间建立密切合作关系。为此,一般需要经历一个社会测量的关系融洽期。这个时期的任务是在二者之间建立信任、合作关系,使被试者感到自己也是实验的积极参与者,对主试者产生认同感。

社会测量法的具体形式有选择统计表法和社会测量图法。

2. 人际关系的重要作用

人际关系环境是人们社交需要、自尊需要得到满足的关键因素,因而将显著影响员工的劳动积极性,影响组织的凝聚力。

美国的一位心理学家曾对74名木工和水泥工进行了调查,这项调查是针对一项改革进行的,改革的内容是把这些工人的劳动班组,由上级任命负责人、指定班组成员,改为成员自由组合,自行决定"负责人"。调查结果如表13-1所示。

表13-1 自由组合的影响

指 标	自由组合前	自由组合后
一个月内离职工人平均数	3.11	0.27
单位时间内的劳动消耗	36.66	32.22
单位时间内的材料消耗	33.00	31.00

表13-1说明,自由组合后,人际关系改善,工人离职率减少,劳动和材料的消耗都有所下降,说明员工的积极性显著提高。

3. 组织道德建设可以改善组织内部的人际关系

影响组织内部人际关系的因素很多、很复杂,主要有:

(1) 地理位置、接触频度;
(2) 态度和兴趣的类似性;
(3) 利益相关性;
(4) 人际反应的个性心理品质;
(5) 所属组织的道德风尚。

其中后三项是主要影响因素。所谓"利益相关性",带有一定的客观性。当然,对此也并非无能为力,可以通过组织变革改善之。值得引起高度重视的是"人际反应的个性心理品质"和"所属组织的道德风尚"两大因素。前者受后者的影响和制约。

根据荷尼的"行为论",人们的人际反应特质大体上可分为三种:

(1) 合作型——朝向他人,替他人着想,乐于助人,谦和宽容;
(2) 竞争型——以个人为中心,突出自己,压低别人,市侩哲学,傲慢无礼;
(3) 分离型——不愿与人交往,离群索居,独来独往,独善其身。

研究表明,人们的人际反应特质是可以改变的,它受到周围群体和组织的深刻影响,特别是深受组织道德风尚的影响。

组织道德风尚类型繁多,大体上可归纳为四类:

（1）帮派式道德风尚——吹吹拍拍，拉拉扯扯，拉帮结伙，借人际关系谋私，好人受气、坏人横行；

（2）封闭式道德风尚——"各人自扫门前雪，休管他人瓦上霜"，"鸡犬之声相闻，老死不相往来"，人与人之间冷漠疏远，封闭自守；

（3）分离式道德风尚——个人间过分竞争，互为对手、互相忌妒、互不服气、互相拆台、勾心斗角；

（4）家庭式道德风尚——团结友爱、乐于助人、互让互谅、以诚相见、以信相处、上下融洽、左右逢源，大家庭温暖和谐。

显然，家庭式道德风尚易于形成良好的人际关系，这种风尚的建立有赖于员工中"合作型"人员的增多，这种风尚一旦建立，反过来又强有力地促使非合作型人员向合作型靠拢和转变。

为了培育家庭式道德风尚，应该通过宣传、教育、奖励、惩罚、干部示范、骨干带头等手段，大张旗鼓地倡导"和为贵"、"团结友爱"、"诚实正直"、"讲信修睦"、"助人为乐"、"以厂为家"等道德观念，并使之蔚然成风。

三、组织道德与组织外部公共关系

1. 公共关系的内涵与作用

公共关系是一个社会组织用传播手段使自己与公众相互了解和相互适应的一种活动或职能。

公共关系的基本特点是：

（1）组织（政府、军队、学校）自身的不同性质、不同形式的整体优化，是开展公共关系活动的基础；

（2）公共关系活动是为公众竭诚服务的过程，是以求实的态度充分利用各种传播媒介向公众传播信息的过程，是双向沟通、相互受益的社会舆论宣传过程；

（3）公共关系活动的目标是树立良好的组织形象，增强组织的美誉度；

（4）公共关系的原则是竭诚为公众服务，实事求是。

公共关系的主要职能如下。

（1）塑造组织形象，赢得公众对组织的理解和支持。

（2）创造"人和"的环境，这包括两方面作用。

① 通过监测社会环境，了解社会舆论和公众意见，预防组织与公众发生公共关系纠纷，求得人和；

② 在公共关系纠纷发生时，能通过双方诚恳善意的交流，实现圆满解决。

（3）增进社会整体效益。

2. 组织道德是组织公共关系的灵魂

组织靠什么树立良好的组织形象？靠什么创造"人和"的环境？靠什么增强公众对组织的美誉度？一是靠组织工作的卓越成效；二是靠组织的高尚道德。这些道德的内容十分丰富，但至少应包括爱国、爱民、诚实、守信等道德信条。

鞍山市政府遵循"马上就办精神",急公众之所急,想公众之所想,在公众中培养和树立良好的组织道德。这对内可以建立和谐的人际关系,有效地开发员工的人力资源;对外可以建立和谐的公共关系,有效地开发各个层次公众这个十分重要的人力资源。

第八节　组织风气与员工行为管理

组织由群体构成,因此,群体行为对组织的成败是性命攸关的。而在影响群体行为的诸多因素中,组织风气具有举足轻重的作用。

一、组织风气的内涵

组织存在的重要条件之一是它的一致性。这个一致性,既表现为组织成员之间在行为、情绪和态度方面的接近,又表现为他们受某种"组织规范"的制约。所谓"组织规范"是指组织所确立的行为标准,组织的每个成员都必须遵守这些标准。但组织规范并非规定其成员的一举一动,而是规定组织对其成员的行为可以接受和不能容忍的范围。组织规范大体上由两个部分组成。

（1）组织制度和组织纪律,是由组织正式规定的,靠行政权力强制推行的行为规范。

（2）组织风气,是非正式的、非强制性的行为规范,它由组织成员互相影响、约定俗成。一般来讲,所谓组织风气是指组织在长期活动中逐步形成的行为习惯和精神风貌。

国有国风,党有党风,校有校风,厂有厂风,组织风气是客观存在的,是组织文化的一种外在表现。

组织风气一般有两层含义。第一层是指一般的良好风气。所谓风气就不是个别人、个别事、个别现象,只有形成了带有普遍性的、重复出现的和相对稳定的行为心理状态,并成为影响整个组织生活的重要因素时,才具有"风"的意义。例如,开拓进取之风、团结友爱之风、艰苦朴素之风、铺张浪费之风等,这是一般意义上的组织风气。第二层是指一个组织区别于其他组织的独特风气,即在一个组织的诸多风气中最具特色、最突出和最典型的某些作风,它在组织的长期活动中形成,体现在组织生活的各个方面,形成全体成员特有的活动样式,构成该组织的个性特点。例如,中国共产党有三大作风——理论联系实际的作风、密切联系群众的作风、批评和自我批评的作风;清华大学具有"严谨、勤奋、求实、创新"的八字学风;而大庆油田具有"三老四严"的传统作风等。

二、组织风气对群体行为的影响

组织风气一旦形成,就对群体行为产生巨大的影响,主要有四种作用。

1. 潜移默化作用

组织风气形成组织内部的心理定式,构成组织心理环境的主要部分。在这种心理氛围之中生活的组织成员,受到耳濡目染、潜移默化,久而久之,便形成一致的态度,共同的行为方式、行为习惯。

2. 规范作用

作为一种非强制性的、无形的软规范,组织风气对群体行为发挥着引人注目的制约作用。众所周知,人的态度在群体中存在类化现象。无论是思想、抱负、价值观念,还是治学精神、处世态度、工作作风,个人都要受到群体中他人的影响。组织中多数人一旦态度一致,必然成为影响所有成员的巨大力量,甚至使态度不同的成员改变初衷,抑制其违反组织风气的言行,从而使其与多数人趋于一致,与周围的心理环境协调起来。

3. 筛选作用

一个组织所形成的风气,以及在它影响下形成的集体心理定式,对一切外来信息、社会影响有筛选的作用。同样一种社会思潮,例如,"拜金主义"思潮,在厂风较差的组织,可以引发人心浮动、能人跳槽、凝聚力下降的恶果;而在厂风较好、以厂为家气氛浓厚的组织,这种不良影响造成的冲击要小得多。又如:"读书无用"的社会思潮,在学风较差的学校,会引起较多学生的共鸣,造成学习纪律的涣散;而在学风严谨、勤奋的学校,这种不良思潮将会受到多数学生的批判和抵制,良好的学风得以保持。

4. 凝聚作用

组织风气既然以心理氛围的形态出现,自然会影响到组织成员的工作欲望以及对组织的向心力和相互之间的吸引力。不言而喻,团结友爱成风、乐于助人成风、互谅互让成风、民主和谐成风,都会转化成组织的凝聚力,而开拓进取之风、平等竞争之风、追求最佳之风,会吸引一大批有事业心、有抱负的成员在组织中积极工作。反过来,拉帮结伙成风、投机取巧成风、虚伪奸诈成风,将会使好人受气、坏人横行,削弱和扼杀组织的凝聚力。

三、良好组织风气的养成

良好的组织风气需经过长期的培育才会逐步养成。大体上应从四个方面进行努力。

1. 领导率先示范

俗话说,上行下效,上梁不正下梁歪。领导者对组织风气的影响是举足轻重的。身教胜于言教,只有以身作则、率先示范,才能在组织内树立起一种良好的风气。

2. 舆论积极导向

舆论宣传是影响人的思想和行为的重要渠道。在组织内部,要动员一切手段,大张旗鼓地宣传好人好事,使正气得到扶持,诱导更多的积极行为;抨击歪风邪气,使歪风人人喊打,抑制不良行为的重复出现。这就是舆论的强化作用与导向作用。

3. 骨干带头,蔚然成风

好的风气总是由少数人做起,最后变成多数人的一致行动,才蔚为大观的。这个少数人十分关键。首先是各级管理者(包括主要领导干部),然后是各级骨干即积极分子。这些骨干力量,形成一种坚强的核心,他们带头身体力行组织倡导的行为,并做出成效,自然会影响、感染和带动更多的组织成员共同行动,像滚雪球一样,越滚越大,良好的行为蔚然成风。

4. 开展思想工作,促使少数人从众

良好的行为一旦成为风气,便会对少数与此不一致的成员产生"群体压力"。这种压

力可以是有形的,如遭到上级、同事的批评;更多的情形,压力是无形的,少数人违背多数人的行为方式逆向而动,总会感受到人际气氛上的压力,这种压力迫使他们从众。但从众不是自然发生,中间会有矛盾与冲突,这时恰当的、细致的思想工作,可以消除逆反心理,促使少数人自觉地改变个人不良行为,积极地从众。

美国管理心理学家波尔尼克创造了一种"规范分析法",作为优化群体行为、形成良好组织风气的工具。这种方法包括三项内容。

(1) 明确规范内容。要了解群体已形成的规范,特别要了解起消极作用的规范,并听取对这些规范进行改革的意见。

(2) 制定规范剖面图。将规范进行分类,如图13-4所示,共分10类,每类定出理想的给分点。这种理想的给分点与实际评分间的差距叫规范差距。

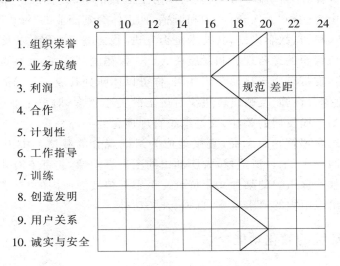

图 13-4　规范剖面图

(3) 进行改变。改革从最上层的群体开始,逐级向下。确定优先的规范项目,主要应考虑各规范对组织的重要性大小,然后兼顾规范差距的大小。

据有关材料记载,在美国一些组织中实行规范改革收到了较好的效果。

第九节　组织物质环境与员工养成教育

组织物质环境包括组织建筑,组织自然环境,组织生产、科研、教学、文化体育设施,组织标识,组织旗帜,组织服装,纪念画册,纪念建筑和纪念品等。

一、物质环境是观念的载体

组织物质环境是人为选择和营造的,因此,久而久之便成为组织观念的载体。

组织标识是组织的象征,它应有明确的思想内涵。像清华大学的标志,中心图案是闻亭的钟,传达着以闻一多为代表的清华师生爱国的传统。作为标准色的紫色,则体现着高贵和严谨。海尔的标志是其英语译文，其标准色是"海尔蓝"，让人们联想到蓝色的海洋，乃辽阔与深邃之意。

组织的统一服装（厂服、店服、校服），倡导的是团队精神，其色调和款式或寓以创新，或寓以和谐，或寓以严谨，或寓以团结，或寓以纯洁，或寓以热情，使人们穿上它油然而生出情和意来。

组织的建筑风格都有相应的文化内涵。青岛海尔总部大楼是一个典型的民族建筑：大屋顶，大红灯，表明它是一个充满活力的中国组织，与其"敬业报国，追求卓越"的组织精神互为表里。

组织的自然环境一般是经过人为绿化、美化的。走进"三九集团"的南方药厂，展现在面前的是绿地、红花、小桥、流水，以及整洁厂房上醒目的"999"标志。你会被这优美的厂区所陶醉，内心中有一种"天人合一"的和谐感，真正体会到药业的"绿色"本质。

组织的生产、科研、教学设施，其技术是否先进，设施是否一流，以及设施是自制还是进口，都折射出该组织的经营理念和发展模式。一家德国制造商，其特点是木结构厂房与钢结构厂房相连，皮带车床与自动车床并用，你可以体味到其成本导向的经营理念。

组织的文化体育设施，反映出该组织对员工的关心程度，对员工业余文化、体育活动的投入，对员工的全面发展的关注，这是组织管理理念的一部分。

纪念画册、纪念建筑和纪念品，直接地成为组织观念的载体。中山大学的孙中山塑像，清华大学的闻一多、朱自清塑像，大庆油田的王进喜塑像，北京王府井百货大楼前的张秉贵塑像，都承载着该组织的某种文化传统。至于五粮液酒厂内的"奋进塔"，那与时间赛跑的骏马，折射出该组织的追求效率、自强、开拓精神。

二、物质环境的教化功能

人们总是环境的产物，这个环境既包括政治、经济、文化等人文环境，也包括建筑、服装、庭院、山水等自然环境。在人与环境的交互作用中，既有人们对环境的认识和改造，也有环境对人的感染和教化。

走进海尔大楼中一尘不染的走廊、卫生间，人们不仅对海尔人的勤快和整洁啧啧称赞，同时会谨慎地约束自己的行为，强迫自己养成卫生习惯。

当大学生在清华园中散步，总会为"水木清华"前的琅琅读书声所感染，为图书馆那深夜通明的灯光所吸引，为闻一多塑像旁的著名诗句——"诗人的天赋是爱，爱他的祖国，爱他的人民"所感动，自然在心中涌动出一种激情——"为中华崛起而读书"。

当王府井百货大楼的员工上下班从张秉贵塑像前走过，自觉不自觉地总会想到张秉贵所代表的"一把抓，一口清"的"一团火精神"。久而久之，耳濡目染，"一团火精神"在自己心中的火种也会燃烧，化为优质服务的行动。

这就是环境的教化功能。有些聪明的组织经理，巧用环境，收到了良好的教育效果。广州卷烟二厂的领导，抓住自助式免费午餐的环节，提倡不争不抢、不浪费一粒粮食、安静文明就餐等作风，有效地净化了员工心灵，改善了员工行为习惯。他们说：我们把餐厅变成了员工的课堂，在这里他们养成了良好的行为习惯。

第十节　组织文化建设步骤

所谓组织文化建设,就是组织领导者有意识地倡导优良文化、克服不良文化的过程。这个过程也被叫作组织的"软管理"。

组织文化建设通常包括以下几个方面的内容:
(1) 培育具有优良取向的价值观念,塑造杰出的组织精神;
(2) 坚持以人为中心,全面提高员工素质;
(3) 提倡先进的管理制度和行为规范;
(4) 加强礼仪建设,促进组织文化的习俗化;
(5) 改善物质环境,塑造组织的良好形象。

组织文化建设过程通常需要遵循以下几个基本步骤。

(1) 建立领导体制。领导者是组织文化的倡导者,组织文化建设的前提是领导者的高度重视。只有在领导者重视和理解组织文化建设的重大意义的基础上,才能获得员工的理解和配合,才能切实地把组织文化建设深入推行下去。因此,组织应首先成立组织文化建设领导小组,来领导组织文化建设工作的开展。

(2) 建立独立的部门,承担专门的职能。为了进行组织文化建设,应设立专门的职能部门,如组织文化部、组织文化中心等,来专门负责组织文化建设工作的推进。比如,韩国的大宇集团十多年前就成立了组织文化建设部,我国的海尔等组织也早早成立了组织文化中心。

(3) 制定计划。为了组织文化建设工作的有序进行,还应拟定相应的计划,通过编制预算等工作使资源投入、进度考核和监督等都能落到实处,从而保证组织文化建设有章可循。

(4) 对组织现存文化的盘点。通过深入的调查研究,对组织的过去、现在和未来各阶段、各部门以及组织的观念层、制度-行为层、符号层各层次的文化表现进行深入研究和透彻分析,完成文化诊断。

(5) 目标组织文化的设计。即根据组织现状、特点和一系列科学的标准,进行组织文化的策划,具体内容详见下一小节。

(6) 实施计划。即完成组织从现存文化向目标文化的过渡。在确立了目标组织文化后,应根据计划将财务、人员配置、考核、激励和约束机制等完善地建立起来,从而形成一整套完整的组织文化建设体系。

组织文化建设要做好三件关键工作,也可说是经历三个主要步骤:文化诊断、文化设计、文化实施。

一、文化诊断

文化虽然是无形的,但它与物质形态的产品一样,也是可以感知的。对物质产品可以盘点,对组织文化也可以盘点。

在进行组织文化的策划之前，领导者首先应该对现有的组织文化做到心中有数：本组织现实存在的微观文化，有哪些是适应组织的内外环境，有利于组织发展的；有哪些是不适应组织的内外环境，不利于组织发展的。因此要进行文化盘点，即文化诊断。

文化盘点的目的，是通过深入的调查研究，把组织目前现实存在的文化——搞清——组织的上层在想什么，组织的中层在想什么，基层员工在想什么？他们对组织目标的认同程度如何？他们对现存文化的看法和态度如何？员工的需要层次和需要结构如何？组织信任的程度如何？团队合作现状如何？大家的积极性、创造性发挥得如何？各层人员对组织的经营管理理念认同度如何？客户满意度如何？组织的社会形象如何？等。

文化盘点的方法，主要有访谈、座谈、问卷调查和典型案例解剖等。

就调查主体而言可以分为两种：一种是由组织内部人进行盘点；另一种是请"外脑"进行盘点。前者的优点是了解情况，缺点是受人际关系所累，以及存在诸多顾虑和心理障碍；后者的优点是比较客观，没有利害关系，因此被调查者没有顾虑和心理障碍，其缺点是对情况不熟悉，受"外脑"知识和能力限制。

文化盘点的成果是"组织文化现状诊断报告"。

二、文化设计

在摸清现实存在的组织文化之后，马上应进入下一个步骤——文化设计。

组织文化的设计（策划），就是指在对现实组织文化的诊断基础上，确定适合于本组织的目标组织文化。所谓目标组织文化，就是领导者正式提出并在组织全体成员中倡导的群体价值观和行为规范。

文化设计的任务是根据组织发展战略，兼顾组织历史传统和现实文化，设计出其目标文化——包括观念层、制度-行为层、符号层完整的组织文化体系。

这个步骤十分关键。其中关键环节有以下四种。

（1）对组织发展战略的整体把握，目标文化应体现组织的战略方向；

（2）对组织传统的正确识别（科学总结），目标文化不能割断历史；

（3）对组织现实文化的清晰确认（深入剖析），目标文化应以现实文化为基础；

（4）对组织未来文化的科学展望，目标文化是面向未来的，考虑的是历史的走向和组织的必然发展。

确立目标组织文化，必须依据一套科学的标准来进行。具体地说，科学评价组织文化标准应包括以下内容。

1. 民族性标准

组织文化作为一种亚文化，应该深深扎根于民族文化的土壤之中。众所周知，不同的民族，其传统的价值标准、基本信念和行为规范存在明显的差异。中国组织的微观文化应该吸收中华民族传统文化的精华（如勤劳节俭、自尊自强、重视名节、忠诚、仁爱、和谐等观念）。当然，现实的组织文化中难免融进一些民族文化的消极因素（如人际关系中的内耗、讲排场、比阔气、图虚名以及中庸之道等）；也可能不恰当地吸收了外来文化的消极因素，冲淡了民族文化的积极因素。对这一切，都应该实事求是地进行评价并加以扬弃。

2. 制度性标准

制度文化是指不同的社会制度所带来的文化特征,它是宏观文化的重要组成部分。作为亚文化,现实的组织文化是否与制度文化相一致是我们对其进行评价的另一项标准。在我们社会主义中国,拥护中国共产党的领导、拥护社会主义制度、提倡集体主义价值观和主人翁精神,发扬自力更生、艰苦奋斗的优良传统,倡导廉洁奉公、乐于助人、忠诚正直、勤劳朴实、团结进取等社会主义道德观念,是天经地义的事。中国的所有组织,都应该使自己的微观文化与上述制度文化相一致。

3. 时代性标准

组织的现实文化应该与发展变化着的时代协调一致。具体而言,我国的组织应该摆脱长期以来单纯计划经济的影响,建立与计划同市场相结合的社会主义市场经济模式相一致的组织文化;摆脱封闭保守的小生产方式,建立与社会化、国际化大生产相联系的现代组织文化。一个组织,只有生产观念是不够的,还应该树立效率观念、效益观念、市场观念、信息观念、竞争观念,创新意识、服务意识、信誉意识、全球经营意识,这是新时代的要求。

4. 个异性标准

组织所策划的目标组织文化不仅应该具有良好的民族性、制度性和时代性,更应该具有鲜明的组织个性。每个组织都有自己独特的历史传统和与众不同的内外环境,因此其组织文化应该具有个性,有个性才有吸引力和生命力。那种千厂一面,盲目模仿别人的组织文化,不是优良的微观文化,在评价现实的组织文化时,应认真地审查它是否充分体现了本组织的特殊行业、特殊历史、特殊环境、特殊的人员构成、特殊的发展战略的要求;如果不是,则应弄清原因,并设法改进。

目前,国内组织界在组织文化建设上的不足,恰恰是缺乏个性,这一方面是由于一些国有组织尚未真正成为自主经营、自负盈亏的独立的商品生产者、经营者;另一方面则是由于一些企业家缺乏独立探索、开拓创新的精神,不敢标新立异,不敢追求和突出本组织与众不同的独特个性。

目标组织文化的个性一般体现在三个方面。

1. 行业特点

不同的行业,其生产经营活动差异很大,因此在长期生产经营活动中形成的组织哲学、发展战略、价值观念、行为习惯也带有鲜明的行业特色。比如中国石油天然气总公司管道局,5万多人的庞大员工队伍,常年在野外作业,生活十分艰苦,于是树立正确的苦乐观,成为组织文化建设的主旋律。他们确立的组织精神——"管道为业,四海为家,野战为乐,艰苦为荣"具有鲜明的个性色彩。

2. 产品特点

产品是员工生产经营活动的对象,关系最为密切,最易引发出一系列联想。许多组织把目标组织文化与产品名牌或产品原料挂钩,使员工感到亲切、形象,容易理解、记忆和认同。例如,株洲硬质合金一厂生产的"钻石牌"硬质合金,其产品特点是"硬",他们的组织精神——钻石精神是这样表达的：思想过硬,团结奋进；技术过硬,精益求精；质量过硬,世界水平；服务过硬,周到热情；管理过硬,勇攀高峰。这"五过硬",集中表达了该厂全体员工的执着追求,通过"钻石"的形象,使大家心驰神往,倍感亲切。

3. 组织特点

每个组织在规模大小、技术优劣、历史长短、声誉好坏、效益高低上差别很大,因此在生产经营活动中所遇到的问题和困难也各不相同。组织文化作为组织全体员工共同信守的价值观,不应面面俱到,而应抓住本组织的主要矛盾,具有鲜明的针对性——或者针对本组织的特殊困难,或者针对本组织全体员工的共同弱点,以图收到牵"牛鼻子"的效果。以 20 世纪 80 年代的云南玉溪卷烟厂为例。它是享誉国内名牌烟——"云烟"、"红塔山"、"阿诗玛"的生产厂家,而且曾被列为全国最佳经济效益的 100 家组织之首。因此,妨碍该厂进一步发展的心理障碍,主要是骄傲自满的心态。针对这一潜在的危险,该厂概括出这样的组织精神——"天下有云烟,天外还有天"。它像警钟长鸣在玉溪干部员工的耳际,起到振聋发聩的鞭策作用。

可以说,进行组织文化的策划,即提出目标组织文化的过程,是深化组织对自身的认识、思考发展战略的过程,应该受到组织领导者的高度重视。

文化设计可以由内部专家来承担,也可请外部专家来担当。文化设计时,要考虑民族文化、制度文化等方面因素,同时参照国际标准,针对组织文化路径依赖的特点,在继承组织传统的基础上寻求创新,体现文化的独特个性和深厚底蕴。

三、文化实施

文化实施是"依图施工",实现由现实文化到目标文化的过渡,实质上是组织文化的变革和更新。而文化实施的关键则是通过人格化、行为化等方式将抽象的设计理念具象化为具体的行为方式。同时,通过宣传和具体制度的实施,将个别人的观念和行为,为群体所了解、认同,并内化为自身的行为习惯。

它包括三个阶段。

(1) 解冻（导入阶段）——破坏现有文化的格局,批判陈旧过时的观念,批判陈旧过时的制度,改造陈旧过时的物质载体,大造舆论,说明变革的必要性。

(2) 变革（变革阶段）——制度的创新与变革,行为习惯的破旧立新,观念的变革与更新,以及组织符号层的更新和建设。

(3) 再冻结（固化阶段）——使新的观念、新的制度、新的行为规范、新的物质环境固定下来,通过一定时间的实践,成为新的习惯、新的标准、新的意识形态、新的组织风气,亦即使崭新的价值体系占统治地位。

一般而言,一个完整的组织文化实施方案包括：

(1) 建立组织文化的领导体制、实施机构；

(2) 编写"组织文化手册",依此对各层次员工进行培训；

(3) 建立组织文化建设责任制度,责成各级经理人员切实负起本单位组织文化建设的责任,并实行严格考核；

(4) 搞好组织文化的传播网络,办好相应的报纸、刊物和闭路电视;
(5) 建立组织文化的奖励和惩罚制度;
(6) 制定完整的组织文化计划和预算,并付诸实施;
(7) 制定组织文化建设的配套措施。

文化的实施要走出"止于上墙"、"做给别人看"和"落俗套"的误区,真正使其入脑入心,从规范员工的思想观念入手,进而影响其行为习惯,切实提高组织的文化品位和绩效水平。

第十一节 组织文化建设的心理机制

优秀的组织文化不是从天上掉下来的,也不会自发地形成,它是组织的领导者有意识加以培育和长期建设的结果。西方学者把这个建设过程叫做"文化匹配"。他们认为,每个组织中都存在两种文化:个人文化和组织文化。个人文化是指一个人带入工作的行为规范、态度、价值观和信念。它们可以因一个人的工作哲学、愿意承担风险的程度以及对权力和控制的欲望的不同而不同。组织文化则是群体的行为规范、态度、价值观和信念。二者交互作用、互相制约、共同发展。有能力的领导者善于选择与组织文化相一致的人作为自己的员工,也善于使与组织文化不一致的员工改变初衷,转而与组织文化相协调。

组织文化的建设必须遵循相应的心理规律来进行,才能事半功倍。

一、运用心理定式

人的心理活动具有定式规律,前面一个比较强烈的心理活动,对于随后进行的心理活动的反应内容及反应趋势有明显的影响。

特别是对新的组织成员的培训,心理定式的作用十分突出。组织提倡什么?反对什么?组织所欣赏的干部、员工是什么样?组织成员应该具备什么样的思想、感情和作风?刚刚录用的新成员急于找到这些答案。通过新员工培训,使他们在这些基本问题上形成有利于组织的心理定式,对其今后的行为发挥指导和制约作用。

对组织进行变革时,相应地要更新和改造原有的组织文化,首先要打破已有的传统心理定式,建立新的心理定式。这当然是十分艰巨的事,将会遇到文化惰性的顽强抵抗。

二、重视心理强化

强化是使某种心理品质变得更加牢固的手段。所谓强化是指通过对一种行为的肯定或否定(奖励或惩罚),从而使该行为得到重复或制止的过程。使人的行为重复发生的称为正强化,制止人的行为重复发生的称为负强化。

这种心理机制运用到组织文化建设上,就是及时表扬或奖励与组织文化相一致的思想和行为,及时批评或惩罚与组织文化相背离的思想和行为,使物质奖励或惩罚尽量成为组织精神的载体,使组织精神变成可见的、可感的现实因素。许多组织、学校在这方面积累了宝贵的经验。

心理强化的手段有很多:靠奖惩来强化,这是制度强化;靠特定的场景来强化,这是情境强化;靠爱心来强化,这是情感强化;靠人为示范来强化,这是榜样强化。

三、利用从众心理

从众是在群体影响下放弃个人意愿而与大家保持行为一致的心理行为。从众的前提是实际存在或想象存在的群体压力,它不同于行政压力,不具有直接的强制性或威胁性。一般来讲,重视社会评价、社会舆论的人,情绪敏感、顾虑重重的人,文化水平较低的人,性格随和的人,以及独立性差的人,从众心理比较强。

在组织文化建设中,组织领导应动员一切舆论工具,大力宣传组织文化,造成从众之"势",以"势"压人,促成组织成员行动上的一致。一旦这种行动一致的局面初步形成,对个别后进成员就构成一种心理压力,促使他们改变初衷,与大多数成员一致起来,进而实现组织文化建设所需要的舆论与行动的良性循环。

对于组织中存在的不正之风、不正确的舆论,则应采取措施坚决制止,防止消极从众行为的发生。

四、培养认同心理

认同是指个体将自己和另一个对象视为等同,引为同类,从而产生彼此密不可分的整体性的感觉。初步的认同处于认知层次上,较深入的认同进入情绪认同的层次,完全的认同则含有行动的成分。个体对他人、群体、组织的认同,使个体与这些对象融为一体、休戚与共。

为了建设优良的组织文化,组织主要领导人取得全体成员的认同是十分必要的。这就要求其办事公正、作风正派、以身作则、真诚坦率、待人热情、关心员工、善于沟通,具有民主精神和奉献精神。只要这样做了,全体员工自然会把他视为良师益友,视为信得过、靠得住的"自家人"。员工对组织主要负责人的认同感一旦产生,就会心甘情愿地把他所倡导的价值观念、行为规范,当作自己的价值观念、行为规范,从而形成组织负责人所期望的组织文化。

此外,还应着重培养员工对组织的认同感。这就要求使组织目标中包含众多的个人目标,使组织的利益与员工的个人利益挂钩,并使员工正确地、深入地认识到这种利益上的一致性,真正地产生个人与组织利益与共、命运与共的感情。

对组织认同感的最高层次是对组织的光荣感和自豪感。当一个工人对自己是"首钢人"、"二汽人"、"大庆人"充满自豪感情时,当一个学生对自己是"清华人"、"北大人"、"复旦人"、"南开人"感到无比光荣时,个人与组织荣辱与共、利害相关的感情已经根深蒂固了。从工作角度来看,领导者善于把组织取得的优秀业绩、社会上反馈回来的良好评价、组织在公众心目中的良好形象,及时告诉组织成员,并通过厂歌大赛、校风学风评比,以及设计厂(校)标、厂(校)旗、厂(校)服等活动,激发广大成员的集体荣誉感和自豪感,以及对组织的热爱之情,从而焕发出强烈的主人翁责任感。这是建设优良组织文化的关键一环。

随着员工对组织领导人、对组织的认同感的形成,他们对组织文化的认同也将相伴而生,自觉地把组织价值观当作自己的价值观,把组织愿景当做自己的理想,把组织行为习惯当作自己的行为规范,总之,将组织文化内化为自己的灵魂,外化为自己的行动。认同的结果,就是员工个人在组织内的社会化。

五、激发模仿心理

模仿指个人受到社会刺激后而引起的一种按照别人行为的相似方式行动的倾向,它是社会生活中的一种常见的人际互动现象。

不言而喻,模仿是形成良好组织文化的一个重要心理机制,而榜样是模仿的前提和依据。组织中的英雄人物、模范人物,特别是组织的主要领导人,理所当然地应该成为组织文化的人格化代表。组织成员对他们由钦佩、爱戴到模仿的过程,也就是对组织文化的认同和实践的过程。

组织的主要领导人应该身先士卒,以自己的模范言行倡导优秀的组织文化;同时,应该大力表彰劳动模范、先进工作者、十佳标兵、三好学生、优秀共产党员,使他们的先进事迹及其体现组织精神深入人心,在组织内掀起学先进、赶先进、超先进的热潮,这是组织文化建设的重要途径。当然,树标兵应实事求是,戒拔高作假。

六、化解挫折心理

在组织的运行过程中,组织成员之间的摩擦是不可避免的,上级与下级之间、共事人之间总会出现一些矛盾和冲突。从组织成员个人来讲,总会碰到一些困难和挫折,这时,就会产生挫折心理。这种消极的心理状态,不利于个人积极性的提高,不利于员工的团结,不利于工作中的协作,不利于优良组织文化的形成。如何化解组织成员出现的挫折心理,也是组织文化建设中应该予以注意的问题。

化解成员挫折心理的主要方法有:在组织内部形成一种宽松的环境,使成员能够畅所欲言,提出批评和建设;有恰当的渠道发泄不满,有"出气孔"可以随时"减压",正确处理员工的挫折行为。

日本松下电器公司下属的各个组织,都有被称为"出气室"的"精神健康室"。当一个牢骚满腹的员工走进"出气室"后,首先看到一排哈哈镜,逗人哈哈大笑一番之后。接着出现的是几个公司主要负责人的橡皮塑像,旁边放着几根木棍。如果来者怨气仍未消尽,可操起木棍,把"老板"痛打一顿。最后是恳谈室,室内职员以极其亲切的态度询问来者有什么不满或意见,耐心地倾听并加以疏导。应该说,松下公司的这些做法是用心良苦的,也是值得称道的。

第十二节 组织文化与组织竞争力

一、三力理论

组织存在于社会,存在于大千世界,组织环境千变万化,险象环生。组织如何求得生存和发展?在市场经济的大潮里,只有一条生路——赢得竞争。

何为组织竞争力?组织竞争力是组织在市场竞争中表现出的综合制胜能力。而组织的核心竞争力是组织所独有的可以导致竞争制胜的、难以为对手复制的能力。

组织的竞争力主要有三个来源。

1. 政治力

所谓政治力,主要指政府的作用、政策的作用、政治活动的作用。这对于学校、研究所、企业概莫能外。

无论企业,还是事业单位,在同行业的竞争中,都有一个重要环境因素——政治环境,它包括如下内容。①政局是否稳定,政局混乱对这些基层组织都无异于一场灾难。②政府政策对谁有利,国内外组织和事业单位,毫无例外都在进行"上层公关",目的是影响政府政策,取得有利的政策环境。③政府政治活动所提供的机遇。地方政府之间的互访、招商、经济合作,中央政府的国际访问、合作项目,都为一部分企业、事业单位提供了机遇,而另一部分企业、事业单位则只能自叹命运不济。

组织应该通过公关活动,与政府建立和谐的关系,并增强对政府政策的影响力,以便有效地获得竞争中的强大政治力。

2. 经济力

所谓经济力乃指切实存在的生产力要素——人力、物力、财力、科技、管理,这些要素缺一不可,其综合实力在相当大程度上影响着组织的竞争力。

其中,科技是第一生产力,管理是效益的源泉,物力和财力是基础,而人是上述各要素的主体,离开人才,上述要素都要大打折扣。

人力资源实际上是经济力的核心。

3. 文化力

这里的文化力,非指宏观文化,而是指组织的微观文化。组织要有自己的核心文化,而核心文化就是组织的愿景、组织哲学、组织的核心价值观以及与其配套的经营理念、管理理念。文化软件可以驱动组织的硬件,同时决定硬件的附加价值。如上所述:组织文化具有导向作用、规范作用、激励作用、凝聚作用、整合作用和辐射作用。简言之,组织文化内聚人心,外塑形象,既可以改善经营,又可以强化管理,使组织活力得以开发,形成强大的竞争力。

美国兰德公司用 20 年的时间跟踪了 500 家长寿公司,发现它们的共同特点是树立了超越利润的社会目标:①人的价值高于物的价值;②公司的共同价值高于个人的价值;③客户价值和社会价值高于公司的生产价值和利润价值。这些文化理念是公司发展的准绳,文化的巨大力量造就了这些公司的长盛不衰。

在回答记者提问时,著名企业家张瑞敏说:"海尔集团的核心竞争力,就是海尔文化,海尔的什么都可以复制,唯有海尔文化是竞争对手所复制不了的。"

张瑞敏用海尔的经营管理实践证明了:文化力的确是组织赢得市场竞争的一张王牌。

因此组织的核心竞争力可以表示为:

$$核心竞争力 = 核心能力 \times 核心文化$$

组织的核心竞争力需要组织的核心能力和核心文化的交互作用,任何一个因子为零,组织就不具备自己的核心竞争力,核心文化如果为负(组织文化为劣性文化),即与组织发展背道而驰,阻碍了组织的发展进程,那么相应的核心竞争力就是一种负向的能力,不仅不能给组织带来竞争收益,反倒成为一种负债。

二、组织思想工作与组织文化威力

在我国国有企业中都设立了党的组织,负责企业的思想政治工作。许多组织在组织文化建设和思想政治工作的具体实践中,提出了一个共同的问题——组织文化与组织思想政治工作是什么关系?

有人觉得,两者是一回事,因此抓组织文化是"画蛇添足",多此一举,无非是给思想政治工作戴上一顶时髦的帽子而已;也有人认为它们不是一回事,组织文化建设是以组织经营管理为中心,它本身就是管理工作的一部分,而思想政治工作则是落实党的路线方针政策、保持组织社会主义性质的客观需要。两者比较,我们更赞同后者的看法。实际上如图13-5所示,组织文化与组织思想政治工作既不是相互包含,又不是完全重合,而是你中有我、我中有你,是一种相互交叉、互为依存的关系。

图13-5　组织文化与组织思想政治工作

组织文化与组织思想政治工作有许多共同点:目标基本一致、对象完全相同、内容有相似之处、手段大体重合。坚持以经济建设为中心,组织一切工作就都必须从组织的生产经营出发、围绕生产经营进行,这就要求组织思想政治工作充分调动干部员工的积极性、创造性,把组织内部的各种力量凝聚在一起,为实现组织目标服务,从这个意义上讲,组织思想政治工作与组织文化建设的目标是一致的。组织文化和组织思想政治工作的对象都是组织的全体员工,组织文化强调以人为中心、重视人的价值,思想政治工作则强调广大员工的组织主体地位,都提倡尊重人、理解人、关心人、爱护人。同时,两者又有很大的不同,组织文化本质上属于经济文化范畴,而思想政治工作属于政治文化范畴。

从组织文化的角度来看,其核心层次——观念层的内容,如组织愿景、组织哲学、组织宗旨、组织精神、组织道德、组织风气等都属于思想政治工作的范围;其中间层次——制度-行为层的形成和贯彻,也离不开思想政治工作的保证和促进作用。从思想政治工作的角度来看,其大部分内容直接与组织的生产经营活动有关,而且比例日益增大,这些内容都可以划入组织文化的范围;当然,有些思想政治工作(如计划生育、纯粹的党务工作等)则与组织文化建设没有直接关系。

由上述分析可以得出结论:思想政治工作是培育组织精神、建设组织文化的主要手段,而组织文化则为组织思想政治工作与管理工作密切结合提供了一个最好的舞台。加强组织文化建设,就可以使思想政治工作与组织管理工作更好地拧成一股劲,由"两张皮"变成"一张皮"。在组织文化建设中,要求思想政治工作紧紧围绕着生产经营工作开展,要求组织的管理工作以人为中心,向干部员工的价值观和道德领域深入,使二者水乳交融、相得益彰。

三、组织文化与组织形象

组织文化与组织形象具有以下关系。

1. 组织文化与组织形象的层次一一对应

从组织形象的构成来看,它的三个层次——理念识别(MI)、行为识别(BI)和视觉识别(VI),与组织文化的观念层、制度-行为层、符号层之间存在一一对应关系。

2. 组织形象不等于组织文化

组织文化的观念层对应组织理念形象,制度-行为层对应行为形象,符号层对应视觉形象,它们相互之间看起来也差不多,那么组织形象是不是等同于组织文化呢?

我们认为,组织形象绝不等于组织文化。

(1) 这是因为组织文化是一种客观存在,是人类认识的对象本身,而组织形象则是组织文化在人们头脑中的反映,属于人类的主观意识。如果没有业已存在的组织文化,就不会有公众心目中的组织形象。因此,组织文化是组织形象的根本前提,组织文化决定组织形象。

(2) 由于人类认识过程受到客观条件(如信息传播渠道)和自身认识水平(如知识、经验)的限制,因此公众心目中形成的组织形象并不是组织文化的客观、真实、全面的反映,有时甚至还有扭曲的成分。这决定了组织形象与组织文化之间必然存在某些由人类认识造成的差距。当然,随着认识过程的不断深入,两者之间的差距会逐渐缩小。

(3) 由于组织出于自身需要,组织文化的有些内容是不会通过传播媒介向外传播的,或是向外传播一些经过特别加工的信息,这也使组织形象与组织文化在内涵上有差别。例如,可乐的配方是可口可乐公司文化的重要特色,但这显然是不能向外公开的商业秘密。

3. 组织形象是组织文化在传播媒介上的映像

从认识过程来看,客观对象必须转化为可以传播的信息,才能通过媒介被人类认识,这种在媒介上反映出的关于组织文化的全部信息就构成了组织形象(图13-6)。

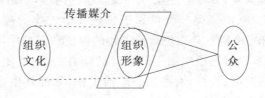

图13-6 组织文化在传播媒介上形成组织形象

由此，可以得出几个重要的判断。

（1）如果人的认识水平、所接触的传播媒介完全相同，同一个组织的组织形象在不同的人心目中应该是完全相同的。

（2）组织文化在不同传播媒介上的映像是不同的。即同一个人通过不同传播媒介会得到同一个组织的不同形象。

（3）完全相同的组织文化在相同传播媒介上形成的映像——组织形象是完全相同的。当然，现实中不可能有两个组织文化完全相同的组织，但如果它们的组织文化差不多，传播媒介也差不多，则它们的组织形象也就没有显著区别了。

（4）有显著差异的组织文化，在相同传播媒介上的映像——组织形象之间也存在显著差异。

综上所述，CI对组织创造名牌有不可低估的作用，优秀的CI源于优秀的组织文化。建设优秀的组织文化，是塑造组织形象的根本。

第十三节　文化资本

根据马克思的定义，资本是一种可以带来剩余价值的价值。从这个定义出发，每个人都有自己的资本，如金钱、股票等金融资本，知识、技能等知识资本，人际关系、社会网络等社会资本。

然而，对于组织来说，组织的资本定义不是个人资本的简单加总而是对组织整体资本和员工的个人资本进行整合管理的结果。对组织财务资金的整合管理形成组织的金融资本，对员工知识资本的整合管理形成了组织的知识资本，对员工和组织整体社会资本的整合管理形成了组织的社会资本，对所有人力资源的整合管理形成组织的人力资本。组织所拥有的这些资本都从不同程度上给组织带来了价值的增值，推动了组织的长远发展。

一、文化资本的内涵

在组织所拥有的众多资源当中，有一种资源如果充分地建设和利用也能够给组织带来价值的增值，提升组织的持续竞争能力，那就是文化。组织文化也是组织的一种资本，我们称为文化资本。

所谓文化资本，是指持续地投资于组织文化建设而形成的一种能够给组织带来潜在收益的资本形式。

通用电气前总裁杰克·韦尔奇曾经说过，"文化是通用电气最无法替代的一个资本。"组织文化为什么能够成为资本呢？

从资本的本质来看，资本是需要投入的劳动的积累。而组织文化的形成也正是领导者和员工在组织的长期发展过程中持续的投入和建设的结果。资本是价值创造的前提，能够带来价值的增值。组织文化是组织的一种无形资产，它看不见、摸不着，植根于组织之中，不能脱离于组织主体而独立存在。它为组织的生产经营和价值创造提供了氛围和土壤,组织的生产经营活动无不体现着组织的理念和文化品位。而且,组织文化能产生一定的附加价值。一个积极的文化氛围必将带动员工为实现组织的共同目标而团结在一起努力工作,产生良好的经济价值和社会价值,推动组织的良性循环。组织文化虽然并不能直接带来价值增值,但是可以通过文化的影响作用,影响到员工的心理和行为,进而带来组织绩效的改变。因而,组织文化具有资本的性质,优秀的组织文化是组织不断增值的无形资本。

二、文化资本的形成条件

组织文化虽然可以成为组织的资本,但并不是所有的组织文化都会成为文化资本。组织文化若要成为组织的一种资本需要具备以下几个方面的条件。

1. 内部适应性

组织文化能否成为资本取决于对内部环境的适应能力。组织文化只有通过特定的理念和文化氛围有效地整合内部的人力、物力、财力资源,形成统一的合力,带来价值的增值,才能成为一种资本形式。

2. 外部适应性

组织文化能否成为资本还取决于对外部环境的适应能力。组织文化在整合内部资源形成一致性的基础上,通过品牌形象等文化因素有效地整合和凝聚组织的外部资源,形成差别化的竞争优势,才是一种资本。

3. 有效性

有效的组织文化才能称为资本。所谓有效的组织文化必须是立足于组织历史和传统,贴近组织实际,同时对组织长远发展具有指导意义的思想体系和文化氛围。有效的组织文化不是空洞的口号,不是墙上的标语,而是真正为员工所认同和接受,并对其工作具有积极指导意义的价值观念。只有优秀的组织文化才能转化为有效的文化资本。

三、文化资本的构成

文化资本从构成上来看有以下四个方面。

1. 凝聚力资本

组织凝聚力是组织竞争力的内部依托,凝聚力资本可以把组织的人员都团结在组织目标的旗帜下,使员工对组织目标产生深刻的认同感,从而将个人命运与组织的命运联系在一起,更加努力地工作,实现组织目标和自我价值。凝聚力资本又包括黏结力和向心力两个方面。

(1) 黏结力:是追求一种内部人员的和谐,员工志同道合,以较高的协作水平(团队效应)完成工作,以内部的和谐发展提高工作效率和组织效益。

(2) 向心力:强调组织目标与个人目标的紧密结合,通过公平的竞争制度、有效的激励氛围,提高员工的自激水平,使其向着组织所希望的目标努力。

在组织中,仅仅用金钱去凝聚员工是远远不够的,凝聚力的来源可以归结为三条纽带——物质纽带、感情纽带和思想纽带,而感情纽带和思想纽带则属于文化范畴。用组织的文化和价值观念去引导人、管理人、凝聚人,因此提高组织的凝聚力资本必须同时发挥三条纽带的作用,缺一不可,如图13-7所示。

图 13-7　组织凝聚力的来源

在对"财富"500强评选的总结中得出过这样的结论:公司出类拔萃的关键在于文化,最能预测公司各个方面是否最优秀的因素是公司吸引、激励和留住人才的能力。公司文化是它们加强这种关键能力的最重要的工具。

2. 一致性资本

在组织内部,无论是领导干部之间、管理层之间,还是上级和普通员工之间都需要具有一种共同的价值观和理想信念。一致性资本体现在以下三个方面。

(1) 经营班子的一致性。是指公司的高层领导者要具有共同的战略思路、共同的价值取向和共同的经营理念,用共同的力量处理公司经营和管理问题。

(2) 管理人员的一致性。是指公司的管理人员之间要具有共同的价值取向、共同的愿景、共同的管理理念、共同的行为方式和行为习惯,公司不同的管理部门在处理问题时能够站在公司共同的立场上,发出同一种声音。

(3) 员工内部的一致性。是指员工之间、员工与管理层之间认同共同的公司价值观和达到公司内部行为方式、行为习惯上的一致。这样可以降低内耗,有效地降低管理成本,提高组织的收益水平。

哈佛大学的一位学者曾经提出:组织的成功越来越依托于组织文化的建设,对组织文化的投资不但能营造组织发展所需的动力和氛围,还能够减少巨额的管理成本。管理的最高境界就是用文化管理组织。

3. 创造力资本

创造力是组织获得持续竞争力的不竭的动力源泉。创造力资本则是通过文化氛围和精神激励提高员工的创新能力,从而为组织创造价值。创造力资本包括以下内容。

(1) 学习氛围。组织的学习能力。组织通过培育良好的学习风气和学习氛围,树立一种学习的意识,鼓励员工自觉学习,为创造价值提供必要的基础和准备。

(2) 创新精神。组织的创新能力。组织需要建设一种创新的文化,鼓励员工大胆创造,提出新的想法和建议,不断推陈出新,这样才能在竞争激励的市场上立于不败之地。

(3) 进取精神。组织的自我超越能力。任何组织的发展都不能仅限于对现状的满足,组织要发展就需要不断地超越自我,欲胜人者必先自胜,只有不断进取,才能取得更大的成就。

(4) 变革精神。组织的变革能力。组织发展到一定阶段就需要顺应环境的变化进行变革。变革精神强调无论是组织还是员工都需要不断地自我修正、自我完善,破旧立新。

4. 形象性资本

形象性资本是指组织通过公司形象、产品形象、员工形象、领导者形象等方面的提升,扩大知名度和美誉度,带来公司经济价值和社会价值双重增加的资本形式。形象性资本需要通过文化的辐射和渗透发挥作用。

(1) 组织文化的辐射作用。组织文化的理念和思想可以影响到组织外部的顾客和公众,即通过文化的影响作用,增强组织的社会知名度、美誉度,提升企业家形象、产品形象、服务形象、符号形象和员工形象。

(2) 组织文化的渗透作用。文化对于外部的渗透作用,主要体现在品牌上,通过组织品牌传递组织理念,通过增强品牌的扩张能力和品牌忠诚度,提升组织的价值。

因此,组织文化是能够给组织带来潜在收益价值的一种资本形式。持续地投资于建设和培育良好的组织文化可以使组织提高经营和管理水平,提升市场竞争力。

复习题

1. 何谓组织文化?其内容和结构怎样?
2. 组织文化有什么作用?试举例说明。
3. 有哪些因素影响组织文化?
4. 组织文化与员工需要层次有什么关系?
5. 组织文化与员工需要结构有什么关系?
6. 群体价值观在形成组织凝聚力方面有何作用?
7. 组织道德如何影响组织公共关系?
8. 组织风气对员工行为有什么影响?
9. 组织物质环境的教化功能是怎样形成的?
10. 组织文化建设的步骤有哪些?
11. 何谓组织文化建设的心理机制?它包括哪些内容?
12. 组织文化对组织竞争力有何影响?
13. 为什么说文化也是资本?文化资本有哪些特点?

思考题

1. 校园文化对学校培养人才有什么作用?试举例说明。
2. 政府机关文化对发挥政府职能有什么作用?试举例说明。
3. 试从政府机关和组织价值取向扭曲的角度,分析腐败现象的思想根源。
4. 军队文化对军队战斗力有何影响?试举例说明。
5. 国家的价值导向对国家的发展有什么影响?试以中国为例进行分析。

案例

松下电器公司这样培养商业人才

在日本著名的旅游胜地琵琶湖畔,有一个美丽的花园式庭院,这就是松下商学院。

松下商学院是为松下集团培养销售经理的一年制商业大学。自1970年创办以来,为松下公司培养了3 000多名专业人才。

商学院的教育方针和教学内容十分有趣。它熔中国儒家哲学与现代组织管理于一炉,对学员进行着严格的教育。

商学院的纲领是,坚守产业人的本分,以期改善和提高社会生活,为世界文化的发展作贡献。商学院的信条是,和亲合作,全员至诚,一致团结,服务社会。

商学院的研修目标是中国古典《大学》中的"明德"——竭尽全力身体力行实践商业道德、"亲民"——至诚无欺保持良好的人际关系、"至善"——为实现尽善尽美的目标而努力。

商学院的作风是,寒暄要大声,用语要准确,行动要敏捷,服装要整洁,穿鞋要讲究。

我们来看一下学员一天的学习和生活情况。

清晨5时30分,松下电器公司的旗帜冉冉升起。

6点钟,象征进攻性的"咚咚"的鼓声把大家唤醒。

6点10分,全员集合。点名之后,各个学员面向故乡,遥拜父母,心中默念:"孝,德之本也。身体发肤,受之父母,不敢毁伤,孝之始也。立身行道,扬名于后世,以显父母,孝之终也。"接着,做早操。然后,列队跑步3公里。

7时10分,早饭。每顿饭前,全体正襟危坐,双手合十,口诵"五观之偈",飘飘然,若在世外:一偈"此膳耗费多少劳力",二偈"自己是否具有享用此膳之功德",三偈"以清心寡欲为宗",四偈"为走人之正享用此膳"。饭后,还要双手合十,诵念:愿此功德,广播天下,吾与众生,共成道业。

7时50分,商业道德课。通常学习《大学》《论语》《孟子》和《孝经》,确立"经商之道在于德"的思想。

8时40分,早会。全体师生集合,站成方队,朗诵松下公司的"纲领"、"信息"和"精神",齐唱松下公司之歌。

9时,以班为单位,站成一圈,交流经验。

9时10分至下午4时,4节业务课。由讲师讲解经营之道,诸如经营思想、经营心理学、市场学以及顾客接待术和商品推销术。如何接电话、打电话,也是其中的科目之一。要求在接、打电话时,正襟危坐,聚精会神,不许吃东西,不许吸烟。听到电话铃响,马上去接,首先要声音清晰、态度和蔼地表明自己公司的名称和所属部、课,并准确地记下电话内容,交由主管人处理。打电话时,内容力求简明扼要,拨通电话后,马上报出公司名称和所属部以及自己的姓名,在做简单的问候后,把要求和希望简要告诉对方。说话时,语气要委婉诚恳。讲完后,要说些"拜托了"之类的客气话才能挂上电话。

下午4时30分,自由活动,有的到运动场打球,有的到卡拉OK歌厅唱歌,也有的到体育馆练柔道、剑道。

晚上 6 时 50 分,茶道。大家都换上和服,席地而坐,通过煮茶和品茶,追求形式上的完善、气氛上的和谐和精神上的享受。

晚上 10 时 17 分,点名。全体学员面壁,感谢父母的养育之恩。

晚上 10 时 20 分,全体正襟冥想,总结一天的收获。

晚上 10 时 30 分,一天的学习结束了。

资料来源:张德.人力资源开发与管理案例精选[M].北京:清华大学出版社,2002.

讨论题

1. 松下电器公司对销售经理的培养有什么特点?其指导思想是什么?
2. 松下电器公司试图培育一种什么样的组织文化?为什么?
3. 松下电器公司采用哪些方法和手段培育优良的组织文化?
4. 此案例对你有何启发?

第十四章 领导者与人力资源开发和管理

本章学习目标
1. 领导者价值观对人力资源管理的影响
2. 领导团队合理的心理结构
3. 人力资源管理的心理误区

领导者身负组织领导的重任,其心理素质和特殊心理机制,不仅影响其个人工作的成效,更影响其部属和群体作用的发挥。

第一节 领导者的权威观与人员能动性

一、权威观

所谓领导,其本质是一种影响力,即对一个组织为制定目标和实现目标所进行的活动施加影响的过程。

1. 领导影响力的来源

领导影响力的主要来源有两方面。

(1) 职位权力。这种影响力与职位相联系,是一种行政性权力,有职则有权,无职则无权。它包括惩罚权、奖赏权、合法权。

(2) 个人权力。这种影响力与职位无关,只取决于个人素质,是一种非行政性权力,它包括模范权(高尚的品德和良好的作风)和专长权(丰富的学识、卓越的技术、超凡的能力)。

2. 两种权威观

由于对上述两种权威来源的认识和理解不同,自然就形成了两种权威观。

(1) 正式权限论。这是古典管理学派的权威观。他们把被领导者看成"经济人",因此主要依靠职位权力来树立威信。法约尔说:所谓权限,是指发布命令的权力和引导员工服从命令的能力。他们主张充分地利用职位权力,在发号施令中树立领导权威。

(2) 权威接受论。这是以巴纳德为代表的社会系统学派的观点。他们认为,权威的主要来源是个人权力,而非职位权力;权力和权威不是来自上级的授予,而是来自下级的认可。领导者的权威是否成立,不在于发布命令本身,而仅仅在于命令是否被接受和执行。

二、不同的权威观导致不同的领导行为

如图14-1所示,通常典型的领导作风可分为三类。

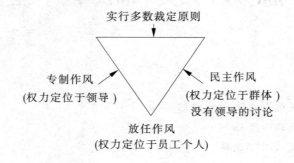

图14-1　勒温领导作风理论剖视图

(1) 专制作风——专制的领导行为,独断专行,依靠发号施令推动工作,下级没有自由,权力只定位于领导者。这种领导行为来源于正式权限论。

(2) 民主作风——这是权威接受论所必然导致的领导行为,其特点是讲求民主,注意倾听下级意见,吸收其参与决策过程。主要不是靠行政命令,而是靠个人的高尚品德、业务专长所形成的个人权力来推动工作,权力定位于群体。

(3) 放任作风——将权力分散于组织每个成员的手中,决策要由每个人自己作出,一切措施也由下级摸索制定。领导者放弃权力,当然也就没有权威可言。这种情况并不多见。

社会心理学家勒温指出,在实际的领导过程中,极少存在三种极端的领导作风,而经常采用处于两种类型之间的混合型作风,即家长式作风、多数裁定作风、下级自决作风。

三、不同的领导行为导致不同的下级行为

如图14-2所示,领导者的权威观(管理人员特征)、团体因素、部下特征、组织因素共同决定了领导行为,而领导行为又强有力地影响着部下的行为,不仅影响到部下的满足度,而且影响到部下的激励深度,从而影响到下级的劳动态度(出勤率、人员流动率)和劳动效果(劳动生产率)。

具体而言,三种不同的领导行为,使下级行为具有不同的特点。

(1) 专制作风的领导通过严格的管理、重奖重罚,使组织完成工作目标,具有一定的工作效率,但却往往造成组织成员的消极态度和对抗情绪的明显增加,以致人员流动率高、出勤率低、不满事件增多、劳资纠纷严重、领导者与被领导者关系对立。

(2) 民主作风的领导组织工作效率最高,不仅能较好地达到工作目标,而且组织成员

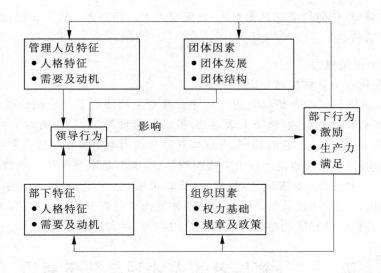

图 14-2 影响领导行为的情境因素

积极主动,表现出高度的主观能动性和创造精神。下级的物质需要和精神需要同时得到一定程度的满足,表现出高出勤率、低流动率、劳资关系缓和、领导者与被领导者关系和谐,其突出的表现是形成一定的团队精神。

(3)放任作风的领导工作效率最差。由于领导者对组织活动没有评判和规定,不关心组织成员的需要和态度,虽然有一定士气(但这种士气往往不是指向组织目标),但是工作效率低下,不能达到工作目标。下级群龙无首,各自为政,无序沟通,行为失控,恰似一盘散沙,丧失了组织凝聚力。

四、领导者应该树立正确的权威观

综上所述,为了诱导出良好的下级行为,有效地达到组织目标,领导者均应努力树立正确的权威观。

1. 破除对职位权力的迷信

对领导者来说,职位权力是影响力的基础,它是必要的,没有足够的职位权力,便难于发挥领导作用。但必须破除对职位权力的迷信,不要以为"有权就有威",要看到职位权力的局限——它造成的下级服从是被迫的、浅层次的,往往是口服心不服。因此,不要过分依赖职位权力,而应该把注意力转移到树立和运用个人权力上来。应该看到,只有个人权力才是影响力的根本,它能导致下级自愿地、深刻地服从,这样领导者才会真正树立起威信。

2. 正确认识权力的来源

领导者的权力是哪里来的?盯住职位权力的人回答:"上级给的。"盯住个人权力的人往往回答:"个人赢得的。"这两种回答皆有片面性,都忽视了一个关键环节——下级的认可和认同。离开下级的认可、接受,职位权力和个人权力都难于建立,更难于奏效。中国唐代名臣魏征说得好:民如水,君如舟,水能载舟,亦能覆舟。归根结底,离开下级的认可和支持,任何领导、任何权威都是无本之木、无源之水。领导者应该认识到:权力是上级给的,更是下级给的。

3. 正确地使用权力

正确地使用权力具体应做到以下两点。

(1) 应该认识到影响力是双向的。领导者既要主动地对下级施加影响,同时又要主动地接受下级对自己的影响(倾听下级意见,吸收其合理建议,主动邀请下级参与决策过程),只有这样,才能实施有效的领导,充分地开发和利用本组织有限的人力资源。

(2) 坚持以权谋公。要运用权力实现组织目标,而不是用来谋私。坚持廉政(出以公心,办事公正,一身正气,廉洁奉公)和勤政(认真负责,忠于职守,勤劳敬业,取得实绩)。只有这样,才能得到下级的认可、认同和拥护,才能树立与职务相称的威信,才能发挥领导作用,把下级的积极性和聪明才智汇成一股合力,形成巨大的综合能量。

第二节　领导者的人才观与队伍素质

一、现代领导者应具备的人才观

现代领导者应具备的人才观应包括四项内容。

1. 人才是最宝贵的财富

毛泽东曾经指出:"领导者的责任,归结起来,主要的是出主意、用干部两件事。""政治路线确定之后,干部就是决定的因素。"(毛泽东《中国共产党在民族战争中的地位》)这是从治国兴邦的全局说的。

人才包括各个行业、各个领域、各个层次的优秀人物,即具有在自己所在领域做出超乎于一般人之上的贡献的能力的人。政治家、军事家、艺术家、科学家、发明家、组织家、技术专家、优秀技术工人、劳动模范等,都是各行各业的人才,他们是推动各行各业迅猛前进的主要动力,是民族、国家的中流砥柱。人们在自己及其民族和国家的奋斗历程中,认识到一个平凡而伟大的真理——人才是最宝贵的财富。明朝开国皇帝朱元璋说得好:"才者,国之宝也。"

2. 人才是事业成败的关键

《三国志》中有一句名言:"功以才成,业由才广",人才是成就事业的关键因素。要干一番事业,没有人才只能是空谈。资金、设备、土地固然重要,但它们都是由人来掌握和控制的,在人、财、物诸因素中,人是最活跃、最举足轻重的因素。

3. 德才兼备是人才的基本标准

衡量人才的标准,不应只有"才干"这一条,还必须有"品德"这一条。有德无才,难担大任;有才无德,祸国殃民。

不仅在中国历来主张选择德才兼备的人才,而且在外国,有眼光的领导者也以德才兼备标准选择干部。当然,不同时代、不同文化背景下,德的标准有很大不同。在美国,"德"被解释为与组织价值观的匹配度,以及社会责任感。日本著名组织家松下幸之助说:"知识、方法固然重要,但更重要的是高尚无私的人格,使员工受感召而一无保留地奉献。"

4. 识才、育才、用才、留才是领导者的主要职责

既然人才是成就事业的关键,那么领导者的一个十分重要的职责就是识别人才、培养人才、留住人才和使用人才。要有苏轼所说"士有一言中于道,不远千里而求之"的求才若渴、爱才如命的精神。

二、人才观上的偏差带来队伍素质的缺陷

领导者是识才、选才、育才、用才、留才的主体,其人才观是否正确,直接关系到本组织员工队伍素质的高低,可以说"差之毫厘,谬以千里"。

经过三十多年的改革开放,中国基层组织的人事工作发生了天翻地覆的变化,但在人才观上仍然存在诸多偏差。

1. 唯学历论与人才队伍结构的扭曲

随着教育事业的快速发展,中国培养的学士、硕士、博士一批一批走向工作岗位,随着留学队伍的日益壮大,一批又一批的"海归人才"活跃在人才市场。在"重视知识,重视人才"的大旗下,一些企业、事业单位在招聘中把学位、学历摆在第一位,而不太注意应聘者的实践能力和品德修养。这种唯学历论有一定片面性。它会造成学历不高但有真才实学者受排挤、组织自己培养的忠诚员工被忽视,而一些高学历人才实践经验的不足,某些"海归人才"脱离国情的思维,也会给工作带来不必要的损失。时间久了,还会造成人才队伍结构的扭曲。

2. 唯台阶论与领导干部的逐级老化

所谓"台阶论"是指对干部应一个台阶一个台阶地逐级提拔,使其积累丰富的实践经验。应该说此论不无道理,但在贯彻过程中,有时走极端,变成了"唯台阶论",排除了对杰出人才的破格提拔。如果一个30岁的年轻博士,才智超群,可以胜任公司总经理,为什么非得从副科、科长、处长、部长、副经理一级一级提上来?在发达国家,二十几岁的厂长、三十几岁的总经理和四十几岁的总统都并非怪事。而我国尽管正逐步改进,但还是存在领导干部逐级老化的现象,这与"唯台阶论"的影响是密切相关的。

3. 求全论与人才的浪费

求全责备是我国人事工作的积弊。人事部门最敏感、记忆最深的往往是每个人犯过什么错误、受过什么处分、有过什么缺点,至于此人有什么特长、有什么兴趣爱好、有什么"绝活",则不清楚、不熟悉。应该说,这是长期以来对人过分防范的后遗症。这就使有缺点、犯过错误的人才,往往陷于"永无出头之日"的困境,造成人才的浪费。随着改革开放的深入,在"用人所长、容人所短"原则指引下,这些人才必然会发出应有的光芒。

4. 单位所有制论与人才流动的艰难

要想使人尽其才,才尽其用,人才各得其所,必要的人才流动机制必须建立起来。但在长期的计划体制下,"一进工厂门,就成了国家的人",对国有企业来说,就是企业的人。结果造成"一次分配定终身"。随着人才市场、劳动力市场的发育和走向成熟,这种现象正

在转变。但在相当一部分国有企业、事业单位,"单位所有制"的旧观念仍顽固地存在。有的单位人才奇缺,有的单位人才堆积,而又难于流动,单位以各种手段扣人不放,而留下又不当人才使用,使人才分布和使用不合理的状况不能及时得到纠正。

5. 能人决定论与腐败之风的盛行

我们讲尊重知识、尊重人才,讲人才是宝贵财富,是成就事业的关键,是着眼于人才群体而言的。当然,杰出个人的作用也是巨大的,但决不能因此而过分夸大个别"能人"的作用,因为归根结底,谁也不能包打天下。曾几何时,在中国改革大潮中,掀起一股"能人决定论",这里的所谓"能人"仅指某些会赚钱的人,只要赚来钱就是英雄,至于用什么手段赚的钱则不必计较。即使用了坑蒙拐骗、权钱交易等非法手段,只要赚了钱,仍然把你抬上天,什么"企业家""劳动模范""优秀党员"的桂冠一顶一顶地给你戴上。这股歪风带来的后果之一,是腐败之风盛行,在道德领域是非混淆、善恶颠倒。

6. 人情论与裙带关系的羁绊

在许多中国组织中,盛行一种人事工作中的"人情风",因为是老同事、老上级、老战友、老邻居、老员工、同乡、同学,就不坚持招聘标准,优先把其子女或亲属安排入厂;或者在提拔干部时,"条子开路",任人唯亲;或者在奖惩时,不能奖勤罚懒,而是奖亲罚疏。这一方面破坏了公平竞争、择优录用的原则,使干部员工队伍素质下降;另一方面,造成组织内部裙带关系盘根错节,"子弟兵"、"关系网"俯拾皆是,造成人事关系复杂化,增加了人力资源开发与管理的难度。

三、各级领导者面临人才观上的挑战

随着我国经济由计划体制向市场体制的过渡,各级领导者都认识到人才的重要、人力资源开发与管理的艰难,都深切感受到人才竞争的压力,以及在人才观上面临的挑战。迎接挑战应该实现三个方面的变革。

1. 理论观念的变革

理论观念的变革主要包括以下几方面。

(1) 总的指导思想,应从计划经济转变到社会主义市场经济。

(2) 从封闭的人才观念向开放的人才观念转变。对人才问题、人力资源问题要高瞻远瞩,眼界开阔,要从小单位的狭小眼光转变为面向全国、面向世界的人才大市场观念。

(3) 对品德标准的理解,应从"表态"、"站队"、"成分"等传统政治标准,转变到责任心、进取心、团结、敬业、廉洁、奉献等现代标准。

(4) 对才干标准的理解,应从"听话"、"勤恳"、"按部就班"的"守业型"标准,向善于学习、敢于开拓创新的"创业型"标准转变。

(5) 用人的角度,应从过去那种重在过去表现、重在有无问题、重在"死材料"的"防范型"思路,转移到重在现实表现、重在有无潜力、重在"活材料"的"开发型"思路上来。

(6) 在干部晋升问题上,应从过去那种"没有功劳也有苦劳"、"只能上不能下"的观念,转变到"只讲功劳,不讲苦劳"、"既能上也能下"的观念上来。

2. 思维方式的变革

思维方式的变革主要包括以下几方面。

(1) 思维背景的变革。过去,人事工作是在封闭式、神秘化和政治化的背景下进行的,以及一些用人者知识面狭窄、缺少人力资源开发与管理的现代知识,导致人事工作思考问题的知识背景单调。在今天,适应社会主义市场经济的需要,各级领导者和人事干部,应该努力掌握人力资源开发与管理的现代理论和方法,使人事工作思考问题的知识背景和眼界变得开阔起来。

(2) 思维坐标系的变革。过去,各级领导习惯于"纵向比较",自己跟自己比,满足于"步子不大年年走,成绩不大年年有"。现在,转而重视"横向比较",与兄弟单位比,与发达国家比,与先进组织比,在比较中择优和进取。

(3) 思维模式的变革。在人才管理上,过去习惯于采用"相斥选择",其典型公式是:

或者……或者……

不是……就是……

现在应该转变为尽量采用"相兼选择",其典型公式是:

不仅……而且……

既……又……又……

思维模式的变化,还表现在从"有问题推理"转向"无问题推理"。

有问题推理思维模式:

凡不能证明无问题,就是有问题。

而无问题推理思维模式:

凡不能证明有问题,就是无问题。

从实事求是的原则出发,坚持以事实为根据,以法律为准绳,则"无问题推理"是科学的,也是爱护干部、尊重人才的表现,也体现了对人的处理慎之又慎的原则。

3. 工作方式的变革

现代领导者在人事工作方式方法上,应从主要依靠个人直觉和经验的"经验型",向主要依靠现代管理科学的"科学型"转变。这种转变有四个内涵。

(1) 要把人事工作单纯依靠个人经验的方式,转变为依靠人力资源开发与管理的现代理论,把理论与实践相结合的方式。

(2) 逐步变革和完善人力资源开发与管理的各项制度,诸如招聘制度、培训制度、用人和调配制度、薪酬管理制度、绩效管理制度、劳动关系制度、职业生涯管理制度、组织文化建设制度等,形成一个完整、科学的制度体系,实行制度化管理与人本管理的有机结合。

(3) 使人力资源管理信息化。逐步使人力资源的各方面信息的采集、储存、处理和利用通过微机来进行,通过联网运行,实现人才全信息显示和网络化管理,努力开阔人力资源开发管理工作的眼界,不断提高人力资源开发管理工作的效率。

(4) 实现人力资源管理机构的科学化。必须改变人力资源开发管理部门人员的知识结构,应吸收具有外语知识、微机知识、人力资源管理知识、管理科学知识、数学知识、心理学知识以及自然科学技术知识的有关人员,促使人力资源开发与管理工作的知识化和专业化,组织机构也应适应计算机化和专业化的需要,进行必要的改革。

第三节 领导团队的心理结构与领导成员的优化

一般来讲,组织的领导层都是一个集体。领导集体通常被称作"领导团队"、"领导班子"。显然,领导班子不仅仅是知识和能力的结合,而且是心理和信念的结合。因此,领导团队的心理结构是十分重要的。

一、领导团队心理结构的内涵

领导集体的心理结构,是指由若干个具有不同心理特征的领导者按照一定的序列进行组合,在集体心理过程的认识系统、动力系统、调节系统三方面形成的心理特征的动态综合结构。

人的心理过程可以概括为三个系统。

1. 认知系统——它在人的心理活动中起着定向的作用

从认知水平和层次上分,认知系统包括感觉、知觉、表象、记忆、想象、思维。其中最重要的是思维,它是人脑对客观事物概括的间接反映。《吕氏春秋》中有一段话:"有道之士,贵以近知远,以今知古,以所见知所不见。"讲的就是思维在认识世界中的重要作用。所谓月晕而风、础润而雨、见微而知著等,都是讲思维的特点——对客观事物的间接反映。

2. 动力系统——它在人的活动中起着驱动的作用

构成动力系统的心理品质主要包括需要、动机、情感和兴趣。一个人在人生道路上能否永远前进,取决于动力系统的性质和品质。

3. 调节系统——它对人的行为起着调节控制作用

人们在生活工作和学习中,不总是一帆风顺的,总会碰到艰难困苦,遭遇曲折和失败,因此需要不断地调节和控制自己。

构成调节系统的心理品质主要包括意志、理想、信念和价值观。

二、改善领导团队心理结构与领导成员的优化

由于领导团队中的各个成员存在心理素质上的差异,过大、过小的差异并非好事,而适宜的差异及其组合,则会收到使领导班子优化的良好效果。领导成员心理素质合理结构的标志主要是"互补"。

1. 在认知系统上互补

在领导成员中,应该是有人感觉敏锐,观察细致;有人具有惊人的记忆力;有人具有非凡的想象力;有人具有卓越的思维能力。在思维能力方面,有人形象思维发达,有人抽象思维见长。这样,从总体上看,该领导班子就具有杰出的认识世界的能力,能比较准确地把握内外环境的脉搏。

2. 在动力系统上共振

领导成员的需要层次可能会存在差异,但其需要层次不宜过低,如"生存人"(生存需要占优势)和"安全人"(安全需要占优势)是不宜当领导的。在这个前提下,领导成员是"社交人"、"自尊人",或是"自我实现人"、"超越自我人"(即超越了自我范畴,为组织、为国家肯于献身的人),都可以找到共同语言。一般而言,第一把手应该是"超越自我人",整个领导班子才最有战斗力。

情感因素最具个性特点,个体差异不可避免,但领导班子成员各不相同的情感色彩中,都应具有积极的情感内涵。有人开朗,有人豪放,有人热情,有人真诚,但不允许有人虚伪、有人忌妒、有人冷漠、有人报复。多彩的积极情感,可形成一团火似的整体情感特色,感染和带动下级,形成良好的群体氛围。只要有消极情感掺入,就会在领导团队中出现不和谐,甚至发生情感冲突。

3. 在调节系统上同步

在调节系统上同步包含四个方面内容。

(1) 在理想上互勉。毫无疑问,身为领导成员都应该是有崇高理想和追求的人。在理想层次上产生差别也是难以避免的,但应该通过互勉,达到高度的和谐。

(2) 在信念上一致。从事任何事业,必须有必胜的信念,有对真理和正义的执著的追求,在这一点上,领导团队应该达到一致。信念上的分歧,会瓦解军心,造成行动上的分裂。

(3) 在价值观上共鸣。动机除受需要驱动外,还受人的价值观的制约。因此,领导团队应该在价值观上取向一致,在动机上尽量减少内耗。

对世界、对社会、对国家、对组织、对人生的看法,大家不可能完全一致,但领导成员间应该在基本方面取得共鸣,至少应该对组织的核心价值观有高度的认同,才能在组织管理的大政方针和为人处世态度上和谐一致,形成默契。

有了这些基本一致点,在一些次要问题上,如性格、兴趣、爱好上发生分歧,也容易通过沟通而互相靠拢,调节各自的态度和行为,或者通过互补,形成集体态度和行为上的和谐。

(4) 在意志上互励。任何事业都很难一帆风顺,困难和挫折是通向胜利之途的路障。只有意志坚强的人,才能引导组织成员突破万难,夺取胜利。显然,领导成员在意志品质上会存在差异,但第一把手的意志应该十分坚强,以他为核心,班子内部互相鼓舞,互相激励,使懦弱者坚强起来,使胆怯者鼓起勇气,同时在自我控制方面互相提醒,互相照应。那么作为领导团队,就会表现出百折不挠的坚强意志和坚忍不拔的顽强毅力,从而形成对组织成员的统率力、号召力。"泰山压顶不弯腰"是这种意志品质的生动写照。

第四节 领导者的价值观与组织文化

一、领导者是组织文化的缔造者

所谓领导者,就是指身居领导岗位、能够对组织制定目标和实现目标的全过程施加巨大影响的人。因此,领导者对组织文化的影响也必然是十分巨大的。美国学者 O. F. 林德塞对个人价值观进行了系统的研究,表 14-1 列出了他测出的成功经理的价值观取向。

表 14-1 不同群体的价值观偏好

斯普朗格尔价值观	学院普通男性	学院普通女性	成功的男性经理	成功的女性经理
理论上的	43	36	44	39
经济上的	42	37	45	47
艺术上的	37	44	35	42
社交上的	37	42	33	31
政治上的	43	38	44	46
宗教上的	38	43	39	35

1. 组织的主导价值观是领导者个人价值观的群体化

组织的创始人,他追求什么,提倡什么,反对什么,他用什么样的价值标准去要求部下,用什么样的理想和信念去带队伍,将会对组织文化的形成发挥关键性的作用,而这一切都是在他个人价值观的指导下发生的。

美国学者 R. M. 霍德盖茨在研究中发现,成功的领导者最看重的是自我实现和尊重,其下属也对自我实现和尊重很感兴趣;一般的领导者及其下属则最关心尊重和社交需要的满足;而不成功的领导者及其下属的价值取向集中在物质层次——安全和生理需要的满足。他指出:"成功的领导者往往吸引特定类型的下属,一般的和不成功的领导者也是同样。而且这些下属有着与其上司相类似的需要动力。"图 14-3 所示为领导者成功与需要动力。

图 14-3 领导者成功与需要动力

因此,在一般情况下,组织的主导价值观(它是组织文化的核心),不过是组织创始人个人价值观的延伸、扩展和最终实现群体化。换句话说,组织文化就其实质来说,是组织成员对组织创始人的个人价值观的认同和发展的结果。

最著名的例证是松下公司,松下精神、松下文化是松下幸之助的思想通过朝会、周会、员工培训等环节向员工灌输、渗透,并在员工行为上开花结果的产物。再如,海尔公司的文化与张瑞敏的价值观关系极大。海尔文化形成的过程,可以说是张瑞敏的哲学思想、经营理念、管理思路和理想信念的群体化过程。

当前,国有组织的自主权正逐步落实,并纷纷投入市场经济的海洋,随着组织自主经营权力的扩大,组织主要领导者个人价值观对组织文化的影响将日益增大。

2. 组织领导者是组织文化更新的推动者

对于组织创始人的后继者,他们个人价值观的作用,往往表现在对组织文化的更新上。众所周知,组织文化不是一成不变的,随着内外环境的变化,要求组织文化更新的压力越来越大(例如,中国的改革开放迫使众多的组织改变自己的文化)。究竟本组织文化向哪个方向变和怎样变,有其客观的规律性,但形成什么样的特色和个性,则在很大程度上取决于领导者的价值标准。例如,贵州茅台酒厂具有悠久的历史,有一系列传统和习惯,包括一些不良的习惯——不讲卫生、缺乏规章、管理不严、作风散漫等。在改革开放大潮下,这座酒厂从一个作坊式的企业变成了现代化的优秀企业,其组织文化也旧貌换新颜,其中厂长邹开良起了关键作用。其企业精神——"爱我茅台,为国争光",是邹开良的价值观群体化的果实,具有鲜明的个性。

3. 组织领导者是组织文化建设的指挥者

组织文化建设是指组织有意识地发扬其积极的、优良的文化,克服其消极的、不良文化的过程,亦即使组织文化不断优化的过程。

不言而喻,组织文化建设的指挥者是组织领导人,特别是第一把手。具体而言,主要通过哪些渠道(宣传、奖励、惩罚、树标兵、搞竞赛、传帮带、物质载体、业余文化活动),主要采用什么手段(正强化、负强化、领导示范、榜样引导、风俗感染、社会教育、自我教育、外在教育),树立什么样的标兵(组织文化的人格化)等,都由主要领导者进行决策。而这一切,都影响到组织文化建设的方向、力度和深度,从而影响组织文化建设的效果。例如,同仁堂制药集团,每年9月是该组织的"组织文化活动月",集中进行组织文化建设的一系列群体活动。这个组织文化建设的模式具有同仁堂的特点,与其主要领导人的组织指挥密不可分。

二、领导者应确立科学的、高境界的价值观

综上所述,领导者的个人价值观对组织文化的影响是举足轻重和带有全局性的。"差之毫厘,谬以千里。"因此,组织领导者确立什么样的价值观就显得格外重要。

从中外成功组织的经验来看,领导者的价值观应该符合客观规律,是科学的;同时又应走在时代的前列,具有高格调、高境界。

1. 事业至上

身为领导者,人生目的和追求是什么?是追求金钱、追求地位,还是追求事业?这是一个首要的价值观抉择。

当事业与金钱发生矛盾,或事业与个人地位发生冲突时,你选择什么,这是对领导者价值观的严重考验。一个优秀的领导者,应该毫不犹豫地选择事业。只有执著地追求事业的人,才能最终成就事业;那些在金钱、地位的诱惑下心猿意马的人,最终将葬送事业。

2. 国家至上

优秀的领导者都不应忘记古典管理理论的创始人之一法约尔的名言:"整体利益至上。一个人或一个部门的利益不能置于整个组织的利益之上;家庭利益高于每个家庭成

员的利益;国家利益高于一个公民或一些公民的利益。"

国家和民族意识,赋予组织和组织领导者的存在和发展以更高的价值。这种崇高的信念会战胜任何艰难险阻,培养出战无不胜的团队。

3. 信誉至上

在处理组织同社会的关系时,组织的形象靠什么树立?靠的是信誉。一些名牌商品为什么畅销不衰?一些"老字号"为什么金字招牌几百年不倒?靠的是货真价实,靠的是诚信无欺。因此,所有组织领导者都应牢固地确立"信誉至上"的价值观,相应地必须严格地遵循一个道德信条——诚实。

4. 进取为荣

"玩物丧志"是一个千古传诵的古训。在这个人欲横流的市场经济环境里,在享乐主义泛滥的社会氛围中,作为组织的领导人往往受到更多的诱惑,也接受更直接的考验。

人生的价值不在于你消费了多少社会财富,而在于你为社会创造了多少财富(物质的和精神的财富)。一心追求事业的人,恨不得长出三头六臂,恨不得一天 48 小时,哪里会有时间和兴趣去沉迷于享乐?特别是处在创业阶段的领导者,更应该力戒奢靡,而以不断进取、追求卓越为荣。

5. 群体为高

领导身居高位,怎样看待部下和全体员工,怎样处理个人与群体的关系,这是领导者价值观的另一个侧面。

无论领导者有多么杰出的才能,都不能包打天下,也不能无所不知、无所不能。优秀的领导者应该清醒地看到个人的局限性,看到群体的决定作用。从而在决策时主动"集思广益",在行动时发动和依靠全体成员,不轻视任何一个人。一句话,领导者要牢固地树立"群体最高明"的价值观。

6. 以人为本

从事任何事业,都离不开资源,这些资源有人、财、物、时间、知识等,作为一个领导者,应该清楚地认识这些因素的重要性次序,这是价值观的另一个领域。

许多领导者"见钱不见人"或"见物不见人",只有那些真正优秀的领导者才把人看作决定一切的因素,是使组织兴旺发达的根本,并且真正实行"以人为本"的管理。

7. 服务制胜

人类进入 21 世纪后,更深地走进"服务制胜"的时代。因此,千方百计地满足客户需要,千方百计地提高售前服务、售中服务和售后服务的质量,千方百计地为客户创造价值,成为组织领导者必须具备的思想和信念。政府公务员、非营利组织的领导者也应该树立为社会、为利益相关者、为公众服务的思想,并切实地变为服务的行动。

组织领导者具备了服务理念还不够,还应大力倡导,并千方百计地将这些理念变成员工"优质服务"和"超值服务"的行动,到那时,组织的竞争力将显著增强。

8. 创新是命

美国著名的管理学家德鲁克说得好:在经济全球化和信息化的形势下,组织创新则生,守旧则亡。创新是组织的生命。技术创新可以造就出一系列新的产品,管理创新可以造就出一大群创新的人才,最终都可以为客户创造出新的价值,为社会创造出新的财富和新的文明。

领导者应该树立牢固的创新观念,开拓观念,不断进取、超越自我的观念。相应地,必须不墨守成规,必须自觉学习,并善于组织团队学习,用学习带动创新。学习型组织是创造性最强的组织。

三、领导者应提高文化自觉性和文化影响力

作为组织的领导者不仅要缔造组织文化,树立科学的、高境界的价值观,最重要的是要以身作则,提高文化的自觉性和影响力,将组织文化特别是组织价值观念植根于员工的心中。要做到这一点,组织的领导者需要做到以下几个方面。

1. 具备基本素质

作为一个领导者需要有大志向、大智慧、大胸怀和大毅力。

所谓大志向就是树立远大的抱负和理想,勾画组织发展的宏伟蓝图和实现蓝图的行动方略。要树立正确的义利观,把为社会创造价值作为事业奋斗的目标,懂得金钱只不过是实现这一目标的结果,明确目的和结果的关系,决不短浅、近视。对于组织文化的建设需要有长远的眼光,立足整体,面向未来。

大智慧并不等于小聪明。大智慧需要能够洞察时代变化,能够前瞻预测,能够不断地变革创新。而组织文化的建设也需要顺应时代、大胆更新。

领导者需要有宽广的胸怀。要有厚德载物的包容之心、以义求利的责任之心、己达达人的助人之心、三顾茅庐的爱才之心。只有这样才能吸引贤才将士,融合全体员工的智慧,形成具有高度凝聚力和一致性的组织文化。

大毅力是一种永不服输的力量,是一种愈挫愈奋、奋斗不止的精神,是一种在困难面前为部下做出表率,带领队伍打硬仗的行动力。没有大毅力锤炼不出有竞争力的组织文化。

2. 增加文化底蕴

增加文化底蕴有四个来源。

(1) 来自系统的管理理论:通过系统的学习提升管理理论水平。

(2) 来自优秀组织的成功经验:通过研究、参观考察,学习优秀组织的思想方法和思维方式。

(3) 来自朋友圈的耳濡目染:在与各界朋友的日常交往中,增加信息量和知识水平。

(4) 来自古代的管理智慧:学会从古代的管理思想中吸取精华,将中国古代的博大精深的管理思想运用到现代组织的管理中,提升文化管理水平。

3. 正确的角色定位

近一个世纪以来,领导者的角色已经发生了深刻的变化,从老板、独裁者和监工向设计师、牧师、园丁的方向转变。

在组织文化的设计和战略的制定上需要领导者充当设计师的角色,设计和建设符合

组织发展的文化环境和战略措施。组织文化建设需要领导者宣传贯彻文化思想理念,帮助员工树立符合组织理念的价值观念和行为方式。而对于学习型组织建设,又需要育才型的领导像园丁一样创造学习的氛围,鼓励员工自觉学习,提高组织的学习创新能力。

4. 提升个人魅力

领导者在进行文化建设的过程中还要注重提升个人魅力。领导者的魅力来自以下几方面。

(1) 非凡的眼光:高瞻远瞩、决胜千里的眼光。
(2) 卓越的能力:策划力、执行力、学习和创新能力。
(3) 高尚的品德:正直无私、厚德载物、凝聚人心的品德。
(4) 深刻的思想:分析问题、解决问题清晰独特的思路,教育人、感染人的非凡思想。

第五节 人力资源管理的心理误区

所谓心理误区是指领导者常常出现的一些有害的心理,其害在于妨碍人力资源的开发,其难在于往往认识不到这是陷阱。

一、晕轮效应

晕轮效应也叫感认上的印象概推(halo effect),亦即"哈罗效应",在社会上是常见的现象。所谓晕轮效应是指人们在判断别人时,有一种倾向:首先把人分成"好的"和"不好的"两部分。当一个人被列为"好的"部分时,一切好的品性便加在他的身上;相反,如果一个人被归于"不好的"部分时,一切不好的品性又容易加到他的头上。

例如,我们偶然在汽车上遇到本厂员工李某为争一个座位与另一女乘客吵起来,于是得出一个印象:此人一定吊儿郎当,不好好工作,缺乏修养,极端自私……这叫以点概面。

心理学家安德森(Anderson)在1968年对晕轮效应进行了研究,表14-2列出了影响感认上印象概推的主要因素。

表14-2 可能引起喜欢的个性特征

很可能叫人喜欢的	稍微肯定到稍微否定的	很可能叫人不喜欢的
真挚的	固执的	举止粗鲁的
诚实的	老一套的	不友好的
有理解力的	冒失的	敌意的
忠心的	谨小慎微的	多嘴的
说真话的	过分挑剔的	自私的
值得信任的	容易激动的	思想狭窄的
聪明的	文静的	粗暴无礼的
可信赖的	感情冲动的	自高自大的
有创见的	行为过分的	贪婪的
体贴别人的	胆小的	不真挚的
可靠的	不可预知的	引人反感的
热情的	感情用事的	刻薄的

续表

很可能叫人喜欢的	稍微肯定到稍微否定的	很可能叫人不喜欢的
和蔼的	害羞的	不值得信任的
友好的	焦虑的	恶毒的
快乐的	空想的	不实事求是的
无私的	实利主义的	不诚实的
人道主义的	难管束的	残忍的
负责任的	孤僻的	卑鄙的
使人愉快的	依赖的	行骗的
信任他人的	幼稚的	说谎的

此外,还有下述影响因素:
(1) 被感认的人的社会地位;
(2) 被感认的人的外表特征;
(3) 感认者自身的特征,影响他可能在别人身上也看到同样的特征;
(4) 感认者如果认为被感认者对他达到生活目标将有正面的作用,他对被感认者就容易产生好的印象。

感认上的印象概推,可能是以"个别"推"总体",也可能是以"总体"推"个别"(如听到"商人"这个"总体",就认为"无商不奸",每个商人都有一双势利眼,满身铜臭味)。不论采用哪种方法,都有可能出现感认上的偏差,即晕轮效应。

领导者在对人进行判断时,应尽量避免采用印象概推这种过于简单化的办法,以防止晕轮效应带来的偏差。

二、投射效应

所谓"投射效应"(projection effect),是指人们往往有一个强烈的倾向:当他们不知道别人的情况(如个性、爱好、思想等)时,就常常认为别人具有他们自己的特性。或者说,当人们需要判断别人时,就往往将自己的特性"投射"给别人,想象其他人的特性也和自己一样。

例如,某人喜欢古典音乐,就认为别人也喜欢古典音乐;他喜欢游山玩水,就认为别人也是如此;他爱占小便宜,就认为别人也爱占小便宜;他乐于助人,就认为别人也助人为乐;他讨好领导,希望领导提拔自己,就认为别人也有同样的心境……这种"投射效应"是人们用来判断别人、处理信息的简单方法。

显然,这种看法容易产生两个缺陷:
第一,可能高估了别人与自己看法和想法的相似性;
第二,可能高估了别人在个性、爱好、品德等方面与自己的一致性,甚至于是"以小人之心度君子之腹"。

当领导者个性品质较好、品德高尚时,容易把别人想得过好,而放弃对部下的教育、督促,或提拔了一些不太优秀的人。

当领导者个性品质较差、品德低劣时,容易忽视那些值得提倡的好人好事,甚至把这些看成虚假的表现,而在奖惩上失度或是非颠倒,使真正优秀的员工得不到鼓励和提拔。

当领导者进行决策时,"投射效应"会导致主观主义地认为不会有不同意见,而不去与其他干部进行必要的沟通,从而损害了民主决策程序,并挫伤了其他干部的积极性。

因此,领导者应时时警惕"投射效应"对人事工作的干扰。

三、相互回报心理

相互回报心理也叫相互回报行为,它是指社会上的人往往有一种倾向:喜欢那些他自认为喜欢他的人,讨厌那些他自认为讨厌他的人。

例如,某人知道你对他好,他也会对你好;他认为你讨厌他,他也会讨厌你;他知道你关心他,他也会关心你;他认为你打击他,他也会设法报复你,等等。这种相互回报行为与中国流行的"你敬我一尺,我敬你一丈"、"受人滴水之恩,势必涌泉相报"等十分相近。

相互回报行为的前提是人们对于信息的感知。由于人们的行为是十分复杂的,人们透过信息对别人的动机和行为的感知,有时候可能正确,有时候又可能是错误的,如图 14-4 所示。

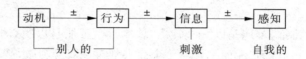

图 14-4　信息感认

图中三个±并不一定是一致的。当行为反映动机时,通过信息所产生的感知,其正确性可能较大,否则,其出现错误的可能性较大。由于主观感知与他人动机的不一致性,以及对信息判断的着眼点(短期或长期)的差异性,因而在相互回报行为中,常会出现"一厢情愿"、"以怨报德"或"以德报怨"等例外现象。

相互回报行为具有两重性。积极的相互回报行为,有助于人们相互关心、相互爱护、相互帮助、相互支持,有助于领导班子的团结和人际关系的和谐。值得警惕的是消极的相互回报行为。例如,进行权钱交易,你给我贿赂,我给你官做;拉帮结伙,你对我封官许愿,我对你无原则跟随;或互开后门,我安插你的弟弟,你安排我的女儿;或别有用心地相互吹捧,你投我以桃,我报你以李……这一切,都是市场经济等价交换原则侵入人际关系和人事工作领域的典型表现,轻则产生不正之风,重则导致党组织或领导班子的腐败。对此,一切领导者都不可掉以轻心。

四、嫉妒心理

嫉妒心理是人们在相互类比中产生的一种消极有害的心理,即对才能、名誉、地位或境遇超过自己的人心怀怨恨。

"同类互比"行为是人类的天性之一,不论是对个人还是对团体,也不论是对自己还是对别人,都会进行同类对比,即通过与其他同类人的比较,来确定自己的现状和社会位置。这也叫人际相互比较行为。图 14-5 表示出当自己比别人弱、别人比自己强时,正确的自我提示,会导致找出差距,向别人学习的积极行为;而错误的自我提示,会导致灰心丧气或诱发出强烈的嫉妒心理,结果引起别人反感,造成自身孤立。

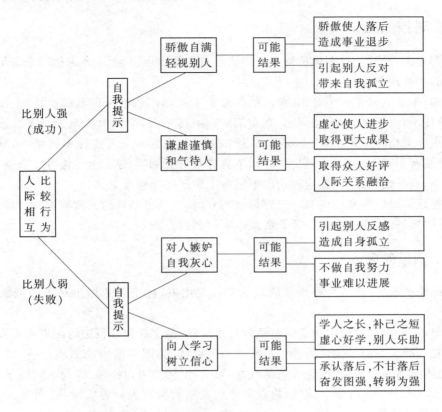

图 14-5　人际相互比较理论

领导者出现嫉妒心理是十分有害的:一会影响领导班子团结;二会影响优秀人才脱颖而出;三会导致嫉贤妒能,排除异己,打击先进,压抑人才,破坏人力资源的合理开发;四会导致奖惩不公、升降失准,该奖者不奖,该提拔者不提拔,失信于民,损害人力资源的管理;五会形成对改革者的压力,所谓枪打出头鸟,反对冒尖,排斥对领导提出不同意见的人等,往往使领导者自觉不自觉地被嫉妒心理驱使,而成为阻碍改革的人。

五、首因效应

所谓首因效应,指对人的看法过多地依赖第一印象,往往形成错误的心理定式。

例如,总经理会见一批新分配来的大学生,对那位眉清目秀、衣冠整齐、举止大方、彬彬有礼的小李,就容易产生极好的印象,并进行肯定的推理——这个小李一定是一个有教养、懂道理、品学兼优的人,将来可以重点培养;而对小王,一看他衣帽不整、不修边幅、高声谈吐、举止随便,就容易产生不好的印象,进而推断他自由散漫、品行不好、修养较差、缺乏能力、办事不可靠等,将来要加强教育,不可重用。

显然,仅从第一印象看人,带有很大的表面性、片面性。也可能在事实上小王为人聪慧、刻苦认真,富有创造性,是一个很好的技术人才;而小李则为人浮华、不实干,好做表面文章,没有真才实学。这就是首因效应带来的误差。

六、近因效应

所谓近因效应,指过多地依赖最近的表现对人作出评价,而不考虑他的全部历史和一贯表现的一种现象。

例如,车工老刘是一个有13年工龄的骨干工人,前12年一直表现很好,工作勤勤恳恳,钻研技术,勇于创新,团结同志,在车工班内威信很高,原拟提拔他为车工班班长。但近一年来老刘精神疲惫,多次上班迟到,还出过一次废品。车间主任不问情由,就对老刘得出了"没有干劲,没有追求,自由散漫,不宜提拔"的结论。实际上,老刘由于爱人生病,孩子还小,家务负担过重,在这种情况下坚持工作已属难能可贵。

这是近因效应带来的误差。它容易被别有用心、投机钻营的人所利用,积极表现于一时,取得领导好感,谋求个人的晋升或其他实际利益。

七、偏见效应

所谓偏见效应,指从某种错误的观念和偏见出发,纯主观地做出对人的判断的一种现象。

例如,某大学的物理实验室失窃两台贵重仪器,系主任钱教授把可能进入实验室的内部人员先过滤了一遍。他认为:第一,教授们可以排除,因为他们品德高尚;第二,青年教师可以排除,因为尚未结婚,经济情况较好;第三,女同志可以排除,因为她们胆子小、好面子、怕丢人,不会干这种事。结果,重点审查实验室的男工人和男实验员,而事实上,此事系一青年教师所为。

这就是偏见效应带来的误差。另外还有一些容易产生的偏见,诸如"小偷都是穷人"、"小孩子不会是骗子"、"流氓都面目狰狞"、"老干部都觉悟高",等等。这在人力资源开发和管理中往往使决策失误。

八、马太效应

所谓马太效应,是指对已有相当知名度的人给予的荣誉越来越多,而对那些尚未出名的人则往往忽视他们的成绩,或不承认,或贬低其价值,这样一种常见的不合理现象。

马太效应是由科学史研究学者罗伯特·莫顿在1973年首先提出的。之所以叫"马太效应",是因为"马太福音"第25章中有这样两句话:"因为凡有的,还要加给他,叫他多余。没有的,连他所有的,也要夺过来。"

在社会上,马太效应处处可见:名家的末流之作,刊物也予以发表;而不出名的小人物的血汗结晶,即使有真知灼见,也往往明珠暗投。在组织内部,往往在领导头脑中只有几个突出的知名人物,选技术能手是他,选五好标兵是他,选优秀党员是他,选人民代表还是推荐他;而一些尚不知名的普通职工,尽管做出了相同或更好的成绩,也往往得不到承认和重视,在领导者头脑中想不到他,因此无法脱颖而出。

马太效应所造成的误差,在尊重知识、尊重人才的今天尤其有害,领导者必须重视之,力戒之。

九、戴维现象

美国化学家戴维发现了订书匠法拉第在化学上的潜能,并将其精心培育成才,使法拉第名声大振。但此后戴维却开始贬低法拉第。他身为英国皇家学会的会长,是唯一投票反对法拉第参加皇家学会并成为会员的。

伯乐由识别和培养千里马,转而处处限制和妨碍千里马奔驰,带有一定普遍性,被叫做"戴维现象"。

在我国也存在类似的现象:董事长从提携青年干部到压制青年干部;学者从指导和培养高才生到贬低和排斥这些崭露头角的新秀……这种现象成为人力资源开发和利用方面不可忽视的问题。究其原因,比较复杂,既有利益上的冲突,又有价值观上的扭曲,还有人际关系的失衡,应该追根溯源,有针对性地采取措施,防止和克服"戴维现象",使大量新人成长起来,并大放光彩。

复习题

1. 正式权限论与权威接受论有哪些区别?它们导致哪些不同的领导作风?
2. 不同的领导作风会导致哪些不同的下级行为?
3. 怎样树立正确的权威观?领导树立权威的误区有哪些?怎样避免?
4. 领导者应该树立什么样的人才观?应该克服哪些错误的人才观?应该怎样实现人才观念上的转变?
5. 何谓领导集体的心理结构?领导成员在心理素质上怎样互补?
6. 为什么说领导者是组织文化的缔造者?领导者应树立什么样的价值观?
7. 哪些有害的心理会妨碍人力资源的开发与管理?怎样防止和克服?

思考题

1. 试举例说明,持有不正确权力观的领导者如何扼杀下级和群体的积极性,如何导致决策失败、指挥失灵的。
2. 试举例说明,领导班子内耗不止,怎样腐蚀和削弱组织的凝聚力,又怎样导致组织经营失败的。
3. 试举例说明,优秀的领导者可以带出优秀的组织文化,而不称职的领导者,可以毁掉组织的优良传统和优秀文化。
4. 试举例说明,领导者因陷入人事管理的心理误区,而造成组织人力资源管理上的损失。

案例

Z 董事长的领导方式为什么不受欢迎

　　MA 公司始建于 1983 年 5 月，是某新技术开发试验区的第一批民办高技术企业，主要从事信息技术研究、开发、设计、生产、推广业务，今年成为集体、个人参股的技、工、贸相结合的股份制经济实体。现有附属公司 10 个，并先后建立了北京、深圳、香港三个基地。主要业务是计算机芯片，各种全定制和半定制 ASIC 芯片的研制和开发。目前，正在研制 MISC 设计思想为指导的 CPV、FPV、MMV、DSP 等芯片及 FORTH 工业系列化产品。早在两年前已研制成功的 DST 8016 计算机芯片，与美国军方目前使用的 RT×2000 具有同等的技术水平，已进入世界先进行列。

　　MA 公司现有正式员工 69 人，公司下设 8 个部门，实行董事会领导下的总裁负责制。

　　再过 20 天，将是 MA 公司成立 10 周年庆祝大会。公司董事长 Z 认为，这正是提高公司知名度，树立公司公共形象的良好机会。趁这次庆祝大会的召开，可以广结社会各界名流，尤其是企业界有识之士。为了使这次大会产生轰动效应，他想到了现在省日报社当记者的老战友——老王。如若请老王在省日报上发表一篇关于 MA 公司企业文化方面的文章，岂不是为即将举行的十周年庆祝大会广做舆论宣传，提高公司的知名度的良策。于是，Z 向老朋友发出了邀请……

一、采访董事长

　　记者老王叩响了董事长的办公室。站在老王面前的 Z 依然是那么的干练和精神，丝毫不减当年在部队的风度，只是又添了几分企业家的精明。趁 Z 倒水之隙，老王环顾了一下这位董事长的办公室。不是特别豪华，但却井井有条。正面墙上挂着一横幅，非常醒目，是老子的名言："为学日益，为道日损，损之又损，以至于无为；无为而无所不为。"

　　办公桌上整整齐齐堆放着各种文件。再看桌上玻璃板下，显然是 Z 手抄的几句名言："只有民族的，才是世界的。"

　　"风险是成功的摇篮。"

　　"摸时代的脉搏，立超前的思想，做卓越的工作；

　　想人之所不想，先人一步；为人之所不为，胜人一筹。"

　　两个朋友相见，自然要寒暄几句。言归正传后，Z 董事长便滔滔不绝起来："王老兄，你知道我这次请你来的目的。我认为我们公司创建的这十年来走的是一条振兴我国民族电子业的正路，我的目标是成为中国的 IBM。当然，这条路并不好走，这是一条充满新颖科学观点、科研魅力和失败挑战的风险道路。但我坚信'风险是成功的摇篮'。虽然在我们艰苦创业的这几年，有许多人为了追求短期利益相继离开了我们公司，我真遗憾这些人的目光短浅，他们怎么看不到我们公司的宏伟未来呢？我信奉'只有民族的，才是世界的'，我们必须脱掉进口芯片的帽子，这一点，公司的部分员工还是理解的。我总教导我的员工们要拒绝短期利益的诱惑，让他们知道自己身上的重任是为振兴中国的民族高科技产业而奋斗！"

"我希望我的公司成为一流的高科技企业。一流的企业,当然需一流的企业文化和一流的企业管理,以及一流素质的人才。现在优秀的高技术企业开始越来越重视企业文化了。我以为这是一种无形的效益,只有选好人才,用好人才,才能增强企业的凝聚力和向心力,企业才能得以生存和发展。"

这里,董事长指了指墙上挂着横幅说:"这是我最为欣赏的一段话。我想,我的员工们也一定会欣赏并将此作为其行动准则的。只有摸准时代的脉搏,立超前的思想,才能做卓越的工作;只有想人之所不想,才能先人一步;只有为人之所不为,才能胜人一筹。"

"我与技术人员接触较多,技术部属我直接领导,与他们在一起我感到了这批青年人的青春活力。这八个人是我们公司的技术核心。为了创一流的产品,我对他们要求很严。芯片的每一步构思以及每周的工作进展我都将亲自过目、审阅、批示,从而协调总体系统设计。"

谈到这里,电话铃响了……董事长十分抱歉地对老王记者说:"你看,公司的事太多了。现在有一件急事需要我去亲自处理,对不起了老兄。不过我也说的是不是太多了?如果你还想知道一些情况,可以和我的助理谈谈。这些年来,他一直跟着我,对公司的情况也很熟。噢,对了,我已经给你安排好了和基层员工的座谈,吃过午餐开始。"

趁着离开饭还有段时间。老王和董事长的助理小李聊了起来……"与董事长相处,常常是受益匪浅。董事长是一个思维特别敏捷的人,时常有灵感的火花冒出。我们公司现在研制的'宏指令级芯片'完全是由他个人构思并命名的。"小李接着说:"有一件事在我们公司传为佳话。公司刚创建时,购进了一台计算机。当时大家都不会操作,说明书是英文版的。当时董事长也不懂外语。但是在两天的时间内,仅以字典为工具,董事长硬是把计算机给'玩儿'起来了,而且'玩儿'的特棒,真不简单!"小李又说:"董事长是一个敢想、敢说、敢干、敢于冒险的人。凡是他认为合理的,他一定要求他的下属按他的旨意坚决执行,而且必须全力以赴,无任何商量的余地……""是的,当初创业是十分艰难的。亏得我们董事长的魄力和谋略。我们董事长出身于高干家庭,自然会有许多亲戚朋友帮忙。您也知道,在咱们中国办事太难了,如果没有'关系',的确是寸步难行。公司发展到今天,与我们董事长的努力是分不开的。现在,公司中有些职员议论说:把董事长的岳母安排为人事部顾问,他父亲原来的秘书当总裁,他的'哥们儿'主管财务部,他的司机当行政部负责人……真是家庭统治!"

小李感慨地说:"这话也有失偏颇。当初创业多亏了这些亲戚朋友的患难与共。现在,公司发展初有成效,也不能把这些人踢出去啊。"

二、与基层人员座谈

记者老王与公司员工座谈后,发现自己现在的感觉与最初采访董事长时的感觉不太一样。按照董事长 Z 的意图,试图对 MA 公司的企业文化广为宣传的思想似乎有些模糊,以下是记者与基层人员座谈摘要。

经济发展部小刘:"我看了一下刚刚制定的若干人事制度,发现我们员工最关心的东西在这个制度上未体现出来。我来公司只有 2 个月,我把铁饭碗扔掉,为的就是谋求更高的物质利益. 但这个制度并没有明确我们的物质利益问题。反倒卡人的一些条例很具体。

我们不是反对公司建立必要的规章制度。但员工的职责是和个人的物质利益紧密相连的。不能说只规定我们的责任,而不给其利益。从这个条例中,我们没有看到希望。你问我准备干多少年？我没想那么远,看看再说吧。"

公关部小王:"我来这已有一年半了,算是长工龄员工了。公司的人员更换确实快。上个月我出公差十多天,回来后发现公司消失了一些熟悉的面孔,却多了一些陌生的面孔。我们总有一种不安全、无保证的感觉。公司有些事情让我们这些'无依无靠'的普通员工伤心。我们既不是'头儿'的亲属,也不是他的'哥儿们''挚友',我们只是'打工仔'而已。由于'远近'程度不同,造成报酬上的差别。希望您千万对我们的谈话保密,否则我们肯定会被炒鱿鱼。平时,我们同事间说话都很小心,唯恐哪句话说错了,传到上司的耳朵里,吃不了可要兜着走了。我们的'头儿'可是个说干就干,非常严厉,有时近乎不近人情,您千万保密啊！"

宣传部老李(一位原某国营单位的老行政人员,党员):"公司给我总的印象是'乱'。董事长倡导的公司目标太大,与现实有一定的距离。对于董事长的一些'名言',我们很多人不甚了解。什么'为学日益,为道日损,损之又损……'究竟是什么意思？我甚至怀疑中上层干部是否确切理解？董事长本人也从未给我们讲解过。公司很少开职工大会,也没有政治学习或业务学习,没有党支部。我已有好长时间没交党费了,说起来心里很是内疚！公司对我们的要求就是把自己的工作干好,其他事一概不许过问,甚至连工资的明细项目我们都不清楚,更不用说别人的工资是多少了。否则,就是违纪,将被'炒'。"

技术部小张:"公司以技术为本,我们感到很欣慰。我是1990年天大计算机系毕业应聘来MA公司的,在这工作了近三年了吧。我一直觉得公司总是在投入,似乎没有什么产出。我们每天研制由我们构思的新芯片,要拿出世界一流水平的东西。您问我这个芯片开发出来后有多大的应用价值？我不敢肯定。我认为它在学术上是很有价值的,在应用上可能是欠缺的。我觉得有些闭门造车的味道。"

技术部小孙:"我们现在研制的芯片如果成功,将会轰动全世界。这确实是一流的构思。但对于我们仅有的几个技术人员来说,毕竟力量薄弱。在研制时间长、强度大的情况下,我们确实是在超负荷运转。我们没有星期天,没有假日,甚至连谈恋爱的时间都没有。开个玩笑:简直是'残酷的压抑,忍受不了的枯燥'。董事长经常教导我们说,'应以事业为重,以公司的长远利益为重';'只有民族的,才是世界的';'只有想人之所不想,才能事业卓著,只有为人之所不为,才能胜人一筹'。对了,我们董事长最信奉的'为学日益,为道日损……'这段话是什么意思？您是大记者,学问多,能不能给我们确切地解释一下？我们大都理解为:书越读越厚,然后越读越薄,最后全部装在了脑子里了,就能把什么事情都办成,超过别人。我们的理解对吗？董事长常有一些至理名言冒出,是不是这些名言就是我们公司的企业文化呢？"

技术部小吴:"我们在公司工作至今,好像没感到有什么企业文化的存在。上岗前也没有受过正规的公司教育。什么《员工手册》《员工必读》《员工规范》等也从没见到过或学过,好像公司还没有这些东西。甚至连上岗前的培训都没有。至于说公司的凝聚力有多大？我们说不清楚。我从北京信息学院毕业来MA公司已有4年,算是公司最长工龄之一员了。公司以技术为本,对我们吸引力很大。很多人抛掉铁饭碗来公司求职,就是为了能多挣些'money',而公司至今没有短、平、快产品,谈何高工资?因此公司的人员流失比率相当高,工资期望值的落空不能不说是一个很重要的原因。从一定程度上说,公司的目标过于大,似乎有些不切实际。"

信息部老郑:"我从国营单位跳槽来 MA,快两年了。感觉就是和国营单位太不相同了。原单位是有党委的,即使某人犯错误,给处分,也得经党委研究,给予明确的理由。而在 MA 就不同了。我来这里这么长时间,从未有领导过问过我的生活及是否有困难。有时真感到寒心!外国资本家在逢年过节时还知道向职员问候问候,据说职员过生日时,老板还给送生日礼物呢。而我们的领导不知是工作繁忙,还是其他原因,并不是我们不愿把公司当成我自己的家,而是公司并不把我们当成亲人。"

技术部小赵说:"我在公司已有两年工龄。至于说我是否会长久待下去,我不敢肯定,我只想看看再说。我女朋友在××电脑公司任职,据她说,这家公司虽然创建至今只有五年,但在管理制度方面很规范,有一套完整的规章制度,其产品畅销国内外,很有知名度。一谈起她们公司,她就眉飞色舞,似乎有一种为之献身的味道。而且她的工资比我高出许多。她时常劝我跳槽。"

行政部老马:"来了一年多了,总感到内部人际关系非常复杂、难处。中上层主管不是亲朋,就是挚友。我们总有一种被时时监督、事事控制的感觉。发泄不满的唯一方式就是'走人'。公司对流失的员工似乎也并不挽留或感到可惜。没有学习、深造的机会。每个新员工进公司的第一天就得上岗干活。公司有一条规矩就是'以一当十,不养闲人'。至于你们提到的什么企业文化?我不知道,在公司我也从来没有听人说过。"

三、第二次采访董事长

老王为了不负朋友的期望,同时也为使纷乱的思路有一丝线索,他带着许多疑问,再一次叩响了 Z 的办公室。

董事长听罢老王的想法后,哈哈笑了起来并说道:"我已经猜到你下去走一圈后,一定还会来找我的。我知道,他们对我有些意见,甚至要反对我,有的人还会说我是法西斯,我不在乎。我们几个头面人物都是军人出身,'服从命令'是训练出来的,其中有中校、有少校。""智力劳动必须烦琐。技术的关键是必须工程化。工程化的问题就是要详细规定。必须限制知识分子的自由,而中国的知识分子总是喜欢自由化。所以我要求人事部在制定各项制度时,一定要把各个细节都规定好。我倾向于管理要细致、刚性,类似于军队的作战方案。有些教授应聘来了,毫不例外也必须遵守公司的一些法律,包括上班前一小时思考,下班前一小时总结的规定,所以他们很多人受不了,走了。走的人不是因为报酬少,而是因为受不了。我的主要办法是用高待遇吸引高智力、高水平的人才。有的人对我恨之入骨,单为这每年六万元的工资也得干。我们之间的关系就是劳资关系。"

"我不在乎有人撕我照片。我要走向一个没有人情的管理。过去说:要关心职工的生活,这话是错误的,这不是企业的事情。"

"我们公司的流动率很大。这次成立股份制公司,一下子走了 50%。我认为人员是要流动的,不流动企业就没有生命力,但要留下文件,即文字资料。所以我要求每个员工必须上交每天的工作日记,留下的文件是保持连续性的保证。"

"我实践了六年,想了三年,想出了这么个管理模式。但推行不下去,下面抵触情绪严重。请你帮我分析一下。"

资料来源:张德. 人力资源开发与管理案例精选[M]. 北京:清华大学出版社,2002.

讨论题

1. MA 公司的 Z 董事长其领导风格有什么特点?
2. Z 董事长信奉的企业哲学和核心价值观是什么?是否妥当?为什么?
3. 为什么大家都恨 Z 董事长?这种领导风格有什么消极作用?
4. 如果 Z 董事长决心重新塑造领导形象,应该怎样做?

第十五章 人力资源的跨文化管理

本章学习目标
1. 分析文化差异的不同维度
2. 人力资源跨文化管理的含义
3. 价值冲突的表现层面
4. 跨文化管理的类型
5. 人力资源跨文化管理的对策

随着经济活动在全球范围内的展开,不同经济区域之间、不同国家之间,以及国家内部不同地区之间的人际交往和经济交往越来越频繁。尤其是跨国公司的迅猛发展,使全球经济越来越不可分割。跨国公司在全球的经营活动中,遇到的一个重要课题就是人力资源的跨文化管理问题,由于跨国公司在其经营所在地的雇员不可能全部由总部派出,不同文化、不同制度、不同传统之间的差异往往造成许多管理中的冲突,很好地协调和解决这些冲突是跨文化管理的重要内容。

第一节 文化差异及识别维度

文化在中国古代是指"以文教化"。《周易》中曰:"观乎天文,以察时变;观乎人文,以化成天下。""天文"指的就是自然规律,"人文"指的是社会道德规范。大意是人类从自然、社会中获取文化,利用文化来驾驭、改造自然,教化世人。西汉以后,文献中正式出现了文化一词。刘向《说苑指武》中曰:"圣人之治天下也,先文德而后武功。凡武之兴,谓不服也;文化不改,然后加诛。"现代汉语中通用的文化一词,首先是由日本学者在翻译西学时借用了汉语的词汇,后又由日文转化过来的,成了一个内涵丰富、外延宽广的概念词。英语中的 culture、德语中的 kulture,都源于拉丁语的 colere 一词,有耕作、居住、练习、留心、敬神多种意义,后逐渐延伸出与物质性意义相对的精神含义,具有性情陶冶、品德教化等含义。

到了现代,关于文化这一概念的定义更加多样,美国文化学者克罗伯和克拉克洪在其 1952 年发表的《文化概念》中对当时西方 160 多个文化的定义作了辨析,并概括如下:"文化由外层的和内隐的行为模式构成;这种行为模式通过象征符号而获得和传递;文化的核心部分是传统的(即历史地获得和选择的)观念,尤其是它们所表现的价值。文化体系一方面可以看作行为的产物;另一方面则是进一步的行为的决定因素。"

具体地讲,文化的两个层面,一个是核心的内隐层面;另一个是外显的层面。核心层面也就是文化的基本前提,它是历史中形成的,自然而然的,难于观察的,它包括对人与环境的关系,人对自己的认识,现实、时间和空间的本质,人际关系的本质和人的行为的本质的一些基本假设。外显层面则为文化的各种外在表现,是可以观察到的。概括起来有下列内容。

(1) 人们相互交往时被观察到的行为准则。包括使用的语言,以及表达敬意时一些仪式的做法等。

(2) 群体规范。例如,霍桑试验中所揭示的工作群体的规范。

(3) 主导性价值观。包括类似产品质量、战略等组织中所信奉的核心价值观,以及仁、义、礼、智、信、忠、孝、廉、耻等中国人所倡导的价值。

(4) 正式的哲学。包括处理组织和其利益相关者,如股东、员工、顾客等或者某一地域与外部地域之间关系时,应该信奉的意识形态,以及给予组织中各种政策指导的一种哲学。例如,惠普之道和中国政府外交信奉的和平共处的五项原则。

(5) 游戏规则。为了在组织中生存而学习的游戏规则,例如,一个新成员必须学会这种规则才能被接受。

(6) 组织或地域风气。组织成员在与外部人员进行接触过程中所传达的组织内部的风气和感情。

(7) 基本的技巧。包括组织成员在完成任务时的特殊能力,不凭借文字和其他艺术品就能由一代向另一代传递的处理主要问题的能力等。

(8) 思维习惯、心智模式、语言模式。包括组织成员共享的思维框架。

(9) 共享的意愿。组织成员在相互影响过程中所创造的一种自发的共同想法和共同理解。

(10) 一致性符号。包括创意、感觉和想象等组织发展的特性,这些可能不被完全认同的标志,它们会体现在组织的建筑物、文件以及组织其他的物质层面上。

虽然我们可以将文化的两个层次理论地划分开来,但在多数情况下,文化对个人来说是一种背景。尽管文化作为一种背景让人们感觉到它的存在,但却未得到充分的认识。正像规则通常在它被违反时才被人们认清楚一样,一种文化也在自身变化和其他文化反衬中才清晰可辨。换句话说,文化往往在一个与之不同的文化环境中才显示出其鲜明的个性,这正是跨文化管理的着眼点。

当我们以某种共同的文化特征进行归纳时会发现一些明显的文化差别。例如,儒家文化和阿拉伯文化。而由于历史或政治上的原因(包括管理),造成在管理以及其他活动与外界存在不自然的阻断时会形成地域文化,例如,北京文化和上海文化。我们把以上这些文化都笼统地称为地域文化。即地域文化是指在某一个地理区域或经济区域范围内存在的文化现象,随着经济全球化的进行,在上述文化的10个范围内必然会产生一些全世界通用的文化。例如,目前在经济领域,我们倡导与世界接轨,在文化层面上就要接受一致的游戏规则、一致的哲学、一致的礼仪甚至包括一些价值观。这种接受过程中会有一些冲突。而且,只要组织之间(包括国家或其他地理区域)存在界限,区域之间的文化冲突或者文化差异必然还会存在。

要有效地进行跨文化管理,首先要识别不同文化之间存在的差异。自20世纪80年代以来,对文化差异的研究非常丰富,但在用什么维度识别不同地域和不同民族文化方面,霍夫斯泰德(Hofstede)使用的五个维度是最具有代表性的。

霍氏的五个文化维度的含义如下。

(1) 权力差距。在任何组织内部由于成员的能力不同,权力也不等。组织成员之间权力的不平等分布是组织的实质。

(2) 避免不确定局面的意识(强/弱)。不同的社会以不同的方式适应不确定性,例如,技术、法律和宗教。对应不确定性的方式在社会成员中共同持有的价值观念中反映出来,其根源是非理性的。这些方法可能导致一个社会采取别的社会认为异常和不可理解的集体行为。

(3) 个人主义/集体主义。这是描述一个社会内盛行的个人与集体之间关系的指数,在集体主义价值观念占主导的社会里,个人往往从道德、思想的角度处理他与组织的关系,而在个人主义盛行的地方他往往以算计的方式与组织打交道。权力指数高的国家,大多数都是个人主义指数低的国家。但也有例外,如法国和比利时。

(4) 阳刚/娇柔意识(男性主义/女性主义)。阳刚意识强的社会,人们追求事业上的成功、地位上出人头地和经济上的收益;反之,在娇柔意识强的社会,人们更多地追求人际关系的和谐、亲人朋友之间的共处、地位上的平等和心理上的收益。

(5) 利益导向性(长期/短期)。利益导向性是指一个国家或民族特有的对待长期利益或短期利益的价值观。具有长期利益导向的国家或民族较注重对未来的考虑,以动态的观点来观察事物,注重节俭和储备,做任何事都留有余地;而短期利益导向的国家或民族着重眼前利益,注重对传统的尊重和对社会责任的承担。

另外一种分析文化的思路,是把不同的民族文化按照其内部的相似性和彼此之间的区别来归类(即统计方法上的聚类分析),归结为如表15-1所示的几类文化地域。

表15-1 基于霍氏模型的地域文化

国　家　组	国家(或地区)
安格鲁	澳大利亚、加拿大、英国、爱尔兰、新西兰、南非、美国
日耳曼	奥地利、德国、瑞士
欧洲	比利时、法国、意大利、葡萄牙、西班牙
斯堪的那维亚	丹麦、芬兰、挪威、瑞典
拉丁美洲	阿根廷、智利、哥伦比亚、墨西哥、秘鲁、哥斯达黎加、危地马拉、委内瑞拉
远东	中国香港、韩国、马来西亚、菲律宾、新加坡、中国台湾、泰国
近东	希腊、伊朗、巴基斯坦、土耳其
独立	巴西、印度、以色列、日本

其实,不论使用什么维度来研究地域文化对管理过程的影响,都不可能把所有的文化范围包括进去,但都会涵盖主要价值观、指导哲学和行为规范这些文化的主要特征。

第二节　人力资源跨文化管理的价值冲突层面

所谓跨文化管理,是指管理者在由不同文化背景的人组成的组织里,有效地协同不同文化对组织行为的影响,有效地与来自不同国家和文化背景的人进行良好的沟通。而人力资源的跨文化管理,就是如何对来源于不同文化背景的人力资源进行整合和融合,所关注的问题就是一个带有文化特点的个体行为与另一种文化之间会发生的冲突、冲突的范围和影响、冲突的文化原因以及如何减少冲突的对策等。跨文化人力资源管理与单一文化下的人力资源管理有很大的差别,它要考虑更多的因素,包括更复杂的内容。首先,跨文化人力资源开发与管理的范围更宽:一般在两个或两个以上国家进行,因此涉及的员工类型较多,这时管理者需要通过对异国文化的深入了解,在不同的文化中寻找管理方式的异同点,掌握跨文化管理的基本原则和处理跨文化问题的技巧,从而将文化冲突降到最低限度。其次,跨文化人力资源管理对管理者提出的要求更高。在管理者的职能范围之内有许多新的内容。比如,安置、引导来自他国或即将去往他国的员工,参与语言方面的翻译,等等。最重要的一个要求是,跨文化人力资源管理者必须具备更加广阔的视野,他需要理解并适应各种文化间的差异,并在此基础上进行整合超越,以形成一种新的"文化重新组合",尽可能地发挥各类人力资源的作用。最后,跨文化人力资源管理必须通过对跨文化的理解和参与,针对组织中的现实问题进行实践,从而掌握跨文化人力资源管理的规律。

虽然目前还没有对人力资源管理范畴的价值观、指导哲学等在各个地域或民族文化下的特性和差异性进行总结,但企业的经营管理过程本身就是一种文化行为,一种道德行为。任何企业产品的品质早期决定于创办人的价值观,后来则决定于整个企业的工作价值观。企业文化的来源是该企业的价值观,国家文化的来源则是该社会深层的信念结构,这些信念结构是规范一个社会经济活动的根本力量。社会的文化偏好或价值观是国家认同的基石,也是一国经济力量的根源。虽然每个企业之间的文化会有所不同,但是当我们用地域进行文化划分时会发现同一地域内的企业文化具有许多共同的特征,这充分证明了地域文化对企业管理过程的影响。霍氏的文化维度划分也说明人力资源管理不可避免地带上地域文化的特点,员工参与的强弱与权力距离有很大的关系,绩效考核中个人和团队评估所占的不同比例反映了个人主义和集体主义的侧重不同,女性管理者的晋升机会也与男性主义和女性主义有关。

以美国、英国、瑞典、法国、日本、荷兰、德国这些资本主义世界中长期表现卓越的国家为例,这些国家都自称资本主义国家,崇尚自由,尊重市场机制,强调自由经济制度,这些地方的确相似,但当人们进一步研究这些国家企业的日常运作方式、赋予工作的意义、利益相关者的利益分配形式、员工管理的风格、谈判的技巧时,就会发现它们存在相当大的差异。

任何一个国家的企业管理者在经营管理过程中都要面对如何处理七个方面的价值选择。

(1) 制定规则与发现例外(普遍主义/特殊主义)。

（2）分析缩构与建构整合。所有企业必须能分解其所生产的产品或服务，以便能分析其中任何可能的缺点，并进行改善。同时，企业也必须能不断重组产品的零部件，以便更新产品的整体设计。

（3）人与组织的管理（个人主义/集体主义）。企业一方面要为成员提供照顾、开心、信息和支持；另一方面还要确保成员完成企业整体的目标。这取决于个人主义和集体主义之间的融合程度。

（4）外部世界的内部化。企业如何调解内部导向与外部导向两种相反力量，以及能否将外部世界内部化，以便果断而明智地行动是决定企业特性的重要因素。

（5）增值过程的快速同步处理能力（依序处理/同步处理）。企业真正的挑战是如何协调许多必须快速完成的工作。企业如果要抢先占领市场满足顾客的需求，就必须兼顾依序处理与同步处理两种作业方式。对财富创造过程而言，增值过程的快速同步处理能力显然越来越重要。

（6）成就者的认定（赢得的地位/赋予的地位）。企业要有效运作，就必须将地位、职位和权责授予为企业尽心尽力并且在工作上有所成就的人。企业创造价值的能力取决于其对成就的定义。例如，他们比较赏识赢得的地位还是比较重视赋予的地位。

（7）提供成员均等的表现机会（平等/层级）。企业必须提供所有成员均等的表现机会，否则员工的创意与建议会受到压抑，同时企业也没有利用好这些资源。企业的特性取决于成员表现机会是否均等，以及负责评判部属表现的管理层级体系的决策特点。

以上七个方面本身都蕴含着冲突，例如，个人主义和集体主义之间的冲突，这种不同价值观所带来的冲突与紧张，在跨文化管理上称为价值两难。不同文化在面对上述价值两难时都充满强烈的意识形态色彩。要成功整合这些价值冲突是非常困难的事情，因为它与人的思维方式和行为方式直接相关，尤其是其中的（3）、（6）和（7），直接与人力资源管理的职能相关。也正因为存在这些不同的价值选择，跨文化管理中的冲突才可能发生，而人力资源的跨文化管理才会非常具有挑战性。

第三节　人力资源跨文化管理的内容

不同文化之间的管理冲突的影响深度和冲突的主要方面是不同的，这已经在不同的合资企业，例如，日美合资企业和中日合资企业的管理中表现出来。从人力资源管理的角度出发，冲突主要表现在人员的录用与调配、职位分类、人员的考核和激励、人员的培训、劳资关系、管理人员的任免和晋升、领导作用的发挥等人力资源管理的各个环节。

例如，在对在华的德资企业进行的研究中发现，在中国的德国合资企业在管理中由于文化差异所带来的冲突数不胜数，在人事管理方面，德资企业发现很难挑选合适的外派人员到中国工作。即使派出了，由于对中国员工的强烈集体归属需求估计不足，以及中国企业不同于西方的领导风格、不同的地位待遇、不同的教育培训体制，工作效果也非常不理想，还出现了母公司发出指示，而由于指示不适合合资企业而不被接受的现象。德国企业发现中国企业对工作任务的描述不具体，因此质量也很难保证，工作岗位设置与德国也大不相同，员工缺乏参与精神，所以原来在德国行得通的管理制度和手段也很难贯彻实施。

以上的这些冲突虽然在实践中表现在管理上的沟通、决策、计划、组织、激励、控制、领导等各个方面,但归根结底本质是人的方面,表现在人的思维、价值观、规范、信念、哲学等文化方面。对这些冲突进行整合和融合就是人力资源跨文化管理的基本内容。

当然,在具体的人力资源管理实务中还应该注意到,各个国家在招聘、晋升、工会、休假、工资等方面的制度规定不同,即使它们的地域文化属于同一类型。例如,所有的欧洲国家和北美国家对于性别、种族歧视等方面都有严格规定。表 15-2 是主要欧洲国家在对劳工方面的一些不同规定,对这些差异(还没有上升为冲突)的认识和遵守也是人力资源跨文化管理的具体内容。

表 15-2 主要欧洲国家在劳工方面的具体规定

国家	雇佣正式性	最低工资	最长工作时间(包括加班)	最长年假	雇主解雇前最短通知时间	中止正式性	雇员参与
比利时	一定的条款必须是书面的	有	每天8小时,每周40小时	4周	工人:14～28天;其他:3个月(服务满5年)+每5年3个月	可以因为操作失误不通知解雇,补偿	工人议会
法国	书面协议,集体协议存在	有	每天10小时,每周39小时	每月2.5天(包括5个周六)	服务满6个月后提前1个月,满2年后提前2个月	不公平解散,补偿,需要补偿授权	员工和工会代表,工人议会
德国	固定条款协议,集体协议存在	无,但如有集体协议就有规定	每天8小时,每周48小时	18天	工人:2周到3个月;其他:6周到6个月(从季度末算起)	不公平解散,事先与工人议会商量解散和补偿	工人议会
英国	雇员可以要求雇主提供书面协议	无	无普遍存在的最长时间	3周	1～8周	不公平解散,补偿	无正式要求

第四节 跨文化管理的类型

随着世界经济一体化的进行,跨国之间的经济活动和企业活动包括人员之间的流动也必然越来越频繁。跨文化管理会发生在企业到本土之外进行活动,企业之间的合并、兼并等行为中。这包括三种情况,即强势文化和强势文化之间、强势文化和弱势文化之间、弱势文化和弱势文化之间的整合和融合。各种跨文化管理的方法和手段也在不断接受着实践的检验,概括起来,可以分为三种类型,也是跨文化管理的三个层次。

一、移植

移植是最简单直接的方式,也就是直接将母公司的文化体系全套照搬到子公司所在的国家或地区,而无视子公司所在地的本土文化或合作方的原有组织文化。在具体的文化贯彻和实施过程中,都不可避免地带有强迫的色彩。如果母公司文化是强势文化,而子公司的地域文化或原有文化是弱势文化,那么在移植过程中反映出的冲突相对会小些;但如果两种文化势均力敌,都属强势文化,那么爆发出的冲突就会更为激烈;第三种情况就是两种文化均为弱势文化,则这种移植的结果带有不确定性。而如果是子公司所在地域或组织文化为强势文化,弱势的母公司文化的移植则很有可能搁浅,甚至失败,弱势的母公司文化反被强势的子公司文化所同化。移植是最低层次的跨文化管理。

二、嫁接

嫁接类型的跨文化管理是在母公司认识到子公司所在地域文化的特征,并在尊重当地文化的前提下采取的方式。嫁接多以子公司的地域或组织文化为主体,然后选择母公司文化中关键和适应的部分与之结合。这种方式的优点在于对当地文化的充分认识和尊重,但容易出现的问题则是母公司文化的特性不突出或者是没有尽取精华,对当地文化中的不适宜的成分也没有充分地剥离,使协同效应无法充分地发挥出来。这种方法的最大优势是易于被子公司接受,当子公司文化是强势文化和优良文化时,嫁接是最佳选择。

三、文化合金

文化合金是跨文化管理的最高层次,也是经实践证明最有效的方式。文化合金是两种文化的有机结合,选择各自精华的部分紧密融合,成为兼容性强、多元化的合金。它不是以哪一种文化为主体,而是两种文化直接融合。具有这样性质的文化也可以兼容更多的文化,适应更多不同文化的环境,具有普遍推广的能力,因此成为经济全球化下跨国公司最强的核心竞争力。这种方式的难点是要求跨文化管理的执行者具有很强的文化智商,具有很强的文化策划能力与文化融合的执行力。

第五节 人力资源跨文化管理对策

不论在什么文化背景之下,对人力资源取得最大的使用价值,发挥最大的主观能动性,培养全面发展的人,这一人力资源开发与管理的目标是相同的,这就为人力资源管理上的文化融合提供了基本前提。同时,文化也是动态可变的而不是一成不变的,这也为文化的融合提供了必要条件。

一、文化融合的基本前提

文化融合的基本前提如下。

1. 确认原则

没有大的基本原则就不能确定文化中哪些应该改进,哪些应该发扬,哪些应该废除;哪些属于先进,哪些属于落后。不同文化背景下的人们在一起工作时,要能完成人力资源开发管理的任务,双方就必须先确定一些基本原则。

2. 相互理解

在确定原则之后重要的态度和意识就是相互理解,在文化融合过程中没有所谓对错、先进与落后的概念,只有符合原则和不符合原则的问题。现实中往往是强势文化在影响和同化弱势文化。弱势文化背景下的员工情感、意志、态度、兴趣等会产生挫折感,并由此产生一些非理性行为,对于这些要事先给予充分重视。

3. 相互尊重

"入乡随俗"是文化融合中一个重要原则。本土文化不论是处于强势还是弱势,在本土地域内依然具有很强的影响力。外来文化,尽管可能是强势文化,也不能咄咄逼人,处处以自己的原则和规范行事,把自己的意识形态当成天下的真理,威迫别人接受。

中国的海尔创造了"激活休克鱼"的奇迹,就是用强势文化成功地改造了弱势文化,实现了用无形资产盘活有形资产,证明了成功的文化融合可以产生巨大的经济效益。不论是何种态势下的文化融合,只有在文化双方的人们相互理解和相互尊重的前提下,才能实现文化融合。

整合不同文化首先要求承认不同文化背景下的管理经验中都有先进性的一面,并积极、开放地予以吸收接纳,理性地对待他山之石,并不断地刺激跨文化的交流和学习。其次,比较不同文化类型并找出其分歧、差异、相对以及相近的不同层面,从组织目标与整体利益出发进行从优择取,为跨文化性的交融和整合做好铺垫。最后,通过交流和整合不同文化,促进组织在全球范围内相互借鉴、融合和创新,在比较、择优中形成适合于自身发展境况的人力资源管理模式。但这一管理模式的形成并不意味着人力资源管理模式发展的终结,它还需随时代发展和全球日新月异的环境变化而不断地进行发展、改进和创新,从而使组织的管理模式充满生机与活力。

影响文化整合方式的因素很多,最重要的是文化特质的差别大小和文化特质所代表的管理模式高效与否。若文化特质差别大,整合初期最好采取保守型的文化融合方式,当企业运作一段时间后,再转向其他文化整合方式,以减少文化冲突。若文化特质差别小,则必须先考察哪种文化特质所代表的管理模式在其文化背景中更高效,再以代表高效的文化特质为主,采取吸收型、反吸收型或融合型的文化整合方式。值得注意的是在跨文化性整合过程中,应该考虑到组织本身作为一个特定的文化团体的整体均衡性问题。

二、实施对策

在具体实施人力资源跨文化管理中,以下五个方面是需要格外重视和做好的。

1. 加强跨文化培训,造就高质量各类跨文化人才

这是跨文化管理的重心所在。由于各自工作习惯、企业体制、管理方法的差异,跨国企业员工可能不能完全适应公司的要求,此时,对他们进行相关的培训是非常有必要的。由于人力资源具有很强的可塑性,通过有针对性的训练,他们的工作能力和适应能力往往能够得到较大的提高。跨文化企业应通过有效的培训,培养目光长远,能适应多种不同文化并具有积极的首创精神的各类人才。跨文化培训的主要内容有对不同文化的认识、文

化的敏感性训练、语言学习、跨文化沟通以及冲突的处理、地区环境模拟等。培训方法主要包括把具有不同文化背景的员工集中在一起进行专门的文化教育、文化研究、实地考察、环境模拟、情景对话、角色扮演、语言培训等,以便打破每个人心中的文化障碍和角色束缚,更好地找出不同文化间的相同之处,提高每个人对不同文化环境的适应性,强化不同文化间的合作意识和联系。

2. 派出人员的甄选和培训

在选择外派人员的时候,应该尽可能选择那些具有全球经理人技能和素质的人。他们应该喜爱新的文化,喜欢在外国工作的挑战,不断地寻找机会学习,乐于接受别人的意见并有寻找反馈和利用反馈的行为。他们具有冒险精神,有很强的与人交往的能力,更为重要的是,他们对文化差异有较高的敏感性,与来自其他文化的人一起工作时,能够努力去理解他们的观点和态度。总而言之,他们的文化智商较高。这样的全球经理人就能够适应文化融合的要求,当然,他们还要参加一系列关于派驻地语言、文化和个人职业生涯发展的培训,以期更好地适应今后的工作。许多大公司还为派出人员的配偶提供类似的培训项目。例如,朗讯科技微电子集团(Lucent Technologies Microelectronics Group)制定了富有创意而又低成本的培训规划,旨在解决文化多样性和重大经营问题。这套基于高技术的课程包括:通过影像向全体员工播放半天针对国别情况的研讨会,向所有面临现实需要或问题的相关员工提供半天的经营文化洗礼课程,设立公司内部网站,提供各国文化和实用旅行信息。越来越多的企业意识到了跨文化误解的高昂代价。据 SRI(Selection Research International, Inc.)咨询公司称,一项失败的外派任职的直接损失在 25 万~50 万美元之间。而摩托罗拉公司估计的数字更高,一名失败的中层职员每年造成的损失为 7.5 万美元,而 3 年期任职的损失约为 60 万~125 万美元。摩托罗拉公司对讲机事业部负责外派任职的经理 Linda Kuna 指出,任职失败损失的不仅仅是钱,"外派选错人,就有可能破坏跟东道国的关系,这不仅会丢失业务机会,而且会损害那些原本可能不应该外派的职员的职业通道"。

3. 管理人员的本土化

由于本土的管理者对本土文化有深刻的了解,容易为员工所接受,也容易同本土的政府和媒体打交道,同时为本土员工的晋升提供了明显的渠道,具有很强的激励作用,因此使用本土管理者进行管理成为跨文化人力资源管理中的明显特征。当然在挑选这样的管理者时,一般选用在另外一方有学习和工作背景的员工,或者选送他们到另一方文化背景的环境中进行学习。有的企业还会在选择本地管理者时强化海外商务旅行和工作经历,因为运用这项策略的企业相信,员工可以通过实践经历和旅行获取应对其他文化的技能。这项策略的内容包括开展与多文化生意伙伴的日常接触、在多文化团队工作、商务旅行和驻外任职。但乃有许多跨国公司或跨区域的大公司不愿意使用本地管理者,主要理由是更好地贯彻总部的战略部署和管理模式,而且便于控制。但非本土的管理者往往会遇到文化冲突的问题,如果语言再不同,冲突升级的可能性就会加大,并不利于整个公司的发展。所以至少管理者要学习本土语言,因为语言是文化的主要符号和载体,只有掌握本土语言,才能学习和了解本土文化。并且争取在时机成熟的时候,提拔和使用真正本地的管理者。

4. 以宽容和容忍的态度对待文化冲突

即使准备再充分,跨文化管理中的冲突也不可避免。面对冲突,管理者需要一个平和的心态、宽容的态度和理智的处理方式。这里,前面提到的文化融合的前提就非常重要,要相互尊重和理解,立场要客观中立,处理方式要尽量温和宽容,因为文化的变革过程不是一时之事,要有耐心,才能水到渠成,而粗暴苛刻只会前功尽弃,事倍功半。在企业文化中遵循多样化政策,惠普、福特和摩托罗拉等公司把跨文化培训融入其多样化政策。多样化已经成为企业战略的重要方面,因为它使员工队伍趋于多元化,并鼓励员工珍视工作场所的文化差异。这些企业把多样化视为全球经济中重要的竞争优势。它们的策略是建立多样化的员工队伍,反映并理解公司所服务的多种顾客。多样化政策影响公司的全球化努力。公司可以通过多样化企业政策,鼓励跨文化了解和对文化差异的积极态度。如果企业文化明确地重视并奖励多样化,员工更可能对文化差异有开放的心态,更好地觉察到那些差异,并对此宽容。文化理解更多地来自心态,而非知识基础或有关某国的一大堆事实。

5. 逐步实施文化融合的策略,最终实现文化合金

文化融合是一个系统工程,要有计划、有步骤地分阶段实施,而文化融合的最终目标就是塑造文化合金。从具体发展路径上讲,以移植的跨文化管理方式实现文化融合很难,更不要说成为文化合金了;而从嫁接的方式到文化合金就有比较大的可能性。所以,在人力资源的跨文化管理过程中,管理者要时刻关注文化的变化,并积极主动地推动文化的变革和融合,以使企业真正成为兼收并蓄、集各种文化之所长的文化合金。

2004年12月8日,联想集团以包括6.5亿美元现金和6亿美元联想股票的12.5亿美元收购了IBM个人电脑事业部,成为年收入超过百亿美元的世界第三大PC厂商。联想以12.5亿美元成功并购IBM的PC资产对于双方而言是一个双赢的局面,但却面临着有机整合及文化差异的挑战。联想与IBM的PC资源虽然合二为一,但不等于人才的融合。由于两家公司在地理上位于东西两半球,其企业文化、人才理念和管理风格等诸多方面都存在巨大差异。IBM的PC部门拥有10 000多名员工,分别来自数十个不同的国家,拥有不同的生活特点、文化风俗、管理特色以及法律规则。不论是此前海尔在美国建厂、TCL并购重组法国汤姆逊彩电和阿尔卡特手机业务,缔造了全球最大彩电企业和全球第七大手机供应商,还是联想收购IBM个人电脑事业部,成为年收入超过百亿美元的世界第三大PC厂商,中国企业已经开始走向国际市场,由于文化的差异带来的文化冲突必将成为中国企业国际化的最大障碍,尤其是对于缺乏国际化经验的中国企业。

随着中国企业国际化战略的纷纷实施,必然要求人力资源管理策略的全球化,以在全球范围内利用资源,将自己所拥有的资本、技术、管理经验、市场联系和研究与开发等方面与东道国当地所拥有的人力资源、自然资源乃至市场规模等优势相结合,利用跨文化优势,开展跨国经营,以在全球范围内实现优势互补。当中国企业开始走向世界,处于不同的文化背景、地域环境中,必将遇到前所未有的机遇与挑战。有效地进行跨文化的人力资源管理,是中国企业在跨文化背景、地域下成功运营的保证。

找准"保持自我"与"适应他人"之间的平衡点,是国际化战略的关键。"适应他人"是

真正理解、尊重东道国的文化,而"保持自我"是坚信本国、本组织优秀文化的特色魅力与影响力,并把它变为强势竞争力。跨文化人力资源管理,绝不是文化的同一化,而是在保持本土优秀文化的基础上兼收并蓄、不断创新,造就适应全球竞争需要的人力资源。中国企业的国际化经营,在人力资源管理上既要注意"适应他人",也要"保持自我",要在这二者之间找准平衡点。

在找准平衡点之后,就需要取优去劣,优势互补,实施本土化经营。海尔在国际化的过程中就非常善于本土化经营。海尔1999年在美国建厂时,也将海尔文化移植过去,一开始是让在班组内被评为最差的员工站在海尔5S大脚印上,讲为什么被评为最差,但后来美国员工反映这个办法有损他们的自尊心,海尔就根据美国人喜欢炫耀的性格,改成评最好的员工上去交流经验,结果许多人都认真工作,想要上去讲一讲。美国员工还自己想出一个办法,把原来被评为最差的员工给他画个哭脸,改成在他桌子上放一个老鼠玩具;把原来被评为最好的员工给他画个笑脸,改为在他桌子上放一个熊猫玩具。这些办法更加本土化,美国人也愿意接受。由此可见,海尔非常注重在企业文化传播过程中创造性地传播中华民族文化的同时,借鉴外来文化成果,从而成功在美国实现了本土化。

通用电气(GE)前总裁韦尔奇曾说:"真正的挑战,是将组织的思想全球化,除非一个组织捕捉到其他地区的人才,否则就真的有问题。除非将人才全球化,否则就没有将公司真正全球化。"该战略一方面要求不受国籍和地理限制建立全球范围的人才库,使公司在全球范围吸引,以获取其所需要的经理人和专业技术人才。另一方面要求制定合理的薪酬和绩效机制,这也是全球范围内吸引人才最重要的手段。全球化战略的基础是以全球化的人力资源管理手段和方式为保障的,因此,人力资源的跨文化管理将是全球化或国际化战略下企业经营者关注的重点和焦点。

复习题

1. 什么是文化?文化的具体表现有哪些?
2. 什么是人力资源的跨文化管理?
3. 跨文化管理的类型有哪些?
4. 在人力资源管理实践中,如何处理文化冲突?
5. 企业管理者要处理哪七个方面的价值冲突?

思考题

1. 描述你现在(或曾经工作过)组织中的文化冲突和差异的案例,并分析产生的原因和解决办法。
2. 如果你是中美合资企业的中方主管,在处理人力资源问题中需要注意哪些问题?

案例

在华外企擅自解聘工会主席

西科姆(中国)有限公司是一家日本投资控股公司,主要经营电子保安业务。1995年,公司成立工会,李东亚当选为工会主席。1998年4月13日,公司工会进行换届,李东亚经工会代表大会选举、上级工会批准,再次当选为工会主席。在任期间,他的劳动合同期限为2000年1月1日至2000年12月31日。然而,2000年11月23日,李东亚接到了一份公司书面通知:"公司与您的劳动合同将于2000年12月31日期满,由于公司目前的状况,公司不能与您续签劳动合同……"李东亚怎么也想不明白,自己是在任工会主席,而且也没有任何个人严重过失行为,公司为什么不再续签劳动合同了呢?

李东亚就此事咨询李律师,律师告诉他,西科姆公司的做法不符合我国的有关法律规定。《中华人民共和国工会法》第二章第十五条明确规定:"工会主席、副主席任期未满时,不得随意调动其工作。因工作需要调动时,应该征得本级工会委员会和上一级工会的同意。"根据《北京市实施〈中华人民共和国工会法〉办法》第二十三条规定:"工会主席、副主席任职期间,所在单位无正当理由不得与其解除劳动关系。"这是对工会主席、副主席的一条特殊性保护规定。《劳动法》中有关劳动合同终止的规定是对一般劳动合同而言的,而对于工会主席、副主席还要受《实施办法》的特殊保护,即使他们的合同到期,也应顺延到任期届满,这样才符合《实施办法》的立法原则和保护工会主席的立法本意,以确保工会主席、副主席在任期内可以履行工会主席的职责。

西科姆公司的法律顾问吴律师辩称,公司与李东亚终止劳动合同并不违反法律、法规和北京市的劳动政策。终止与解除是两个不同的法律概念,终止合同也不等于调动工作,就这一点,国家的法律、法规及北京市劳动部门对企业与工会主席终止劳动合同并没有任何特别规定。

对此,李律师认为,西科姆公司的解释站不住脚。李东亚在任工会主席期间被公司终止合同一事,涉及两个法律关系,即劳动法律关系和工会法律关系。作为公司员工,李东亚与公司是隶属关系,其劳动合同期满可以终止合同;作为工会主席,他与企业行政的关系是相互平等的关系,任期未满公司无权终止其职务。由于公司员工的身份是担任公司工会主席的前提条件,公司终止了李东亚的劳动关系实际上等于终止了其工会主席的职务。此外,"不得与其解除劳动关系"的内涵应该包括"不得与其终止劳动合同"。如果劳动合同终止了,哪里还有劳动关系可言,《实施办法》中对工会主席的特殊保护岂不成了一句空话?

到目前为止,西科姆公司仍然没有收回有关不与李东亚续签劳动合同的通知。

资料来源:2001年5月7日CCTV网站的中国新闻,作者:王雪莉.

讨论题

1. 案例中反映的冲突和争议从本质讲原因是什么?可能带来的后果是什么?
2. 如果你是西科姆公司的决策者,你会如何处理这一事件?

第十六章 中小企业的人力资源管理

本章学习目标
1. 我国中小企业的现状
2. 我国中小企业人力资源管理的特点
3. 我国中小企业人力资源管理存在的问题
4. 我国中小企业人力资源管理的对策思路

人力资源管理的科学理论在众多的大型公司获得了广泛应用,并取得了显著成效。但在中小型企业,特别是小微型企业,却出现了众多的应用障碍。因此,有必要对中小企业的人力资源管理单辟一章进行讨论。

第一节 我国中小企业的现状

一、我国中小企业的界定标准

为了便于应用,我们主要讨论中国的中小企业。根据国家统计局2011年9月公布的《大中小微企业划分标准划分方法》,表16-1列出了我国主要行业中小微企业界定标准。以工业企业为例:营业收入低于4亿元,高于2 000万元,从业人员300~1 000人的企业,属中型企业;营业收入低于2 000万元,高于300万元,从业人员20~299人的企业,属小型企业;营业收入低于300万元,从业人员少于等于20人,属于微型企业。

表16-1 中国主要行业中小微企业界定标准

行业	企业界定	
农、林、牧、渔业	中小微企业	营业收入≤20 000万元
	中型企业	营业收入≥500万元
	小型企业	营业收入≥50万元
	微型企业	营业收入≤50万元

续表

行业		企业界定
工业	中小微企业	从业人员≤1 000人或营业收入≤40 000万元
	中型企业	从业人员≥300人或营业收入≥2 000万元
	小型企业	从业人员≥20人或营业收入≥300万元
	微型企业	从业人员≤20人或营业收入≤300万元
餐饮业	中小微企业	从业人员≤500人或营业收入≤10 000万元
	中型企业	从业人员≥100人或营业收入≥2 000万元
	小型企业	从业人员≥10人或营业收入≥500万元
	微型企业	从业人员≤10人或营业收入≤500万元
软件和信息技术服务业	中小微企业	从业人员≤300人或营业收入≤10 000万元
	中型企业	从业人员≥100人或营业收入≥1 000万元
	小型企业	从业人员≥10人或营业收入≥50万元
	微型企业	从业人员≤10人或营业收入≤50万元
租赁和商务服务业	中小微企业	从业人员≤300人或营业收入≤120 000万元
	中型企业	从业人员≥100人或营业收入≥3 000万元
	小型企业	从业人员≥10人或营业收入≥500万元
	微型企业	从业人员≤10人或营业收入≤500万元

改革开放以来,特别是进入新世纪以来,我国中小企业不断发展壮大,已成为我国国民经济和社会发展的重要力量,在繁荣经济、增加就业、推动创新、改善民生等方面,发挥着越来越重要的作用。目前,按现行中小企业划分标准测算,中小企业达1023.1万户,超过企业总户数的99%。中小企业创造的最终产品和服务价值相当于国内生产总值的60%左右,缴税额为国家税收总额的50%左右,提供了近80%的城镇就业岗位。

二、中小企业在我国国民经济中的地位与作用

1. 中小企业是国民经济健康协调发展的重要基础

从国际上看,经过时间的检验和理论上的反思,人们普遍认为大企业是工业经济时代的支柱,而中小企业则是知识经济时代成功的源泉。西方经济学家曾认为,小规模生产是工业化早期的特点,进入中后时期时,大型企业将占据统治地位。但是近几十年来经济发展的事实使理论家的断言不攻自倒,不论在发展中国家还是发达国家,中小企业都获得了极大地发展,它们与大企业一道成为国家经济发展快车上的两个轮子。根据美国全国制造商联盟的统计,全美共有25.6万家制造业企业,其中98%雇员不到500人,75%雇员不超过20人。所以,西方发达国家在中小企业政府管理部门的设置、政策制定、融资、税收、信息等社会化服务方面相当完善,并在极力加大对高科技中小企业的政策支持。

在中国,中小企业是我国国民经济的重要组成部分,是推动经济发展的一支重要力量,其创造的最终产品和服务价值相当于国内生产总值的60%左右。中小企业以其灵活的机制和灵敏的市场视角,不仅推动了我国对外贸易发展,加快了国民经济增长速度,而且提供了大量的城镇就业机会,缓解了我国就业方面的压力和矛盾。同时,中小企业在满足人们多样化需求、进行技术创新、参与专业协作、形成高新技术企业群等方面,也发挥了重要作用,应该说,中小企业的健康发展是国民经济健康协调发展的重要基础。

2. 中小企业特别是小企业是社会稳定的重要保证

中小企业以其占全部企业50%左右的资产创造出80%左右的就业岗位,其重要原因之一就是中小企业创造一个就业岗位的成本比大企业低得多。据统计分析,在中国,大型企业创造一个就业岗位需投资22万元,中型企业创造一个就业岗位需投资12万元,小型企业创造一个就业岗位只需投资8万元。在中国经济进入新常态之后,经济增长放缓,就业压力加大,中小企业特别是小企业在增加就业、维护社会稳定方面的作用更为显著。

3. 中小企业是确保国家财政收入特别是地方财政收入的稳定来源

中小企业通过承担80%的就业岗位,不仅为国家减少了在社会保障方面(如失业保险等)的财政开支,同时还为国家创造了50%左右的工商税收。1994年以后,中国实行分税制财政体制,除增值税的75%和中央企业所得税等属于国税外,增值税的25%和营业税、地方所得税等均为地税。最近,新的税制实施后,其稳定财政收入的作用仍很重要。

4. 中小企业是引入优胜劣汰机制,建立社会主义市场经济体制的微观基础

中小企业有几个特点:多为私有企业,老板自主经营,具有决策的自主权,不受外界干扰;同时,它们对市场竞争结果负有全部责任,既无政府保护,也无垄断可能。因此,量大面广的中小企业广泛参与优胜劣汰的市场竞争,促进了市场配置资源基础性作用的发挥,为建立和完善社会主义市场经济体制发挥了重要作用。

没有1000多万家完全在市场中摸爬滚打的中小企业,建立社会主义市场经济体制只能是一句空话。

5. 中小企业是中国企业走向世界的重要力量

中小企业在快速成长中,发生了一些重要变化,已经从采掘、一般加工制造、建筑、运输、传统商贸服务业等行业,发展到包括基础设施、公用事业、高新技术和新兴产业、现代服务业等在内的各行各业,从分散经营开始向工业园区和产业集聚区集中,从早期的以国内市场为主发展为面向国内外两个市场。产业集聚促进了中小企业的合作定向发展,许多中小企业群或中小企业在某些行业和产品,具有创新能力和较强的市场竞争力,成为该类产品的"小巨人",因而走向世界,成为国际市场的弄潮儿。

6. 中小企业是实现男女真正平等的物质基础

据中国妇女状况白皮书数据资料,中国女性从业人数占全社会从业人数的44%,其中国家机关中妇女仅占23.5%,国有单位妇女仅占37.9%,可见,中国妇女就业的主要渠道是私有企业,特别是中小企业。据抽样统计,近两年新注册的中小企业中女性法人代表明显增加,中小企业就业人数中妇女比重逐年增加。所以,在中国,中小企业已成为实现男女真正平等的物质基础。

7. 中小企业是鼓励大众创业的重要载体

在目前,一场"大众创业,万众创新"的热潮方兴未艾,大众创业的主要形式是小微企业,截至2009年9月底,全国工商登记企业1 030万户,并不包含3 130万个体工商户,这些个体工商户中许多可以发展成小微企业。当前,无论农民工回乡创业,还是大学生自主创业,主要形式仍是小微企业。因此,中小企业是鼓励大众创业的重要载体。

8. 中小企业是发展和建设小城镇的主体

中小企业多数分散在二、三线城市和乡镇,便于农民就近就业,实现离土不离乡,这是今后的主要发展方向。因此,中小企业是我国发展和建设新型小城镇的主体。

三、中小企业发展中的问题

我国中小企业发展中存在的问题主要表现在企业自身和外部环境两个方面。

从企业自身来看,一是产品结构和组织结构不合理,如低水平重复建设,以及企业产品结构、组织结构、资本结构存在各种问题;二是人员素质和经营管理水平低、技术装备较落后、产品质量参差不齐;三是资产负债率高、资金短缺、生产经营和技术创新投入不足等问题。

从外部环境来看,一是宏观政策体系尚未形成,按所有制制定扶持政策的局面尚未彻底打破,中小企业特别是非国有中小企业尚未充分获得国民待遇;二是缺乏正常的融资渠道,金融体系改革有待进一步深化;三是社会服务体系特别是社区发展体系非常薄弱,政府公共服务职能不到位,社会化的培训、咨询、技术、信息等服务体系尚未形成;四是税费负担重,中小企业特别是以解决就业为主的劳动密集型的中小企业,由于主要成本是人工费用,所以按照统一税率征收的税负高于其他企业。

自2008年国际金融危机爆发以来,中国经济进入新常态,中小企业受到严重冲击,亏损、停产和半停产企业增多,经济效益下降。随着中央宏观经济政策调整和应对金融危机"一揽子"计划的实施,中小企业生产经营出现了企稳回升态势。但中小企业面临的竞争压力变大,人力资源是一个重要的竞争领域。

第二节 我国中小企业人力资源管理现状

一、中小企业人力资源管理的优势

中小企业与大企业相比,其人力资源管理存在一定的优势。

(1)中小企业规模较小、人数较少。比起大型企业,中小企业的管理者与员工之间的关系更亲密,彼此之间的接触更多,从而使管理者能够直接与基层员工沟通,更多、更细地了解员工的特点和需求,普遍建立与员工的感情联系,更易于形成共同的价值观,进行有效的管理。另外,中小企业人力资源管理的非规范程度高、灵活性大,市场适应性强,管理成本低,与大型企业相比这也是一个优势。

（2）在中小企业中，老板的作用十分突出，老板经营管理决策具有较强的独立性，受下级的干预较少。对外，与政府之间没有产权管理关系，受政府的干预较少，老板可以根据企业自身的需要确定用人机制和市场策略。

（3）和大企业相比，中小企业能够给员工提供更加自由的工作环境和弹性工作时间，员工在中小企业更容易获得展示自己才能的机会，个人成就也更容易得到企业的认可。

但是，由于历史和现实的因素影响，中小企业在人力资源管理上也存在不容忽视的问题。

二、中小企业人力资源管理存在的问题

目前我国中小企业人力资源管理状况较混乱，参差不齐，问题较突出，严重影响中小企业的生存发展。中小企业人力资源管理存在的问题主要表现如下。

1. 人力资源管理观念陈旧

中小企业老板虽然普遍重视人才，但是对人力资源管理活动及其战略价值缺乏认识，多将人力资源管理等同于传统人事管理，看成无须特殊专长的事务性活动。导致企业不重视人力资源管理，不重视人力资源管理部门的建设；由于中小企业资源的有限性和人才流动性大，中小企业对人力资源的投资十分慎重，更多的是从市场招聘急需人才，尚未将人力资源投资作为企业基础性投资看待；同时由于中小企业大多为私有企业，老板与员工处于支配与被支配地位，实行"控制-服从"的管理方式，偏好高度集权的管理模式，不重视员工的感受和需要；从深层次来看，许多中小企业的老板把员工只当作创造利润的机器，而不是平等的"人"来看待，远未树立以人为本的观念。

2. 对人力资源规划重视不够

我国中小企业把人力资源部门等同于传统的人事部门，只是招人、辞退办手续、发放工资和福利、管理档案，以及办理简单的人事调动，没有从战略高度看待人力资源管理。老板在制定发展战略时没有清晰的思路，在人力资源管理方面没有长远打算，大多没有明确的规划，只是走一步看一步。例如，只有在人员断档时，才考虑招聘；只有在人员素质不符合企业发展需要时，才考虑培训等。从而导致人力资源管理跟不上企业的发展，不能保证各阶段合理的人力资源投入，不能及时将优秀人才输送到关键的工作岗位，不能确保员工队伍素质和凝聚力的提升，难以保证公司战略的实现。

3. 企业人才选拔和使用不合理

人才招聘方面，许多中小企业招聘工作存在随意性，招聘工作缺乏科学的人事测评等理论指导，面试缺乏精心的设计，主要依靠招聘人员的经验来选拔人员。在选人观念上主要考虑应聘者的学历、经验、资历，往往忽视其人格和价值取向。在家族式中小企业中普遍存在用人唯亲、用人唯近的问题，人员晋升主要依靠人际关系，即使能力不够、业绩一般，但仍能担任重要职务。对家族内部的成员和家族外部的成员存在双重标准，普通员工没有平等的竞争机会。

4. 缺少长期有效的激励机制和科学的管理制度

大多中小企业在薪酬分配制度上仍普遍存在平均主义，企业的高、中、低级人才的收

入差距较小,人才的价值得不到合理的体现。另外,中小企业的激励机制较单一,做得好就加薪,做不好则扣钱,忽视员工对非经济报酬的需要,使员工特别是技术人才和管理人才对精神激励和自身发展的多样化需求无法得到满足,也无法满足企业长远发展对留住核心员工的要求。

由于中小企业成长的特点,其初创阶段规章制度相对不完善,管理手段过分依赖老板个人的能力、经验、魅力和威望,常借助于传统的家族式、命令式、随意性管理。随着中小企业的发展,越来越多的企业老板意识到人力资源管理制度的重要性,并采取了一些补救措施。但由于制定的制度不科学、不完善,各项制度之间缺乏系统性,难以相互配套,协调困难,而且在执行过程中不规范,当老板的意见与规章制度冲突时,制度往往让位于老板的意见,这大大降低了制度的权威性。此外,制度面对家族成员与普通员工时执行偏差太大,造成员工的不公平感,削弱了企业的凝聚力。

5. 人力资源开发投入不足,人才培训急功近利

在我国,中小企业对人力资源的开发和培训的投入很少。一方面在于企业资金和实力有限,不可能有像大型企业或者跨国公司那样的财力用于引进人才和进行员工培训。另一方面主要源于管理者对人力资源开发和培训的错误认识。他们既担心投入的人力物力没有回报,也担心培训后的员工更容易跳槽。也有很多中小企业老板认为现在人才市场供过于求,用人完全可以到市场招聘,花钱搞培训完全没必要。而有些企业即使进行培训,或多或少都存在一些短期行为。

6. 人力资源结构不合理

目前,中小企业普遍存在人力资源结构不合理的现象,如一般工人多,技术工人短缺;生产人员多,管理骨干短缺;普通销售多,市场营销骨干短缺;普通技术员多,拔尖技术人才短缺;初中以下的低学历者多,大本及以上的高学历者短缺。还普遍缺少信息管理人才、外贸人才、金融人才等。在有些企业,由于家族人员过多,造成高职低能、人浮于事,真正的人才被排挤,人才短缺与人才浪费共存的严重问题。

7. 企业文化建设滞后,轻视企业的软实力培育

企业文化是指组织在长期的生存和发展中所形成的,为组织多数成员所共同遵循的最高目标、基本信念、价值标准和行为规范。它是理念形态文化、制度-行为形态文化和符号形态文化的复合体。企业文化内聚人心、外塑形象,是企业软实力的主要来源。由于中小企业老板的个人经历和理论修养的局限,往往忽视企业文化建设,轻视企业软实力的培育,造成企业文化放任自流,实际上形成了不少不良文化。其直接结果就是员工对企业的认同感不强,企业缺乏凝聚力,往往造成个人的价值观念与企业理念的错位,除了挣钱之外别无他求,员工素质很难提高。

综上所述,中小企业的人力资源管理现状不容乐观,亟待改进。

第三节 我国中小企业人力资源管理的思路与对策

中小企业如何有效地解决上述人力资源管理问题,并且在全球化浪潮和中国经济进入新常态的环境中生存、发展,这是一个十分迫切的问题。笔者认为,必须要发扬中小企业的优势,积极转变人力资源管理观念,制定出与本企业发展战略相匹配的人力资源战略、策略和方法。

一、转变人力资源管理观念,树立战略人力资源指导思想

中小企业老板应从三个方面转变观念,树立以下三个指导思想。

1. "以人为本"是战略人力资源管理的核心

以人为本,具有多层含义:

(1) 在人、财、物、信息、技术、管理等各种资源中,人是最活跃、最宝贵、最重要的因素。

(2) 人是一切物质与精神财富的创造者,是改变世界、推动历史进步和社会发展的主要力量。企业发展必须依靠员工,尊重员工的主体地位,发挥员工的主体性、积极性和创造性。

(3) 人是一切工作的出发点、目的和最高标准,发展就是为了人民,发展成果必须由人民所共享。企业必须承担起自己的社会责任,对外满足客户需求,推动社会进步;对内满足员工需求,不断提高员工的生活质量,努力提高员工的素质,促进员工的自由全面发展。

概括成一句话:以人为本就是珍惜人的生命,尊重人的价值,满足人的需要,维护人的权利,实现人的理想,并以此作为指导和检验人们思想和行动的标准。

中小企业应该将人作为企业最宝贵的资源进行开发和使用,强调以人为中心,尊重人格,充分发挥个人的潜能和创造性,注重满足个人多种多样的需求。随着员工的学历、知识层次越来越高,中小企业只有把"以人为本"的理念落到实处,才能从根本上调动起员工的积极性,赢得员工对企业的忠诚,实现企业的战略目标和可持续发展。

2. 软实力是中小企业赢得竞争的法宝

1990年,美国哈佛大学肯尼迪政府学院教授约瑟夫·奈提出"软实力"的概念。1999年他这样定义软实力:软实力是一国文化与意识形态的吸引力,是通过吸引而非强制的方式达到期望的结果的能力。它通过让他人信服地追随你,或让他人遵循某种将会促其采取你所期望的行为的规范和制度来发挥作用。

在企业层面,企业的软实力是相对于企业的硬实力而言的。一般来讲,企业的硬实力主要是指企业的土地建筑、机器设备、组织机构、人力资源、专有技术、专享资源、资金实力、营销网络等。

软实力是什么?笔者认为主要包括五个方面:

(1) 企业发展的动力体系;

(2) 企业内部的一致性;

(3) 企业的凝聚力;

(4) 企业的精神风貌;

(5) 企业的品牌和形象。

不难看出,这五个方面都属于企业文化的范畴,而且构成了企业文化的核心。

企业的硬实力和软实力的关系,很像电脑的硬件和软件——软件驱动硬件,软件决定硬件的附加价值。同样的硬件,配上不同的软件,将表现出完全不同的特性和能力。企业文化就是企业的软实力,它在相当大的程度上决定了企业硬实力的发挥程度和作用方向,因而在相当大的程度上决定了企业竞争力的强弱。

中小企业在中国,就像是成群的蚂蚁,很容易被那些老虎和大象踩死,平均寿命只有3~5年。中小企业的致命弱点是硬实力太小,经不起折腾,非常脆弱。但在软实力领域,中小企业并不处于劣势。所以中小企业只剩下一条路——以软补硬,形成优势。可以做到:薪酬低,但心气高;资金少,但效率高;条件差,但感情深;诱惑多,但跳槽少。虽然硬件处于劣势,但软件则占据优势,依靠软实力赢得竞争。

3. 与企业发展战略匹配是人力资源管理的立足点

中小企业应该克服经营管理中的短期行为,树立战略眼光,首先应制定企业的发展战略,在此基础上运用科学的方法制定与企业发展战略相匹配的人力资源规划。

具体而言,应作好四个工作:

(1) 做好企业战略及人力资源需求分析工作。分析企业战略和发展目标,根据战略和目标的要求,分析要达到战略和目标所需要的人力资源结构、数量、质量、时间节点等;

(2) 做好企业现有人力资源盘点工作。对企业现有人力资源状况进行调查、分析和统计。主要包含员工年龄结构、工龄结构、学历结构、职务结构、技能结构、业务结构、员工价值观、工作态度、工作能力等,并分析现有员工是否适合现有岗位以及轮岗、晋升的可能性等。

(3) 做好人力资源资源供应的预测工作。预测包含企业内部供应预测和外部分析。内部供应预测,即预测企业在将来一定时期内部可自行供应的人才类型和总量,如员工离职、轮岗、晋升与降职等结构变化情况的预测;外部分析主要是在当前经济环境、人事政策、各项人才供应需求状况等条件下,企业从外部可能获得的人才类型和数量。

(4) 制定人力资源策略。结合人力资源需求分析、盘点人才供应预测结果,分析供求之间的差距,制定科学合理的人力资源策略。

二、实行组织适度非正式化,增加组织弹性

要发挥中小企业规模小、灵活性大、对市场适应性强的优点,实行组织适度非正式化,增加组织弹性。

对于中小企业而言,由于企业规模小,产品线相对简单,通常没必要采用事业部结构、模拟分权结构等大型分权组织。因此,中小企业可以根据自身情况,在直线职能制和矩阵式结构中进行选择。

如果是生产企业,多元化程度不高,并不生产跨行业的产品,即可采用直线职能制结构,其直线部门为生产车间、工段、班组,其职能部门为办公室、技术科、生产科、市场科、财务科、人事科等。这种结构便于统一指挥,也便于发挥各职能部门的管理功能,形成效率较高的体系。

如果该企业属于以多元研发为主的高科技公司、业务多元化的咨询公司、建筑设计或施工公司，可以采用灵活分权的矩阵式结构，既提高了市场反应速度，也便于发挥项目经理的积极性。

为了降低管理成本，提高管理效率，企业规模越小，越宜实施组织的非正式化，职能部门分工宜粗不宜细，而且可以一人多岗。例如，一家20人的销售代理公司，除总经理外，可设一经理助理负责办公室工作，办公室设一个出纳、一个会计、一个人事后勤，三人之间还可以有分有合，共同抓好企业的职能管理。其余15人全部为营销业务员。

组织非正式化的另一方面是增加组织弹性，提倡一专多能、一人多岗，组织随任务的变化而迅速调整。如生产组织，工人一专多能，能够适应不同产品的生产，操纵不同的机器设备，当产品更换、设备更换时，生产小组的成员稍作调整，便可很快进入新的生产活动。

组织弹性还表现在弹性用工上。对于一些生产的季节性较强的企业，则可在旺季和淡季采用不同的用人规模。对于商业、餐饮服务和休闲娱乐业，其白天和夜晚、平时和周末顾客数量差别很大，则可招聘一些只在夜晚和周末上班的员工。这样的组织机构，弹性大，对任务的适应性强，就像一块橡皮泥，根据需要捏成不同的形状，对于品种多、批量小、季节性强、随时间业务量变化大的中小企业，是一个很好的选择。

从管理效果来看，一人多岗，消灭了人浮于事、忙闲不均的现象；有分有合，职能合理交叉，消除了"分工即分家"的常见病，有助于高质量地实施管理；而一专多能、一人多岗，还会增加员工的胜任感，有利于满足他们的自我实现需要。

三、实施灵活合理的薪酬福利策略，稳定员工队伍

根据马斯洛的需要层次论，生存和安全是人的最基本需要，挣钱养家是普通员工的首要动机，因此，合理的薪酬福利体系是企业稳定员工队伍的基本保证。当然，中小企业的薪酬制度应考虑到自身的实力和实际条件，实施合理的薪酬福利策略。面对人才外流的压力，用传统的"管、卡、压"的人事管理手段已收效甚微，必须要提升到现代人力资源管理这个层面上来，把员工当作合作伙伴来对待。具体而言，应作好如下工作。

（1）在招聘时，实施有重点的差别化薪酬策略。普通员工标准不高于市场一般水平，高层管理人员与核心技术岗位人才薪酬要高于市场同类职业标准，向核心骨干员工和紧缺人才倾斜。

（2）实行效益工资与岗位工资相结合的薪酬制度，同时把福利、奖金、培训等多种奖励措施纳入薪酬体系。按需激励，通过工资、奖金、补贴各环节的调整，在满足员工不同需求的基础上适当拉开收入差距，使工人、职员、营销人员、技术骨干、管理骨干能各取所需，使薪酬制度赢得员工更大的满意度。

（3）薪酬水平紧跟市场变化及时调整，保证薪酬的市场竞争力，增加员工安全感、归属感。自2008年金融危机以来，中小企业面临更严峻的竞争压力，为了留住人才，有些小企业推出了从2011年至2015年的工资倍增计划，平均年增幅15％以上，免除了员工的后顾之忧，极大地调动了员工的积极性。

（4）了解员工个性化的福利需要，实行灵活多样的福利计划。中小企业因为资金、财

力有限,不能像大企业一样建立完善、系统的福利体系。但中小企业可以从自身情况出发,制定更为灵活的员工福利体系,"想你所想,急你所需",给予员工最需要的关怀,加强员工的归属感和对企业的认同感。

黑松林黏合剂厂是江苏一家52人的小企业,董事长刘鹏凯想员工所想,急员工所急,出台了许多福利政策:大凡厂里员工买了摩托车,行政科总要送上一顶头盔,祝福员工行车安全;凡是有子女上学的黑松林员工,每年都可以从财务科领到一笔数额不等的员工子女助学津贴,具体发放标准为:从幼儿园、小学、初中、高中,到大学毕业,分别按不同的级别,享受每年100元至500元的助学金;现行劳动法中,对女员工休产假有明确规定。在黑松林,男员工也有长达一周的产假待遇,让他们从容适应人生的新角色;2012年年底,黑松林出台了《"250"员工关爱计划》,即每个月发给员工20个鸡蛋、5斤大米、10斤食用油的实物补助,以平抑日益上涨的物价给员工带来的影响;黑松林还出台了弹性上班制度,员工可在规定的范围内申请调整上下班时间,以减少工作与生活之间的冲突,从而提高员工的生活质量,让员工既有好的环境,又有好的心情。这些福利,不仅仅是一种物质激励,更体现了企业对员工无微不至的关怀,其精神激励的作用更大。

四、加强绩效管理,提高人力资源效率

中小企业应克服管理过分随意的缺点,建立以目标为导向的完善的绩效管理体系,在绩效管理过程中,管理者和员工共同制定绩效管理的目标,就员工绩效不断地交流沟通、共同努力,最终达成目标。

在绩效管理中必须坚持两条原则。

(1) 公平、公正、公开,科学考评,奖罚并举,提高人才的责任意识,促使人才释放最大能量。由于许多中小企业属于家族企业,裙带关系严重,影响企业正常运作。由于部分亲属及朋友参与到企业管理及生产中的各个环节,而且大部分处在重要的职位上,却往往能力不足或工作态度不端正,严重影响了企业正常秩序与员工工作积极性。

对家族内部成员和外部成员能否一视同仁,是科学绩效管理成败的关键。

(2) 坚持沟通反馈。在员工表现优秀的时候要及时给予表扬和鼓励,以扩大正面行为所带来的积极影响。在员工表现不佳、没有完成任务的时候,也应及时提醒员工改正和提高。企业只有强化员工的目标管理与绩效考核,考核过程要做到公平公正,考核结果要做到奖罚兑现,才能让员工从心底认可考核,从而有效提高员工工作积极性和工作效率。

中小企业在选择绩效管理方法时,切忌盲目跟风。当前各种管理理论盛行,各类专家、学者,各类口若悬河的培训师、咨询师,到处推销国外流行的 BSC(平衡计分卡)、KPI(关键业绩指标)考核法、"360度绩效考核法"等,这些方法考核指标庞杂、考核流程烦琐,一些中小企业的老板脑子一热就决定引进,殊不知这些方法的适用对象主要是大企业,最后大多因为水土不服,难以收到预期效果。中小企业可以请咨询专家进行指导,但一定要以我为主,从企业实际出发,制定出简单实用的考核指标体系和考核流程。

五、重视骨干人才的招聘和培养,提升人力资本

做好企业技术升级和管理转型,是当前许多中小企业的当务之急,其中的关键是企业

技术骨干和管理骨干的招聘和培养。

技术升级包括加强企业的技术改造,建设标准化厂房,推进企业技术装备升级;加强与国内外大企业和大专院校、科研院所的合作,研发新产品、新技术、新工艺、新材料,推进技术创新,促进企业由劳动密集型向资本技术密集型升级。这里的关键是如何获得高水平的技术骨干人才,中小企业应该痛下决心少而精地引进拔尖技术人才。如果资金不足,还可以采用"智力引进"的方式,将技术创新的研究课题外包给拔尖技术人才。

管理升级转型包括加强基础管理,完善制度体系。首先是完善现场管理、生产管理、质量管理、安全管理、环保管理、技术管理、市场营销管理和财务管理制度,改变管理的随意性和低效率;也包括破除家族式管理,建立合理的人员招聘、薪酬、考核、职务任用和晋升制度,为激励和留住人才创造条件,实现由家族式企业向现代企业的转型。

有些中小企业对管理骨干人才的招聘不够重视,许多业主认为自己的企业规模不大,没有必要聘用专门的管理人员。生产管理人员大多是从车间里选择一些自己信任的工人担当,而企业的高层管理人员一般就用老板的家族成员。须知这样下去,就无法摆脱管理的低水平徘徊。只有招聘到管理"能人",才能使企业内部管理由粗放型向集约型升级。

由于中小企业的财力有限,只能重点引进骨干人才,大量的人才主要靠内部培养。诸如营销、财务、计算机、外语人才,特别是技术工人,除了把好招聘关,更重要的是入职后的内部培养。中小企业应该比大企业更加重视学习型组织的建设,倡导"以学习为荣,不学习为耻"的企业文化。培训不仅是技术业务培训,也包括作风、理念和价值观的培训。企业不仅要鼓励员工继续学习深造,老总还可以亲自为员工讲授经营管理课和企业文化课,从而提高员工的整体素质。

2003年以来,政府组织实施了中小企业银河培训工程。截至2009年累计对30万家小企业经营者进行了政策法规以及工商管理知识等培训,对12万户新创办的小企业提供了创业辅导服务。中小企业应该充分利用这个平台。

应该把培训看作对人力资本的投资,重视培训效果,加强对培训的评价和考核,做到培训一次,考核一次,激励一次,实现企业培训工作的良性循环,以提高企业的整体绩效。

六、狠抓企业文化建设,实现以软补硬

招聘人才难,留住人才更难。如果只是拼薪酬,中小企业注定是失败者。中小企业在招聘人员时,学历、知识、技能固然重要,但只有这些并不能让老总放心。老总还应关心他们的工作动机、追求目标和价值取向。只有具备责任心、事业心和职业道德的人才,才是真正能留住的人才。当然,要想长远地留住人才,要想长远地凝聚人心,使员工把企业当作自己的家,就必须狠抓企业文化建设。

中小企业大多为私有企业。由于其成长模式大多是从创业开始逐步发展起来的,所以其企业文化也就是企业老板个人所缔造的,包括老板的性格、爱好、工作作风、行为习惯、个人价值观等,都成为企业文化的基因。在这些中小企业中,大多数员工(尤其是高级管理层员工)的雇佣都需征得老板本人的同意,他们愿意来此工作也是在对企业文化的认可基础上的选择。因为中小企业人员少,与老板直接接触多,企业文化更易形成。与大型企业相比,企业文化的存在感更强。因此,在中小企业中,企业文化在人力资源管理中的

作用更大。这种"文化归属感"更加紧密地联系着整个企业员工的利益,其所共建的企业"心理契约"是一个充分发挥企业员工积极性、创造性与智慧的过程,也是员工遵守承诺的过程。当员工与企业文化相悖时,自然有一方要妥协,这就是员工的辞职。因此建设一种什么样的文化,对中小企业是生死存亡的大事。

毋庸讳言,中小企业的老板在企业文化建设中负有最主要的责任。老板应将企业未来发展的思路与员工进行充分沟通,达成共识,使员工对企业产生强烈的归属感、责任感。倡导企业核心价值观,老板要以身作则,用自己的模范言行将企业价值观准确传达给员工,引导员工认同和践行。

每个企业都应建立自己独特的、竞争对手难以模仿的企业文化,但有一点应该成为现代企业文化的共同核心,那就是"以人为本"。小企业往往更能体会到"水能载舟,亦能覆舟"的道理。只有切切实实地尊重人、理解人、关怀人、成就人,培育一种和谐共赢的企业文化,才能让员工认同企业文化,并将自己的个人理想与公司的发展目标融合在一起。

企业文化需要传播,包括内部传播与外部传播,而传播需要渠道,根据企业情况,建立行之有效的恰当传播渠道,是企业老板的重要职责。中小企业常见的文化传播渠道有:

1. 个别谈话

老板或其他管理者,与有关员工直接沟通,交换意见,说服、批评;或者对遇到困难的员工进行慰问,表示关心。这既有利于形成共同的价值标准,又有利于建立亲密的感情纽带。

2. 短信沟通

许多中小企业的老板喜欢采用短信的形式与员工沟通,其优点是一对一,又可以不受时间的限制,便于老板与更多的员工建立思想与感情的联系。

3. 晨训(朝会)

每天早晨,员工上班的第一件是参加晨训。晨训一般包括三个内容:

(1) 做操,既有利于员工健康,又有利于形成集体观念和团队精神。

(2) 全厂员工一起高声诵读"企业精神"、"核心价值"、"质量方针"等训诫词,合唱公司之歌,强化对企业文化的认知与认同。

(3) 领导者讲话,或关于生产经营活动的布置,或关于一些员工行为的点评,或关于一些典型事件的分析,从中传递企业的价值观。

4. 现场会

用在现场开会一事一议的形式,抓住典型事件,引导大家讨论,进行点评总结,这是进行制度规范教育、思想教育的有效形式。

5. 学习制度

例如,有家小企业规定每周三次班前学习(7:00—7:30),不准缺席,迟到要罚款。这三次中,周一和周五全厂组织统一学习,周三由基层各单位组织学习。既学习技术业务,也学习企业文化。

6. 情绪气象台

为了及时了解员工情绪的变化,有的企业设置了"情绪气象台"。在每个员工的名字旁边,用不同的颜色表示不同的情绪,绿色是快乐,红色是痛苦,黄色是中间状态,完全由员工本人添选。有了这个情绪气象台,企业老板就可以及时地对情绪变化的员工开展工作。

7. 吃饭、喝酒

在民营小企业,老板与员工互相熟悉,怎样拉近心理距离,成为互相知心的朋友?有些老板经常同员工一起吃饭、喝酒。老板为员工夹菜,往员工嘴里塞肉,向员工递烟,给员工敬酒。这是老板与员工心灵沟通、建立亲密感情、营造家的氛围的有效活动。

8. 生日活动

一些中小企业有为员工过生日的传统。员工过生日,不仅会收到一份物质礼物——生日蛋糕,也会收到一份精神礼物。这份礼物也许是一句励志的名言,也许是一首幽默的打油诗。碰到员工逢十生日,公司摆设生日宴,全体员工一起祝贺。这也是营造家庭氛围的有效渠道。

9. 外出旅游

有些中小企业每年组织员工外出旅游一次,还经常与参观先进企业等活动相结合。这一活动不仅娱乐了身心,扩大了眼界,增强了员工对企业文化的理解,而且提高了企业的凝聚力,成为文化传播的另一条有效渠道。

10. 标语、漫画

在一些中小企业的厂区和车间墙上,悬挂着许多阐释企业文化的标语和漫画,可谓文化先上墙后入心,上墙是为了增强员工对企业文化的认知,为文化入心铺路架桥。

11. 企业文化展室

企业文化展室是一些中小企业向企业内外展示和传播企业文化的专门渠道。展厅用图片和实物的形式,分别展现了该企业的创业往事、艰难的品牌之路、一贯追求的安全环保、借力科技的卓越成就、创建和谐企业的人文情怀等。

七、关键是企业家的修身,正确处理企业的劳动关系

《四书·大学》中有一句名言:"古之欲明明德于天下者,先治其国;欲治其国者,先齐其家;欲齐其家者,先修其身"。这就是著名的"修齐治平"理论:一个人要成就大业,必须从"修身"开始,然后是"齐家"、"治国"、"平天下"。治理好企业亦然。企业家必须从修身开始,修养品德,净化灵魂,形成强大的人格力量,才能够凝聚内外部资源,把企业引向胜利的彼岸。由于中小企业的特点,企业老板的个人作用更大、更敏感,其修身显得更为重要。

企业家修身有很多方面,但最根本的是如何思考和处理企业的劳动关系。在市场经济中,劳资双方是雇佣关系,工人为企业生产,老板给付工人工资,这是一场交易,用劳资合同确认双方的权益。

但人力资源管理并非这么简单,若仅仅是雇佣关系,劳资双方的博弈不可避免。老板为了用最小的人工成本获得更多的产出,就会延长劳动时间,增加劳动强度,甚至克扣工资,工人若反抗,老板就以解雇相威胁。工人的对策一般是"磨洋工",出工不出力;或者成

立工会,与资方做斗争:要求增加工资,减少劳动时间,改善劳动条件。"科学管理之父"泰勒为解决劳资对立开出了药方:科学管理的关键是工人和雇主都必须进行一场精神革命,要相互协作,努力提高生产效率。当然,雇主关心的是低成本,工人关心的是高工资。关键是要使双方认识到提高劳动生产率对双方都是有利的。泰勒对此有这样的论述:"劳资双方在科学管理中所发生的精神革命是,双方都不把盈余的分配看成头等大事,而把注意力转移到增加盈余的量上来,直到盈余大到这样的程度,以致不必为如何分配而进行争吵。……他们共同努力所创造的盈余,足够给工人大量增加工资,并同样给雇主大量增加利润。"这就是泰勒所说的精神革命。遗憾的是泰勒所希望的这种精神革命一直没有出现,其原因在于老板们从来就没有把工人当作"自己人",工人也很难给予组织承诺。因此,如何看待劳资关系,成为老板修身的重中之重。

"夫君子之行,静以修身,俭以养德。非淡泊无以明志,非宁静无以致远。"诸葛亮这句名言,成为历代名人修身养性的座右铭,也应该成为中小企业老板修身的指针。江苏黑松林的老板刘鹏凯在苦修心力的过程中,也悟出了其中的关键——淡泊宁静,忘我利他。他曾经十分动情地写道:"中国有一句成语:放下屠刀,立地成佛。屠刀是什么?其实屠刀就是你的自我。在工厂你举着那把'屠刀',要征服这个,要征服那个,内心是个什么滋味?反之,如果你放下自我,立地成佛,心静如水,忘我利他,你就会有一种'众里寻他千百度,蓦然回首,那人却在灯火阑珊处'的感觉,有一种如释重负的久违轻松。你还是会找到了'一个人浑身是铁能打几根钉'的真实的道理,沉浸在众心合力工作的快乐之中。"这是刘鹏凯苦修心力的真实写照。他放下了对物质财富的片面追求,放下了对员工的征服欲望,放下了"权力"这把屠刀。总而言之,放下了自我,进入了"心静如水,忘我利他"的境界,发现了人生的真谛——与志同道合的员工一起,把黑松林的事业引向新的辉煌。他惊喜地发现:"你把别人关爱好了,关键的时候别人就会帮助你,这是用钱买不到的。"

经过这样脱胎换骨的灵魂洗礼,刘鹏凯如实地把员工看作自己的亲人,把企业办成了员工的家,员工也处处表现出对这个家的热爱。黑松林以"心力管理"为标志的和谐的企业文化,不仅造就了一家全国闻名的小企业,也树立了以软补硬获得成功的典范。

复习题

1. 我国中小企业的划分标准是什么?
2. 我国中小企业在国民经济中的重要作用有哪些?
3. 我国中小企业的发展现状如何?
4. 我国中小企业人力资源管理有哪些优点和问题?
5. 我国中小企业人力资源管理的对策思路是什么?

思考题

1. 试举例说明我国中小企业的活力。
2. 试举例说明我国中小企业存在的问题。
3. 试举例说明我国中小企业在人力资源管理中遇到的矛盾和困难。
4. 如果你自主创业,成为小企业的老板,你将采用什么样的人力资源管理方式?

案例

得人心者得天下

薪酬是员工最关心的问题之一。年度调薪,提升员工对薪酬的满意度,不仅是经济问题,更代表了尊重、平等、关爱,其背后是企业文化问题。2010年年底,我们公司从员工内心需求出发,用愿景激励,制定了薪酬倍增计划,承诺未来五年每年加薪幅度不低于15%,员工收入五年翻一番。这份附有我亲笔签名的承诺书,在企业醒目位置张贴起来。君子一言,驷马难追。如何实现这一目标,真正将关爱送到员工心上,做到"说到做到,不放空炮"?四年来,我们一年一个目标,一步一个台阶,朝着预设的目标孜孜以求。

在民营企业中,老板与工人似乎是天然对立的。美国科学管理之父泰勒曾提出一个著名的"大饼原理":他把企业利润比作大饼,认为科学管理的关键是工人和雇主都必须进行一场精神革命,把关注重点由分饼转变为把饼做大,相互协作,努力提高生产效率。遗憾的是泰勒所希望的这场精神革命一直没有出现,原因很简单:劳方和资方都很难"不把盈余的分配看成头等大事",劳方总想大量地增加工资,资方则总想尽量降低人工成本,从而大量地增加利润。但这样做的结果是"财聚人散",工人或跳槽,或怠工,士气低落,效率低下。解决办法只能是反其道而行之——"财散人聚",即老板不再把工人当作打工仔,而是把他们看作自己的伙伴和亲人,看做是最宝贵的人力资本,合理地增加工资,激发出他们的劳动热情和内在动力,提高效率,增加盈余,把饼做大。我在黑松林实施的心力管理,就是坚持"财散人聚"的理念。一个企业,只有把企业的发展和员工的发展捆绑起来,两者成为命运共同体,建立一种心灵契约——企业关爱员工,员工无私回报企业。形成良性的人力资源生态环境,企业才会源头活水来,可望实现持续发展。

大家都清楚:企业的收益不是从天上掉下来的。只有把饼做大,才能实现薪酬的大幅增长。五年收入翻番的薪酬管理目标不是由"如何说"决定的,而要靠"如何做"来体现。

老子说:为之于未有,治之于未乱。采取措施要在事物的变化还没有发生的时候,治理要在祸乱还未发生的时候进行,这就是先兆先谋。如何化整为零,将五年增薪计划分解成多个短期增薪计划,让员工看得见、摸得着、得实惠,产生内在驱动力?我想到了马拉松赛。1984年,在东京国际马拉松邀请赛中,名不见经传的日本选手山田本一出人意外地夺得世界冠军。他说:每次比赛之前,我都要乘车把比赛的线路仔细地看一遍,并把沿途比较醒目的标志画下来,比如第一个标志是银行;第二个标志是一棵大树;第三个标志是一座红房子……这样一直画到赛程的终点。比赛开始后,我先是以计划好的速度奋力地向第一个目标冲去,等到达第一个目标后,我又以更大的信心向第二个目标冲去。40多公里的赛程,就被我分解成这么几个小目标轻松地跑完了。

山田本一的智慧启示了我,我们的增薪计划也应该进行目标分解,分步实施,一年一个里程碑,在实现一个个的增量目标基础上,激发出员工更大的激情和信心,最后实现五年大目标。

市场竞争,说到底还是人才的竞争。一个企业要寻求持续发展,就需要有长期稳定的人才储备,留住人才,关心、尊重、理解他们。如果只靠合同承诺去吸引人、制约人、鼓动人,而对不同职位、不同业绩的员工,不从他们内心需求出发,不关注他们的地位和利益,他们的技能和长处得不到释放发挥,个性得不到健康发展,人生价值得不到充分尊重体现,怎么留得住人才?企业又如何实现有效增薪的远近目标?

2011年是我们提出倍增计划的第一年,围绕"如何调、怎样调、调多少"的问题,我们拍脑袋不拍屁股,努力去协调、去控制、去平衡、去激发员工成长的需要。在实施年度增薪计划的过程中,我们将增薪与人才战略相配合,采取多元化的调薪政策,在年度普遍调薪的基础上,决定跟特岗人员再签订一份为期五年的特别岗位合同来调动核心员工的积极性。征求意见的第一天,新来的大学生小顾就来找我。他带着年轻人特有的直爽,说起话来开门见山:"老总,现在有空吗?我想就特岗聘用合同的事提些看法!"我先是一怔,随即升腾起一种喜悦,我正希望员工中能有不同意见,好让我的决策更加完善呢。"来,坐下,先喝杯水。"我给小顾倒上水,先让他感受我的诚意和耐心。

"老总,合同内容我看了几遍,在我们的生活保障、年收入递增等方面,您考虑得十分周到。"小顾很认真地对我说,忽然话题一转,"但对我们个人好像缺少了可测量的绩效目标和考核标准,能不能提供一个具有竞争力的平台,给我们年轻人一些刺激的奖惩方案?否则我们一签五年,青春卖给了厂里,年龄也大了,还谈得上什么发展啊?"毕竟是年轻人,说话毫无顾忌,小顾连珠炮似的说出了自己的想法。

我一直认真地听他讲话,没有打断。是啊,调动员工的积极性,帮助他们更好地理解薪酬管理目标的可行性,物质利益的驱动固然重要,但还得关注这群特殊员工的自身发展啊!很多时候,除了给他们加薪,还得增加他们工作的挑战性和成就感,这就需要我们善用企业愿景的激励,进行有效的心灵沟通,将公司薪酬理念、人力资源战略、整体的经营思路和企业发展愿景告诉他们,形成共识,给大家一个梦想,有梦想才有动力。

我心领神会地走上前,紧紧握住小顾的手:"小顾呀,谢谢你!你的意见提得太好了,我们一定会采纳的!""谢谢老总,谢谢老总……"小顾感动得不知所措,轻松的谈话在笑声中画上了圆满的句号。

马斯洛提出的需求层次理论,把人的需要分为生存、安全、爱与归属、自尊和自我实现五个层次,满足各个层次的需要对促进个体的心理健康、内心和谐十分关键。稳定的工作和工资作为员工生活的物质保障可以满足他们的生存需求和安全需要。但更高的境界,是使员工体会到自身的工作意义,看到企业发展的光明前景,把自我实现与企业愿景统一起来,努力在企业的发展中建功立业。赚取薪酬,改善生活,只是员工的"初心"所在。令我感动的是承诺书贴出的第二天,几个员工就参与进来,自发在承诺书的旁边贴出了一份倡议书:感恩企业,奋发图兴,号召全体员工努力工作,共同奋斗,同心合力一起朝既定的保障性调薪目标努力,将企业建设得更美好。后来,公司全体员工发自内心都在倡议书上签了名,倡议书变成了决心书。全厂员工一起行动,与企业同行,梦想未来,共创未来,把给员工多分饼的物质激励,转变为员工把饼做大的热情,充分地表现出心力管理的威力。

一个企业首要的是能生存,这是全体员工的收入之本,涨薪保证。五年员工收入翻一番,不是短跑,而是长跑,不是一朝一夕的事,需要全体员工持续努力。

人与人之间最宝贵的东西不是功来利去,而是心心相印。只有不断分析员工的心理需求,激发出内在动力,让员工具备更高的胜任素质,担当起更大责任,这才是企业发展的不竭动力。2011年是工资倍增调薪计划的第一年，我们在实施目标分解成五个里程碑的第一年，以2010年的月基本工资为基数，全体员工按20%的增长幅度作为调整的基薪。同时，为调动企业战略性人才的积极性，我们又根据企业效益的80%是由20%的骨干人才创造的管理的二八原则，有的放矢对核心部门的特岗人员（管理人员、技术人员、营销人员等）采取增加岗位责任津贴的倾斜方法，体现责权利对等、平衡，激发了员工的积极性，产生了强烈的内驱力。当员工第一个月拿着调薪后的新工资时，打心底开心，员工小严感动地说："一定努力工作，否则拿回家买盐都不咸。"员工朴实，讲实在，心往一处想，劲往一处使，当年产销利同步增长了30%以上，第一年就打了个大胜仗。

2012年是第二个里程碑，我们在2011年的基础上，召开座谈会，跟踪调查分析调薪后的前后变化，进一步明确薪酬竞争策略，让员工的个人需要、发展规划与企业的战略目标相配合，统一思想，进一步挖掘员工内心的动力，运用绩效考核这个杠杆，让各个层面达成共识：天上不会掉下林妹妹，锅里有，碗里才会有，增加收入不靠神仙皇帝，全靠我们自己，只有大家同心同德，共同努力，将工作做好，实现企业目标，每年才能涨工资。我们把握住调薪的最佳时机，运用激励性薪酬，让五年工资翻番承诺发挥出了最大价值。这一年我们又获得了一个大丰收，取得了建厂以来营销的最好水平。人心是肉做的。连续两年以20%增加了工资，让员工的积极性极大地激发出来，显著提高了企业的两个竞争力：一是企业发展的核心竞争力，一是员工薪酬收入的相对竞争力。

日本社会学家横山宁夫提出了一个横山法则，他认为："自发的才是最有效的，管理者应该激励员工自发地工作。"激励员工自主性的基本准则就是充分考虑员工的利益，只有在日常的工作中尊重员工的物质与精神需求，营造快乐工作的氛围，把"目标"和"激励"结合起来，使员工和企业产生情感依赖，员工才会从消极地被爱变为主动追求、热爱企业，自觉自发地工作。2013年围绕第三个里程碑，我们在认同价值观上的基础上，继续以20%的比例递增工资，使员工基本工资达到地区较好水平，企业形成了一个宽松、祥和、健康、文明的人际环境，调动了员工自身的内在动力，发挥了员工的主动性、自觉性。

说一个小故事。一天清晨，离上班时间还差十多分钟，机修工大老王已经开始工作。只见他扛着两根角铁晃晃悠悠走向车间。须知，一根角铁有几十斤重，通常是两个人抬一根，而大老王竟一个人扛了两根！我见他到了车间门口，一侧身，角铁就像跷跷板似的，一头搁到地上。大老王腰一挺，双手抓住依在肩头的角铁，来了一个"太极功"，轻轻往下放。我快步走向他，正欲冲上去助他一臂之力。被突然转过头来的大老王发现了。他憨厚地一笑：说："老总，没关系，习惯了。"边说边熟练地托着角铁，"哐当"一声落在地上。在寂静的清晨，似清脆的钟声，在我的心中震响……

搬运角铁是一个重体力活，一无技术，二无乐趣，简单，乏味。为什么大老王提前上班。而且自觉地加大负荷，一人扛两根角铁呢？就是因为他在思想上、心理上、感情上对企业产生认同感、归属感、公平感、使命感和成就感，这些感觉最终使老王自觉做出额外付出，一句"老总，没关系，习惯了"，既揭示了他同我亲如家人的和谐关系，又说明了这种行为是企业深耕人心开出的花，结出的果。

金钱能买到人干活，却买不到人心。如果我们播下的是爱的种子，我们就会收获爱，这是爱的循环。

成功往往并非属于跑得最快的人,而是属于跑得最久的人。心力管理的核心是心力开发,其精髓是用心管理,管到心里。实施工资目标倍增计划,重要的是脚踏实地,从换位思考开始。以真心换真心。

所谓换位思考就是把自己假想成员工,站在员工的角度、位置、立场、角色思考问题,将企业给予的,与员工需要的,调在同一个频道上。

外部大环境对员工薪酬的影响莫过于物价的上涨,近年来,物价总水平有所上涨,为了抑制物价上涨给员工收入造成的缩水,我们在年度基薪保障性调整的基础上,以爱为根,于2013年元月实施了"123员工关爱计划",即每个月给员工10斤食用油、20斤大米、30个鸡蛋的实物补助,平抑物价上涨给员工带来的影响;同时设立了员工洗衣房,解决员工后顾之忧;又出台了对员工实施弹性退休等一系列关爱计划,将心力管理落到实处;今年在向第五个里程碑冲刺前夕,我们又采取了激励性增薪策略,设立了年度"激励基金"政策,凡工龄满1年以上的员工,由考评小组按照A、B、C、D四个等级进行考核。考核合格者,年终都可以享受激励基金,对企业发展作出杰出贡献的还可以提高激励基金等级。这样可以让员工把高薪酬和高绩效统一起来,真正实现论功行赏,薪中见心。

得人心者得天下。实践证明,一个企业的成功,根本在于老板与员工关系的改变,从雇佣关系向合作关系转变,甚至是向亲人关系转变。企业是我家,建设靠大家。员工真正把企业当成了自己的家,自己家里出了问题,他会坐视不管吗?

那是一天下午四点多,我在会议室接待客人,可心还系在改造工程上,眼睛不时透过会议室的窗口朝后面的仓储区工地看去。只见,机修班长小江匆忙脱去手套,急急从口袋里掏出手机,叽里呱啦说了些什么,又急急合上手机,套上手套,抓起焊枪焊接起来,道道弧光像永不消逝的电波。一根焊条刚用完,他又站起来掏出手机,嗓门大得像炸雷,"好啦,讲什么讲,我没时间!"讲完干脆把手机关了。透过窗口,远处的小江身穿橄榄绿工作服,映衬着黑里透红的脸,俨然一个军人。

送走客人,我走到工地,三个新安装的铁罗汉矗立在新栽的树木中,似戈壁滩上的发射塔,一只还未完工的罐体内迸出朵朵焊花,似小伙子们青春的火花。

"江班,歇一会儿,抽支烟!"我递上一支中华烟。"我爱中华!"小江摘下面罩,边笑边说。我干脆将手中的大半包烟塞进了他的口袋。"刚才怎么啦,发脾气啦?"小江丈二和尚摸不着头脑,"没有发脾气啊,老总!""刚才是不是接电话时和谁响雷了,连我都被震了一下。""不好意思,不好意思,为小孩子的事!"小江瞟了我一眼,急巴巴说完就低下了头。"孩子怎么啦?""小孩下午发高烧,孩子他妈要我送医院,我怎么走得掉啊!"小江的声音蚊子大。看着小江,我仿佛看到了小江一颗红红的心,忙掏出打火机替他将烟点上……

几年前,我在美国参加世界胶黏剂会议期间,陪同朋友去购买飞人乔丹比赛服时,听到了一个关于乔丹的故事。当乔丹和俱乐部签订了年限待遇合同后,球队中有些人的作用没有乔丹大,但收入却比乔丹高。这时,有人就暗示乔丹应要求加薪,可乔丹摇摇头,笑道:我热爱的是我效力的球队。我赞叹乔丹的德行,敬佩NBA王国的奠基人、第四任总裁大卫·斯特恩缔造的这支队伍。

企业调薪首先需从岗位、绩效和能力这三个维度来衡量员工,期望员工能在未来有更卓越的工作表现,承担更多的工作职责。当一个企业将组织目标内化为员工自己的目标,员工就会在企业最需要他的时候,用自己的觉悟,真心自觉地舍小家,忙大家,这个企业你还担心发不出工资、增加不了工资吗?

让员工自己往前走,而不是别人推着走,这是心的力量。一个企业家,特别是民营企业家,要学会用你拥有的东西,去换取对企业来说更重要和更丰富的东西,这就是人心。2008年于丹教授在全国第七届企业文化年会上演讲时说:真正的大智慧就是你可以顺着一个人心灵上的纹路,走进它柔软的深处,触摸那些隐秘的欢喜和忧伤;去真正看见它所有的历史和未来的梦想。

四年来,在实现五年员工收入翻番的目标过程中,我们用心管理,管到心里,不断将主人意识、团队意识转化为物质层面的生产力,不断将对员工的关爱从物质层面上升到精神层面,帮助员工自善其心,提升心理弹性和抗压能力,在新时期劳资关系中构建了一个幸福和谐的大家庭。

风雨送春归,飞雪迎春到;已是悬崖百丈冰,犹有花枝俏;俏也不争春,只把春来报。明年是公司实现五年收入翻一番目标的最后一年,也必然是企业绩效更上一层楼的一年,尽管任重道远,我们有理由相信:我们的目标一定能够实现。

资料来源:选自江苏黑松林黏合剂厂有限公司董事长刘鹏凯2014年的一个讲话,由张德修改。

讨论题

1. 试总结一下黑松林的人力资源管理有哪几个特点?
2. 刘鹏凯怎样利用薪酬倍增计划有效地激励员工?
3. 刘鹏凯营造了一种什么样的人力资源生态?
4. 从刘鹏凯的心力管理中你受到哪些启发?

第十七章 互联网时代的人力资源管理

本章学习目标
1. 互联网对组织结构的影响
2. 互联网对招聘和人员配备的影响
3. 互联网对培训的影响
4. 互联网对考核、激励的影响
5. 互联网时代的企业文化建设

进入 21 世纪以来,互联网从为少数研究机构、公司所使用,逐步"飞入寻常百姓家",进入亿万人的日常生活。特别是最近几年,随着移动互联终端设备的快速发展,给人力资源管理也带来了新的机遇与挑战。

互联网最主要的特征是大量信息的实时、准确分享,信息的储存、整理和分析变得更加容易,这也就便于人们利用大数据的统计技术,对恰当的研究问题进行有效的数据分析并得出对应的结论。其中很多信息的记录、获取与分析,都与人力资源管理密切相关,为人力资源管理提供了新的手段,也提出了新的挑战。优秀的人力资源管理工作应该能够顺应这样的大趋势,有效地利用互联网的技术来提高企业的人员效率,服务于企业的经济和社会效益。

第一节 互联网与人力资源管理的基础性工作

互联网的信息分享功能令很多工作不再局限于同一个公司、同一个地点、在领导的统一带领下开展。利用互联网,很多新的工作形式也给企业的公司边界、组织结构设计、工作分析和人力资源配备、员工招聘等方面都带来了新的变化。

一、开放的组织边界、更高的人员效率

在公司边界上,互联网更加便于企业采用开放的边界、通过外包等方式完成工作。过去很多工作都需要在组织内部进行安排,只有少量的如后勤服务等可以采用外包的方式。在互联网时代,诸多开放平台提供了更多、更方便、更灵活的服务手段,企业不必在很多专

项工作上招聘、保留员工,而可以充分运用外部的人力资源来完成这方面工作。比如,过去很多企业要设计企业的标识系统,往往需要宣传、外联等部门很多员工来参与,这些员工虽然非常了解自己的企业,但是对这些具体的工作往往并没有专业水准。互联网的兴起可以方便地帮助企业进行外包,而不必专门招聘这方面的员工,提供了更多的人力资源管理的灵活性。

如今,越来越多的工作都在以外包的形式开展,而互联网为外包的繁荣提供了更加便利、高效的条件。实际上,互联网基础上的外包已经发展到了非常红火的地步,这些业务本身就足够建立平台并营利。比如,近年来兴起的猪八戒网等提供服务的平台快速发展,为企业节约了大量的人力成本。基于互联网的外包工作安排,能够在某种程度上模糊了组织边界(承担外包任务的人才并非组织的员工),有效地提高人力资源的效率。组织的人力资源管理部门应该善于利用这方面的技术和平台,加强与外部在人力资源管理方面的合作。

不仅一些相对独立的工作可以外包给组织外的成员,甚至组织更加本质性的工作也可以在互联网基础上来邀请组织外的人员参与。有的公司甚至利用互联网技术,与用户进行零距离的接触,引导用户更密切地参与到产品的设计过程中。比如小米手机在设计过程中即吸引很多"发烧友"参与,使用户对产品的期待能够尽可能融入产品的设计中。这些参与设计过程的"发烧友"并不是企业的员工,但是他们对产品设计有贡献,体现了个人参与的价值;等到产品上市以后,他们就成为最早的消费者和产品的积极推动者。这种用户参与产品设计的思路,与传统的在组织研发机构里面反复测试,只有公司技术和市场人员参与,而且研发过程高度保密的设计完全不同,颠覆了产品设计的传统思路,也打开了组织的边界,这在欧美被称为"无边界管理"。对大多数组织而言,"无边界管理"只有在互联网时代才成为可能。

二、更加扁平的组织结构促进员工创新

在组织结构上,互联网有利于企业采取更加扁平化的结构,提高管理效率。在企业发展的旅程中,"大企业病"越来越常见,比如层级越设越多,职能越分越细,跨部门、跨层级的沟通和各职能部门的协作变得越来越困难,造成文山会海,效率低下。因此如何强化企业的信息传递和团队协作就成了企业竞争胜败的关键。基于互联网的企业小米手机在4年时间里,迅速成长为近千亿级公司;相比之下,那些传统的强势企业运用直线职能制或事业部式组织架构,凸显出巨大的劣势。

在传统的层级结构中,很多来自基层员工的创新性观点被压抑,因为员工提出新的想法往往隐含着对领导现有做法的否定。于是,有创新思路并想尝试实现的员工被迫离开,留下的往往是对创新没有兴趣、满足于现状的员工。其结果是组织的创新和改变非常艰难。在层级制度下,只能通过组织最高领导的大力推动,来促进管理团队认知的改变,突破各级管理者的阻力,促进整个组织实现经营管理的创新。

在互联网时代,这样的问题往往更容易解决。借助互联网,组织可以搭建一个平等的沟通平台,在组织内部以开放、合作、分享的思路来让各种新想法都展现出来,经过员工的讨论来形成一些新的工作方法。这有助于打破过去层级组织结构里逐层管控、权威至上

的做法,给具有新想法的员工一个发言展示的平台。

比如,海尔提倡"企业无边界,管理无领导,供应链无尺度",实际上就是对传统层级组织的扬弃。海尔多年前便开始利用互联网思维来变革自身组织,通过尝试人单合一、自主经营体、员工创客化、利益分享等方式,在企业内部开展"砸碎组织"式的变革,打造"倒三角"型的组织。这种做法的核心,是让一线的员工通过互联网等手段,与用户尽可能紧密接触,一线员工得到充分的授权,直接来服务顾客的需求,而且顾客的满意程度直接影响一线员工所在的自主经营体的业绩。这种对层级组织的颠覆,在互联网时代以前是不可想象的。

与海尔类似,韩都衣舍也利用互联网时代消费者对服装品牌、款式个性化的需求,打破传统服装公司的组织架构,实行"以产品小组为核心的单品全程运营体系"。也就是说,围绕某一个产品的想法,企业成立产品小组,而产品小组对设计、生产、销售、库存等环节进行全程数据化跟踪,所有公共资源与服务都围绕着小组去做。一个产品小组中,组长实际上就是在运营一个微型企业,利用韩都衣舍的平台去设计符合用户需要的服装,而且在小组内部的奖金分配中具有决策权。这样的产品小组就实现了在相当规模的企业内部保持创业活力、管理扁平化的目的。

三、应用大数据手段设计人员素质模型

在互联网时代,网络上的行动在貌似无形的同时却保存了大量的信息,信息爆炸因此是互联网一个典型的特征。正因如此,才会有近年热炒的所谓"大数据"的概念。实际上,所谓的大数据技术,很多管理优秀的企业一直都在运用,并非新鲜事物。但是,网络时代大大提高了数据的总量,使基于数据的管理、基于数据的决策获得更雄厚的数据基础。

就人力资源管理来说,在互联网时代,组织关于员工以及潜在员工的信息来源多样化,信息成本来源低廉,信息的真实性和可靠性更好,信息的关联性和相关性开始得到管理者越来越高的重视。于是,利用这些数据来对在职员工的某些可以观测的行为特征与其工作绩效、对组织的贡献等数据进行分析,即可得到基于实证数据的素质模型。这种做法,比以往基于专家、任职者、管理者乃至客户等的主观评价而得来的素质模型,显然更加可靠。

比如,组织管理者如今可以看到很多员工在社交网络中的行为,通过组织的内部网站服务器可能得到员工平时的上网记录。在合法的前提下,组织可以存储、读取和利用这些信息。而且,因为这些信息都是基于实际发生的行为而非自我报告或者他人评价等主观测量,所以信息的准确性更高。举一个简单的例子:如果组织能够从实际的工作绩效中区分出给企业带来成功和失败的员工(或者业绩优异和落后的员工),然后分析两个群体在实际工作行为上的差别,很可能找到下一步招聘时的重要关注点。在这样的背景下,组织如果能积极存储、分析这些的信息,将大量信息与组织的发展战略、人力资源管理战略紧密联系,可以开发出各类职位的胜任力模型,在未来的招聘中就可以更有目的性地去挑选能为组织带来贡献的候选人。

四、互联网为组织提供传播雇主品牌的平台

互联网的普遍应用使网络招聘更加普及,各类组织也广泛地应用网络、移动互联媒体

等手段来推广自身的雇主品牌。移动互联令信息传播更快,用户在互联网上透露的信息量更丰富。最突出的实例是:美国社交媒体中的佼佼者领英公司(Linked In)依据其在广大用户中的美誉度,逐步转型成为人力资源招聘、猎头服务公司。因为领英提供了专业人士表达、展示个人专长的网络平台,而用户数量积累到一定规模时,领英即可利用这些数据来为很多企业的招聘服务。实际上,领英已经成为美国最大的人力资源服务公司之一,为企业进行人力资源服务而得到的收益远远超过其为用户免费提供展示平台的成本。

为了吸引越来越多的优秀人才,组织人力资源管理部门的重要任务,是塑造和传播本组织的雇主品牌。互联网为此提供了非常高效的平台。很多公司通过公司官网、官方微博、官方微信账号等方式,吸引更多求职者,也借此传播自身的雇主品牌。展望未来,组织的人力资源管理者需要与时俱进,深刻理解组织的人才战略,精心地打造自身的雇主品牌,选择合适的网络平台,准确地推广自身的雇主品牌,在潜在的求职者中间有效传播组织作为雇主的口碑,定会收到事半功倍的效果。

第二节 互联网与日常人力资源管理工作

在互联网时代,组织与员工之间的交流更容易、更顺畅。于是,人力资源配备、招聘、日常监督、绩效考核、薪酬福利等方面的工作,也都有了新手段、新挑战。

一、虚拟团队等新型人员配备方式的兴起

在工作分析与人力资源配备方面,互联网为企业提供了手段以达成员工之间远程合作、虚拟团队甚至全球协调。一些跨国公司在全世界的不同重要地区分别建立研发中心,它们可以各自发挥其优势,各个团队、员工在公司的研发平台上协同工作,彼此不见面即可了解其他团队成员的工作成果,在这个平台上实施更有效的合作。这种虚拟团队只有在互联网平台上才能有效运作。

在工作设计方面,弹性工作制、远程工作、在家工作更加容易。互联网便于把不同人的工作更方便地整合起来,特别适用于整合研发、服务等类型的工作。

比如,联想集团在收购 IBM 公司的电脑部门以后,其美国、日本和中国的研发中心发挥各自优势,共同开发了新型的电脑,积极促进了收购后公司的整合。有些软件公司在软件开发的冲刺阶段,其全球不同时区的研发人员通力合作,研发工作可以不分昼夜地推进。

类似地,作为一家网络安全技术的服务公司,趋势科技虽然起初最主要的市场在中国大陆和台湾地区,但是把总部安排在日本东京和美国硅谷,在 38 个国家和地区设有分公司,拥有 7 个全球研发中心。这样,在其业务扩展至全球的过程中,全球任何地方的客户只要发现有新的病毒报告,其在世界各地的团队总能携手尽快反应,给客户提供最迅速的服务。

特别有新意的,携程旅行网就进行过实地研究,关注通过网络、电话手段为客户提供预订机票、酒店等核心服务员工。他们随机安排部分员工如往常一样在公司工作,另外一

部分员工在家里通过网络、电话来接待客户。经过将近一年的实验,发现与在公司工作的员工相比,在家工作的员工工作效率更高、对工作的满意度更高、离职率更低。这都为现代企业通过灵活的方式来安排员工工作提供了借鉴意义,而且只有在互联网等基础设施发达的背景下才可能实现。

二、人力资源管理更加依赖与组织全面信息系统的融合

在互联网兴起之后,组织的各个职能部门之间的联系愈发方便、紧密,人力资源管理与组织全面的信息系统之间的融合度更高。

组织可以通过人力资源管理系统进行创新,使更多的员工与网络连接。其目标是使员工与组织内部的办公网络随时连接,都能进入组织内部管理的信息系统,包括人力资源管理的信息平台。这样,员工即可以随时随地开展可以通过网络来完成的工作。

在执行中,组织的内部办公网络以及对应的信息平台可以提供远程协议、网络会议等方式。这些"虚拟"办公方式将随着网络通信、录像会议、虚拟可视平台等手段,大幅度节约组织的差旅费用、时间成本,提高效率。

不过,当前多数组织的信息系统尚不够成熟,尚不能方便地满足这些需要。随着基于互联网的通信、会议等平台的发展,以及越来越多的组织认识到这方面的必要,组织人力资源管理也将迎来一个崭新的时代。

三、基于网络的招聘提高了招聘效率

互联网便于传播和分享信息的核心特点,为人力资源的招聘工作提供了便利。用人单位可以在互联网上张贴空缺岗位的招聘要求,包括在自己组织的官方网站以及在专门的招聘网站上。求职者也可以在这两种网站上面去搜索对应的岗位信息,并与组织负责招聘的管理者联系。或者,求职者也可以把自己的简历、求职目标等信息发布在招聘网站上,用人单位可能与求职者主动联系,也可能取得从事人力资源中介服务的企业(猎头公司、招聘网站等)的帮助,熟练地应用各类职位的胜任力模型,在众多求职者中挑选出更适合的候选人。这可以有效地提高人员招聘的效率,提升员工与组织之间的匹配度。

于是,在互联网时代,网络招聘成为了最主要的招聘手段。对应地,专门从事这方面业务的企业也逐步做出特色,比如中华英才网长期从事这方面的工作,已经成长为行业里面的领军企业。近年来又出现了一些其他的专业公司或者一些公司推出的新应用,有的提供一些特别的服务种类,比如招聘短期兼职员工、临时工作等。所有这些,都为各类组织灵活用工、提高人力资源管理的效率和效益提供了可能。

四、互联网提高培训针对性和效率

互联网时代的技术发展给了组织诸多改进员工工作感受的手段。比如,美国《计算机世界》评出的一百家最佳雇主中,它们的人员流动率显著低于其他公司。这些企业有一些共同点,比如重视员工培训,及时地给员工提供在公司内部晋升的机会;给予员工最大限度的各种自由。比如,实行弹性工作制,员工可以自订日程,让员工在家可以通过互联网

远程工作;采取特别的奖励办法,鼓励员工互相推荐工作出色的人;加强部门之间的沟通,形成愉快的企业内部合作。

互联网丰富了组织进行培训的手段,包括网络课程、在线应用软件等手段的培训。比如,虽然大型开放式网络课程,即慕课(massive open online courses,MOOC)仅仅出现几年,但是其用户和课程数量经历了指数级的增长,数千万的学员在享受着质量优秀、费用低廉的学习过程。一些组织也开始根据自身的需要,给员工提供推荐课程的清单,并资助员工去参加网络化的学习。还有一些组织与大学合作,针对组织实际情况开发网络课程,置于组织的内部网上,为本组织的员工提供定制的课程学习,方便本组织员工随时随地地进行学习,并且将学习效果、学习时间等通过网络手段来进行考核。

互联网还提供了培训需求分析的崭新手段。通过对条件类似的员工的培训需求分析,组织可以为员工提供更精准的培训课程。比如,通过对各个公开课参与人数的统计,组织可以分析员工对不同课程需求的程度,并据此来购买或开发类似的课程,使组织提供的培训更加有针对性,更好地满足员工的不同需要。

五、互联网促进便捷的沟通与协调

在沟通方面,互联网大大丰富了信息沟通的手段,基于互联网的沟通更便捷、更及时、更具有个性化。基于互联网的沟通,可以令员工不拘泥于传统层级制的等级,可以跨部门、跨级别地表达和传递自己的想法,相互沟通也完全平等。其结果是丰富了信息的传播渠道,每个人既可以"一对一"沟通,也可以"一对群"沟通,还可以同时在不同的"群"里沟通,个人获得的信息量很大,组织内部的反馈效率大大提高。

这样沟通的结果,可以突破传统层级组织的沟通局限,方便了各团队、各群体内部人与人的平等沟通,也促进了不同团队、不同群体之间的沟通,在充分沟通的基础上容易实现各种工作共识,促进了相互合作和协调。

当然,基于互联网的沟通,也可能导致面对面沟通减少,对于人与人之间的情感联系产生不良影响。

六、为人力资源考核提供新手段

互联网还催生了很多崭新的人力资源考核手段。比如,互联网令大数据普遍应用成为可能,组织更有条件对员工的贡献进行更加精准的分析和评价,绩效考核可以按照更加集中于员工工作结果的方式来进行。比如,海尔公司全员推行自主经营体的管理方式,每个自主经营体都相当于一个独立核算的公司,每个部门(包括人力资源等职能部门)的贡献也都体现于从其服务的自主经营体中获得的收益;于是,每个员工的贡献都可以按照内部核算的方式计算出来。这样,"赛马不相马"成为非常方便的选择,也符合企业整体的业绩要求。

基于互联网提供的各种技术手段,组织可以从员工在一线工作的场合采集到与绩效有关的数据,包括基于结果、行为等各方面特征的基础信息。在这些大量信息的基础上,组织可以进行深入分析后制定合理的考核定量标准。而且这些数据还可以与实际业绩、用户满意度等信息对照,并将其挖掘和利用,将绩效考核深入组织的发展中去,这样组织可以更好地实施和达成战略目标,可以提高长期的运营绩效,增加自身的核心竞争力。应用这些信息,还可以对绩效不佳者进行有针对性的辅导,帮助员工提高业绩水平。

七、使薪酬管理有可能建立在大数据的基础上

通过基于大数据的职位分析,可以更准确地评价出不同职位的职位价值。而这是薪酬分配的基础。互联网使这一基础工作更加科学,更加扎实。

与考核紧密结合,组织可以基于各个员工对组织的贡献,通过各种数据的分析和调整以后,制定出更符合实际的薪酬结构和标准,使组织薪酬管理的思路得到更准确的贯彻。

互联网时代的技术手段,令菜单式的个性化福利更容易管理。组织在给员工提供福利的时候,如何做到投入-产出最大化,一直是一个难题。有些福利项目,组织投入不少,但是员工却未必认可,甚至认为组织所提供的福利不能满足自身的需要,这样的福利项目就失去了应有的作用。菜单式的个性化福利可以满足"按需激励"的目标,但是其执行过程中的管理很复杂。比如,在常见的个性化福利"甲组"、"乙组"的选择中,可能有的员工对两组的具体内容都是有部分喜欢、另外的部分并不喜欢。但是如果任由员工自选,就大大提高了管理的成本。

在互联网条件下,组织可以给不同的福利项目赋予一定的权重数字(也可以用金额来标称),同时根据不同职位的价值来确定各个员工的福利总额。这样,员工就可以在互联网技术的支持下,更方便地选择自己最喜欢、最能满足个人需要的福利项目,从而使组织的福利支出获得最佳的激励效果。

此外,大数据也提供了分析员工福利需求的崭新手段。组织的人力资源管理者可以借用外部已有的、针对与本组织员工相似群体的研究成果,更准确地推测本组织员工的福利需求;甚至可以根据本组织员工的行为数据,来直接分析、测算本组织员工的福利需求。这样则可以从设计福利菜单这个源头上实现"少花钱、多办事",确保在同样的福利投入下获得最大的激励效果。

八、日常工作中的纪律和监督遭遇挑战

由于如今互联网已经成为人们生活的一部分,员工在工作时间做私事、滥用企业资源也成为对管理者的新挑战。比如,有的员工在工作时间内进行网上娱乐,有的员工在工作时间内通过网络手段处理个人事务,有的员工在工作时间玩手机,有的员工利用组织的网络来传输个人的内容等。这些行为,不仅令组织损失了有效的工作时间,而且这样的不良气氛往往会传播很快,令企业内的敬业精神受损。

传统的监督手段此时遇到了强有力的挑战。组织应该如何应对这些挑战呢?第一,需要制定恰当的考核标准。正如本书在绩效管理一章所介绍的那样,对员工的考核应该尽量集中到工作的结果上,令员工个人的薪酬、激励效果与工作的结果密切相关。第二,在工作行为上,组织可以明确一些"红线",说明哪些行为是本组织不可接受的。这样先宣布规定、后执行惩罚的做法能够确保程序上的公平。第三,组织也应该善用互联网的技术

手段,告知员工在工作中的哪些行为组织是有记录的,提醒员工注意,虽然互联网貌似无形但实际上保留了大量的记录。

第三节 互联网与员工职业发展和企业文化建设

互联网时代信息在网络上大量分享,给员工职业发展带来了新的机遇和诱惑,也给企业人力资源管理带来了机遇与挑战。恰当地进行对应的企业文化建设,有助于组织尽可能抓住机遇、避免弊端。

一、离职更加常见

在员工的职业成长方面,互联网时代员工所掌握的信息量更大,员工流动更加常见。这一现象在"80后"、"90后"员工中尤其明显,因此他们被称为互联网的"原住民",而且他们没有计划经济时代"工作单位"代表了一个人职业生涯全部的那种经历。2011年智联招聘做的一项调查表明,在8年之内,45.7%的"80后"员工跳槽三次或更多。时代的变迁令员工对离职的看法、对职业生涯的看法都与此前不同。比如,离职不必成为组织与员工之间"翻脸成为仇人"的导火索,反而可能出现彼此愉快分手的场景。

互联网推动员工离职的原因有多种。第一,互联网时代的创业热潮鼓舞了一些具有一定工作经验的员工离职创业。虽然创业者中失败者占据了绝大多数,但是占据媒体版面的却更多的是迅速成功的典型,激励了不少员工去创业。第二,互联网时代独立工作者(free lancer)更容易找到足够的业务来源,而且在安排工作时间上具有高度自由,吸引了一些员工。第三,即使对于仍旧在组织内做雇员的绝大多数员工,他们因为互联网而获得更丰富的信息,往往更容易找到自己认为更适合自己的岗位。当然,互联网上许多信息并不真实,也对一些员工产生诱惑,使他们工作不安心,真跳槽后发现上当受骗,又产生新的跳槽欲望。

从总体上看,员工的离职是人力资源更合理配置的必要手段。但是因为求职的过程求职者和用人单位双方之间都存在非常明显的不够了解、信息不对称,在很多岗位上工作的真实感受都会与求职前的认知存在差别,频繁的离职也给组织人力资源管理、给员工的职业生涯带来了不少问题。

二、员工的职业发展更依赖于职业素养,而不是"忠于组织"

互联网时代员工对离职的行为见怪不怪,于是一些员工会更多地将专业化成为自己的职业成长目标,从过去的"忠诚于组织"转变为"忠诚于专业"。拥有、珍惜自身专长的员工,会更努力地利用互联网的机遇提高专业水平,也运用自己的专业水平寻找恰当的平台来施展自身的才华。

网络提供的交流平台,也为很多员工在组织以外找到不断提高自身专业水平的机会。近年来,出现了很多专业化的从业者交流平台,而且具有非常多的忠实用户,就反映了这方面需求的不断增加。

网络也提供了很多员工从事兼职、半时工作乃至逐步试验以寻找新工作岗位的机会。众多专业的外包公司提供了专业化的服务，也为那些从事兼职或非传统工作的员工提供了就业和获得收入的机会。

总之，互联网时代，能够如鱼得水的员工，一方面，还需要依托一个用人单位作为平台；另一方面，若想在任何组织作出杰出贡献，并得到该组织和同事的共同认可，只依赖自身的专业和职业技能是不够的，还必须具备相应的职业操守，包括诚信、敬业、包容、守法，专业技能加职业操守，就构成了职业素养。我们经常谈论中国足球为什么不能走向世界，其实，专业技能的差距大只是其中原因之一，职业操守的巨大差距才是问题的核心。

在互联网时代，员工的职业发展更依赖于职业素养，而不是"忠于组织"，但一定的组织承诺也是需要的。而且，从组织角度来看，那些"忠于组织"的成员更值得信任和重用。我们不要从一个极端走到另一个极端，各个组织的人力资源部门和人力资源管理人员尤其要保持清醒的头脑。

三、组织文化在强调凝聚力的同时要尊重个性

互联网时代，组织文化建设需要在营造凝聚力的同时，倡导灵活性、适应性，尊重员工个性。针对互联网时代离职更常见、员工强调个性化的现象，企业文化仍然需要强调统一的身份、团结的力量。搜狐首席执行官张朝阳认为，搜狐的企业文化是搜狐发展、创新、品牌等一切的基础，是万物之源；正是这种文化的凝聚力、文化的精神激励搜狐的员工充满激情地工作。这是因为，即使在互联网时代，仍旧有很多核心的工作内容是依靠个别人、依靠松散的联盟所无法完成的，组织的力量在互联网时代仍旧重要、不可替代。即使是在互联网大潮中最出色的企业，其所雇用员工的人数也在不断增长。

组织文化建设更需要注重本质的内容，比如在参与式管理、员工福利等方面需要满足时代的需要。互联网时代变化速度快，竞争激烈，先发优势往往更加明显，更需要组织能够鼓励一线员工积极地参与到经营管理、新产品开发等工作上来。华为董事长任正非提出："让听得见炮声的人决策"，就是给一线人员必要的决策权。

组织文化还需要尊重个性。互联网的一个重要功能就是令其使用者满足能够表达的参与感。因此，受到禁锢、感觉不快乐的员工很可能在个人的网络交往范围内表达自己的不快，而这种情绪不仅会得到其社会网络内的呼应，也会传染到其他员工，令企业内人心涣散。这说明在互联网时代，组织文化凝聚人心的作用变得更加重要，但是需要采用一些新方法。

在互联网时代，组织文化的建设方法要不断创新。第一，要尊重个人，尊重员工的知情权、表达意见的权利，网络平台就是平等沟通，发布信息、倾听意见的渠道。第二，基于互联网的沟通，是一个多主体、多层次、多方向的互动，其常态是多元化的价值取向。在企业文化建设中，不能简单化地要求员工接受统一的价值观，而要通过充分地交流沟通，逐步地形成价值观上的共识。第三，鉴于价值观多元化的基本特点，组织对各层次、各部门、各群体形成的亚文化，应采取更为宽容的态度，在核心价值观这个主旋律下，允许存在各种不同的变奏曲，这不仅不会削弱主流音乐，反而会增加整个乐曲的魅力。

总之，互联网给组织人力资源管理工作带来很多新的机遇，其中也有一些新的挑战。

人力资源管理者如果能够与时俱进,把握这方面最新的进展,大胆采用各种有益的新思路、新方法,就可以使人力资源管理跟上时代的发展,提升到一个新的境界。

复习题

1. 为什么说:对大多数组织而言,"无边界管理"只有在互联网时代才成为可能?
2. 有些企业实行自主经营小组、员工创客化,这与互联网有何关系?
3. 怎样运用大数据技术开发出各类职位的胜任力模型?
4. 为什么各类组织广泛地应用网络、移动互联媒体等手段来推广自身的雇主品牌?
5. 为什么虚拟团队只有在互联网平台上才能有效运作?
6. 为什么在互联网兴起之后,人力资源管理与组织全面的信息系统之间的融合度更高?
7. 为什么基于网络的招聘提高了招聘效率?
8. 为什么互联网使组织提供的培训更加有针对性?
9. 基于互联网的沟通有何特点?
10. 为什么说互联网催生了很多崭新的人力资源考核手段?
11. 基于大数据的薪酬管理有哪些特点?
12. 组织应该如何应对互联网对纪律与监督带来的挑战呢?
13. 为什么说:在互联网时代,员工的职业发展更依赖于职业素养,而不是"忠于组织"?
14. 为什么在互联网时代,组织文化建设需要在营造凝聚力的同时,更尊重员工个性?

思考题

1. 请根据你所在组织(公司、企业)的实际情况,分析互联网时代信息分享的特点给本单位的人力资源管理提供了哪些可能的机会?本章所介绍的人力资源管理新做法中,有哪些可以在你单位里面试用?
2. 互联网时代你所在的行业中,人力资源管理面临哪些新的挑战?你能提出应对策略吗?

案例

人力资源总监的一上午

2016年春天的一个早上,中心商业区已经开始车水马龙。飞跃技术有限公司的人力资源总监张女士从地铁口匆匆地走向办公室:今天要办的事情真多啊!

案头最上面的一份文件,是飞跃公司的年报以及一家咨询公司给飞跃公司的诊断意见。飞跃公司在宏观经济形势紧缩的情况下,依旧实现了销售收入19%的增长,已经非常不容易;但是,咨询公司的分析也指出,根据对同行大数据的对标,飞跃公司的人均生产率不高,特别是在研发方面。为此,公司高管团队已经要求人力资源部门提供对策。

"小李,你上周跟几家技术咨询公司接触的结果如何?能否在今天中午前把情况汇总给我,然后咱们争取在下午开会讨论。""张总,那几家技术咨询公司都给了一些跟我们公司有关的本行业研发人员培训情况的介绍,这些资料我正在整理、消化,中午前能完成。初步看,大家提到次数最多的是基于网络的专业培训,我一会儿再接触一下这方面的培训课程,给您提出个初步的建议。"

"小李,网络培训的事情,上个月小王和我一起汇总过相关专业的培训课程,你可以去他那里要那些资料。""太好了!"

"小李,你跟小王讨论的时候,要特别注意现在流行的慕课或者一些免费的课程,现在很多专业的课程培训可能是免费的或者费用非常低廉的。咱们公司还在爬坡期,注意节约成本。""好的!"

与人员成本相关的一件事情,就是跟兄弟单位的合作研发。虽说谁都希望把知识产权放到自己口袋里,但是研发的高风险、高投入真的令很多企业力不从心。飞跃公司与两家同行公司都开始洽谈了合作研发的意向,但是合作研发的团队间如何工作,这个平台的搭建,他们都没有经验。去哪里取经呢?张总也只是在行业会议中听说过虚拟团队研发平台的事情。要不,还是先请研发部门牵头,看他们对研发平台有什么样的需求,我再从人力资源角度协助?

案头的另外一组报告,提供了基于公司年报所搜集的一些行业报告和数据的清单。飞跃公司的人力资源流动率有些高,人员进进出出带来了不少管理成本。为此,张总跟几个部门的负责人逐一讨论,也从外面的咨询公司那里找到了一些行业对标数据。看来,人员流动特别频繁的部门中,有的可以进行外包了。"这个事情要慢慢来,但是肯定在这两个月要推出去。"她自言自语地说。

不管怎么去面对人员流动、怎样无奈于频繁的招聘和离职手续,研发人员还是在招聘中必须保证的。打开电子邮件信箱,"叮咚",伴随着收信的声音,半个屏幕的未读邮件出现了。"噢,这个猎头公司给我来信了!"因为飞跃科技公司所在的行业非常专业,所以核心技术人才并不多,为了随时了解这一行业里面的一些核心人才的动向,飞跃委托猎头公司定期报告一些核心人才的情况,准备寻找恰当的时机出手延聘其中若干位专家,另外也要了解竞争对手可能的动向。"多亏了互联网的帮助!"

简单浏览一下邮件标题,张总估计今天又要加班了。这封邮件转给小李:"咱们在那几个网上刊登的招聘广告,到底效果如何,需要评估一下。"这封邮件需要跟公关部商量一下,"我们如何在公司的官方微博、微信里面逐步推送'飞跃人生',通过讲述公司普通员工的工作和生活,来宣传公司的雇主品牌。我们两个部门都提出一些草稿吧,然后碰一下。"

"这几个岗位的招聘条件能不能更具体一些?哎哟,怎么副总还关心这么细节的事情了?噢,原来是咱副总听说了大数据应用在岗位素质模型上面。我也是刚刚学过,还不知道怎么用。赶快去了解一下,花点儿钱也值得,争取使招聘工作上个新台阶。"

讨论题

1. 未来几年,互联网特别是移动互联的发展,能够给人力资源管理带来哪些新的变化?
2. 你建议飞跃公司还可以在哪些方面应用互联网来改进人力资源管理工作?

第十八章 人力资源开发与管理的发展趋势

本章学习目标
1. 经济全球化、知识经济与信息化对人力资源开发与管理的影响
2. 人力资源开发与管理的发展趋势

进入21世纪后,人们常说的一句话是知识经济时代,信息时代,经济全球化时代。

人力资源管理理论被引入中国已逾30年,这是中国企业发生巨大变化的30年,在经济新常态和结构性变革的背景下,中国企业的人力资源开发与管理应该走向何方呢?

第一节 由人治走向法治——科学化趋势

科学管理使企业管理摆脱经验管理的束缚,走上规范化、制度化和科学化的轨道,极大地推动了生产效率的提高。同时,在实践中也暴露出其本质的弱点——对职工的忽视。与生产高效化伴生的是人的工具化,以及工人对工作的厌烦、劳资矛盾的激化。于是文化管理应运而生。

尽管实现文化管理是当今企业的普遍向往,然而对当前我国的大多数企业而言,当务之急不是登上文化管理的台阶,而是进入科学管理的殿堂。因为许多中国企业,特别是中小企业,还处在经验管理阶段,随意性大、规范性差、质量不稳、效率低下,而现时期,解决效率问题,仍是企业生存和发展的关键。

当然,对不同行业,科学管理阶段向文化管理阶段过渡的时机把握是不同的。一般而言,对制造业,科学管理的重要性更突出;而对服务业,文化管理的优势更大,因此服务业从科学管理向文化管理过渡的时机会早一些。

华为公司董事长任正非把科学管理概括为:基于数据和事实的理性分析,建立在计划和流程基础上的规范的管理控制系统,以及客户导向和力求简单的产品开发策略。他把华为30年来取得的巨大成就,归结为对西方科学管理恭恭敬敬地学习和始终如一地贯彻。

他在2014年的一次讲话中指出:"西方公司自科学管理运动以来,历经百年锤炼出的现代企业管理体系,凝聚了无数企业盛衰的经验教训,是人类智慧的结晶,是人类的宝贵财富。我们应当用谦虚的态度下大力气把它系统地学过来。只有建立起现代企业管理体系,我们的一切努力才能导向结果,我们的大规模产品创新才能导向商业成功,我们的经验和知识才能得以积累和传承,我们才能真正实现站在巨人肩膀上的进步。"

"中国企业没有经过科学管理运动,我们在企业的运营管理中习惯于依靠直觉和经验进行判断,决策的随意性很大,总愿意创新和尝试新事物、新概念,缺少踏踏实实、'板凳宁坐十年冷'的持续改进精神。因此面对不确定的未来,我们在管理上不是要超越,而是要补课,补上科学管理这一课。"

被公认为中国最好的高科技制造业公司之一的华为,至今仍强调对科学管理"不是要超越,而是要补课。"这对广大的中国企业无疑是一个启示。

要实现中国企业人力资源管理的科学化,关键是从人治走向法治,加强人力资源管理的制度建设,特别要夯实以下四项基础工作:

(1) 组织结构的精简和优化;
(2) 重视工作分析,编写完善的职位说明书;
(3) 搞好职位评价,建立以薪点为基础的薪酬制度;
(4) 采用规范的方法和手段,进行正确的人力资源评价和绩效管理。

在此基础上,还要建立科学的劳动用工制度、员工培训制度、干部选拔与任用制度、职业生涯管理制度等。

互联网给企业人力资源管理插上了大数据的翅膀,使人力资源管理真正进入了"量化"管理阶段。人力资源管理决策将日益依赖大数据及数据背后的知识,需要及时获取大数据并对其进行有效的分析、组合与应用。这是人力资源管理科学化的最新内涵。

人力资源管理科学化的另一个关键问题是树立制度和数据的权威性。中国企业往往犯这样的错误:企业的制度成百上千条,然而做起来不是无视制度的存在,就是有太多的"特殊情况",结果又退回到"人情大于王法""一个人说了算"的人治旧轨道。至于数据,在人力资源管理领域历来不受重视,"心中无数",仅靠直觉和经验决策已经成为习惯。可见,树立制度和数据的权威,是实现人力资源管理科学化的保证。

第二节　由以物为中心走向以人为本——人性化趋势

过去以物为中心的传统人事管理导致人成为物的附属品,更是低成本的牺牲品。随着中国经济的崛起,广大员工的需要结构发生深刻的变化,"经济人"逐渐向"社会人""自尊人""自我实现人"和"观念人"转变,他们不再是只会工作的机器或工具,这就要求人力资源管理转变到以人为本,而这正是现代人力资源管理的重要特征。

以人为本要走出两个误区:其一,以人为不是以官为本;其二,以人为本也不是以精英为本。以人为本的真正内涵是以员工为本。也就是说,只有企业以员工为上帝,员工才会以顾客为上帝;只有企业为员工创造价值,员工才能为顾客创造价值。要从尊重员工的权利入手,在此基础上再增加人力资源开发的投入,促进员工在岗位上成才,与企业一道成长,激发员工们的主人翁意识,这是实现以人为本的首要工作。

以人为本的另一背景是知识经济的兴起。诚如著名管理学家波得·德鲁克所说:"一场新的信息革命正在悄然兴起"。"这不仅是一场在技术上、机器设备上、软件或速度上的革命,更是一场'观念'的革命。"那些如海涛般汹涌扑来的信息,那些在互联网上迅速传递的信息,向人类发出了新的挑战,如何组织信息、管理信息,并用来作出正确决策,是所有经营管理者、技术人员必须下功夫解决的问题。

在经济全球化和信息化的同时,世界进入了知识经济的时代,知识继劳动力、资金、自然资源之后成为第四大资源,或最重要的、最活跃的资源。学习新知识、创造更新的知识的能力,成为各个国家和组织之间竞争的决定性因素。而知识是由人掌握,由人创造的,因此,人力资源成为日益重要的战略资源。

人力资源的管理重点将由"手工工作者"转向"知识工作者"。彼得·德鲁克在《21世纪对管理的挑战》一书中指出:"20世纪最重要的,也是最独特的对管理的贡献是制造业中手工工作者的生产力提高了50倍。21世纪对管理最重要的贡献同样将是提高知识工作与知识工作者的生产力。"

管理知识工作者,提高其生产力应该注意六个方面:

(1) 确定明确的目标和任务;

(2) 合理授权,满足知识工作者自我管理的需要;

(3) "不断创新"应列入知识工作者的任务与责任;

(4) 要求知识工作者成为"自觉学习的人";

(5) 知识工作者的生产力,需要的是质量,而不仅是数量;

(6) 知识工作者不是"成本",而是一种宝贵的"资产",他们所掌握的知识,是最具战略性的"资本"。

在知识经济社会,组织的资本结构发生了革命性的变化,已由传统的以机器资本、货币资本为主,转向以智力资本为主。智力资本主要包括三个方面的内容:

(1) 人力资本,这既包括一流的员工,也包括一流的团队;

(2) 结构资本,这是指组织所具有的一流的数据库(信息系统)、电脑网络和适宜的组织结构,从而具有完善高效的沟通协调机制;

(3) 顾客资本。现在的顾客比以前拥有更多的选择权利,而且其自身素质的提高使他们对商品或服务的质量有清晰的判断,因此,建立并发展一种忠诚的顾客关系就显得既关键又有难度,而与协作厂商之间保持良好的合作关系,则更适合虚拟组织日渐增多的市场背景,也是重要的为组织创造价值的资本。

由此我们可以看出,人力资本是智力资本的基础,因为一流的顾客资本和结构资本也需要依靠一流的员工和团队去设计建立和运作,这也是许多组织提出了"以人为本"的宗旨的基本原因。所以我们必须对组织的员工,特别是其中掌握稀缺知识的骨干员工更加关注,不仅要关注他们的成长,更要用心发现和满足他们的需要,从而有的放矢地改善组织的激励和领导工作。

以人为本的另一个驱动力量是互联网。互联网时代实际上是人的一场革命,这种革命是人的能力的革命、人的价值创造的革命。一方面,老板和CEO不再是组织的唯一核心,组织的真正核心是客户。谁最贴近客户,最了解客户,谁就拥有更多的话语权和资源调配权,如腾讯的项目制管理,小米的合伙人负责制与去KPI都是在淡化组织自上而下的权力中心意识,使组织整体面对市场和客户需求的反应最快、距离最短,内部交易成本最低。

同时强调组织的资源调配不再简单依据 KPI 指标的权重进行预先设计,而是依据客户与市场需求动态配置;另一方面,随着组织扁平化、流程化、数据化,组织中人的价值创造能力和效益效能被放大,一个小人物或非核心部门的微创新就可能带来商业模式的颠覆式创新,如微信这一创新产品的产生就不是来自腾讯的核心部门与核心人才。

企业人力资源产品与服务的设计不仅要关注核心人才的价值诉求,而且要关注小人物如"屌丝"、"意见领袖"的心声,否则小人物所搅动的群体行动会使企业的劳资矛盾与冲突陷入困境,最终影响企业经营绩效。

互联网时代使人与人的沟通距离与成本趋于零、信息的对称与信息的透明,使员工更能自由地表达自身的情感变化和价值诉求,并在员工社区形成共识和意见领袖,企业的人力资源产品与服务的研发设计与提供要更关注员工的情感需求和价值实现需求,并增加人才对人力资源产品与服务的价值体验。

增加体验并不意味着更大的资金投入,而是要将人力资源产品更精益化、更个性化。人力资源管理更需要对人性有透彻的了解。在某种意义上我们从事人力资源管理的人,既是数字大师,又是人性大师。既要尊重数据事实,同时对人性要有感悟,要有理解。

所以,在互联网时代,人力资源管理很重要的任务是实现情感的链接,去提升人才的价值体验。

总而言之,知识经济使人力资本地位陡升,"以人为本"成为崭新的管理理念;而互联网时代,则使"以人为本"成为在实践中唯一正确的选择。人力资源管理的人性化将是一个长期的趋势。

第三节 人力资源管理由事务性部门走向战略性部门——战略化趋势

随着市场竞争的白热化,通信手段的现代化,世界变小了,企业决策加快了,决策的复杂程度更是大大提高,这使战略管理的地位空前重要。经济进入全球性竞争,战略思维进一步拓宽。此时,企业战略要用系统的方法处理企业内的各种要素,检测它们是否具有更大的竞争力和适应环境突变的能力。如今,战略管理出现了鼎盛时期,不仅涌现了大量的研究成果,而且有了大量的企业实践活动,企业进入了战略制胜年代,相应地要求企业人力资源管理部门转换角色——从事务性部门走向战略性部门。

组织中具有战略支持作用的职能部门有二:一是财务部门,二是人力资源部门。这两个部门的负责人经常成为公司董事会的参会者。

人力资源开发与管理的战略地位越来越高,还由于知识经济时代的到来,使人力资本成为组织的主要资本、战略资本;也由于经济全球化、信息化带来了一个直接后果——全球范围的人才争夺愈演愈烈。

在激烈的人才争夺战中,正在显示出一个朴素的真理——得人才者得天下,要获得人才的心仪,必须学会攻心,最终是"得人心者得天下"。

2000年《财富》杂志世界企业500强评出后,在其总结中指出:"最能预测公司各个方面是否最优秀的因素是公司吸引、激励和留住人才的能力。公司文化是他们加强这种关键能力的最重要的工具。"

让我们牢记这些精辟的见解,将中国企业的人力资源开发与管理沿着正确方向提高:人力资源部门不再是整天忙于招聘人、发工资、统计出勤、发放福利、办理人事调动、组织内部培训等的事务部门,而成为预测人才需求、人才供给,从战略高度制定人力资源补充和结构优化方案、重点骨干人才的获取和培养方案、通过企业文化建设提升企业凝聚力和构建人力资源动力体系的战略支持部门。在互联网时代,有了大数据的支撑,上述这些战略功能将得到进一步强化。

现代人力资源战略是企业发展战略的重要组成部分。这不仅为企业决策提供重要的人力资源,成为企业成长的坚强后盾;而且作为一个有效增值的环节,它为企业各个直线部门创造价值,支持和促进各部门的发展。可见,转变成战略性部门,无论对提升人力资源部门的战略地位,还是对整个企业的战略决策和战略实施而言都是十分必要的。

实现人力资源由事物部门向战略部门转变的关键点有二:

一是组织的主要负责人必须实现观念的转变,真正把人力资源看作战略资源,真正认识到人力资源部门的战略价值,并且明确如何发挥其战略功能;

二是要解决人力资源部门的人员素质提高问题。

作为人力资源管理的对象,人是最复杂的,他们不仅有物质欲求,更有精神需要;他们不仅需要与人交往,还要求得到别人的尊重与友好对待;他们不仅需要胜任工作,取得成就,而且需要不断得到培训,不断自我完善与自我超越;他们不仅与企业有一定的联系和感情,而且往往被外界诱惑所左右。特别是在互联网时代,这种诱惑前往往伴随着价值观多元化的影响。因此,人力资源管理的难度越来越大,要求其管理科学化程度越来越高,要求人力资源管理人员的专业化程度越来越强。换言之,要求人力资源管理的工作人员,具备更多的人力资源管理专业知识,逐渐成为人力资源专家。

在欧美发达国家的组织中,人力资源部的工作人员,大多由各类人力资源开发管理专家、组织行为专家等专门人才构成,社会上也流行各种人力资源专家认证制度。近十几年来,人力资源管理师资格认证工作也正在中国展开,随着这种认证工作的进一步完善,必将促进我国人力资源管理专业化队伍的形成。

传统人事部门的员工往往不具备相应的专业知识,只是普通的办事员,已经不再适应现实的变化。因此,可以通过两个渠道解决这个问题:

(1)人力资源部门招聘人力资源专业的大学毕业生,或MBA学生;

(2)把缺乏专业知识的现有职能人员送到高校进修,补充专业知识。

在未来的组织中,人力资源部门是一个专业化程度很高的部门,坐在办公室的职能人员都是各类专家:人力资源战略策划专家、人才测评专家、绩效评估专家、薪酬管理专家、人力资源开发培训专家、劳动关系专家、职业生涯管理专家以及企业文化专家。专业化的人力资源职能人员不仅能促进科学的制度化管理,更重要的是可以为员工提供内部的咨询和服务,而这项功能往往比以往的简单管理控制更为重要。

互联网时代对人力资源管理者的知识结构提出了更高的要求：除熟练掌握人力资源管理的专业知识外，还要具有企业战略管理、互联网思维、行业产业链、财务管理、社会心理等知识。人力资源管理通过"跨界思维"逐步实现转型，人力资源管理者也逐步成为企业内掌握复合式知识体系的重要决策者和战略决策参与者。

第四节 人力资源管理由封闭式管理走向开放式管理——国际化、社会化趋势

进入21世纪后，经济全球化的脚步加快，经济超越了国界，跨国公司如雨后春笋般拔地而起，企业的经营范围也跟着扩大到了全球，其员工也跨地区、跨民族、跨文化。经济全球化、国际化的趋势要求人才的全球化和国际化，进而要求人力资源管理的国际化，逐步从封闭式管理走向开放式管理，唯有适应这一变化，中国企业才能经得起挑战的冲击。

在全球竞争的压力下，原来靠地方保护主义才得以生存下来的中国企业，如果不从观念到机制，从技术到产品，都来一场脱胎换骨的改造，只能落得"无可奈何花落去"的可悲结局；原来在区域性市场中还有一些优势，因此日子过得不错的组织，如果没有面对全球化的新谋略，也很可能败在外国公司或跨国公司的刀下；原来靠国内垄断地位而轻松获利的行业，随着经济全球化的进程，其利润空间将被压缩，如果不能从成功的梦境中猛醒，那么"成功是失败之母"的预言将成为现实。许多聪明的组织领导者已充分估计到这种形势，并为此进行了精心策划，他们不是消极地防守，简单地求生存，而是调整战略，放眼世界，用"打出去"的进攻策略，开拓新局面，寻求在全球的发展。在这方面，海尔、联想、华为、中兴、中石油、中石化、TCL等企业做出了有益的尝试。随着中国企业跨国经营的展开，中国企业经理人队伍的国际化也在同步进行。综观全球，一个国际化经理人的队伍正在形成。

不仅企业面临着挑战，各级政府公务员同样面临经济全球化的挑战。主管地区或部门经济的政府公务员，将不得不面临比过去复杂得多的决策课题。他们不仅无法靠"地方保护主义"和"政府干预"的旧法宝继续施威，而且不得不面对世界各地竞争者的入侵。他们必须有全球竞争的眼光和智慧，必须有全球竞争的知识和能力，否则将在新的竞争格局面前束手无策，甚至被淘汰出局。

科学技术人才同样面临全球化的挑战。他们所研究的新技术、开发的新产品，仅在国内"领先"已远远不够，必须在全球范围内接受考验，只有那些在全球科学技术的前沿上获得的研究成果才能是优胜者；只有那些为全球市场上的顾客所接受和欢迎的新产品，才能获得市场竞争的通行证。也就是说，只有那些具有全球眼光和自主创新能力的科学技术人才，才能在新世纪取得辉煌的成就。

简言之，竞争舞台的改变，竞争对手的变强，游戏规则的变化，都要求我国企业、事业单位、政府部门的人力资源管理国际化：要在全球范围制定人力资源竞争战略，要在全球范围的人才市场获取顶尖人才，也要求我们培养出一大批面向全球化的高级人才。同时，要学会人力资源跨文化管理的理念和方法，要学会融合不同国家的文化，凝聚不同文化背

景的员工,众志成城,去赢得胜利。诚如体育比赛,在全运会上拿金牌,与在奥运会上拿金牌,其难度的提高几乎是天壤之别,我们各行各业的单位和人员都应做好准备:冲出中国,走向世界,在经济的奥运会上与强手抗衡,几经磨炼,最终目的是摘金夺银。

随着人力资源管理专业化的日益发展,一批又一批专业的中介公司诞生了。这显著加强了人力资源管理的专业化分工与合作,大大提高了人力资源管理社会化的程度。

为了提高人力资源管理的效率和效益,许多大中型企业逐渐趋向于将一部分低附加值的工作外包给中介机构,如委托中介机构为其招聘员工、测评人才、考核绩效、结算和发放工资、进行业务技能培训等。而具有战略意义的工作,如高级管理人员的管理、价值观的培训、创新的发动、团队组织的建设等,则由企业自己进行优化管理。中介公司不仅为企业提供了人力资源管理迅速专业化的可能,而且也有利于企业不断增强自身的核心竞争力。不能不说,外包是人力资源走向开放式管理的又一项重要产物,也是人力资源管理社会化的必然趋势。

第五节　人力资源的激励由薪酬独木桥走向薪酬与文化并行道——激励非物质化趋势

众所周知,激励是建立在人们需要的基础之上,需要不同,激励的方式或手段自然就不同。改革开放30多年来,随着温饱问题得到基本解决,企业员工的精神需要逐渐抬头;社会经济的发展、教育的普及,员工队伍的文化层次迅速提高;知识经济的到来使知识型员工的比例逐步增加,人们除了希望满足物质需要外,更迫切地追求在组织中的归属感、认同感、自尊感和成就感,希望实现自我价值。可见,随着员工需要层次的逐步提高,其精神需求也逐步成为主导需求。

对于已经解决了温饱问题、需求层次提高的员工,满足其生存需要和安全需要的单一物质激励杠杆已越来越乏力。根据按需激励的原则,设法满足员工的社交、自尊和自我实现需要等高层次的精神需要,才能有效地激励员工、提高其工作的积极性和主动性。那么靠什么去满足员工的精神需要?薪酬激励这一独木桥对此已无能为力,唯有靠营造尊重人、关心人、爱护人、培养人、成就人的文化氛围和制度,发挥企业文化的激励作用。因此,人力资源的激励应由薪酬独木桥走向薪酬和文化并行道,企业文化日益成为激励的关键因素。

传统的激励模式除激励手段太过单一之外,激励过程缺乏员工的互动参与,绩效考核滞后导致激励不及时、激励失效以及无法吸引、保留人才等弊病也值得关注。将员工激励体系由周期激励变为全面认可激励,是解决这些问题和困惑的有效途径。全面认可激励是指全面承认员工对组织的价值贡献及工作努力,及时对员工的努力与贡献给予特别关注、认可或奖赏,从而激励员工开发潜能、创造高绩效。

互联网一方面使员工的需求和价值诉求的表达更快捷、更全面、更丰富;另一方面,移动互联也使企业对员工的价值创造、价值评价与价值分配可以做到更及时、更全面。因此,互联网时代呼唤全面认可激励,并且也为全面认可激励的实施提供了技术基础。企业可以通过移动互联让组织对员工的绩效认可与激励无时不在、无处不在。员工所做的一切有利于组织发展、有利于客户价值及自身成长的行为都可以得到即时认可和激励,这甚至可以成为组织文化精神激励的创新点。

全面认可激励可给组织带来良好的组织氛围、更高的绩效产出,提高员工对组织的满意度,为员工提供优秀的企业社交网络平台,实现激励措施的多元化与长期化,提升员工的自我管理能力和参与互动精神,给企业带来更多的协作、关爱和共享,维护员工工作与生活的平衡,有利于组织文化的落实和推进。

在互联网时代,员工年轻化要求更加注重员工的真实体验,员工关系的处理方式趋于灵活和多元。上层的决策和意图被员工接受和贯彻的难度加大。人力资源管理不仅要在短期内满足年轻职场人的生存需求,同时要有效关注其自我价值的实现及荣誉感、成就感的满足。组织人力资源管理部门应采用对话和沟通的方法,使年轻员工找到自己生命的意义,从而找到工作的长期动力。互联网带来的快速沟通,还使员工自主经营并参与决策成为未来企业人力资源管理的发展趋势。

腾讯的老总马化腾曾说过:"看三国时,我们管刘备摔孩子叫苦肉计。而刘备恰恰是在给君臣宣扬精神,放弃小我,完成大我,这样才能驾驭臣民。而在现实当今中,企业的发展也需要一种精神,一种文化来感染员工,我们不是为了工作而工作,是为了工作使自己更精彩,让自己的生活更有色彩。可能每个人的想法和目标不一样,但是我们在企业文化中得到了自己需要的,让自己有价值感,有成就感。"

第六节 人力资源管理由重管理轻开发走向开发主导——企业的学校化趋势

随着企业竞争环境的不断变化,员工受教育程度在不断提高,众多自动化、信息化设备的使用,使员工的组成成分发生了巨大的变化——蓝领工人比例下降,白领员工比例上升。因此,相应的人事工作的管理思想,也要来一场革命——员工不仅是成本,更是"资源",在人力上投资比在物质上投资收益更高,意义更大。

人力资源的工作分为管理和开发两部分:管理指人力资源的招聘、任用、考核、薪酬、劳动关系和职业生涯管理,是使现有人力资本正常发挥作用;开发则是指通过学习和培训,使人力资源增值,使人力资源的潜力被不断地发掘出来。显然,人力资源开发更具战略性,未来将是人力资源开发工作重于人力资源管理工作的新时代。

随着竞争环境的不断变化,员工受教育程度的不断提高,劳动分工的日益复杂,众多自动化、信息化设备的大批使用,不仅使蓝领工人比例不断下降,白领员工比例不断上升,还出现了新的金领阶层(即直接运用自己的知识、能力和经验为顾客提供服务的劳动者,如律师、会计师、理财经理、建筑设计师、营销策划师、管理咨询师等)。员工的人格成熟度不断提高,使人力资源开发与管理中最基础的人性假设逐渐倾向自我实现人这一端。今天的员工愿意承担责任,迎接挑战,而且他们有能力完成工作。工作的目标也由单一的物质利益驱动向精神满足发展,或者说,逐步上升到马斯洛的需求金字塔的高层。

相应的人力资源管理工作的指导思想,也要来一场革命——员工不仅是"成本",更是"资本",在人力上投资比在物质上投资收益更高,意义更大。人的潜力十分巨大,人才是招来的、挖来的,更应该是培养出来的。开发人力资源,一靠学校教育,二靠任职单位的培养。

在知识经济下的企业,更像是一所学校,它的首要任务是培养人才,一流的企业具有一流的"造血功能",能够将各类员工培养成各类人才。传统的人事管理把重点放在管理上,普遍轻视开发,一些国有企业的培训经费经常被挤占挪用,就是明证。为了迎接知识经济带来的激烈市场竞争,现代人力资源管理应该实现由重管理轻开发走向开发导向。不再是仅仅关注企业的短期效益,而更多的是以长期战略目标为导向,把人力资源开发和发挥人的潜能当作现代人力资源管理的工作重点。

知识经济下的人力资源开发,首先需要每一位员工都成为自觉学习的"学习人"。因为无论是顾客需要的进一步个性化,还是产品(技术)生命周期的进一步缩短,都使市场竞争进一步激化,无论其速度还是程度,都是传统工业社会所无法比拟的。学习知识,将知识转化为现实的生产力,不断创造新知识,成为人们最重要的活动。开发人的潜能,成为管理的核心问题。只有领导者、管理者、生产者都保持学习的意识和能力,才有可能适应这个千变万化的世界,才有可能为组织创造更多的价值。成为学习人,不仅需要员工自身的努力,还需要组织管理者提供学习机会,加强学习支持,创造学习氛围,培养系统思考,构建学习、变革、创新三位一体的学习型组织,以及实行开发重于管理的人力资源管理方式。

在这方面通用电器公司的做法值得借鉴。GE 每年投资 10 亿美金用于员工各类培训,并且投入大量的资金建立自己的培训学院——克劳顿村(现为韦尔奇学院),进行领导素质的培训。公司的每一个业务集团,都制定了适合各部门的培训课程,包括公共的和专项的,如时间管理、项目管理、面试培训研讨、六个西格玛质量培训、诚信培训、评估过程、待遇和各种安全健康课程等。除了各种培训课程外,还需要在工作当中潜移默化地学习,如每年每个人和他的上级经理都要填一张表,员工说明完成工作计划情况,强项、弱项、中期发展目标、远期发展目标等,上级则填写自己的看法。然后针对短期目标,经理再和员工双向沟通,做出方案,明确下一阶段的任务,然后就要按照步骤实施。更重要的是,GE 的核心价值观中包括"学习,并快速转变为行动"、"追求完美"、"热爱变革"等内容,使 GE 名副其实地成为"美国商界的哈佛"。

在企业学校化的过程中,企业领导者面临着深刻的角色转换。面对无论知识能力,还是人格成熟度都日渐提高的员工,其管理手段、管理风格和管理重点都要发生相应的改变,否则就无法顺利实现组织的目标。

美国学者戴维·布雷福德和艾伦·科恩在《追求卓越的管理》(1985 年版)一书中指出,领导者可以分为三类:

1. 师傅型领导

领导对于部下,犹如师傅带徒弟。诸如如何待人接物,如何承担任务,如何对待困难,如何面对成功,如何对待荣誉,如何承受失败,如何承担责任,如何面对惩罚,如何与他人合作,如何与团队共享,如何自觉学习,如何不断成长等,都会率先示范,或手把手地教导,这属于经验管理下的师傅型领导风格。

2. 指挥型领导

领导者施加影响的方法犹如乐队指挥。组织的每个成员犹如乐队队员,分工明确,演奏不同的乐器,大家依照统一的"乐谱",演奏出优美的交响乐曲。领导者恰如乐队指挥,在同样乐谱的框架内,使演奏的作品具有与众不同的、独特的演奏风格。这里的乐谱就是规范,就是制度,具有公认的权威性,这样的领导方式,属于科学管理下的指挥型领导风格。

3. 育才型领导

把培养人作为领导者的首要工作。这意味着管理者主要通过授权、指导等管理手段给予员工充分的成长空间,使其通过学习提高工作绩效,也就相应提高了组织的整体绩效。领导者的工作重点不再是盯住员工的行为,通过纠偏来实施外部控制,而逐渐转向对员工观念意识的关注和影响,从而间接地影响员工的行为。领导者不仅自己带头成为学习人,还要通过培育重视学习的组织核心价值观,潜移默化地影响员工,从而产生有利于组织目标实现的行为。如果这时的领导者依然固守传统的管理方式,过于强调某种具体行为的规范,例如,用打卡来考勤,将很难得到众多知识工作者的支持。这是用企业核心价值观和独有的经营理念和管理理念培养人才,从灵魂深处影响下级员工的领导方式,属于育才型领导风格。

师傅型领导,是经验管理的产物;指挥型领导,是科学管理的成果;育才型领导,是面向未来的文化管理模式的要求。目前,我国中小企业还有许多处在经验管理阶段,它们的当务之急是登上科学管理的台阶,因此应该从师傅型领导上升为指挥型领导。对于那些还处在巩固科学管理阶段的大企业,也应该使指挥型领导精益求精。

对于那些十分优秀的企业,科学管理已经达到很高的水准,正走向文化管理或者已经登上文化管理台阶的企业,则应该坚决地实施育才型领导。

从长远眼光来看,企业的领导方式最终都要登上育才型领导的殿堂,这是不可改变的大趋势。

第七节 由官僚组织走向团队组织
——组织结构的离散化、网络化趋势

在传统的组织中,对人的管理主要依靠权力和责任的分配。"权力的金字塔"是对传统官僚组织的形象描述。组织中的每个人都在权力的架构中生活和工作。他们与上级很难进行平等的沟通,群众的智慧和创造力受到了极大的限制和损害。

在未来的知识经济和互联网时代中,权力的作用越来越小,平等沟通的重要性日益增大,权力的金字塔已经倒塌,组织的形状更像扁平型的网络,其基本单元是团队,一般的团队人较少,因此总的来看,组织结构离散化了,它由众多的团队(包括虚拟团队)组成。在这种网状似的并联结构里,越接近客户,越有可能创造附加值,实现产品和服务的创新。

因而，传统企业上层拥有权力和话语权的局面将极大地改变，每一层级的员工都可以成为企业运作的中心。在这些员工及其所在的团队，大多属于创造性的学习型团队，在学习型的团队组织中，团队成员是完全平等的，这种平等的氛围促进了开放和高效的思想交流，思想碰撞激发出智慧的火花，于是新的知识诞生了。在这种组织中，大家关心的不是权力的大小，而是知识的多少；大家迷恋的不是地位的高低，而是创造力的强弱。

近年来，互联网的飞速发展加速了组织离散化的趋势，一个人可以同时为多家企业工作，组织的用工方式更加灵活，组织直接面对的往往是个性十足的、追求平等的，以及价值观更趋多元化的个人。

为此，现代人力资源管理应逐步改变围绕上层和核心人物开展工作的管理思路，构建企业与各层员工的互动渠道，进行平等沟通和良性反馈，促使员工在组织价值体系里找到存在感和激发点，从而进一步放大人力资源管理效应。例如，微软已放弃员工分级制，认为任何层级的人将来都可以变成组织运行的中心，都可以变成组织的资源调配中心；在华为倡导让听得见炮声的人做决策；小米科技提出的合伙人组织，扁平化管理，去KPI驱动，强调员工自主责任驱动。近年来，海尔提出"企业无边界，管理无领导，供应链无尺度，员工自主经营"的新型运营方式，以及"倒金字塔"的组织结构，就是主动顺应互联网时代需要的重要决策。

还是彼得·德鲁克说得好："现在任何单位已不能再靠权力，而要靠信任。信任并不是要人们相互喜欢，而是要相互信任。这就要求人们互相了解。因此，要把人际关系看作是绝对必要的，这是一种责任。"建立良好的人际关系是建设成功的团队组织的前提和基础。这就要求人力资源管理以"尊重人"和"良好沟通"为基础。

我们应该养成这样的习惯：尊重他人。每个人都有自己的人格、个性和行事方式。要使团队能够和谐运作，就要使同事之间互相真诚沟通，互相了解对方的长处，他的办事方式和价值观念。在互联网普及之后，人际沟通面临更为复杂的局面，如何在错综复杂的信息沟通中，不断改善同事关系，形成价值观多元化情境中工作方式的共识，这是网络化、离散化的组织结构的客观要求，是一项新的管理课题。

第八节 由管理绩薪职走向管理价值观
——人力资源管理的柔性化趋势

通过大量企业的实践可以看出，经验管理把人力资源管理的重点放在降低成本上，薪酬管理成为重中之重；科学管理把人力资源管理的重点放在提高效率上，因此特别重视绩效、薪酬、职位管理的制度安排。这两种模式，都把管理的重点放在人的行为层次。展望未来，在知识经济和互联网时代，原本依附于组织的员工，具有越来越强的自驱力和自我意识，也享有更大的自主权，改变了以往被约束的地位。这推动组织内部协调机制的变化，组织管理者更多地通过授权，而不是命令；通过沟通，而不是控制来协调员工的行为和观念，从而达到既实组织目标，又培养一流员工和团队的双重目的。在控制手段上，更多的是实施思想和文化的影响，而不是行政和行为层次上的控制。换句话说，柔性控制取代了刚性的控制。

如果说,经验管理的特点是人治,科学管理的特点是法治的话,文化管理的特点就是文治,即通过组织文化来治理组织,组织文化建设成为带动经营管理全面工作的牛鼻子。组织文化的核心是共同价值观,因此管理价值观应该是未来人力资源管理的重中之重。

管理价值观大体上包括五个环节:

(1) 创造和倡导高尚完美的组织价值体系,正如美国著名管理学家罗伯特·沃特曼所说:"组织价值观的特征之一是,它来自高瞻远瞩的领导者。"

(2) 认同组织价值观是录用和培训新员工的关键一环。发达国家的优秀公司,普遍地把"认同组织价值观"作为是否录用新员工的重要标准。而新员工的培训内容,除一些业务技能培训外,就是组织价值观培训,在联想公司,曾把这叫作"入模子",即要求新员工按联想价值观塑造成型。

(3) 将组织价值观渗透到组织制度、行为规范和经营管理活动的各个环节,使这些制度和规范成为推行组织价值观的主要杠杆,促使组织价值观真正成为组织的灵魂。

(4) 任何奖励、惩罚和业绩考核,都以组织价值观为基本准绳。在实施考核和奖罚过程中,不断强化组织价值观。

(5) 各级管理者,特别是组织的主要领导者应该身体力行,率先示范,成为组织价值观的人格化载体。

美国管理学者埃德加·沙因曾说:"领导者所要做的唯一重要的事情就是创造和管理文化,领导者最重要的才能就是影响文化的能力。"通用电器的CEO韦尔奇也认识到"思想和人是至关重要的,通用电气应该借思想来获胜。"因而通用电器制定了从个人与组织的价值观匹配和业绩两个维度衡量人才的评价标准,如图18-1所示。只有那些认同组织价值观,并能在工作中体现公司价值观的员工才能被保留下来,并给予培训和晋升的机会。如果价值观考核不合格,业绩再好也必须离开企业。

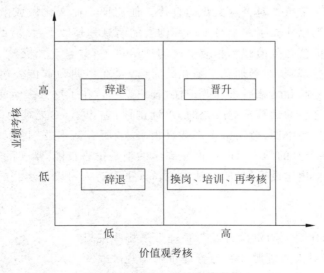

图18-1 通用电器的二维考核

科学管理依靠强制性的制度和物质手段的投入，以及在定量分析基础上的技术理性措施，这是刚性的管理；而价值观管理则依靠思想的引导，价值观的认同，感情的互动和风气的熏陶。即依靠春风化雨和非物质手段的投入，这是柔性的管理。

值得注意的是，在互联网时代，过去某些带有一定强制性的价值观管理方法（如"入摸子"和"价值观考核一票否决"）已变得不合时宜。组织的话语权在互联网时代是分散的，过去组织的话语权在上，是自上而下的单一的话语权链。但在互联网时代谁最接近客户，谁最接近企业价值最终变现的环节，谁就拥有话语权，谁就可能成为组织的核心。

互联网时代的员工呈现更多的个性化趋势，而个性化的一个重要表现就是个体的"社交化"。每个员工都将成为一个自媒体和宣传平台，在表达自身情感和诉求的同时，通过微信朋友圈、QQ群等社交平台，与社会文化直接对话和交流，这一方面造成员工价值观的多元化；另一方面造成员工接受组织价值观的障碍。

因此，正确的价值观管理，一是应该坚持平等沟通，在不同价值观的互动中，引导员工自觉选择认同组织价值观；二是领导者率先示范，以榜样的力量吸引员工跟随；三是把组织价值观渗透到组织各种制度和流程中，潜移默化地使员工接受组织价值观；四是对各层次员工和团队的亚文化持一种包容的态度，容忍一定程度的价值观多元化，只是确保组织价值观成为组织文化的主旋律。

价值观的管理是柔性的管理，是提高组织软实力的管理活动。相比科学管理下的制度化管理，从长远来看，人力资源管理的柔性化趋势彰显无疑。

中国企业家也越来越认识到管理价值观的重要意义。腾讯老总马化腾说："每当有人评价说工作是乏味的，必然在他的团体里，缺少文化，缺少对人民对社会的无私，可能说为人民和社会有些大了，但起码是对一个小小团体的无私精神，只有当自己感觉到一切都是无私奉献的时候，文化才真正地体现了它的价值。当然，这样的无私是自愿的，没有驾驭在诱惑的基础上。必然，这样的无私也是公司长远稳定的坚实基础。"

在阿里巴巴非常重视对企业文化的宣传。他们把企业文化做成卡片，放在员工的口袋里。同时阿里巴巴建立了一个员工内部沟通的信息和邮件平台，借助这个平台，可以更加频繁和具体地把公司价值观和相应事例沟通给员工，并且互相交流。马云还亲自担任企业文化的宣传员，甚至在参加员工婚礼的时候，还在强调和宣传公司的价值观，他主婚时对新郎说："结婚前和结婚后永远要记住，客户第一。花了这么多时间把对方娶来，结婚之前的话和结婚之后的话是不能改变的，永远记住：客户第一，老婆第一。"阿里巴巴公司对新员工还有专门的培训，公司每年都会进很多人，所有新来的销售人员，都必须去杭州总部，进行为期一个月的学习、训练，但主要学的不是销售技能，学习的是价值观、使命感。因为马云的企业文化建设得好，所有他常说："天下没有人可以挖走我的团队。"

复习题

1. 经济全球化对人力资源开发与管理带来哪些挑战？
2. 知识经济对人力资源开发与管理带来哪些挑战？
3. 为什么说今后的企业更像学校？
4. 人力资源管理的国际化包含哪些内容？

5. 人力资源管理的社会化包含哪些内容？中介组织在人力资源开发管理中的地位如何？

6. 为什么说人力资源部是企业的战略支持部门？

7. 为什么人力资源管理的人性化是一种必然趋势？

8. 人力资源管理的科学化意味着什么？为什么是一种必然趋势？

9. 激励的非物质化趋势背后的原因有哪些？

10. 团队组织与官僚组织有什么区别？

11. 领导者角色为什么要向育才型转变？

12. 价值观管理在人力资源管理中的地位与作用有哪些？为什么说人力资源管理的柔性化也是一种必然趋势？

思考题

1. 为什么说国际化人才的开发是当务之急？试举例说明。

2. 请以世界著名跨国公司为例，说明现代人力资源开发与管理的发展趋势。

3. 对知识型员工应该怎样管理？试举例说明。

4. 在互联网时代怎样管理好组织的价值观？请举例说明。

5. 为什么说科学管理是不可跳过的发展阶段？文化管理只能建立在科学管理高度成熟的基础上？试举例说明。

参 考 文 献

[1] 帕特里希亚·比尔,等,著. 程化,等,译. 管理人力资本[M]. 北京:华夏出版社,1998.
[2] Dave Packard. 惠普之道[M]. 北京:新华出版社,1994.
[3] 成思危主编. 中国企业管理面临的问题及对策[M]. 北京:民主与建设出版社,2000.
[4] 丹尼尔·奎因·米尔斯著. 李丽林,等,译. 劳工关系[M]. 北京:机械工业出版社. 2000.
[5] 弗雷德里克·温斯洛·泰勒著. 蔡上国译. 科学管理原理[M]. 上海:上海科学技术出版社. 1982.
[6] 胡君辰. 人力资源开发与管理[M]. 上海:复旦大学出版社,1997.
[7] 加里·德斯勒. 人力资源管理[M]. 第6版. 北京:中国人民大学出版社,1999.
[8] 2004年1—9月份全国安全生产情况[N/OL]. 经济参考报,2004-10-21. http://finance. sina. com. cn/roll/20041021/15381097401. shtml. 2005-11-20.
[9] 康妮·格莱,芭芭拉·斯坦伯格·斯马雷著. 冯利,陈秀英译. 海豚式管理[M]. 天津:天津人民出版社,1998.
[10] 劳动和社会保障部,国家统计局. 2004年度劳动和社会保障事业发展统计公报[EB/OL]. [2005-11-20]. http://www. molss. gov. cn/index_tongji. htm.
[11] 劳动和社会保障部. 劳动和社会保障事业发展第十个五年计划纲要,2001.
[12] 廖泉文. 人力资源考评系统[M]. 济南:山东人民出版社,2000.
[13] 罗宾斯著. 孙健敏,等,译. 组织行为学[M]. 第7版. 北京:中国人民大学出版社,1997.
[14] 科林斯. 基业常青[M]. 北京:中信出版社,2002.
[15] R. 布莱克,A. 麦坎斯. 孔玲济,等,译. 领导难题——方格解法[M]. 北京:中国社会科学出版社,1999.
[16] 张德. 从科学管理到文化管理——世界企业管理的软化趋势[J]. 清华大学学报(社会科学版),1993,1:28-36.
[17] 王雪莉,张力军. 企业组织革命[M]. 北京:中国发展出版社,2005.
[18] 王一江,孔繁敏. 现代组织中的人力资源管理[M]. 上海:上海人民出版社. 1999.
[19] 肖鸣政. 现代人事考评技术及其应用[M]. 北京:中国人民大学出版社,1997.
[20] 国际劳工局呼吁关注工伤事故和职业病[EB/OL]. [2002-05-25]. http://finance. anhuinews. com/system/2002/05/25/000023458. shtml. 2005-10-12.
[21] 张德. 现代管理学[M]. 北京:清华大学出版社,2007.
[22] 叶向峰,黄杰,张玲等. 员工考核与报酬管理[M]. 北京:企业出版社,1999.
[23] 余凯成. 现代人力资源管理[M]. 沈阳:东北大学出版社,1997.
[24] 约翰·P. 科特,詹姆斯·L. 赫斯克特著. 李晓涛,曾中译. 企业文化与经营业绩[M]. 北京:华夏出版社,1997.
[25] 张德,吴剑平,曲庆. 和谐管理[M]. 北京:机械工业出版社,1997.
[26] 张德. 企业文化建设[M]. 第2版. 北京:清华大学出版社,2009.
[27] 张德,吴剑平主编. 校园文化与人才培养[M]. 北京:清华大学出版社,2001.
[28] 张德. 中国企业劳动关系的整合[J]. 企业管理,1993,12:22-32.
[29] 张德. 组织行为学[M]. 第4版. 北京:高等教育出版社,2011.
[30] 张文贤. 人力资源开发与管理[M]. 上海:上海人民出版社,1996.
[31] 赵曙明. 中国企业人力资源管理[M]. 南京:南京大学出版社,1995.

[32] 赵西萍,宋合义,梁磊. 组织与人力资源管理[M]. 西安:西安交通大学出版社,1999.

[33] 郑绍廉等. 人力资源开发与管理[M]. 上海:复旦大学出版社,1996.

[34] 林子江."互联网+"人力资源管理的新趋势及对策分析[J]. 中国薪酬,2016,2:6-9.

[35] 彭剑锋. 互联网时代的人力资源管理新思维[J]. 中国人力资源开发,2014,16:6-9.

[36] 张炳申,宋献中. 21世纪亚太国家中小企业发展与支持系统研究[M]. 广州:暨南大学出版社,2000.

[37] 张德,余玲艳,刘泱. 中小企业的成功范式——心力管理解读[M]. 北京:清华大学出版社,2012.

[38] 刘泱. 创业与修身——对心力管理的思考[M]. 北京:清华大学出版社,2016.

[39] 李津,刘洪,刘善堂."互联网+"时代的电子化人力资源管理:理论演化与建构方向[J]. 江海学刊,2015,6:102-107.

[40] 李景峰,梁明蕙. 分享经济时代下基于互联网的人力资源众包模式初探[J]. 经济问题,2016,4:96-101.

[41] 吴文华,姚丽华,潘绵臻. 求职者对网络招聘网站的用户体验:基于浙江省大学生求职者的探索性研究[J]. 现代管理科学,2012,8:88-90.

[42] 杨燚. 网络化时代人力资源管理新模式[J]. 沿海企业与科技,2003,4:45-47.

[43] Acker J. Hierarchies, jobs, bodies: A theory of gendered organizations[J]. Gender and Society, 1990, 4:139-158.

[44] Adams J S. Toward an understanding of inequity[J]. Journal of Abnormal and Social Psychology, 1963, 67: 422-436.

[45] Adams R J, Meltz N H (Ed.). Industrial relations theory: Its nature, scope and pedagogy. Metuchen, NJ: IMLR Press/Rutgers University and the Scarecrow Press Inc., 1993.

[46] Adams R. Trade union. In Poole M, Warner, M. (Ed.), The IEBM handbook of human resource management 1998:817-825. 沈阳:辽宁教育出版社.

[47] Anderson N, Shackleton V. Staff selection decision making into the 1990s[J]. Management Decision, 1989, 28:5-9.

[48] Angle S DeNisi, Avraham N Kluger. Feedback Effectiveness: Can 360-degree appraisal be improved? [J]. Academy of Management Executive, 2000, 14(1):129-139.

[49] Antonioni D. Designing an effective 360-degree appraisal feedback process[J]. Organization Dynamics, 1996, 25(2):24-38.

[50] Arthur Sherman, George Bohlander, Scott Snell. Managing Human Resources[M]. 11th Edition。Southwestern College Publishing, 1998.

[51] Babcock L, Laschever S. Women Don't Ask: Negotiation and the Gender Divide[M]. Princeton, NJ: Princeton University Press, 2004.

[52] Baldry C, Fletcher C. The integrity of integrity testing[J]. Selection and Development Review. 1997, 13:3-6.

[53] Barnard C. The Functions of the Executive [M]. Cambridge, MA: Harvard University Press, 1938.

[54] Barney J. Organizational culture: Can it be a source of competitive advantage? [J]. Academy of Management Review, 1986, 11(3):656-665.

[55] Bass B M. From transactional to transformational leadership[J]. Organizational Dynamics, 1990, 18:19-31.

[56] Bass B M. Multifactor Leadership Questionnaire[M]. Palo Alto, CA: Consulting Psychologists

Press, 1996.

[57] Baumeister R F, Bratslavsky E, Muraven M, Tice D M. Ego depletion: Is the active self a limited resource? [J]. Journal of Personality and Social Psychology, 1998, 74:1353-1365.

[58] Bernardin H J, Smith P C. A clarification of some issues regarding the development and use of behaviorally anchored rating scales[J]. Journal of Applied Psychology, 1981, 66:458-463.

[59] BNA Bulletin to Management. Union membership fell again in 1997, 1998, February 26, 1998:60.

[60] Cameron K S, Quin R E. Diagnosing and changing organizational culture:Based on the Competing Values Framework [M]. Addison-Wesley, 1999.

[61] Campbell J P, Dunnette M D, Lawler E E, Weick K E. Managerial Behavior, Performance, and Effectiveness[M]. New York: McGraw-Hill, 1970.

[62] Campbell J P, McHenry J J, Wise L L. Modeling job performance in population of jobs[J]. Personnel Psychology, 1990, 43:313-333.

[63] Cannell M, Long P. What's changed about incentive pay? [J]. Personnel Management, 1991, October:58-63.

[64] Carson K P, Cardy R L, Dobbins G H. Upgrade the employee evaluation process[J]. HR Magazine, 1992, 37:88-92.

[65] Cascio W F, Managing Human Resources: Productivity, Quality of Work Life, Profits[M]. Boston: McGraw-Hill, 1998.

[66] Cascio W F, Bernardin H J. Implications of performance appraisal litigation for personnel decisions [J]. Personnel Psychology, 1981, 40:489-503.

[67] Charles O'Reilly. Corporations, culture, and commitment: motivation and social control in organizations[J]. California management review, 1989, Summer: 9-24.

[67] Chatman J, Jehn K. Assessing the relationship between industry characteristics and organizational culture: how different can you be? [J]. Academy of Management Journal, 1994, 37(3):522-553.

[69] Cleveland J N, Murphy K R, Williams R E. Multiple uses of performance appraisal: Prevalence and correlates[J]. Journal of Applied Psychology, 1989, 74:130-135.

[70] Clive Fletcher. Appraisal: An idea whose time has gone? [J]. Personnel Management 25. September 1993:34.

[71] Coley R, Dimond P K. A balanced scorecard for business and administrative services at the University of California, Berkeley. In Ruben, B. D. (Ed.), Pursuing excellence in higher education: Eight fundamental challenges. San Francisco: Jossey-Bass,2004:136-147.

[72] Antonioni D. Designing an effective 360-degree appraisal feedback process[J]. Organization Dynamics, 1996, 25(2):24-38.

[73] Deal T E, Kennedy A A. Corporate Cultures:The Rites and Rituals of Corporate Life[M]. Mass : Addison-Wesley, 1982:5.

[74] DeLong T J, Vijayaraghavan V. Let's hear it for B players[J]. Harvard Business Review, 2003, June. Vol. 81:96-102.

[75] Deming W E. Leadership for quality[J]. Executive Excellence, 1994 ,June. Vol. 11:3-5.

[76] Den Hartog D N, Van Muijen J J, Koopman P L. Transactional versus transformational leadership: An analysis of the MLQ[J]. Journal of Occupational and Organizational Psychology, 1997, 70:19-34.

[77] DeNisi A S, Kluger A N. Feedback effectiveness: Can 360-degree appraisals be improved? [J].

Academy of Management Executive, 2000, 14(1):129-139.

[77] Denison D. Corporate culture and organizational culture and effectiveness[J]. Organization Science, 1984, 6(2):204-223.

[79] Drucker P F. The practice of management. New York: Harper & Row. McGregor, D. M. The human side of enterprise. New York: McGraw-Hill, 1960.

[80] Edwards M, Ewen A J. How to manage performance and pay with 360-degree feedback[J]. Compensation and Benefits Review, 1996, 28(3).

[81] Erez M, Early P C. Culture, Self-identity, and Work[M]. New York: Oxford University Press, 1993.

[82] Fisher R, Ury W. Getting to Yes: Negotiating Agreement without Giving in[M]. Boston: Houghton Mifflin, 1981.

[83] Fiske S T, Taylor S E. Social Cognition[M]. New York: McGraw-Hill, 1990.

[84] Fletcher C. Appraisal: An edea whose time has gone? [J]. Personnel Management, 1993 Sept. Vol. 25:34-37.

[85] Ghorpade J. Managing five paradoxes of 360-degree feedback[J]. Academy of Management Executive, 2000, 14(1):129-139.

[86] Ghoshal S. Bad management theories are destroying good management practices[J]. Academy of Management Learning and Education, 2005, 4:75-91.

[87] Greenberg J, Scott K S. Why do workers bite the hands that feed them? Employee theft as a social exchange process. In B. Staw, L. L. Cummings (Eds.), Research in Organizational Behavior, 1996, 18:111-156. Stamford, CT: JAI Press Inc.

[88] Hagburg E C, Levine M J. Labor Relations: An Integrated Perspective[M]. St. Paul, MN: West Publishing. 1978.

[89] Heneman R L. The relationship between supervisory ratings and results-oriented measures of performance: A meta-analysis[J]. Personnel Psychology, 1986, 39:811-826.

[90] Huber V L, Fuller S R. Performance appraisal. In M. Poole, M. Warner (Ed.), The IEBM handbook of human resource management (pp. 596-606). 沈阳:辽宁教育出版社, 1998.

[91] Ivancevich J M. Human Resource Management (7th ed.) [M]. Boston: Irwin/McGraw-Hill, 1998.

[92] Hunter J E. Applied Psychology. 1990.

[93] Cambell J P. Mchenry J J. Wise L L. Modeling job performance in population of jobs[J]. Personnel Psychology, 1990, 43:313.

[94] Jackman J M, Strober M H. Fear of feedback[J]. Harvard Business Review, 2003 April. Vol. 81: 101-107.

[95] Joines, Quisenberg, Sawyer. Business strategy drives three-pronged assessment system[J]. HR Magazine 38, December 1993:68-70.

[96] Kahneman D, Tversky A. Choices, values, and frames[J]. American Psychologists, 1984, 39: 341-350.

[97] Kaplan R S. Implementing the balanced scorecard at FMC Corporation: An interview with Larry D. Brady[J]. Harvard Business Review, 1993 Sept. /Oct, 71, Issue 5:143-147.

[98] Kaplan R S, Norton D P. The balanced scorecard-Measures that drive performance[J]. Harvard Business Review, 1992 Jan. /Feb. Vol. 70, Issue 1:71-79.

[99] Kaplan R S, Norton D P. The Balanced Scorecard[M]. Boston, MA: Harvard Business School Press, 1996.

[100] Kaplan R S, Norton D P. Measuring the strategic readiness of intangible assets[J]. Harvard Business Review, 2004 Feb. Vol. 82:52-63.

[101] Kaufman S. Going for the goods[J]. Success, 1988 (January-February):38-41.

[102] Kenneth P Carson, Robert L Cardy, Gregory H Dobbins. Upgrade the employee evaluation process[J]. HR Magazine, 37 November 1992:88.

[103] Kleiman L S. Human Resource Management: A Tool for Competitive Advantage[M]. Minneapolis, MN: West Publishing Company, 1997.

[104] Kluger A N, DeNisi A S. The effects of feedback interventions on performance: Historical review, a meta-analysis, and a preliminary feedback intervention theory[J]. Psychological Bulletin, 1996, 119: 254-284.

[105] Kochan T A, Katz H C. Collective Bargaining and Industrial Relations: From Theory to Policy and Practice (2nd ed.)[M]. Homewood, IL: Irwin, 1988.

[106] Kotter J P. Leading change: Why transformation efforts fail? [J]. Harvard Business Review, 1995, 73:59-67.

[107] Landy F L, Farr J L. Performance rating[J]. Psychological Bulletin, 1980, 87:72-107.

[108] Latham G P, Wexley K N. Increasing Productivity Through Performance Appraisal[M]. Reading, MA: Addison-Wesley, 1994.

[109] Latham G P, Fay C H, Saari L M. The development of behavioral observation scales for appraising the performance of foremen[J]. Personnel Psychology, 1979 (summer):290-311.

[110] Lawler E E, Ⅲ, McDermott M. Current performance management practices: Examining the varying impacts[J]. WorldatWork Journal, 2003, 12, Issue 2:49-60.

[111] Lawler E E, Ⅲ. High Involvement Management[M]. New York: Jossey-Bass, 1986.

[112] Lawrence S K. Human Resources Management: A Tool for Competitive Advantage[M], West Publishing Company, 1997.

[113] Lind E A, Greenberg J, Scott K S, Welchans T D. The winding road from employee to complainant: Situational and psychological determinants of wrongful-termination claims[J]. Administrative Science Quarterly, 2000, 45:557-590.

[114] Longenecker C O, Gioia D A. The executive appraisal paradox[J]. Academy of Management Executive, 1992, 6(2):18-28.

[115] Lyons T F, Callahan T J. A third role in performance appraisal: A suggestion from the medical care quality appraisal systems[J]. Public Personnel Management, 1996, summer:133-140.

[116] Ma L, Qu Q. Differential treatment justified? Potential dark side of leader-member exchange. Working paper, Washington University, St. Louis, MO. 2005.

[117] Mark E, Ann J E. How to manage performance and pay with 360-degree feedback[J]. Compensation and Benefits Review, 1996, (28):No. 3; Jai Ghorpade. Managing Five Paradoxes of 360-degree Feedback[J]. Academy of Management Executive, 2000, 14(1):129-139.

[118] Martin R L, Moldoveanu M C. Capital versus talent: The battle that's reshaping business[J]. Harvard Business Review, 2003, 81(7):36-41.

[119] Maslow A. Motivation and Personality[M]. New York: Harper & Row, 1954.

[120] McConkie M L. A clarification of the goal-setting and appraisal process in MBO. Academy of

Management Review, 1979, (4): 29-40.

[121] Meyer H H, Kay E, French J R P. Split roles in performance appraisal[J]. Harvard Business Review, 1965, 43: 123-129.

[122] Milliman J, Nason S, Zhu C, De Cieri H. An exploratory assessment of the purposes of performance appraisals in North and Central America and the Pacific Rim[J]. Human Resource Management, 2002, 41(1): 87-102.

[123] Mount M K, Thompson D E. Cognitive categorization and quality of performance ratings[J]. Journal of Applied Psychology, 1987, 72: 240-246.

[124] Mryphy K R, Anhalt R L. Is halo error a property of the rater, ratees, or the specific behavior observed? [J]. Journal of Applied Psychology, 1992, 77: 494-500.

[125] Murphy K R, Cleveland J N. Performance Appraisal: An Organizational Perspective[M]. Boston: Allyn & Bacon, 1991.

[126] Niven P R. Balanced Scorecard Step-by-step: Maximizing Performance and Maintaining Results [M]. New York: John Wilen & Sons, 2002.

[127] Niven P R. Balanced Scorecard Step-by-step for Government and Nonprofit Agencies[M]. New York: John Wiley & Sons, 2003.

[128] Nohria N, Berkley J D. Whatever happened to the take-charge manager? [J]. Harvard Business Review, 1994 (Jan./Feb.), 72: 128-137.

[129] Nunnally J C, Bernstein I H. Psychometric Theory (3rd ed.)[M]. New York: McGraw-Hill, 1994.

[130] Odiorne G S. Management by Objectives[M]. New York: Pitman, 1965.

[131] Ouchi W G. Theory Z: How American Business Can Meet the Japanese Challenge[M]. Reading, MA: Addison-Wesley, 1981.

[132] Podsakoff P M, Farh J L. Effects of feedback sign and credibility on goal setting and task performance[J]. Organizational Behavior and Human Decision Processes, 1989, 44: 45-67.

[133] Preffer J, Veiga J F. Putting people first for organizational success[J]. Academy of Management Executive, 13, 37-50.

[134] Pulakos E, Schmitt N, Ostroff C. A warning about the use of a standard deviation across dimensions within ratees to measure halo[J]. Journal of Applied Psychology, 1986, 73: 29-33.

[135] Schein E. Organizational Culture and Leadership[M]. San Francisco: Jossey Bass, 1985.

[136] Schellhardt T D. Annual agony: It's time to evaluate your work, and all involved are groaning[J]. The Wall Street Journal, 1996 Nov. 19. pp. A1, A5.

[137] Sherman A, Bohlander G, Snell S. Managing Human Resources (11th Ed.)[M]. Cincinnati, OH: South-Western College Publishing, 1998.

[138] Sloane A A, Witney F. Labor Relations (9th ed.)[M]. Upper Saddle River, NJ: Prentice Hall, 1997.

[139] Smith f e, Tabak F, Showail S, McLean Parks J, Kleist J S. The name game: Employability evaluations of prototypical applicants with stereotypical feminine and masculine first names[J]. Sex Roles, 2004, 52: 63-82.

[140] Stasiowski F A, Burstein D. Total Quality Project Management for the Design Firm: How to Improve Quality, Increase Sales, and Reduce Costs[M]. New York: John Wiley & Sons, 1994.

[141] The United States Bureau of Labor Statistics. 2005. Union Members Summary. 互联网 2005 年

11月10日取自 http://www.bls.gov/news.release/union2.nr0.htm.
[142] Tyler T R, Blader S. Cooperation in Groups: Procedural Justice, Social Identity, and Behavioral Engagement[M]. Philadelphia, PA: Psychology Press, 2000.
[143] United States of America Bureau of Labor Statistics. 2005. Workplace injuries and illnesses in 2004. http://www.stats.bls.gov/news.release/osh.nws.htm.
[144] Vroom V H. Work and Motivation[M]. New York: Wiley, 1964.
[145] Weisberg H F, Krosnick J A, Bowen B D. An introduction to survey research, polling, and data analysis (3rd Ed.). Thousand Oaks, CA: Sage, 1996.
[146] Wood J V, Taylor K L. Serving self-relevant goals through social comparison. In J. Suls, T. A. Wills (Eds.), Social Comparison: Contemporary Theory and Research[M]. Hillsdale, NJ: Lawrence Erlbaum Associates, 1991:23-49.
[147] Zhang D, Zhang Z, Yang B. Learning organization in mainland China: empirical research on its application to Chinese state-owned[J]. International Journal of Training and Development. 2004: 258-273.

教学支持说明

▶▶ **课件申请**

尊敬的老师:

您好!感谢您选用清华大学出版社的教材!为更好地服务教学,我们为采用本书作为教材的老师提供教学辅助资源。鉴于部分资源仅提供给授课教师使用,请您直接手机扫描下方二维码实时申请教学资源。

任课教师扫描二维码
可获取教学辅助资源

▶▶ **样书申请**

为方便教师选用教材,我们为您提供免费赠送样书服务。授课教师扫描下方二维码即可获取清华大学出版社教材电子书目。在线填写个人信息,经审核认证后即可获取所选教材。我们会第一时间为您寄送样书。

任课教师扫描二维码
可获取教材电子书目

清华大学出版社

E-mail: tupfuwu@163.com　　　　　　网址: http://www.tup.com.cn/
电话: 8610-62770175-4506/4340　　　传真: 8610-62775511
地址: 北京市海淀区双清路学研大厦B座509室　　邮编: 100084